GWAITH

DAFYDD AP GV

GWAITH
DAFYDD AP GWILYM

GOLYGWYD GAN
THOMAS PARRY

Cyhoeddwyd ar ran
Bwrdd Gwybodau Celtaidd
Prifysgol Cymru

CAERDYDD
GWASG PRIFYSGOL CYMRU
1979

Argraffiad cyntaf	*1952*
Ail agraffiad	*1963*
Trydydd argraffiad	*1979*
Adargraffiad	*1992*
Argraffiad clawr papur	*1996*

ISBN 0 7083 1356 6

Manylion Catalogio Cyhoeddi (CIP) ar gyfer y llyfr hwn ar gael gan y Llyfrgell Brydeinig

Dyluniwyd y clawr gan Design Principle, Caerdydd

Argraffwyd gan Wasg Dinefwr, Llandybïe

Er Cof

am

fy Rhieni

CYNNWYS

RHAGAIR I'R ARGRAFFIAD CYNTAF

Bu diddordeb yn Nafydd ap Gwilym a'i waith yng Nghymru er y bymthegfed ganrif, a cheir tystiolaeth fod casgliadau o'i waith i'w cael y pryd hwnnw. Aeth y diddordeb ar gynnydd mawr yn yr unfed ganrif ar bymtheg, ac eilwaith yn y ddeunawfed, a chyrraedd ei benllanw yn yr argraffiad a baratowyd gan Owain Myfyr a William Owen Pughe o dan y teitl *Barddoniaeth Dafydd ab Gwilym* yn 1789. Hawdd iawn yw dangos beiau'r gwaith hwnnw erbyn hyn—darlleniadau anghywir, llawer o gerddi annilys, ac agwedd anfeirniadol y golygyddion yn gyffredinol. Ond fel un a ŵyr yr anawsterau ac a brofodd y llafur, mi garwn roi gair o deyrnged i'r ddau ŵr hyn am a wnaethant. Yr oeddynt o leiaf wedi sylweddoli pwy oedd bardd mwyaf Cymru, ac ymroesant yn ôl eu goleuni i ddwyn ei waith i'r amlwg. Rhan o'r diddordeb (diddordeb cywir ddigon, ond anysgolheigaidd o raid) yn y clasuron Cymraeg a deimlwyd yn ail hanner y ganrif ddiwethaf oedd ailargraffu BDG o dan olygiaeth Robert Ellis (Cynddelw) yn 1873, ac y mae'n debyg mai i'r cyhoeddwr, y gŵr goleuedig hwnnw, Isaac Foulkes, y mae'r diolch am hynny. Yn 1901 cyhoeddodd O. M. Edwards 65 o ddarnau o waith Dafydd yng Nghyfres y Fil, ond y mae llawer o'r rhain eto'n annilys. Ceir aml gyfeiriad o bryd i bryd fod J. Gwenogvryn Evans wedi bod yn paratoi cerddi'r bardd ar gyfer eu hargraffu (e.e. dywedir hynny gan O. M. Edwards yn y gyfrol a nodwyd), ond ni ddaeth dim o'r peth.

Y cynnig cyntaf i adfer testun cywyddau Dafydd yn ôl safonau ysgolheictod diweddar yw gwaith Syr Ifor Williams ar y 64 cywydd yn *Cywyddau Dafydd ap Gwilym a'i Gyfoeswyr* (1914). Bu'r gwaith hwn yn amhrisiadwy, a dangosodd y ffordd i wneud chware teg â'r bardd.

Yn 1929 y dechreuais i gasglu gwaith Dafydd ap Gwilym. Erbyn 1939, pan ddechreuodd y rhyfel, yr oeddwn wedi gweld y llawysgrifau pwysicaf oll, ond yr oedd rhai cannoedd o gopïau heb eu hedrych o gwbl, ac felly ni ellid y pryd hwnnw ond llunio testun dros dro; ni ellid cychwyn ar y gorchwyl hir ac araf o ddosbarthu a rhestru'r darlleniadau amrywiol, na gwneud dim â'r rhagymadrodd a'r nodiadau ond astudio'r defnydd ar eu cyfer. Y mae hyn yn cyfrif i ryw raddau am yr amser hir y buwyd yn paratoi'r llyfr hwn.

Nid anfuddiol pwysleisio yma, fel y gwneir mewn man arall, mai astudiaeth destunol yn unig yw'r llyfr. Dau beth y ceisir eu gwneud, sef penderfynu pa gerddi, o fysg y nifer mawr a briodolir i Ddafydd, sy'n ddilys, a llunio testun mor gywir ag y gellir o'r cerddi hynny. Y mae'n dilyn mai â'r llawysgrifau y bu a wnelwyf drwy gydol y gwaith, a dyna pam y mae adran helaeth o'r rhagymadrodd yn trafod y ffynonellau hyn. Bu raid manylu ar fanion tra anniddorol, ac eto nid yw'r ymdriniaeth ond elfennol, rhyw ddidonni'r maes ar gyfer y gwaith mawr sydd i'w wneud ar balaeograffeg Gymraeg a hanes y llawysgrifau. Bwriedais unwaith gynnwys ymdriniaeth â BDG ac ag ailargraffiad Cynddelw, ond gan y buasai hynny'n draethawd sylweddol ynddo'i hun, a bod y rhagymadrodd eisoes yn faith, rhoed y bwriad heibio. Ni bu raid imi sôn dim am ffugiadau Iolo Morganwg am fod y pwnc hwnnw wedi ei drafod yn derfynol gan yr Athro G. J. Williams yn *Iolo Morganwg a Chywyddau'r Ychwanegiad.*

Y mae fy nyled i eraill yn fawr iawn. Bu amryw o'm cyfeillion o bryd i bryd yn copïo pethau imi yn y llyfrgelloedd, a mawr fy niolch iddynt. Pan oeddwn yn cychwyn ar y gwaith trosglwyddodd Syr Ifor Williams imi gopïau a wnaethpwyd ar gyfer DGG, ac arbedwyd imi gymaint â hynny o waith copïo. Yn y llyfrgelloedd cyhoeddus—y Llyfrgell Genedlaethol, Llyfrgell Coleg y Brifysgol, Bangor, Llyfrgell Rydd Caerdydd, yr Amgueddfa Brydeinig, a Llyfrgell Bodley, Rhydychen—cefais bob amser ewyllysgarwch a pharodrwydd i helpu ym mhob ffordd. O blith swyddogion y llyfrgelloedd rhaid imi enwi un gŵr, sef Mr. Evan D. Jones, Ceidwad y Llawysgrifau yn y Llyfrgell Genedlaethol. Flynyddoedd yn ôl, cyn bod yr un catalog swyddogol o'r llawysgrifau ychwanegol sydd yn y Llyfrgell, rhoes ef imi restri cyflawn o gerddi Dafydd ap Gwilym yn y llawysgrifau hynny, peth a arbedodd imi oriau diderfyn o chwilota. Mwy na hynny, dro ar ôl tro fe roes imi gyfarwyddyd a barn ddiogel wedi eu seilio ar ei wybodaeth eang ef ei hun o'r llawysgrifau Cymraeg.

Darllenwyd proflenni o destun y cerddi gan yr Athro T. H. Parry-Williams, ac o'r nodiadau gan Mr. J. E. Caerwyn Williams, ac y mae'r llyfr yn lanach o'r herwydd. Bu diddordeb Dr. Elwyn Davies yn fantais fawr imi, a bu'r argraffwyr yn ofalus neilltuol gyda phob agwedd ar eu gwaith. Ond i'm gwraig y mae fy nyled fwyaf. Bu hi'n copïo ac yn cymharu ugeiniau lawer o gerddi yn y gwahanol lyfrgelloedd, a rhoes imi help sylweddol iawn mewn gwahanol ffyrdd ynglŷn â pharatoi'r llyfr i'r wasg. Er cyhyd y bu'r gwaith hwn ar dro, buasai wedi bod yn hwy o dipyn oni bai am ei help cyson hi.

THOMAS PARRY.

BANGOR,
Tachwedd, 1951.

Dymunir cydnabod yn ddiolchgar gyfraniad a wnaed o Gronfa Goffa Thomas Edward Ellis tuag at dreuliau argraffu'r gwaith hwn.

RHAGAIR I'R AIL ARGRAFFIAD

AR gyfer yr argraffiad hwn fe ailysgrifennwyd rhannau helaeth o'r rhagymadrodd, a'i dalfyrru. Torrwyd allan lawer o'r ymdriniaeth â ffynonellau a safonau yr oedd yn rhaid wrthi yn yr argraffiad cyntaf, ond na farnwyd ei bod yn addas mewn ail argraffiad. Fe geisiwyd manteisio ar y sylwadau a wnaed gan ysgolheigion mewn adolygiadau ac erthyglau er pan gyhoeddwyd y llyfr.

Mi garwn gydnabod yr help arbennig a gefais gan Mr. D. J. Bowen trwy iddo alw fy sylw at wallau ac anghysonderau, ac awgrymu diwygiadau.

Yr oedd yr argraffwyr wedi cadw teip y testun a'r nodiadau heb ei chwalu, ac felly wrth gyfnewid ac ychwanegu yr oedd yn rhaid bod yn ofalus rhag amharu ar faint y tudalen. O ganlyniad fe fu raid rhoi ychydig nodiadau ar wahân o dan y teitl 'Nodiadau Ychwanegol'.

Am drafodaeth ar BDG gweler *The Journal of the Welsh Bibliographical Society*, viii, 189.

THOMAS PARRY.

ABERYSTWYTH,
Ionawr, 1963.

RHAGAIR I'R TRYDYDD ARGRAFFIAD

Gwnaed rhai mân gyfnewidiadau, ac y mae fy nyled eto'n fawr i Mr. D.J. Bowen. Rhoed un nodiad ychwanegol ar t.559. Ychwanegwyd mynegai i deitlau'r cerddi ar y diwedd.

Ceir gwybodaeth am y llyfrau a'r erthyglau a ysgrifennwyd am y bardd yn *Llyfryddiaeth Llenyddiaeth Gymraeg* (Caerdydd, 1976).

BANGOR,
Ionawr, 1978

THOMAS PARRY.

RHAGYMADRODD

I. Y BARDD

1. GWEHELYTH Y BARDD

DYMA ach y bardd Dafydd ap Gwilym :

> Dafydd ap Gwilym Gam ap Gwilym ab Einion ap Gwilym ap Gwrwared ap Gwilym ap Gwrwared ap Cuhelyn Fardd ap Gwynfardd Dyfed.

Dengys y tabl ar y tudalen nesaf eraill o ddisgynyddion Gwynfardd y gwyddys rhywbeth amdanynt. Y mae ar gael weithred ar dir oedd yn perthyn i ddau fab Cuhelyn, sef Gwrwared a Llywelyn, ac yng ngogledd Dyfed yr oedd y tir hwnnw. Y mae Gerallt Gymro yn sôn am Gwilym ap Gwrwared ac yn dweud iddo ymosod ar ei eiddo ef ym Mathry. Gallai hyn fod wedi digwydd tua 1195. Yr oedd yr ail Wilym ap Gwrwared yn ŵr amlwg iawn yn ei ddydd—yn gwnstabl Cemais yn 1241, yn ymuno ag arglwyddi Normanaidd yn 1244 i ymosod ar Faredudd ab Owain yng Ngheredigion, yn 1252 yn 'synysgal' y brenin yng ngogledd Ceredigion, ac yn gwnstabl Aberteifi yn 1260.

Yr oedd Einion, mab y Gwilym hwn, yntau'n ŵr adnabyddus—yn gwnstabl Castellnewydd Emlyn tua 1287, yn un o drethwyr Trefdraeth yn 1291, ac yn dal tir gan y brenin yn Emlyn ac Is-Aeron. Tybir iddo farw yn 1301. Priododd ei fab, Gwilym, ag Elen, merch Cadwgan Ddu o'r Tywyn yng Ngheredigion, a dyma gychwyn y gangen o'r teulu a gysylltir â'r Tywyn a'r Ferwig. Canodd Dafydd Nanmor rai o'i gerddi enwocaf i aelodau o'r teulu hwn yn y 15 g. Yr oedd Einion ap Gwilym, a adwaenir fel Einion Fychan, yn ddeiliad tir ger tref Aberteifi rhwng 1327 a 1342, yn 'provost' Gwinionydd yn 1335, ac yn 1346 yn helpu i godi milwyr yng Nghymru dros y Tywysog Du. O'n safbwynt ni, gŵr mwy diddorol oedd ei frawd, Llywelyn. Yr oedd ef yn gwnstabl Castellnewydd yn 1343, ac yn dal

TEULU DAFYDD AP GWILYM

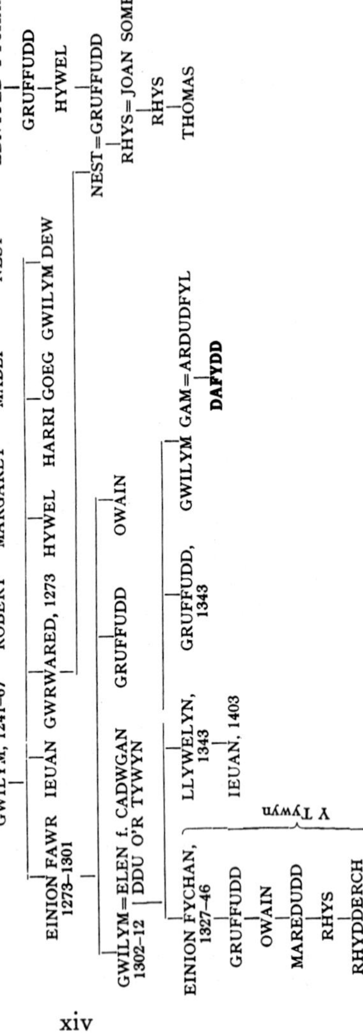

swyddi eraill. Iddo ef y canodd ei nai, Dafydd ap Gwilym, ddwy gerdd, un yn fawl a'r llall yn farwnad (12 a 13 isod). Yr oedd i Lywelyn dri llys, sef y Cryngae, y Ddôl-goch, a'r Llystyn. Y mae'r Cryngae yn aros hyd heddiw yn enw ar ffarm ym mhlwyf Pen-boyr, a mwy na thebyg fod plasty y Llysnewydd yn sefyll lle bu'r Ddôl-goch gynt. Enw ar ffarm yw'r Llystyn hefyd erbyn hyn, ym mhlwyf Nanhyfer yn Sir Benfro.

Yn 1340 gwnaed ymchwiliad swyddogol i gyflwr Castellnewydd Emlyn, ac yr oedd yr adroddiad yn anffafriol. Yn 1346 rhoes y brenin yr arglwyddiaeth i Richard de la Bere, ar yr amod ei fod yn atgyweirio'r castell ar ei gost ei hun, ac yr oedd hynny wedi ei wneud erbyn 1349. Y mae'n amlwg i Lywelyn ap Gwilym golli ei swydd fel cwnstabl, a gellir credu'n weddol hyderus iddo gael ei ladd hefyd tua'r un adeg, a hynny gan ei ddisodlwr yn arglwyddiaeth Emlyn, sef Richard de la Bere. Y mae'r farwnad a ganodd ei nai iddo yn ei gwneud yn gwbl glir mai ei ladd a gafodd, ac i hynny ddigwydd yn y Ddôl-goch, ei 'lys deg yn Emlyn', a adeiladwyd ganddo ef ei hun. Claddwyd ef yn Llandudoch yng Nghemais, cartref gwreiddiol y teulu. Fe welir hefyd oddi wrth y farwnad fod Llywelyn yn ŵr dysgedig—'llew syberw lliaws wybod' a 'cherddwriaeth ddoethineb', a bu'r bardd yn dysgu ganddo. Y mae'r ddwy gerdd a ganodd Dafydd i'w ewythr yn darlunio gŵr bonheddig cefnog, hael ei fwyd a'i ddiod, a'i ddylanwad yn fawr yng nghylch ei awdurdod. Diau mai felly yr oedd nes dyfod y dydd blin, beth bynnag yn union a barodd ei gwymp. Ni ellir hefyd lai nag ymdeimlo â naws diffuantrwydd dwfn, yn arbennig yn yr englynion marwnad.

2. CARTREF Y BARDD

Y mae traddodiad er diwedd y 15 g. o leiaf mai Brogynin ym mhlwyf Llanbadarn Fawr yng Ngheredigion oedd cartref Dafydd ap Gwilym. Ceir yno heddiw ddwy ffarm yn dwyn yr enw, ac ar dir Brogynin Fach y mae hen furddun, a hyd yn ddiweddar yr oedd plaster parwydydd yr hen furddun hwn yn aros, ac arno addurniadau ar lun blodau. (Y mae'r darnau gorau ohono yn yr Amgueddfa Genedlaethol.) Tybir mai i ddechrau'r 17 g. y mae'r addurn hwn yn perthyn, a'r murddun ei hun o bosibl. Ond gellir credu ei fod yn sefyll ar y fangre lle'r oedd cartref Dafydd ap Gwilym yn sefyll gynt.

Y mae yng ngweithiau'r bardd amryw gyfeiriadau sy'n profi mai plwyf Llanbadarn Fawr a gogledd Ceredigion oedd ei fro. Yn rhif 48 isod y mae'n sôn amdano'i hun yn eglwys Llanbadarn yn edrych ar bobl ei blwyf. Yn rhif 41 y mae'r ferch yn addo'i gyfarfod yn Llanbadarn. Yn rhif 71 y mae'r bardd yn erfyn ar y don ar afon Dyfi beidio â'i atal rhag mynd 'drwy lwyn bedw draw Lanbadarn'. Gwahoddir Dyddgu, yn rhif 119, i ddôl Manafan, ac yr oedd y ddôl honno ar lan afon Rheidol rhwng Llanbadarn a'r Glasgrug. Cyfeiriad diddorol iawn yw hwnnw sydd yn rhif 98 at Robin Nordd. Y mae'r bardd ar delerau da â'i wraig, ac y mae'n cael ganddi hosanau a medlai. Hi yw brenhines brethyndai. Y mae ganddi 'lediaith lud,' a rhwng y cwbl teg yw casglu mai Saesnes yw, a gwraig i fasnachwr gwlân a brethyn, a hwnnw, mwy na thebyg, yn fwrdais yn rhywle. Fe ddangoswyd gan Mr. David Jenkins fod gŵr o'r enw Robert le Northern yn un o fwrdeisiaid Aberystwyth yng nghyfnod Dafydd, ac y mae cofnod o'r flwyddyn 1344 am gyhuddo rhyw Hywel ap Goronow o ddwyn cwpan arian oddi arno (B viii, 140). Hwn yn ddiau yw Robin Nordd y cywydd.

Ond y ffynhonnell orau am enwau lleoedd yn ardal Brogynin yw'r cywydd rhif 83 isod, lle mae'r bardd yn enwi nifer o leoedd y mae'n mynd trwyddynt ar ei daith i gwrdd â'i gariad. Un yw *Cellïau'r Meirch* ; y mae tyddyn o'r enw Llety'r Meirch ryw filltir o Frogynin. *Eleirch* yw hen ffurf y pentref a elwir heddiw yn Elerch. Y mae *Bwlch Meibion Dafydd* yn aros o hyd fel enw ar y gefnen rhwng Brogynin ac Elerch. Yn ôl cofnod o 1327–41 yr oedd lle o'r enw Tâl Pont Cwcwll yn perthyn i fynachlog Ystrad Fflur, a diamau fod rhyw gyswllt rhwng yr enw hwn â *Pant Cwcwll* y cywydd. Yn yr un ddogfen cyfeirir at *Gastell Gwgawn* fel mangre ar gyffiniau plwyfi Llanfihangel-genau'r-Glyn a Llanbadarn Fawr. Y mae cyfrifon gweision y goron yn cofnodi 'terra Heylin filii Howeli' yng nghwmwd Genau'r Glyn. Cymharer *Adail Heilyn* gan Ddafydd. Fe eill *Nant-y-glo* fod y lle a elwir heddiw yn Gwm-y-glo, o fewn hanner milltir i Frogynin. (Cymharer hefyd Cwm-y-gro yn y cywydd rhif 94, ll. 32.) Am yr enw y Gamallt yn ll. 21, fe eill mai wedi ei roi i mewn er mwyn cael cynghanedd y mae, ac mai y Warallt a ddylai fod. Y mae lle o'r enw ryw filltir o Frogynin.

Y mwyaf trawiadol (a'r mwyaf dryslyd hefyd ar yr olwg gyntaf) o'r holl enwau lleoedd yn y cywydd hwn yw Bysaleg, yn arbennig o sylwi ar enw rhyw Ifor yn nes ymlaen. Y mae dyn yn meddwl yn syth am Fasaleg Morgannwg ac Ifor Hael. Rhyfedd yw'r cyd-ddigwyddiad, ond cyd-ddigwyddiad yw. Am y lle ym Morgannwg, fe wyddys yn dda mai ei ffurf wreiddiol yw Baseleg a'i fod yn tarddu o'r Lladin *basilica* 'eglwys,' ac mai yno yr oedd mam-eglwys cantref Gwynllŵg. Ceir y ffurf *Masaleg* trwy ymgyfnewid arferol *b-* ac *m-* ar ddechrau rhai geiriau, ac yna drwy gamddeall yr elfen gyntaf daeth *Maesaleg*. Am y *Bysaleg* yn y cywydd hwn, i gychwyn, enw afon ydyw, fel y dengys y cyd-destun yn glir. Ar fap Speed yn 1578 rhoir enwau'r ddwy afon fach sy'n rhedeg drwy ardal Brogynin, y naill yn 'Salek fluvius' a'r llall yn 'Massalak fluvius.' Dyma *Bysaleg* Dafydd ap Gwilym, trwy *Basaleg* o *Masaleg*, gyda'r un *Ma-* 'dôl, gwastatir' ag yn *Machynllaith* a *Mathafarn*. Yr oedd yr enw yn wybyddus yn y 15 g., a chanodd Tudur Penllyn a Deio ab Ieuan Du i uchelwr oedd yn byw yno.

Dyna ddigon i brofi mai ardal Brogynin oedd gwlad mebyd y bardd. Fe sylwyd eisoes fod Gwilym ap Gwrwared, gorhendaid Dafydd, yn dal swydd o dan y brenin yn y rhan hon o'r wlad yn 1252, a thebyg felly fod rhywrai o'r teulu wedi bod yno er yr adeg honno o leiaf. Yno, yn hytrach nag yng nghanolfannau traddodiadol gweithgarwch y teulu yng Nghemais ac Emlyn, yr oedd Gwilym Gam, tad y bardd, yn byw. Er amlyced oedd aelodau'r teulu mewn swyddi gweinyddol, a'u henwau'n digwydd mewn cofrestri swyddogol, ni welwyd hyd yn hyn yr un cyfeiriad at Wilym Gam, ac fe ddichon fod y nam ar ei gorff a awgrymir gan ei enw wedi bod yn rhwystr iddo ennill enwogrwydd fel eiddo'i frodyr a'i wehelyth o hil gerdd.

Ond os Brogynin yng Ngheredigion oedd ei gartref, y mae'n sicr i Ddafydd dreulio cryn amser yn Nyfed, oherwydd y mae rhai cyfeiriadau yn ei waith sy'n profi ei gyswllt â'r rhan honno o'r wlad. Yn 150. 32–3 y mae'n sôn am ei wlad ei hun fel 'Pryderi dir' a 'Bro Gadell,' cyfeiriadau diamheuol at Ddyfed. Y mae'r beirdd a ganodd farwnadau iddo yn ei gysylltu â Deheubarth, a Madog Benfras yn ei alw yn eos Dyfed. Fe gyfeirir ato gan feirdd diweddarach fel bardd Glyn Teifi (glan Teifi mewn rhai llsgrau.), ac awgrym hynny yw mai â llys ei ewythr, Llywelyn ap Gwilym, ar lan yr afon honno y maent hwy'n ei gysylltu.

Y tebyg yw iddo dreulio llawer o'i oes yn Elfed ac yng Nghemais. Naturiol fuasai i ŵr ifanc anturus, heb na swydd na chyfrifoldeb yn ei lyffetheirio, dynnu i hen ganolfan ei deulu, lle'r oedd llu o'i gyfneseifiaid, agos a phell, yn wŷr dylanwadol, a lle'r oedd bywyd a rhialtwch a newydd bethau'r dydd. Dengys ei waith iddo deithio drwy Gymru oll. Yr oedd yn gyfaill i Fadog Benfras o Faelor, Iolo Goch o Ddyffryn Clwyd, Gruffudd ab Adda o Bowys, a Gruffudd Gryg a Iorwerth ab y Cyriog o Fôn. Dywaid iddo fod yn Niwbwrch ym Môn (128, 134). Y mae'n crybwyll Môn droeon (30. 10; 34. 39; 82. 34; 111. 14); Gwynedd (34. 14; 51. 27; 86. 15; 98. 57; 105. 35; 111. 22; 114. 46); Caernarfon (89. 27); Bangor (111. 6). Sonia am Faelor (44. 19), a gwyddai am leiandy Llanllugan ym Mhowys (113). Y mae ganddo un cyfeiriad at Faelienydd (95. 3). Dichon hefyd (os yw'r dehongliad yn gywir) iddo fod yn Nannerch ar gwr Sir Fflint (122. 12). A sylwer yn arbennig ar y cywydd, rhif 99, lle mae'n anfon merch o Fôn ar bererindod i Dyddewi, gan enwi'r afonydd y bydd raid iddi eu croesi yr holl ffordd i lawr. Yr unig fan yn Lloegr y mae'n ei grybwyll yw Caerlleon, yn y gerdd i'r Grog, y ceir copi bylchog ohoni yn llsgr. Hendregadredd. Ansicr yw'r ddau gyfeiriad at Gaer (126. 40; 127. 38) lle y gellir deall Caerfyrddin neu Gaerlleon.

Yn wir, y mae Dafydd, yn ei gerddi serch, yn sôn am bob talaith yng Nghymru ond Morgannwg, ac y mae hyn yn codi'r cwestiwn ai ef a ganodd i Ifor Hael o Fasaleg, ac a fu ef yn trigo ym Morgannwg o gwbl. Yn argraffiad cyntaf y llyfr hwn bwriwyd amheuaeth ar y gred gyffredin mai Dafydd ap Gwilym oedd bardd Ifor, ond erbyn hyn daeth golau newydd ar y pwnc. Gellir crynhoi'r ffeithiau fel y canlyn. Yn y rhestr o feirdd yng ngeiriadur John Davies (1632) ceir enw Dafydd ap Gwilym, a hefyd 'Dafydd Morgannwg, bardd Ifor hael,' gan awgrymu (ond dim mwy na hynny) mai dau ŵr gwahanol oeddynt. Prin iawn yw'r cyfeiriadau at Ddafydd Morgannwg; y mae un mewn llsgr. o ddiwedd y 15 g. (P 54), a'r llall mewn cywydd gan Huw Arwystl (m. 1583), lle y dywedir mai bardd Ifor ydoedd. Mewn nifer go helaeth o enghreifftiau lle mae'r beirdd yn sôn am Ifor a'i fardd, Dafydd yn unig a ddywedir. Ond pan sonnir am bencampwriaeth canu serch, fe roir yr enw Dafydd ap Gwilym yn llawn. Bob tro y mae cyfoeswyr Dafydd ap Gwilym yn ei gysylltu â bro, fel yn y marwnadau, nid Morgannwg yw honno; fe'i gelwir yn 'eos Dyfed' a 'hebog merched Deheubarth', ac y mae beirdd diweddarach yn ei alw yn 'fardd Glyn Teifi.' Dyna'r pwyntiau sy'n awgrymu nad Dafydd ap Gwilym a ganodd i Ifor Hael.

Ar y llaw arall, os bu erioed fardd o'r enw Dafydd Morgannwg, ni welwyd, hyd yn hyn beth bynnag, yr un gerdd wedi ei phriodoli iddo. Ymhellach, daeth dwy enghraifft i'r golwg o gyfeirio at fardd Ifor Hael fel Dafydd ap Gwilym, wrth ei lawn enw. Darganfu Mr. D. J. Bowen un yng ngwaith Rhisiart Cynwal mewn cywydd i Elis Bryncir yn 1626 (LLC, v, 166):

Bardd Ifor bvr i ddefod
brav iawn oedd byw ir vn nod
bv goel dafydd ab gwilim
barod ai dafod er dim.

Yr Athro G. J. Williams a ddaeth o hyd i'r llall mewn cywydd gan Ddafydd Benwyn i Phylip Morgan o Wernyclepa (ibid. 173):

davydd ap gwilym dewfael
vawr hap oedd vardd jfor hael.

Canwyd y cywydd rywbryd rhwng tua 1560 a 1581. Pwysigrwydd y dyfyniad hwn yw bod y cywydd wedi ei ganu i un o ddisgynyddion Ifor Hael, oedd yn dal i fyw yn yr hen gartref, Gwernyclepa. Ac fel y dywaid yr Athro Williams, gellir 'casglu fod y teulu'n dal i ymfalchïo yn yr enw a enillasai Ifor fel gŵr hael . . . a bod ei gysylltiad â Dafydd ap Gwilym yn rhan o hen draddodiadau'r teulu.' Dylid dwyn ar gof yma hefyd fod Rhys Amheurug yn ei lyfr, *A Booke of Glamorganshire Antiquities* (t. 75), yn adrodd stori sy'n dweud fod Dafydd ap Gwilym yn fawr ei barch i Ifor Hael, a'i fod hefyd yn ymweld â boneddigion eraill ym Morgannwg. Y mae hyn oll yn edrych fel petai'n troi'r fantol.

Eto i gyd, y mae'n anodd deall pam y croniclodd John Davies enw Dafydd Morgannwg a'i alw yn fardd

Ifor Hael, a pham y mae'r beirdd a farwnadodd ar ôl Dafydd ap Gwilym (isod tt. 422–30) yn ei gysylltu'n gyson â Dyfed a Deheubarth os oedd ef wedi ymenwogi gymaint fel bardd Ifor Hael nes ei alw yn Ddafydd Morgannwg. Yr unig esboniad a welaf fi'n bosibl ar y broblem olaf (er nad yw Mr. D. J. Bowen yn ei dderbyn) yw mai cellwair yw'r marwnadau hyn, a'u bod wedi eu canu cyn i Ddafydd ymgysylltu â llys Ifor ym Morgannwg. Wedyn yr unig gerdd ddilys a ganwyd wedi marw Dafydd fyddai cywydd Gruffudd Gryg i'r ywen uwchben ei fedd yn Ystrad Fflur, ac yn honno nid oes grybwyll Ifor na Morgannwg, ond fe grybwyllir Dyddgu, ac fel bardd serch y coffeir Dafydd.

Y mae Mr. D. J. Bowen yn cynnig eglurhad diddorol ar gyswllt y bardd â Morgannwg, sef iddo ffoi yno o Ddyfed wedi i'w ewythr Llywelyn gael ei ddiswyddo a'i ladd. Dewisodd fynd at Ifor ap Llywelyn i Wernyclepa am fod traddodiad o wrthwynebu 'trahauster swyddogion estron' yn nheulu'r gŵr hwnnw (ei daid, Morgan ap Meredudd, yn ôl pob tebyg, wedi arwain gwrthryfel yn 1294–5), a bod Dafydd ei hun yn teimlo'n wrth-Seisnig ar ôl i Richard de la Bere ladd ei ewythr. Perthnasol hefyd yw'r ffaith fod teulu Ifor yn hanfod o Ddyfed, a dichon fod aelodau o'r ddau deulu eisoes yn adnabod ei gilydd. Y mae hwn yn esboniad cwbl gredadwy os derbynnir mai Dafydd ap Gwilym a ganodd y cerddi i Ifor Hael, ond y mae peth amheuaeth yn fy mlino i o hyd. Fe ellid datrys yr holl anhawster yn syml a therfynol pe gellid profi un peth, sef bod dau fardd cyfoes o'r enw Dafydd ap Gwilym, ac er mwyn gwahaniaethu rhyngddynt fod un ohonynt, sef yr un oedd yn canu i Ifor Hael, yn cael ei alw wrth enw ei fro yn Ddafydd Morgannwg. Buasai'r llall yn rhy adnabyddus eisoes am ei ganu serch i neb feddwl am ei alw yn ddim ond Dafydd ap Gwilym. Fe wyddys fod rhoi i ddyn enw ei fro yn digwydd pan fo dau o'r un enw, fel y tywysogion Owain Gwynedd ac Owain Cyfeiliog, ac y mae enghreifftiau eraill ymysg y beirdd. Damcaniaeth hedegog yw hyn wrth reswm. Ond os rhinwedd damcaniaeth dda yw ei bod yn egluro ffenomenau anodd eu cysoni, yna y mae hon yn ddamcaniaeth wych!

Dywedodd Iolo Morganwg (Iolo MSS. 94) i Ddafydd yn ei henaint ymneilltuo i fynachlog Talyllychau a marw yno. Y mae'n rhoi pump o englynion marwnad a ganwyd ar ei ôl gan Hopcyn ap Tomos ab Einion o Ynys Dawy, ac yn un ohonynt nodir 1368 fel blwyddyn ei farw. Dywaid Iolo iddo gael yr englynion yn un o lsgrau.'r Hafod yng Ngheredigion, ac y mae'n debyg iddo ddweud hynny, fel y mae'r Athro G. J. Williams yn awgrymu, am ei fod yn gwybod fod rhai o lsgrau.'r Hafod wedi eu llosgi. Nid oes dim coel o gwbl i'w roi ar yr englynion hyn, wrth reswm. Y mae rhai o lsgrau. yr 16 g. a'r 17 g. hefyd (e.e. M 110, 188) yn dweud mai yn Nhalyllychau y claddwyd Dafydd. Digwydd y cyfeiriad mewn rhestr sy'n honni rhoi enwau beirdd a'r mannau lle claddwyd hwy. Ond prin y gellir rhoi llawer o goel ar yr hyn a ddywedir. Y mae'n amlwg mai ym mynachlog Ystrad Fflur y claddwyd ef, pa bryd bynnag y bu; y mae cywydd rhagorol Gruffudd Gryg i'r ywen a dyfai uwchben ei fedd 'ger mur Ystrad Fflur a'i phlas' (isod t. 429) yn profi hynny'n derfynol. Ac ni eill fod amheuaeth am ddilysrwydd y cywydd. Ategir ef gan yr hyn a ddywaid Dafydd ab Edmwnd wrth ganu i'r ywen y bu ef a'i gariad yn llechu o dani yn y gaeaf:

Golud Dafydd ap Gwilym,
Gwŷdd ei fedd sy guddfa ym.

Ac yn nes ymlaen yn y cywydd geilw'r ywen yn 'ystafell eos Dyfed.' Cymharer hefyd y cwpled a ganlyn gan Wiliam Cynwal:

Dafydd ap Gwilym deufur
Ai stred fflwch ai ystrad fflur. (B 15,040, 72b.)

Y mae'n drawiadol mai yng Ngheredigion, ger ei hen gartref ei hun, y claddwyd Dafydd, ac nid yn Llandudoch yng Nghemais lle y claddwyd ei ewythr Llywelyn ap Gwilym, a llawer eraill o'r teulu, mwy na thebyg.

Gwyddys yn dda am eiriau David Johns, ficer Llanfair Dyffryn Clwyd, sy'n honni disgrifio pryd a gwedd Dafydd. 'Mi a welais. 1572. hen wraic a welsai un arall a fyssai'n ymddiddan a Dafydd ap gwilym. hirfain oedd ef a gwallt llaes melyngrych oedd iddo a hwnnw yn llawn cayau a modrwyau arian meddai hi' (B 29. 334). Y mae rhywbeth o'i le yma, oherwydd ni allai tair cenhedlaeth rychwantu dau gan mlynedd. Fe ddichon, fel y dywedodd Syr Idris Bell, fod David Johns wedi methu wrth enwi dim ond dwy hen wraig. Ond sut bynnag, y mae'r disgrifiad braidd yn rhy debyg i'r hyn y 'dylai' bardd fel Dafydd ap Gwilym fod.

3. DYDDGU A MORFUDD

Gan fod cymaint o le ym marddoniaeth Dafydd i'r ddwy ferch y mae'n honni eu caru, sef Dyddgu a Morfudd, rhaid eu hystyried yn weddol ofalus. Yn y rhagymadrodd i BDG (1789) y mae Pughe yn cymryd yn llythrennol wir bopeth a ddywedir amdanynt yng ngweithiau'r bardd, ac ar sail hynny yn llunio hanes bywyd y bardd yn dra rhamantus. Ond yn y rhagymadrodd i DGG (1914, tt. xxvi–xxxiv; 1935, tt. xxvii–xxxvi) y mae Syr Ifor Williams yn dwyn llu o ddadleuon i brofi mai enwau a ddefnyddid am unrhyw ferch yn unman oedd Morfudd a Dyddgu: 'Nid oedd Morfudd ond enw barddonol ar unrhyw gariad benfelen a dynnai sylw "Hebog merched Deheubarth" yn unrhyw fro. . . . Rhaid casglu mai chwaer i Forfudd oedd Dyddgu hefyd, canys y mae yr un mor anodd ei lleoli.' Ond gan fod Syr Ifor wedi ei gamarwain ynglŷn â nifer go helaeth o'i ddadleuon gan ddarlleniadau llwgr a chywyddau annilys, y mae'n werth ailystyried y pwynt, a hynny'n weddol fanwl.

Fe ddywedwyd fwy nag unwaith mai'r rheswm am fod Dafydd wedi canu cymaint mwy o gerddi i Forfudd nag i Ddyddgu yw mai golau ei phryd yw Morfudd, a bod yn haws i'r bardd gael cymariaethau barddonol â gwallt melyn nag â gwallt du. Ond ychydig iawn o sôn am wallt y naill na'r llall ohonynt sydd yn y cywyddau, ac y mae'n ymddangos fod rheswm dyfnach na hynny. Y mae'r ddwy ferch, ym mhopeth, yn gwbl wahanol, a gwahanol iawn hefyd yw agwedd y bardd tuag atynt. Y mae hyn yn berffaith eglur yn y cywydd rhif 79, lle cymherir y ddwy. Y mae'r cywydd yn dechrau â disgrifiad huawdl o'r ferch yr hoffai'r bardd ei charu, ac ar ddiwedd y disgrifiad dywedir mai un felly yw Dyddgu. Y mae'n fwyn, yn dda, yn 'gywair o ddawn, gywir, ddoeth,' yn gu, yn ddiderfysg, 'yn gyflawn o'r dawn a'r dysg' ac yn llawer o bethau rhagorol eraill. Ond y mae Morfudd yn wraig briod, ac 'yn caru rhai a'i cerydd' ; a disgrifir hi â dau air cyrhaeddgar, 'marworyn rhudd.' Yn awr, y cymeriad a roir i Ddyddgu yn y cywydd hwn yw'r cymeriad sydd iddi drwodd a thro. Merch fonheddig urddasol ydyw. Y mae'n gymaint felly yn wir, nes bod Dafydd yn teimlo mai haerllugrwydd ynddo yw ceisio'i hennill (37). Siawns fawr ('ergyd damwain') iddo'i chael fyth, ond gan fod iddo efallai un siawns mewn cant, y mae am ddal i gynnig. Y mae'n sôn drocon am ei hiraeth amdani (95). Hiraeth yn wir yw'r gennad a yrrodd Dyddgu ato (92), ac y mae'r bardd o hyd yn wylo amdani (95). Nid oes sôn yn unman iddo lwyddo i gael ganddi wneud oed ag ef. Y mae rhyw ansicrwydd ac amheuaeth o hyd. Ar ôl ei chymharu â Morfudd (79) y mae'n gorffen ei gerdd, 'Dewis yr wyf . . . Dyddgu i'w charu, *o chair*.' Wrth ei gwadd i Ddôl Manafan, y mae'r amheuaeth eto ar y diwedd, 'Yno heno . . . awn ni ein dau. . . . Awn, *od awn*.' Ei charu o bell ag angerdd gŵr iselfryd gostyngedig y mae Dafydd, ac nid yw byth yn edliw iddi anffyddlondeb na chaledwch bryd na difaterwch.

A phwy, os yw'n rhywun, yw'r ferch anghyffwrdd hon? Ceir awgrym o ardal ei chartref yn y cywydd lle yr anfonir y carw yn llatai ati (116). Y mae'r bardd yn dymuno iddo allu osgoi'r milgwn os dônt ar ei ôl i dir y Tywyn. Y mae mwy nag un lle o'r enw hwn wrth reswm, ond tueddir dyn i feddwl am y Tywyn yng nghongl isaf Ceredigion, lle'r oedd teulu Dafydd ei hun yn byw. Mewn un man (45) y mae'n enwi ei thad yn ddigamsyniol, sef Ieuan ap Gruffudd ap Llywelyn, 'ŵr gwaywdan gwiwdad.' Crybwyllir ef mewn dau le arall, ond nid wrth ei enw: rhyfyg yw i'r bardd 'geisio merch naf gwaywsyth' (37), ac y mae'n gyrru'r carw 'i dŷ ei thad' (116). Ysywaeth, nid oes modd ar hyn o bryd benderfynu'n derfynol pwy oedd Ieuan ap Gruffudd ap Llywelyn. Y mae enw'r mab a'r tad a'r taid yn rhy gyffredin inni allu bod yn bendant. Yr oedd rhywun o'r enw Ieuan ap Gruffudd ap Llywelyn yn un o'r rheithwyr yng Ngheredigion yn 1292 (B, xiii, 220). Braidd yn rhy gynnar yw'r dyddiad. Yn 1326 yr oedd rhywun o'r un enw yn cymryd llw ynglŷn â hawliau Esgob Tyddewi ar dir yn Llanddewibrefi (yng Ngheredigion eto) (BBStD, 197). Y mae amseriad y gŵr hwn yn gweddu, ond ni wyddys dim amdano ond ei enw. Y mae Lewis Dwnn yn crybwyll Ieuan ap Gruffudd ap Llywelyn Foethus (Dwnn, i, 60). Pryfoclyd, a dim mwy na hynny, yw'r enw 'Duthgu filia Ieuan' ar rywun a oedd yn dal tir bwrdais yn Atpar yn 1326 (BBStD, 223). Ni ellir ar hyn o bryd ond palfalu, ond y mae'n gwbl amlwg fod Dyddgu'r bardd yn ferch o gig a gwaed, yn ferch i ryw Ieuan ap Gruffudd ap Llywelyn, yn fonheddig ei thras a'i natur, ac yn hanfod o linach tywysogion y Deheubarth ('o Dewdwr lwyth,' 95. 40).

Canodd Dafydd naw o gywyddau i Ddyddgu, a thua deg ar hugain i Forfudd, ac y mae cymeriadau'r ddwy ferch yn wahanol iawn i'w gilydd. Gellir casglu fod Morfudd hithau yn fonheddig: sonnir am ei 'llaw fodrwyfaich' (43). Ond yn wahanol i Ddyddgu, rhoes

Morfudd groeso mawr i'r bardd : diddan iawn yw ei fyd pan yw ei breichiau hi am ei wddf (53), a rhoes hi iddo het fedw yn arwydd o'i serch ato (59). Canodd yntau'n helaeth iddi a dwyn ei chlod cyn belled â Gwynedd (34). Eto i gyd, anwadal a di-ddal yw'r ferch hon (52, 85, 93), yn llawn hudoliaeth (103), ac yn fawr ei thwyll a'i hystryw (42). Y mae wedi twyllo'r bardd droeon, a'i ado am un arall, a hynny mor ddifraw ac ysgafn galon ag y bydd dyn yn newid dau bâr o ychen wrth aredig (76, 93). Yn wir, y mae hi'n wraig briod (59, 72, 73, 77, 98, 117, 131), a'i gŵr yn ei gwylio'n barhaus, ac yn eiddigus iawn at Ddafydd a phawb arall a gais ei dwyn oddi arno. Pan briododd Morfudd, rhoes Dafydd lw na charai moni mwy (98), ond fe dorrwyd y llw droeon, a mawr fu helynt y bardd yn ffoi rhag y gŵr eiddigus (79).

O sylwi cymaint o ddefnydd llenyddol cellweirus a gaiff Dafydd allan o hanes Morfudd a'i gŵr, tueddir dyn i gytuno â'r beirniaid hynny sy'n dweud mai enw yw Morfudd ar unrhyw ferch a dynnai sylw'r bardd, ac mai cynnyrch ei ddychymyg ef ei hun yw'r cwbl a ddywaid amdani. Ond cyn derbyn hyn y mae'n werth ystyried peth neu ddau. I gychwyn, yn fynych iawn yn y Deheudir y mae Morfudd yn byw. Canodd Dafydd i ferched o Wynedd, ond nid yw'n galw neb o'r rheini yn Forfudd. Pan lunia Morfudd gae o fedw iddo, y mae'n werth holl gaeau y De—'caeau y Deau a dâl' (38). Pan yw Dafydd yn ffoi rhag y gŵr eiddig, y mae hwnnw'n llefain yn groch—'y Deau ef a'i dihun' (79). Rhwystrir ef gan y don rhag croesi aber yr afon Ddyfi i fynd at ei gariad, ac y mae'n erfyn arni 'Na'm lludd at Forfudd, f'eurferch' (71). Y mae'n anfon y gwynt yn llatai ati, ac i Uwch-Aeron y mae'n ei anfon (117). Wrth gwyno fod Morfudd weithiau'n ymddangos ac weithiau'n ymguddio fel yr haul, y mae Dafydd yn cyfeirio at y Penrhyn (42. 52), ac fe ddichon mai'r Penrhyn-coch, ger Brogynin, a olygir. Yn y cywydd sy'n rhestru'r lleoedd y mae'r bardd yn mynd trwyddynt i 'gyfarfod â gwiw Forfudd' (83), fe welwyd fod y lleoedd hyn, hyd y gellir eu hadnabod, yng nghyffiniau Brogynin. Mewn un man gelwir Morfudd yn 'seren cylch Nant-y-seri' (98). Awgrymodd Syr Ifor Williams mai Cwm Nant Seri, o fewn pedair milltir i dref Aberhonddu, yw'r fangre hon (DGG², t. xxx). Ond os ffurf ydyw ar y Cwmseiri sydd ym mro enedigol y bardd, y mae'n cytuno â'r holl gyfeiriadau eraill. Ansicr yw'r cyfeiriad at 'swydd Gaer' yn 122, ond fe eill olygu Sir Gaerfyrddin, ac y mae hynny'n symud Morfudd o Uwch-Aeron. Ond nid oes dim i rwystro credu iddi fyw yn y ddau le. Gwelir felly fod Dafydd yn bur gyson ar y cyfan wrth leoli Morfudd yn y Deheudir o leiaf, ac ar wahân i'r cyfeiriad olaf a nodwyd, gellid credu mai merch o Uwch-Aeron ydoedd. Pan yw'n sôn am ferch o Ddyfed (84), neu o Is-Aeron (88), neu o Fôn (128), neu o Arfon (111), neu o Faelor (44), neu o Wynedd (51), nid yw'n galw Morfudd ar yr un ohonynt.

Gelwir tad Morfudd yn Fadawg Lawgam (93. 5). Dywedodd Syr Ifor Williams mai enw a luniwyd er gwneud cynghanedd lusg yw hwn (DGG², t. xxvii) a geill hynny fod yn wir. Ond y mae'n werth cofio hefyd fod Mr. David Jenkins wedi nodi rhai lleoedd ym mhlwyf Llanbadarn sy'n cynnwys enw rhyw Fadog—Allt Fadog, Bryn Madog, Gelli Fadog (B, viii, 144). Ond y mae Madog yn enw rhy gyffredin inni allu casglu dim yn bendant oddi wrth hyn. Dichon fod rhyw arwyddocâd yn y ffaith fod Dafydd yn galw'r ferch yn Forfudd Llwyd rai gweithiau (43, 59, 73, 76), a hynny bob tro yn llinell olaf un y gerdd. Y mae defnyddio 'Llwyd' fel hyn heb ei dreiglo'n feddal yn profi nad ansoddair cyffredin mohono, ond ei fod yn gyfenw yn y dull diweddar. Felly hefyd Lleucu Llwyd yng nghywydd enwog Llywelyn Goch.

Os felly, y mae'r enw Morfudd Llwyd yn awgrymu mai Madog Llwyd y gelwid ei thad, ac mai llysenw arno oedd Madog Lawgam. Efallai y deuir o hyd iddo o dan yr enw hwnnw rywbryd yn nogfennau'r wladwriaeth neu ryw ffynhonnell arall. Ceir cyfeiriad at ŵr o'r enw Madoc Loyth a oedd yn swyddog yng nghwmwd Mabwnion yn 1303–4. Ceir hefyd sôn am ryw Feredydd ap Madoc Loid yn swyddog yng Nghatheiniog yn 1352–3. Ond gan mor gyson y mae Dafydd yn cysylltu Morfudd ag Uwch Aeron, nid yw'r lleoliad yn gyfaddas yn y naill achos na'r llall, oherwydd yn Is-Aeron y mae Mabwnion, ac yn Sir Gaerfyrddin y mae Catheiniog. A diau fod Madog Llwyd yn enw cyffredin iawn gynt.

Fel y dywedwyd eisoes, y mae Morfudd, yn rhai o'r cywyddau, yn wraig briod. Credir yn gyffredin nad yw ei gŵr ond enghraifft o'r gŵr eiddig a watwerid gan feirdd serch yng Nghymru ac mewn gwledydd eraill, a'i fod yntau, fel Morfudd, yn ffrwyth dychymyg y bardd. Eithr erbyn hyn ni ellir bod yn gwbl sicr ar y pwnc hwn. Y mae Dafydd yn galw'r gŵr unwaith yn Gynfrig Cynin (73. 27). Y mae Cynfrig yn enw personol digon cyffredin, yn fynych yn y ffurf Cynwrig (gw. G, 262). Enw dyn oedd Cynin hefyd (gw. G, 251), ac fe'i cedwir yn Llangynin yn Sir Gaerfyrddin, ac ym Mrogynin, mwy na thebyg. Ond pur anghyffredin yn y 14 g. yw rhoi dau enw personol heb 'ap' rhyngddynt yn enw ar ddyn. Gellir efallai wneud un awgrym. Ychydig o bwys sydd i'w roi ar sillafiad geiriau yn y llsgrau., ond y ffurf yn G 3, 213a yw 'Cinnin,' a gallai hwn fod yn darddair o'r *cinn* a welir yn *cynhinyn* yn golygu cerpyn neu ddernyn (gw. nodyn ar 93. 2 isod). Defnyddir y gair yn ddirmygus am bersonau, a dichon yn hawdd mai'r hyn a ysgrifennodd Dafydd oedd Cynfrig Ginnin. Gan nad yw'r enw'n digwydd ond unwaith, ac yn wyneb yr ansicrwydd, barnwyd yn ddoeth dderbyn y ffurf draddodiadol Cynin yn yr argraffiad hwn.

Enw arall ar y gŵr eiddig yw y Bwa Bach (117, 131). Un o bethau mwyaf annisgwyl ysgolheictod diweddar oedd darganfod enw tebyg i hwn yng nghofnodion y wladwriaeth. Yn nodyn Mr. David Jenkins y cyfeiriwyd ato uchod, rhoir hanes cyhuddo Howel ap Gronow ap Meilir yn 1344 o fod wedi lladrata, yn 1342, gwpan arian a oedd yn eiddo i Robert le Northern, un o fwrdeisiaid Aberystwyth. Caniatawyd iddo dalu iawn am y trosedd, ac ymysg y gwŷr a aeth yn feichiafon drosto ceir enwau 'Gronow ap Meilyr Ieuan Lloyd ap Ieuan Voyaf Robert de Skydemore Ieuan ap David Goz . . . Howel ap Gwillym Seys *Ebowa baghan* Trayhayan ap Mereduth.' Y mae'n ddiau mai y Bwa Bychan a gynrychiolir gan y ffurf *Ebowa baghan.* Ond cyn casglu mai'r un yw hwn â'r Bwa Bach a grybwyllir yn gellweirus gan Ddafydd ap Gwilym rhaid ystyried rhai pethau. I gychwyn, y mae'n amlwg mai llysenw ydyw'r Bwa Bychan neu'r Bwa Bach, a'r tebyg yw fod y gŵr a enwid felly yn fyr ac yn grwca. A chymryd y ddogfen uchod, fe eill Ebowa baghan fod yn llysenw'r gŵr a nodir o'i flaen, sef Howel ap Gwillym Seys (fel y sylwodd Mr. David Jenkins). Os felly, nid yr un ydyw â'r Cynfrig a elwir gan Ddafydd yn ŵr Morfudd. Ar y llaw arall, fe eill mai cyfeiriad ydyw at rywun a adwaenid yn gyffredin wrth y llysenw hwn yn hytrach nag wrth ei enw priodol. Ni raid synnu fod llysenw, a hwnnw braidd yn ddirmygus, yn ymddangos mewn dogfen gyfreithiol, oherwydd y mae digon ohonynt i'w cael.

Yn awr, gan fod gŵr yn byw yn Uwch-Aeron, gwlad Dafydd ap Gwilym, yn yr un cyfnod yn union â Dafydd, ac iddo'r enw y Bwa Bychan, nid afresymol credu mai ef oedd y Bwa Bach a elwir gan y bardd yn ŵr Morfudd. Na ryfedder am ei alw o'r bardd wrth lysenw gwawdus, oherwydd os gallai cyfreithwyr ei alw felly, yn sicr fe allai bardd. Os amheuir tybed a ganai Dafydd i wraig cymydog iddo gan honni ei charu'n angerddol, cofier iddo wneud peth tebyg ag Elen, gwraig Robin Nordd, sef Robert le Northern, un o fwrdeisiaid cefnog a pharchus Aberystwyth. (Ac nid yw galw'r gŵr hwn yn Robin Nordd fawr llai gwaradwyddus na galw'r gŵr arall yn Fwa Bach.) Os mynnir fod y pethau a ddywaid Dafydd am y Bwa Bach yn eithafol o athrodus ac anghwrtais, darllener yr awdl i Rys Meigen neu'r ddau gywydd olaf yn yr ymryson rhwng Dafydd a Gruffudd Gryg. Neu ystyrier yr hyn a ddywedai'r beirdd am y naill a'r llall pan wnaent ei gilydd yn gyff clêr. O ystyried popeth, nid wyf yn credu fod dim yn erbyn cymryd fod Morfudd, fel Dyddgu hithau, yn ferch fyw, ac nid yn greadigaeth dychymyg y bardd. I ba raddau y mae popeth a ddywaid ef amdani yn llythrennol wir, cwestiwn arall yw hynny. Dylid cadw mewn cof, gyda llaw, fod Dafydd wedi canu amryw o gywyddau am y gŵr eiddig heb gyfeirio o gwbl at Forfudd na'r Bwa Bach.

Os oedd y Bwa Bach yn berson byw, ac nid yn gynnyrch dychymyg er mwyn cellwair mewn cerdd, rhaid wynebu'r cwestiwn a oedd y berthynas y mae Dafydd yn ei honni â'i wraig, sef Morfudd, yn rhywbeth amgen na chellwair. Y mae ymchwil diweddar wedi awgrymu fod mwy yn hyn nag a dybiwyd unwaith. Fe ysgrifennodd Mr. D. J. Bowen a Mr. E. I. Rowlands ar y pwnc hwn (LlC, vi, 36, 105), ac mi geisiaf finnau grynhoi eu casgliadau, gan ychwanegu pwynt neu ddau.

Yn y llsgr. B 29, y soniwyd amdani eisoes, y mae David Johns yn dweud fod gwŷr Morgannwg wedi talu iawn i'r Bwa Bach am Forfudd. Ar sail hyn, a chan ddefnyddio rhai pethau a ddywedir gan Ddafydd yn ei gywyddau, fe adroddodd Pughe yn argraffiad 1789 fel y bu i Ddafydd a Morfudd gael eu priodi mewn llwyn, a Madog Benfras yn gweinyddu fel offeiriad. Ond mynnodd teulu Morfudd ei phriodi yn gyfreithlon â Chynfrig Cynin, neu'r Bwa Bach. Dihangodd hithau gyda Dafydd, ond daliwyd hwy, a gosodwyd dirwy ar Ddafydd, a chan na allai ef ei thalu, fe'i carcharwyd. Ond rhyddhawyd ef wedi i wŷr Morgannwg dalu'r ddirwy drosto (BDG, xv–xvii). Y duedd ymysg ysgolheigion fu troi hyn heibio a'i ystyried fel canlyniad gogwydd Pughe i ramantu ac i ddarllen cerddi Dafydd fel petaent yn ddarnau o hunangofiant.

Ond erbyn hyn fe awgrymwyd fod cnewyllyn y gwir yn yr hanes am dalu'r ddirwy, er mai o gywydd ffug o waith Iolo Morganwg y tynnwyd hanes y priodi yn y llwyn. Cyhoeddodd Mr. D. J. Bowen (loc. cit.) ddau ddyfyniad, y naill o waith Ifan Môn yn dweud fod gwŷr Morgannwg wedi 'talu iawn dros Ddafydd ap Gwilym,' a'r llall o waith Llywelyn ap Gutun yn dweud fod Morgannwg wedi 'talu ffin Dafydd am Forfudd.' Yr oedd y ddau fardd hyn yn byw yn ail hanner y 15 g., ac felly o fewn rhyw gan mlynedd i oes Dafydd ap Gwilym ei hun. Gellir ychwanegu at y tystiolaethau hyn yr englyn gan Ruffudd Gryg (isod t. 416) sy'n cynghori Dafydd i adael llonydd i Forfudd rhag rhoi ei hun yng ngafael y gyfraith, a lle gelwir ef yn 'ŵr beius.' Rhwng y cwbl temtir dyn i gredu mai nid cellwair o gwmpas thema lenyddol adnabyddus y gŵr eiddig yw sylfaen y cerddi i Forfudd, ond fod Dafydd wedi ei charu a'i dilyn, ac efallai ei dwyn, a hithau'n wraig briod, ac wedi bod mewn helynt o'r herwydd. (Y mae hyn hefyd yn cadarnhau fod perthynas rhwng Dafydd a Morgannwg.)

Dywedwyd uchod mai yn rhywle yn y Deheudir, a'r rhan amlaf yng Ngheredigion, y mae'r bardd yn lleoli Morfudd pan yw'n canu iddi wrth ei henw. Ond y mae Mr. Bowen a Mr. Rowlands yn yr erthyglau y cyfeiriwyd atynt yn sylwi ar y gosodiad 'Hon o Ynyr ydd henyw' (102. 27) sy'n digwydd yn un o'r cywyddau i Forfudd, ac yn casglu mai at Ynyr o Nannau ym Meirionnydd y cyfeirir, ac mai aelod o deulu Nannau oedd Morfudd. Dyfynnir hefyd nodyn ar ddechrau C 23 yn llaw Dafydd Jones o Drefriw, sy'n dweud mai mewn tŷ o'r enw Bryn-y-llin ym mhlwyf Trawsfynydd y bu farw Morfudd, a'i chladdu yn eglwys neu fynwent y plwyf hwnnw. Nodir hefyd y cywydd i'r fun o Eithinfynydd (57) a bod lle o'r enw hwnnw ym Meirionnydd. (Ni fuaswn i fy hun yn rhoi pwys mawr ar yr enw hwn mewn unrhyw ddadl, gan mor ansicr yw awduriaeth y gerdd.)

Ymhellach, dyna Faestran, trefddegwm heb fod ymhell o'r Bala, lle mae eos Madog Benfras wedi dianc (25. 43). Y mae Mr. Bowen yn galw sylw at y cywydd 'Y Llw' (86). Nid oes yma gyfeiriad at Forfudd wrth ei henw, ond y mae'r bardd yn fawr ei ofid am fod y ferch a gâr ar fin priodi gŵr arall, a hynny, gellid meddwl, trwy berswâd ei theulu. Temtir ef i'w dwyn drwy drais, ond byddai 'ei chenedl feilch, gweilch Gwynedd' yn ei ladd petai'n lluddias y briodas. Fe fuasai'r geiriau hyn yn ddisgrifiad da o wŷr o bwys a dylanwad fel teulu Nannau. Mi garwn innau sylwi fod y bardd yn tyngu llw 'myn delw Gadfan,' a chofier mai hwnnw oedd nawddsant eglwys Tywyn Meirionnydd.

Y mae Mr. E. I. Rowlands yn mynd ymhellach ac yn sylwi ar y cywydd 'Y Gwayw' (111), sy'n dweud fel y bwriwyd gwayw i galon y bardd gan y ferch a welodd 'yng nghôr Deinioel Bangor.' Os at y cywydd hwn y mae Gruffudd Gryg yn cyfeirio yng nghywydd cyntaf yr Ymryson (147), yna Morfudd oedd y ferch ym Mangor—'Enbyd iddaw, rhag praw prudd, / Angau am arfau Morfudd.' Ond nid diogel cysylltu'r ddau gywydd hyn, oherwydd am un gwayw y mae Dafydd yn sôn, a phwynt gogan Gruffudd yw amlder y gwewyr sydd yn ei gorff : 'Gwewyr ganwaith a'i gwywawdd' ; 'Gwewyr rif y sŷr y sydd / Yn difa holl gorff Dafydd' ; 'Ys deng mlynedd i heddiw / Dafydd a ddywawd . . . / Fod yntho gant ond antur / O arfau.'

Cyn gadael Morfudd rhaid dychwelyd at y ffaith a nodwyd eisoes, sef fod Dafydd yn sôn amdani fel Morfudd Llwyd rai gweithiau, oherwydd cododd Mr. D. J. Bowen bwynt ynglŷn â hyn (LlC, v, 172). Fel y dywedir mewn man arall, camgymeriad oedd barnu yn argraffiad cyntaf y gwaith hwn mai nid Dafydd ap Gwilym oedd awdur yr englynion i'r grog yng Nghaer a geir yn H, 312, a seilio'r farn honno ar yr enw Dafydd Llwyd. Os oedd y bardd yn cael ei alw yn Ddafydd Llwyd (ac y mae rhyw gymaint o reswm dros gredu hynny), yna 'priodoli ei gyfenw ei hun [i Forfudd] a wnâi Dafydd wrth ei hawlio oddi wrth Eiddig.' Ac y mae Mr. Bowen yn cynnig fod y cywydd 'Llw Morfudd' (43) yn awgrymu iddynt ffug-briodi.

Y mae cryn ddamcaniaethu yn y drafodaeth uchod wrth reswm, a chydio wrth awgrymiadau, ond felly y deuir rywbryd o hyd i'r gwir hanes. Bydd raid ceisio iawn brisio traddodiadau. Ni wiw dibrisio popeth a ddywedodd Pughe yn ei ragymadrodd i BDG, fel y buwyd yn tueddu i wneud. Ni wiw chwaith chwilio'n rhy eiddgar am fanylion bywgraffyddol ym marddoniaeth Dafydd; yr oedd ef yn ddiamau yn fynych yn dychmygu personau a safleoedd, ac yn cellwair ac yn ffug-alaru. Ac anodd iawn yw meddwl mai Dyddgu a Morfudd oedd yr unig ferched y bu ef yn ymhel â hwy.

4. BLYNYDDOEDD EI EINIOES

(i) *Cyfeiriadau yn ei waith*

Y mae yng ngwaith Dafydd ap Gwilym, ar wahân i'r cerddi a ganodd i bersonau, ychydig o gyfeiriadau at ddigwyddiadau cyfoes sy'n help i amseru'r bardd. Yn rhif 75 y mae mintai o filwyr yn cychwyn i Ffrainc a rhywun o'r enw Rhys yn ben arnynt. Y mae'n weddol sicr mai Rhys ap Gruffudd ap Hywel, arglwydd Narberth a pherthynas i Ddafydd, oedd yr arweinydd. Bu'n ddiwyd yn gwasnaethu Edward III a'r Tywysog Du, yn codi milwyr ar gyfer rhyfeloedd yn Iwerddon, Sgotland, a Ffrainc yn arbennig, ac yr oedd ym mrwydr Cresi yn 1346. Bu farw yn 1356, a chanwyd marwnad iddo gan Iolo Goch (IGE², 10). Fe ddichon mai yn Ebrill neu Fai 1346 y gwelodd Dafydd y fintai yn cychwyn allan. Gallai hefyd fod yn 1351 neu 1352, oherwydd gwysiwyd Rhys ap Gruffudd i fwstro milwyr ar gyfer rhyfeloedd tramor yn y blynyddoedd hynny hefyd.

Y cyfeiriad nesaf at ddigwyddiad cyfoes yng ngwaith Dafydd yw hwnnw yn y cywydd diddorol i genfigen (rhif 140). Dywaid fod Duw wedi rhoi iddo gaer 'cystal â'r Galais' (sef ei galon), ac y gallai gŵr dewr gynnal y gaer honno 'tra fai ystôr.' Cyfeiriad sydd yma yn ddiamau at yr hyn a ddigwyddodd ar ôl brwydr Cresi, sef myned Edward III i ymosod ar Calais, ac o weled na allai ddarostwng y dref yn y dulliau arferol, penderfynu ei gwarchae. Parhaodd y gwarchae flwyddyn, a chwympodd y dref ym Medi, 1347. Dangosodd Mr. Saunders Lewis y gellir dyddio'r cywydd yn weddol fanwl (LlC, ii, 202). Y mae'r cwpled 'Bei delai'r môr angorwaisg / Drwy din Edwart Frenin fraisg,' wedi ei seilio ar safle byddin a llynges y brenin yn ystod y gwarchae, ac awgrym Mr. Lewis yw ddarfod canu'r cywydd rhwng Gorffennaf a Medi 1347.

Yn y cywydd rhif 58 y mae rhyw ferch yn edliw i'r bardd ei fod yn llwfr ac na fyn hi ond milwr i'w charu. Dywaid yntau y bydd y milwr i ffwrdd oddi cartref yn fynych : 'O chlyw fod . . . brwydr yng ngwlad Ffrainc neu Brydyn [Sgotland], yn ŵr rhif yno y rhed.' Ar ddiwedd y cywydd y mae'r bardd yn addunedu nad â ef byth i ffwrdd, hyd yn oed pe cynigid iddo ddwy frenhiniaeth. Fel y dywedodd Syr Ifor Williams, y mae'r cyfeiriad yn bendant at ddwy ganolfan rhyfela yn y 14 g., sef Ffrainc a Sgotland, a'r awgrym yw bod rhyfel yn y ddau le yr un pryd, ac y mae'r flwyddyn 1346 yn gweddu'n dda, oherwydd yn y flwyddyn honno y bu brwydr Cresi a hefyd frwydr Neville's Cross yn erbyn y Sgotiaid. Teg hefyd yw ystyried y sôn am ddwy frenhiniaeth fel cyfeiriad at ymgais Edward III i'w wneud ei hun yn frenin Ffrainc a chael gan frenin Sgotland roi gwrogaeth iddo.

Y pedwerydd cyfeiriad yng ngwaith Dafydd yw hwnnw at Turel yn y cywydd i'r Cusan (133. 40). Dangosodd Syr Ifor Williams fod gŵr o'r enw Hugh Tyrel wedi derbyn llawer o dir gan Edward III yng Nghymru rhwng y blynyddoedd 1334 a 1338. Ond nododd Mr. D.J. Bowen fod Jean Tyrel, arglwydd Poix, wedi bod yn ymryson ag Edward

III a mawrion eraill ynghylch arian pridwerth yn 1359, ac iddo ennill ei achos (BBCS, xxv, 28). Dyma gyfeiriad arall at y rhyfela yn Ffrainc, ac y mae'r flwyddyn yn gweddu'n well na blynyddoedd Hugh Tyrel.

Soniwyd eisoes am yr enw Robin Nordd am Robert le Northern, bwrdais yn Aberystwyth yn 1344.

Ychwanegodd Mr. Saunders Lewis un dyddiad arall (LlC, ii, 203). Yn y cywydd rhif 54. 11–14 fe sonnir am rywun mewn carchar, a'r Pab am ei ladd. Yn ôl Mr. Lewis, cyfeiriad sydd yma at Cola di Rienzi. Yn 1350 fe ffoes ef i'r Almaen, lle y bu yng ngharchar am ddwy flynedd. Yn Awst 1352 traddodwyd ef i'r Pab Clement VI yn Avignon. 'Rhoddwyd ef ar ei brawf am deyrnfradwriaeth gerbron tri Chardinal a'i ddedfrydu i farwolaeth. Cadwyd ef mewn carchar megis a ddisgrifir gan Ddafydd a gohirio ei ddienyddiad, a bu farw Clement ddifiau Rhagfyr 6, 1352. Rhoes ei olynydd bardwn i'r Tribwn enwog a'i anfon yn ôl i'r Eidal. Gellir dyddio cywydd Dafydd rhwng Awst a Rhagfyr 1352.'

Y mae un cyfeiriad arall sy'n rhoi awgrym o'r amser y cyfansoddwyd y cywydd lle digwydd. Yn y cywydd rhif 23, llin. 13–14 ceir 'Ffloringod brig ni'm digiai,/ Fflŵr-dy-lis gyfoeth mis Mai.' Dangosodd Mr. Dewi Stephen Jones (B xix, 29) fod y brenin Edward III wedi peri bathu fflorin aur yn Ionawr 1344, ond oherwydd gwerth isel yr aur oedd ynddi bu raid deddfu yn ei herbyn yn Awst yr un flwyddyn. Ar wyneb y fflorin y mae lluniau o fflŵr-dy-lis yn gefndir i ddelw'r brenin. Y mae Mr. Jones yn dal mai at y fflorin hon y mae Dafydd yn cyfeirio, a hynny yn fuan ar ôl Awst 1344. Geill hynny fod. Ond y mae'n werth ystyried y cyfeiriad arall at 'fflwring aur,' sef 44. 22, lle canmolir penwisg merch. Yno hefyd sonnir am 'fflŵr-dy-lis,' ond eir ymhellach, a chrybwyll 'aur bwrw o gaer Baris' ac 'aur Ffrainc.' Y mae'n ymddangos mai at fflorin Ffrengig y cyfeirir yma, oherwydd yr oedd honno'n cylchredeg ym Mhrydain ac yn dra chymeradwy, fel y dywedodd Mr. Jones.

Gwelir bellach fod y cyfeiriadau hyn at bobl a digwyddiadau yn oes Dafydd ei hun i gyd yn perthyn i flynyddoedd canol y 14 g.

(ii) *Blynyddoedd beirdd cyfoes*

Y mae blynyddoedd einioes cyfoeswyr Dafydd wedi eu pennu yn weddol sicr. Ail hanner y 14 g. oedd cyfnod Gruffudd Gryg; efallai iddo fyw hyd ddechrau'r ganrif ddilynol. Yr oedd ef rywfaint yn iau na Dafydd ap Gwilym. Ffug, wrth reswm, yw'r marwnadau a ganodd y naill fardd i'r llall, ond y mae cywydd Gruffudd i'r ywen uwchben bedd Dafydd yn edrych yn gerdd ddifri, ac os felly goroesodd Gruffudd Ddafydd.

Cyfeirir at Fadog Benfras o Faelor ddwywaith gan Ddafydd. Yn y cywydd rhif 25 y mae Madog ap Gruffudd yn galaru am fod yr eos wedi ymadael â Choed Eutun, ac yn rhif 31 canmolir Madog am fodloni ar dderbyn cae o fedw gan ei gariad a pheidio â chwennych modrwy fel y gwnaeth Iorwerth ab y Cyriog. Crybwyllir Madog yng nghofnodion llys Wrecsam a'r cylch yn 1339–40. Dyma ddyddiad o ffynhonnell annibynnol i un o gyfoeswyr Dafydd oedd, mwy na thebyg, tua'r un oed ag yntau.

Am Iolo Goch, profwyd mai o 1347 ymlaen i ddiwedd y ganrif yr oedd ef yn canu. Bernir fod Iorwerth ab y Cyriog, y bardd a grybwyllir mewn perthynas â Madog Benfras yn y cywydd rhif 31, yn ŵr o Fôn a'i fod yn ei flodau tua 1360.

Gwelir oddi wrth yr hyn a ddywedwyd am y beirdd a oedd yn gyfoes â Dafydd mai'r dyddiad cynharaf a geir yw 1340 ynglŷn â Madog Benfras, a'r olaf yw diwedd y 14 g. Y mae'n eglur fod Dafydd, Madog Benfras, a Iorwerth ab y Cyriog yn perthyn i do ychydig yn hŷn na Gruffudd Gryg a Iolo Goch.

(iii) *Y personau y canodd iddynt*

(*a*) *Llywelyn ap Gwilym*

Y mae un dyddiad pendant ynglŷn â Llywelyn ap Gwilym, sef 1343, pan dyngodd lw ffyddlondeb i'r Tywysog Du. Fel y soniwyd uchod, bu farw yn 1346 neu'n fuan wedyn. Yr oedd ef yn ewythr i Ddafydd, ac yn ôl trefn gyffredin pethau fe ddylai fod o bymtheg i ugain mlynedd yn hŷn na'i nai. Y mae lle i gredu fod Ieuan, mab Llywelyn, wedi codi ymhlaid Owain Glyndŵr yn 1403, ac os felly, rhaid mai plentyn oedd ef pan fu farw ei dad, a bod y tad wedi marw'n ifanc. Petai Llywelyn yn ddeugain oed yn marw yn 1346, fe ddisgwylid y byddai ei nai rhwng ugain a phump ar hugain, ac felly buasai Dafydd wedi ei eni rhwng 1320 a 1325. Nid yw hyn yn ddim mwy na thebygolrwydd, a rhaid cofio ei bod yn digwydd weithiau fod ewythr a nai bron yn gyfoed, a hyd yn oed bod y nai yn hŷn na'r ewythr.

(*b*) *Ieuan Llwyd*

Hwn yw'r gŵr y canwyd yr awdl rhif 14 iddo. Ceir ef yn y llyfrau achau fel Ieuan ab Ieuan ap Rhys ap Llawdden. Cartref y teulu oedd y Morfa Bychan, lle ar lan y môr ryw dair milltir i'r de o Aberystwyth, ond aeth Ieuan i fyw i Enau'r Glyn, a'r rhan honno o'r wlad a gysylltir â'i enw y rhan amlaf. Gelwir ef hefyd yn Ieuan Fychan ab Ieuan Fwyaf ac yn Ieuan Llwyd ab Ieuan. Yng nghofnodion y wladwriaeth enwir Ieuan Loid ap Ieuan Veyaf fel 'propositus' cwmwd Perfedd, sef y wlad rhwng Morfa Bychan a Genau'r Glyn, yn 1351–2.

(*c*) *Hywel ap Goronwy*

Oddi wrth yr awdl rhif 15 gellir casglu pum ffaith y gŵr a ganmolir, sef mai Hywel oedd ei enw (llin. 15), ei fod yn ddeon (llin. 24), a hynny ym Mangor (llin. 10), a bod a wnelo rywfodd â Môn (llin. 44). Yr oedd hefyd o 'hil Brân' (llin. 9). Y mae'n ymddangos fod dau Hywel ap Goronwy o Fôn yn dal swyddi yn esgobaeth Bangor yn yr un blynyddoedd, er rhyfedded, ar ryw olwg, yw hynny. Yr oedd un ohonynt yn aelod o deulu enwog Penmynydd, ac yn gymeriad digon brith. Yr oedd yn archddiacon, a bu farw yn 1366, a'i gladdu yn nhŷ'r Brodyr ym Mangor. O Fôn yr oedd y gŵr arall hefyd, ond ni wyddys o ble yno na phwy ydoedd. Yr oedd yn dal y swydd o ddeon tua 1350. Dyrchafwyd ef yn esgob yn Ionawr 1370, a bu farw yn Chwefror y flwyddyn wedyn yn Rhufain. Hwn yn ddiau oedd y gŵr y canodd Dafydd iddo, a rhaid felly fod y gerdd wedi ei chanu cyn 1370, efallai gryn dipyn cyn y flwyddyn honno.

(*ch*) *Angharad*

Hi yw testun yr awdl farwnad rhif 16. Yr oedd hiraeth ar ei hôl ym Mhennardd (llin. 13). Disgynnydd oedd o Gynfrig (llin. 50), a gelwir hi'n 'wawr Fuellt' (llin. 70). Enw ei gŵr oedd Ieuan (llin. 60). Ar sail hyn gallwyd penderfynu mai merch oedd Angharad i Risiart ab Einion ap Cynfrig o Fuellt. Ei gŵr oedd Ieuan Llwyd ab Ieuan ap Gruffudd Foel, ac yr oedd ef a'i dad yn tyngu llw ffyddlondeb i'r Tywysog Du yn 1343, ac y mae hyn yn awgrym nad oedd Ieuan yn hen iawn y pryd hwnnw. Mab i Ieuan Llwyd ac Angharad oedd Rhydderch, y gŵr y cysylltir ei enw â'r Llyfr Gwyn, ac a oedd efallai yn dad i Ieuan ap Rhydderch y bardd. Yr oedd Rhydderch yn fyw yn 1392. Yr

Angharad hon, mwy na thebyg, yw'r un y cyfeirir ati yn y cywydd rhif 140, lle mae'r bardd yn cwyno fod rhywrai'n beio arno am ei gyfeillgarwch â hi.

(*d*) *Rhydderch a Llywelyn Fychan*

Canodd Llywelyn Goch awdl i'r ddeuwr hyn, a gwelir mai Dyffryn Aeron oedd eu cartref, mai dau filwr oeddynt, yn gwasanaethu'r brenin yn Lloegr ar y pryd, a'u bod yn hoff o brydyddiaeth. Y mae rhywfaint o le i gredu mai Llywelyn Gaplan y gelwid tad Llywelyn Fychan. Ceir rhai cyfeiriadau at rywun o'r enw ym mhapurau'r wladwriaeth, ond y cyfan y maent yn ei brofi yw ei fod yn byw yn hanner cyntaf y 14 g.

(*dd*) *Ifor ap Llywelyn*

Dyma'r gŵr a adwaenir fel Ifor Hael. Ceir ei ach fel hyn : Ifor ap Llywelyn ab Ifor ap Bledri ap Cadifor Fawr, arglwydd Blaen-cuch yn Nyfed. Y mae'n debyg mai ei dad a ddaeth gyntaf i Forgannwg drwy briodi Angharad, ferch ac aeres Morgan ap Maredudd o Dredegar. Yr oedd hi'n disgyn o Rys ap Tewdwr. Ni chaed hyd yn hyn yr un cyfeiriad at Ifor yn nogfennau'r wladwriaeth, ond caed dau gyfeiriad at ei fam, Angharad, mewn dau *inquisitio* ar ôl marw ei thad. Yn anffodus y mae'r rheini'n gwrth-ddweud ei gilydd. Yn ôl un fe aned Angharad yn 1293, ond yn ôl y llall yn 1299. Prun bynnag o'r rhain sy'n iawn, nid yw'n debyg fod ei mab Ifor wedi ei eni cyn tua 1320. Isod t. 414 ceir englyn yr honnir i Ddafydd ei ganu i Angharad. Caed cyfeiriad hefyd at nai i Ifor, Llywelyn ap Morgan, a phenodwyd ef i swydd ym Magor yn 1388. Yr oedd i'r Llywelyn hwn fab o'r enw Ieuan (neu Evan) a cheir ei enw yntau fel tyst i siarter yn 1405. Oddi wrth y dyddiadau hyn daeth Syr Ifor Williams i'r casgliad y gallai Dafydd fod yn moli Ifor Hael rywbryd rhwng 1345 a 1380.

Cartref Ifor oedd Gwernyclepa ger Basaleg. Yr oedd y tŷ tua milltir i'r de o bentref presennol Basaleg.

Enwir Basaleg yn y cywydd rhif 9 (llin. 54), ac enwir hefyd y Wennallt (llin. 47). Y mae mangre o'r enw Craig y Wennallt ryw dair milltir i'r gogledd-orllewin o'r lle safai Gwernyclepa.

Y mae un anhawster ymddangosiadol ynglŷn â'r awdl farwnad i Ifor a Nest (rhif 11). Dywaid Lewis Glyn Cothi:

Aeth Dafydd, gwawdydd drwy gôr
I nefoedd o flaen Ifor,

ac eto dyma farwnad i Ifor gan Ddafydd. Y mae'n ddiamau fod Lewis yn gwybod y ffeithiau'n gywir, ac yntau'n byw o fewn llai na chanrif i oes Ifor ei hun. Yr esboniad yn ddiamau yw mai marwnad i bersonau byw yw'r awdl, ac mai dyna pam y cyplysir y ddau â'i gilydd. Y mae'n bur sicr fod Dafydd wedi marw o flaen Ifor Hael.

(*e*) *Rhys Meigen*

Y traddodiad am yr awdl ddychan i Rys Meigen (rhif 21) yw bod Rhys wedi marw pan glywodd hi. Dywedir hynny mewn amryw o lsgrau., e.e. 'Awdl ddychan i rys meigen a wnaeth Dd ap gwilym ag ai kanodd hi yn i wydd fo ag yntau a syrthiodd i lawr ag a fu farw fel y mae nhw yn dywedyd' (Bl e 1, 83a). Rhoir mwy o fanylion yn P 49, 156a, lle dywedir ar ddiwedd yr awdl:

Da. ap Glm. i Rys Meigen am ganv o hono yntef yr Englyn dychan ymma i fam Da. ap Glm. ac i Dd.

Dafydd gav merydd gi mall
Tydi fab y Tadau oll
Gwenais dy fam gam gymmell
vwch i thin och yn i thwll.

Yr Englyn or blaen a ganwyd ar giniaw Ddyw nadalig ym-mhlas lln ap Glm Vychan ap Glm ap Gwrwared yn Neheubarth. A Dafydd a wnaeth yr owdl or blaen i Rys Meigen ac ai canodd yn i wydd, ac ynte a syrthiodd yn farw, os gwir a ddywedant.

Er mor ffansïol y mae'n ymddangos, y mae'n rhaid fod rhywbeth yn y stori, oherwydd wedi i Ddafydd herio Gruffudd Gryg i ymladd yn y cywyddau ymryson, y mae Gruffudd yn dweud ' 'Mogel, nid mi Rys Meigen' (151. 70), ac yn y cywydd nesaf y mae Dafydd yn cyfeirio at Rys fel un 'a las â gwawd' (152. 60). Wrth gwrs, rhaid cofio o hyd y geill Rhys fod yn gymeriad hollol ddychmygol, ac mai cellwair rhwng y beirdd ar y pryd oedd honni fod Dafydd wedi ei ladd ag awdl ddychan. Ar y llaw arall, gallai Rhys fod yn dioddef oddi wrth ryw anhwylder a barodd iddo gynhyrfu cymaint pan glywodd yr awdl nes marw. Ni welais i ddim byd o waith Rhys Meigen, ond yr englyn uchod a'r englyn t. 419 isod.

Ni wn am ddim ychwaith i ddweud pwy ydoedd. Y mae Meigen i'w gael fel enw ar ran o Bowys, sef yr ardal o gwmpas Cefn Digoll yn ymyl y Trallwng. Y mae hefyd le o'r enw Bryn Meigen yng nghwmwd Creuddyn yng ngogledd Ceredigion, ond y tebyg yw mai enw person yw'r gair yn y cyswllt hwn. Y cwbl y gellir ei awgrymu oddi wrth hyn oll yw fod Rhys Meigen efallai yn frodor o Feigen ym Mhowys. Am ei amseroedd nid oes dim yn hysbys. Dywedir yn Owen, *Pemb.*, IV, 624, iddo farw yn Emlyn yn 1316, ond ni nodir ffynhonnell, ac oddi wrth bopeth a wyddom am Ddafydd ap Gwilym, y mae hyn gryn lawer yn rhy gynnar.

Fe welir wrth a ddywedwyd uchod mai anodd yw pennu dyddiad pendant i Ddafydd. Y dyddiad cynharaf sydd gennym yw'r blynyddoedd 1334–8 pan oedd Hugh Tyrel yn derbyn tiroedd yng Nghymru. Mwy pendant yw 1340, pan oedd cyfaill Dafydd, Madog Benfras, yn erlyn mewn llys barn. Rhaid bod Madog y pryd hwnnw dros ei 21 oed, ac os oedd Dafydd ac yntau tua'r un oed, buasai Dafydd wedi ei eni yn 1320 neu ychydig ynghynt. Yr oedd rhai o'r gwŷr oedd yn gyfoes â Dafydd yn tyngu llw ffyddlondeb i'r Tywysog Du yn 1343—Llywelyn ap Gwilym, Ieuan ap Gruffudd

Foel, a Syr Rhys ap Gruffudd. Yr oedd Robert le Northern yn fyw yn 1342, a Ieuan Llwyd ab Ieuan Fwyaf yn dal swydd dan y Llywodraeth yn 1351–2. Canwyd yr awdl i Hywel ap Goronwy rywbryd cyn 1370 pan benodwyd ef yn esgob. Felly y cwbl y gellir ei ddweud i sicrwydd yw mai ym mlynyddoedd canol y 14 g. yr oedd Dafydd ap Gwilym yn byw ac yn canu. Efallai ei eni tua 1320. Nid oes dim i nodi blwyddyn ei farw. Ceir un awgrym yng nghywydd Gruffudd Llwyd lle rhoir enwau deuddeg o feirdd a ddylai fod yn rheithwyr yn y praw ar Forgan ap Dafydd o Rydodyn (hanner brawd i Ifor Hael) am ladd Ustus Caerfyrddin. Yn y cywydd cyferchir Syr Dafydd Hanmer, a oedd yn farnwr llys y brenin rhwng 1383 a 1387. Nid enwir Dafydd ap Gwilym ymysg y deuddeg bardd, ac felly rhesymol yw casglu ei fod wedi marw cyn 1387.

II. Y LLAWYSGRIFAU

Dyma restr o'r llsgrau. a ddefnyddiwyd ynglŷn â'r gwaith hwn, gydag ychydig fanylion am amseriad pob un. Defnyddiwyd y rhifau a geir mewn catalogau argraffedig, er bod y rheini rai gweithiau yn wahanol i'r rhifau a ddefnyddir yn swyddogol yn y llyfrgelloedd. E.e. rhifwyd llsgrau.'r Amgueddfa Brydeinig yn ôl *Report* Gwenogvryn Evans cyn belled ag y mae hwnnw'n mynd, er bod wrth reswm rifau gwahanol yng nghatalog swyddogol yr Amgueddfa. Yr un modd â llsgrau. Llyfrgell Rydd Caerdydd. Gwnaethpwyd hyn er mwyn hwyluso dod o hyd i'r llsgr. yn y *Report*.

A 1—Benjamin Simon, 1747–51. 2—Llyfr B. Simon, 1754.

B 23—Edward ap Roger ac eraill, hanner cyntaf yr 16 g. 24—1510–40. 29—David Johns, Llanfair Dyffryn Clwyd, 1587. 30—ar ôl 1570. 31—William ap William ap Robert o Dregwraeth, 1591. 32—T. Wiliems, 1594–6. 34—diwedd yr 16 g. 38—y rhan fwyaf yn llaw Richard ap John o Ysgorlegan, cyn 1620. 39—dechrau'r 17 g. 40—16 g.–17 g. 45—dechrau'r 17 g. 46—Llyfr Hir Llangadwaladr, 17 g. 48—diwedd yr 16 g. 50—17 g. 51—17 g. 52—*c.* 1689. 53—L. Morris, *c.* 1748. 55—Y Delyn Ledr, William Morris, 1739.

9,817—17 g., peth yn llaw Richard ap John o Ysgorlegan. 14,876—18 g., L. a R. Morris. 14,890—Iaco ab Dewi. 14,891—17 g. 14,892—diwedd yr 17 g. 14,900—Llyfr Byr Llangadwaladr, 17 g. 14,902—17 g. 14,932—W. Morris, 1740–54. 14,933—17 g. 14,935—18 g., L. Morris. 14,936—R. Morris. 14,965—dechrau'r 17 g. 14,966—canol yr 17 g. 14,969—Cwrach Hen, 17 g. 14,975—dechrau'r 17 g. 14,978, 14,979—17 g. 14,982—*c.* 1600. 14,984—*c.* 1640. 14,986—16 g. 14,988—17 g. 14,994—18 g., llaw O. Myfyr a H. Maurice. 14,999—*c.* 1600. 15,004—18 g., llaw Ieuan Fardd. 15,006—18 g. 15,010—1757–63, William Roberts, Llwynrhudol. 15,015—18 g. 15,030—18 g. 15,038—1575. 15,040—17 g. 31,056, 31,058, 31,059, 31,060—diwedd yr 16 g. a dechrau'r 17 g.

Ba 6—Casgliad Owain Myfyr, 1768.

Bd 3—hanner olaf yr 16 g.

Bl e 1—hanner cyntaf yr 17 g. e 2—cyn 1650. e 3—18 g. e 6—17 g. e 7—hanner cyntaf yr 17 g. e 8—ail hanner yr 17 g. f 1—*c.* 1685, Iaco ab Dewi. f 3—*c.* 1760, Benjamin Simon. f 5—18 g.

Br 1—canol yr 16 g.–ddiwedd yr 17 g. 2—1599, Wmffre Davis. 3—17 g. 4—canol yr 17 g. 5—canol yr 17 g. 6—17 g.

C 2.14—18 g. 2.615—18 g. 2.616—17 g. 3.68—18 g. 5—1527, Elis Gruffydd. 7—Ficer Woking, 1564–5. 11—diwedd yr 16 g. 12—1600–4, Thomas Evans, Hendre Forfudd. 13—1609–10. 16—*c.* 1620. 19—*c.* 1624. 20—*c.* 1636. 26—*c.* 1714. 27—18 g. 47—18 g., D. Ellis, Cricieth. 48—18 g. 49—diwedd yr 16 g. 52—hanner cyntaf yr 17 g. 53—18 g. 63—*c.* 1578–81, R. ap John o Ysgorlegan. 64—Margt. Davies, *c.* 1736. 66—*c.* 1690. 83—*c.* 1594–1615. 84—18 g., Dafydd Jones o Drefriw.

Ce—*c.* 1650 (gw. *The Cefn Coch MSS.* (gol. J. Fisher), Liverpool, 1899).

Cw 5—17 g. a'r 18 g. 10—1766, David Ellis. 14—1726, L. Morris. 19—ar ôl 1689, Edward Lhuyd. 20—18 g., Benjamin Simon. 22—17 g. 23—*c.* 1600. 25—*c.* 1644. 27—1630, gydag ychwanegiadau o'r 18 g. 31—17 g. 114—canol yr 17 g. 125—*c.* 1730, Hugh Jones o Dal-y-llyn. 128—1738, Margt. Davies. 129—1760–2, Margt. Davies. 158—19 g., Owen Williams, y Waunfawr. 207—hanner cyntaf yr 17 g. 243—*c.* 1630. 244—canol yr 17 g. 245, 273, 281, 283—19 g., Mary Richards, Darowen. 296—L. Morris, 1744. 319—19 g. 381—diwedd y 18 g. 448—18 g., Margt. Davies. 449—chwarter cyntaf y 18 g. 552—19 g.

G 1—17 g. 2—16 g. 3—diwedd yr 16 g. 4—dechrau'r 17 g.

Gn B—hanner cyntaf yr 17 g.

Gw. 24—canol a diwedd yr 16 g. 25—y rhan fwyaf cyn 1512 (gw. Bachellery, EC, v, 117–8).

H 17—ail hanner yr 16 g. 26—Thomas Wiliems, *c.* 1574.

J 12—ar ôl 1573. 14—16 g., copi o C 7, yn ôl R ii, 56. 16—1628. 17—*c.* 1630, copi o Br 2.

Ll 6—dechrau'r 16 g., gw. argraffiad E. Stanton Roberts, 1916. 7—dechrau a chanol yr 16 g. 14—17 g., Samuel Williams. 15—dechrau'r 18 g. 16—diwedd yr 17 g. neu ddechrau'r 18 g., Samuel Williams. 25—17 g. 27—15 g. 42—17 g. 47, 48—diwedd yr 16 g. neu ddechrau'r 17 g., Llywelyn Siôn. 49—17 g. 53—*c.* 1647. 54—*c.* 1631. 55—1579, Siôn Dafydd Rhys. 118—dechrau'r 17 g., Wmffre Davis. 120—*c.* 1607, Jaspar Gryffith. 122, 124, 125—canol yr 17 g., William Bodwrda. 133—Iaco ab Dewi a Samuel Williams. 134—Llywelyn Siôn. 145—Samuel Williams, Moses Williams, Iaco ab Dewi. 155—*c.* 1600. 156—1630–68. 163—16 g. 167—17 g. 169—1550–75. 173—dechrau'r 17 g. 186—1778, Richard Thomas.

Lla B 1—ail hanner yr 17 g., Tomas ab Ieuan o Dre'r-bryn ym Morgannwg.

Llg A—3—hanner cyntaf yr 17 g.

LlH—*c.* 1613, Llywelyn Siôn.

M 1—17 g., copi o M 212. 129—1574. 130—diwedd yr 17 g. a dechrau'r 18 g. 131—1605–18, J. Jones o'r Gellilyfdy. 144—1625–50. 145—dechrau'r 17 g. 146—diwedd yr 16 g. a dechrau'r 17 g. 147—17 g. 148—16 g. 160—17 g., Wmffre Davis. 161—peth yn yr 16 g. a pheth yn hanner cyntaf yr 17 g. 212—1600–30.

MT—Llywelyn Siôn.

N 16—ar ôl 1630. 168—18 g. a'r 19 g., Bardd y Brenin. 431—diwedd yr 17 g. 435—17 g. 436—18 g. 552—17 g. 560—dechrau'r 17 g. 593—17–18 g. 642—17 g. 643—17 g. 644—17 g. 719—17 g. 722—16 g. 727—17 g. 728—17 g. 783—18 g. 832—18 g., William Bulkeley o'r Brynddu ym Môn. 836—18 g. 1024—17 g. 1244—18 g. 1246–7—18 g., Rhys Jones o'r Blaenau. 1260—18 g. 1553—16–17 g. 1559—17–18 g. 1560—16 g. 1578—16 g. 2288—18 g. 2691—17–18 g. 3487—18 g. 4710—17 g. 5261—18 g. 5265—diwedd yr 16 g. 5269—17 g. 5272—16–17 g. 5273—17 g. 5274—17 g. 5283—17 g. 6499—17 g. 6511—diwedd yr 16 g. neu ddechrau'r 17 g., Llywelyn Siôn. 6681—17 g., John Jones o'r Gellilyfdy. 6706—17 g. 7191—17 g. 8330—*c.* 1635. 8341—hanner olaf y 18 g. 11,087—17 g.

P 48—? canol y 15 g. 49—casgliad John Davies. 51—ail hanner y 15 g., Gwilym Tew. 52—15 g., Dafydd Nanmor. 54—15 g. 55—diwedd y 15 g. 57—peth cyn 1500 a pheth wedyn, gw. argraffiad E. Stanton Roberts, 1921. 61—16 g., Siôn Brwynog. 64—ar ôl 1577, Simwnt Fychan. 66—diwedd yr 16 g. 67—diwedd y 15 g., gw. argraffiad E. Stanton Roberts, 1918. 72—ar ôl 1581, Siôn Tudur. 76—canol yr 17 g., gw. argraffiad E. Stanton Roberts a W. J. Gruffydd, 1927. 78—ail hanner yr 16 g. 81—chwarter olaf yr 16 g. 82—1540–80. 83—ail hanner yr 16 g. 84—ail hanner yr 16 g. 91—*c.* 1641. 93—diwedd yr 16 g. 96—1565–1616, Lewis Dwnn. 97—*c.* 1605. 99—16 g.–17 g., John Davies ac eraill. 103—*c.* 1570. 104—1624–51. 108—1625–40. 111, 112—*c.* 1610, John Jones o'r Gellilyfdy. 114—1620–40. 123—1753, William Wynne o'r Lasynys. 124—ar ôl 1713. 137—16 g. 182—1514, Syr Huw Pennant. 184—ar ôl 1606. 189—15 g. a 16 g. 195—17 g. 197—18 g., David Ellis. 198—1693–1701. 206—hanner cyntaf yr 17 g. 239—17 g. 240—18 g., William Wynn o Langynhafal. 312—1610–1640, John Jones o'r Gellilyfdy.

Pa 10—*c.* 1780, Ieuan Fardd. 45—18 g., Ieuan Fardd. 53—18 g.

T—Amryw ddwylo o ddiwedd yr 17 g. a dechrau'r 18 g.

Th—diwedd yr 16 g. a dechrau'r 17 g.

W 1—1590–91, John Brooke o Fawddwy.

Wy 2—canol yr 17 g., William Bodwrda.

Cywyddau Iolo Morganwg

Profodd yr Athro G. J. Williams fod dau gywydd yng nghorff BDG, sef 'A mi y' ngoror gorallt' (lxx) a 'Y fun a elwir f'anwyl' (lxxx) wedi eu llunio gan Iolo Morganwg (gw. IMChY, 6–13). Dangosodd yr Athro hefyd fod y cywyddau sydd yn y Chwanegiad, ag eithrio rhifau viii, x, xi, a xv, oll yn waith Iolo (IMChY, 13–42).

III. Y TESTUN

Yn yr argraffiad hwn fe geisiwyd llunio testun safonol i'r cerddi, a'i gyfleu yn yr orgraff a gydnabyddir heddiw. Dull arall a gymeradwyir gan rai ysgolheigion, sef argraffu'r copi hynaf o'r gerdd ac ychwanegu amrywiadau o lsgrau. eraill. Ond pan fo bwlch hir rhwng oes y bardd a'r copi hynaf o'i waith, fel y mae'n digwydd gyda DG, nid oes dim arwyddocâd na phwysigrwydd yn y copi hynaf, oherwydd fe eill hwnnw fod yn fwy llwgr na chopi diweddarach. Ac i'r sawl a fyn wybod natur ac ansawdd barddoniaeth DG, y mae argraffiad darllenadwy, wedi ei atalnodi i ddangos yr ystyr, yn fwy gwerthfawr na chopi nad yw'n profi dim yn derfynol ond orgraff rhyw gopïwr oedd yn byw gan mlynedd ar ôl marw'r awdur. Ond y mae rhai ffurfiau na ellir eu diweddaru am fod yr odl neu'r gynghanedd yn dibynnu arnynt, e.e. ffurfiau personol yr arddod. *i—ymy*, *yty*, etc., a'r terfyniadau berfol *-y* ac *-ud*. Yn gyffelyb ni ellir dilyn rheol OIG (t. 52) ynghylch caledu'r gytsain gyntaf mewn cyfuniad o ddwy gytsain fud. Yn 16. 62 bu raid argraffu 'llwydgun' (nid 'llwytgun') am ei fod yn cynganeddu â 'lledw gynheiliad.' Yn 51. 39 y mae 'clodgamp' yn gwneud cynghanedd lusg â 'bod,' ac ni ellir ei sillafu fel 'clotgamp.' Cyfyd ansicrwydd weithiau am na wyddys union werth seinyddol neu fydryddol sain arbennig. Weithiau y mae DG yn trin cyfuniadau fel 'da y' neu 'lle y' fel dwy sillaf i bwrpas y mydr ; bryd arall un sillaf ydynt, ac y mae'n amlwg naill ai fod cywasgiad wedi digwydd neu nad oedd yr *y* yn cael ei seinio o gwbl. Y mae'r llsgrau. yn rhy ddiweddar i dorri'r ddadl. Yn wyneb yr ansicrwydd hwn penderfynwyd argraffu 'da y' a 'lle y' ym mhobman, a gadael i synnwyr cyffredin a gwybodaeth y darllenydd benderfynu'r sain. Cadwyd rhai ffurfiau nodweddiadol o Gym. Can., megis *fal* a *no*, *nog*, am eu bod i'w cael yn bur gyffredinol yn y llsgrau. gorau.

Nid wyf yn honni imi weled pob copi o bob cerdd, er imi ymdrechu, gyda help sylweddol swyddogion y gwahanol lyfrgelloedd, i ddod o hyd i gopïau mewn llsgrau. sydd heb eu catalogio. Fel y gŵyr y cyfarwydd, y mae amrywiaeth ddiderfyn bron yn orgraff a darlleniadau'r copïwyr drwy'r canrifoedd. Bernais, yn gam neu'n gymwys, mai doeth wrth restru'r amrywiadau ar ddiwedd pob cerdd oedd dewis, o fysg y lluoedd o amrywiadau, y darlleniadau hynny oedd â rhyw bwysigrwydd neu arwyddocâd iddynt. Heb ddewis felly, buasai'r llyfr yn mynd yn gwbl afresymol o hir, a buasai ynddo lawer mwy o fwnglera copïwyr nag o farddoniaeth DG. Felly ni chroniclwyd amrywiadau orgraff, nac ychwaith lawer o ddarlleniadau sy'n edrych yn gwbl ynfyd a diddeall. Wrth ddewis y darlleniad i'w gymeradwyo yng nghorff y gerdd, ceisiwyd cadw mewn cof safonau iaith y cyfnod, arferion y beirdd, a hefyd fympwyon a rhagfarnau ac anwybodaeth copïwyr. Y mae hyn i ryw raddau yn dibynnu ar chwaeth bersonol, a geill honno fod yn ffaeledig. O ganlyniad fe ddichon y bydd i rywrai anghytuno â'm dedfryd, ac nid oes gennyf ond gobeithio na chyfeiliornais yn aml yn hyn o beth.

I ddynodi'r llsgrau. ar ddiwedd pob cerdd fe ddefnyddiwyd llythrennau'r wyddor (yr wyddor Saesneg ysywaeth, oherwydd yr anhawster gyda'r llythrennau dyblyg yn yr wyddor Gymraeg). Fe welir fod weithiau ddwy neu ragor o lsgrau. o dan yr un llythyren, wedi eu nodi ag (*a*), (*b*), etc. Ystyr hynny yw fod perthynas ddigon agos rhwng y llsgrau. hyn a'i gilydd fel y gellir eu hystyried fel un. Wrth restru'r amrywiadau fe ddefnyddiwyd dyfais neu ddwy er arbed gofod. Pan fo llythyren mewn cromfachau, y mae'n golygu fod y llinellau neu'r darlleniad a nodir wedi eu hychwanegu ar ymyl y ddalen neu uwchben y llinell yn y llsgr. a ddynodir gan y llythyren honno. Pan fo llythyren rhwng bachau petryal, y meddwl yw nad yw'r llinellau a nodir yn digwydd yn y llsgr. a nodir gan y llythyren. Os bydd llinellau wedi eu hychwanegu mewn rhai copïau, ond na farnwyd y dylid eu cynnwys yn y testun safonol, fe ddangosir hynny gan yr arwydd +, yn cael ei ddilyn gan y llythrennau sy'n nodi'r llsgrau., ac yna'r llinellau a ychwanegwyd. E.e. t. 23, fe welir '30 + D : afiaith a wnaf, etc.' Yr ystyr yw fod y ddwy linell a argraffwyd yn digwydd yn y ffynhonnell D ar ôl llinell 30. Ni cheisiwyd nodi'r amrywiaeth yn nhrefn y cwpledi yn y gwahanol gopïau, oherwydd gan gymaint y gwahaniaethant oddi wrth ei gilydd yn fynych, ni ddeuid byth i ben â dangos hynny. Dewiswyd y drefn a ymddangosai'n fwyaf rhesymol ac a gefnogid gan y llsgrau. gorau.

Gan mai sefydlu testun gweithiau DG yw'r brif ymgais yn y llyfr hwn, nid amcanwyd yn y nodiadau drafod ond ychydig iawn o'r pynciau amryfal sy'n codi o astudiaeth fanwl o waith y bardd. Caiff yr ieithydd a'r sawl sy'n ymddiddori yn hanes llenyddiaethau ac mewn arferion gwerin drafod yr holl bethau diddorol sydd i'w gweled yn y cerddi. Fy amcan i oedd darparu testun y gellid ymddiried ynddo. Ar y diwedd fe gyfunwyd mynegai a geirfa. Ni nodwyd yno bob gair y mae'r bardd yn ei ddefnyddio, ac felly nid yw'r rhestr yn cynrychioli holl eirfa DG, ond trwy gynnwys ynddi bob gair arwyddocaol fe amcanwyd ei gwneud yn ddrych gweddol deg o eirfa'r bardd.

Gwnaethpwyd dosbarthiad bras ar y cerddi yn ôl eu pynciau, fel y dengys y rhestr o gynnwys y llyfr ar y dechrau, ond ni honnir nad oes cryn dipyn o orgyffwrdd rhwng yr adrannau. Ni fwriadwyd y dosbarthiad ond fel ymgais i roi rhyw drefn ar y casgliad.

Yn rhagymadrodd yr argraffiad cyntaf fe restrwyd 177 o gerddi oedd yn ymddangos i mi wedi eu cambriodoli i D.G. Dadleuodd Mr. D. J. Bowen dros adfer 'Y Sêr' a 'Yr Eira' (LlC vi, 40), ond nid yw'r dadleuon yn fy argyhoeddi i. Fe ymddengys fy sylwadau ar erthygl Mr. Bowen yn LlC.

BYRFODDAU

Defnyddiwyd y byrfoddau arferol am dermau gramadeg ac enwau ieithoedd, ac ni farnwyd fod angen eu rhestru yma. Ceir rhestr o fyrfoddau enwau'r beirdd yn CD, tt. xix–xxvi.

(i) Llawysgrifau

A . . . Aberdâr (R ii, 395).
B . . . Yr Amgueddfa Brydeinig (R ii, 939, *Catl. Addtl. MSS. in Brit. Mus.*).
Ba . . . Bangor (yn Llyfrgell Coleg y Gogledd).
Bd . . . Bodewryd (yn y Llyfrgell Genedlaethol).
Bl . . . Llyfrgell Bodley, Rhydychen.
Br . . . Brogyntyn (yn y Llyfrgell Genedlaethol).
C . . . Llyfrgell Rydd dinas Caerdydd (R ii, 91, 783, ac eraill heb eu catalogio).
Ce . . . Cefn Coch.
Cw . . . Cwrtmawr (R ii, 871)(yn y Llyfrgell Genedlaethol).
G . . . Gwyneddon Davies (yn Llyfrgell Coleg y Gogledd, Bangor).
Gn . . . Gwenogvryn Evans (yn y Llyfrgell Genedlaethol).
Gw . . . Gwysaney (yn y Llyfrgell Genedlaethol).
H . . . Hafod (R ii, 301) (yn Llyfrgell Rydd dinas Caerdydd).
J . . . Coleg yr Iesu (yn Llyfrgell Bodley, Rhydychen).
Ll . . . Llanstephan (R ii, 419) (yn y Llyfrgell Genedlaethol).
Lla . . . Llanofer (yn y Llyfrgell Genedlaethol).
Llg . . . Llangibby (yn y Llyfrgell Genedlaethol).
LlH . . . Llyfr Hir Llanharan (yn Llyfrgell Rydd dinas Caerdydd).
M . . . Mostyn (R i, 1) (yn y Llyfrgell Genedlaethol).
MT . . . Merthyr Tydfil (R ii, 372) (yn y Llyfrgell Genedlaethol).
N . . . Llawysgrifau Ychwanegol y Llyfrgell Genedlaethol.
P . . . Peniarth (R i, 297) (yn y Llyfrgell Genedlaethol).
Pa . . . Panton (R ii, 801) (yn y Llyfrgell Genedlaethol).
T . . . Llawysgrif Tan-y-bwlch, ger Maentwrog.
Th . . . Llawysgrif Thelwall (yn Llyfrgell Rydd dinas Caerdydd).
W . . . Wrecsam (yn y Llyfrgell Genedlaethol).
Wy . . . Wynnstay (yn y Llyfrgell Genedlaethol).

(ii) Llyfrau a Chylchgronau

AA . . . *Kymdeithas Amlyn ac Amic* (gol. J. Gwenogvryn Evans), Llanbedrog, 1909.

ACL . . *Archiv für Celtische Lexicographie* (Whiteley Stokes a Kuno Meyer), i–iii Bänder, Halle, 1900–7.

AL . . . *Ancient Laws and Institutes of Wales* (gol. Aneurin Owen), Vols. i, ii, 1841.

AP . . . *Yr Areithiau Pros* (gol. D. Gwenallt Jones), Caerdydd, 1934.

Arch. Camb. . *Archaeologia Cambrensis*, 1846–.

B . . . *The Bulletin of the Board of Celtic Studies*, Cardiff, 1921–.

BBStD . . *The Black Book of St. David's* (Cymmrodorion Record Series, No. 5), London, 1902.

BDG . . *Barddoniaeth Dafydd ab Gwilym* (o grynhoad Owen Jones a William Owen), Llundain, 1789.

Be . . . *Y Beirniad* (gol. J. Morris-Jones), Cyf. i–viii, Lerpwl, 1911–19.

BM . . *Breuddwyd Maxen* (gol. Ifor Williams), 3ydd arg., Bangor, 1928.

BrutD . . *Brut Dingestow* (gol. Henry Lewis), Caerdydd, 1942.

Brut Cl . . *Brut y Brenhinedd* (Cotton Cleopatra Version) (gol. John Jay Parry), Cambridge, Mass., 1937.

BR . . . *Breudwyt Ronabwy* (gol. Melville Richards), Caerdydd, 1948.

BWLl . . *Barddoniaeth Wiliam Llŷn* (gol. J. C. Morrice), Bangor, 1908.

CA . . . *Canu Aneirin* (gol. Ifor Williams), Caerdydd, 1938.

CACW . . *Calendar of Ancient Correspondence concerning Wales* (gol. J. Goronwy Edwards), Cardiff, 1935.

CCh . . . *Campeu Charlymaen* yn *Selections from the Hengwrt MSS.*, Vol. ii (gol. R. Williams a G. Hartwell Jones), London, 1892.

CD . . . John Morris-Jones, *Cerdd Dafod*, Rhydychen, 1925.

CFG . . Melville Richards, *Cystrawen y Frawddeg Gymraeg*, Caerdydd, 1938.

CIL . . . Kuno Meyer, *Contributions to Irish Lexicography*, Halle, 1906.

CLl . . *Cynfeirdd Lleyn* (gol. Myrddin Fardd), Pwllheli, 1905.

CLlGC . . *Cylchgrawn Llyfrgell Genedlaethol Cymru*, ystwyth, 1939–.

CLlH . . *Canu Llywarch Hen* (gol. Ifor Williams), Caerdydd, 1935.

CLlLl . . *Cyfranc Lludd a Llevelys* (gol. Ifor Williams), Bangor, 1910.

COD . . *The Concise Oxford Dictionary*.

CRhC . . *Canu Rhydd Cynnar* (gol. T. H. Parry-Williams), Caerdydd, 1932.

CT . . . *Canu Taliesin* (gol. Ifor Williams), Caerdydd, 1960.

Cy . . . *Y Cymmrodor* (The Magazine of the Honourable Society of Cymmrodorion), London, 1877–.

ChO . . *Chwedlau Odo* (gol. Ifor Williams), Wrecsam, 1926.

D . . . John Davies, *Antiquae Linguae Britannicae . . . Dictionarium Duplex*, Llundain, 1632. (Yr adran Gymraeg-Lladin.)

DB . . . *Delw y Byd* (gol. Henry Lewis a P. Diverres), Caerdydd, 1928.

DBot . . *Botanologium* ar ddiwedd yr adran Gymraeg-Lladin yn *Dict.* John Davies.

DDiar . . *Y Diharebion Cymraeg*, ar ddiwedd *Dict.* John Davies.

DFfest . . *Darn o'r Ffestifal* (gol. Henry Lewis; atodiad i Tr. Cy., 1923–4).

DGG . . *Cywyddau Dafydd ap Gwilym a'i Gyfoeswyr* (gol. Ifor Williams a Thomas Roberts), Bangor, 1914. Ail arg., Caerdydd, 1935.

Dinneen . . Patrick S. Dinneen, *An Irish-English Dictionary*, Dublin, 1927.

DN . . *The Poetical Works of Dafydd Nanmor* (gol. Thomas Roberts ac Ifor Williams), Cardiff, 1923.

Dwnn . . Lewis Dwnn, *Heraldic Visitations of Wales* (gol. S. R. Meyrick), Vols. i, ii, Llandovery, 1846.

DWS . . William Salesbury, *A Dictionary in Englyshe and Welshe*, ail arg., Llundain, 1877.

EANC . . R. J. Thomas, *Enwau Afonydd a Nentydd Cymru*, Caerdydd, 1938.

EC . . . *Etudes Celtiques* (gol. J. Vendryes), Paris, 1937–.

EEW . . T. H. Parry-Williams, *The English Element in Welsh*, London, 1923.

ELIG . . Henry Lewis, *Yr Elfen Ladin yn yr Iaith Gymraeg*, Caerdydd, 1943.

ELl . . . Ifor Williams, *Enwau Lleoedd* (Cyfres Pobun, V), Lerpwl, 1945.

EWG . . J. Morris-Jones, *An Elementary Welsh Grammar*, Oxford, 1922.

EWGP . . *Early Welsh Gnomic Poetry* (gol. Kenneth Jackson), Cardiff, 1935.

FAB . . *The Four Ancient Books of Wales* (gol. W. F. Skene), Vols. i, ii, Edinburgh, 1868.

FfBO . . *Ffordd y Brawd Odrig* (gol. Stephen J. Williams), Caerdydd, 1929.

G . . . J. Lloyd-Jones, *Geirfa Barddoniaeth Gynnar Gymraeg*, Caerdydd, 1931–.

GBC . . *Gorchestion Beirdd Cymru* (gol. Rhys Jones), Amwythig, 1773.

GDE . . *Gwaith Dafydd ab Edmwnd* (gol. Thomas Roberts), Bangor, 1914.

Gem. Gog. . *Gemau'r Gogynfeirdd* (gol. Arthur Hughes ac Ifor Williams), Pwllheli, 1910.

GGGl . . *Gwaith Guto'r Glyn* (gol. J. Llywelyn Williams ac Ifor Williams), Caerdydd, 1939.

GID . . *Casgliad o Waith Ieuan Deulwyn* (gol. Ifor Williams), Bangor, 1909.

GILlV . . *Detholiad o Waith Gruffudd ab Ieuan ab Llywelyn Vychan* (gol. J. C. Morrice), Bangor, 1910.

GMWL . . Timothy Lewis, *A Glossary of Mediaeval Welsh Law*, Manchester, 1913.

GOI . . Rudolf Thurneysen, *A Grammar of Old Irish* (translated from the German by D. A. Binchy and Osborn Bergin), Dublin, 1946.

GP . . . *Gramadegau'r Penceirddiaid* (gol. G. J. Williams ac E. J. Jones), Caerdydd, 1934.

GPC . . *Geiriadur Prifysgol Cymru*, Caerdydd, 1950–.

GramGR . . *Gramadeg Cymraeg gan Gruffydd Robert* (gol. G. J. Williams), Caerdydd, 1939.

GTA . . *Gwaith Tudur Aled* (gol. T. Gwynn Jones), Cyf. i, ii, Caerdydd, 1926.

H . . . *Llawysgrif Hendregadredd* (gol. J. Morris-Jones a T. H. Parry-Williams), Caerdydd, 1933.

HGCr . . *Hen Gerddi Crefyddol* (gol. Henry Lewis), Caerdydd, 1931.

HGrC . . *The History of Gruffydd ap Cynan* (gol. Arthur Jones), Manchester, 1910.

Hist. Carm. . *A History of Carmarthenshire* (gol. J. E. Lloyd), Cardiff, Vol. i, 1935, Vol. ii, 1939.

HLlG . . Thomas Parry, *Hanes Llenyddiaeth Gymraeg hyd 1900*, Caerdydd, 1944.

HW . . J. E. Lloyd, *A History of Wales*, London, 1911.

IG . . . *Gweithiau Iolo Goch* (gol. Charles Ashton), Llundain, 1896.

IGE . . *Cywyddau Iolo Goch ac Eraill, 1350–1450* (gol. Henry Lewis, Thos. Roberts, ac Ifor Williams), Bangor, 1925. Ail arg. diw., Caerdydd, 1937.

IEW . . John Strachan, *An Introduction to Early Welsh*, Manchester, 1909.

IMChY . . G. J. Williams, *Iolo Morganwg a Chywyddau'r Ychwanegiad*, Llundain, 1926.

Iolo MSS. . *Iolo Manuscripts, A Selection of Ancient Welsh Manuscripts* (gol. Taliesin Williams), Llandovery, 1848.

JCS . . . *The Journal of Celtic Studies*, Baltimore, Md., 1949–.

KLlB . . *Kynniver Llith a Ban* (W. Salesbury), arg. newydd (gol. John Fisher), Caerdydd, 1931.

L & P . . Henry Lewis a Holger Pedersen, *A Concise Comparative Celtic Grammar*, Göttingen, 1937.

LBS . . S. Baring Gould a John Fisher, *The Lives of the British Saints*, Vols. i-iv, London, 1907-13.

LGC . . *Gwaith Lewis Glyn Cothi* (gol. Tegid a Gwallter Mechain), Oxford, 1837.

LWP . . John Rhys, *Lectures on Welsh Philology* (ail. arg. diw.), London, 1879.

LlA . . . *The Elucidarium and other tracts in Welsh from Llyvyr Agkyr Llanddewivrevi* (gol. J. Morris-Jones a John Rhys), Oxford, 1894.

LlB . . . *Cyfreithiau Hywel Dda yn ôl Llyfr Blegywryd* (gol. Stephen J. Williams a J. Enoch Powell), Caerdydd, 1942.

LlC . . . *Llên Cymru* (gol. G. J. Williams), Caerdydd, 1950–.

LlDC . . *Llyvyr Du Kaer Fyrddin* (gol. J. Gwenogvryn Evans), Pwllheli, 1907.

LlLl . . *The Text of the Book of Llan Dâv* (gol. J. Gwenogvryn Evans a John Rhys), Oxford, 1893.

LlT . . *Llyvyr Taliessin* (gol. J. Gwenogvryn Evans), Llanbedrog, 1910.

Llys. Medd. . *Llysieulyfr Meddyginiaethol a briodolir i William Salesbury* (gol. E. Stanton Roberts), Liverpool, 1916.

MA . . .	*The Myvyrian Archaiology of Wales* (gol. Owen Jones, Edw. Williams, a W. O. Pughe), ail arg., Dinbych, 1870.
Mab . .	J. Loth, *Les Mabinogion*, ail arg., Paris, 1913.
MAWW . .	*Ministers' Accounts for West Wales, 1277 to 1306* (gol. Myvanwy Rhys), London, 1936.
ML . . .	J. Loth, *Les Mots Latins dans les Langues Brittoniques*, Paris, 1892.
MM . . .	P. Diverres, *Le Plus Ancien Texte des Meddygon Myddveu*, Paris, 1913.
MVM . .	W. J. Gruffydd, *Math vab Mathonwy*, Cardiff, 1928.
Mynegai . .	E. J. Louis Jones a Henry Lewis, *Mynegai i Farddoniaeth y Llawysgrifau*, Caerdydd, 1928.
OED . .	*The Oxford English Dictionary*, Oxford, 1933.
OPGO . .	*L'Oeuvre Poétique de Gutun Owain* (gol. E. Bachellery), Paris, 1950.
OSP . .	William Salesbury, *Oll Synnwyr pen Kembero ygyd*, arg. newydd, gol. J. Gwenogvryn Evans, Bangor, 1902.
Owen, *Pemb.* .	*The Description of Penbrokshire by George Owen of Henllys* (gol. Henry Owen ac Egerton Phillimore), London, Part i, 1892; Part ii, 1897; Part iii, 1906; Part iv, 1936.
P . . .	William Owen [-Pughe], *A Welsh and English Dictionary*, London, 1793.
PACF . .	J. E. Griffith, *Pedigrees of Anglesey and Carnarvonshire Families*, 1914.
Ped. . .	Holger Pedersen, *Vergleichende Grammatik der Keltischen Sprachen*, Göttingen, 1 Band, 1909; 2 Band, 1913.
PKM . .	*Pedeir Keinc y Mabinogi* (gol. Ifor Williams), Caerdydd, 1930.
Powys Fadog .	J. Y. W. Lloyd, *The History . . . of Powys Fadog*, London, 1881–7.
R . . .	Thomas Richards, *A British, or Welsh-English Dictionary*, Bristol, 1759.
R, i, ii . .	*Report on MSS. in the Welsh Language* (J. Gwenogvryn Evans), London, 1898–1910.
RBB/RB . .	*The Text of the Bruts from the Red Book of Hergest* (gol. J. Rhys a J. Gwenogvryn Evans), Oxford, 1890.
RC . . .	*Revue Celtique*, Paris, 1870–1936.
Recherches .	Th. M. Chotzen, *Recherches sur la poésie de Dafydd ab Gwilym*, Amsterdam, 1927.

RM . . *The Text of the Mabinogion and other Welsh Tales from the Red Book of Hergest* (gol. J. Rhys a J. Gwenogvryn Evans), Oxford, 1887.
RP . . *The Poetry in the Red Book of Hergest* (gol. J. Gwenogvryn Evans), Llanbedrog, 1911.
S . . D. Silvan Evans, *A Dictionary of the Welsh Language*, Carmarthen, Vol. i, A–C, 1893; Vol. ii, Ch–Enyd, 1907.
SDR . . *Chwedleu Seith Doethon Rufein* (gol. Henry Lewis), Wrecsam, 1925.
SG . . *Y Seint Greal* (gol. Robert Williams), London, 1876.
Stern . . L. Chr. Stern, 'Davydd ab Gwilym, ein walisischer Minnesänger,' ZCP, vii Band, Halle, 1909.
TLlM . . G. J. Williams, *Traddodiad Llenyddol Morgannwg*, Caerdydd, 1948.
TrCy . . *Transactions of the Honourable Society of Cymmrodorion*, London, 1892–.
Trans. Guild. . *Transactions of the Guild of Graduates.*
TW . . Yr adran Ladin-Cymraeg yn *Dictionarium* John Davies.
TYP . . Rachel Bromwich, *Trioedd Ynys Prydein*, Caerdydd, 1961.
VVB . . J. Loth, *Vocabulaire Vieux-Breton*, Paris, 1884.
WB . . Hugh Davies, *Welsh Botanology*, London, 1813.
WG . . J. Morris-Jones, *A Welsh Grammar*, Oxford, 1913.
WM . . *The White Book Mabinogion* (gol. J. Gwenogvryn Evans), Pwllheli, 1907.
WML . . *Welsh Medieval Law* (gol. A. W. Wade Evans), Oxford, 1909.
WS . . J. Morris-Jones, *Welsh Syntax*, Cardiff, 1931.
WVBD . . O. H. Fynes-Clinton, *The Welsh Vocabulary of the Bangor District*, Oxford, 1913.
WWHR . . *West Wales Historical Records* (gol. Francis Green), Carmarthen, 1912–29.
Y Bibyl . . *Y Bibyl Ynghymraec* (gol. Thomas Jones), Caerdydd, 1940.
YCM[1] . . *Ystorya de Carolo Magno* (gol. Thomas Powell), London, 1883.
YCM . . *Ystorya de Carolo Magno* (gol. Stephen J. Williams), Caerdydd, 1930.
ZCP . . *Zeitschrift für Celtische Philologie*, Halle, 1897–.

GWAITH
DAFYDD AP GWILYM

I

I IESU GRIST

Oesbraff wyd, Siesus, Ysbryd—gwiw Ddofydd,
Goddefaist fawr benyd,
Archoll arf, erchyll wryd,
Ar bren croes dros bymoes byd.

Y byd a glybu dy wybodus—gael
O riain feinael ddiwrhäus ;
Gwedy d'eni di, Deus,—yn fore
Y'th alwant o'r lle, Dom'ne, Dom'nus.
Diddan dri brenin anrhydeddus—coeth
A ddoeth i'r cyfoeth yn wŷr cofus ;
Dugant dair anrheg, diwgus—roddi,
O rym Mair a Thi, aur, myrr a thus.
Gwirdad a Mab rhad prydus—ac Ysbryd,
Gwirllyw iechyd a gwawr llewychus.
Gwae fi, Dduw Tri, *p*ond trahaus—i neb
Gwerthu dy wyneb, gwyrth daionus ?
Ynfydrwydd Suddas, bu anfedrus—iawn,
Dy roi i estrawn, dirwy astrus.
Gormodd fu, gwaith rhodd a rhus—anoddau,
Gwyro d'aelodau, gwawr dyledus.
I eistedd arnad ustus—cardotai
O fab y blotai fu Bilatus.
Doeth i'th gylch yn noeth drwy wenieithus—dôn
Iddeon, lladron rhy dwyllodrus.
Aeth naw i'th rwymaw, o'th rymus—lendyd,
I brynu penyd, ar bren pinus.
A'th rwymiad creulon yn orthrymus—gaeth,
Mawr lefain a wnaeth Mair wylofus.
Eisoes, er y groes, grasus—fu'r diwedd,
Dy ddianc o'r bedd, medd Mathëus.
Pan welom drosom dy rasus—basiwn,

Pa nad ystyriwn poen dosturus ?—
Dy draed yn llawn gwaed, nid gwydus—dy gof,
Dy ddwylo erof, Duw, ddolurus ;
Arwyddion angau i'th arweddus—dâl,
Gloes ar wyal a glasu'r wëus.
A gwedy hynny o'th glwyf heinus—trwm
Y dyly sentwm dy alw Santus.
O'th gawdd, pwynt anawdd, pond dawnus—fuom
Dy ddyfod atom, Duw ddioddefus ?
Gwedy dy angau nid gwydus—i neb ;
Da fu i Sioseb dy fyw, Siesus.

BDG ccxli.

Ffynonellau.—A—(a) B 29, 37 ; (b) G 3, 16b ; (c) C 26, 69. B—(a) B 53, 60 ; (b) Ba 6, 169 ; (c) Cw 381, 31 ; (d) Cw 296, 9. C—C 7, 691. D—C 19, ii, 82. E—C 84, 1215. F—Cw 5, 270. G—Cw 10, 75. H—G 4, 75. I—H 26, ii, 116. J—(a) Ll 147, 4 ; (b) LlH, 3a. K—Ll 54, 137. L—M 145, 8. M—M 146, 19. N—M 212, 85. O—N 643, 90. P—N 5273, 31. Q—P 49, 122 (2 *l. yn unig*). R—P 64, 38 (*dienw*). S—P 195, 53. T—P 312, vi, 14 (*dienw*). U—W 1, 244.

Amrywiadau.—1. Iesu ABCEFHIJM-PR-U ; duw ddofydd S. 2. dioddefaist S. 3. archoll arw CE, archoll erof JK, archoll oer HN, erchyll arf archoll R. 5. wybu K, glyw HN, duw wybodus GHINT. 6. ddiwareus A-GIJPRTU, ddiwaireus S, ddiwarus O, ddiwrafunus M, ddiwrafanus HN. 7. di iessus S ; dy eni daionus fore JKM, dy eni yn ddawnus fore DLO, dy eni dawnus yn fore HN. 8. alwn DL, dy alw JK ; o'u lle ABT, i'r lle O, ymhob lle C, yn y lle JK. 11. diwygus CF-KNR. 13. rhad rhyfygus S. 14. gorlliw DGJKLO ; gŵr CEHIL-OT, gair JK ; i iechyd gwawr AB, gorllewychus RS. 15-16. [CEHIMNQ.] 15. fy Nuw Tri trahaus JPR, Dduw Tri trahaus S, Dduw y Tri trahaus G, fy Nuw Tri ond trahaus ABTU, gwae ni Dduw a Thri trahaus DLO. 16. werthu JS ; gwerth daionus P, gwyrthiau dawnus DGLO, wyrthiau daionus J, wyrthiau dawnus S. 17-18. AJKPSTU. 17. ynfydrwydd rheudus yw S, ynfydrwydd a rheudus bu U. 18. dy roddi A, drwy waith astrus S. 19. gwaith enbydus oi rhus CEIO, dyrodd dyrys JK, a rhodd oi rhus MP, enbyd drwy rus DGLO, yn rhodd a rhus F, arfodd oi rhus HN ; amodau CDE-IK-PR, anoddef AT. 20. gweirio U ; gwir dyledus J. 21. eisteddodd A-ILMNPSTU, eiste bu R ; annifai JK. 22. i flotai ABGLOSTU, i latai DPR. 24. i'th gylch noeth CEI, i'th gylch anoeth O ; Duw ddoeth o'i noeth ddiwenieithus ABT, vo ddoeth yn noeth diwenieithus U. 25. daeth JK ; orthrymus DGR, orthrymus bryd ABO ; benyd J ; a'th rwymaw o naw yn orthrymus byd F. 26. er prynu A-ILNOPSTU ; ar y pren DGHLNO. 27–30. [CEHIMNQ.] 29. ar y groes ABKT, ar groes P. 31. pan welsom ABT, pan glywson dryson dy rasus JK. 32. pam H-KMNST, pan ACDFOPRU. 33. nid gweddus EFS, nid gwyddus C, nid gweddus ddigoni L, nid gweddus ddigom DGO, nid gweddus yngof ABT. 34. erom DGO. 35–38. [S.] 35. a gwreiddion CE. 36. ar wiail AP ; wefus AC-PTU. 37. honnus CFIRU, hoenus JKM, hanus DGLO ; drwn DGL. 38. i dalu CE, dy alw . . . a ddyly ABT ; santwn DGL, sanctum ABETU ; sanctus ABEJKTU. 39. pand daionus HINRT. 41. nid gweddus EOU, gwedus DGL ; dros neb ABEFJKPRU.

2

ENGLYNION YR OFFEREN

Anima Christi, sanctifica me.
Enwog, trugarog annwyd Tri—ac Un,
Ogoniant proffwydi,
Enaid teg croesteg Cristi,
Fal glain o fewn glanha fi.

Corpus Christi, salva me.
Corff Crist sy rydrist dros wrhydri—cam,
Cnawd cymun o'i erchi,
Iechyd pur ysbryd peri,
Can wyd fyw, cadw yn fyw fi.

Sanguis Christi, inebria me.
Gwaed Crist rhag yn drist, dros deithi,—a wna,
Fy neol a'm colli;
Cyfod, golau glod Geli,
Cadw rhag pechod feddwdod fi.

Aqua lateris Christi, lava me.
Dwfr ystlys dilwfr dolur weli—Crist,
Croes ddedwydd gynhelwi,
Dwyfawl gyllawl, heb golli,
Diwyd gylch fywyd, golch fi.

Passio Christi, comforta me.
Dioddef Crist nef, naf proffwydi—byd,
Bu ddygn Dy bym weli,
Cadarn iawn wiwddawn weddi,
Cadarnha, fawr wrda, fi.

O bone Iesu, exaudi me.
Gwâr Iesu trugar, treigl dydi—ataf,
    Ateb y goleuni;
  Gwawr pob allawr fawr foli,
24 Gwrando heb feio fyfi.

Et ne permittas me separari a te.
A gosod, fau fod, fyfi,—gynnydd da,
    Ger dy law, les mwndi;
  Megis perth, wiwnerth weini,
28 Mawl heb dawl, y molaf di.

Ut cum angelis tuis laudem te.
Gyda'th nifer, nêr nerthwir,—engylion,
    Yng ngolau ni chollir,
  Yn y nef y cyhoeddir,
32 Nesed bid gwared, boed gwir.

Amen.
Boed gwir y'n dygir deg frenhiniaeth—nef,
    Yn ufudd wrogaeth,
  Gwlad uchelrad feithrad faeth,
36 Gwledd ddiwagedd ddiwygiaeth.

FFYNONELLAU.—A—B 32, 200. B—N 1578 (*heb rif dalennau*). C—P 111, 71. D—P 111, 282.

AMRYWIADAU.—1. rannwyt AC, ein duw tri BD. 2. o amod proffwydi C, ac un amod proffwydi D. 5. rhydrist gwrhydri camau C. 6. cymod wy'n ei erchi CD. 8. iacha lyw CD. 9. yn drist rhag A, drist drosti a wnaf D. 10. rhag colli D. 11. oleuglod glod Geli D. 13. dyfr . . . dilyfr BD. 14. croes newydd C; gynghori B(C), kynghelwi D. 17. dioddefaint D. 21. trugarawc treiglir tri D. 25–6. yn nesaf dy law lew mwndi D. 29. nerthir C. 30. yn ole D. 31. yn y modd im gweherddir C. 33. y'm dygir D; i frenhiniaeth C. 34. yn ofeg gwroliaeth D. 36. dduwogaeth A; gwledd Dduw a'i arglwyddiaeth D.

3

DA FU'R DRINDOD

Da fu'r Drindod heb dlodi
A wnaeth nef a byd i ni.
Da fu'r Tad yn anad neb
Roi Anna ddiwair wyneb.
Da fu Anna dwf uniawn
Ddwyn Mair, forwyn ddinam iawn.
Da fu Fair ddiwair eiriawl
Ddwyn Duw i ddiwyno diawl.
Da fu Duw Iôr, dioer oroen,
A'i groes ddwyn pymoes o'u poen.
Da y gwnêl Mab Mair, air addef,
Ein dwyn oll bob dyn i nef.

BDG ccxliv.

FFYNONELLAU.—A—A 2, 101. B—B 23, 211. C—(a) B 31, 62; (b) B 53, 85. D—B 55, 117. E—(a) B 14, 933, 37; (b) B 14,932, 26b; (c) Ba 6, 31. F—B 14,936, 21b. G—B 14,984, 52b. H—B 15,010, 55. I—(a) Br 2, 204; (b) J 17, 266. J—C 2.616, 32. K—C 84, 61. L—Cw 23, ii, 3. M—G 2, 125. N—H 3, 106. O—H 26, ii, 111. P—Ll 49, 90. Q—Ll 120, 106. R—Ll 122, 462. S—(a) Ll 133, 1125; (b) Ll 14, 229. T—Ll 156, 272. U—M 143, 242. V—M 145, 720. W—M 212, 85b. X—N 435, 45b. Y—N 727, 1a. Z—N 832, 21. *A*—P 49, 121. *B*—P 108, 6. *C*—W 2, 40.

AMRYWIADAU.—1. Y drindod heb dylodi BFGJKQRTUXY*B*. 2. A wnaeth erioed un a thri I; bid y nef a'r byd i ni V. 9. Da gwnaeth Mab Mair air oroen N. 11. Da y gwnêl Mair C.

4

LLUNIAU CRIST A'I APOSTOLION

Da y lluniwyd, dull iawnwedd,
Dwyfron Mab Duw fry a'n medd.
Rhoed yn lew mewn tabl newydd
Eilun wawr ar loywon wŷdd,
Er dangos i'w eurglos ef,
Y deuddeg oll a'r dioddef,
Grasus yw, ar groes y sydd,
Y dioddefai Duw Ddofydd,
A'r Drindod, cymhendod cu,
A'i ras yn un â'r Iesu.

Da y lluniwyd Iesu lwyd Iôn,
O ddysg abl, a'i ddisgyblion,
Tyfiad agwrdd, twf digabl,
Tri ar ddeg, pand teg y tabl ?
Duw Iôn glân sy'n y canawl,
Delw fwyn, da y dyly fawl.
A'r deuddeg, lawendeg lu,
A asiwyd ynghylch Iesu.
Chwech o ran ar bob hanner,
Deuan' oll ynghylch Duw Nêr.

Ar yr hanner, muner mwyn,
Deau iddo, Duw addwyn,
Y mae Pedr, da y gŵyr edrych,
A Ieuan wiw awen wych ;
A Phylib oreuwib ras,
Gwyndroed yw, a gwiw Andras ;
Iago hael wiwgu hylwydd,
A Sain Simon, rhoddion rhwydd.

Lliw aur, ar y llaw arall
I'r Arglwydd cyfarwydd call
Y mae Pawl weddawl wiwddoeth,
A Thomas gyweithas goeth ;
Martho-, ni wnaeth ymwrthod,
-Lamëus glaer weddus glod ;
Mwythus liw Mathëus lân,
A Iago, rhai diogan ;
Sain Sud i mewn sens hoywdeg—
Llyna 'ntwy, llinynnaid teg.
Llawn o rad ŷnt, pellynt pwyll,
Lle y doded mewn lliw didwyll.

Ystyr doeth ystoria deg
Dydd y cafas y deuddeg
Cerdded y byd gyd ag ef,
Cain dyddyn, cyn dioddef.
Gwedy'r loes ar groes y grog
A gafas Crist, a'i gyfog,
A'i farw, nid oedd oferedd,
Hefyd, ac o'r byd i'r bedd,
Pan gyfodes Duw Iesu
Ein iawn gâr o'r ddaear ddu,
Dug yn ei blaid, nid rhaid rhus,
Y deuddeg anrhydeddus.

BDG ccxxxix.

FFYNONELLAU.—A—(a) B 31, 113b ; (b) B 53, 89b. B—B 38, 160. C—(a) B 14,933, 35 ; (b) B 14,932, 24b ; (c) Ba 6, 29. D—B 14,966, 29b. E—B 14,979, 137a. F—B 31,060, 111. G—C 2.616, 173. H—C 11, ii, 201. I—C 19, 498. J—C 48, 207. K—C 64, 622c. L—Cw 5, 266. M—Cw 10, 402. N—Cw 125, 128. O—Cw 158, 169. P—H 26, ii, 109. Q—J 12, 118. R—M 146, 16. S—(a) M 212, 89 ; (b) M 1, 82. T—N 560, 142. U—N 643, 119b. V—N 1260, 13. W—N 6706, viii. X—P 48, 14. Y—P 49, 118. Z—P 57, ii, 158. *A*—P 72, 408. *B*—P 195, 43. *C*—P 198, 151. *D*—P 312, i, 20. *E*—T, 237.

4. LLUNIAU CRIST A'I APOSTOLION

AMRYWIADAU.—1. lluniodd BDEIJMU*B*, lluniodd Duw APRSTV; mewn dull E*D*; iawnef BD-MOUW*ABDE*. 2. dwyfron noeth . . . o nef BD-MOUW*ABDE*. 3. y llew TV; ar dabl BDEGHJ-MUW *BDE*. 4. ei lun BDEFHJ-MOU*ABE*, a'i lun ACPRS, ar lun X; walch X. 5–6. [BDG-MOWX*ABDE*.] 5–10. [Z]. 7. Siesws B, Siesws iawn G*E*, Siesus iawn FHKLO*A*, grasus iawn IJMU*BD*. 8. dioddefodd AEPS*D*, dioddefes V, yn dioddef LO*AE*, un dyfiad K; un Duw KLO*E*. 9–10. BDF-MUW*ABDE*. 11. Iesu lwyd lon APRSTYZ; da i llyniodd dad Iesu lwyd lon G, da y lluniodd Dad llonydd don BDFH-KMU*B*. 13. agwedd IJ*B*. 15–16. [BDF-MUW*ABDE*.] 15. Duw ei hun PRSTY, Duw lân AC, Duw cun V, Duw Iôr X; yn y canawl XZ, ydyw y canawl V, sy'n cynnawl RS. 16. dyle A, dylai TV. 17-18 [BDF-MOUW*ABDE*.] 17. llawendeg llu AZ, lawndeg TV. 18. roswyd CY, roeswyd PRS, iaswyd A, iaswd X, rasiwyd gyda'r T. 19. a ran HIJ, yw'r rhan ymhob Z. 20. dawn oll APRSTV; amgylch BCFGKLOWY(*A*)*E*, o amgylch ATV, yn amgylch PRS, y gylch *D*. 21–2. [BDF-MOUW*ABDE*.] 24. Ifan DIJORSUV*B*, Iefan G; a gwên wych BDFHIJMU*AB*. agen wych LOW*E*, o gân wych K, amcan wych ACGPRSTY, 26. gwyndroed gyda gwiw BDF-MRSUWY*ABE*, gwendroed gyda'r gwiw O. 27. gwiw a DF-MOUW*ABE*, gŵr gwiw RS, hoywgu BCPTVYZ, hoywgau A, gida DE. 29. lliw'r aur PRS, lle aur X. 30. cain hylwydd ACPRSTVY, cu arwydd K, kyfrywydd E. 33. Mathew a bair ym wythwawd (Ab)BDFG-MOUWY*ABE*, Matheu a bair ym wythwawd H, Mathau ni ad ym wrthawd *D*. Martha ni wnaeth ymwrthod X, Marythau ni wnaeth ymwrthod Z, Marthe mae ymwrthawd E, Bartho fydd heb ei wrthod TV, Bartho nid rhaid ym wrthod APRS. 34. Bartholomeus weddus wawd BGJKMU*B*, Barthlomeus weddus wawd (Ab)ILOWY*D*, Barthlomefys w. w. DE, Mathlomefus w. w. F, Mathylamefus w. w. H, Mefus glaer lwyddianus glod Z, Mevvs glaer weddus i glod X. 35. moethus CFGHKLORVWY*AE*. 36. gwiw fuchedd Iago fychan BDF-MOUWY*ABE*, gyda Iago ddiogan TV, a Iago ddau ddiogan E*D*, a'r ddau Iago ddiogan A. 37. o fewn A-WY-*E*. 38. llyna y ty GLMW*AE*, llyna i ty BDFHIJ*B*, llyna y tu O; lluniau BF-JLOUY*AD*. yn lluniau ACM*B*, ar lluniau K, lliniau DW*E*, llinynnau EPTVZ, llynynau RS. 39–40. [V.] 39. llawn ynt o rad Z; perynt pwyll CT, cred pelled pwyll BDFGI-MOUW*ABE*. 40. mewn lle ABDEGI-MW*DE*. 41. dyn CFKLY*A*, dydd BDG-JMU*B*, dwys E*D*; ystori ADIJKMOUW*BE*. 42. a gafas BEGHLOWXZ*ADE*, y dydd y cafas K, a roed i'r CFTVY, yw'r dydd a roed i'r APRSTf 43. cerdded byd da BDGI-MRSUW*ABE*, i gerdded byd ACFPTVY. 44. deddfawl FGRY, ddeddfawl AC, ddiddan TV; ei ddiodde, ACTV. 45. gwedy gloes BDEG-MOUW*ABDE*; y groes grog B-GI-MORSUY*ABDE*. 46. a'r gyfog APRST, i'w gyfog DIJMU.

o'i gyfog Z; trwy gur y krist trigarog *A*. 47. ni bu ACPRSTVX, nid yn E*D*, nid oferedd BDG-JOUWZ*E*. 48. a hefyd o'r byd BD-JLU*AB*, ag hefyd o'r byd MTV, mynd hefyd KOW*E*. 49. a phan godes yr Iesu BD-MOUW*ABDE*, a phan gyfodes Iesu Z. 50. ein gwir gâr CPRSTVY. 51. dug ni'n blaid *D*, gyrrodd i'n plaid V; llygaid llus PRSYZ, lygaid lus TV*D*. 52 + B-EG-MOPR-*ZABDE*:

Mab Mair yw'r gair o gariad / Goresgyn dyddyn ei dad.

(1. a gair EPRSTV, gwir Fab Mair gair XZ; ar gariad E*D*. 2. tyddyn y tad X.)

\+ EPRSWXZ*DE*:

Gair lles yw dwedyd Iesu / Gorau un gair gan Fair fu.

(1. doedud RS, dywedud X*D*. 2. a gorau gair PRS.)

\+ A-EG-MOPR-*ZABDE*:

Gair cariad yw o'r gadair / A'r Mab rhad a gad o'r gair.

(1. mae'n geidwad mewn ei gadair BDG-KM*AB*, mae'n geidwad mewn y gadair CLOUW*E*, mawr y cariad o'r gadair Z, mawr ei geidwad o'i gadair E*D*. 2. y mab Y.)

\+ AC:

Y gair oedd o'r goreudduw / A'r gair a ddoeth o'r gwir Dduw.

\+ ACEPRSVWXZ*DE*:

Duw yw'r gair diwyr gariad / A'r gair yw Duw a'r gwir dad.

(1. dioer gariad ACE*D*.)

\+ ACEPRSTVYZ*D*:

Duw fo'n porth a'n cynhorthwy / Amen nid eiddunwn mwy.

(2. A Mair E*D*; ac ni ddeisyfwn E*D*, ac nid rhaid ynn ACTVY, nid addunwn PX, ni ddymunwn RSZ.)

Digwydd y llinellau uchod yn y cywydd 'Credaf i Naf o nefoedd,' a gam-briodolwyd i D.G. (gwel. Rhag.), a diau mai yno y perthynant.

5

AWDL I IFOR HAEL*

Da y rhed ar waered, arw oror,—olwyn,
Neu wylan ar ryd fôr ;
Deuwell y rhed, buddged bôr,
Diwyd wyf, dy wawd, Ifor.

Da fydd plethiad mad y môr—a'i hirwlych
I herwlong raff angor ;
Gwell y plethaf, ddewraf ddôr,
Gwawd y tafawd yt, Ifor.

Cyfyd yt hawdd fyd, fadiain bôr,—gennyf,
Ac annwyl hawddamor ;
Cad drachyfarf, ddurarf ddôr,
Cedyrn ofn, cadarn Ifor.

Ni thyf caen llen maen llanw môr—rhyferthwy,
Rhwyf Arthur neu Ector,
Mygr ateb, ddihaereb ddôr,
Mal y tyf mawl yt, Ifor.

Nêr bryd byd wryd bedeiror—giwdawd,
A Naf o logawd nef oleugor,
Neirthiad fo Efô ar fôr—a llawrlen,
Nen y ffurfafen, i ffyrf Ifor.

Newidiwr, trwsiwr trysor—a moliant,
Normant glud goddiant, glod egwyddor ;
Naddiad arf aergad ar faergor—Einglgawdd,
Nawdd, mŷr a rwyfawdd, Mair ar Ifor.

*Gw. Rhag. tt. xix–xxii ar awduriaeth y saith gerdd nesaf.

Nawd braisg Ercwlff waisg wisg borffor—lathrsiamp
  A Nudd oreugamp neddair agor.
Neud berth a chyngerth wrth angor—deifrblas,
  Nid bas rhygafas rhywiog Ifor.

Ni byddai lle bai bell hepgor—arnaw,
  Ni bwyf fi hebddaw, barawdlaw bôr.
Ni bydd anrhegydd un rhagor—nac uwch,
  Ni bu ogyfuwch neb ag Ifor.

Hardd eisyllydd rhydd rhodd ddidor—meddlyn
  Helmwyn Lywelyn, wawl gychwior.
Heddiw nid ydyw didwyll iôr—gwyndal
  Hafal, hawl ddyfal, hylwydd Ifor.

Hawdd ddydd ym y rhydd rhwydd gyngor—ddangos,
  Hawdd nos hedd agos hoyw eiddigor.
Hawdd ymwrdd ym mwrdd, hawddamor—beunydd,
  Hawdd fyd bryd brawdffydd ufudd Ifor.

Hawdd mawl mal uchdawl Echdor—yn nherfysg,
  Hawdd ffysg Deifr unddysg, â'r dew fronddor.
Hwyliais a chefais â chyfor—durfyng
  Hail diogyfyng haeldeg Ifor.

Heirdd digeirdd, i feirdd fawrddor—dariangrwydr,
  Hoyw frynarwr brwydr Hafren oror.
Hir oesog fu Noe, haer aesor—facwy,
  Hwy, huawdl ofwy, fo hoedl Ifor.

BDG vi.

Ffynonellau.—A—A 2, 32. B—(a) B 53, 75; (b) Ba 6, 167a; (c) Cw 381, 27. C—B 14,890, 238b. D—(a) B 14,932, 5b; (b) Ba 6, 167b. E—B 14,986, 70a. F—Bl e 1, 78b. G—(a) Br 2, 207b (8 *ll. gyntaf yn unig*); (b) J 17, 270. H—Br 5, 389. I—Cw 5, 259. J—Cw 243, 139. K—Gw 25, clxxxxviia. L—H 26, ii, 22. M—Ll 6, 11. N—(a) Ll 133, 1020; (b) Ll 14, 70. O—Ll 133, 1216.

P—LlH 344a. Q—M 146, 73. R—M 212, 78. S—N 657, 18. T—N 727, 112. U—(a) P 49, 66; (b) Wy 2, 110. V—P 108, 12. W—P 182, 147. X—Th, 87b.

AMRYWIADAU.—1. o oror E, neu oror HQ, neu ar oror BFINOR, i waered oror GLX. 2. ar hyd fôr DGIMOPQSU, ar hyfor N, ar gefnfor V, i'r dyfnfor KX. 5. os da plethiad ABD-LN-VX. 6. am herwlong ABFJN-R, wrth herwlong EHLSUVX, yn herwlong IT. 9. f'addien bôr ABFLOPRU, feddianbor IV, fedwen bôr (B), dadain bôr T. 11. cyd trachyfarf U, cad ddychryndarf A-TWX. 17. nêr y byd DHMP-SU-W; weryd HIQ; bedwarior ABEFKLNOR(U). 18. olygawd DILMU-X. 19. ar fordwy fawrben (U)W, ar fordwy fawrlen EKLX; neirthio efo ar fôr daearlen DSU. 21. treisiwr DJSUV; y moliant DJSUV, er moliant BHIL-OQRT. 23. rhi aergad KSU; eurgor ABDFHIJNSUV, argor EKLPX. 25. nawdd EL, nerth A-DF-JM-W; wisgi FKLNOQR. 26. naddai ragor BHKNOX, meddai ragor E. 27–8. [BFHMNOQRSW.] 29. ball BDFHIMNOQ-TV. 31. yn dwyn rhagor BFHIJNOQRT. 33. rhwydd ddidor DELSUV. 34. haelwyn ABSUV, heilwin P; gychwyn iôr ABDFNOQR, gywiwior SUV, mynychddor K. 37. hawdd fydd ef a rydd ABFNOR. 39. ymwrdd ymwedd HIJT-W. 41. wychdal BDFM-SUV. 42. dwfr PU, dyfr ABFHIJNOQ-T. 43. heliais DEKLUVX; a chedwais E; gwyliais a chefais ach Ifor P. 37. hardd aesor ADSUV, hir (BD)HMW, hwyr IJ, hoyw ELX, hae FKNOQR.

6

ENGLYNION I IFOR HAEL

O haelder, fy nêr, fy Nudd—a'm eurgaer,
A'm eurgarw hael am fudd,
Afar yw, gaethryw gythrudd,
Ofer un wrth Ifor udd.

O ddewredd hoywgledd, hyglaer—ymadrodd,
A medru treio aer,
O fawrgyrch hylithr, f'eurgaer,
Ofer dau wrth Ifor daer.

O ddoethineb, neb nid nes ataw—Ffranc
Nog o Ffrainc i Fanaw,
I fwrw dadl swrth i wrthaw
Ofer dri wrth Ifor draw.

O ufudd-dawd, ffawd a ffydd—a chiried,
A charu ei brydydd,
Ofer bedwar, rwyddbar rydd,
Wrth Ifor, araith Ofydd.

O fonedd, trasedd, trasyth—yw ei ffon,
A ffyniant aml dilyth,
O weilch digel wehelyth,
Ofer bymp wrth Ifor byth.

O gryfder, fy ffêr ffyrf erddyrn,—eurdeg
Yn dwyn eurdo hëyrn,
Ofydd cad a faidd cedyrn,
Ofer chwech wrth Ifor chwyrn.

6. ENGLYNION I IFOR HAEL

O degwch, brifflwch brafflyw—urddedig,
  Pendefig rhyfyg rhyw,
Ei fardd wyf, o ddwfn ystryw
Ofer saith wrth Ifor syw.

O ddisymlrwydd swydd, gyfansoddwr—bardd,
  Enaid beirdd a'u clydwr,
Afar brwydr i fwrw bradwr,
Ofer wyth wrth Ifor ŵr.

O gampau gorau a garaf—ar ŵr,
  Eryraidd y'i barnaf,
O roddion aml a rhwyddaf,
Ofer naw wrth Ifor naf.

O wychder, fy nêr un arial—â Ffwg,
  Morgannwg mur gynnal,
O fwrw dyn, fwriad anial,
Ofer deg wrth Ifor dal.

BDG v.

Ffynonellau.—A—A 2, 246. B—B 53, 382b. C—B 55, 41. D—(a) B 14,932, 65; (b) Ba 6, 81. E—B 14,966, 214a. F—B 31,056, 182b. G—Bl e 8, 61. H—Br 2, 207b. I—(a) G 3, 174b; (b) N 8330, 112. J—H 26, ii, 190. K—Ll 118, 373b. L—M 144, 747. M—M 148, 109. N—N 5283, 143. O—N 6499, 663. P—P 182, 151 (*dienw*).

Amrywiadau.—1. fy haelder FIO; a'm heurgarw IM, hirgarw O, irgarw E, haelgarw CLN, mawrgarw H, mawrgaer K, wiwgar G, heurgar F. 2. a'm heurgorff CDLN, eurgar EFHIMO. 3. afarwy EM, afar wyf FHO, arfer yw B, a garwyf AG, adde rwyf CLN; goethrwyf CHNO, gaethrwyf AGH, goethryw L, goethydd F, gaethwy E; gethrudd HO. 4. rudd BCDFHJ-O, rydd E, hudd A, fydd G. 5. o ddewrder hygler hoywglaer ACGLN, o ddewrder hoywgler hyglaer H, o ddewrder hyder hoywdaer B. 6. yn medru GI; troi yr B. 7. lythr CD, a lithr A, elythyr B; fyrgaer B; o fawrglod i lithro feurgaer J, o fawrglod hylith feurglaer M, o fawrglod a lithr hyddgaur O, o fawrgyrch a lith fyddgaer F, o fawrgyrch lythr feurgaer

LN, yfo ywr gwych a lithyr eurgaer H. 9. nid oes BG. 11. o fwrw AG; oddi wrthaw A-P. 13. a chariad AFGM, wych eiriau CDLN. 15. pedwar BO; hawddgar hydd C-FH-O. 16. euriaith ABCFGJK MO, eurwaith E, eiriaith I, deiriaith H; ufydd AG. 17 trosedd ABF; ŵr trasyth ABE-KMO; a ffin EIM, a ffun B, i ffin FO, mal ffon G, mal ffin A, a ffein HK. 18. uchel ADLN. 19. feilch FO, y gwalch B; uchel ABE-KMO. 21. o uchelder nêr H, o wiw gryfder AG; nêr CEI-N; deyrn ABEFGIJKMO; irdeg HM, eirdeg BE. 22. tefyrn CDL, teyrn N, eurdeyrn E. 23. faedd . . . i faeddu EJKM, a faedd . . . a fedd H, a faidd ... a fodd B, baedd . . . yn baeddu I, o faedd cadarn faedd AG, a'i far coed i fwrw cedyrn CDLN. 25. o degwch fflwch ffraethlyw G, o degwch ffrwythlwch ffraethlyw A; aur bennaeth CDLN, bendefig H. 26. arbennig CDLN, rhif rhyfig yn rhyw H. 27. astrus ystryw B. 29. cynwysoddwr CLN. 31. o ferw CDLN, o far FO, ofer AG; briwdwr BFO. 33–5 [I]. 33-40 [H]. 34. eryrawl O. 35. a rhoddi pan fo CDLN, o roddi pan fo F, o roddi pan fai AG, i roddi pan fai B, a rhoddi pan fai O. 38. mawr B-FI-LNO. 39. ofer dyn AEFGIKO, ofer dim JM, o fryd iawn LN. 40 + CDEHJ-NP:

Gorau gŵr wyd, Ifor gorff syth,—ein rhi
Yn rhoi Deifr ar esyth,
Ar a fu, gu gwehelyth,
4 Ar y sydd, ar a fydd fyth.

(1. gorau wyd Ifor DLN; yw Ifor M. 2. ar waywsyth CEJLM. 4. ac a fydd CDKN.)

Perthyn yr englyn hwn i'r awdl 'Marwnad Ifor a Nest,' gwel. t. 29.

7

CYWYDD I IFOR HAEL

Ifor, aur o faerwriaeth
Deg yw'r fau, diagr o faeth;
Myfi yw, ffraethlyw ffrwythlawn,
Maer dy dda, mawr yw dy ddawn.

Ys dewr, ystyriol ydwyd,
Ystôr ym, ys da ŵr wyd.
Telais yt wawd tafawd hoyw,
Telaist ym fragod duloyw.
Rhoist ym swllt, rhyw ystum serch,
Rhoddaf yt brifenw Rhydderch.
Cyfarf arf, eirf ni'th weheirdd,
Cyfaillt a mab aillt y beirdd.
Cadarn wawr, cedyrn wiwryw,
Caeth y glêr, cywaethog lyw.

Dewraf wyd a gwrddaf gŵr
Dy ddilyn, dieiddilwr.
Da oedd a syberw dy ach;
Duw a fedd, dau ufuddach
Wyd i'th fardd, pellgardd pwyllgall,
Llywiwr llu, no'r llaw i'r llall.

Myned o'm gwlad, dyfiad iôr,
Â'th glod, a dyfod, Ifor.
O'm iaith y rhylunieithir,
Air nid gwael, arnad y gwir.
O'm pen fy hun, pen-cun cyrdd,
Y'th genmyl wyth ugeinmyrdd.
Hyd yr ymdaith dyn eithaf,
Hyd y try hwyl hy haul haf,

Hyd yr hëir y gwenith,
A hyd y gwlych hoywdeg wlith,
Hyd y gwŷl golwg digust,
Hydr yw, a hyd y clyw clust,
Hyd y mae iaith Gymräeg,
A hyd y tyf hadau teg,
Hardd Ifor hoywryw ddefod,
Hir dy gledd, hëir dy glod.

BDG i; DGG lviii.

Ffynonellau.—A—A 2, 26. B—B 23, 172. C—B 53, 148b. D—(a) B 14,933, 2; (b) B 14,932, 6a; (c) Ba 6, 1. E—Bl e 1, 77b. F—(a) C 7, 609; (b) J 14, 218. G—Cw 20, 63. H—H 26, ii, 21. I—Ll 120, 154. J—(a) Ll 133, 1019; (b) Ll 14, 69. K—(a) M 212, 77; (b) M 1, 78. L—N 675, 25. M—P 49, 80. N—P 76, 15b. O—P 108, 28.

Amrywiadau.—1. farwriaeth BEHJKO, fagwriaeth AG, fawrwriaeth (F)ILM, ferwriaeth F, ai farwriaeth CD. 2. diagr faeth A-EGHJKMO, diegyr faeth FI, digrif aeth L. 5–6[B]. 5. ys dewr oed CD, ys dewr lid (Dc); ys dewr ŵr ystyriawl wyd FI. 6. da iôr D; ystor odwas dewr ydwyd F, ystor odwas ys dewr ydwyd I. 11. deifr FI. 15. neu gryfaf FI. 21–2 B. 23. o'n FI; ith lanweithir F, ir helaithir N. 25–6 B. 29–36 [O]. 29. heuer AEGHJ. 30 + N:

a hyd y sych gwynt hynt hyntiaw / a hyd y gwlych hoywdeg law. 32. ac y clyw DK-N; a hyd y clyw hoywdeg glust H. 33. iaith groywiaith groeg F.

8

BASALEG

Cerdda, was, câr ddewiswyrdd,
Ceinfyd gwymp, uwch ceinfedw gwyrdd ;
O Forgannwg dwg dydd da
I Wynedd, heilfedd hwylfa,
Ac annwyl wyf, befrnwyf byd,
Ac annerch wlad Fôn gennyd.

Dywed, o'm gwlad ni'm gadwyd,
Duw a'i gŵyr, dieuog wyd,
Fy mod es talm, salm Selyf,
Yn caru dyn uwch Caerdyf.
Nid salw na cham fy namwain,
Nid serch ar finrhasgl ferch fain.
Mawrserch Ifor a'm goryw,
Mwy no serch ar ordderch yw.
Serch Ifor a glodforais,
Nid fal serch anwydful Sais,
Ac nid af, berffeithiaf bôr,
Os eirch ef, o serch Ifor,
Nac undydd i drefydd drwg,
Nac unnos o Forgannwg.

Gŵr yw o hil goreuwawr,
Gwiw blaid, helm euraid, hael mawr.
Goludog hebog hybarch,
Gŵr ffyrf iawn ei gorff ar farch.
Cwympwr aer cyflymdaer coeth,
Cwmpasddadl walch campusddoeth.
Carw difarw, Deifr ni oddef,
Cywir iawn y câi wŷr ef.

Ufudd a da ei ofeg ;
Ofer dyn ond Ifor deg.

Mawr anrhydedd a'm deddyw :
Mi a gaf, o byddaf byw,
Hely â chŵn, nid haelach iôr,
Ac yfed gydag Ifor,
A saethu rhygeirw sythynt,
A bwrw gweilch i wybr a gwynt,
A cherddau tafodau teg,
A solas ym Masaleg.
Pand digrif yng ngŵydd nifer,
Pennod, saethu claernod, clêr,
Gwarae ffristiol a tholbwrdd
Yn un gyflwr â'r gŵr gwrdd ?
O châi neb, cytundeb coeth,
Rhagor rhag y llall rhygoeth,
Rhugl â cherdd y'i anrhegaf,
Rhagor rhag Ifor a gaf.

Nid hael wrth gael ei gyfryw,
Nid dewr neb ; *pand* tëyrn yw ?
Nid af o'i lys, diful iôr,
Nid ufudd neb ond Ifor.

BDG ii.

FFYNONELLAU.—A—A2, 27. B—(a) B 14,932, 83 ; (b) Ba 6, 140. C—Bl e 1, 75b. D—(a) Br 2, 208b ; (b) J 17, 270b. E—Cw 5, 254. F—Cw 20, 60. G—H 26, ii, 19. H—(a) Ll 133, 1017 ; (b) Ll 14, 66 ; (c) B 53, 253. I—M 145, 762. J—M 161, 282. K—(a) M 212, 32 ; (b) M 1, 35. L—P 49, 77. M—P 54, i, 75. N—P 54, i, 315. O—P 76, 15, 17b. P—Wy 2, 88.

AMRYWIADAU.—1. cor GL, kayr M, cerdd D ; ddewiswydd LP. 2 cenfyd LM, canfod ACEFH ; gamp E ; gwydd LP. 4. haelfedd ACFHIKL, hael fydd BP, haylwedd O. 5-6. [BDGKMOP.]7. i'm ELMN ; na'm A-LNOP. 8 diog wyf ABCF-LOP ; da gael ddyn digelwydd wyd D. 9. a'm bod ABCE-LOP ; ers GHO, er ys ABFI JKP. 12. ac nid serch ar un ferch fain CH, nid serch ar yr un ferch fain AF. 13. ar iôr M. 16. anfadful ABCF-KOP, anvydvul N, ynfydful AFLM, anwydvil D. 18. o'i serch . . . os eirch A-DF-LOP. 21-2. D(J)MN. 23 golud hebog glod hybarch M ; a'i farch BLP. 25. kurwr M, campau'r aer BP. 26. campusgoeth P, cwmpasddoeth A. 27. da ei ddioddef BP. 28. câi ei wŷr CIJL, ca ei wŷr K, caf ei wŷr AFH, ceri wŷr D, i wan y ceir ef M. 29–30. DMN. 30 + D :

afiaith a wnaf i Ifor / ofwy ais dyn ef yw stor.

31. eddyw D. 33. hel CGHL, hela BIJP, helaf K. 35. saethu rhygeirw sythynt O, saethu rhygeirw ni sythynt ACDF-K, saethu ei geirw saethynt BP, saethu ceirw ni sythynt EMN. 36. i'r wybr E, mewn wybr M, ei weilch i'r wybr wynt BP. 37. cildannau AFHO, ciltannau CDGI-L, cildannau'n deg BP. 38. Maesaleg BIJKOP, Mysaleg G, Maes aleg D. 39-40. [M.] 39. ond L, pan nad D ; ponid digrif i nifer N. 40. caru claernod saethu clêr ACF-LNO, caru clau nod saethu clêr D, caru claer nod saethydd clêr BP. 41. gware KO, chware EIJP, chwareu ABFH ; ffristial BDEIJKOP, ffristiawl M ; a thawlbwrdd BDIJKMO, a thalbwrdd E. 42. yn ddigyflwr D ; â gŵr CH-K. 43. o cheiff M, ni chaiff BP, pe cae E ; kyvundeb N, cyfyowndeb E, cyhudd-deb D. 44. rhag arall CDKL, ar y llall MO, na'r llall BP. 46. rhagor nag ACFH, rhagor gan BP. 47-50 . [N.] 47. ei gyfri BP ; nid hael nod gafael gyfyw D. 48. ond teyrn AC-MO, ond ein teyrn ni BP. 49. o'i wlad M.

9
DIOLCH AM FENIG

Ifor ydoedd afradaur,
O'i lys nid âi bys heb aur.
Doe yr oeddwn ar giniaw
I'w lys yn cael gwin o'i law.
Mi a dyngaf â'm tafawd
Ffordd y try dydd, gwehydd gwawd,
Gorau gwraig hyd ar Geri,
Gorau gŵr yw dy ŵr di.
Tra fu'n trafaelu trwy fodd,
Trwy foliant y trafaelodd.

Y dydd y deuthum o'i dai
Â'i fenig a'i ddwbl fwnai,
Benthyg ei fenig i fardd
A roes Ifor, ryseifardd;
Menig gwynion tewion teg,
A mwnai ym mhob maneg.
Aur yn y llaill, dyaill dau,
Arwydd yw, i'r llaw ddeau,
Ac ariant, moliant miloedd,
O fewn y llall, f'ennill oedd.

Pob merch y sydd yn erchi
Benthyg fy menig i mi;
Ni châi ferch, er eu herchi,
Mwy no gŵr, fy menig i.
Ni roddaf, dygaf yn deg,
Rodd Ifor rwydd ei ofeg.
Ni wisgaf fenig nigus
O groen mollt i grino 'mys;

Gwisgaf, ni fynnaf ei fâr,
Hyddgen y gŵr gwahoddgar.
Menig gŵyl ar fy nwylaw,
Ni bydd mynych y'u gwlych glaw.

Rhoddaf i hwn, gwn ei ged,
O nawdd rugl, neuadd Reged,
Bendith Taliesin wingost,
A bery byth heb air bost.
Ar ben y bwrdd erbyn bwyd
Yno'r êl yn yr aelwyd,
Lle y trosaf ran o'm hannerch,
Lle dewr mab, lle diwair merch ;
Lle y trig y bendefigaeth,
Yn wleddau, yn foethau, 'n faeth,
Yn wragedd teg, yn egin,
Yn weilch, yn filgwn, yn win,
Yn ysgarlad rhad rhydeg,
Yn aur tawdd, yn eiriau teg.
Nid oes bren yn y Wennallt
Na bo'n wyrdd ei ben a'i wallt,
A'i gangau yn ogyngerth,
A'i ŵn a'i bais yn un berth.
Ponid digrif i brifardd
Gweled hoyw gynired hardd ?
Arglwyddïaeth, dugiaeth deg,
A seiliwyd wrth Fasaleg.

Menig o'i dref a gefais,
Nid fal menig Seisnig Sais ;
Menig pur galennig pôr,
Mwyn gyfoeth menig Ifor ;
Menig pendefig Dafydd,
Ifor Hael, pwy'n fwy a'u rhydd ?
Fy mendith gwedy'i nithiaw
I dai Ifor Hael y daw.

BDG iv.

FFYNONELLAU.—A—A 2, 29. B—B 48, 238. C—B 53, 141. D—(a) B 14,932, 54b; (b) Ba 6, 79. E—B 14,938, 127. F—B 14,966, 272a. G—Bl e 1, 74c. H—C 2.616, 94. I—C 3.68, 204. J—C 7, 606. K—C 27, 167. L—C 64, 622b. M—Cw 5, 251. N—Cw 114, 241. O—Ll 120, 152. P—(a) Ll 133, 1016; (b) Ll 14, 64. Q—(a) Ll 134, 395; (b) LlH, 236; (c) Lla B i, 244; (d) MT 462; (e) N 6511, 263. R—Llg A 3, 52b. S—M 146, 504. T—(a) M 212, 75; (b) M 1, 76. U—N 162, 100. V—N 675, 25. W—N 832, 23. X—N 6706 (*heb rif dalen*). Y—P 52, 12. Z—P 104, 106. *A*—P 198, 152. *B*—T, 236.

AMRYWIADAU.—1. o'i frodaur FHIMNYZ; wyd o fro rwyddaur Q, rhydd o fro rhyddaur DRW. 2. nid â FHIMNSTZ*B*; ni ddaw o'th lys bys heb aur BQ; o'th lys ni ddaw bys DRW. 3. oeddwn gwn ar ADGPSW. 4. lle y cawn win LM*B*; i'th lys yn cael gwin o'th law DHQR, cael aur B. 5–6. [ADGIKLWY.] 5. mi addefaf *B*. 6. gwawdydd gwawd JORZ; y gwir lle y gweinir gwawd HM*B*. 8. a gorau gŵr yw d'ŵr di ABCF-MO-TZ*AB*. 12. dwbl o fwnai *B*. 13–16. [A(G)YZ.] 14. roesawfardd G, reseifardd R, rysefardd Qb, rysewfardd Qac-e, roeseifardd DW, oreufardd H, roserfardd X*B*. 17–18. [B.] 17. yn y naill AF-JLNOPS-Z; diaur dau IZ, ynill dau D; yn y naill y deaill dau JO. 18. llaw orau ACDF-ILMNPRST YZ*B*; llwydd oedd i'r llaw orau JO. 20. yn y llall *B*. 21. a fydd AGHLMPTWX; merched a fydd BJKOQRY. 25–6. [FJOPYZ.] 27. faneg megys ACDGIJKNOQSTVYZ. 31. gwêl *B*. 33–4. [FJO PYZ.] 35. finfost (G)KQT, winbost CDR. 36. a bair bost V. 39. trosa FIJNORWZ, tyrfa Q. 44. feirch ACDJPRT, feilch N. 45–6. [LYZ.] 49. yn un gyngerth AGHMNTX. 50. own *B*. 51. pand digrif yw CDW, gwaith digrif yw AF-JL-PSTYZ*B*. 52. gweled hyn gymyred hardd H*B*, gweled hon gymyred hardd X. 54. ym Masaleg KQR, y Maesaleg W, wrth faes aleg N, wrth wastileg IU, wrth wassileg Z, wrth fy saeled J. 56. sarrug CHKQY. 57. pert (G)HMX. 62. i dŷ ADFGIJNOPSTWZ.

IO

YMADO AG IFOR HAEL

Ufudd serchogion ofeg,
Ifor tëyrneiddior teg,
Myned mal y dymunwyf,
Anodd iawn, Wynedd ydd wyf.
Nid myned, ddwyged ddigel,
O ddyn yr eilwaith a ddêl.
Deufis yn nwylan Dyfi
Ni allwn fod hebod di.
Y galon bedroglgron, bôr,
Ni chyfyd, (yn iach, Ifor !)
Na llygad graddwlad gruddwlych,
Na llaw na bawd lle ni bych.
Nid mawr y grym ym yma,
Nid oedd gall na deall da
I'r neb a garai o'r naw
Diodydd gwin dy adaw.

Fy naf wyd a gwrddaf gŵr,
Yn iach, ddiledach loywdwr.
Rhwyddynt, cyhafal Rhydderch,
Rhagod, synnwyr wybod serch,
Rhyfel llid, rhyw ofal llawn,
A heddwch, Ifor hoywddawn.
Maith y'th ragoriaith gerir,
Mawr iôr teg y môr a'r tir.

Naf coedfedw, nefau cydfod
Nef a phresen, cledren clod,
Cawn o ddawn a eiddunwyf,
Cywoethog ac enwog wyf,

O eiriau teg, o ariant,
O aur coeth, fal y gŵyr cant,
O ddillad, nid bwriad bai,
O arfau Ffrengig erfai,
Ufudd gost, o fedd a gwin,
O dlysau, ail Daliesin.

Tyrnau grym, tëyrn y Gred,
Tydi Ifor, tad yfed,
Enw tefyrn, ynad hoywfoes,
Wyneb y rhwydd-deb a'u rhoes.

BDG iii.

Ffynonellau.—A—A 2, 31. B—(a) B 14,932, 79b ; (b) Ba 6, 80. C—Bl e 1, 76b. D—(a) C 7, 607 ; (b) J 14, 446. E—Cw 5, 253. F—H 26, ii, 20. G—Ll 120, 153. H—(a) Ll 133, 1018 ; (b) Ll 14, 67 ; (c) B 53, 254b. I—(a) M 212, 77 ; (b) M 1, 78. J—N 560, 147. K—N 657, 21. L—P 49, 78. M—P 76, 19. N—P 182, 150. O—Wy 2, 87. P—Wy 2, 111.

Amrywiadau.—4. ar iawn i Wynedd yr wyf ACHI. 6. i ymddaith FG, i ymdaith AHI, i siwrnai DJMO, o siwrnai G. 9. bedryglgron L, bedrawglgron (L), bedreglgron J, bedwar conglog DG, bendrychlon B. 11–38. [O.] 13. nid difudd rym CF-IM, nid difudd drym A, nid difod J, nid yfydd grym E, ni difodd B, yn ufudd rym DG. 14. y deall DG. 15. ar a garai'r (B)J. 17–8. [A-DF-JM.] 19. cynhafal DGJ, rhwydd un afel a M, rhwydd sut ynghafal B. 22. hyddawn (F)HI, rhyddawn A. 23. meddir DG. 25. nwyf a'i cydfod BD, nwyf a'u cyfod G, nef a'n cydfod A, nwyfau cydfod E. 27. cawn fy hun (D), caf o dda a ddymunwyf FGJLN. 30. ac aur A-DEGI. 32. ac arfau DF-J. 35. trinaw grym DG, tirion grair tarian y gred AC(F)HI. 36. tad Dyfed B(D)GJ. 37. duw teyrn enaid DG, o enw teyrn B, duw tefyrn ynod M.

II

MARWNAD IFOR A NEST

Henaint anghywraint a hiraeth,—a phoen
    A phenyd fal blaen saeth,
  Marw Ifor, nid rhagoriaeth,
  Marw Nest, y mae Cymry'n waeth.

Mae'n waeth am dadmaeth ; mae dôr—rhof ac ef
    Yn gyfyng ym mlaen côr ;
  Marw Nest, mae f'arwest yn fôr,
  Morwyn nef ; marw iawn Ifor.

Gorau oedd Ifor â'i gorff syth,—ein rhi,
    Yn rhoi Deifr ar esyth,
  Ar a fu, gu gwehelyth,
  Ar y sydd ac a fydd fyth.

Nid af byth o'm nyth gan wŷd—i gerddor
    A gerddodd cylch y byd ;
  Ni chân fy neufraich ennyd,
  Ni chaf, ni feddaf hawdd fyd.

Hawdd fyd a gyfyd digofaint—calon,
  A hiraeth i'r fron hon, a henaint.
Herwydd wylaw glaw, glas ennaint—orchest,
  Am Ifor a Nest, mwyfwy yw'r naint.
Hael Ddofydd, tremydd, hwyl trymaint—a'm pair,
  Gweled Nest ni chair, crair, gair gwyraint.
Rhaglyw afael yw, neu ofeiliaint—poen,
  Ceinlliw haf oroen, caen llifeiriaint,

Wrth weled ciried cariad saint—am fudd,
  Ac anwylyd prudd a gynheiliaint.
Nest wengoeth, winddoeth, wenddaint,—ac Ifor
  Â mwy no rhagor y'm anrhegaint.
Â lluchwin o wydr y'm llochaint—ar hail,
  A medd o fuail mwy ddifeiaint.
A rhuddaur a main a'm rhoddaint—bob awr,
  Â hebogau mawr y'm hebygaint.
Hir ddoniau i'r ddau, hwyr ydd aint—dan gêl
  I gyd i ochel 'n eu godechaint ;
Ac undyn ydyn' ni'm oedaint—am fudd,
  Ac un dadannudd am fudd fyddaint.
Llyw llygrgaer yn aer ni wnaint—yn eiddil,
  Anturiai nawmil mewn twrneimaint.
Llys Fasaleg deg dygaint—hawddamawr,
  A gwawr ei heurllawr, lle mawr meddwaint,
Lle bydd lleferydd, llifeiriaint—gwinllestr
  A golau fenestr ac ael-feiniaint.
Llafnfriw, llwrw iawnwiw Llŷr ennaint—Eingl-
  A llew ysigfrwydr lluosogfraint. [grwydr,
Llorf llu, lled garu, lledw geraint—ym mro ;
  Llywio naf huno nef i henaint.

BDG xiii.

Ffynonellau.—A—B 14,890, 135a. B—B 14,966, 145b. C—B 14,994, 115a. D—(a) B 53, 66b ; (b) Cw 296, 21 ; (c) Ba 6, 168 ; (d) Cw 381, 29. E—B 31,056, 53. F—B 31,059, 28. G—Br 5, 390. H—Br 6, 245b. I—C 65, 29. J—C 84, 148. K—Cw 5, 258. L—Ll 133, 1214. M—M 146, 66. N—M 212, 79. O—N 727, 113. P—N 1247, 154. Q—Th, 311a.

Amrywiadau.—11. a fu ddigel wehelyth (Dc)GKM-P. 15. ni chwyn Q ; fy mhen i ennyd H. 19. yn ffest GO, eurgest B. 21. hil trymaint G, gwyl trymiant B. 22. gwiraint H, gywraint (K). 23. rhag glyw afaelfyw ne o faeliaint J, rhag glyw afaelyw orau ofeiliaint E. 27. wynddaint BFHMNP. 30. faddeuaint DGL—Q. 38. anturiau HJMP, anturio DEGLNO. 45. llid garu BEFHJ, llid garw K ; Gymro P. 46. llwydo a wnaf K, llyw naf yw yno nef yw ennaint Q.

12

MAWL LLYWELYN AP GWILYM

Llyfr dwned Dyfed dyfyn—ar windai
I randir Llywelyn,
Llannerch, aed annerch pob dyn,
Lle twymlys llu, at Emlyn.

Llyn i barc Emlyn, camlas—hyd Deifi
A'r tefyrn ymhob plas ;
Lluddied gardd, lladded ei gas,
Lle bo'r orddod, llwybr urddas.

Llwybr urddas bar bras yn bwrw bryn,—eglur
Oglais Lloegr a Phrydyn ;
Lle y dêl, yr hollfyd a dynn,
Llaw hael, at enw Llywelyn.

Llywelyn a'u myn ym ynni—a grym,
Llawenfab Gwilym erddrym wrddri.
Lle cymyrrawdd cawdd i'm coddi—nid caeth,
Llywodraeth a wnaeth, a maeth i mi.
Llafuriawdd, berthawdd i borthi—digeirdd,
Llys ym Mryn-y-beirdd, lle heirdd yw hi.
Lle gnawd cael gwasgawd a gwisgi—ddillad,
Llety anghaead wastad westi.
Lle cynefin gwin, a gweini—heilgyrn,
Lle chwyrn, llwybr tefyrn, lle beirw Teifi.
Lle dichwerw aserw o erysi—bryd,
Lle chwery esbyd byd heb oedi.
Lle maith yn llawnwaith llenwi—buelin ;
Lle y mae ufuddwin llym i feddwi.
Lle o'th nerth, Dduw ferth, ydd af fi—drachefn
* * *

Lle y mae gwin Ffrainc, fainc fancr bali—ddodrefn,
  Lle anarlloestrefn llanw aur llestri.
Llys erwyr a wnaeth llu seiri—yn falch,
  Lliwgaer yn lasgalch, llugyrn losgi.
Llawnaf, dianaf, daioni—fynud,
  Lluniaeth ffraeth ffrwythdud glud glodfori.
Llwybreiddwlad gariad Gwri—Wallt Euryn,
  Llywelyn drawstyn a â drosti.
Llywiawdr, ymherawdr meiri—hyd Elfed,
  Llyw yw ar Ddyfed, llawer ddofi.
Llorf llwyth, ei dylwyth hyd Wyli—y traidd,
  Llariaidd, brawdwraidd, ail Bryderi.
Llathrlaw ysb euraw, ysberi—gwëyll,
  Llid Pyll arf dridryll, arfod Rodri.
Llinongadr baladr Beli—yng nghyngaws,
  Llwyrnaws Llŷr hoywdraws, llew wrhydri.
Llawen-grair a'n pair yn peri—llwyddfoes,
  Llawenydd a roes i'n oes i ni.
Llywelyn derwyn i dorri—llinon,
  Llawfron y dynion a'u daioni.
Llywelyn derwyn i dorri—aergad,
  Llaw fad aur-rhuddiad a ŵyr rhoddi.
Llwydda, na threia, Un a Thri—rhag llaw,
  Llwyddaw dawn iddaw, Duw i'w noddi !

BDG ccxxxi.

Ffynonellau.—A—(a) B 14,932, 4b ; (b) Ba 6, 163b ; (c) Cw 381, 11. B—B 15,004, 43a. C—(a) Br 2, 577b ; (b) J 17, 765. D—Gw 25, cxx. E—(a) Ll 122, 127 ; (b) B 53, 203 ; (c) Ba 6, 163a. F—M 146, 68. G—M 212, 82. H—N 657, 10. I—N 1247, 156. J—(a) P 49, 64 ; (b) Wy 2, 108. K—P 189, 89 (*dienw*). L—Th, 75b.

Amrywiadau.—1–12. [CDL.] 5–8. [AEJ.] 7. gerdd AB. 13. myn o ymynni BEG, myn o mynni I, i myfi AF. 15. lle i adrawdd AJ, lle nid F, llew nid GI, llai ymadrawdd B-EL. 16. llofruddiaeth amaeth a wnaeth a ni FG, llawruddiaeth a. a. w. a n. I. 17. yn valchlyn K. 18–52. [K.] 23. lle chwerw AI, lle chwerw aesberw J. 27. *Yn* B-GL *braich gyntaf y toddaid hwn yw* Lle o'th nerth, Dduw ferth, ydd af fi—drachefn. *Felly yn* AJ *hefyd, ond yno ceir wedyn y llinell a argraffwyd yma* (29), *ac ar ei hôl daw* Llefn geir llysdrefn ac aurllestri. *Nid yw hon ond llygriad ar ll.* 30, *a'r tebyg yw ddarfod colli'r ll. a ddylai ddilyn* Lle o'th nerth, etc. 31. llysauddwfr a wnaeth llys eiddi AJ, Llys aurwr a'i gwnaeth lle seiri FGI. 32. lliwgar AIJ. 33–4. [CDL.] 38. llaw C. 40. bradwraidd AGJ, bryd wraidd D. 41. osb FGI. 45. llawer crair a bair bryderi—cerddfoes AJ. 46. a moes i mi B-EIL, i'm oes i mi G. 47–52. [CDL.] 49–50. [ACDFL.] 51. llywia FI. 52. llywia ddawn . . . Dduw FGI.

13

MARWNAD LLYWELYN AP GWILYM

Dyfed a somed, symud—ei mawrair,
Am eryr bro yr hud ;
Doe wiwdymp yn dywedud,
Hyddawn fu, a heddiw'n fud.

Cyn hyn, Lywelyn, olud—tiriogaeth,
Tŷ rhagof ni chaeud ;
Agwrdd udd y gerdd oeddud,
Agor i mi, y gŵr mud.

Pryd glwys prudd dadwys, prif dud,—praff awdur
Proffwydair, balchsyth, drud,
Prif dda wawd, prawf ddywedud,
Prydydd, ieithydd, na fydd fud.

Fy ngheinllyw difyw, Deifr helgud,—baham,
Bwhwman deigr neud glud,
Fy nghanllaw, y'm gadawud,
Fy nghâr am aur, fy ngharw mud ?

Pendefig, gwledig gwlad *yr* hud—is dwfn,
Ys difai y'm dysgud ;
Pob meistrolrwydd a wyddud,
Poened fi er pan wyd fud.

Neud dwfn fy neigr, neud difud—fy llef
Am fy llyw cadarnddrud ;
Nid diboen na'm hatebud,
Nid hawdd ymadrawdd â mud.

13. MARWNAD LLYWELYN AP GWILYM

Gwawr gwirnef a llawr, llef alltud—yw hon,
Hyn oedd ddygn nas clywud ;
Gwae fi, Geli pob golud,
Gwael fy nghyflwr, am ŵr mud.

Gwae fi fod, elw clod ail Clud—nyw ballai,
Heb allael dywedud,
Gwn ofal dalm gan ofud,
Gawr eiriau mawr am ŵr mud.

Gwae fi, Grist Celi, caled—o'm rhyfyg,
(Pand rhyfawr y'm cosbed ?)
Gwymp oeddem oll cyn colled,
Gwympo crair holl gampau Cred.

Gwae fi, Grist Celi, calon doll—yw'r fau,
Wyf fyfyr am ddygngoll,
Campus eirf cwmpas arfoll,
Cwympo udd y campau oll.

Gwae fyfi, fy rhi, rhoi i'th ddarpar,—Duw !
Dwyn cadarnwalch cerddgar,
Nid rhodd gŵyl, neud rhwydd galar,
Nad rhydd ymgerydd am gâr.

Gwae fi ddwyn, ail brwyn, breiniol gyhoedd,—lledrith,
Llywodraeth y bobloedd ;
Lles tyrfa, lleas torfoedd,
Llawen, gorawen gwŷr oedd.

Gwae fi weled, trwydded drwg,
Neuaddau milwr, tŵr teg,
Annawn oes, un yn ysig,
A'r llall, do gwall, yn dŷ gwag.

Gwae'r nai a oerai a ery,—gweled,
Gwaelod cof a'm deffry,
Y llys fraith yn llaesu fry,
A'r Llystyn yn arlloesty.

Llys gwin ac emys, ddigamoedd—gyllid,
Och golli a'i gwnaddoedd.
Llys naf aur, lles niferoedd,
Llyw lles pe byw, llys pawb oedd.

Lles bychan buan yw bod—yn rhullfalch,
A'r hollfyd fal ffurf rhod :
Llew syberw lliaws wybod,
Llas ag arf glas gorf y glod.

Llew olwg farchog, Llywelyn,—o'th las
I'th lys deg yn Emlyn,
Llai yw'r dysg, medd llawer dyn
Llwfr i'th ôl, llyfr a thelyn.

Llithr ddagrau yw'r mau modd chweg,—och allel
Â chyllell faeliereg,
Llawer och dost ar osteg,
Llathr erddyrn, lladd tëyrn teg.

Och ddwyn Llywelyn, dyn doeth,—a ddodaf ;
Och a ddyd ei gyfoeth ;
Och rydd a roddaf drannoeth,
Och beunydd ; ei ddydd a ddoeth.

Och, och, y Ddôl-goch, ddaly gŵyl—barchus,
Am dy berchen annwyl ;
Och wedy'r ddwyoch ddiwyl,
Och, panid och ? Pwy nid ŵyl ?

Wylais lle gwelais lle gwely—f'arglwydd,
Band oedd fawrglwyf hynny ?
Gair ateb, wyf gâr yty ;
Gŵr da doeth, agor dy dŷ.

Gŵr, nid gwas, a las o loes archoll—dur,
A diriaid fu'r dygngoll ;
Gwrawl hawl mewn helm drydoll,
Gair oer am y gorau oll.

Gwaelfyrn gwawl tefyrn, gweli tafawd—gwaith,
Gwaeth bellach myfyrdawd ;
Gwäeg cadarn, gwag ceudawd,
Gwecry gwŷr gwedy gwawr gwawd.

Dall fydd byd, dull gwŷd gwedy,—ddwyn llygad,
Oedd yn Lloegr a Chymry ;
Dwg i'th wledd, ni'm gomeddy,
Dôr gwŷr, da frëyr, Duw fry.

Dihaereb yw hon, dywirir—ym mro :—
A laddo a leddir :
Diben o hyn a dybir,
Dibaid gwae, a Duw, boed gwir.

A wnêl argae, gwae a gwall—i'r deau,
A gaiff dial cuall ;
A wnêl drwg o dreigl angall
Â llaw, arhöed y llall.

Nid diofal, ffyrfdal ffêr,
Y gelyn a wnêl galar :
A laddo dyn â'i loywddur
I luddias hoedl a leddir.

* * *

Pwnc truan oerwan am eurwas—yw hyn,
Honni mawr alanas,
Cain arddelw cyfan urddas,
Cyrn a glyw, cwyn llyw, can llas.

Cyfiawnder fu ef, cyfundeb—cyrdd aur,
Cerddwriaeth ddoethineb ;
Cyweirdant y cywirdeb,
Corf clod, nid un wybod neb.

Coeth edling, fflowr dling dy lis—oreuraid
Wared clochdy Paris ;
Cymro glew a'n adewis,
Cymryd un, Cymry neud is.

Os marw fy ewythr, ys mawr—o ryfedd,
Aur Afia Cymry fawr,
Nad eddwyf, nai a'i diddawr,
Nad af yng ngwyllt, Duw fy ngwawr!

* * *

Salw a thost am iôr costrith,
Selerwin fyrdd-drin feirdd-dreth,
Campus reddf cwmpas roddfath,
Cwympo cyd gampau byd byth.

* * *

Truan ac eirian a garo—dadl,
Aed Landudoch heno;
Doethineb neud aeth yno,
Diwyd grair dan dywod gro.

Heilbryn flodeuyn diwyd—a dderyw,
Ddeurudd diymoglyd;
Llwyr yr aeth, gwingaeth gyngyd,
Haearn â chof a barn byd.

* * *

Gŵr fu Lywelyn, gwir ganu,—prudd,
Cyn rhoi pridd i'w ddeutu;
Pwynt rhyfel heb ymgelu,
Penrhaith ar Ddyfed faith fu.

BDG ccxxxii.

Ffynonellau.—A—A 2, 17. B—(a) B 53, 63; (b) Ba 6, 164a; (c) Cw 296, 14. C—B 14,890, 132a. D—(a) B 14,932, 5; (b) Ba 6, 164b; (c) Cw 381, 13. E—B 15,004, 45a. F—H 26, ii, 136. G—(a) Ll 48, 67; (b) LlH, 302b. H—Ll 133, 1215. I—M 146, 21. J—M 212, 83. K—N 657, 12. L—(a) P 49, 65; (b) Wy 2, 109.

Amrywiadau.—4. fab A, fur D, haeddai fawl F. 6. ai trigo mae cyhyd BJ. 7. wedd FL, wydd BEHJ, Nudd A. 9. prif dadwys L, pryd dadwys prydud BEH. 10. praff awdl G; sydd ddrud F.

13. MARWNAD LLYWELYN AP GWILYM

13. fy ngheinllyw gwynlliw DL. 17. ys dwfn L. 21. dwfn dialar nid difud DL. 26. na chlywud DFGKL. 28. gwyl ADGKL. 31. ofal tost ADEGKL. 32. gwawr AD-GKL, fy ngwawr air BHIJ. 34. a rhyfedd ADFGKL. 35. camp BFHIJ. 39. cwmpas . . . campus BFHIJ. 40. cwympo yw DE(F)KL, cwympo Nudd ABFHIJ. 42. dwyn ein arglwydd BEFHIJ. 43. rhydd galar ADH. 47. lliaws taerfalch lles AL. 48. gwawr awen KL, gwir awen A. 50. i feddau BIJ, i faddau E, i faeddu H. 53. a garai ac a ery BFHIJ. 55. arlloes fry BFHIJ. 58. gwnaethoedd FIJ. 61. bychan mewn man A. 68. llafar BEHIJ. 74. a ddoded o'i gyfoeth BIJ. 75. och drennydd ac och drannoeth H, och drennydd yn iach drannoeth BIJ. 77. gwedy gŵyl BH. 78. wedy'th BH, wedy dy IJ. 79. ddwywyl BFHIJ. 82. fawrglod ADFKL. 91. cedyrn E, gwae'r cedyrn gwag eu ciwdawd BFHIJ. 97. difyrrir DKL, diwyrir FIJ. 99. fo hwn DKL. 101. a wnaeth BEFHIJ. 104. ef a ery'r BEFHIJ. 106. i'r gelyn BH. 113. yw hyn BEFHIJ. 115. pob cywirdeb AEFHIJ. 121. o ryfyg BEF(H)IJ. 117. cloch ing ein edling dilis A. 122. a rifai BEFHIJ. 123. nad oeddwn BEF(H)IJ. 127. cwmpas . . . campus BFHIJ. 129. girad a thost pawb a garo BFHIJ. 130. wyd DHKL. 131. nid L, da aeth BHIJ, medd daeth F. 133. hoyw freiniau flodau BHJ, hoyw fryn F. 134. yn niwedd cadernyd BFHIJ. 135. cyngaeth cyngyd BFHIJ.

14

I IEUAN LLWYD O ENAU'R GLYN

Neud Mai, neud erfai adarfeirdd traeth,
Neud manwydd coedydd, wŷdd wehyddiaeth,
Neud meinwedn gan edn ganiadaeth—anodd,
Neud mi a'i heurodd, neud mau hiraeth.

Neud er na chaffwyf, loywnwyf luniaeth,
Newyddion roddion ym Môn a maeth,
Neud eisiau heiliau, hael wasanaeth—byd,
Neud heb anwylyd, neud bron alaeth.

Neud temlau, byrddau, beirdd ysgafaeth,
Neud teulu eirian teuluwriaeth,
Na'm bu hyn, Duw gwyn, gweinidogaeth—serch ;
Nog am annerch merch mawrchwant neud gwaeth.

Na welaf Ieuan ddifan ddofaeth,
Na wŷl yntau fi, rhi rhywogaeth ;
Neud af, anwylaf unoliaeth,—ataw,
Nid wyf hy hebddaw, ddifraw ddofraeth.

Gwyllt wyf tra gwelwyf gwaly mabolaeth,
Gwenwynwys ynof gwin wasanaeth,
Gwedy, gwydn y'm try, treftadogaeth,—braw,
O gyhoedd wylaw, gywyddoliaeth.

Gwrddgae yw'r lle mae, mi a'i rhydraeth,
Gwarae o feddiant, gwir ofyddiaeth,
Gwyndir cryf lle tyf tafarnwriaeth—hoed,
A gwedr egin coed, gwiw diriogaeth.

Gwelaf yn bennaf ei unbennaeth,
Gwalch o hil Lawdden, gweilch helyddiaeth ;
Gwared feirdd ydyw, gwirod faeth, — cerddawr,
Gwawr a garodd awr y gerddwriaeth.

Gwas diog fyddaf i'm gwesteiaeth,
Gwastad erbyniad yw'r aur bennaeth ;
Gwaeanwyn gwiw ancwyn uncaeth—fyddaf,
Gaeaf, cynhaeaf a haf hyfaeth.

Da y ceidw awdur, deg geidwadaeth,
Da a fyn ym, gnawd diofn y'm gwnaeth ;
Durgrwydr yw dôr brwydr ar dir breudraeth—môr,
Dôr difraw ragor, Deifr wrogaeth.

Difanol eiriol arial pennaeth,
Difai, medd pob rhai, y rhydd luniaeth ;
Dyfodiad, trwsiad, treisiaeth—a gynnail,
Defodau Huail, hail ehelaeth.

Dibwl, difygwl bendefigaeth,
Diball, dyn arall nid un wriaeth ;
Difai, dôr erfai, dewr arfaeth—drudchwyrn,
Difan eurdëyrn dwfn wrdaaeth.

Da fygylarf gwŷr, Lŷr filwriaeth,
Difygylodd fi, da fugeiliaeth ;
Dwbled ym, rym rwymedigaeth,—llurug
Dyblyg, mad edmyg, yw'r mau dadmaeth.

BDG ccxxix.

Ffynonellau.—A—B 23, 60c. B—Gw 25, lxix. C—(a) Ll 122, 125 ; (b) B 53, 202 ; (c) Ba 6, 171 ; (d) Cw 381, 34. D—P 240, 56. E—Th, 74b.

Amrywiadau.—2. manwyrdd A, meinwyrdd C ; weddiaeth C. 5. nid na E, nid ABD ; lownwyf AE. 7. nid ABD. 8. anwylyd hybion alaeth A, anwylyd haelion alaeth C. 11. gwenedigaeth E. 12. nad am AE, nad ymanerch C ; nid gwaeth C, neud gaeth E. 13. Ifan C. 18. gwên a wys ABE. 19. tres tadogaeth A, tretadogaeth B, trefodogaeth CE. 21. gwyrddgae ACE. 24. gwydr AC. 31. i uncaeth ACE. 33. cadwai AC. 37. difanwl ABE. 48. diblyg C.

15

I HYWEL AP GORONWY

DEON BANGOR

Arglwydd canon swydd un sud—Mordëyrn
A Dewi yng Ngwlad yr Hud,
Cybi nefol ei olud,
Cydymdeithion Simon, Sud.

Sain Sud, un ffunud ffiniwyd,—o genedl
Y Gwinau Dau Freuddwyd,
Sain Silin, ffrangsens aelwyd,
Salm Saint Elien, gŵr llên llwyd.

Tëyrn llwyd, broffwyd hil Brân,—mae ungwr
Ym Mangor mewn gŵn pân,
Tŷ geirwgalch teg ei organ,
Tant côr, heb atynt a'i cân.

Neu chân fy nhafawd wawd wenithaidd,
Ni cheir lliniodr ŵyr yn ochr lluniaidd ;
Ni chêl i Hywel hoyw garuaidd—lwybr
O burddawn ewybr barddonïaidd.

Neirthiad a gefais didrais dwydraidd,
Ni'm gad gamruad, ged Gymroaidd ;
Nis erfyn, obrudd, ac nis arfaidd—draw
Naw, o praw lidiaw, nêr preladaidd.

Neur gaiff yng Ngwynedd hoywfedd hyfaidd ;
Neur gâr a'i dyeingl, nêr gwrdaaidd,
Nid byr fawl gwrawl a gyrraidd—ym Môn
Y beirdd, fy Neon barddonïaidd.

Nid bas, cyweithas ŵr urddasaidd,
Neud bardd, ei neddair, ffyrfair, ffurfaidd;
  Nid barn don yw hon, henẃraidd,—ym mryd;
Nid byd heb Wyndyd pryd prydyddaidd.

Nid byw fal fy llyw gloywryw glew-ẃraidd
Nen dan y seren, dawn oes ẃraidd,
  Nid un gwalch hoywfalch hyfaidd—llygeidfyw
Ag yw cyw y dryw, caeau a draidd.

Nid un claer araith dyn clerẃraidd
Â llwybr gŵr ewybr yn garuaidd;
  Nid un bryn mebyn mabaidd—â hynaif,
Nid un gwenithgnaif â hyddaif haidd.

Nid un gwin naddfin â mynyddfaidd,
Nid un y paun gnu o blu â blaidd,
  Nid fel Bleddyn, dyn diburoraidd—ras,
Y cân eddylwas ferw Cynddelwaidd.

Ni ŵyr, cymraw llwyr, Cymro llariaidd
Rhoddi i eirchiaid yn Rhydderchaidd,
  Dwysgel, eithr Hywel athrawaidd—ganon,
Naf Môn, gloyw Ddeon arglwyddïaidd.

BDG ccxxviii.

Ffynonellau.—A—(a) B 53, 74; (b) Ba 6, 170. B—Ll 122, 107. C—Ll 133, 1217. D—M 146, 71. E—M 212, 84. F—P 51, 127. G—P 97, 171.

Amrywiadau.—1. o lawn swydd A, o iawn swydd (A)C. 4. cymdeithion Simon a Sud ACEG. 7. Ffransys C, ffranses A, ffronses E. 10. gown BDEG. 13. ni A-G. 27. ŵr henaidd ACDEG. 37. noddfin ACEF. 40. eddelwas DEG, eiddilwas ABCF. 43. mwysgel CEG, nwysgel BDF.

16

MARWNAD ANGHARAD

Didyr deigr difyr adafael—o'm drem
　　Am drymed ym gof gael
　Dodiad hoyw Angharad hael
　Dan ddaear, duon ddwyael.

Aele yw nad byw buail—win aeddfed ;
　　Awenyddfeirdd adfail ;
　Alaf glod waesaf wiwsail,
　Aelaw fu o'i hoywlaw hail.

Heilwin fu, medd llu, lleuer,—cain Indeg
　　Cyn undydd breuolder ;
　Hoedl dangnef dref, ond nef nêr,
　Hudol yw hoedl i lawer.

Llawer bron am hon ym Mhennardd—a hyllt,
　　Ail Esyllt wiw lwysardd ;
　Llawer cyfarf galarfardd,
　Llwyr wae, ni chwarae, ni chwardd.

Ni chwardd cywirfardd cyweirfad,—cwyn uthr,
　　Can ethyw Angharad ;
　Nid â o'm bron, neud ym brad,
　Nawd llif geirw, neud llef girad.

Rhy irad, dygiad digudd,—fu orfod,
　　Drem fwyarfalch wrmrudd,
　Rhieinaidd fun, rhannodd fudd,
　Rhwymo derw rhôm a'i deurudd.

Deuruddlas fain was wyf yn wael—er gwen,
Aur gannwyll mewn urael,
Darfod dyfod, dwfn ddeigrgael,
Derfyn hon, diweirfun hael.

Haelaf, digrifaf goreufun—yng nghaer
Oedd Angharad wenllun,
Hoen ffysg, da ddysg, nid oedd un,
Huan wybr, â hi nebun.

Pa un â'm aur fun mor fyr—ei hoedlddydd ?
Aml hidlddeigr a'm tragyr ;
Pall rodfaeth, pwyll iradfyr,
Pefr nith haul, pa fron ni thyr ?

Gofalus fronllech, gafaeliad—a'm cawdd,
Ymy a neidiawdd o'i mynediad.
Goleuddyn â'i hŷn o had—bonheddfaith,
Goluddiai wagiaith, gŵyl ddiwygiad.

Gorhoffter eurner, arnad—Dduw Dofydd,
Y mae fy ngherydd am Angharad,
Gan yt fynnu, bu bwyll wastad,—ei dwyn
Yn rhwyf ebrwydd frwyn, yn rhefbridd frad.

Gyflawned y rhoist gyfluniad—anwael
O ddawn gyfiawn gael urael eurad,
Gorugost rydost rediad—ei hoedlddydd ;
Gŵyr ei charennydd a Dofydd Dad.

Gares gweilch aerfeilch eurfad—ymystig,
Gorwyr i Gynfrig, gorf brig bragad.
Gwiw Eigr hoen a'i goroen, un gariad—Uthr,
Goruthr yn un rhuthr fu'n anrheithiad.

Gwrm ael fun urael fain, irad—nad byw,
Gwae ryw Eigr unllyw o'r gaer winllad.
Gorne bron hoywdon ehediad—gwyndraeth,
Gŵyr ei brodyr maeth alaeth eiliad.

Gwrygiant urdduniant eurddoniad—facwy,
Gwreigaidd olywy, gwragedd leuad.
Gweddeiddbar gymar geimiad—yng ngarthan
Gwayw awchdan Ieuan, cyflafan cad.

Gwaedgoel saffwy rhwy rhwym gwlad—a'i gafael,
Gwawdgael, llwydgun hael, lledw gynheiliad.
Gwrthwyneb galon, gartheiniad—gytbar,
Gwrddfar, gwingar ddâr, gwen-gerdd uriad.

Gwaisg y'm clwyfawdd cawdd, coddiad—y'i gelwir,
Gwedd ir alawir eiry oleuad ;
Gwenynen addien a wyddiad—ei dawn,
Gwawn Geredigiawn, garw ei dygiad.

Gwedy hoedlddwyn gŵyn wyf geiniad—bronddellt,
Gwedd eiry frisg wisg wellt, gwawr Fuellt fad.
Gwenfun ddiwael, hael heiliad—yng nghyfedd,
Gwinfwrdd a berthedd, gwynfeirdd borthiad.

Gwayw o'i chof trwof trawiad—a'm gwarchae,
Gwae, em oleugae, y mau lygad !
Gwedd, dig argywedd, deigr gawad—a'i gwlych,
Gwyrdd fy ngrudd a chrych, fawrnych farwnad.

Gwenwyn ym ei chŵyn, ni chad—i'm ystlys,
Gwanas gywirlys, gŵn ysgarlad.
Gwaith drwg i'r olwg hir wylad—yng nghaeth,
Gwaeth, cyfyng hiraeth, cof Angharad.

16. MARWNAD ANGHARAD

BDG ccxxxiii.

FFYNONELLAU.—A—B 23, 57. B—(a) B 29, 303; (b) B 53, 58; (c) Ba 6, 166a; (d) Cw 296, 5; (e) C 26, 62. C—(a) B 14,932, 79b; (b) Ba 6, 166b; (c) Cw 381, 23. D—B 14,966, 146a. E—B 14,994, 117b. F—B 31,059, 73. G—C 19, 410. H—Cw 3, 81. I—Cw 3, 87. J—G 3, 82b. K—Gw 24, 11. L—Gw 25, lxxi. M—Ll 54, 9. N—M 212, 80. O—N 1247, 144. P—P 121, 125. Q—P 240, 80. R—Pa 10, 33. S—Pa 53, 118. T—Th, 312a.

AMRYWIADAU.—1. diafael F. 2. gwael FGHKLNOQST. 5. wylaw BJM, aelaw CFNPST, aelaf HR. 6. awenyddfardd AKLOQ. 7 haelaf fun waesaf BJM, alaf ar waesaf FNOT. 9. haelwin BHLM. 10. brawolder ACFNP. 11. hud hyd AKLQ; hoedl dangnef i neb ond nef nêr B, hoedl dangnef ond nef nêr NS, hoedl dangnef dref ond nef nêr FROPRT. 14. Esyllt ŵyl CFHOPT. 15. llefain yw berf oferfardd BG-IM-PRST. 19. neu thyr fy mron eithr fy mrad B, ni thau i'm bron eithr i'm brad P, ni thau i'm bron aeth i'm brad CFNO. 20. nod . . . garw BJ, nid . . . oerwayw . . . irad L, oerfarw K. 23. ferch ACHORT, fu G. 25. gan gŵyn GKL, dan gŵyn A. 26. gain gannwyll AGKL, oedd gannwyll FO; fwyn gulael N. 28. hardd ddiweirfun FO, hir ddiweirfun BCHRST. 29. deg oreufun G. 30. feinllun BCGHMQRS. 31. hoyw ffysg AKNQ. 35. pwyll . . . pell BHJRS, pwyll iradfaith pall radfyr G, pell arafiaith pwyll ryfyr AKLQ. 37. fronddellt . . . oer gawdd AKQ. 42. yma yw 'ngherydd BJR. 44. rhy . . . rhybrudd BJ(Q). 45. diwael BGHOPRST. 46. gael ŵr hael a rhad BHOPRST, wrth hael ariad G. 49. gwasg chwyrn ar f'esgyrn eirf ysgiad—bu ddig AKLQ. 51. fu gariad ABGHKLN-S; gwawr hoen a goroen Eigr gariad BGHNPRST. 52. aruthr ANQ, uthr aruthr KL. 53. arael BHLPT; mae'n irad P, fwyn irad N; nid gwiw ABDHKLNO. 54. wynlliw S, winlliw FT, unlliw BHLNR; unlliw geirw gywiw garw garw gawad AQ. 57. arddunaint DFHIPT, arddoniad AKLQT, urddoniad BR. 59. gweddeiddwar AKQ, gweddeiddgar HST; gynnar geiniad GT. 60. gwiw ABCJRST; awchddur AQ. 62. llwytgun . . . lletty O. 64. gwrddgar BJNPR; gwrddgar i farwn gerddgar fwriad AKLQ. 65. y'm galwer O; gwisgodd a'm cuddiodd coddiad—y galwer FHST, gwisgodd a'm clwyfodd coddiad—y galwer P. 66. gweler ar lawer galar liwiad FHOPST. 68. gwawr Ba-dCRT. 70. gwedd eiry blaenwellt gwlad Fuellt fad AKLQ. 71–2. GQ. 73–4. DF-ILP-T. 73. uchaf DGHIT. 74. mab lygad AK.

17

MARWNAD RHYDDERCH

(DROS LYWELYN FYCHAN O LYN AERON)

Doe clywais, mi geisiais gêl,
Dair och ar lethrdir uchel.
Ni meddyliwn, gwn gannoch,
Y rhôi ŵr fyth y rhyw och.
Ni bu i'm gwlad, rhoddiad rhydd,
Na llif cwyn, na llef cynydd,
Na meingorn uwch llethr mangoed,
Na chloch uwch no'r och a roed.

Pa'r dwrw yw hwn, pryderoch ?
Pefr loes, pwy a roes yr och ?
Llywelyn, o'r syddyn serch,
A roddes hon am Rydderch,
Fychan garllaw ei lân lys,
Ffyddfrawd Rhydderch ddiffoddfrys.
Och Amlyn o'i dyddyn dig,
Alaeth mamaeth, am Emig ;
Och gŵr a fai'n awch garu
Ei gâr, o fawr alar fu ;
A'r drydedd och, gloch y Glyn,
Ail yw, a rôi Lywelyn.

Pan gaewyd, saith guddiwyd serch,
Gwin roddiad, genau Rydderch,
Darfu, gw y'mn dierfir,
Ben Deheubarth wen yn wir.
Darfu'r foes dirfawr o fedd,
Darfu daearu dewredd.
Gorwyn alarch yng ngwarchae,
Gorwedd mewn maenfedd y mae.

Natur boen, nid hwy yw'r bedd,
Syth drudfalch, no saith droedfedd.

Pregeth ryfedd oedd weddu
Dan hyn o dywerchyn du
Gwybodau, synhwyrau serch,
Gwmpas rodd gampus Rydderch,
A'i wiwdawd digolltawd gall,
A'i gryfgorff gwyn digrifgall,
A'i gampau, chwedl doniau dawn,
A'i loywddysg a'i oleuddawn,
A'i ras, gyweithas ieithydd,
A'i glod, och ddyfod ei ddydd!

Trwst oedd oer trist ddaearu,
Trugarog o farchog fu.
Trugaredd trwy symlwedd serch
A roddo Duw i Rydderch.

BDG ccxxxiv; DGG lxii.

FFYNONELLAU.—A—A 1, 567. B—A 2, 297. C—B 40, 26. D—(a) B 14,890, 144b; (b) B 53, 72b. E—(a) B 14,932, 36; (b) Ba 6, 42. F—B 31,056, 48b. G—C 16, 299. H—C 64, 715b. I—C 64, 747g. J—C 83, 384. K—C 84, i, 141. L—Cw 5, 195. M—Cw 273, 47. N—Cw 449, 4b. O—J 17, 269. P—Ll 53, 124. Q—Ll 122, 115. R—(a) Ll 133, 1116; (b) Ll 14, 216. S—(a) M 212, 81; (b) M 1, 79. T—N 643, 44a. U—N 727, 9a. V—N 1246, 137. W—N 2691, 236. X—P 97, 148. Y—T, 28.

AMRYWIADAU.—4. y rhôi fyth ŵr rhyw fath och A-DGIMQRTUW, y rhôi fyth ŵr y fath och FKPNY, i ŵr fyth roi'r fath och H. 7. ar lethr ELPX. 9. dwrf D; pa dwrw . . . pedeiroch C(D)JLUX; gwn gannoch DS. 15. ymlyn JS, emlyn DI, emyn LX, am hyn C, erlyn AGHNRTV, erlwyn Y. 20. a'r ail a rôi P, fu ei loywlef ef (Db), llef oer a roes CFKQ, llef ail a roes (Db), lle ail a roes JLU, oll yw alar AB(Db)GHIMNVY. 21. syn freuddwyd AB(Db)GHIMNRTVY. 22. gun roddiad ELX, gain roddiad C(DbH), roddwin Y. 25. oes . . . ei wedd V. 27. yngwarchef Y; oerchwedl in yw ei warchae ELX. 28. mae ef Y. 29. nad hwy'r bedd ELX. 31. yw gweddu C. 32. dywarchen Y. 38. lwyddiant CDEJKLQSX. 40. ddarfod ABGHMNRTVWY. 41. ddoe oer GIMNRVW, oer ddoe A. 43. am symlwedd ABDMNRTV; ddisymlwedd J, a seinwedd ELX, am sylwedd Y.

18

MARWNAD GRUFFUDD AB ADDA

Rhagawr mawr ger mur gwyngalch,
Lle y bo perllanwydd, llu balch,
Bod yn galw is afalwydd
Eos yn nos ac yn nydd ;
Cathlolaes edn coeth loywlef,
Cau nyth, megis cyw o nef ;
Eurwawd lef ar weddeiddfainc,
Orlais goeth ar irlwys gainc.
Gwedy dêl, gwawd adeilym,
Gwyllt saethydd, llamhidydd llym,
O ddwystraul brad i ddistryw,
Â bollt bedryollt bedw ryw,
Cyd bai llawn, dawn dywenydd,
O berffrwyth, gweddeiddlwyth gwŷdd,
Y bydd cerdd fydr, o hydr hoed,
Heb loyw degan blodeugoed.

Powys, gwlad ffraethlwys ffrwythlawn,
Pêr heilgyrn pefr defyrn dawn,
A oedd berllan gyfannedd
Cyn lladd doethwas â glas gledd.
Bellach y mae, gwae gwedd-dawd,
Beues gweilch, heb eos gwawd.
Adlaw beirdd, awdl heb urddas,
Ydyw hon, caseion cas.
Osid trymoch es trimis,
Och ! ni bu och na bai is,
Am gyhwrdd, lef agwrdd lid,
Awch arf yn lle ni cherid.

Gruffudd, gerddber aderyn,
Fab Addaf, difeiaf dyn,
Pob dyn disalw a'i galwai
Pendefig mireinfrig Mai,
Ac organ dra diddan draidd,
Ac aur eos garuaidd,
Gwenynen gwawd barawdwir,
Gwanwyn doeth Gwenwynwyn dir.

Diriaid i'w gâr ei daraw,
Dewr o lid, â dur i'w law.
Arf a roes, eirioes orofn,
Ar fy mrawd gleddyfawd ddofn,
Trwy fanwallt gwalch o falchlin,
Och fi, ddäed awch ei fin!
Triawch y cledd (pand truan ?)
Trwy felynflew dyn glew glân.
Trawiad un lladdiad â llif,
Toriad hagr trwy iad digrif,
Dig wyf, un doriad â gŵydd,
Deuddryll, pond oedd wladeiddrwydd ?

Deurudd liw angel melyn,
Dwred aur, deryw y dyn.

BDG ccxxxvi; DGG lxi.

Ffynonellau.—A—A 2, 17. B—(a) B 29, 497; (b) G 3, 153a; (c) N 8330, 127. C—B 52, 28b. D—(a) B 14,890, 136a; (b) B 53, 61; (c) Cw 296, 11. E—(a) B 14,933, 3; (b) B 14,932, 7a; (c) Ba 6, 13. F—B 14,966, 102a. G—B 31,059, 80b. H—C 7, 825. I—C 19, 623. J—C 26, 134. K—C 48, 182. L—Cw 10, 489. M—H 26, ii, 24. N—(a) Ll 133, 1126; (b) Ll 14, 230. O—(a) M 212, 90; (b) M 1, 83. P—N 1246, 372. Q—P 49, 81. R—P 81, 23. S—P 97, 126. T—P 195, 62. U—T, 742.

Amrywiadau.—1. rhagor BCDFIJKU; gaer mur ACDINO, gaerau mur BFJ, rhwng mur (I)KLPT; mawr yw gwangoel mur R. 2. bu ADGHL-OQRTU; perllanllwyn M, berllan AH. 3. dyfalwydd BJ, difalwydd F, dyalwydd C. 5. cathl o lais BCFGJU, cathl o loes L, cathleiddlais ADNO. 6. cae nyth D, cain nyth BGJU; clo cerdd cyw IKLPRT. 7. euraid lef PT, eurfawl ei lef CU, euraiddlef H, ireiddlef ar wrdd heddfainc AO, ireiddlef ar wrdd leddfainc N, eurfawl ei lef ar wrolfainc BJ, eurfawl ei lef ar weddeilfainc FG, eurwawd lef ar wef dalfainc L, euraid lef ar wef dalfainc IK, eurai dylif arwe dalfainc R. 8. eurlais . . . irlaes IKLPT, eurlais . . . irlais R, eurlwys . . . irlais CU, eurlwys . . . irlas BFGJ, ar laes . . . irlwys AHNO, ar loes . . . o'r las D. 9. a deilwyn BCFGJU, a deylwyn T, o deulwyn IKP, o dewlwyn L, ai deilym ANO, ai delym H. 10. llwyn BCFGI-KPTU. 11. gwawd E; i'w ddistryw BJ; o ddwysgrefft barod ddisgryw IKLPT. 12. bedeir-ollt ABCGJN, bedwarollt DOR, bedwar hollt IKLPT; bedeiryw FU. 13–4. [L.] 13. cyd bo R; dy winwydd AN. 14. o befr lwyth BCDGJU, o berthlwyth H. 15. ni bydd D; ni bu . . . dihydr hoed BCFGJU, ni bydd . . . hoyw hydr hoed IKL, y bu . . . hoyw hydr hoed PT. 18. pêr helgyrn EHQ, prif helgyrn BCFGJU; pêr defyrn BCFGJU; helgyrn bêr ederyn dawn IKLPT. 19. fu ADIKLNOPT; yr oedd organ CFGJU, a oedd organ B. 20. dewrwas IKLPT. 20 + B(b), 36 + ADIKLNOPT:

Gruffudd ab Adda ap Dafydd / Yng nghôr Dolgellau ynghudd.

21. weithian IKLPT; wae weddwdawd ADEMNOQ. 22. beius gweilch AELMNPQ, beis gweilch H, beuys gweilch I, beus gwaith R, Bowys gwydd BGJ, Bowys gwys CFU. 23. odle beirdd CFGU, adle beirdd BIJLPT. 24. o bydd hon R, a ydyw hon cofion cas ADMNO, ydyw hon cofeion cas IKPT, ydyw hon mewn cofion cas L, ydyw hon cofion ai cas H, ydyw hon cyson y cas BCFGJU. 25. os yw BQ, och oes IKLPT, och awch BCFGJU, oes trymoch er ys ANO, oes awch trymoch er ys D; ers BCF-HJMP-U. 27. gyfwrdd AQ, gyffwrdd BFGJU; llew . . . llid CFJ, llew gwrdd llid GU; cyn ych cyfwrdd lefwrdd lid P, cyn och cyfwrdd lefwrdd lid IKLT. 28. o awch oer P. 34. a gwawr eos BCGJU. 35. serch EFHIKMQ, clod barodwir P, glod barodwir L, bro barodwir T. 36. gwenwyn DEHIKLPQT; tost ADNO, Gwenwynwyn tir ADNO, gwenwyn i dir BCGJU, gwenwynwynt hir IKP, gwenhwynwyd yn tir H. 37. dyrys CEFH IKLMPQT. 39–40. [B.] 41. y gwalch balchlin LP. 43. tra awch IKLPT, troi awch BDFGJ. 45. toriad fel PT, toriad fu L. 47. o'r lladdiad i'm gŵydd BGJ, o'r lladdiad i'n gŵydd CFU. 48. ond oedd ADMNOQ, heb ddim gwladeiddrwydd BCFGI-LPTU. 49. deurudd loyw BCFGJ, deurudd lem U. 50. a deryw'r dyn DNO, deuryw y dyn CFG, deurydd y dyn U, dy ryw'r dyn H; diriaid oedd daraw y dyn IKLPT.

19

MARWNAD MADOG BENFRAS

Rhidyll hudolaidd rhydwn,
Rhyw fyd ar ei hyd yw hwn.
Y macwy llawen heno
Hyfryd ei fywyd a fo,
Breuddwyd aruthr ebrwyddarw,
A dry yfory yn farw.

Pam y'm cên awen ewybr,
Pefr orgraff, oleubraff lwybr ?
Am Fadog, farddlef efell,
Benfras, ni bu wawdwas well.
Bu ddewr hy, ni bydd y rhawg,
Ormail mydr, ŵr mal Madawg
O fedru talm o fydroedd,
O gerdd dda, ac arwydd oedd,
O ddwysgwbl gerdd, o ddysgaid,
O ddigrifwch fflwch a phlaid,
O gariad yn anad neb,
O ddoeth enw, o ddoethineb.

Dengyn ym mlwyddyn fy mloedd,
Dwyn Madog, dawn ym ydoedd.
Uthr yw gwayw am athro gwŷr,
Disgybl o'r beirdd nid esgyr.
Pell eglur, penadur pwyll,
Paun da ddadl, pand oedd ddidwyll ?
Cad daradr, ceudod tirion,
Canwyr y synnwyr a'r sôn.
Cwplws caniatgerdd Ferddin,
Cwpl porthloedd, golygoedd gwin,

A thampr o ddewis mis Mai,
A thrwmpls y gerdd a'i thrimplai,
A chôr y serch a chariad,
A choprs cerdd a chiprys cad,
Pefr organ, degan digeirdd,
Pennaeth barddonïaeth beirdd.

Dihoywfro beirdd dihyfryd,
Digywydd y bydd y byd.
Diaml aur mâl nis talai,
Diarail fydd manddail Mai.
Digerdd eos befrdlos bach,
Dwf acses, deigr difocsach.
Dibarch fydd bedw nis edwyn ;
Da beth oedd ; diobaith ynn.

Cwpl ewybr, capel awen,
Copr pawb wrthaw, gwaglaw gwen.
Gwladaidd oedd, gwledydd eddyw,
O bai fyd, na bai ef fyw.
Gwae feirddlu, gwiw ei farddlef,
Gyda Duw y gadwyd ef.

BDG ccxxxv ; DGG lx.

FFYNONELLAU.—A—A 2, 24. B—B 23, 15. C—(a) B 53, 68 ; (b) Ba 6, 220. D—B 14,890, 137b. E—B 31,059, 103b. F—(a) Br 2, 206 ; (b) J 17, 268. G—C 7, 121. H—Cw 27, 468. I—Cw 319, 76. J—H 26, ii, 53. K—Ll 120, 105. L—(a) Ll 133, 1127 ; (b) Ll 14, 231. M—(a) M 212, 169 ; (b) M 1, 157. N—N 1260, 4. O—P 49, 95.

AMRYWIADAU.—4. ei fyd yw efô B. 5. breuddwyd gofid BEGK. 6. i farw E, cyn yfory'n farw GK. 8. pêr BG. 10. awdlwas ACIJ MNO. 11. hael BFG. 15. serch B ; o ddisgybl serch a ddysgaid EGK, o ddysg abl i ddisgybliaid F. 18. oddaith henw E. 20. dinam BEGK. 21. yw'r gŵyn GK, gwawd, F, gwydd E ; uthr oer gwaith athro fai'r gŵr B. 22. disgybl yn fyw EFGK, na disgybl mwy B. 23. pill BEGK. 25. coed N ; ceidwad ACFL-O. 27. berffeithgerdd

EGK, garuaidd gerdd B. 28. gweligoedd EGK, gwelygoedd B, gwawdloedd F, gyhoedd I. 33. pêr BEFGK. 34. barddoniaeth y beirdd ADILM, barddiniaeth y beirdd JO, a phenceirddiaeth ceirdd F. 35. bardd EGK. 37. a dalai BF, i talai E, a'i talai GK. 39. berdlos EG. 40. eigr BEGK; a difocsach F, diwagsach EK. 41. bedw a gedwynt B, nis cedwyn EGK. 42. ynt B. 43. ewythr AJLO. 45. eiddyw AIJLMO, ydyw N. 47. fawrlu IMN, farddlu DL; oferlef ACIJMNO.

20

MARWNAD GRUFFUDD GRYG

Trist oedd ddwyn, trais cynhwynawl,
Tlws o'n mysg, Taliesin mawl.
Tristeais, nid trais diarw,
Trwm oer, fal y try y marw.
Treiwyd gwawd, nid rhaid gwadu,
Tros fyd, gwladeiddiaf trais fu.
Tros fy ngran, ledchwelan lif,
Try deigr am ŵr tra digrif.

Gruffudd huawdl ei wawdlef
Gryg ddoeth, myn y grog, oedd ef.
Ys dig am ei ostegion,
Ysgwîr mawl, eos gwŷr Môn.
Lluniawdr pob deall uniawn,
A llyfr cyfraith yr iaith iawn.
Agwyddor y rhai gwiwddoeth,
A ffynnon cerdd a phen coeth,
A'i chyweirgorn, ddiorn dda,
A'i chyweirdant ; och wyrda !

Pwy a gân ar ei lân lyfr,
Prydydd Goleuddydd liwddyfr ?
Parod o'i ben awengerdd,
Primas ac urddas y gerdd.
Ni chair sôn gair o gariad,
Ni chân neb, gan ochain, nâd
Er pan aeth, alaeth olud,
I dan fedd i dewi'n fud.
Ni chwardd udfardd o adfyd,
Ni bydd digrifwch o'r byd.

Nid byw edn glân a ganai,
Nid balch ceiliog mwyalch Mai.
Ni chynnydd mewn serch annog,
Ni chân nac eos na chog ;
Na bronfraith ddwbliaith ddyblyg
Ni bydd gwedy Gruffudd Gryg ;
Na chywydd dolydd na dail,
Na cherddau ; yn iach irddail !

Tost o chwedl gan fun edlaes
Roi 'nghôr llawn fynor Llan-faes
Gymain dioer, gem a'n deiryd,
O gerdd ag a roed i gyd.
Rhoed serchowgrwydd agwyddor
I mewn cist ym min y côr.
O gerddi swllt, agwrdd sâl,
Ni chaid un gistaid gystal.
Cist a derw, cistaid irad,
A gudd gwalch ar gerdd falch fad.
O gerdd euraid gerddwriaeth
Doe 'r ŷm i gyd yn derm gaeth.
Llywiwr iawngamp llariangerdd,
Llyna gist yn llawn o gerdd.
Och haelgrair Dduw Uchelgrist,
Na bai a egorai'r gist !

O charai ddyn wych eirian
Gan dant glywed moliant glân,
Gweddw y barnaf gerdd dafawd,
Ac weithian gwan ydyw gwawd.
Ef aeth y brydyddiaeth deg
Mal ar wystl, mul yw'r osteg.
Gwawd graffaf gwedy Gruffudd
Gwaethwaeth heb ofyddiaeth fydd.

Edn glwys ei baradwyslef,
Ederyn oedd o dir nef.
O nef y doeth, goeth gethlydd,
I brydu gwawd i bryd gwŷdd ;
Awenfardd awen winfaeth,
I nef, gwiw oedd ef, ydd aeth.

BDG cxxviii ; DGG lxiii.

Ffynonellau.—A—A 2, 72. B—B 40, 49b. C—(a) B 14,890, 143a ; (b) B 53, 69. D—(a) B 14, 932, 69b ; (b) Ba 6, 91. E—B 31,060, 2. F—Bl e 1, 102b. G—(a) Br 2, 205b ; (b) J 17, 267. H—C 5, 91. I—C 47, 84. J—C 83, 335. K—Cw 5, 349. L—Cw 27, 187. M—Gw 25, lxv. N—H 26, ii, 101. O—Ll 118, 447. P—Ll 122, 344. Q—(a) Ll 133, 1036 ; (b) Ll 14, 97. R—M 144, 771. S—M 160, 49. T—(a) M 212, 100 ; (b) M 1, 24. U—N 728, 137. V—N 3487, 12. W—N 5283, 56. X—P 48, 4. Y—P 97, 76. Z—P 124, 297. *A*—P 312, ii, 53. *B*—Th, 374b. *C*—Wy 2, 90.

Amrywiadau.—1. tost HMUXY ; fu *AB* ; gynhwynawl X, cychwynawl *A*, tyst hawddamawr Y. 2. tlysau U. 3. tristeaist X, tristawyd U*A*, trwst eres ACEFIJKNRTVWZ, trwst oeres *C* ; duarw M*A* ; trais dydd oer tros dy dderw GOS, trais dydd oer tros dydd arw L. 4. oes Y, oedd B. 5–6. [HXY.] 5. trawyd Y, trewid *C*, dirwyn gwaed GLOS. 6. ai gwladaidd a fu V, a'i wledydd traws fu I. 7. troes im pen *A*, troes fy mron U ; ledchwelen *A* ; troes o'm helmed hwylanchwif GLOS. 8. tri deigr GHILOSU. 9. awdlef AFJQTW*A*, owdle CHIKMNORSU, odlef DEGLX*C*. 10. oedd e CHIKMNORSU. 11–14. [GLOS.] 11. oes dig AC-FH-KNOQ-TV-Y*A*-*C*. 12. ysgwier Y, ysgwir mawr MU, os gwyr mil *A*, oes gur mal E, o gwir mab H. 13. lluniad ACFKNQRTWX, lluniai MY, lluniodd E*A*, lluniwr I*C*, llinyn *B*, llynid V, llunio U ; bob gwawd dillyniawn MU, bob gwawd dull uniawn *A*, i bob dall uniawn *B*. 14. llyfr cyfraith ar *A*. 15. a gwyddor ACJKTVY*BC*, ai ygwyddor *A*, gore gwyddor GLOS ; gweddwfoeth MU, ddyn gwiwddoeth *A*, gŵr gwiwddoeth GLOS. 17–18. [*B*.] 17. chywirgorn DFIT*AC* ; cywirgorn y gerdd MU ; a chweirgorn wawr ddigorn GLOS. 18. chywirdant DEFIKTV*AC* ; yn iach wyrda K. 19–24. [GLOS.] 20. Oleuddydd HJ, oleuddyf M ; gloywddyfr KRW*B*, loewlyfr J, liwlyfr C, lywddyfr X. 21 aml o'i ben ACFIJKQRTV, aml fu o'i ben NW*A*, parodd o'i ben EMX, mêl oedd ei ben D*C*. 22. prifwas EY, priff was H. 23. un gair MU. 24. gwn ochain KNRVWX*A*, gwn och am *DC*, gan och a nad MU, mae och a nad E, neb ucho nad H; na chân ond ochain a nad J, na chân gan ochain a nad C. 26. dan ei fedd KRWY*ABC*, ef dan fedd GLOS, dan fedd . . . yn CFJMQU. 27–30. [H.] 28. ni bu AC-FHINQRTWX; digrifach y byd *B*; na byd E. 29–30. [I.] 29. ni bu ACFMNQRT-WX*AB*, ni bydd JK. 31–2. [GLOS.] 31. serch enwog K; ni chynnydd llais merch serchog IV. 32. na hedydd CFQT*AB*, na llinos R. 32 + ACEFGI-MORSTVW*ABC*:

nac eos yn agos i ni / nac irddail yn y gerddi
(1. na llinos F*C*; yn nos C, y nos AT*B*. 2. mewn gwyrddail K.)

33. ddiblyg EGHKLMOQSUXY*B*. 35–6. [GLOS.] 36. na cherdd-awr U. 37. tryma chwedl GLOS; tost oedd chwedl y fun MU; ddyn CEGILOS; ledlaes ERW, adlays H, ledfoes J, lednais D*C*. 38. fynd i'r llawr fwynder y llais D*C*. 39–40. [*C*.] 38 + D*C*:

pwy a gân i ddyn lân o liw / gywydd dan hoyw-wydd heddiw
nac anghlod mwy nag englyn / i eiddig chwerwddig ddyn.

39. ai deurudd ACDQT. 40. i gudd ACDQT. 44. a gaid MU*B*. 45–6. [HIKMQVXY.] 45–8. [GLOS.] 45. kist a derw kostiad J, kist a derw kystaid *B*, kist a derw kestiad Y. 47–8. [M.] 47–64. [H.] 48. yn drym V, yn drwm DIJY*C*, yn rhwym K. 49. ungamp R, llawen iawngof MU; llawn angerdd HM, llawr angerdd K, llin angerdd U, llawengerdd Y. 51. haelgrair Fair ADFINQRTVW*C*, haelgrair nef GKLOS*B*, yr uchelgrist J; uchelgrair nef och haelgrist MU. 53–62. [GLOS.] 53–4. [M.] 53. wych eiriau K. 54. moliant mau K, moliant mân D*BC*. 56. gweddw weithian a gwan MU, ac weithian y mae gwan gwawd *B*. 57–60 [X.] 57–62. [JKMRW*C*.] 58 + ACFINTVY:

drwy dduriaw y gerddwriaeth / yn drom i gyd ar derm gaeth
(1. arwydduriaw N, gwir ddiriaw I, drwy ddiriaw VY. o'r derm CFV, o'r drem ITY.)

59. graffwaith *B*, graffaidd Y. 60. y brydyddiaeth brudd *B*. 61. aeth edn glwys i baradwysle D*C*. 62. yw CFHINTW, aderyn aur *B*. 64. i blethu . . . i blith GLOS. 65. unionfardd yn ewinfaeth GLOS. 66. gwiw oddef M.

21

DYCHAN I RYS MEIGEN

Cerbyd lled ynfyd llydanfai—y sydd,
Nid un swydd â Gwalchmai ;
Cŵn pob parth a'i cyfarthai ;
Cymyrred na ched ni châi.

Carnben Rys Meigen, magai—ddigofaint,
Ddu geufab, lle y delai ;
Carwden, ci a rodiai,
Corodyn cerdd meiddlyn Mai.

Cau rheidus bwystus bostiai—â'i dafod
O Deifi hyd Fenai ;
Cor oediog, neb nis credai,
Cwr adain, heb nain, heb nai.

Cariad, lliw rhuddiad, yn lle rhoddai—bres,
Naws cyffes, nis caffai ;
Cerdd wermod a ddatodai ;
Cern âb claf, ni wnaf a wnâi.

Cras enau, geiriau ni ragorai—rhain,
Y truthain a'u traethai ;
Croesanaeth croyw a seiniai,
Crys anardd taer flawdfardd tai.

Cyfrwys ddifwyn cwys, cyd ceisiai—gyhwrdd
Ag ewybr, nis gallai,
Cyfred aml, cyfrwy dimai ;
Cyfrif ef bob cyfryw fai.

21. DYCHAN I RYS MEIGEN

Clafaf anllataf llatai—clafesau
    Yn arfau anerfai ;
  Ci sietwn yw'r cas *y*tai,
  Coes gwylan craig, treiglwraig trai.

Carp trwsgl, cen cwrwgl can carrai,—o'i lawdr,
    Hen ledryn gofawai ;
  Cyfraith fydriaith ni fedrai ;
  Cyfranc nac aer daer nid âi.

Cerdd-dlawd, brynhicnawd hacnai,—bastynwas
    Baw estynwefl ysgai,
  Canmil chwil a ymchwelai
  Cau was gorflwng rhwng pob rhai.

Cecrwawd ci cardlawd cecyrdlai—cwthrsigl
    Hirdreigl gestsigl hwyrdrai ;
  Cafn latys main blotai
  Cafn rhisg heb gysegrwisg a sai.

Gwas cas coesfrith chwith chwyth lawdr letpai—gwan
    Gwyn ei fyd a'i crogai ;
  Gwasg dasg desgldraul caul cawlai,
  Gwar gwrcath gwydn chwiltath chwai.

Gwythlud, gwefl esgud, gwyw floesgai—ar gwrw ;
    Banw chweidwrw ban chwydai ;
  Gwall ball bell rwysg cocys cicai,
  Gwyllt byllt hyllt hoen garw troen trai.

Gwylliad anwastad westai—llifiedig,
    A'r llaw fudr a daflai ;
  Gwellau diawl, gwae lle delai,
  Gwallawiawdr llwfr clerddwfr clai.

Gwir eilgorff rheidus, nid gwrolGai—Hir ;
Hwyr ym mrwydr y safai ;
Gweren soegen a sugnai,
Gorwag, croenyn llwydwag llai.

Gwirawd o waddawd a weddai—i'r pryf,
Anaergryf oen oergrai ;
Gwryd ateth gardotai,
Garw blu, ni bu gwrab lai.

Gwaith o ymgeiniaith a ganai—i bawb
Heb wybod beth fyddai ;
Gwythen llygoden geudai,
Gwaethaf, llo bawaf, lle y bai.

Rhys Meigen, gwden dan gedyrn—goedwydd
Fydd dy ddihenydd, hynaif erddyrn ;
Rhusiedig a dig y dyrn—dy ddannedd,
Rhyfedd mehinwledd, wydnwedd wadnwyrn.
Rhuglfin gynefin geneufyrn—brynnig,
Rhyfyg ar faeddgig, nid ar feddgyrn.
Rhuthrud wêr a mêr mawr esgyrn—ceudawd,
Rhythgnawd cyn diawd, myn Cyndëyrn.
Rhyfedd yw'r cnyw caneyrn—ben gnawdfer,
Rhefrgoch gloch y glêr, galchwer gilchwyrn.
Anwr yn sawdwr, ys edyrn—yn rhaid,
Amnaid delw danbaid, nid ail Dinbyrn.
Euog, drymlleuog, drem llewyrn—wystnlwyth,
Anwiw ffriw heb ffrwyth, golwyth gelyrn.
Rhwyddlodr anheodr, annhëyrn,—rhwymgnawd,
Rhygrin o gysgawd, groen ac esgyrn.
Rhediad dy lygad dilugyrn—chwiltath,
Rhys goegfrith gigfrath, fapgath fepgyrn.
Rhugn sugn soeg gogoeg gegyrn—rhwth rwymfol,
Rhyfol rhwd heol, nid rhyw tëyrn.

Er na wypud, lud lawdr gachsyrn—osgryn
Dig, awdl nac englyn, lleidrddyn lledrddyrn,
Rhed, was ynfydferw chwerw chwyrn—afrifed,
Rhed, gwedd yt yfed gwaddod tefyrn.

BDG ccxxx.

Ffynonellau.—A—A 2, 46. B—(a) B 53, 197; (b) Ba 6, 165a. C—(a) B 14,932, 63b; (b) Ba 6, 165b; (c) Cw 381, 19. D—B 14,936, 37b. E—Bl e 1, 83a. F—Bl f 1, 104b. G—Br 6, 246b. H—Cw 14, 114b. I—H 26, ii, 135. J—Ll 122, 194. K—(a) Ll 133, 983; (b) Ll 14, 9. L—M 212, 97. M—P 49, 137.

Amrywiadau.—3. clêr FGJ. 5. carben EKL, cornben GM, corbren AF; i brydydd IM. 6. brad ac ofn IM; lle y byddai BIJM. 8. carodyn BDGJL. 11. cor yw oediog EFIK; ni'm credai AEFIK LM. 13. cariadau rhiau nid rhyfai fawrles HIM, cariadau rhiau ni rhoai fawrles A(B)EFKL. 14. nes . . . nis BDGJ. 16. corn K, carn . . . cnaf BGJ. 17. rhiain B-EG-M. 21. ddiawen BGJ; ceisiai gwbl C-FHIKLM. 22. a gobr nis caffai AC-FHIKLM. 23. cyfryw damwain J, cofriw damwain G; cyfryw dimai CM. 27. siotun K, sietwr H; atai A-M. 29. cwyn cwrwgl A(B)C-FHIKLM. 30. llyna leidr CHIM, hen leidr A, hen leidryn BEFJ-L. 31. fudr iaith BK; a fedrai B. 32. i fro (B)J; coeg ruwr bas torrwr tai A(B)EFKL. 33. bastynwyrdd BDGJ. 34. bost anardd rhwyg bastai BDGJ. 36. cafas orflwng BDGJ. 39. mam AF(Kb), einam BK. 41. chwith leidr AF, leidryn K. 43. ceulai H, coliai I. 44. chwilcath BDJ; gwar cath gedn BDGJ. 45. gwyddlud EFIKL. 46. poen chwiwdwrw ACEFHIK-L, chwidwrf BDGJ, chwevdwrw M. 49. llifiedig BDGJM. 52. gwelleifiwr BGJ; cloddiwr clai (B)CHM, claerddwfr ABDJ, claearddwfr G. 53. gwrol gorff G, gwerelgorff BDJ. 56. gwar hen groenyn BDGJ; gorwag lwydrag EL; lledryn llai BDEGJ-M. 59. attiaeth L, attaith I, attieth EK, attiaith F, gwr a detith DGJ. 67. ei ddannedd BGJ. 68. rhyfedd B-EGJKL. 69. genhowgfyrn AEIKL, genhoywfyrn Ka. 71. rhuthrai BGJ. 75. ansedyrn EHILM. 79. yn heyrn AKL. 84. ar hyd heal AIKLM. 85. wypai fai fudr GJ. 87. gwddf ansyberw BGJ. 88. gwyddut yfed AEFIKL, gwyddiad BGJ.

22

Y LLWYNOG

Doe yr oeddwn, dioer eddyl,
Dan y gwŷdd, gwae'r dyn nyw gwŷl,
Gorsefyll dan gyrs Ofydd,
Ac aros gwen goris gwŷdd;
Gwnaeth ar ei hwyl ym wylaw,
Gwelwn, pan edrychwn draw,
Llun gwrab lle ni garwn,
Llwynog coch, ni châr lle'n cŵn,
Yn eistedd fal dinastwrch,
Ger ei ffau ar gwr ei ffwrch.

Anelais rhwng fy nwylaw
Fwa yw, drud a fu, draw,
Ar fedr, fal gŵr arfodus,
Ar ael y rhiw, arial rhus,
Arf i redeg ar frodir,
Ei fwrw â saeth ofras hir.
Tynnais o argais ergyd
Heb y gern heibio i gyd.
Mau och, aeth fy mwa i
Yn drichnap, annawn drychni.

Llidiais, nid arswydais hyn,
Arth ofidus, wrth fadyn.
Gŵr yw ef a garai iâr,
A choeg edn, a chig adar.
Gŵr ni ddilid gyrn ddolef,
Garw ei lais a'i garol ef.
Gwridog yw ymlaen grodir,
Gwedd âb ymhlith y gwŷdd ir.

Deugwr talwrn y digwydd
Delw ci yn adolwg gŵydd.
Lluman brain gerllaw min bryn,
Llamwr erw, lliw marworyn.
Drych nod brain a phiod ffair,
Draig unwedd daroganair.
Cynnwr fryn, cnöwr iâr fras,
Cnu dihaereb, cnawd eirias.
Taradr daeargadr dorgau,
Tanllestr ar gwr ffenestr gau.
Bwa latwm di-drwm draed,
Gefel unwedd gylfinwaed.

Nid hawdd ymy ddilid hwn,
A'i dŷ annedd hyd Annwn.
Rhodiwr coch, rhydaer y'i caid,
Rhedai 'mlaen rhawd ymlyniaid.
Llym ei ruthr, llamwr eithin,
Llewpart â dart yn ei din.

BDG clxxxii.

Ffynonellau.—A—A 2, 84. B—(a) B 29, 339; (b) B 53, 48; (c) G 3, 85b; (d) C 26, 63. C—(a) B 14,969, 8; (b) B 14,932, 39; (c) Ba 6, 55. D—B 14,982, 7. E—B 15,010, 32. F—B 15,038, 84a (*darn*). G—C 5, 68. H—C 52, 1. I—C 64, 600b. J—Cw 448, 129. K—G 2, 127. L—H 26, ii, 106. M—(a) Ll 133, 973; (b) Ll 14, 199. N—M 161, 182. O—(a) M 212, 28; (b) M 1, 31. P—N 560, 49. Q—N 832, 19. R—P 48, 11. S—P 49, 76. T—Wy 2, 14.

Amrywiadau.—2. a'i gwŷl ACDFHL-QST, ni'm gwŷl G, diennawg wyl B, dienwog wyl EIJ. 2 + (BbCb)Cc(M)S:
Yn aros dan bren arael / Ac aur a main gwrwm ael.
3. ufudd ADFK-OQ. 4 + (BbCb)Cc KLST:
Mal 'roeddwn anseiliwn sail / Lonydda dan lwyn addail.
5. gwaeth S, gwaith BEIJ; fy hwyl B-FIJLPST; peris arwyl ym hwylaw FK. 7. lleia a garwn BEIJK(L)NO, llen a garwn GQ, chwerw-ab lle ni charwn P. 8. llun ABCEHIJMP, llef G, llin T. 14. arail rhys EIJ, arael BH, araul MaT, eirial KQ, eiriol F, urial Mb; afael ar hwn rhyw ofl rhus S. 14 + (BbCb)T:

Yrru llem saeth o'r orallt / Benddu i waedu ei wallt.

17. oergais BEIJKNO, eurgais ACDHLMQR, ergais F, ofergais(Cc)T, yn wyrgais G, ryw wyrgais (Cc)P. 19. y mae och fy mwa i AHMQ. 20. anian A-EI-QST, am ei G, yn ei F. 21. ni fawr haeddais G. 24. a chig . . . a choeg ABEI-JMNOQ. 25. gorn I, gern CbcHLMQ, gerdd GNO, gŵr yn dilid gyrn dolef Ca. 26–46. [F.] 26. gŵyr y y wlad ei garol ef S. 28. gwael ab ymhlith gwiail ir S, gweddau ŵr ymhlith gwŷdd ir C, gwedded ymhlith gwyddau i dir O. 29. deugae BIJ, dygwedd K, dygwaith ar S, deugwae'r BCDHLMPR. 32. eiry S. 34. drwg ei anair BEIJ. 35. cenau ar fryn BHMS, cynnwr fry yn cnoi C, cynnwr bryn . . . ieir bras O. 36. diarab AHMP ; cnwd BIQ. 37. derwgau Ba-cEF, daeargau Q, dewrgau ABdGHJLMOS. 38. ffau A-NP-T. 39. latwn didwn O. 42. i'w dŷ (Ba)BbNQS, dai EGP. 42. + (BbCb)Cc(L)R :

Cyfarth a wna'r ci efydd / Byrglust oedd y bore glas dydd.

(1. wnâi Cbc. 2. byrglust y borau BbCbc.)

Ceir yn llaw Iolo Morganwg yn Cc :

e gyfarth hen gi efydd
glust twnn y bore glais Dydd
felly yn llyfr I[th] Gwilim.

23
MIS MAI

Duw gwyddiad mai da y gweddai
Dechreuad mwyn dyfiad Mai.
Difeth irgyrs a dyfai
Dyw Calan mis mwynlan Mai.
Digrinflaen goed a'm oedai,
Duw mawr a roes doe y Mai.
Dillyn beirdd ni'm rhydwyllai,
Da fyd ym oedd dyfod Mai.

Harddwas teg a'm anrhegai,
Hylaw ŵr mawr hael yw'r Mai.
Anfones ym iawn fwnai,
Glas defyll glân mwyngyll Mai.
Ffloringod brig ni'm digiai,
Fflŵr-dy-lis gyfoeth mis Mai.
Diongl rhag brad y'm cadwai,
Dan esgyll dail mentyll Mai.
Llawn wyf o ddig na thrigai
(Beth yw i mi ?) byth y Mai.

Dofais ferch a'm anerchai,
Dyn gwiwryw mwyn dan gôr Mai.
Tadmaeth beirdd heirdd, a'm hurddai,
Serchogion mwynion, yw Mai.
Mab bedydd Dofydd difai,
Mygrlas, mawr yw urddas Mai.
O'r nef y doeth a'm coethai
I'r byd, fy mywyd yw Mai.

Neud glas gofron, llon llatai,
Neud hir dydd mewn irwydd Mai.

Neud golas, nid ymgelai,
Bronnydd a brig manwydd Mai.
Neud ber nos, nid bwrn siwrnai,
Neud heirdd gweilch a mwyeilch Mai.
Neud llon eos lle trosai,
Neud llafar mân adar Mai.
Neud esgud nwyf a'm dysgai,
Nid mawr ogoniant ond Mai.

Paun asgellas dinastai,
Pa un o'r mil ? Penna'r Mai.
Pwy o ddail a'i hadeilai
Yn oed y mis onid Mai ?
Magwyr laswyrdd a'i magai,
Mygr irgyll mân defyll Mai.
Pyllog, gorau pe pallai,
Y gaeaf, mwynaf yw Mai.

Deryw'r gwanwyn, ni'm dorai,
Eurgoeth mwyn aur gywoeth Mai ;
Dechrau haf llathr a'i sathrai,
Deigr a'i mag, diagr yw Mai.
Deilgyll gwyrddrisg a'm gwisgai,
Da fyd ym yw dyfod Mai.
Duw ddoeth gadarn a farnai
A Mair i gynnal y Mai.

BDG cxliv ; DGG xlix.

Ffynonellau.—A—A 2, 183. B—B 14,876, 18b. C—Bl e 1, 41a. D—Cw 20, 67. E—Cw 129, 423. F—H 26, ii, 15. G—(a) Ll 133, 987 ; (b) Ll 14, 16 ; (c) B 53, 229 ; (d) Ba 6, 190. H—(a) M 212, 55 ; (b) M1, 57. I—N 5274, 132.

Amrywiadau.—2. dechrau mwynion gangau BEI. 3. difalch EI. 4. uwch marian I. 10. howel BEI. 12. mân wywgyll E. 15. dihangol GH, diong E. 16. asgell . . . mantell EI. 19. a'm anrhegai G. 20. dan gaerau BI. 22. ym Môn BI. 22 + BEI : Gelyn eiddig a'i gwelai / Gwyliwr ar serch merch yw Mai.

23. MIS MAI

23. Dafydd B. 25. o'r nef doeth a'm cywoethai BI. 28. mynydd B. 31. trwm A-EG, twrn FH. 32. mwynweilch Mai E, mwyeilch ond I. 40. y moed ymy B, yn gyd â mis o goed ACDFGH. 50 + BE(Gd)I : Mynnwn pei Duw a'i mynnai / Pei deuddeng mis fai mis Mai.

24

YR HAF

Gwae ni, hil eiddil Addaf,
Fordwy rhad, fyrred yr haf.
Rho Duw, gwir mai dihiraf,
Rhag ei ddarfod, dyfod haf,
A llednais wybr ehwybraf
A llawen haul a'i lliw'n haf,
Ac awyr erwyr araf,
A'r byd yn hyfryd yn haf.

Cnwd da iawn, cnawd dianaf,
O'r ddaear hen a ddaw'r haf.
I dyfu, glasu glwysaf,
Dail ar goed y rhoed yr haf.
Gweled mor hardd, mi chwarddaf,
Gwallt ar ben hoyw fedwen haf.
Paradwys, iddo prydaf,
Pwy ni chwardd pan fo hardd haf ?
Glud anianol y'i molaf,
Glwysfodd, wi o'r rhodd yw'r haf !

Deune geirw dyn a garaf
Dan frig, a'i rhyfyg yw'r haf.
Y gog serchog, os archaf,
A gân, ddechrau huan haf,
Glasgain edn, glwys ganiadaf
Gloch osber am hanner haf.
Bangaw llais eos dlosaf
Bwyntus hy dan bentis haf.
Ceiliog, o frwydr y ciliaf,
Y fronfraith hoywfabiaith haf.

Dyn Ofydd, hirddydd harddaf,
A draidd, gair hyfaidd, yr haf.
Eiddig, cyswynfab Addaf,
Ni ddawr hwn oni ddaw'r haf.
Rhoed i'w gyfoed y gaeaf,
A rhan serchogion yw'r haf.

Minnau dan fedw ni mynnaf
Mewn tai llwyn ond mentyll haf.
Gwisgo gwe lân amdanaf,
Gwnsallt bybyr harddwallt haf.
Eiddew ddail a ddadeiliaf.
Annwyd ni bydd hirddydd haf.
Lledneisferch os anerchaf,
Llon arail hon ar ael haf.

Gwawd ni lwydd, arwydd oeraf,
Gwahardd ar hoywfardd yr haf.
Gwynt ni ad, gwasgad gwisgaf,
Gwŷdd ym mhwynt, gwae ddoe am haf!
Hiraeth, nid ymddiheuraf,
Dan fy mron am hinon haf.
O daw, hydref, ef aeaf,
Eiry a rhew, i yrru'r haf,
Gwae finnau, Grist, gofynnaf,
Os gyr mor rhyfyr, "Mae'r haf?"

BDG cci; DGG l.

Ffynonellau.—A—A 2, 189. B—B 52, 26b. C—(a) B 14,932, 82; (b) Ba 6, 150. D—Bl e 1, 71b. E—C 12, 409. F—C 19, 510. G—C 48, 113. H—C 64, 620g. I—Cw 5, 274. J—Cw 10, 413. K—(a) Ll 133, 1013; (b) Ll 14, 60; (c) B 53, 251b. L—(a) M 212, 74; (b) M 1, 75. M—N 560, 3. N—N 1246, 341. O—(a) P 49, 46; (b) N 5269, 346; (c) Wy 2, ii. P—P 108, 19. Q—P 195, 6b.

Amrywiadau.—1. fi BCFG-LM-Q. 2. fordwy'r had BFGINQ; fu'r haf ACDEJLOP. 5. ewybr wybraf FGJNQ, o'r brafiaf H. 13. y chwarddaf B(D)E-JNObPQ, a gweled modd y chwarddaf CO, a gweled modd y gwelaf AKL, gan weled hardd y chwarddaf (Cb)M. 17. glwys (D)FGIJNQ; canmolaf H. 18. glân fodd BFGIJNQ. 21. cog yn serchog ACDELOPQ. 22. ddiwedd huan A-CEHIOP; cân hyd ddiwedd huan FGJNQ. 24. hyd hanner N. 26. mewn pentis ACDEKLNOP. 27. a'r ceiliog frwydr y coeliaf BCFGIJOP. 29. a fydd B(Cb)FGJMN, o fudd E. 31. dirgelfab (J). 32. ddaw . . . ddaw haf AEK, ddawr er na ddaw'r BFGIJMNQ. 38. pybyr gwnsallt ACDEKLMO, cwnsallt flodau harddwallt FGNQ. 39. a ddiddolaf N, iddo ddail ydd addolaf AEMO, i dai dail y didolaf C. 42. yw'r hwyl hon ACLOP, yw'r wyl EM. 44. yw gwahardd hoyw-fardd BCKLOP. 46. gwaeddem hwnt FGJN, im hwnt BI(K)L(Ob)P, im hynt H. 48. em hon am haf EO. 49. neu aeaf FGJNQ. 52. rhywyr O, rhyfyr yw'r haf ABDFI-LNP.

25

YR EOS

'Madog fab Gruffudd wyddaer,
Medry aur glod, mydrarf glaer,
Cynnydd Mordaf a Rhydderch,
Canwyr a synnwyr y serch,
Cywirach oeddud no neb,
Cyweirdant y cywirdeb.
Ti a ddaethost at Ddafydd
Fab Gwilym â gwawd rym rydd.
Ai cof oll ein cyfeillach,
A'm cwyn am y bedwlwyn bach ?
Amau 'r wyf fi ei ddiosg,
Heb ymladd, heb ladd, heb losg,
O Eiddig (oerfel iddaw !)
Â'i gaib (wb o'i raib !) a'i raw.'

'Afraid yt ddala trymfryd
Am bren na bedwen o'r byd,
Tra atai Dduw y celyn ;
Nis llysg ac nis diysg dyn,
Ac er a ddêl o ddrycin,
Ni bydd llwm na chrwm na chrin.

'Ti a gwynud, dioer, yn llwyr,
Bei darffai yt, byd orffwyr,
A ddarfu ym, mau lym lid,
Nod mwy ofn, neud mau ofid.
Nid oedd ym o ddiddanwch
Na dyhuddiant, trachwant trwch,
Na cherdd ar fedwen wen wiw,
Ond eos loywdlos lwydliw.

Synia arni os gwely
Ystofwraig mydr gaer hydr hy.
Serchog y cân dan y dail
Salm wiw is helm o wiail.
Deholwraig, arfynaig fwyn,
Da ffithlen mewn diffeithlwyn.
Cloch aberth y serchogion,
Claer, chweg a theg yw ei thôn.
Bangaw fydd ei hunbengerdd
Ar flaen y wialen werdd.
Borewraig serch, ferch firain,
Burddu drem uwch byrddau drain.
Chwaer Guhelyn, befrddyn bach,
Chwibanogl chwe buanach,
Meistres organau Maestran,
No chant, o'r cildant y cân.

'Nid adewis yng Ngwynedd
Er pan aeth, neud waethwaeth wedd,
Ladrones fach lwyd ronell,
Latai, ni weddai, un well.
Poed ar dor y pilori,
Amen fyth, o mynnaf fi,
Y doter gynifer un
A'i ditiodd yng Nghoed Eutun.
Yn y fro tra fynno trig,
Yno y deil y Nadolig.
Bydd serchocaf lle y bo,
Da gutorn, Duw a'i gato.'

BDG cxiv.

Ffynonellau.—A—A 2, 114. B—H 26, ii, 13. C—Ll 120, 76. D—(a) Ll 133, 1134; (b) B 53, 304; (c) Ba 6, 180. E—(a) M 212, 91; (b) M 1, 84.

Amrywiadau.—6. cywirdant ADE. 12. heb ladd heb ymladd heb losg A. 19. or a ddêl C. 22. darffai y byd B. 34 + (B):

Rhoi fy mryd ar fy rhiain / I mi dan ractal a main.

34. ffaethlen B. 44 + (B):

Cyd bod digrif gan brifardd / Garu hon ddyn gywir hardd.

46. nid B, ond CDE.

26

Y DYLLUAN

Truan i'r dylluan deg
Oer ddistal na rydd osteg.
Ni ad ym ganu 'mhader,
Ni thau tra fo siamplau sêr.
Ni chaf (och o'r gwarafun)
Gysgu na heddychu hun.
Tŷ godrum, yr ystlumod,
Ei gefn rhag piglaw ac od.
Beunoeth, bychan rhaib ynof,
I'm clustiau, ceiniogau cof,
Pan gaewyf, poen ogyfarch,
Fy llygaid, penaethiaid parch,
Hyn a'm deffry, ni hunais,
Cân y dylluan a'i llais,
A'i chrochwaedd aml a'i chrechwen,
A'i ffals gywyddiaeth o'i phen.

O hynny, modd yr hanwyf,
Hyd wawrddydd, annedwydd nwyf,
Canu y bydd, annedwydd nad,
'Hw-ddy-hw,' hoyw ddyhead.
Ynni mawr, myn ŵyr Anna,
Annos cŵn y nos a wna.
Budrog yw, ddiwiw ddwywaedd,
Benfras, anghyweithas waedd;
Lydandal, griawal groth,
Lygodwraig hen lygadroth;
Ystig, ddielwig, ddiliw,
Westn ei llais, ystaen ei lliw.

Uchel ei ffrec mewn decoed,
Och o'r cân, iwrch aerwy coed,
A'i gwedd, wynepryd dyn gwâr,
A'i sud, ellylles adar.
Pob edn syfudr alltudryw
A'i baedd; *p*ond rhyfedd ei byw?

Ffraethach yw hon mewn bronnallt
Y nos no'r eos o'r allt.
Ni thyn y dydd, crefydd craff,
Ei phen o geubren gobraff.
Udai'n ffraeth, adwaen ei ffriw;
Edn i Wyn fab Nudd ydyw.
Ŵyll ffladr a gân i'r lladron,
Anffawd i'w thafawd a'i thôn!

Er tarfu y dylluan
I wrthyf, mae gennyf gân,
Rhof tra fwyf yn aros rhew
Oddaith ymhob pren eiddew.

BDG clxxxiv.

Ffynonellau.—A—A 2, 199. B—(a) B 31, 127b; (b) B 53, 91. C—B 50, 67. D—B 14,876, 23a. E—(a) B 14,932, 49; (b) Ba 6, 56. F—B 14,966, 347a. G—B 14,969, 38b. H—Bl e 1, 113b. I—(a) C 7, 610; (b) J 14, 346. J—Cw 5, 273. K—Cw 5, 277. L—Cw 125, 105. M—(a) G 3, 64b; (b) P 99, 555. N—Ll 25, 5. O—Ll 120, 98. P—(a) Ll 133, 1044; (b) Ll 14, 112. Q—Ll 186, 220. R—M 148, 403. S—(a) M 212, 42; (b) M 1, 44. T—N 832, 23. U—P 104, 151. V—P 124, 118c.

Amrywiadau.—1. yw'r TW, i ddylluan M. 2. ar ddistal AHP, ar ddistial IOQ, radd ddistadl T, ar ddistyll HP; ddistadl na rydd ym BCLMaR, ddistadl na rydd ynn MbU, ddistadl na rydd hi F. 3–46. [U.] 5. eisiau gwarafun AFHMOPQT, ewch i'w gwarafun JKV. 7. tŷ och ym Ma, o drum A-DFGHOT. 8. a gaiff AHJKMbN-QTW, a gais F, a gawn Ma. 9. beunydd BDFGI-ORSTV; y bydd i'm blino T, rhaib bychan ynof Ma. 10. canghennau T. 11. gafwy JMb. 13–46. [J.] 13. ni honnais BQ, em honnais DM. 15. ei chrechwaedd

FT, a'i chrychwaedd M. 16. gywyddoliaeth ABHILMOPST, gwyddoliaeth D. 17. yr henwyf BCDGIKLNRSV, pan ddihunwyf AFHMOPQT. 18. ar wawr FMT. 21. myn gwyrth ABCFGHLM PRSV; ynni myn gwyrthie Anna T. 23. budrog ddifyw i dwywaedd CGRS, budrog ddifwy i dwywaedd BL, budrog ddienwog ddynwaedd (H)IKLN. 30. och oer y cân M; uwch aerwy BCIKLNRV, mewn ochr DFMOQ, yn ochr AHPT. 33. edn o'r byd DKNV, edn sy fudr G; hyfedr afledryw AHP, hyfedr a lledryw MT, hyfedr diledryw Q. 35. balchach AFHMPQ, trech T; yn y gronallt T, o'r gronallt FHM, mewn cronallt D. 37. cryffydd P. 41. un ffladr yn canu i ladron DFMT. 43. oni thry y ddylluan T, i darfu FHM. 44. oddi wrthyf ABF-IK-PRS, oddi wrthi . . . genni CQV. 45. fwy'n . . . y rhew M.

27

MAWL I'R HAF

Tydi'r Haf, tad y rhyfyg,
Tadwys coed brwys caead brig,
Teg wdwart, feistr tew goedallt,
Tŵr pawb wyd, töwr pob allt.
Tydi *yw p*air, air wryd,
Didwn ben, dadeni byd;
Tydi y sydd, berydd barabl,
Tyddyn pob llysewyn pabl,
Ac eli twf, ddeudwf ddadl,
Ac ennaint coedydd gynnadl.

Da y gŵyr, myn Duw a gerir,
Dy law cadeiriaw coed ir.
Hoff anian pedwar ban byd,
Uthr y tyf o'th rad hefyd
Adar a chnwd daear deg
A heidiau yn ehedeg,
Bragwair gweirgloddiau brigwydr,
Bydafau a heidiau hydr.
Tadmaeth wyd, proffwyd priffyrdd,
Teml daearlwyth, garddlwyth gwyrdd.
Impiwr wyd i'm pur adail,
Impiad gwiw ddeiliad gwe ddail.
A drwg yw yn dragywydd
Nesed Awst, ai nos ai dydd,
A gwybod o'r method maith,
Euraid deml, yr aut ymaith.

Manag ym, haf, mae'n gam hyn,
Myfy a fedr d'ymofyn,

Pa gyfair neu pa gyfoeth,
Pa dir ydd ei, myn Pedr ddoeth.

'Taw, fawlfardd, tau ofalfydr,
Taw, fost feistrawl hudawl hydr.
Tynghedfen sy'm, rym ramant,
Tywysawg wyf,' tes a gant,
'Dyfod drimis i dyfu
Defnyddiau llafuriau llu;
A phan ddarffo do a dail
Dyfu, a gwëu gwiail,
I ochel awel aeaf
I Annwfn o ddwfn ydd af.'

Aed bendithion beirddion byd
A'u can hawddamor cennyd.
Yn iach, frenin yr hinon,
Yn iach, ein llywiawdr a'n iôn,
Yn iach, y cogau ieuainc,
Yn iach, hin Fehefin fainc,
Yn iach, yr haul yn uchel
A'r wybren dew, bolwen bêl.
Deyrn byddin, dioer ni byddy
Yn gyfuwch, fryn wybrluwch fry,
Oni ddêl, digel degardd,
Eilwaith yr haf a'i lethr hardd.

BDG clxii; DGG xlii.

Ffynonellau.—A—A 2, 187. B—Bl e 1, 70a. C—H 26, ii, 148. D—Ll 123, 341. E—(a) Ll 133, 1012; (b) Ll 14, 59; (c) B 53, 250; (d) Ba 6, 191. F—M 161, 220. G—(a) M 212, 31; (b) M 1, 34. H—N 560, 84. I—N 675, 30b. J—N 1260, 30.

Amrywiadau.—2. cyd browys I. 3. ty I. 5. a bair A-HJ; sydd irwydd wryd I. 6. didwn A-HJ; tydi'n ben I. 7. ac y sydd ABCE. 8. llysieuyn A. 9. ddwdwf BCG. 13. o'th anian FG; o eitha man I.

14. eithr i ti FG. 15. chnawd I. 16. a'th . . . sydd G ; ân' i hedeg BEH, oll yn hedeg I. 17. bargod FG. 20. garlwyth BCE, garllwyth G, gayrllwyth F. 21. o'm HJ. 22. ddaliad HJ. 25. am wybod ACE, ac yn gwybod I ; o'r mawrglod BHIJ. 26. euraid A-J ; deml DF-J, dymor ABCE. 31. afalfydr BE, afaelfydr A. 34. wyt C. 37. y dail HJ. 40. oedd ddwfn A, yn ddwfn HJ ; i wlad annwfn ddwfn (Ea). 46. min Mehefin mainc I. 48. yn iach wybren bolwen G. 50. fron FGHJ ; loyw I. 51. diogel I. 52. lythr I.

28

Y CEILIOG BRONFRAITH

Y ceiliog serchog ei sôn
Bronfraith dilediaith loywdon,
Deg loywiaith, doe a glywais,
Dawn fad lon, dan fedw ei lais,
Ba ryw ddim a fai berach
Plethiad no'i chwibaniad bach ?

Plygain y darllain deirllith,
Plu yw ei gasul i'n plith.
Pell y clywir uwch tiroedd
Ei lef o lwyn a'i loyw floedd.
Proffwyd rhiw, praff awdur hoed,
Pencerdd gloyw angerdd glyngoed.
Pob llais diwael yn ael nant
A gân ef o'i gu nwyfiant,
Pob caniad mad mydr angerdd,
Pob cainc o'r organ, pob cerdd,
Pob cwlm addwyn er mwyn merch,
Ymryson am oreuserch.
Pregethwr a llÿwr llên,
Pêr ewybr, pur ei awen.
Prydydd cerdd Ofydd ddifai,
Primas mwyn prif urddas Mai.

Adwaen ef o'i fedw nwyfoed,
Awdur cerdd adar y coed,
Adlais lon o dlos lannerch,
Odlau a mesurau serch.
Edn diddan a gân ar gyll
Yng nglwysgoed, angel esgyll,

Odid ydoedd i adar
Paradwys cyfrwys a'i câr
O dro iawngof drwy angerdd
Adrodd a ganodd o gerdd.

BDG ccxix; DGG xxxv.

FFYNONELLAU.—A—A 2, 120. B—B 53, 106b. C—B 14,900, 129. D—(a) B 14,932, 62; (b) Ba 6, 76. E—(a) Br. 2, 215b; (b) J 17, 278b. F—C 47, 147. G—C 64, 600. H—Cw 5, 283. I—G 2, 124. J—H 26, ii, 1b. K—Ll 6, 32. L—Ll 25, 1. M—(a) Ll 47, 485; (b) Ll 134, 519; (c) LlH, 287b; (d) MT, 545. N—(a) Ll 133, 959b, 988; (b) Ll 14, 18. O—M 145, 754. P—(a) M 212, 56; (b) M 1, 58. Q—N 673, 3. R—P 49, 4. S—P 108, 9. T—T, 237.

AMRYWIADAU.—*Yn* A(Db)JNP *ceir y llinellau hyn ar y cychwyn*:
Mawr yw'r gelfyddyd a maith / Ar brenfrig a rôi'r bronfraith;
Wybod datod mydrglod mawr / 4. Yn unawr, bach anianawl.
Clo mydr, clyw ei 'madrawdd. / A chlo y cân, ni chlyw cawdd,
Modd y gŵyr medd a garai / 8. A merch a'i gwrendy ym Mai.
(2. o'r (Db)N; rôi P; gan ŵr bronfraith J. 3. gwybod J; mygrglod J. 5. i'm mydr J; ymadrawdd (Db)N. 8. a medd a'i gwrendy J.)

2. hoywdon J. 4. fod lon CF, fod lân G, lun D; iawn fad lon dan fedw lais C, sôn oedd fodlon dan fôn f'ais I, dawn fad bu dan fedrus lais J, dan fedwlwyn dawn fodlon lais M. 5. a fu BC, a wn J; parodd a minnau yn afiach I. 6. ei chwibaniad ACDKM; na phlethiad J, na'i blethiad FGT. 7. pylgain KRS; yn darllain H. 8. gesail M. 9. i'w tiroedd IK. 10. o'i lwyn A(Db)HIKLM. 12. glew CDO. 14. o gu C-GO, yn gu HT, ac o'i nwyfiant BK, o gof NO. 16. ar DFGJT. 17. addfwyn AGM. 19. llywiwr AMNPR, lluniwr CFG, lliniwr DLOT. 22. prif urddas prim y mas EIMR, prif urddas yw primas FLT, prif urddas pren mawrlas ANOP, pren mawrlles CD, prif urddas mwynwas y Mai BK. 23. edwyn FG, adwen HK; o fedw KLT. 25. ar dlos IP. 27. ei gân NP. 31. o droi DJNOP, o dre GK. 32. garodd A.

29

Y LLWYN CELYN

Y celynllwyn coel iawnllwyth,
Caer araul ffriw, cwrel ffrwyth,
Côr gweddaidd nis diwraidd dyn,
Clos to diddos, tŷ deuddyn.
Tŵr i feinwar i'm arail;
Pigau, ysbardunau dail.

Gŵr wyf yn rhodio ger allt
Dan goedydd, mwynwydd manwallt;
Rhad a geidw, rhydeg adail,
Rhodiais wŷdd, dolydd a dail.
Pwy mewn gaeaf a gafas
Mis Mai yn dwyn lifrai las?
Cof y sydd, cefais heddiw
Celynllwyn yn nhrwyn y rhiw.
Un gadair serch, un gadoedd,
Un lifrai â Mai ym oedd.
Cadeirgoed lle cad organ;
Cadrblas uwch piler glas glân.
Pantri cerdd uwch pant eiry cawdd;
Pentis, llaw Dduw a'i peintiawdd.

Deuwell y gwnâi Dduw diwael
Rhyw bart teg no Rhobert hael.
Hywel Fychan hael fuchedd,
Geirddwys gwawd, gŵyr ddewis gwedd,
Moli a wnaeth, nid milain,
Angel coed yng ngwely cain.
Hardd osglau wrth ffiniau ffyrdd,
Tew byrwallt was tabarwyrdd.

Trefn adar gwlad Baradwys,
Teml gron o ddail gleision glwys.
Nid fal henfwth, lle glwth glaw,
Diddos fydd dwynos danaw.
Dail ni chrinant ond antur
Celyn un derfyn â dur.
Ni chny gafr hyd yn Hafren
Un baich o hwn, na bwch hen.
Penfar heyrn, pan fo'r hirnos
A rhew ymhob glyn a rhos,
Ni chyll pren teg ei ddegwm,
Er llef gwanwynwynt oer llwm,
Siamled gywir ddail irion
Gysylltiedig ger brig bron.

BDG cxxxii.

Ffynonellau.—A—A 2, 147. B—B 38, 162b. C—B 53, 118b. D—(a) B 14,932, 45b; (b) Ba 6, 50. E—B 14,938, 90. F—Bl f 3, 44a. G—(a) Br 2, 219; (b) J 17, 283. H—C 7, 343. I—C 64, 620b ii. J—C 84, 538. K—Cw 5, 275. L—Cw 125, 142. M—H 26, ii, 140. N—Ll 25, 4. O—Ll 120, 71. P—(a) Ll 133, 1092; (b) Ll 14, 184. Q—Ll 186, 209. R—Llg A3, 21b. S—M 144, 738. T—M 145, 756. U—M 146, 79. V—M 161, 181. W—(a) M 212, 27; (b) M 1, 30. X—N 560, 18. Y—N 832, 21. Z—N 1559, 115. *A*—N 5283, 90. *B*—P 49, 74. *C*—P 99, 569. *D*—P 108, 25. *E*—T, 150.

Amrywiadau.—1 cofl L(P)*AC*, cael R, yn cael *A*, clau P, celynllwyn cyfa lawnllwyth MVW, cyfliw lownllwyth *E*, cyfiawn iawnllwyth FKNOQ. 2. cael *AD*, cae ABDJPRX; o ael Z, ar ael ACDFHKL NOPQTWXZ*ABDE*, arael BJV; ffridd HJS-X, ffrith FNQ. 4. tew diddos BGJMPR-XZ*AE*, tw CFHKNOQ. 5. aur *B*; i feinir em irail *E*. 7. wrth rodio APX; gwar allt G. 9–10. DGLMZ*A*. 9. rhod i gadw MZ, rhoed i gadw DL*E*. 10. a dolydd dail G. 15. yn . . . yn S-V, yn . . . serchog ydoedd G, gydoedd FHOQX, yn adail serch yn ydoedd DL, gydoed KN. 16. er moed KN. 17. cadeirgad *BD*, cadeirged MTVW, cyd irgoed DLZ*A*; caid BCFHKNPX, caed *E*. 18. cadair las X, cadarn blas *E*, cadair blas AFGHKOQR. 19. puntir *E*, pand da'r coed ACJPQX; nid peintiwr cawdd ACDF

GKLOQ*A*. 20. prentis . . . printiawdd DGLRZ*A*; pwyntiawdd J, a'i law a'i peintiawdd *E*. 21. dyn X, gwnaeth dyn MATV. 22. rhybor *E*, bort DR(*B*)*D*, fort teg i MTVW*B*, barc AFGHKO. 23. hyfychan hoiw fychydd R. 24. ddaionus wawd ddawnus wedd A(J)PX, cerdd ddwys goeth cerddais y gwydd R. 26. yng ngolwg AFHKOPQX*C*. 27. uwch CDGJ-MWZ*A*; ffynhonnau ffyrdd O; osglau uwch ffynhonnau ffyrdd PQX. 28. tŷ byrddail was tew barddwyrdd (M)Z*A*, tewfrig goedwig gaeadwyrdd BDJL, tew dŷ diddos to duwyrdd TVW, tew o wasgod twf wisgwyrdd M. 29. tref BDJLTZ*A*, tŷ APX, tyddyn CFKOQ, tre a dâl *D*, tref i adar paradwys R. 31. gwell no STZ*A*; henfwth glwth y glaw PX. 33. chrynant BDHO*A*(*B*)*DE*, syrthiant R. 35. ni phawr ABCFGHJOPQX, ni thyn MRVW*B*; hyd fôr Hafren DJLTZ*AE*. 36. na buwch o hwn CP. 36 + *E*:

Brest ddigri rhudd fydd y ferch / Cyd gerdded coed a gordderch
Cyd wyneb cyd awenu / Cyd chwerthin finfin a fu
Cydfod mwyn cyd yfed medd / Cyd arwain serch cyd orwedd
Cyd adrodd serch ar ferch fain / Cyd edrych caye didrain
Cyd ddigwyddaw garllaw llwyn / Cyd ochel pobl cyd achwyn
Cyd orwedd mewn llechwedd llon / Yn fraich unfraich ar wenfron
Cyd dda cariad taladwy / Cywir ni mynegir mwy.

37–42 [*E*]. 37. pan fo'r hin oer a'r hirnos BJMVWX*B*, poen yw'r heyrn GN, er ei hoerni yr hirnos AP, pan ddêl safn y gaeafnos DL(M)TZ*A*. 38. ymhob llwyn AFGHKP. 40. y gwanwynwynt llwm BDPR. 41. siampled ABCJVW*B*, siapled M, siaplen FHK OQTZ, siampler DLPX, siamblen R, siapleir *A*; cyfordir irion O. 42. cell fellt ddiddig DLR; uwch brig FGHKX.

30

YR ADARWR

Adarwr o rew dwyrain
Neu heod, eiry gawod gain,
Ym mrisg *y* dyd, *a*mraisg, dioer,
Ym mron, wiwlon aeafloer,
O daw, gwrthlys melgawad,
Ganthaw, a'u rhwydaw yn rhad,
Glud wiail a glydwyan'
Glannau gloyw ffynhonnau glân.
Pan ddêl edn, poen ddeiliadaeth,
I Fôn gyfagos dros draeth,
Yr adnebydd, drarydd dro,
Dirionwch dyfrdir yno.
Disgyn a wna od ysgyg,
Ei blu mewn dyfrlud a blyg,
Oni ddêl, cof ryfel cawdd,
Llaw'r hwyliwr a'i llwyr heliawdd.

Felly y gwnaeth, dwyfoliaeth dad,
Da y'm cur, Duw â'm cariad.
Mal eiry y rhiw, lliw llywy,
Wyneb bun ; mi a wn pwy.
Ffynhonnau difas glasddeigr,
Yw gloywon olygon Eigr,
Aeron glân, dirperan' glod,
Eurychaeth Mab Mair uchod.
Cannoch fi, (pam y'm cenynt ?)
Caeau Duw, nad caead ynt !
Glynodd serch a goleunwyf,
Rhwym y glud, yrhôm o glwyf.

Drud ofeg, diriaid afael,
Nid â i ar fynud ael,
Pefrlys pen cytgamus pwyll,
Meddwdod y llygaid modd-dwyll,
Mwy nog edn, mynawg ydyw,
O'r glud llaes ; mawrglod ei lliw.

Hir gariad, dybrydiad bryd,
Pwyll dirgel, pell yw d'ergyd.
Ei meinion dduon ddwyael
Yw'r gwiail glud, golud gael.
Mwy ar ddyn ael blu mwyalch
No llinyn saer ar gaer galch.
Breinawlwedd wybren eilun,
Hydraul bwyll, hyd ar ael bun,
Hualwyd, cadwynwyd cof,
Hual dawn, hoelied ynof.

BDG clxxxvi.

Ffynonellau.—A—(*a*) B 14,932, 84b ; (b) Ba 6, 139. B—(a) Ll 47, 540 ; (b) Ll 134, 553 ; (c) LlH, 298b ; (d) Lla B 1, 176 ; (e) B 53, 380. C—N 657, 5. D—P 49, 39. E—Wy 2, 103.

Amrywiadau.—2. od (D), herod B. 3. ymrysg Be ; drud Bae, dud BcdCD, dydd A. 7. glydwan Babe, glydywan Bc, glyd dwan Bd. 12. dayar D. 17. duwioliaeth D, dynoliaeth B. 19. eiry fu lliw llywy C, eiry unlliw lliw llywy (Bb). 29. drud ofud Bbc, ofal cariad Bae. 30. drud â B. 34. mae'r glud B. 42. hydrawl A(D). 44. haul y ABace.

31

CAE BEDW MADOG

Anfon a wnaeth rhieinferch
I Fadog, orseddog serch,
Dodrefn cariad hyd adref,
Do dail ir, da y dyly ef.
I Dduw Madog a ddiylch
Gan ei chwaer hael cael y cylch.

Aml y gwisg ymylau gwŷdd,
Am ei ben y mae beunydd.
Cae o'r unwedd, cywreinwaith,
Ydyw'r mau, nid o aur maith.
Bagadfedw bu egwydfodd,
A bun a'i rhoddes o'i bodd.
Blaenion cainc, blinyn a'u câr,
Blethedig o blith adar.
Bawd a'i lluniodd, bedw llannerch,
Bagluryn a symlyn serch.

Gwell gan Ierwerth gywerthydd
Ei wawd nog anrheg o wŷdd.
Trysorer cerdd tros ariant
Ac aur coeth, fal y gŵyr cant.
Rhyw dudded bys, rhoed iddaw
Rhod lân rhag rhydu ei law.
Rhaid bychan oedd gan y gŵr
Rhwymo bys cyfan rhimwr.
Rhy wnaeth rhiain fain fynwaur,
Rhwydd yw hi, rhoddi ei haur.

Deudroedfedd, fab da drudfaith,
O dir iach, da ydyw'r iaith,

O'r unlle, cariadwe cur,
A edy Madog awdur
Ar Ierwerth gerddgerth gyrddgun,
Ac ar bawb o garu bun.
Or myn Madog mydr ddoethlef
Obr am wawd ei dafawd ef,
Hael oedd, ac ni hawl iddi
Na'i main na'i haur, namyn hi.
A Mab y Cyriog ym Môn
A'u cais er cywydd cyson.
Rhagor mawr, gerddawr gordderch,
Y sydd rhwng golud a serch.
Cae gwial, er na thalo
O dda ei faich iddo fo,
Teilwng seren bedwenni,
Talm mawr, ef a'i tâl i mi.
Cusan morwyn ddianael,
Duw a'i gŵyr, da yw ei gael;
Ni cheid ar ei wystleidaeth
Na medd na gwin, min a'i maeth.
Nid oedd nes i hwcstres hen
Ei brynu ef no brwynen.
Unrhyw yw hyn o anrheg
O fedw glas teuluwas teg.
Aur gan unben a chwennych,
Irfedw glas a gâr gwas gwych.

Yn dwyn nwyf, nid un ofeg
Fy mrodyr, teuluwyr teg.
Maelier y gerdd a'i molawd
Yw Ierwerth a werth ei wawd.
A Madog, cenhedlog hydd,
Digrifaf dyn deigr Ofydd,
Cytgerdd eosgyw coetgae,
Câr ym yw, caru y mae.

BDG cxlvii.

Ffynonellau.—A—(a) B 14,969, 259b; (b) B 14,932, 43b; (c) Ba 6, 49. B—C 7, 851. C—G 3, 207a. D—Gw 25, lxxi. E—H 26, ii, 52. F—Ll 6, 37. G—(a) Ll 47, 489; (b) Ll 134, 521; (c) LlH 288b; (d) MT, 546b; (e) B 53, 351. H—Ll 186, 110. I—M 147, 153. J—(a) M 212, 92; (b) M 1, 85. K—N 1260, 3. L—P 49, 7. M—Wy 2, 188.

Amrywiadau.—7–8. [BCEJ.] 12. yn ben rhodd ADI, un rhodd Ga(Ac), heb enw rhodd L. 13. coed (L); blin iawn a'u câr ADI. 21. dudded serch BEJK(L). 23. rhad EJK. 28. lle mae da'r iaith A-EH-K. 34. aur am BEH-K(L). 49. hwstres DEGbHKM hwstraes A, hwsres Ga, hwtres B. 59. gweinidog gwŷdd ADFGIL. 60. o grefydd BCEJ(L), i grefydd K. 62. câr i mi AaIJL, yw i mi F.

32

GERLANT O BLU PAUN

Boreddydd, bu wawr eiddun,
Y bu ym gyfwrdd â bun,
Yn ungof serch, iawn angerdd,
Yn ael coed yn eilio cerdd.
Erchais i'm bun o'm unoed
Blethu cainc o blith y coed,
Yn gyrn heirdd, yn goron hoyw,
Yn erlant ym, yn irloyw.
Bid ogylch serch, bei digardd,
A bun atebodd oe bardd :

'Pur yw dy lais, parod lef,
Pa na wyddud, poen addef,
Mai truan, anniddan oedd
Noethi bedw 'n eithaf bydoedd.
Nid oes ar fedw, nid edwyn,
O'r dail a fai wiw eu dwyn.
Ni weaf innau wiail,
Nid gwiw o'r llwyn dwyn y dail.'

Ym y rhoes, bydd hiroesawg,
Y rhodd a gadwaf y rhawg—
Gerlant cystal ag eurlen,
O wisg paun i wasgu pen.
Blaen talaith, bliant hyloyw,
Blodau hardd o blu da hoyw.
Glân wead gloywon wiail,
Gloynnau Duw, gleiniau dail.
Tëyrnaidd waith, twrn oedd wiw,
Tyrrau, tröellau trilliw.

Llugyrn clŷr, llygaid gwŷr gynt,
Lluniau lleuadau ydynt.
Da yw o chair, dioer na chyll,
Drychau o ffeiriau Fferyll.
Gwn ras hir, gwen a roes hon,
Gerlant i'w phrydydd geirlon.
Hoff loywgamp oedd ei phlygu,
A'i phleth o esgyll a phlu.
Rhodd serch meinferch i'w mwynfardd,
Rhoes Duw ar hon, rhestri hardd,
Bob gwaith a mwynwaith manaur,
Bob lliw fal ar bebyll aur.

BDG lvii.

Ffynonellau.—A—A 2, 134. B—(a) B 14,933, 47 ; (b) B 14,932, 34 ; (c) Ba 6, 40. C—Bl f 3, 31a. D—G 3, 208b. E—H 26, ii, 133. F—(a) Ll 133, 1105 ; (b) Ll 14, 204 ; (c) B 53, 299. G—Ll 186, 180. H—N 560, 59. I—N 1260, 16. J—P 49, 135.

Amrywiadau.—1. bu'm gyfarfod BFJ, gyffwrdd HI. 3. iawngof BCJ. 12. pam F, pan J. 19. yn hiroesawg CDG, yn lluosawg ABEFJ. 29. gwynt CDEFHI. 31. dawn yw o chair diau na chyll AFHI. 39. mwyniaith A-FabGHI.

33
Y BARDD YN ONEST

Cerddais yn gynt, helynt hir,
No mellten ddeunaw milltir.
Ni chyhyrddawdd, mau gawddnwyf,
Neithiwyr ym, trafanwthr wyf,
Blaen fy nhroed, blin yw fy nhranc,
Â'r ddaear, arwydd ieuanc.
Unfryd wyf yn y fro deg
Â Thrystan uthr ar osteg.
Ni thyr crynbren, dien dwyll,
Dan droed ym, dyn drud amwyll.
Ni throais, annoeth reol,
Fy wyneb, er neb, yn ôl.
Euthum yn gynt no gwynt gwyllt
I lys y fun ail Esyllt.
Rhoddais, ac ni henwais hi,
Aing roddiad, gyngor iddi!

'Na fydd salw, ferch syndalwisg,
Ar dy fryd, hoen eiry di-frisg,
Yn ôl hir, y feinir fwyn,
Ymaros o fraint morwyn.
Na fyn, dros ymofyn Mai,
Fawddyn, drwg y'th gydfyddai.
Cenhedlog rywiog riain,
Câr di a'th gâr, ddyn doeth gain.'

'Ys gwaeth,' medd y famaeth fau,
'Ym weithian am fy moethau;
Gwelais lawer, fab Gwilym,
Gael gŵr a wnelai gelg ym.'

'Nid celgwr gŵr a garo,
Ni thrig mewn gweniaith na thro.
Ni mynnwn, bei gallwn gael,
Dy dwyllo, du dy ellael.
Nid oeddwn, ŵr gloywdwr glân,
I'th dwyllo o'th dŷ allan.
Ni'th dwyll dyn byw, nawddryw nêr,
Yn lle bwyf, enllib ofer.
Dianair yw dy wyneb,
Dillyn ym, ni'th dwylla neb.'

BDG cliii.

Ffynonellau.—A—(a) Ll 47, 524; (b) Ll 134, 545; (c) LlH, 295b; (d) B 53, 362; (e) Ba 6, 235; (f) Cw 381, 62. B—P 49, 31.

Amrywiadau.—1. hollynt B. 4. tra raithr Aa, tra raithwr Ab-f. 8. eithr A. 9. crinbren Ab-f. 16. gaing A. 27. gwelais amser Abdef. 33. glerwr A. 35. nawdd Dduw Abd, naddryw Aef.

34
TALU DYLED

Cywyddau, twf cywiwddoeth,
Cofl hardd, amdwf cathlfardd coeth,
Ni bu ag wynt, pwynt apêl,
Un organ mor annirgel.
Maendy serch, unfam, undad
Yw fy mron, a wnâi fy mrad.
Holl gwmpas y lleidrwas llwyd
O'r un oll yr enillwyd.

Rhoais iddi, rhyw swyddau,
Rhugl foliant o'r meddiant mau,
Gwrle telyn ac orloes,
Gormodd rhodd, gŵr meddw a'i rhoes.
Heais mal orohïan
Ei chlod yng Ngwynedd achlân.
Hydwf y mae'n ehedeg,
Had tew, llyna head teg.
Pellwawd yw'r ddyn nid pwyllwael,
Pawb a ŵyr, pob dyn hwyr hael.
Pybyr fu pawb ar fy ôl,
A'u 'Pwy ?' oedd ymhob heol.
Pater noster annistaw
Pawb o'r a gant llorfdant llaw
Ymhob cyfedd, ryfedd ri',
Yw ei cherdd yn wych erddi.
Tafod a'i tyfodd canmawl,
Teg ei gwên yw, Amên mawl,
Cans ar ddiwedd pob gweddi,
Cof cywir, y'i henwir hi.

Chwaer ydyw, tywynlliw tes,
I ferch Wgon farchoges.

Unllais wyf, yn lle y safai,
Â'r gog, morwyn gyflog Mai.
Honno ni feidr o'i hannwyd
Eithr un llais â'i thoryn llwyd.
Ni thau y gog â'i chogor,
Crygu mae rhwng craig a môr ;
Ni chân gywydd, lonydd lw,
Nag acen onid 'Gwcw.'
Gwŷs ym Môn mai gwas mynaich
Fûm i yn ormodd fy maich,
Yr hwn ni wna, da deutrew,
Lafur ond un, lawfron dew.

Dilonydd bwyll, ddidwyll ddadl,
Dilynais fal dal anadl.
Yn iach bellach heb allel
Na chudd amdanai na chêl.
Defnyddio i'w hurddo hi
Defnyddiau cerdd dwfn iddi.
Talm sydd iddi, os tolia,
Ac o dodir ar dir da :
Saith gywydd i Forfudd fain
Syth hoywgorff a saith ugain.
Adyn o'i chariad ydwyf,
Aed ag wynt, dieuog wyf.
Ni ddeily cariad taladwy,
Ni ddyly hi i mi mwy.

BDG cxix ; DGG i.

FFYNONELLAU.—A—A 2, 293. B—B 52, 27b. C—(a) B 14,932, 78 ; (b) Ba 6, 100. D—Bl e 1, 140b. E—C 19, 414. F—C 48, 114. G—C 64, 624b. H—Cw 5, 377. I—Cw 10, 335. J—H 26, ii, 77. K—Ll 120, 66. L—(a) Ll 133, 1071 ; (b) Ll 14, 150 ; (c) B 53, 279b.

34. TALU DYLED

M—Ll 186, 49. N—(a) M. 212, 1 ; (b) M 1, 1. O—N 657, 1. P—N 1244, 24. Q—P 49, 55. R—P 195, 7. S—Wy 2, 97.

AMRYWIADAU.—1. cu wiwddoeth AI. 2. cof hardd a'm rhydd ABDG-NPR. 3. ampêl ADGJ-N, ympêl BCEHR, i'm pêl I. 5. cerdd QS. 6. dan fy mron ADJ-NP. 10. feddiant . . . moliant BEG-NR. 11. gyrddlef telyn a gorddloes GHIQ, gwrddlef telyn ac orloes CLOP. 13. oreu huan AC. 16. tau OQ. 20. pwyodd A-LabMNOQRS, pwyoedd LcP. 29. ydyw'r ddyn tywyn tes EIR. 38. mwy na MOQS. 48. serch OQS ; erddi AJLNP. 55. cof am gariad ACD(J)LN ; celadwy HOQS.

35
GWADU IDDO FOD YN FYNACH

Da Forfudd sinoblrudd syw,
Deune'r eiry, dyn oreuryw ;
Di-lwch riain dâl uchel,
Er dig i'r byd dygi'r bel.
Deuwell wyd, ferch, o'th berchi,
Diwyd mawl, dywed i mi,
Glod awen, goleuben gwlad,
Gwawr eurner, ai gwir arnad
Ddywedyd na fynnud, fun,
Oer chwarae, ŵr â chorun.

O Dduw, pam, loer ddinam lw,
Yr honnaist y gair hwnnw ?
Os gwrthod, ffyrf amod ffydd,
Gorug rwyf, gŵr o grefydd,
Er gemau, aur ac owmal,
I ti, fy nyn euraid dâl,
Bodlon wyf is bedwlwyn ir,
Eto fun, yty feinir.
Os tremyg, hoen lathrfrig haf,
Fy nghrair, neu ornair arnaf,
Forfudd hael fwyarael fun,
Fu'r gair am fy aur gorun,
Rhyddwys, fy mun rieddawg,
Y rhoist y destun yrhawg.

Oerfel ym, fy nyn erfai,
Eirian hwyl fuan haul Fai,
Erioed o gwelais yr un,
Euraid wystl, a rôi destun,

Na cheffid, meddid i mi,
Tystiwn orn, testun erni.
Am hyn yr wyf, rhwymglwyf rhaid,
Ym mhoen, Forfudd, em honnaid.
Ddisglair haul, ddysgl o'r heli,
Ddeuliw tes, ni ddylyud di,
Berw enwog nwyf, burwen gnawd,
Bwrw *yr* un destun barawd,
Uthr oroen, iaith oreuryw,
I'th fardd gwynfydig i'th fyw.
Nid oes testun, fun feinael,
Ar brydydd hoyw Forfudd hael,
Er syrthio o'r gwallt, cwnsallt cur,
I ar fy iad, erfai awdur.

Ni bydd dy Ofydd difai,
Ni bûm nofis un mis Mai;
Ni wisgais, dileais lid,
Na gwiwben gwfl nac abid;
Ni ddysgais, gwbl drais o drin,
Ar wiw ledr air o Ladin.
Nid llwyd fy marf, arf erfai,
Nid lled fy nghorun, nid llai,
No phan ytoeddem, gem gu,
Einym gur, yn ymgaru.
Aethost, wi o'r gost a'r gamp,
I'th wely, bryd wyth wiwlamp,
A'th freichiau, hoen blodau haf,
Em y dynion, amdanaf,
A minnau, fy ngem annwyl,
I'th garu, ddyn aelddu ŵyl;
Ond nad rhydd, gynedwydd gân,
Gwir oll, honni'r gair allan.

Awr ddi-salw, eurddwys olud,
Er hyn, ferch, fy rhiain fud,
Dywed, fy mun, a dewis
Pa un a wnai, haul Fai fis,

Ai bydd gywir hir hoywrym
O gariad diymwad ym,
Ai dywed di i mi, 'mun,
Na byddy, wyneb eiddun.
Os edifar fy ngharu
Gennyd, y rhyw fyd a fu,
Cei ran tra fo cyfrinach,
Câr Dduw yn ôl, cerdda'n iach,
Ac na ddywaid, f'enaid fun,
Air chwerw am ŵr â chorun.

BDG cxvii.

Ffynonellau.—A—A 2, 237. B—B 23, 116. C—B 53, 160b. D—(a) B 14,933, 15 ; (b) B 14,932, 13b ; (c) Ba 6, 6. E—Bl e 1, 151a. F—C 5, 31. G—(a) C 7, 850 ; (b) J 14, 64. H—C 11, i, 135. I—G 3, 211b. J—H 26, ii, 50. K—(a) Ll 47, 525 ; (b) Ll 134, 546 (c) LlH, 296a. L—(a) Ll 133, 980 ; (b) Ll 14, 3. M—Ll 186, 8. N—(a) M 212, 133 ; (b) M 1, 122. O—P 49, 32. P—P 49, 93 Q—Wy 2, 35.

Amrywiadau.—4. i bawb AEGLN, er bâr (G). 7. gorawen gloyw eurben KO. 8. eurnen KO. 13. anghlod ffydd (CD)KO. 21. fwy araul K. 30. dyst yn orn BCDFGIJPQ, yn iawn (CD)ELN. 35. befr. enwog O. 43. un dofydd BEFGIJLNP, un Dafydd CD. 47. hoywdrais (CD)KO. 51. no'r nos yr oeddem (CD)KO. 57–8. BF. 63. pa un DKO. 64. erof fi ai aro fis DKO. 71. caf CDGIJLNP ; o bob cyfrinach B(G)H.

36

DIGALONDID

Digrif fu fy ngwaith neithiwyr
Rhwng gras a dawn brynhawn hwyr,
Cyfliw gŵr, cael ei garu,
Glew rhwng llen dew, â llwyn du.
Ceiliog bronfraith cyweithas
Odduwch fy mhen ar len las,
Yn gyrru, cynnyrch cyrch cof,
Coelfain enw, calon ynof.

'Gwyddwn yt gyngor gwiwdda,
Hir ddyddiau Mai, os gwnai, gwna,
Ac eistedd dan fedw gastell,
Duw a ŵyr na bu dŷ well;
A than dy ben gobennydd
O fanblu, gweddeiddblu gwŷdd;
Ac uwch dy ben, fedwen fau,
Gaer loywdeg o gwrlidau.'

Nid wyf glaf, ni fynnaf fod,
Nid wyf iach, myn Duw uchod;
Nid wyf farw, 'm Pedr ddiledryw,
A Duw a farn nad wyf fyw.
Bei cawn un, eiddun addef,
Gras dawn oedd, gan Grist o nef,
Ai marw yn ddiran annerch,
Ai byw'n ddyn syw i ddwyn serch.
Ef fu amser, neur dderyw,
Och fi, ban oeddwn iach fyw,
Na châi Grist, uchel Geli,
Ledrata haf arnaf fi.

BDG ccxii.

FFYNONELLAU.—A—(a) B 14,932, 83b; (b) Ba 6, 128. B—(a) P 49, 54; (b) N 5269, 349. C—P 197, 36. D—Wy 2, 96.

AMRYWIADAU.—6. oedd uwch A. 8. coeliawn AD. 19. myn Pedr AD. 21. iawn A.

37
CARU MERCH FONHEDDIG

Dyddgu ddiwaradwyddgamp,
Fy nghariad oleuad lamp,
Anlladrwydd, dioer, yn lledrad
Ydoedd ymy fry o frad.
Arglwyddes eiry ei gloywddaint,
Dy garu fu haeddu haint.
Od wyf fi ŵr, nid af fyth
I geisio merch naf gwaywsyth,
Rhag fy ngalw, gŵr salw ei swydd,
Coffa lwybr, y cyfflybrwydd.

Rhy uchel, medd rhai uchod,
Y dringais pan gludais glod.
Hyder a wna dringhedydd,
Hydr y dring fal gwerling gwŷdd,
Oni ddêl, hyn a ddyly,
Bob ychydig hyd frig fry.
Oddyna y bydd anawdd
Disgynnu rhag haeddu cawdd.

Llongwyr, pan gân' ollyngwynt,
Lle y gwnân' dan hwntian dwyn hynt,
Ni bydd modfedd, salwedd som,
O ben ystyllen dollom,
Rhwyfwyr, merinwyr annoeth,
Rhyngthun' a'r anoddun noeth.
Ac i'r lan ar ddiwanfa
Y deuan', darogan da.

Saethydd a fwrw pob sothach
Heb y nod a heibio'n iach,

Ac ergyd hefyd difai
Yn y nod, pand iawn a wnâi ?

Ergyd damwain, rieinfun,
O gant oedd ddyfod ag un ;
Ergyd damwain, fun feinael,
Em deg ŵyl, ymy dy gael.
Ac am hynny, gem honnaid,
Nid drwg fy ngobaith, nid rhaid.
Ef ry eill, ddyn eiry peilliw,
Ym dy gael, wineuael wiw.
Ofer oll er a allai
Na'th gawn ; gwyn ei fyd a'th gâi !
Oni'th gaf er cerdd erddrym
Ddidranc, ddyn ieuanc ddawn ym,
Mi a'th gaf, addwyn wyneb,
Fy nyn, pryd na'th fynno neb.

BDG xv.

Ffynonellau.—A—A 2, 243. B—B 23, 177. C—B 53, 159. D—(a) B 14,933, 10 ; (b) B 14,932, 12b ; (c) Ba 6, 3. E—Bl e 1, 157b. F—G 3, 214b. G—H 26, ii, 38. H—(a) Ll 133, 982 ; (b) Ll 14, 6. I—Ll 186, 107. J—(a) M 212, 140 ; (b) M 1, 129. K—N 832, 85. L—P 49, 88. M—Wy 2, 32.

Amrywiadau.—5–6. B. 7. nid wyf ŵr ac nid BDILM. 9. yn salw o swydd A, fy ngalw salw swydd CDLM, fy ngalw salw o swydd AEGHJ, fy ngalw salw ei swydd K. 10. yn gloff lwybr ACDEG-M ; yn gyfflybrwydd CGIJL, un gyfflybrwydd ADEHK, mewn cyfflybrwydd M. 11–12. B. 13. hyder i'r gwyllt (D)M. 14. uwch gwerling AC-M. 17. yna gwaith a fydd anawdd B. 21. nid oedd B. 23. llongwyr B. 25. i'r lan ar eu diwanfa DKL. 30. a iawn B. 34. em deg iawn oedd im AC-M. 35–6. B. 37. ef a eill ADFGIL, ef eill CEJM, fe eill K. 38. dy gael ddyn AC-L. 42. yn ieuanc wen ym AC-L.

38

YR EURYCHES

Eurychés y cae mangoed
O ryw bedwenfrig erioed,
Ennill ym fydd, goedwydd ged,
O chawn elw, ei chyniled.
Er achub crefft eurychiaeth
I efail o ddail ydd aeth,
Ac ennill clod ac annerch,
Ac o'i llaw sawduriaw serch.
Â'i neddair, fy eurgrair fwyn,
Y nyddodd fedw yn addwyn ;
A'm cain eurychés ni'm cawdd,
Em cenedl, a amcanawdd
Cyflunio cae o flaenion
Cadr ei fraint o'r coed o'r fron :
Coedyn bach a rwym ceudawd,
Crefft hysbys rhwng bys a bawd,
Canwell yw no chae ceinwefr,
Cae o wallt pen bedwen befr,
Caeog wyf o frig gwial,
Caeau y Deau a dâl.
Cywir y ceidw ym hiroes,
Cywair wyf o'r cae a roes.

Fy nghae bedw, ef a'i cedwir,
O'r coed a wnâi hoed yn hir.
Fy mudd yw, nis maddeuaf,
Fy mywyd ar hyd yr haf ;
Fy mab, fy mrawd didlawdfoes,
Fy medw rhwym, fy myd a'i rhoes.

Golygawd crefft briawd brudd,
Gem irfedw oedd gae Morfudd.
Dellt yw fy mron, rylon rus,
Dan gae bedw dyn gwybodus.
Gwaith cymen ar fedwen fad,
Gweddeiddio gwŷdd a wyddiad.
Gwell ei hamcan no Siancyn
Eurych, treth fynych a fyn.
Gwŷdd meinion a gysonai,
Gwyn ei fyd y gwan a fâi,
Eurai fy llaw ar fy lles,
Ar uchaf yr euryches.

BDG xliii.

Ffynonellau.—A—(a) B 14,932, 72b; (b) Ba 6, 119. B—Bl f 3, 30. C—Cw 128, 287. D—G 3, 218a. E—G 4, 43. F—Ll 6, 35. G—(a) Ll 47, 488; (b) Ll 134, 522; (c) LlH, 288a; (d) MT, 546; (e) B 53, 353. H—(a) M 212, 47; (b) M 1, 49. I—P 49, 6. J—P 54, 56. K—Wy 2, 69.

Amrywiadau.—1. edrychais F, peruches Gb-e, mwyngan a roes C. 2. bendefig Gb-eK; a roed C. 4. a'i CG, o'i ADE. 8. sadwynaw G. 9. addfwyngrair FGabc, addfeingrair G(b)de. 10. anaddwyn BDE, anoddwyn AK, anaddfwyn H. 14. cadair o frig FGIJ. 21–2. J. 23. da y cedwir FGIJ. 30. o gae G. 31. da yw A-EHK. 34. gweddio Ga-d, gweddeiddyn AK. 35. no channyn GK, Siacyn C. 39. er ABDEH. 40 fy ABDEH.

39

Y BREUDDWYD

Fal yr oeddwn, gwyddwn gêl,
Yn dargwsg mewn lle dirgel,
Gwelais ar glais dichlais dydd
Breuddwyd yn ael boreddydd.
Gwelwn fy mod yn rhodiaw
A'm llu bytheiaid i'm llaw,
Ac i fforest yn gestwng,
Teg blas, nid tŷ taeog blwng.
Gollyngwn i yn ddioed,
Debygwn, y cŵn i'r coed.
Clywwn oriau, lleisiau llid,
Canu'n aml, cŵn yn ymlid

Ewig wen uwch y llennyrch
A welwn, carwn y cyrch,
A rhawt fytheiaid ar hynt
Yn ei hôl, iawn eu helynt;
Cyrchu'r allt dros ddiwalltrum,
A thros ddwy esgair a thrum,
A thrachefn dros y cefnydd
Ar hynt un helynt â hydd,
A dyfod wedy dofi,
A minnau'n ddig, i'm nawdd i;
Dwyffroen noeth, deffro wneuthum,
Ŵr glwth, yn y bwth y bûm.

Cefais hynafwraig gyfiawn,
Pan oedd ddydd, yn ddedwydd iawn.
Addef a wneuthum iddi,
Goel nos, fal y gwelwn i:

'Rho Duw, wraig gall, pei gallud
Rhyw derfyn ar hyn o hud,
Ni chyfflybwn, gwn ganclwyf,
Neb â thi. Anobaith wyf.'

'Da o beth, diobeithiwr,
Yw dy freuddwyd, od wyd ŵr.
Y cŵn heb gêl a welud
I'th law, pei gwypud iaith lud,
Da hwylwyr diau helynt,
Dy lateion eon ŷnt.
A'r ewig wen, unbennes
A garud di, hoen geirw tes,
Diau yw hyn, y daw hi
I'th nawdd, a Duw i'th noddi.'

DGG xxxviii.

Ffynonellau.—A—A 2, 122. B—(a) B 38, 161; (b) B 53, 117. C—B 48, 193. D—B 14,876, 30a. E—(a) B 14,932, 59b; (b) Ba 6, 69. F—C 2.616, 149a. G—C 19, 488. H—C 27, 383. I—C 48, 187. J—C 64, 517b. K—Cw 5, 244. L—Cw 10, 397. M—Cw 158, 165. N—Cw 552, 378. O—H 26, ii, 152. P—Ll 133, 960. Q—Ll 156, 103. R—M 161, 112. S—(a) M 212, 24; (b) M 1, 27. T—N 560, 19. U—N 1246, 356. V—N 6706, lxix. W—P 195, 31. X—P 198, 15. Y—Wy 2, 20. Z—T, 241.

Amrywiadau.—*Ar y dechrau ceir yn* O:
Gwen a wnaeth gwan iawn a wyf / Mae dig poenedig ydwyf.
Ar y dechrau yn (Bb)Eb:
Ydd wyf ers mwy na blwyddyn / Neu ddwy yn meddwl am ddyn
Ac nid nes im cyffes ced / Hoywdduw gŵyr hedd i'w gwared
Ni chwardd y Ngwen eleni / Ni cheir tâl o'i chariad hi
Ni chysga'r nos un gosod / Ni wn ple mynnwn fy mod.
1. gwn heb gêl CHO. 2. man Q, rhyw nos BDE. 3. dan fais ILP, yn ôl BDE, yn ael AFJKMNR-VZ, cyn oedd ddichlais ddydd C. 4 dan ael AGILUW, ar ael CMQY, ar ôl HRS, o flaen NT. 5. gweled FJMNRST, tybied GHILUW, tybiwn BCDQY, mi a'm gwelwn yn O. 6. a llu BDEFHJKOP-SVY; o filgwn BD, o gŵn yn fy CHQY. 6 + GHILOUW:
Ac yn cerdded y gwledydd / Y tir adwaenwn hyd dydd.
(2. ar dir adwaenwn y dydd O.)

7. gostwng BEFJKMQRSV; ar fforestydd ffriw ostwng GILUW. 8. tebyg i blas taeog JRSVZ, ac i blas y Q, tuag i blas taeog NT. 9. gollyngais J, ac yn gostwng gwn gannoed GILUW. 11. gerddau NT, ymhen oriau C, canu weithiau BD. 12 + CH:

Cynydd da iawn ddawn ddifri / Ar a wyddwn oeddwn i.

13. a'r ewig wen uwch llennyrch A(Bb)GHIJLPQUVWZ, goris O, ac ewig MY. 14. dybygwn VZ, tybiwn y carwn J; lle y cyrch QW. 15. a llu o fytheid ell hyn U. 16. ar . . . ar iawn CH; yn hwylio mewn iawn helynt M, yn i hôl iawn i helynt UV. 20. yn gynt i'r helynt na'r hydd GHILUW, ar hynt ar helynt yr Q, ar hynt i helynt yr Y. 21. ar ôl JMNRSTV, yn ôl F. 22. minnau oedd GHILUW, a mi yn BDEQ, yma yn AFJKNPRSTV, yma'n ddoeth M. 23. deuffriw FGIKLUW, duffriw CH. 24 + BbDEbO:

Chwiliais yn ôl dichlais dydd / Bob rhyw gongl am ddehonglydd.
(1. ceisio pan welais drais dydd O.)

C:

kyrchais gongol ar ddehonglydd / drannoeth val y doeth y dydd.

26. fu C, ar glais QY. 28. modd AJKMOP-SYZ. 29. myn fy nghred GIQU, O wraig gall pei deallud BDE. 32 + CQW:

O druan ddyn ddilanliw / bid da dy bwyll by baid byw.
(1. o ddyn gwanwyw C. 2. fal by baid C.)

33. da byth y FKMNPRSTVZ; anobeithiwr O. 36. gwypwn BbDGIW, gwypen ABaEPY, gwypyn CLU, gwydden MNQ-TVZ. 37. dy ABCEJMNP-TVZ; helwyr BDEQY; da eu helynt BDM; da i hwyliwyd dy helynt O; gwan dy hwyl gwn dy helynt GILUW. 41. a diau hwyl BDE. 42. mae Duw AGHILPUWY.

40

AMNAID

Fal yr oeddwn ymannos,
Druan iawn, am draean nos,
Yn rhodio, rhydaer ddisgwyl,
Rhy addwyn oedd, rhyw ddyn ŵyl,
Gar llys Eiddig a'i briod,
Gwaeddai i'm ôl pe gwyddai 'mod,
Edrychais, drychaf drymfryd,
Tew gaer, gylch y tŷ i gyd.

Cannwyf drwy ffenestr wydrlen,
Gwynfyd gwŷr oedd ganfod gwen,
Llyma ganfod o'm ystryw,
Yr un fun orau yn fyw.
Llathraid oedd lun bun benwyr,
A'i lliw fal Branwen ferch Llŷr.
Nid oedd liw dydd oleuni
Na haul cyn loywed â hi.
Mawr yw miragl ei gwynbryd,
Mor deg yw rhag byw o'r byd.

Mynnais gyfarch gwell iddi,
Modd hawdd y'm hatebawdd hi.
Daethom hyd am y terfyn
Ein dau, ni wybu un dyn.
Ni bu rhyngom uwch trigair,
O bu, ni wybu neb air.
Ni cheisiais wall ar f'anrhaith,
Pei ceisiwn, ni chawswn chwaith.
Dwy uchenaid a roesom
A dorrai'r rhwym dur yrhôm.

40. AMNAID

Ar hynny cenais yn iach
I feinir heb ddyn fwynach.
Un peth a wnaf yn fy myw—
Peidio â d'wedyd pwy ydyw.

BDG cii; DGG xi.

FFYNONELLAU.—A—B 24, 95. B—(a) B 38, 158a; (b) B 53, 114. C—(a) B 14,933, 21b; (b) B 14,932, 30; (c) Ba 6, 24. D—Bl f 3, 38b. E—Cw 125, 101. F—G 3, 65b. G—H 26, ii, 89. H—(a) Ll 133, 1109; (b) Ll 14, 208. I—Ll 186, 140. J—(a) M 212, 11; (b) M 1, 12. K—P 49, 113. L—P 99, 571. M—P 197, 24.

AMRYWIADAU.—1–4. [B.] 1. yn druan iawn druan FL. 7. drwy fawr awchfryd F. 9. cenyw FL, keinyw A. 12. ferch FH. 13. llariaidd B-M, yw BCDEG-M. 14. Bronwen BCF-M. 16. haul wybr loywach no CDE-K. 20. hawdd hawdd FL. 21. hyd ar FL. 22. doe'n dau FL. 26. chawn FL. 28. rhwym y dur FL. 30. feinir ni bu neb B-DH-K. 32. doedyd BHJbL.

41

MERCH GYNDYN

Fal yr oeddwn yn myned
Dros fynydd, gwŷr crefydd Cred,
A'm hoyw dudded amdanaf
Fal amaeth, mewn hiraeth haf,
Nycha gangen ar y rhos
O forwyn i'm cyfaros.
Cyfarch, meddwl alarch mwyn,
Gwell iddi, ddyn gall addwyn.
Ateb a wnaeth ei phrydydd,
Ateb serch o'm tyb y sydd.

Cydgerdded fal merched Mai,
Ac oerddyn ni chydgerddai.
Gosyml fûm am forwyn lân,
Gosyml ni bu am gusan.
Canmol ei llygaid gloywon,
Canmolid prifeirdd heirdd hon.
Gofyn cyn dêl rhyfeloedd
A fynnai fi ; fy nef oedd.

'Ni chai, fab o ael y fro,
Un ateb ; na wn eto.
Down i Lanbadarn Ddyw Sul,
Neu i'r dafarn, ŵr diful ;
Ac yno yn yr irgoed
Neu'n y nef ni a wnawn oed.
Ni fynnwn, rhag cael gogan,
Wybod fy mod mewn bedw mân.'

'Llwfr iawn y'm bernir o'th serch,
A dewrddyn yw dy ordderch.

Nac eiriach, diledach do,
Er cynnen y wraig honno.
Mi a wn blas o lasgoed,
A'r ail nis gwybu erioed,
Ac nis gwybydd dyn eiddig
Tra fo llen ar bren a brig.
Cymryd fy nghennad, forwyn,
Ceidwades, lladrones llwyn.'

Ni wnâi hocrell afrywiog
A wnaeth â'i gair, nith y gog.
Addaw ffôl a'm gwnâi'n llawen,
Addewid gwin fydd oed gwen.

BDG clxxvii.

Ffynonellau.—A—(a) B 14,932, 35b; (b) Ba 6, 110. B—Bl e 1, ii. C—H 26, ii, 112. D—Ll 54, 54. E—(a) Ll 120, 78; (b) B 53, 340. F—P 49, 138 (*darn*). G—P 54, i, 41. H—Wy 2, 60.

Amrywiadau.—3. hen G. 4. yn ymdaith AF. 5. gwelwn AF, a rhyw H. 6. yn fy aros A-F, oedd yn f'aros H. 9. ffriwdeg atebe'i phrydydd H. 13. gosod ar gynig gusan H. 14. i'r fun lwys beneurfwyn lân H. 15. ei chanmol ddysglaur faurfron H. 16. canmoled H; prifardd hardd B-EH. 19. ni chawn fru nych yn y fro H. 20. a wn AF. 21–39. [F.] 23. ac odd yno yn irgoed C. 26. mewn un man DE. 31. a wnaed mewn D, a wnaid mewn E. 32. yr ail DE. 33. gwir adde os gwyr eiddig H. 34. ni ad ben H, ni edu ben A. 35. aeth ymaith f'euriaith H, cymrodd ei chenad yn forwyn A. 36. gwir dduwies AH; lladrades DE. 40. gwir ABCEbG, gwiw DEa, gu H; oedd BDE.

42

MORFUDD FEL YR HAUL

Gorllwyn ydd wyf ddyn geirllaes,
Gorlliw eiry mân marian maes ;
Gwŷl Duw y mae golau dyn,
Goleuach nog ael ewyn.
Goleudon lafarfron liw,
Goleuder haul, gŵyl ydyw.
Gŵyr obryn serchgerdd o'm pen,
Goreubryd haul gar wybren.
Gwawr y bobl, gwiwra bebyll,
Gŵyr hi gwatwaru gŵr hyll.
Gwiw Forfudd, gwae oferfardd
Gwan a'i câr, gwen hwyrwar hardd.
Gwe o aur, llun dyn, gwae ef
Gwiw ei ddelw yn gwaeddolef.

Mawr yw ei thwyll a'i hystryw,
Mwy no dim, a'm enaid yw.
Y naill wers yr ymddengys
Fy nyn gan mewn llan a llys,
A'r llall, ddyn galch falch fylchgaer,
Yr achludd gloyw Forfudd glaer,
Mal haul ymylau hoywles,
Mamaeth tywysogaeth tes.
Moliannus yw ei syw swydd,
Maelieres Mai oleurwydd.
Mawr ddisgwyl Morfudd ddisglair,
Mygrglaer ddrych mireinwych Mair.

Hyd y llawr dirfawr derfyn
Haul a ddaw mal hoywliw ddyn

Yn deg o uncorff y dydd,
Bugeiles wybr bwygilydd.
Gwedy dêl, prif ryfel praff,
Dros ei phen wybren obraff,
Pan fo, poen fawr a wyddem,
Raid wrth yr haul a draul drem,
Y diainc ymron duaw,
Naws poen ddig, y nos pan ddaw.
Dylawn fydd yr wybr dulas,
Delw *eilywed*, blaned blas.
Pell i neb wybod yna,
Pêl yw i Dduw, pa le'dd â.
Ni chaiff llaw yrthiaw wrthi,
Nac ymafael â'i hael hi.
Trannoeth y drychaif hefyd,
Ennyn o bell o nen byd.

Nid annhebyg, ddig ddogni,
Ymachludd Morfudd â mi;
Gwedy dêl o'r awyr fry,
Dan haul wybr dwyn hwyl obry,
Yr ymachludd teg ei gwg
Dan orddrws y dyn oerddrwg.

Erlynais nwyf ar lannerch
Y Penrhyn, esyddyn serch.
Peunydd y gwelir yno
Pefrddyn goeth, a pheunoeth ffo.
Nid nes cael ar lawr neuadd
Daro llaw, deryw fy lladd,
Nog fydd, ddyn gwawdrydd gwiwdraul,
I ddwylo rhai ddaly yr haul.
Nid oes rhagorbryd pefrlon
Gan yr haul gynne ar hon.

Os tecaf un eleni,
Tecaf, hil naf, ein haul ni.

Paham, eiddungam ddangos,
Na ddeaill y naill y nos,
A'r llall yn des ysblennydd,
Olau da, i liwio dydd ?
Ped ymddangosai'r ddeubryd
Ar gylch i bedwar bylch byd,
Rhyfeddod llyfr dalensyth
Yn oes bun ddyfod nos byth.

BDG lxii.

Ffynonellau.—A—A 2, 295. B—Bl e 1, 141b. C—Cw 129, 310. D—G 3, 221b (*darn*). E—H 26, ii, 91. F—Ll 6, 25. G—(a) Ll 47, 479 ; (b) Ll 134, 516 ; (c) LlH, 286b ; (d) MT, 542. H—(a) Ll 133, 1072 ; (b) Ll 14, 152 ; (c) B 53, 286 ; (d) Ba 6, 223 ; (e) Cw 381, 39. I—Ll 186, 61. J—M 146, 370. K—(a) M 212, 13 ; (b) M 1, 14. L—P 49, 1 (*darn*).

Amrywiadau.—1–52. [L.] 1. gyrllaes BEH, garllaes G. 3. gwêl J ; dduw FG, o dduw A-EH-K ; ddyn A-EHIK, o ddyn FGJ. 5. lafardon FG. 6. ddyn gŵyl F, ddyn gwael G. 7. sergerdd Gbd, serthgerdd Gc ; gair o'm pen H, obru . . . gair o sen C. 8. goleubryd ABCHJKb, goleuber G ; gwiw Gcd, gwir FGa, gloyw Gb(Hd)He. 12. gwn a'th gâr G, gwn na'th gâr F(Hd)He ; Gwenhwyfar FGH. 13–70. [D.] 13. gwae A-FHa-cJK, gwau Hde ; llyn BCEJK, eurllun AI ; ond ef C ; o aur dyn gwiw ei wedd FG. 14. mewn gwyddiledd G, gweiddeledd F. 18. gain . . . llain Ga. 20. yr ymachludd ABEJK, y machludd CIH, yr ymgudd FG. 24. elorwydd Gcd. 25–6. FG. 26. loyw ei drych Gd. 28. hyloyw FG. 29. o fewn corff un FG. 31–2. FG. 33. f'orn fawr Kb. 35. wrth fron ABCEH-K. 37–8. FG(I). 37. fodd Gb. 38. Eluned G, Elfed F(I). 41–4. FGHd(I). 44. nynu FGHd(I). 47. a phan ABEH-K. 48. dyn hael C. 49. mwyn ABCEIJK. 51. ymlynais . . . am F. 53. gwelid ABEH-K, nid anawdd gweled C. 54. ddoeth FGL. 55. nid haws ar ABEH-K, yn hawdd C ; wawr ABEHcdeIJK. 57. nog i ddyn gwawdrydd ABEIJK, Morfudd ddyn GHcde. 59–60. FGHcde. 60. gynnau FHcde. 61. os teg hon lon oleuni ABCEHabIJK, os uchaf yw hon eleni Hcde. 62. hwyl ABCEH-K. 63–6. FGHcde. 66. o le FG. 68. o gylch FG. 69. rhyfeddod ddyfod ddufyth C.

43
LLW MORFUDD

Gwell eniwed, fforffed ffug,
No sorri'n wladaidd sarrug.
Da fyddai Forfudd â'i dyn
O'r diwedd, hoen eiry dywyn.

Ei chred, Luned oleuni,
A roes da ei moes i mi,
O drefn ei llaw fodrwyfaich,
A dihewyd bryd a braich,
Y câr fi, rhi rhywogaeth,
O châr yr âb ei mab maeth.
Ys gwiwdwng onis gwedir :
Ys gwyn fydd fy myd os gwir.
Ni feddais fudd, gudd gwblfodd,
Erioed er pan ym rhoed rhodd,
Cystal â chael gan hael hwn,
Od ydyw yn rhodd didwn.
Nid gem, oferedd gymwyll,
Nid bedw glyn, nid dillyn twyll.
Eurychwaith Mab Mair uchaf
Â'i law noeth trwy olau Naf,
Salm o Dduw, a'i inseiliawdd
Yn grair o'i neddair a'i nawdd,
A dogn fu a digon fydd
O gwlwm rhôm a'i gilydd ;
A dwfn ydd â a difyr
Yn y tân y dyn a'i tyr.

A'r fau finnau ar f'annwyl
A rois i un gwiwlun gŵyl

Yn llw hydr, yn lle hydraul,
Yn ei llaw hi, unlliw haul,
Fal y rhoed ym o rym rydd
Yn y dwfr, o enw, Dafydd,
Gyrddwayw o serch, iawnserch Iôr,
Ar garu hon, eiry goror.

Doniog fu'r gredaduniaeth,
Da y gwn i, a Duw a'i gwnaeth.
Rhy wnaeth bun â llun ei llaw
Rhoi dyrnaid, a rhad arnaw.
Rheidlw perffeithdeg rhadlawn,
Rhinwedd y wirionedd iawn.
Llw i Dduw â'i llaw ddeau,
Llyna, od gwn, llw nid gau ;
Llawendwf balch, lliw Indeg,
Llw da ar hyd ei llaw deg.
Llyfr cariad fydd i'w hadaf,
Yn benrhaith, unben yr haf.
Yn yr oerddwfr yr urddwyd
Y llw a roes Morfudd Llwyd.

BDG xxxvii.

Ffynonellau.—A—A 2, 309. B—(a) B 29, 256 ; (b) G 3, 51b ; (c) B 53, 22; (d) C 26, 60. C—(a) B 14,932, 76 ; (b) Ba 6, 97. D—Bl e 1, 139b. E—Cw 129, 290. F—H 26, ii, 76. G—(a) Ll 47, 537 ; (b) Ll 134, 552 ; (c) LlH, 296b. H—(a) Ll 133, 1070 ; (b) Ll 14, 148. I—Ll 186, 46. J—(a) M 212, 125 ; (b) M 1, 114. K—N 832, 86. L—P 49, 38. M—Wy 2, 43.

Amrywiadau.—1. na niwed E ; fforffedd DFHJM, ffyrfedd K. 2. yn dra A. 3. i'w BDEFH-K, o'i C. 5. cred Eluned FJ, Aeluned DJ, i Luned EI, ail Luned A(D)H, o Luned C; eleni Gac. 8. o ddihewyd ABDH-KM. 11. ys gwae ydyw B, ys gwiwdwf E ; yw os DFHIJ. 12. yw BDFIJ. 13. fudd o gwblfodd AC-L. 14. y rhoed ADHJ, pan roed y EM, pan roed im rodd K. 18. o fedw AGIL. 19. eurychiaeth AGHIL ; Crist oruchaf AEGHIL. 21–2. [GL.] 23–4. [AGL.] 24. o gwlwm rhwng pawb BM ; o gwlm rhwng pawb EFHJK 27–34. [GL.] 26. dan GL. 33. iawnferch HK. 35. a doniog fu'r grediniaeth DEFHJM, doniog a fu'r grediniaeth BIK. 40. o FGHIL, i BM. 46. erbyn A-DFHJM.

44

PENWISG MERCH

Heddiw y gwelaf, Ddafydd,
Hawdd fyd i heddiw a fydd,
Rhwng gwallt a'm gwylltiai yn chwyrn
A'i dwyael, merch i dëyrn,
Rhoi gwerth canpunt ar untal
O gaerau main ac aur mâl.
Rhiain fain, rhy anfynych
Y'th welaf, ddywiwaf wych.
Weldyna weled anawdd !
Wi o'r tâl dan we aur tawdd !
Myn Croes Naid o fro Eidal
A gwaed dyn, gwiw yw y tâl.
Owmal y wlad, leiddiad Lŷr,
Yw penwisg fy nyn poenwyr ;
Ac asur ar gyswllt iad
Yn gwasgu combr yw'r gwisgiad.

Hoen Fflur yw'r dyn a'm curia,
Hual ar dâl o aur da.
Mau lwyr gŵyn, Maelor gannwyll,
Mae ar ei thâl, mawr ei thwyll,
Fflwch ractal, mau benial boen,
Fflwring aur, ffloyw reng oroen.
Da lun ar ddail fflŵr-dy-lis,
Ac aur bwrw o gaer Baris.
Gem yw ar y ddau gymwd,
Ac aur Ffrainc, unne geirw ffrwd.
Awr loywbrim, eiry oleubryd,
Anrhydedd beilch wragedd byd.

Gwae fi, Fab Mair ddiwair dda,
Ei theced, ac na thycia !

BDG xxvi.

FFYNONELLAU.—A—(a) Ll 47, 503 ; (b) Ll 134, 531 ; (c) LlH, 291b ; (d) B 53, 356 ; (e) Ba 6, 196. B—P 49, 16. C—P 54, i, 88.

AMRYWIADAU.—3. gutiaw Aade, gwitiaw Ab, gytiaw Ac. 6. garreu B, gywrain Aacde, gywair Ab. 7-8 C. 10. y dôi o'r tâl o aur B. 11. fro Eidial Aabde, fro Eidal Ac, fro reidial BC. 13. luddiad A. 15. ar gyswr A. 17–20. C. 21. neu AB. 22. ring AB. 24. berw AB. 26. o liw geirw C.

45
DYDDGU

MERCH IEUAN AP GRUFFUDD AP LLYWELYN

Ieuan, iôr gwaywdan gwiwdad,
Iawnfab Gruffudd, cythrudd cad,
Fab Llywelyn, wyn wingaer,
Llwyd, unben wyd, iawnben aer,
Y nos arall, naws arial,
Y bûm i'th dŷ, bo maith dâl;
Nid hawdd er hyn hyd heddiw,
Hoen wymp, ym gaffael hun wiw.
Dy aur a gawn, radlawn rydd,
Dy loyw win, dy lawenydd,
Dy fedd glas difaddau i glêr,
Dy fragod du ei friger.

Dy ferch, gwn na ordderchai,
Feinwen deg o feinin dai.
Ni chysgais, ni weais wawd,
Hun na'i dryll, heiniau drallawd.
Duw lwyd, pwy a'm dilidia ?
Dim yn fy nghalon nid â,
Eithr ei chariad taladwy ;
O rhoid ym oll, ai rhaid mwy?
Ni'm câr hon, neu'm curia haint,
Ni'm gad hun, o'm gad henaint.

Rhyfedd gan Ddoethion Rhufain
Rhyfedded pryd fy myd main,
Gwynnach nog eiry y gwanwyn ;
Gweddw wyf o serch y ferch fwyn.
Gwyn yw'r tâl dan wialen,
Du yw'r gwallt, diwair yw gwen.

Duach yw'r gwallt, diochr gwŷdd,
No mwyalch neu gae mywydd.
Gwynder disathr ar lathrgnawd
Yn duo'r gwallt, iawnder gwawd.

Nid annhebyg, ddiddig ddydd,
Modd ei phryd, medd ei phrydydd,
I'r ferch hygar a garawdd
Y milwr gynt, mau lwyr gawdd,
Peredur ddwysgur ddisgwyl
Fab Efrog, gwrdd farchog gŵyl,
Pan oedd yn edrych, wych wawl,
Yn yr eiry, iôn eryrawl,
Llen asur ger llwyn Esyllt,
Llwybr balch lle y buasai'r gwalch gwyllt
Yn lladd, heb neb a'i lluddiai,
Mwyalch, morwyn falch, ar fai.
Yno'r oedd iawn arwyddion
(Pand Duw a'i tâl paentiad hon ?)
Mewn eiry gogyfuwch, luwch lwyth,
Modd ei thâl, medd ei thylwyth ;
Asgell y fwyalch esgud
Megis ei hael, megais hud ;
Gwaed yr edn gwedy r'odi,
Gradd haul, mal ei gruddiau hi.

Felly y mae, eurgae organ,
Dyddgu a'r gwallt gloywddu glân.
Beirniad fûm gynt, hynt hyntiaw,
Barned rhawt o'r beirniaid draw
Ai hywaith, fy nihewyd,
Ymy fy myw am fy myd.

BDG xiv.

FFYNONELLAU.—A—B 53, 155b. B—(a) B 14,933, 7 ; (b) B 14,932, 10 ; (c) Ba 6, 2. C—Bl e 1, 158b (*darn*). D—(a) Br 2, 217b ; (b) J 17, 281. E—C 64, 618. F—H 26, ii, 34. G—Ll 120, 60.

45. DYDDGU

H—Ll 133, 1137. I—M 148, 387. J—(a) M 212, 36; (b) M 1, 39. K—P 49, 85. L—Wy 2, 29.

AMRYWIADAU.—1. Ifan CL, Iefan G; ŵr B; gwiwdan H. 3. ŵyr Cyhelyn A. 4. iawn baun (A)H. 5. eirial (B)CF-J. 8. o hiraeth am faeth im fyw DIJ. 9. roddlawn H, hoywlawn hydd DIJ. 11. glwys da fyddai i glêr L. 13. nas gordderchai ABFKL. 14. doed AB; o'th faenwyn ABCF-K, o fwynion L. 15–26. [IJ.] 15. wydiais GH. 17. dilea ABDFKL. 19. celadwy C. 21. ni'm curia A-DFKL. 22. fo'm gad henaint L. 23–58. [C.] 30. muchwydd DK, mychwydd AB, muwchydd L, muchydd F. 29–30. [IJ.] 31–2. [L.] 36. mae lwyr H, mawlair ABDFI-L. 42. bu AFKL, oedd DIJ. 52. yn ei DIJ. 55. fu DIJ.

46

SERCH FEL YSGYFARNOG

Llyma bwnc, lle mae y bydd,
Llyfr canon llafur cynydd :—
Helynt glastorch a hwyliai,
Hydr drafferth, o'r berth y bai,
Glustir lwyd, ger glasterw lwyn,
Gernfraith, gyflymdaith, lamdwyn.
Gofuned hued yw hi,
Gwlm cytgerdd, golam coetgi.
Gwrwraig a wnâi ar glai glan
Gyhyrwayw i gi hwyrwan.
Genfer, gwta, eginfwyd,
Gwn dynghedfen lawdrwen lwyd.
Llodraid o garth mewn llwydrew,
Lledfegin twyn eithin tew.
Sorod wlydd newydd uwch nant,
Socas *o* welltblas wylltblant.
Herwraig ar lain adain ŷd,
Her, gethinfer gath ynfyd!
Cath hirdaith, gethinfraith gern,
Cod lwydwyllt coedwal adwern.
Crair hy bron, a ffy ar ffysg,
Craig, bwhwmanwraig manwrysg.
Mynyddig wâl, benial byllt,
Mynnen aelodwen ledwyllt.

Esgud o'i phlas ar lasrew,
Ysgŵd o flaen esgid flew.
Ymlyner hi, ymlynynt,
Ymlaen gwŷr, ymlöyn gwynt,

O hynt i hynt i hwntian,
O goed i faes gloywlaes glân,
Cywirynt ar hynt y rhiw
Rhedynen rwyddlen ruddliw,
O blas cynnil bwygilydd,
O blith y gwlith i bleth gwlydd.
Ysgafn fryd, ac ŷd a gâr,
Os gad Duw, esgud daear.
Ys gŵyr fwriad anwadal,
Ysgŵd gwyllt, esgud o'i gwâl,
Esgair cath, nyth dwynpath nod,
Ysgor ddofn, ys gŵyr ddyfod.
I'r tyddyn lle y tywyn tes,
O câi fwyd, y cyfodes.

Anhunawg am fun hynwyf,
Anfferf ddyn, unffurf ydd wyf.
Fy nadl am fy eneid-ddyn,
Fy nwyf fu garu fy nyn,
Fy meddwl pan fûm eiddig,
Fy mwriad tost, fy mryd dig,
O gof awdl a gyfodes,
O'r lle y buasai er lles,
O wely serch, ddyn wiwloyw,
O winllawr, ddeheuwawr hoyw.

Heliais ef, helwas ofer,
I hwylio serch, hoywliw sêr,
I wrth deg, araith digiaw,
Ei thâl, o bedryfal draw.
By les ym (ni bu laesach)
Boen erioed heb un awr iach?
Rhedodd ei serch, ddoethferch ddig,
Rhadau Duw, rhediad ewig,
Led y ddeudroed, lid ddodrefn,
Leidr, o'i chof, i'w le drachefn.
Nid â o'i fodd, lle y rhoddwyf,
O'r lle y bu yn clymu clwyf.

Ni lecha yng ngolochwyd ;
Nid â'n rhwym mewn dwyen rhwyd.

Gwlad Wgon, fawr union faich,
Gleddyfrudd, gloyw ei ddeufraich,
Heno ni chaf, glaf glwyfaw,
Huno drem oni fwyf draw.
Ni ŵyr unne eiry llannerch,
Y meddwl drud, symud serch ;
Heiniar ofn, hyn o ryfel,
Hwn nid â, o'r henw y dêl,
Hwyl ynfyd ei fryd, o'i fro,
Hawl y dyn, hoelied yno.
Hirddig a wnaeth hardd ei gne,
Henlleidr unrhyw â hunlle.

BDG l.

Ffynonellau.—A—A 2, 314. B—B 23, 29b. C—B 24, 41. D—(a) B 14,932, 79 ; (b) Ba 6, 157. E—B 14,979, 58. F—C 7, 355. G—Cw 23, 157. H—Cw 129, 361. I—Ll 6, 39. J—(a) Ll 47, 530 ; (b) Ll 134, 547 ; (c) LlH, 296b. K—Ll 120, 74. L—(a) Ll 133, 1096 ; (b) Ll 14, 190 ; (c) B 53, 294b. M—(a) M 212, 146 ; (b) M 1, 135. N—N 560, 128. O—N 11,087, 103b. P—P 49, 33. Q—Wy 2, 64. R—Ce, 181.

Amrywiadau.—1. boen A-FKLMOQ, bwynt P ; o bydd BD, budd K. 2. llawer EM, llafar J. 3. glastroch COPQ, glasterth D, glasgoch AN, glastor B. 7. gofunaid huaid NP, gofnyaid J. 8. glain N ; gelyn ADELNOQ. 11. gefnfer BDEFM, gefnfyr O, genfain N. 15–16. BC. 17. henwraig D ; o JP. 24. lwydwyllt JPQ. 28. ymloen BDQ. 32 + DbQ :

Hon a wnaeth 'n hiraeth y riw / Fowrgam am fi ofergiw
Llunio ei gwâl yn llwyn y gog / 4. Draw y geinach drogennog
Lle doethe dan gange gwydd / Aur ei mynud i'r manwydd
Oni bai o'r cae ir coed / 8. Neidio'r fudrog ynfydroed
Ar coesse hydd cysa rhawg / Ddrwg lun y ferch ddraig lenawg
A phan welodd gwaeddodd gwen / 12. Y flewog gyw aflawen
Dychrynodd a luniodd le / Drwy sadrwydd hi droes adre
Ofnodd fod fal y dywod hi / 16. Gwrthwyneb a gwarth inni

46. SERCH FEL YSGYFARNOG

O Dduw byw e ddowed bun / Glwyslais i goed y glaslyn
Ag na chefais yn ais nod / 20. Wych Forfudd ei chyfarfod
A wnaeth draw yr annoeth dro / Y ci mawr a'i cymero
Oddi ar ei gwâl ddioer gelen / 24. Heb rybudd er budd o'i ben.

(9. casa Db. 17. ddyfod Db.)

33–78. [Q.] 33. blwyf A-FK-O. 40. osgordd ofn IP, osgordd ddofn E, Ysgordd ofn Jab, iskardd ofn C, is gardd ddofn ABDFHK-O. 42. o câi DEJP, lle câi C. 42 + DIJ :

Un agwedd o serch rhiain / Wyf beunydd am Forfudd fain.

43. fûm anhynwyf B, fun hun hynwyf C-FO, hoywnwyf N. 44. anffyrf ddysg ACLN, anffurf ddig C. 46. fy nysg BC; yw AHJP, oedd B. 50. o'r llwyn y A-FLNO. 51. a hely serch bun I. 52. yr wy'n fawr I; ddeheulawr ADELOP. 53. haelwas Jb. 59. serch y AC-FKO, y ferch C. 65. ni lechai'n un BCEFKLO. 66. yn rhwym dwyen AIJP. 67. fraich JP. 70. hun fo drom AHKLN, hun fawr drom C. 77. hirddeing P, hyrddiant HLN, hyrddaint K, hyrddain D, hurddiad A; serch y ferch DEFHKN, serch i ferch BC, serch o ferch O, serch wiwferch AL; yw ef AEFK LNO, yw fe DH. 78. unffurf IJLNP, un fodd BC; hunllef AEFKLNO.

47

BARGEINIO

Ni chwsg bun gyda'i hunben,
Ni chaiff arall wall ar wen.
Ni chwsg yn amgylch ei chaer,
Ni warcheidw fy niweirchwaer.
Ni mynnai lai, ni wnâi les,
No chwephunt er ei chyffes.
Minnau, da y gwyddwn fasnach,
A roddwn bunt i'r ddyn bach ;
Ond na rown bunt ar untu
I'm dyn drwyadl geinddadl gu.
Chweugain, o châi feichiogi,
I'r ddyn aur a roddwn i,
A'r chweugain ar oed chwegwaith
A roddwn, deuwn i'r daith.

Ar chweugain mirain eu maint
Y trigwn, a rhoi trigaint.
O'r trigaint hyn, ni fyn fi,
Digon oedd deugain iddi.
A hefyd, freuddwyd fryd fraint,
O dygai gwbl o'm deugaint,
Gormodd yw gwerth dyn gerth gain
Aros agos i ugain.
Deuddeg ceiniog dan ddormach,
Neu wyth dan bwyth i'm dyn bach.
Chwe cheiniog yw'r llog yn llaw,
Pedair a rown rhag peidiaw.
O bedair i dair dirwy,
Ac o dair ydd air i ddwy.

Och am arian yn echwyn,
Ceiniog y caid f'enaid fwyn.

Ni allaf, ond f'ewyllys,
Arian i wen ar ben bys.
O mynny, nef i'm enaid,
Y corff, dros y corff y'i caid,
A llw gwas dan ddail glasberth
Nad hagr, gwen, ond teg yw'r gwerth.
Oerfel iddo os myfy,
Oni fyn hyn, fy nyn hy,
Nid er a *ddlyai*'r forwyn,
A ry mwy fyth er ei mwyn.
Amser arall pan allwyf
Mewn oed dydd dyn ufudd wyf.

Ffynonellau.—A—C 7, 884. B—Ll 6, 57. C—(a) Ll 47, 505; (b) Ll 134, 533; (c) LlH, 292a. D—(a) Ll 120, 83; (b) B 53, 341; (c) Ba 6, 238; (d) Cw 381, 69. E—P 49, 18.

Amrywiadau.—3. o amgylch D. 4. werchyd AD. 10. i'r ddyn AD; drwyddadl A. 13–14. AD. 21. gormodd gwerth ar AD; bun B. 26. cyn BDE. 30. ceir feinir AD. 31–4. AD. 35. llw meinwar dan AD. 36. nid AD. 39. nas talai BE, nas dylai AD, a dalai C. 40. im roi mwy er ei mwyn D. 41–2. AD.

48

MERCHED LLANBADARN

Plygu rhag llid yr ydwyf,
Pla ar holl ferched y plwyf!
Am na chefais, drais drawsoed,
Onaddun' yr un erioed,
Na morwyn fwyn ofynaig,
Na merch fach, na gwrach, na gwraig.

Py rusiant, py ddireidi,
Py fethiant, na fynnant fi?
Py ddrwg i riain feinael
Yng nghoed tywylldew fy nghael?
Nid oedd gywilydd iddi
Yng ngwâl dail fy ngweled i.

Ni bu amser na charwn,
Ni bu mor lud hud â hwn—
Anad gwŷr annwyd Garwy—
Yn y dydd ai un ai dwy.
Ac er hynny nid oedd nes
Ym gael un no'm gelynes.
Ni bu Sul yn Llanbadarn
Na bewn, ac eraill a'i barn,
Â'm wyneb at y ferch goeth
A'm gwegil at Dduw gwiwgoeth.
A gwedy'r hir edrychwyf
Dros fy mhlu ar draws fy mhlwyf,
Y dywaid un fun fygrgroyw
Wrth y llall hylwyddgall hoyw:

'Y mab llwyd wyneb mursen
A gwallt ei chwaer ar ei ben,

Godinabus fydd golwg
Gŵyr ei ddrem ; da y gŵyr ddrwg.'

'Ai'n rhith hynny yw ganthaw ?'
Yw gair y llall gar ei llaw ;
'Ateb ni chaiff tra fo fyd ;
Wtied i ddiawl, beth ynfyd !'

Talmithr ym reg y loywferch,
Tâl bychan am syfrdan serch.
Rhaid oedd ym fedru peidiaw
Â'r foes hon, breuddwydion braw.
Ys dir ym fyned fal gŵr
Yn feudwy, swydd anfadwr.
O dra disgwyl, dysgiad certh,
Drach 'y nghefn, drych anghyfnerth,
Neur dderyw ym, gerddrym gâr,
Bengamu heb un gymar.

BDG cxxxvi ; DGG xv.

FFYNONELLAU.—A—A 2, 306. B—C 7, 855. C—H 26, ii, 56. D—Ll 6, 1 (*darn*). E—(a) Ll 47, 498 ; (b) Ll 134, 527 ; (c) LlH, 290b ; (d) MT, 548. F—(a) Ll 133, 1122 ; (b) Ll 14, 225 ; (c) B 53, 302b ; (d) Ba 6, 226 ; (e) Cw 381, 42. G—Ll 186, 116. H—P 49, 14. I—P 54, i, 65.

AMRYWIADAU.—2. plag F. 3. draisoed E. 4. ohonyn F. 6. bach BC. 9. y rhiain F ; oedd i fun ddiwael G. 11–12. I. 14. nid yw mor ddrud G, nid mor ddrud un C. 15. ynad BCG ; unoed AFH, yn oed D, un da E. 20. bûm BCG, fûm B, bawn AF ; a'm EH, o'm AF, a farn B. 21. y fun ADEFH, fun gun goeth (Fd)Fe. 23. chwedy B-H. 25. sef dywaid AFH, fe ddywaid DE, syganai'r fun BC ; yn befrgroyw ADEH, yn fygrgroyw F. 26. wrth arall CG, wrth un arall B ; hawdd ddeall ADEFH, hudgall B, ehudgall CG. 29. godinebus ADEFH ; pa ddisgwyl ffôl ei olwg BCG. 30. da gŵyr ei ddrem gelu I ; garu i ddrwg DEFH, garu yn ddrwg BCG, giry y drwg AFb. 34. dduw I. 35. talmith HI, tâl maith AF, talmerth G, talm uthr B, talmurth C, tal ym nyth E ; lwysferch AF, feinferch BCG. 39. dir yw C, gorau ADEFHI. 40. neu'n ynfydwr BCG. 41. dwysgoed I. 43. befrlym bar G.

49

MERCH YN YMBINCIO

Rhai o ferched y gwledydd,
Sef gwnân' ar ffair, ddiddan ddydd,
Rhoi perls a rhubi purloyw
Ar eu tâl yn euraid hoyw,
A gwisgo rhudd, mwyfudd merch,
A gwyrdd ; gwae ni fedd gordderch !
Ni welir braich, goflfaich gael,
Na mwnwgl un dyn meinael,
Heb yn ei gylch, taerwylch tes,
Baderau, bywyd eres.

Ai rhaid i'r haul, draul dramwy,
O'r lle y mae geisio lliw mwy ?
Nid rheidiach i'm byd rhydeg
Rhoi rhactal am y tâl teg,
Nac edrych draw'n y gwydryn ;
Da iawn yw gwedd y dyn gwyn.

Y bwa yw ni bo iach,
Rhier dau hanner haeach,
I gyfranc, ddidranc ddodrefn,
Ag aur y lliwir ei gefn ;
Ac er mawrwerth y gwerthir
Y bwa hwn, gwn mai gwir.
Ni thebygir, gwir gofiad,
Mewn peth teg fod breg na brad.

Mair ! ai gwaeth bod y mur gwyn
Dan y calch, doniog gylchyn,
No phe rhoddid, geubrid gŵr,
Punt er dyfod o'r peintiwr

I beintio'n hardd, bwyntiau'n hoyw,
Lle arloes â lliw eurloyw,
A lliwiau glân ychwaneg
A lluniau tarianau teg ?

Dilys, fy nghorff, lle delwyf,
Deuliw'r sêr, dolurus wyf.
Dithau, difrodiau dy frawd,
Dynyn danheddwyn haeddwawd,
Gwell wyd mewn pais wenllwyd wiw
Nog iarlles mewn gwisg eurlliw.

BDG ccvii; DGG xvi.

FFYNONELLAU.—A—B 53, 162. B—(a) B 14,932, 75; (b) Ba 6, 134. C—H 26, ii, 57. D—Ll 54, 56. E—Ll 120, 89. F—(a) M 212, 158; (b) M 1, 147. G—P 49, 97. H—Wy 2, 37.

AMRYWIADAU.—2. a wnân' AG, fe'i gwnair C, ar ddyw gŵyl BH; ddiwair BH, ddinam ACFG, ddinan E. 5. llysieuwydd serch BH. 6. a gwerdd arfer y BH. 7. gwael BH. 8. neu F. 15. yn y H. 16. na'i threm hardd na'i thrimio'i hun BH. 19. bydd hwn yn ddidwn ddodrefn BH. 25. gwnaeth GH, gwaith yw B. 26. cylchwyn BH. 28. y pwynt AH; am waith BH; i'r AEG. 35. difrad iau A, ti er difrodi B. 37. nid gwaeth wrth hyn bais wyn wiw BH.

50

CHWARAE CNAU I'M LLAW

Salm yw 'nghof o lyfr Ofydd;
Serchog anniferiog fydd,
Heb gael cydymddaith dan llaw
I addef pob dim iddaw.
Mae un fal y damunwyf,
Brawd-ddyn ym o brydydd nwyf;
Cymhorthiad i'm cariad caeth,
Cynghorwr cangau hiraeth.
Ni bu, ddynan fechan fach,
Os mul hi, ysmalhaach,
Ni wna nemor o dwyllfreg,
No nyni'n dau, fy nyn deg.
Ac yntau a ddechreuawdd
Cynhyrchiad sain cariad cawdd.
Gwarae gau, gwyddym paham,
Er Eigr bryd a orugam.

'Cnau i'm llaw ddeau ddiwg.'

'Ym y dôn'; dyn mwyn a'u dwg.'

'Pys irgyll rhydd gwŷdd gweilchwynt,
Pam y maent dau? Orddgnau ŷnt.'

'Eu danfon ym, rym rwymbleth.'

'O bwy?' heb ef, 'O ba beth?
Edrych, er na lysych les,
Ai dyn fwyn a'u danfones.'

'Meinir unbryd â manwawn,
Morfudd deg, mawr fydd ei dawn.'

'A'th gâr di y dyn beirddglwyf?'

'Câr, od gwn; caredig wyf.
O'm câr, gad yna, em cant,
Amnifer am y nwyfiant.'

Danfones y dyn feinael
Ym hyn, weldyna em hael—
Danfon y cnau, golau goel,
Dawnus, myn Duw a Deinioel,
Am eurgerdd ddiymeirgoll,
Hoen eiry gaen, heiniar *o* goll.
Oed mewn irgoed, mwyn argoel,
A fydd, onid celwydd coel.
Esgynwas wyf, ys ceinoed,
Os gwir coel, ysgwier coed.
Os cywydd, crefydd ni'n cred,
Os coel gwir, ys cael gwared.

Fflacedau a phlu coedydd
I gyd, gweddaidd amyd gwŷdd.
Pand ballasg tew eu cnewyll,
Pefr benglymau cangau cyll?
Pennau bysedd pan bwysynt
Trwy fenig y goedwig gynt.
Nid anannwyl dwyn annerch
O fotymau, siamplau serch.
Nis tyr min er glythineb,
Ysgolan wyf, nis gwŷl neb
Ni thorrir, wir warafun,
Â charreg befr anrheg bun.

Minnau fy hun o'm lluniaeth
O gnau, y Mab Rhad a'u gwnaeth,

I'w glwysbryd, cyn lludw glasbridd,
A dalaf bwyth ffrwyth y ffridd.

BDG xlii.

Ffynonellau.—A—A 2, 222. B—B 53, 181. C—(a) B 14,933, 33; (b) B 14,932, 23b; (c) Ba 6, 27. D—Bl e 1, 142b. E—G 4, 42. F—H 26, ii, 102. G—Ll 6, 9. H—Ll 120, 91. I—(a) Ll 133, 1073; (b) Ll 14, 154. J—Ll 186, 69. K—(a) M 212, 46; (b) M 1, 48. L—P 49, 116.

Amrywiadau.—1. salw yw G; i'm cof EHK. 2. anifyriog H; sôn o'm serch am ferch EFJKL, sôn am serch i ferch ADI. 3. cyd-ymaith A-DFIL. 4. pob peth EFJK, f'amcan ABDHI. 6. brawdyn ABDEIK, brawdnyn F, brawd im H; i brydu ABDEFIK; mwyf H. 7. cymhariad A, cynorthwyad BG. 9. iach ADFI. 12. i ni ein dau EK, a ni ein dau H. 15. gwyddyn ADEJ-M, heb wybod BG. 16. i'r ADEFHIJL; wedd BG. 18. a mi a'u dwg A-FH-L. 19. gwilchwynt CEFIL. 21. am ddanfon GJ. 23. laesych BCEG JKL, leisych H. 25. un fryd CJL. 27. ai câr CIL, a gâr hi fi G. 30. cyfnifer CEHJKL, cefn nifer ABDFI; cof a A-FH-L. 31–2, 35–6. BCG. 33. dugum i'r cnau A-FH-L. 34. doniog C. 45. balleg A-FH-L, pefr farllesg G; cewyll DF-IL. 46. (BCc), penglynay G, fotymau A-FH-L. 49. dawn (BCc)G. 55. myfi fy hun G. 57. eglwysbryd yn G.

51

RHAGORIAETH EI GARIAD

Tair gwragedd â'u gwedd fal gwawn
A gafas yn gwbl gyfiawn
Pryd cain, pan fu'r damwain da,
A roes Duw Nef ar Efa.
Cyntaf o'r tair disgleirloyw
A'i cafas, ehudras hoyw,
Policsena ferch Bria,
Gwaisg o grair yn gwisgo gra.
A'r ail fu Ddiodemaf,
Gwiwbryd goleudraul haul haf.
Trydedd fun ail Rhun yrhawg
Fu Elen feinwen fannawg,
Yr hon a beris cyffro
A thrin rhwng Gröeg a Thro.

Pedwaredd, ddisymlwedd serch,
Y gain eglurfain glaerferch
Yn dyfod yn deg ddiseml,
Nwyf gwŷr, aur dymyr, i'r deml,
A lluoedd arni'n edrych
Ar lawr disgleirfawr, wawr wych.
A myfy, doeth ym ofeg
Ymofyn pwy'r dynyn deg.

Chwaer yw hon, lon oleuloer,
Undad â'r lleuad, i'r lloer;
A nith i des ysblennydd,
A'i mam oedd wawr ddinam ddydd;
Ac o Wynedd pan henyw,
Ac ŵyr i haul awyr yw.

Nid gwen gwraig ar a adwaen,
Nid gwyn calch ar siambr falch faen,
Nid gwen gwelwdon anghyfuwch,
Nid gwyn ewyn llyn na lluwch,
Nid gwyn pryd dilys disglair
Wrth bryd gwyn fy myd, myn Mair!
Cyngwystl a wnawn o'm cyngor,
Lliw ton geirw pan feirw ar fôr,
Nad byw'r Cristion credadun
A gâi le bai ar liw bun;
Onid ei bod yn glodgamp,
Duw'n fach, yn loywach no'r lamp.

Na fid rhyfedd gan Gymro
Alw bun o'r eiliw y bo.
Poed â'r gyllell hirbell hon
Y cordder gwâl ei galon
A'i cymerai yn hyfryd,
A maddau bun, meddu byd.
Po mwyaf fo fy nghyfoeth
A'm canmol cynhwynol coeth,
Mwyfwy y clwyfai ar naid,
Cof ynof, cyfyw f'enaid.
Pa les i minnau, wyrda,
A maddau'r dyn, meddu'r da?
Nid oes obaith eleni
I'r dyn a fo hŷn no hi.

BDG xxix.

FFYNONELLAU.—A—B 24, 173. B—B 53, 154. C—(a) B 14,933, 6; (b) B 14,932, 9a; (c) Ba 6, 9. D—C 5, 20. E—C 64, 616. F—H 26, ii, 33. G—Ll 54, 18. H—Ll 120, 92. I—P 49, 84. J—P 76, 166. K—Wy 2, 28.

AMRYWIADAU.—1. i gwedd ai gwawn J. 2. gyvwlch gyfiawn J. 4. a roddes Duw ar J, Duw nef a roes E; i Efa ADEGH. 6. o'i hurddas D, ry hydras J, yr hyd dros K, ehudwas BC. 7. Polisena F,

Polexena D, Polexina A, Alexanna J; Breia DEG. 9. Didemaf C; Diodennaf ADF-J. 11. y drydedd fyn rryn J, rhiainfyn rhawg E. 13. gwiwffol E; beris yr ha C. 14. a Throia CI. 15. ddisalwedd ADEGH, ddisymledd FIK. 17. myned J. 18. heb wg nod amlwg i'r deml K. 20. ddisgleirfawr A, disgleirwawr C. 21. daeth DEIK; mine a gefais om goveg J. 22. o mofyn E, gofyn J; pwy yw'r CDEIJ; dyn DE; a ymofyn pwy'r dyn deg H. 24. i'r lleuad D-IK; a'r lloer A-DF-IK, fu'r lloer J, yw'r lloer E. 26. yw'r J. 27. yr henyw DJK, hi henyw E; eddyw CEGHI. 31. ogyfuwch J. 35. cynglwysc A, cynglwyst J; heb gyngor H. 36. o fôr E. 37. crededun ACIJ. 40. dyn fach E(Cc). 44. tâl DGH; chalon GI. 46. maddau bun a ADE, maddau bun er J. 49. clywai A. 50. cywiw GH, cu wiw E. 52. maddau'r dyn a CHI, maddau'r dyn er AE. 53. goleuni CI. 43–8. [K.] 49–52. [JK.] 53–4. [J.]

52

GOFYN CYMOD

Teg Forfudd, Tegau eurfalch,
Tywyn haul daer ar gaer galch,
Tâl am dy wawd cyn toli,
Twyll y prydyddion wyd di.

Tyfodd i'm bron gron o gred
Dolur, dy anwadaled.
A rhai a'th eilw y rhiain
A ddywaid, fy enaid fain,
Na thrig ym, pendefig poen,
Dy gariad, deg ei goroen,
Mwy nog ewyn, gwynddyn gwiw,
Ar ôl dwfr, arial difriw.
Difawr sâl, hoen Dyfr o sud,
Deuwell y gwarandawud,
Dig ym glywed dy gymwyll,
Dyn a ddywetai o dwyll,
Ar ei ruthr, air o athrod,
Degau glaer, no deg o glod.
Nid o'm bodd yr adroddwn
Arnad, ôd gawad, od gwn,
Dielw o serch, deuliw sêr,
Daldal, dy anwadalder.

Pei rhôn ym, pei rhin amwyll,
Mewn brwysgedd, tywylledd twyll,
Ddywedyd gair cellweirus
Yrhwng ynfydrwydd a rhus,
Gwybydd er buchedd Gybi,
Ddeuliw ton, na ddylyud di,

Gem aur glaer, gymar y glod,
Gomedd croesan o gymod.
Gwen, gwybydd, dan freisgwydd fry,
Fy meddwl o'm gomeddy.
Ni chad o'm pen absennair ;
Felly y gwnaeth Mab maeth Mair
Am y dall, diamau dôn,
Ar ddaear, o'r Iddewon,
A'i gorug, bu chwedl girad,
Glwyfo'i fron â glaif o frad.

Swllt hoywfardd, syll di hefyd
Maint fu drugaredd, fy myd,
Morwyn wyrf, mirain ffyrf ffydd,
Merch Anna, mawr ei chynnydd,
Geinem, pan i goganwyd
Siesus, blaid o Sioseb lwyd ;
Ni wnaeth, ni bu anoethair,
Na daly gwg na dial gair.

Nid oes bechawd, methlgnawd maith,
Marwol mwy ei oferwaith
No thrigo, mawr uthr ogan,
Mewn llid, eiliw Enid lân.
Deuliw'r haul, da loer yrhawg
Dilidia, 'r dyn dyledawg.
Na fydd, teg yw'r crefydd tau,
Grynẃraidd tros gryn eiriau,
'Y myd, wrth dy brydydd mwy
Diledach, deoladwy.
Fy aur, cymer ddiheurad
Ac iawn, lle ni aller gwad.
Cynnal faswedd i'th weddi ;
Cymod, liw manod, â mi.

BDG lxi.

FFYNONELLAU.—A—(a) B 14,932, 76b; (b) Ba 6, 98. B—Bl f 3, 27b. C—Cw 129, 329. D—H 26, ii, 79. E—Ll 54, 59. F—(a) Ll 120, 94; (b) B 53, 342. G—Ll 163, 56. H—Ll 186, 53. I—M 146, 364. J—(a) M 212, 141; (b) M 1, 130. K—N 5283, 355. L—P 49, 69. M—Wy 2, 45.

AMRYWIADAU.—1. fawrfalch L. 3. fy ngwawd LM; seren tâl wawn cyn sorri AM. 8. ac a . . . f'enaid L. 9. mawr yw I, bar yw BCEFH; oerddig boen BCEFHI, poenedig poen ADJM. 11. gwen ddyn CJ, gwiwddyn BEH, gwywddyn F. 12. dyfr A. 13. deifr JK, dwfr AM. 14. y'm ACJL. 15. weled BIL; gwrandewit y groen dywyll AM. 16. y dyn A-HJ-M; ddoedai JK, ddoetai BCEF, ddoeda A, ddoedan M. 17. ar ei uthr C, ai yn uthr K, aruthr och A; air oer athrod L. 20. aur gawad I, aur gariad A-FHJM, fawr gariad K. 26. rhwng . . . rwydd rus L. 27. delw I. 29. glân A-J, gledd K. 30. cusan ACDJKM, dy fardd L. 33. bu I. 34. nid felly A-JLM. 37. oer gerydd bu fawr gariad M. 39. Esyllt AK. 41. Mair I; morwyn ffel mirain y ffydd AM. 43. geinen BL, geinein EJ, geinwen CHIK(M), gynnau AM. 44. Iesu L, Siesu C-FJ, Siesi HI; o blas IJ, blas o BDEFH, eisiau plaid AM; o sioseb lun wyneb lwyd K. 46. dal ACDH-M. 47. feddgnawd L, fethgnawd AM, methgnawd BH, serchgnawd K; faith ALM. 48. mor farwol KL; mawr oferwaith KL. 49. iaith ddarogan B-K. 50. yn dy lid ail ALM. 50 + AM:

Mwy na llid o mynni lladd / Dy brydydd gloewrydd glaeradd.
(2. glewradd A.)

52. wrth ddyn AM. 54. ry wraidd er oer eiriau K. 56. diwladaidd AL, dyledog K; deol ydwy ADJL, yn daladwy C. 56 + AM:

Cymod â'th brydydd cymwys / Orn o boen nad arna bwys.

58. ellir BCEFHIJ; och o'r wedd a chywir wad A. 59. cymer K.

53
BREICHIAU MORFUDD

Twf y dyn tyfiad Enid,
A'r tefyll aur, a'm tyf llid.
Tâl moeledd, talm o alaw,
Tëyrnasaidd lariaidd law.
Dyn ŵyl dda ei dynoliaeth
A'i modd, gwell no neb ei maeth.
Ddwylo mwnwgl dan ddeiloed
Ydd aeth i anghengaeth hoed,
Peth nid oedd ef gynefin,
A chael ymafael â'i min.
Gwanfardd gweddeidd-dwf gwinfaeth
Oeddwn gynt iddi yn gaeth.

Amau bwyll, y mae bellach,
Dawn fu, a rhoi Duw yn fach,
Rhyw gwlm serch, cyd rhygelwyf,
Rhôm, od gwn, rhwymedig wyf.
Manodliw fraich mynudloyw
Morfudd huan ddeurudd hoyw
A'm daliawdd, bu hawdd bai hy,
Daldal yng nghongl y deildy.
Da fu hirwen dwf hwyrwar,
Daly i'm cylch dwylo a'm câr.
Daliad cwlm o gariad coeth
Dau arddwrn dyn diweirddoeth.
Dogn oedd ym, o'm hylym hwyl,
Dewr goler serch dirgelwyl.

Llathr ieuo'r bardd, gem harddlun,
Llai no baich oedd befrfraich bun.

Goris clust goreuwas clod
Gorthorch, ni wn ei gwrthod,
Lliw'r calch, yn lle eiry cylchyn—
Llyna rodd da ar wddf dyn—
A roes bun, ac un a'i gŵyr,
Am fwnwgl bardd, em feinwyr.
Teg oedd weled mewn rhedyn
Tegau dwf yn tagu dyn.
Wedy cael ymafael mwy,
Wawr euraid, wi o'r aerwy !
Hydwyll y'm rhwymodd hudawl ;
Hoedl i'r fun hudolair fawl
A geidw ym, drefn erddrym draidd,
Fy mwythau yn famaethaidd.

Nid serch i neb f'amherchi,
Delw haul, rhwng ei dwylo hi.
Diofn, dilwfr, eofn dâl
A du wyf a diofal,
A deufraich fy nyn difrad
I'm cylchyn ; meddlyn ai mad ?
Meddw oeddwn, mau ddioddef,
Meddwaint rhiain groywfain gref.
Mynwyd fy myd heb fy mâr,
Mynwyn y'm gwnaeth braich meinwar.
Mynwes gylchyniad mad maith,
Mynwair fuont ym unwaith.

BDG xlix ; DGG xiii.

Ffynonellau.—A—A 2, 225. B—(a) B 14,932, 71b ; (b) Ba 6, 121 a. C—Bl e 1, 144b. D—(a) C 7, 829 ; (b) J 14, 357. E—H 26, ii, 26. F—(a) Ll 47, 493 ; (b) Ll 134, 524 ; (c) LlH, 289a. G—Ll 120, 93. H—(a) Ll 133, 1130 ; (b) Ll 14, 235 ; (c) B 53, 320 ; (d) Ba 6, 121 b. I—(a) M 212, 127 ; (b) M 1, 116. J—P 49, 9. K—Wy 2, 65.

53. BREICHIAU MORFUDD

Dyma ddechrau'r cywydd yn BK :

Cefais fodd cofus fydda / Heddyw yn y glyn ddyn dda
Am gusan liw'r wylan wych / 4. Chwaneg ni chawn er chwenych
Peth nid oeddwn gynefin / Sypiau mêl a sipio min.

(2. y ddyn K. 5. ni ddoedef K. 6. or sippio ei min K.)

1–16. [BK.] 2. o'm tefyll a'm ACDaHI, o'm tefyll aur a'm F, tefyll aur mawr y (C)G, tefyll aur man i Db. 6. oi maeth D. 8. anghenfaeth ACEGH, ynghymengaeth F, bardd anghenfaeth D. 11. addfwyndwf FJ. 14. a dawn fu a Duw yn BFJ. 15. rhyw gwlwm serch rhygelwyf ACDEHab ; o serch rhygelwyf G. 17. ddyn ACDEGHI. 19. be . . . bu ACDEHI, bo . . . bu G. 21. da oedd yr hwyl uwch daear BK. 22 + BK :

Nag aur coeth myn y gwir Nêr / Gwell im cofl gall am coler.

23. cwlwm cariad A-EHI. 25–6. [BF.] 27. llathr Iforfardd bun ACDEGHI ; am wddw bardd bun harddlun BK. 30. gordderch H, gortherch I ; wnaf ACDEGHI. 31. unlliw eiry ACDEGHI ; ar gaer fain falchwyn BK. 35. drwy FJ. 37–42. [F.] 38. afiaeth hir y fath aerwy BK. 39. rhydwyll ACDHI. 45. dwf dofn dâl D, a dilwfr gefn dâl F. 48. cylchwyn ym medwlwyn mad F ; am fy sgwyddau gorau gad BK. 49. oeddym ACDEGHI. 50. meddiant F ; groywgain CDEGI. 51. mynyd ACHI, munyd G ; rhag fy A-EGHI. 52. mwyn . . . breichiau A-EGHI.

54
RHAGORIAETH Y BARDD AR ARALL

Y feinferch, hwde f'anfodd,
Gwedy'r haf gwae di o'r rhodd !
Gofaniaeth ddygn, gwae finnau,
Riain deg, o'i roi yn dau.
Gwae ddyn, a fai'n dilyn dig,
A geryddai'r gŵr eiddig.
Gwae a ŵyr, wayw fflamgwyr wedd,
Glas ei ddeigr, gloes eiddigedd.

Prydu i'th wedd a wneddwyf,
Prid yw'r swydd, pryderus wyf.
Mwy yw 'ngofal, dial dyn,
No gofal gŵr mewn gefyn
Yng nghlwyd o faen, anghlyd fur,
A laddai'r Pab o'i loywddur,
Rhag cael arnad, gwad gwydngroyw,
Chwedl gwir, forwyn lawir loyw.

Y mae, modd rhywae, medd rhai,
Mab dewrfalch mebyd erfai,
Wyth affaith wyf, i'th hoffi
I'th ddydd, er ymlwgr â thi.
Cyd boed gwych, cydwybod gwawl,
A bonheddfalch baun haeddfawl,
Dêl cyn no'i gymryd, pyd pell,
Yn dy gof, Indeg efell,
Na oddef ef, wyf ddicllawn,
O law na gwynt, loywne gwawn,
A oddefais i'th geisiaw,
Amnoeth rwysg, yma na thraw,

Y sawl waith *ar* lewdaith lud
Ydd eddwyf hyd lle'dd oeddud.
Nid â yn niwanfa, wen,
Y nos erod, ne seren,
Ar draws aerwyau drysi,
Mul ddyn ŵyl, mal ydd awn i.
Ni thrig allan, ledwan lif,
Dan ddagrau to dyn ddigrif
I mewn cof ac ym min cais,
Mula' treigl, mal y trigais.
Ni ddyry ar ei ddeurudd
O ddwfr brwd o ddifri brudd
Gymaint lifnaint eleni,
Eigr y serch, ag a rois i.
Ni chân yng ngŵydd arglwyddi
O wawd hyd dyddbrawd i ti
Ganfed ran, ne geirw ban bais,
O ganon cerdd a genais.

Gwydn wyd yn gwadu'n oedau ;
Gwirion yw'r atebion tau.
Os tithau a fydd geuawg
O arall rhygall yrhawg,
Beirddion Cred a ddywedant
Wrthyd, ne caregryd nant :—

'Deugrwydr arnad, ddyn digrif,
Pan wnelych, lliw distrych llif,
F'enaid glwys fynudiau glân,
Farchwriaeth ddrwg, ferch eirian,
Am dy fardd, liw berw hardd bas,
A'th ogyfoed a'th gafas.'

BDG lx.

Ffynonellau.—A—(a) Ll 47, 467 ; (b) Ll 134, 510 ; (c) LlH, 284a ; (d) B 53, 346 ; (e) Ba 6, 207. B—P 49, 27. C—P 54, i, 49.

AMRYWIADAU.—3. gofyniaeth deg AB. 4. a'i rhoi A, yn rhoi B. 7. we fflamgwyr A. 8. las . . . loes C. 10. serch A. 12. dyn A. 13. anghlod A. 15. gloyw A. 17. rhywodd A. 18. dewrfarch A. 20. i'th wydd C. 22. bonheddig Ac. 23. cyn ei C. 24. un deg afell A. 28. a maeth . . yma a A. 29–30. [AB.] 31. yn niwanaf C. 32. naws hirwen A. 33. arwyau BC. 34. loyw ddyn A. 37. mewn A; coed AC; a minnau a'i A. 38. mil a'i treigl C. 39–42. [B.] 40. i ddifa'r brudd A. 45. liw eira B, liw eiry A, ne eirw C. 46. o ganiad ag a A. 47. ydwyf A; gwedy'n oedau B, gwedy nodau A. 49. os byddy dithau euawg C, a fydd euawg A. 52. ail garegryd Aa-c, mae caregryd Ade. 53. enaid dyn A. 54. elych A. 57. heb waardd bas C.

55
TAERU

Y ferch anllad a'm gwadawdd,
Orlliw haul, ar ei llw hawdd,
Cam iawn, cyd bai cymwynas,
Er geiriau glud i'r grog las,
Och f'eurddyn, na chyfyrddawdd
I mi â hi, amau hawdd,
Ail Enid, wywlw annoeth,
Elid yn ôl, aelod noeth.

Do do law, da deuluwas,
Dawn i'w bardd, do enau bas;
Do ddwyfron dan fedw fron fad,
Do ddeufraich, nid oedd afrad;
Da ddodrefn oedd dy ddeudroed,
Deune cêl, do yn y coed.
Do bob cyfryw byw o beth,
Digri sôn, do groesaneth.
Doddyw o'i phen lw diddim,
Do do, ni ŵyr Duw ado dim.

BDG clxxviii.

FFYNONELLAU.—A—(a) B 14,932, 43; (b) Ba 6, 111. B—(a) C 7, 842; (b) J 14, 473. C—H 26, ii, 27. D—Ll 27, ivc. E—(a) Ll 133, 1108; (b) Ll 14, 207; (c) B 53, 299b. F—P 49, 49. G—P 57, 5. H—Wy 2, 24.

AMRYWIADAU.—1. gwawdawdd Eb. 2. hoen G; ei lliw F. 3. wedi'r CEFH, gwedi'r cymwynas AB. 4. a'r geiriau AF, ar greiriau BCE; glod E, glew G; or gro glas D; gwiw du gain yn gwadu gwas H. 5. wych aurddyn F, och feirddyn A, och farddyn H; o chyhyrddawdd F. 7. eiliw Enid ABCEFH; lw ABCEFH. 9. da dal yw FH, dod dy law A. 10. y bardd ABCEFH, i bardd D; da enau A, dy enau H. 11. da ddwyfron A, dy ddwyfron H; yn dy fron H. 12. da ddeufraich A, dy ddeufraich H. 13–14. F. 16. da groes eneth A, groyw wasanaeth (Ab). 17. air diddim B. 18. dduw C, gwyr duw F, gwyr dduw D, niwrdduw BEGH.

56

CAMPAU BUN

Y ferch borffor ei thoryn,
Hir nid addefir i ddyn.
Aeth ulw dros frig wyth aelwyd ;
Oio, gysgu ddu, mae 'dd wyd ?
Anodd ym gysgu unun
Pei canai Dduw huw ei hun.
Anhunog wyf, clwyf yw'r clo,
Anhunedd a wn heno.
Mi a ddeily swrn meddyliau,
Byth neud mul, am beth nid mau,
Gwayw llid, er nas caf rhag llaw,
Gosyml oedd ym ei geisiaw,
Nid amgen, gwen a'm gweheirdd,
Eilwydd â bun a ladd beirdd.

Dibwyll i fardd hardd heirddryw
Dybio ei chael, dibech yw.
Gŵyr luddias gŵr i lwyddoed,
Gwrm ei hael, goryw ym hoed.
Hael am y parch nid archwyf,
Cybyddes am neges nwyf.
Hael yn nhref am heilwin rhwydd,
Hoen gwylan, hynag eilwydd.
Rhwydd am aur o'i goreurrwyl,
Afrwydd am eilwydd, em ŵyl.
Ufuddgamp leddf i feddgell,
Diog i oed, pwylloed pell.
Mul yn chwarae â chlaear,
Diful wrth y cul a'i câr.

Dilaes y deily heb ystryw
Olwg ar ŵr, ail Eigr yw.
Digollwawd bardd, digellwair,
Da ei chlod, diuchel air.
Dyfr o bryd, a'm byd o'm barn,
Difawr ei brys i dafarn.
Dihoffedd bryd a gwedd gwŷr,
Dihustyng, da ei hystyr.

Nid un ddihaereb nebun
I'n gwlad ni â hi ei hun.
Ni bu, nid oes i'n oes ni,
Ni bydd tebyg neb iddi :
Yn hael iawn, yn hil ynad,
Yn heilio gwledd, yn haul gwlad,
Yn fonheddig, yn ddigardd,
Yn fain ei hael, yn fun hardd,
Yn rhy ddiwair ei heirioes,
Yn ddyn mwyn dda iawn ei moes,
Yn ennill clod, yn annwyl,
Yn dda ei thwf, yn ddoeth, ŵyl.

Tyfodd ym frad, lleuad llu,
Twf coeth tawelddoeth aelddu.
Tegau iesin ddoethineb,
Tegach oedd honno no neb.

BDG ccxxi ; DGG xvii.

Ffynonellau.—A—(a) B 14,932, 84 ; (b) Ba 6, 138. B—Cw 5, 469. C—(a) Ll 47, 516 ; (b) Ll 134, 540 ; (c) LlH, 294a ; (d) B 53, 359. D—(a) M 212, 163 ; (b) M 1, 151. E—P 49, 25. F—P 54, i, 54. G—Wy 2, 101.

Amrywiadau.—1–2. [F.] 10. byth nid ABDG. 11. rhag llid ABCEG. 12. a gosyml ym ABCEG. 14. yw bun i ladd ABDG, a lwydda bun a ladd C. 22. hunog C. 23–4. F. 26. pwyllog ACEG.

27–8. F. 29. diriaid ACEG. 31. digollawd C ; hardd AD. 33. em byd ABDEG, hyso bryd enbyd o'm barn (A)C. 34. dyfod a brys A)C. 35–6. [C.] 36 + ABDEG :

Diddig yn cynnig ciniaw / Dig wrth fy llatai o daw
Diddig ei phendefigwalch / Wrth wŷr y byd bywyd balch.

37. nid mor A-EG. 43-4. F. 50. tâl coeth F ; tref coeth awelddoeth C. 51. tegwch AG. 52. yw B-E.

57

Y FUN O EITHINFYNYDD

Y fun o Eithinfynydd,
F'enaid teg, ni fyn oed dydd,
Feinion aeliau, fwyn olwg,
Fanwallt aur, fuanwyllt wg,
Fy ngwynfyd rhag trymfryd tranc,
Fy nwywes addfwyn ieuanc,
Fy nrych llewych mewn lliwaur,
Fy rhan yw, fy rhiain aur,
Fy swllt tan futres elltydd,
Fy serch ar hon fwyfwy sydd.

Fy nillyn, mwynyn manwallt,
Fy nghrair ni chair yn ochr allt.
Ni chyrch hon goed y fron fry,
Ni châr a'i câr, ni chwery.
Ni chair Morfudd i chwarae,
Na chair, caru Mair y mae,
A charu saint, wych hoywrym,
A charu Duw, ni chred ym.

Ni ŵyr gwen, un oriog yw,
Nid edwyn mor od ydyw.
Nid adwaeniad odineb,
Ni fynnai 'nyn fi na neb.
Ni fynnwn innau, f'annwyl,
Fyw oni chawn fun wych ŵyl.
Am hyn darfu fy mhoeni,
Morfudd fwyn, marw fyddaf fi.

BDG xxxi; DGG xviii.

Ffynonellau.—A—A 2, 109. B—B 48, 190. C—Cw 5, 367. D—Ll 25, 25. E—(a) Ll 133, 956; (b) B 53, 210; (c) Ba 6, 222; (d) Cw 381, 39. F—N 6499, 612.

Amrywiadau.—3. fain iawn ael fwynion olwg AE, vainion ael vwynion olwg B. 4. fy anwyllt E. 6. fy nuwies AC-F, fy nwyoes B. 9. dan fynwes BCDF. 10. am hon B. 11–12, 14–26. [B.] 11. mwynwyn CDF. 12. yn uwch allt F. 13. ni cheir hon i goed B. 14. ni chair ACDE. 16. ni chair DF. 19. wyf F. 20. oed ydwyf F. 25. am hynny CF.

58

MERCH YN EDLIW EI LYFRDRA

'Yr edlaesferch wawr dlosfain
Wrm ael, a wisg aur a main,
Ystyr, Eigr ystôr awgrym,
Is dail ir, a oes dâl ym,
Ymliw glân o amlwg lais,
Em o bryd, am a brydais
I'th loywliw, iaith oleulawn,
A'th lun gwych, wythloywne gwawn.'

'Hir y'th faddeuaf, Ddafydd,
Hurtiwyd serch, hort iti sydd,
O'th fod, rhyw gydnabod rhus,
Yn rhylwfr, enw rhywolus.
Ni'm caiff innau, noddiau Naf,
Uthr wyd, ŵr, eithr y dewraf.'

'Cwfl manwallt, cyfliw manwawn,
Cam a wnai, ddyn cymen iawn.
Cyd bwyf was cyweithas coeth
Llwfr yn nhrin, llawfron rhynoeth,
Nid gwas, lle bo gwyrddlas gwŷdd,
Llwfr wyf ar waith llyfr Ofydd.

'A hefyd, Eigr gyhafal,
Ystyr di, ys diwyr dâl,
Neitio cur, nad da caru
Gwas dewr fyth, a gwst oer fu,
Rhag bod, nid cydnabod cain,
Rhyfelwr yn rhy filain.
Rhinwyllt fydd a rhy anwar,
Rhyfel ac oerfel a gâr.

O chlyw fod, taer orfod tyn,
Brwydr yng ngwlad Ffrainc neu Brydyn,
Antur gwrdd, hwnt ar gerdded
Yn ŵr rhif yno y rhed.
O daw, pei rhôn, a dianc,
Oddyno, medr ffrwyno Ffranc,
Creithiog fydd, saethydd a'i sathr,
A chreulon, ddyn wych rylathr.
Mwy y câr ei drymbar draw
A'i gledd, gwae a goel iddaw,
A mael dur a mul darian
A march o lu no merch lân.
Ni'th gêl pan ddêl poen ddolef,
Ni'th gais eithr i drais o dref.

'Minnau â'r geiriau goroyw,
Pei'th gawn, liw eglurwawn gloyw,
Da y gwn, trwsiwn wawd trasyth,
Degle, ferch, dy gelu fyth.
Pei rhôn ym gael, gafael gaeth,
Deifr un hoen, dwy frenhiniaeth,
Deune'r haul, nid awn er hyn,
Wythliw dydd, o'th loyw dyddyn.'

BDG lviii; DGG xx.

FFYNONELLAU.—A—A 2, 280. B—B 48, 192. C—B 53, 166b. D—(a) B 14,933, 21; (b) B 14,932, 16; (c) Ba 6, 10. E—Bl e 1, 117b. F—(a) C 7, 865; (b) J 14, 476. G—C 19, 481c. H—Cw 5. 414. I—Cw 10, 390. J—H 26, ii, 72. K—(a) Ll 133, 1048; (b) Ll 14, 118. L—(a) Ll 133, 1090; (b) Ll 14, 179. M—Ll 163, 72. N—(a) M 212, 111; (b) M 1, 99. O—N 560, 26. P—N 1260, 22, Q—P 49, 104. R—Wy 2, 72.

AMRYWIADAU.—1. y radlwysferch HPQR, yr adlaesferch AEFJKN, yr hy dlosferch GI; y wawr dlosferch ry dlysfain DLO, y dlosferch wawr dlysfain M, y dlosa ferch wawr dlysfain B, y radlwysferch aur dlosfain C. 4. dail aur EFIJKMNQR, dail iach OP. 5. em liw glân amlwg o lais GILPO, am liw glan may amlwg glais B. 6. em o

Brydain a brydais GJ, em Brydain am i brwydais R. 7. loywiaith oleuwawn LP, loywych oleuwawn GI, lywiaith oleuwen O. 8. wythliwne A-EHJKNQ, wythliw gwawn F, wythliw y gwawn R, wyth olwyn gwawn GI, wyth lwynau gwawn LOP, wyth lywyay gwawn B, oleuni gwawn M. 10. hurtiwr serch FGLOP, hurt yw'r serch I; hort draw y sydd GILOP. 11. o fod CDEHJKMNQ, am fod GI, dy fod BF, o'm bod L; rhyw anorfod rhus M, rhyw gydwybod rus G. 12. rheolus A-EHJ-Q, rhwolus FR. 12 + D:

Os llefr ceiliagwydd was llwyd / Llefr sowaeth odiaeth ydwyd.

14. uthr yw d'ŵr GIL, athro wawd B, dyn dirym ond R. 15. cofl GIMOP; meinwawn ILOP, mwynwawn B. 16. wnaud LM, i wnaeth B; 'nyn I, y myn G. 17. od wyf BGILOP, er fy mod R; kymenwas R. 18. llyfr yn rhanoeth GIMOP, llyfr yn rhynoeth L, lliw fron rhynoeth R. 20. yng ngwaith AEGI-LNOP, o waith B. 21. gyhafael GI, gynhafal M; a hefyd y ddyn hoewfain R. 22. ys diwair L, oes diwair M, is diwair BH, os diwair OP, ystyriwr K, os diwair d'ael GI; ystyria gu ystori gain R. 23. oeta cur LMO, oeta câr P, od daw cur I. 24. fyth gwst ofer BIM, gwastoda fu L. 25–6. [BIL.] 25–8. [OP.] 27. meinwyllt a fydd rym anwar GI. 29. catorfod tyn AEFHJKNQR, kydarfod kain B, cad orfod C, cad oerfod D. 30. brwydr yn Ffrainc BFGIMR, brwydr o fewn Ffrainc L; neu Brydain B. 31. natur gwrdd GILMOP, antr B; yntau B. 32. yn ŵr hyf I, yn ŵr rhwydd R. 33. diainc JNR. 34. wedi ffrwyno CDEK, er ffrwyno R, wedi iddo ffrwyno A; Ffrainc JNR. 37. aderyn bâr draw GIOP, yn y dromgaer draw B. 38. y gledd a wnay goel B. 39. a mwy y câr ei arian I. 40. march o liw LOP, march o liw od GI. 41–2. [B.] 41. ni'th wêl C-FJNR. 42. ar drais P, o drais y dref R. 43. gohoyw O, goreuroyw GI. 45. medrwn B; treisiwn O. 46. deg loyw GI, deg liw OP, deg liw i'r ferch L, diglay vyn B. 48. difurn hoen L, da fron hoen I, da fryn hoen R, dyfyrn gorn G, deifr fun hoen F. 49. dyn i'r haul GLOP, dan yr haul HR, dawn wir hael I. 50. i'th G.

59

YR HET FEDW

Yr het fedw, da y'th gedwir,
Ys gwae i Eiddig os gwir.
Ysbail gwŷdd, cynnydd cannoed,
Ysgythrlen brig cangen coed.
Ys dewr wyf, ys diryfedd,
Ystyriawl i'th fawl a'th fedd.
Ystofiawdr gwŷdd, ys difai,
Ysgin ddail mân wiail Mai.
Ys da adail y'th eiliwyd,
Ystôr gwrteisrym ym wyd.
Duw a'th fawl, hawdd ganmawl hir,
Adeildo o fedw doldir.
Gerlont a roes dyn geirloyw,
Gwmpas o'r fedwen las loyw.

Culwas a'i dwg, cyd ciliai,
Cwfl diell o fantell Fai.
Call a difradw y'th gadwaf,
Coron rhag tra hinon haf.
Cydfaeth dyffryn, glyn gloywlas,
Coedfedw gwiw yn cydfod gwas.
Gwrygiant serch eurferch erfai,
Gwyrthiau a ffrwyth mwynllwyth Mai.
Pwyll rhag angof a gofal,
Pebyll uwch didywyll dâl.
Mawl dyfiant, gwiw foliant gwŷdd,
Mynwair o dewfrig manwydd.
Gwawd a dâl, gwiwdo deil-lwyn,
Gwyrdd gylch a ddiylch ei ddwyn.

59. YR HET FEDW

Gwawr gelfydd serch, gwir goelfain,
Gwregys gwallt o'r goedallt gain.
Gwiw adail heb adfeiliaw,
Gwaith wyd Morfudd Llwyd a'i llaw.

BDG lxxxv.

FFYNONELLAU.—A—A 2, 136. B—(a) B 29, 374; (b) B 53, 41b; (c) G 3, 89b; (d) N 8330, 139; (e) C 26, 64. C—(a) B 14,932, 40b; (b) Ba 6, 48. D—B 14, 969, 37b. E—Bl e 1, 151b. F—Br 1, 189. G—Cw 129, 298. H—H 26, ii, 51. I—Ll 53, 420. J—(a) Ll 133, 1106; (b) Ll 14, 205. K—Ll 186, 11. L—M 148, 392. M—M 161, 179. N—(a) M 212, 26; (b) M 1, 29. O—N 560, 61. P—P 49, 72. Q—P 108, 24b. R—Wy 2, 36.

AMRYWIADAU.—1. o fedw IPQ. 2. gan Eiddig BcdEGK, yr Eiddig I, ym Eiddig Bae. 2 + (Ca)Cb(K)R:

Ysbail gwŷdd dolydd dulas / I wiwlwyn coed elyn cas
Duw i'th gadw y fedw fan / 4. Gwag remwth rhag ei gryman.
Fy mod pe gwyddai heb gêl / Yn gochel dan dy frig uchel
Fe ddeuai'r cor i'th dorri / 8. Cyn y nos er cwyn i ni.
(7. fo ddoe y kor R.)

3. ys dail A, ysgail D. 5–6. [DL.] 5. os diryfedd GIKPQ. 7. ystofiwr I, ystofiad coed ABDEGHJ-O. 8. ysgrin BDG; aml wiail I. 9. da wiail IOP. 10. hafdy glasdrym R. 11. dyn a'th fawl C, mae a'th fawl O, a mi a'th fawl Ba; hoyw ganmawl KP, hardd ganmawl CD. 12. adeildy CEGIPQ, a deildo L. 13. a wnaeth IP. 14. yn gwmpas y fedwen P. 15–16. [L.] 15. cwlwas Q, cylwas N; a ddwg DI; celai CD; ku fedwen rhag kafodau R. 16. cofl AI-NPQ; fau R. 19. cydwaith dyffryn CD, hiling dyffryn R. 21. trigiant serch MN, teml serch R. 22. mawrlwyth G. 23–30. [DL.] 25–8. [I.] 25. mawr JMNP. 26. mynwaur AEGHJKP, mynwar NQ; o goed y MNP. 27. gwawdau dâl CGHKOR, gwawdau dail EJPQ, gweadau dâl AM; dewlwyn GMN, deulwyn EO. 29. gwydd gofain MN. 31. gwydd adail I; heb adailaw I, wedi deiliaw L. 32. Forfydd AJ.

60

ANWADALRWYDD

Ysgyfarnog yng nghartref
A fag rhai oni fo cref,
Cath hirdaith, gethinfraith gern,
Cod lwydwyllt coedwal adwern,
Crair hy bron, a ffy ar ffysg,
Craig, byhwmanwraig manwrysg.
Dieithr fydd er ei meithring,
I drum a gwrthallt y dring.

Gwiwair, o châi frig gwial,
Gwaeth oedd i'r tadmaeth y tâl,
Brad hy, mewn llety lletollt,
Bradog darf, belldarf â bollt.

Iwrch drythyll, hely deilgyll hawl
Erchwys hydr, iyrchus hudawl,
Rhywyllt ei ruthr mewn rhewynt,
Rhyfain hydd, rhy fuan hynt.
Rhydain iwrch, rhedai yn Iâl,
Rhy dinwyn lwdn rhedynwal.
Astud air, ys doud erof,
Ystid goch, os da dy gof,
Bennod yr hydd, gelltydd gil,
Ban oeddud gynt banw eiddil.

Edifar fydd eu dofi ;
Dan frig gwŷdd y trig y tri.
Dwfn helynt a lletgynt llid,
Dirmygyn' dir y'u megid.

Felly y gwnaeth, gaeth gariad,
Ger fy mron, goryw fy mrad,

60. ANWADALRWYDD

Â myfy, cywely call,
Unne geirw, neu ag arall,
Bannau'r haul leufer loywfys,
Bliant uwch y grisiant grys,
A phân wisg, aur ei deurudd,
Mair ŵyl, o ystlys Môr Udd.
Megais hon, dirmygus swydd,
Ton aml, o oed deunawmlwydd,
Lluniais gerdd a dillynion
I geisio dyhuddo hon,
Rhin gall, er hynny i gyd,
Anolo fu'r anwylyd.

BDG lxxvii.

FFYNONELLAU.—A—B 53, 176. B—(a) B 14,933, 29; (b) B 14,932, 21; (c) Ba 6, 23. C—Bl f 3, 20a. D—C 7, 895. E—H 26, ii, 88. F—(a) Ll 133, 1113; (b) Ll 14, 212. G—Ll 186, 137. H—(a) M 212, 10; (b) M 1, 11. I—N 560, 110. J—P 49, 112.

AMRYWIADAU.—1. yng nghantref D. 3. wyllt fraith D. 4. lwydwellt E. 5. krair bron ni ffair ni ffysg D. 6. draig D. 8 i'r AJ; yr wrthallt CG. 9. chaiff D. 10. waethwaeth i'r D. 11. brawd AGJ, gwyllt fry D. 14. iyrchaws ABEFHJ, irchwys I, iyrchwys CD, iyrchws G; eirchwas D. 15. fal D. 17. rhedai yn . . . rhodiaw D; rhedai'n ei wâl FI. 21. bonedd CDEH. 26. dirmygwn (Bc)F. 28. gwyr i bron gwarav brad D. 30. unwe garw D; i'w dirwyn cyn bod arall I. 31. baner CG; lefer EH, lefair F; liwloer havl loywloer howylwys D, ban fo'r aur lefaur loywfys I. 35–40. [D.]

61

Y CYFFYLOG

A fu ddim, ddamwain breiddfyw,
Mor elyn i serchddyn syw
Â'r gaeaf, oeraf eiroed,
Hirddu cas yn hyrddio coed ?
Aruthr ei grwydr rhwng dwydref,
Oer o was, tad eiry yw ef.
Ni bu un na bai anawdd
Gantho (ai hawdd cuddio cawdd ?)
Mewn eiry er *ei* mwyn aros,
A rhyn ôd a rhew y nos.

Haws oedd mewn castell celli
Ar hafnos ei haros hi,
Gan glywed digrifed tôn
Y gog las ddigoeg leision ;
Annhebyg mewn coedwig Mai,
A chyffur oed, o chaffai,
I rodio tro treigl anûn
Tan fargod to tŷ f'eurgun.
Pei rhôn drannoeth, anoethraid,
Ym ei chael, amau o chaid,
I dyddyn gweirdy diddos,
Ofn oedd, wedy'r aeaf nos,
Na ddigonai, chwai chwedlfreg,
Engyn ar y dynyn deg.

Glân ymddiddan ydd oeddem,
Glud gŵyn, mi a gloywdeg em ;
Gwnaeth fraw, frychleidr anghyfrwys,
A dychryn i'm gloywddyn glwys,

Col gylfinferw goferfwyd,
Y cyffylog llidiog llwyd.
Edn brych dilewych o liw
O adar gaeaf ydyw.
Modd y gwnaeth, nid maeth fy myd,
Wrth ben bagl, wrthban bawglyd:
Cychwyn yn braff ei drafferth,
Adain bôl, y dan y berth,
A neitio hyd pan ytoedd
Mewn perth ddu; nid o'm porth oedd.

Gan faint trwstgrwydr ar lwydrew
Dwy ffilog y taeog tew,
Tygesym, dwyn deugwyn dig,
Trist oeddem, mai trwst Eiddig,
Golesg frys rhwng llys a llwyn,
Gwylltruthr, peisfrych, gwahelldrwyn.
Treiddiai yn ffrom wrth domawg,
Trwyddew tail a rhew yrhawg.
Aruthr ei chwedl hocedlaes,
A mul ger buarth dail maes.
Ni ŵyr yn llon ar fron fry
Na llais aml na lles ymy,
Na cherddau, medd gwych ordderch,
Drwy nen y llwyn er mwyn merch,
Ond arwain, durwaith meinffrom,
Y bêr du a bawr y dom.
Yr edn brych a'r adain brudd,
Bribiwr, a'i fagl heb rybudd,
Ys caffo, tro treigl gochfrych,
Bolltod braff mab alltud brych.

BDG xcviii.

FFYNONELLAU.—A—A 2, 267. B—(a) B 14,932, 75b; (b) Ba 6, 155. C—Bl e 1, 129b. D—C 5, 34. E—(a) C 7, 859; (b) J 14, 28. F—Cw 129, 318. G—G 3, 207b. H—H 26, ii, 67. I—(a) Ll 133, 1060; (b) Ll 14, 134; (c) B 53, 272. J—Ll 186, 149. K—(a) M 212, 120; (b) M 1, 109. L—P 49, 73. M—P 49, 101. N—P 108, 21. O—Wy 2, 40.

Amrywiadau.—1. ni bu D(Ia). 3. iroed CIKL, erioed ABEFH IJMO. 4. i DLP; hyrddu D. 5. frwydr DLP. 6. tad yr ia BHO. 7. anodd BO. 8. gentho er cuddio y I, draw gantho fo o'i fodd BO. 9. er fy mwyn J; fewn . . . ei fun (I). 10. yr hen od DLP, rhyn oer I, rhy wyn . . . a rhewi F. 14. loesion G, loywson (Ibc). 15. mawrfrig F. 16. a'i chyffes BFO; oedd BFIMNO. 17. rodio tref ABCHIK. 19. anoethiaid ABCHIK. 22. ofn yn y gaeaf nos M, ofn oedd yng ngaeaf nos CFIJK, ing ofn oedd yng ngaeaf A, gwedi'r gaeaf B(Ia)Ic. 24. dyn yn LN; fy nghalon ar y don deg D(Ia). 24 + BO:

Cyfwrdd ddydd gwaith a wneuthum / Yn ddierth dan berth y bûm
Efo'r ferch a anerchais / Ore'i ffydd oedd oer ei phais.

26. golud gwiw LN. 28. dychryn fu LN; i'r loywddyn lwys BLN. 29. cof LN, coel (B)I, coll G; gylfinferf (B)CEIKLN. 30. lleidr tomog (Ia), lleidr tonnog (B)Ic. 33. am a BO; mab maeth LN, a maeth BO. 36. oddi dan LN, odd dan H, o dan BO, o din E, oddi dan berth AFGJM. 37. neidio . . . ydoedd A-DFGI-K. 38. o'm parth ACIKM, mewn parth Ic. 41. tygasem (I), tygasai'r fwyn BO. 44. gwihelldrwyn CEHIK. 46. trwy dew E; dail DLN, ddail E. 47. gwladaidd D(I). 48. mil LN, aml CEHIabKLN, mewn (Iab)Ic. 50. lles . . . llais DLN. 51. cherdd ELNO, cherdded GLN; y gwych ELN, y wych O, i wych (Iab)Ic, i'r gwych D. 53. maith ffrom F. 54. i bori D. 56. breibiwr ACEFIK, lidiwr B, glidiwr O; galedrudd BO. 57. grychwrych D(I); ai caffo ar abod ceffyl BO. 58. lliw llyffant mewn ceunant cul BO.

62

Y MWDWL GWAIR

Ai llai fy rhan o anun
No lles a budd ger llys bun ?
Nid hawdd godech na llechu
A glewed yw y glaw du.
Pei rhôn i'r ddôr egori
Y nos, nis llyfaswn i,
Rhag gwahardd bun ar ungair,
Ai gwaeth yn y mwdwl gwair ?

Dawn ym dy fod yn fwdwl,
Digrifwas pengrychlas pŵl.
Da fu'r gribin ewinir
Doe a'th gynullodd i dir.
Mi a'th wisgais, maith wasgawd,
Mal cochl gwyrddlas uwch gwas gwawd.
Ceisiais gennyd gael cysellt,
Colomendy gwecry gwellt.
Glud y'th folaf â'm tafawd,
Gnu gwaun, da le i gnoi gwawd.

Erfai o un y'th luniwyd,
Un fath, llydan dwynpath llwyd,
Un dramgwydd ag arglwyddi
Teg, ac un artaith wyd di.
Ef a'th las â dur glas glew,
Bwrdais y weirglodd byrdew.
Yfory, sydd yty sir,
O'th lasgae, wair, y'th lusgir.
Drennydd, uwch y llanw manwair,
Dy grogi, a gwae fi, Fair !

Cymynnaf dy gorff adref
I'r nen, a'th enaid i'r nef.
Megis angel y'm gwely
Ddyddbrawd uwch taflawd y tŷ,
Yn dyfod i gnocio'r drws :
'Y mwdwl gwair, ai madws ?'

BDG cxxxv.

Ffynonellau.—A—A 2, 142. B—(a) B 14,932, 70 ; (b) Ba 6, 149. C—Bl f 3, 45a. D—(a) C 7, 847 ; (b) J 14, 24. E—Cw 129, 339. F—G 3, 205b. G—G 4, 41. H—H 26, ii, 42. I—Ll 6, 51. J—(a) Ll 47, 506 ; (b) Ll 134, 534 ; (c) LlH 292a. K—(a) Ll 133, 1098 ; (b) Ll 14, 193 ; (c) B 53, 297b. L—Ll 186, 95. M—(a) M 212, 48 ; (b) M 1, 50. N—N 560, 37. O—N 1260, 19. P—P 49, 19. Q—Wy 2, 18.

Amrywiadau.—2. a lles BDFGMP, ar lles E, ai lles AKNO ; ai budd NO. 4. gloywed D. 6. ni lyfaswn A-HK-O. 7. no IJP ; gwarafun ar ungair AKN. 9. fodwl AC(D)FGM. 10. digryfwas J(Kc) ; pengrychwas J(Kc). 14. mwyn J(Kc)LP, gwyn I ; glog B ; ger gwas D-HLMO. 16. gwely A-DHJKN-Q, gwefr dy I. 17–18. [AC-HK-P.] 18. cnu . . . lle canu I. 19. is yr hun IQ, i fyr hun J, da iawn o un BQ. 23. y dur I, ar dir J. 24. fwrdais BCE-KMNPQ ; ar (B)DGIJMNPQ ; ferdew BCE-KMNPQ. 26. o'th lesgedd ABDFGKM-P ; ef a'th ABD-GKM-P ; losgir GJM. 27. odd yna BE-HLQ, odd yno M, oddi yma D, yno KO, uwch law D. 29. gorchmynna BQ. 31. ar lun AIJNP ; byddi uchel dy wely O. 33. gripio D ; draw fe a oleuodd y drws O. 34. modwl (B)GM.

63
CYNGOR Y BIOGEN

A mi'n glaf er mwyn gloywferch,
Mewn llwyn yn prydu swyn serch,
Ddiwrnawd, pybyrwawd pill,
Ddichwerw wybr, ddechrau Ebrill,
A'r eos ar ir wiail,
A'r fwyalch deg ar fwlch dail—
Bardd coed mewn trefngoed y trig—
A bronfraith ar ir brenfrig
Cyn y glaw yn canu'n glau
Ar las bancr eurlais bynciau ;
A'r ehedydd, lonydd lais,
Cwcyllwyd edn cu callais,
Yn myned mewn lludded llwyr
Â chywydd i entrych awyr,
(O'r noethfaes, edlaes edling,
Yn wysg ei gefn drefn y dring) ;
Minnau, fardd rhiain feinir,
Yn llawen iawn mewn llwyn ir,
A'r galon fradw yn cadw cof,
A'r enaid yn ir ynof
Gan addwyned gweled gwŷdd,
Gwaisg nwyf, yn dwyn gwisg newydd,
Ac egin gwin a gwenith
Ar ôl glaw araul a gwlith,
A dail glas ar dâl y glyn,
A'r draenwydd yn ir drwynwyn ;
Myn y Nef, yr oedd hefyd
Y bi, ffelaf edn o'r byd,
Yn adeilad, brad brydferth,
Yn nhalgrychedd perfedd perth,
O ddail a phriddgalch, balch borth,
A'i chymar yn ei chymorth.

Syganai'r bi, cyni cwyn,
Drwynllem falch ar y draenllwyn :

'Mawr yw dy ferw, goeg chwerw gân,
Henwr, wrthyd dy hunan.
Gwell yt, myn Mair air aren,
Garllaw tân, y gŵr llwyd hen,
Nog yma 'mhlith gwlith a glaw
Yn yr irlwyn ar oerlaw.'

'Taw â'th sôn, gad fi'n llonydd
Ennyd awr oni fo dydd.
Mawrserch ar ddiweirferch dda
A bair ym y berw yma.'

'Ofer i ti, gweini gwŷd,
Llwyd anfalch gleirch lled ynfyd,
Ys mul arwydd am swydd serch,
Ymleferydd am loywferch.'

'Dydi, bi, du yw dy big,
Uffernol edn tra ffyrnig,
Mae i tithau, gau gofwy,
Swydd faith a llafur sydd fwy—
Tau nyth megis twyn eithin,
Tew fydd, cryw o frwydwydd crin.
Mae't blu brithu, cu cyfan,
Affan o bryd, a phen brân,
Mwtlai wyd di, mae't liw tyg,
Mae't lys hagr, mae't lais hygryg.
A phob iaith bybyriaith bell
A ddysgud, freith-ddu asgell.
Dydi, bi, du yw dy ben,
Cymorth fi, od wyd cymen.
Dyro ym gyngor gorau
A wypych i'r mawrnych mau.'

‘Gwyddwn yt gyngor gwiwdda,
Cyn dêl Mai, ac o gwnai, gwna.
Ni ddylyy, fardd, harddfun,
Nid oes yt gyngor ond un:
Dwys iawn fydr, dos yn feudwy,
Och ŵr mul! ac na châr mwy.’

Llyma ’nghred, gwylied Geli,
O gwelaf nyth byth i’r bi,
Na bydd iddi hi o hyn
Nac wy, dioer, nac ederyn.

BDG cxcviii; DGG xlvi.

Ffynonellau.—A—A 2, 214. B—B 48, 239. C—B 53, 189. D—(a) B 14,933, 42; (b) B 14,932, 30; (c) Ba 6, 35. E—B 15,038, 83a. F—Bl e 1, 51a. G—Br 5, 328. H—(a) C 7, 351; (b) J 14, 2. I—C 26, 152. J—C 27, 170. K—C 48, 21. L—C 64, 614. M—Cw 19, 55b. N—Cw 125, 139. O—Cw 245. P—(a) G 3, 206a; (b) N 8330, 140. Q—H 26, ii, 126. R—(a) Ll 47, 342; (b) Ll 134, 434; (c) LlH, 257b; (d) MT, 489b. S—(a) Ll 133, 996; (b) Ll 14, 31. T—M 144, 757. U—M 146, 147. V—M 146, 355. W—M 148, 397. X—(a) M 212, 40; (b) M 1, 42. Y—N 560, 12. Z—N 832, 15. *A*—N 3487, 5. *B*—N 5283, 67. *C*—N 6499, 318. *D*—P 49, 129. *E*—P 82, 280. *F*—P 124, 125b. *G*—Wy 2, 8.

Amrywiadau.—3. ar ddiwrnawd A-NOQ-XZ*B*-*G*; ddyddgwaith *G*; pybyrwaith *G*, peraiddnod L*A*. 5. aur wiail X. 6 + CD*C*, 24 + IKLR*A*:
Dolydd a choed yn deiliaw / A chog lwyd ac ychydig law.
+ IKLRA, 6 + UVXY, 8 + AFM:
A’r gog a’r ysgudogyll / Yn briwio cerdd mewn brig cyll
(2. ar frig U, uwch brig X, bôn a brig AFMV.)

4 + BDN*B*:
A than fy mhen obennydd / O fanblu pebyllt gwyllt gwydd
Ac uwch fy mhen fedwen fau / Gaer loywdeg o gwrlidau.
5–6. [BGHOPQZ*B*-*G*.] 6 + DIKLR, *a’r llinellau o chwithig* IKL:
A’r fronfraith ddigrifiaith gref / Ysgainllwyth edn ysgawnllef.
(2. esgifnllwyth L, esginllwyth I*A*, esganllwyth K, ysginllwyth B.)
7. hoed H; trefnoed DGNPT*B*, trefgoed (C)H*G*, tristgoed Z, tirgoed *F*, irgoed O*C*. 8 a’r STY*B*; bronfraith ar yr ir H. 10. lwys CDFGMNOTVWX*B*-*F*; banc BCF-IK-NRTVX*AE*; lwys bencerdd *G*; irlwys (C)GIKLRTUZ*A*, irlais B*BC*, eurlwys Q. 11. hedydd

D-HK-MNPQS-Z*BCDG*, ychedydd B(C)ER; aflonydd (C)DFHM QSU-Z, dilonydd GT*B*, lywydd *CFG*, lonydd ei AKN*AD*. 12. cyll-yllwyd T, cycyllwawd G, gycyllwyd R*A*, cocyll-lwyd P. 13. trwy BE*E*, ar IR, er K*A*, rhag L. 14. idd HI, entyrch CO*BCD*, eintrych *E*, ddaintyrch R, ddyntrych K*A*, y aithia B. 15–16. BEW*E*. 15. ddiwd-lais B, ydlaes E, lwydlaes W; alling B. 16. i wisg ef i nef dref *E*. 18. yn AQS, yn y FHMUZ*G*. 19-20. (Db)DcHU. 19. a'm U. 21. addwyned . . . y gwŷdd ACDHIKMNPSV*D*, addfwyned . . . y gwŷdd GOT*BCF*, o addwyned H, cyn wyched . . . y *G*, lawened . . . y F, o lawened (S)UY, gan ddigrifed BEWX*E*. 22. gwasg nwyf O*CF*, gwisg nwyf . . . cael B, gwaisg nwydd E. 24. yn ôl U*G*, arail K, i arail LRcd*A*, ar arail Ra; ar ôl gwlith EIKLORacd*A*, ar ael *C*, ar ael a V, arael a F, arail a AHZ, er arail Rb, a niwl a (CS)UY, araul gwlith *B*. 27. gwelwn hefyd WX. 28. ofera D, ffraetha (C)Rabd, edn ffela G. 30. ym mhengrychedd BCE(F)NOQ*CEFG*, ymhen cry-chedd ILR, ymhen crychwedd K*A*. 31. a'th nyth o WX, nyth drain priddgalch balch ei borth UY*E*, nyth drain a phriddgalch balch borth H. 32. gymar . . . gymorth U, a'th gymar WX*E*; sydd i'th gymorth W, fydd i'th gymorth X, yna i'th gymorth *E*. 32 + WX:

Yn canu fyth ledryth lid / Crecrec ni'm dawr pei crocid.
(1. ledlyth W.)

33. si ganai B, y bi a ganai (C)IR, e ddwedai'r bi E, fe ddoede'r bi *G* gwrando'r bi V; gyni gŵyn EH, genthi gŵyn Y, mae geni gŵyn V, fain fwyn WX, yn ei gŵyn IK*A*, ym gŵyn (C)Racd, ny gŵyn Rb. 34. drwynllom O, yn drwynllem T, drwynllem fach BIKLRad*A*, drwynllaes fach Rbc; ar frig B, o frig AFHWXY, ym mrig U, yn y draenllwyn O. 34 + WX:

Somaist fi myn delw Simwnt / Rhawnllaes bry a'r henllais brwnt.
(2. rhownllais W.)

35. ffôl yw U, ffôl yw dy chwerw Y, mawr rhyd erw GT*B*, pa fwrw WX; gochwerw CDNO*CDF*, goeg ferw AGTYZ, goeg ofer ferw WX. 35–6. [BHIKLRU*E*.] 36. heno *F*. 40. dan BU; yn irlwm ar Hb, eirlaw Ha; yn erlyn merch mewn Z. 41. taw sôn GHIKRT*B*, taw â sôn LMSZ*ACG*; gad imi IKRab*A*, a gad im Rcd, a gad lonydd L. 42. er mwyn Duw B(C)DEIKLR*AE*; yma'n y dydd BEI*E*, yma'r un dydd (C)KLR*A*, yma un dydd E. 43. traserch ABFHMS UVXY; y AFHMUXY, i BS. 45–8. E*E*. 45. oed yw E. 47. symyl arwydd E*E*; yw swydd *E*. 49. taw di'r bi U, y bi Y(*F*); ond du dy big HIKLR, cyd bo du (B)UY. 50. edn brith A(C)FMQSUVY, du DP*F*. 51. mae iti frad mewn adwy GT*B*; mae it dy hun KL*A*, cun Conwy IKLR*A*. 52. fawr ABDEFHKMPQSUVWX, falch ABGNTY*D*. 53. toi (C)IKLNQR*AE*, to'r *CF*; fel twyn o XZ*AG*, ar lun twyn U. 54. tew o ddraenwydd DFM-QSVZ*CDFG*, tew o ddrain fydd GT*B*, tew o friwydd E, tew o'r brwydwydd L*A*, tew fydd brwydwydd (C)IKR, tew fydd crowydd *E*, ac o friwydd X, crynwydd

CFGMPRVZ*CDFG*, crinwydd T*BEG*, crywydd E, cronwydd WX, croenwydd L, crainwydd IK, caewydd QU, friwydd *E*, ffyrfwydd H. 55. a phlu (F)QY, a'th blu RWX*E*, o blu KL ; bry du *E*. 56. mae't boen a brad AHOZ*DG*, mae't boen a brys DGNTV*B*, mae't bwn o bridd F, mae't bwn brid M, mae't bwn brith S, a ffayn o bryd E, a ffun o bryd UY, a'th boen o bryd WX*E*, a phoen o bryd IKLR*A*, a phoen a brad P ; mae't ben bran ADFGHMOSTVZ*BDG*. 57–8. [BIKLRUWXY*E*.] 57. mae't lw twng (N)OV*CF*, mae lliw it hardd P, a llu a'i twng AFMQ, a llu a'i tyng H ; teg GNTV*BG*, a lle teg AFHaMQ, yn lle teg Hb, mae lle teg P. 58. mae llys P, a llys AFM, lys hydr ADT, lwys hydr G ; mae llais P, a llais AFM ; hoywdeg ADGNT, hygreg P. 59. pob rhyw aith H ; buriaith H, berffaith iaith Z, bybyr araith E. 60. fraith ei hasgell E. 61. ond du (C)HIKLR, cyd bai du U. 62. cyd bych (C)HQRcdU, cyn bych ELRab*A*, cyd boed D, cyn baych K. 63. moes im y GT, er Duw moes WX, a dyro'r AMQSV, dyro gyngor o'r P, rho im y (B)IKLR*A*, a gosod E*E*. 64. a fedrych EGIKLMRUY*AB*, am y pych NZ*CDF*. 65–6. [GHIKLORTVWXZ*E*.] 66. cyn dyddiau Mai NQ*CDFG*, hyd ddyddiau Mai U. 67. ni ddyle fardd CDNV*D*, ni ddyli fardd QZ, nychlyd fardd ni'th gâr EHaWX*E*, nychlyd fardd ni châr Hb, ystyr fardd ni'th gâr (FS)UY, ystyr na'th gâr bun AFMS, ni elli fardd *G*, i tithau fardd GT*B*, hen fardd wyd ni'th gâr IKLR*A* ; anharddlun CDGNQTVZ*BDG*, harddlun AFHMSWX, harddfun F(S)U*E*, harddun HbIKLR, harddyn E*A*. 68. mo'r cyngor GT*B*. 69. fyd SY, anfadwr H. 70. mwyn (C)IKLR*A*. 70 + CD(b)cFSUY :

Cas ddillad yn anad neb / A thân cyfuwch â'th wyneb.
(1. nis gwypo neb U.)

\+ Dc*G* :

Aie yr edn oer rwydus / Afrywiog liw friwiog lys
Dy gyngor o dew gangef / Draig un waith drwg iawn yw ef
Nis gwna hyn myn yr unduw / Y bi cyd y bwyfi byw.

71–4. [IKLR.] 71. dyma *DE*, myn fy (CFS)UVY, mi a wnaf WX, minnau wnaf E*E* ; galwaf WX, gwyliaf E*E*. 73. ni ddêl H, gwnaf na bo U ; eiddi F ; am hyn PQUY, er hyn H ; na bo yno addo yn WX.

64

Y FFENESTR

Cerddais o fewn cadleisiau,
Cerdd wamal fu'r mwngial mau,
Can ystlys, dyrys diroedd,
Hundy bun, hyn o dyb oedd.
Da arganfod, dewr geinferch,
Drwy frig y llwyn er mwyn merch,
Ffyrf gariad dygiad agerw,
Ffenestr gadarn ar ddarn dderw.
Ni phoened neb wrth ffenestr
Rhwng ffanugl nos ar ros restr
Heb huno, mal y'm poenwyd
Heb hwyl hoyw am fun loyw lwyd.

Erchais gusan, gwedd lanach,
I'r fun drwy'r ffenestr dderw fach.
Gem addwyn, oedd gam iddi,
Gomeddodd, ni fynnodd fi.
Astrus fu'r ffenestr oestraul
Lle'i rhoed i ddwyn lleufer haul.
Ni bwyf hen o bu o hud
Ffenestr â hon un ffunud,
Dieithr, hwyl dau uthr helynt,
Yr hon ar Gaerllion gynt
Y dôi Felwas o draserch
Drwyddi heb arswydi serch,
Cur tremynt, cariad tramawr
Gynt ger tŷ ferch Ogfran Gawr.
Cyd cawn fod pan fai'n odi
Hwyl am y ffenestr â hi,

Ni chefais elw fal Melwas,
Nychu'r grudd yw, nacha'r gras.

Petem, fi a'm dlifem dlos,
Wyneb yn wyneb nawnos,
Heb ŵyl sâl, heb olau sêr,
Heb elw rhwng y ddau biler,
Mwy'r cawdd, o boptu'r mur calch,
Finfin, mi a'm dyn feinfalch,
Ni allem, eurem wryd,
Gael y ddau ylfin i gyd.
Ni eill dau enau unoed
Drwy ffenestr gyfyngrestr goed,
F'angau graen, fy nghau o gred,
'Fengyl rhag ei chyfynged.

Torrid diawl, ffenestrawl ffau,
Â phŵl arf ei philerau,
Awchlwyr llid, a'i chlawr llydan,
A'i chlo a'i hallwedd achlân,
Ac a'i gwnaeth, rhyolaeth rhus,
A'i rhestr bilerau rhwystrus;
Lladd cannaid a'm lludd cynnif,
A'r llaw a'i naddodd â llif;
Lladd dyir a'm lludd duun,
Lluddiodd fi'n lle 'dd oedd y fun.

BDG clxi.

Ffynonellau.—A—A 2, 95. B—C 52, 6. C—Ll 6, 42. D—(a) Ll 47, 538; (b) Ll 134, 554; (c) LlH, 299a. E—(a) Ll 133, 969; (b) B 53, 219; (c) Ba 6, 234; (d) Cw 381, 59. F—P 49, 41. G—P 54, i, 89.

Amrywiadau.—1. cerais D. 2. amal C. 3. dan C(Eb). 9–12. G. 14. dderw ffenestr DF. 15. addwy ABE. 21. eithr D; da ABDEF, daith yr helynt C. 25. gwir D; trymhaint ABDEF; gariad D. 26. Gogfran ABEFG, Gogrant D, Ogran D(Eb). 27. ped fai AE.

28. ystyr am fy ffenestr i D. 29. cefais elw megis D. 30. och i'r D nych i'r (Eb); cheir CDEb. 31. â'm dylifem ABEacFG, dlysem CEbd. 34. heb weled D. 40. gribingrestr C(Eb). 42. fy nghael D, fwngial ABEaFG. 43. torred C. 45. och lwyr G. 47. rhywogaeth D. 49. caniad ABE, cannig D. 50. lladdodd ABEFG, llyddioedd C. 52. yn lle'dd oedd fun E, i'r lle'r oedd fun D.

65
Y FIAREN

Cwrs digar, cerais Degau,
Cwyn, cyfar mwyn, cof yw'r mau,
Coflaid lanwaith gyweithas,
Ciried balch, nid cariad bas.
Cefais i'm cyngor cyfun,
Cof a bair hir lestair hun,
Dawn myfyr, dinam ofeg,
Dwyn taith i garu dyn teg.
Llwybr edifar i garu,
Llesg o daith foregwaith fu,
Ciried gwiw, caredig waith,
Cyn gwybod, cain yw gobaith,
O neb, cyn dechrau mebyd,
O'm bro, lle 'dd oeddwn â'm bryd

Hwyr y cair, aur grair o gred,
Hawl i'r faenawl ar fyned
I geisio, lle y tygaswn,
Hawdd hud o gawdd hyd y gwn,
Gwaeth yw'r sâl, gwedd tâl y tir,
Golud mwyn, gweled meinir.
Gochelais, pan glywais glod
Serch gof eurferch, gyfarfod,
Dirgel fydd, da'r gelfyddyd,
Dawn ar bwyll, â dyn o'r byd.

Gadewais, a hyntiais hwnt,
Priffyrdd y bobl a'u pryffwnt.
Cerddais ymysg y cordderw,
Cof oedd, a chaeroedd uwch erw,

O gaer y glyn i gwr glwys
Goeglwybr rhwng bryn ac eglwys.
Goryw treigl, gariad traglew,
Gael gwyll y coed tywyll tew.
Ar draws un yr ymdrois i,
Er morwyn, o'r mieri.
Rhwystrus gar rhiw y'm briwawdd,
Ysgymun, coluddyn clawdd,
Hagr dynn, rhyw eirionyn rhus,
Honno, trychiolaeth heinus.
Cyflym uwch glan ei dannedd,
Coel gwarth, cyd bai cul ei gwedd.
Dysgodd ym anhoff gloffi,
Dilwydd faint, a daliodd fi
Yn ôl i gwr anial goed ;
Nidrodd ynghylch fy neudroed.

Cefais, tramgwyddais, trwm gawdd,
Gwymp yno, rhuglgamp anawdd,
Ar ael y glyn, eryl glud,
Yn wysg fy mhen yn esgud.
Marth i'r budrbeth atethol,
Murniai fardd, mae arnaf ôl,
Mal y gwnâi, ni haeddai hedd,
Mul dyniad, mil o'i dannedd,
Ysgorn flin, gerwin yw'r gair,
Asgen am fy nwy esgair.
Llesg ac ysgymun ei llwyth,
Lliw oferffriw fwyarffrwyth.
Gwden rybraff ei thrafferth,
Gwyllt poen, a llinyn gwallt perth.
Cas ei gwaith yn cosi gwŷdd,
Cebystr ar gringae cybydd.
Coes garan ddygn dan sygn sêr,
Cynghafog, cangau ofer.
Tant rhwyd a fwriwyd o fâr,
Telm yw ar lethr pen talar.

Tydmwy ar adwy ydoedd,
Tant coed o'r nant cadarn oedd.

Buan fo tân, luman len,
Brid ysgwthrlid ysgithrlen,
Lluniodd ym anhoff broffid,
A'i llysg i ddial fy llid.

BDG clxxiii.

Ffynonellau.—A—A 2, 149. B—B 23, 116b. C—B 53, 133. D—(a) B 14,933, 48; (b) B 14,932, 34b; (c) Ba 6, 41. E—B 14,999, 95a. F—Bl f 3, 43a. G—C 64, 611b. H—C 66, 337. I—C 84, 1221. J—H 26, ii, 134. K—Ll 120, 70. L—(a) Ll 133, 1091; (b) Ll 14, 181. M—Ll 169, 191. N—M 161, 326. O—(a) M 212, 34; (b) M 1, 37. P—N 832, 21. Q—N 3487, 20. R—N 5274, 133. S—P 49, 136. T—P 137, 153. U—P 312, iv, 33. V—Wy 2, 59.

Amrywiadau.—1–8. [B.] 1. digoll S, digel HQ, digall C, digwydd NO. 4. curied EU, curiad AHL, cariad I, cur P. 6. cof hir a bair lestair MO. 7. dwyn IP. 9. llwybre edifar garu NO. 10. llesgodd-aith L; oferdaith HQ, oferwaith P. 11. curied CUV, curiad IL, cariad AHNQ, credu P. 13. wrth AIL. 15–20. [MPV.] 18. i hudo'n gwawd AL. 19. fu ALNO; uwch tâl ENO. 26. priffordd BMNOP QRU. 28. caeoedd a chaeroedd B, wrychoedd a chaeroedd NO. 29. a'i gôr glwus DFHJKR, gôr . . . gaer AL, gwr . . . gôr NO. 30. bryn AILMNO, bron PRS. 31. gorau BEHNOPU, groyw CL. 34. er ei mwyn JS. 35. rhwystrodd M, rhwystrais R, astrus B; rhwystrodd fi hi a'm I. 37. rhy hagr CLM, hagru dyn HQ; rionyn CLM, rawnyn A; y rhus I. 38. honno yw CDEMSU, hon yw KR, hon yw'r NO; hoenus H. 39. lan IS, llan H, uwchlaw AL, achlân K. 40. cael ACEHILQRV; boed CLM, bo QR. 42. ddaint H, fant A, aink Q; y'm daliodd i AEFHJKMNSV. 43. yn ael A-FH-LNOQRV, yn ail P. 44. neidrwedd R. 47–8. [ACFIKLMSV.] 47. yn ael DJQ; eryr D, arail O, araul C, erlyn DJQ. 48 + (Db)DcV:

Un lli gul yn llaw gelyn / Rhega did sy'n rhwygo dyn
Hislengarth ar roslangoed / Perfedd diawl mewn anguriawl goed
Carrai o groen ceir ar y grwn / Draenog coed coliog coeliwn.

49. gwarth BCEM-PR, amarch S, march J; annerthol ALR, arteith-iol INO, atebol EU. 51–70. [FKSV.] 53. ysgor DHM, estron E. 54. ar fwnwgl Q. 58. garw i groen gwyllt poen gwallt perth R. 65. buman ben IJL. 69. lluddiodd ABDEHIJL-OQR; fy hoff HQ. 70. wy'n llesg Q; a dial CJS, a ddial DEPR, am ddial Q.

66

Y CLOC

Cynnar fodd, cain arfeddyd,
Canu 'dd wyf fi, can hawdd fyd,
I'r dref wiw ger Rhiw Rheon
Ar gwr y graig, a'r gaer gron.
Yno, gynt ei henw a gad,
Y mae dyn a'm adwaeniad.
Hawddamor heddiw yma
Hyd yn nhyddyn y ddyn dda.
Beunoeth, foneddigddoeth ferch,
Y mae honno i'm hannerch.

Bryd cwsg dyn, a bradw y'i caid,
Breuddwyd yw, braidd y dywaid,
A'm pen ar y gobennydd,
Acw y daw cyn y dydd,
Yng ngolwg eang eilun,
Angel bach yng ngwely bun.
Tybiaswn o'm tyb isod
Gan fy mun gynnau fy mod.
Pell oedd rhyngof, cof a'i cais,
A'i hwyneb pan ddihunais.

Och i'r cloc yn ochr y clawdd
Du ei ffriw a'm deffroawdd.
Difwyn fo'i ben a'i dafod
A'i ddwy raff iddo a'i rod,
A'i bwysau, pelennau pŵl,
A'i fuarthau a'i fwrthwl,
A'i hwyaid yn tybiaid dydd,
A'i felinau aflonydd.

66. Y CLOC

Cloc anfwyn mal clec ynfyd
Cobler brwysg, cabler ei bryd.
Coluddyn ffals celwyddawg,
Cenau ci yn cnöi cawg.
Mynychglap, mewn mynachglos,
Melin ŵyll yn malu nos.
A fu sadler crwper crach
Neu deiler anwadalach ?
Oer ddilen ar ei ddolef
Am fy nwyn yma o nef !

Cael ydd oeddwn, coel ddiddos,
Hun o'r nef am hanner nos,
Ym mhlygau hir freichiau hon,
Ym mhleth Deifr ymhlith dwyfron.
A welir mwy, alar maeth,
Wlad Eigr, ryw weledigaeth ?

Eto rhed ati ar hynt,
Freuddwyd, ni'th ddwg afrwyddynt.
Gofyn i'r dyn dan aur do
A ddaw hun iddi heno
I roi golwg, aur galon,
Nith yr haul, unwaith ar hon.

BDG ccxvi.

FFYNONELLAU.—A—A 2, 209. B—B 23, 266. C—B 53, 169b. D—(a) B 14,933, 23; (b) B 14,932, 17; (c) Ba 6, 17. E—Bl e 1, 46b. F—Bl e 3, 46b. G—(a) C 7, 345; (b) J 14, 248. H—(a) C 64, 605; (b) C 64, 607 (*darn*). I—C 84, 1220. J—Cw 5, 222. K—Cw 19, 50b. L—Cw 125, 136. M—Gw 25, xiiib. N—H 26, ii, 80. O—Ll 6, 115. P—Ll 15, 72. Q—Ll 120, 69. R—(a) Ll 133, 992; (b) Ll 14, 25. S—M 129, 210. T—M 146, 374. U—M 147, 25. V—(a) M 212, 3; (b) M 1, 3. W—M 212, 60. X—N 560, 28. Y—N 672, 121. Z—N 727, 102b. *A*—N 832, 19. *B*—N 6706, xl. *C*—N 11,087, 37. *D*—P 49, 106. *E*—P 76, 222. *F*—P 124, 126. *G*—P 198, 34. *H*—T, 241. *I*—Wy 2, 10.

AMRYWIADAU.—1. fydd BHMOSX*AI*; can IMSXZ*I*, cyn BG, cawn O, cwyn (C); orfeddyd (R)X, oerfeddyd H, arweddvyd *E*, rhyfeddyd I, ar foddfyd V. 3. ar riw G, lliw llion O, glaer ryw gron *I*, i'r dre ganawr drwy gwynion (CE)IRa(b)S(U)XZ*A*, gaer liw leon (C)HJP*BH*. 5–6. [M.] 5. fy enw *I*, mawr enw I, mewn enw X; y henw gynt yno gad (C)O. 6. y myw dynion ym danad O. 7–8 [FO.] 10 + Ha*I*:

Neithiwr hyno a wneythym / Braw am llas kael breuddwyd llym.
Gwelwn ym ddarfod mewn gwiwlys / Fru i ffriodi ar frys.
(3. gwelwn ddarfod Ha. 4. am priodi Ha.)

11–12. [*I*.] 11. cwsg a bradw A*E*, dyn bradw CDGLMU*F*, a dyn bradw EKRTW, kwsc ym bradu B, cwsg megis brad (CE)I(R)S(U)XZ*A*, om bryd kwsc am brad y kaid O, dyred kwsc dyn bradw i kaid C. 14. akwyn B, yno (C), ag yno HJ*B*, acw yn ei dwyn I, am kwyn i dwyn (CE)M(R)SUXZ*A*. 15–19. [F.] 15–18. [*I*.] 15–50. [Hb.] 15. engyl eilun BMU*C*, eingil eilun G, ing o eilun W, angau eilun (CER)S(U)X. 17. ossod O. 19. trymgof trais (C)O. 23. ei ben *A*, fu ei ben Q, a'i ben A(C)KRSTWZ, diwin iddo i dafod G. 25. pellennau B(E)MO*C*; pwyl BMUXZ, heb hwyl *I*. 26. forthwyl BMUXZ*I*. 29. klok addvwyn *E*, clec anfwyn y cloc AETW, klek anfwyn ywr klok O, clec anfwyn mewn cloc L, clec anferth y cloc (E)IMSUXZ*A*. 30. ceblir BCDFJLOP*BCDFHI*, cablwr o Ha. 31–2. [M.] 31. cleddau ydyw N, cleddau oernych BOV*I*, cleddau eurych G, cleddau drwy'r gwas DJLPQ*BDFH*. 32. y ci X; a fai'n cnoi O; y cawg Z*A*; cnycian . . . cnocian ANQRV*DE*, cnocian . . . cnocio FL, cnyciau . . . cnocio CDJP*BFH*, cnocian . . . cnecian *I*. cnociau . . . cnycian *C*, kynykiw . . . knokiaw G, cnecian . . . cnocian EKT, knobiau kic yn kynepian B. 33. mynychglec (C)EFKRT, mynychglep BIU, mynychglip O, mynychglegr W; menychglos O, mynychglos *F*. 34. wyllt (E)IO(U)*EI*, ŵyl X. 35. ni bu AEFIKM RUWX*A*. 36. deilwr (C)V*E*, diler GI, deler X. 37. ddialedd CD(E)FHaLV*DEI*, ddilaith O, ddialaeth N, ddilyn I, ddileth *C*, ddilef MU. 39–50. [F.] 40. ar CDL, hyd NV*E*. 41. ym mhlethau Z. 42. ymhlith . . . ym mhleth AEIKMR-WZ*A*, ymhlith . . . ymhlith *E*; difyrr I, dwfr MUZ, dyfr Q, difr G, difir H. 43. afar waeth O. 44. o wlad Eigr BCDGHJLNPTVW*AC-FI* o wlad Eigr weledigaeth AEKMOQRU*BH*. 46. nis dwg *BH*; afrwyddwynt BCJR*B*. 49. ar galon ADJ-MPTUVXZ*BDEFHI*, or galon BEHNQRW*C*, oer galon I, am galon (C), wir galon S.

67
Y SEREN

Digio 'dd wyf am liw ewyn,
Duw a ŵyr meddwl pob dyn.
O daw arnaf o'i chariad,
F'enaid glaer, fyned i'w gwlad,
Pell yw i'm bryd ddirprwyaw
Llatai drud i'w llety draw,
Na rhoi gwerth i wrach serth swydd
Orllwyd daer er llateirwydd ;
Na dwyn o'm blaen danllestri,
Na thyrs cwyr, pan fo hwyr hi,
Dros gysgu y dydd gartref
A cherdded nos dros y dref.
Ni'm gwŷl neb, ni'm adnebydd,
Ynfyd wyf, yny fo dydd.

Mi a gaf heb warafun
Rhag didro heno fy hun
Canhwyllau'r Gŵr biau'r byd
I'm hebrwng at em hoywbryd.

Bendith ar enw'r Creawdrner
A wnaeth saeroniaeth y sêr,
Hyd nad oes dim oleuach
No'r seren gron burwen bach.

Cannaid o'r uchel geli,
Cannwyll ehwybrbwyll yw hi.
Ni ddifflan pryd y gannwyll,
A'i dwyn ni ellir o dwyll.
Nis diffydd gwynt hynt hydref,
Afrlladen o nen y nef.

Nis bawdd dwfr llwfr llifeiriaint,
Disgwylwraig, dysgl saig y saint.
Nis cyrraidd lleidr o'i ddwylaw,
Gwaelod cawg y Drindod draw.
Nid gwiw i ddyn o'i gyfair
Ymlid maen mererid Mair.
Golau fydd ymhob ardal,
Goldyn o aur melyn mâl.
Gwir fwcled y goleuni,
Gwalabr haul gloyw wybr yw hi.

Hi a ddengys ym heb gudd,
Em eurfalch, lle y mae Morfudd.
Crist o'r lle y bo a'i diffydd
Ac a'i gyr, nid byr y bydd,
Gosgedd torth gan gyfan gu,
I gysgod wybr i gysgu.

BDG li; DGG xlviii.

FFYNONELLAU.—A—A 2, 316. B—(a) B 14,932, 70; (b) Ba 6, 95. C—G 3, 215b. D—H 26, ii, 71. E—Ll 6, 2. F—(a) Ll 47, 477; (b) Ll 134, 514; (c) LlH, 286a; (d) MT, 541. G—(a) Ll 133, 1101; (b) Ll 14, 196; (c) B 53, 310b. H—Ll 186, 157. I—M 146, 368. J—(a) M 212, 157; (b) M 1, 146. K—N 560, 106. L—N 1260, 11. M—P 49, 43. N—Wy 2, 5.

AMRYWIADAU.—1. am ail HN; dig wyf am liwdeg KL. 2. ffoled L. 4. glân N, glwys AEF(G)M, glau B. 5. rhybell yw ym BN, pell i'm bryd mwy FL; obrwyaw EF(G)M. 6. o'm KL, no B. 8. eurllwyd F(G). 9. i'm cylch BG, i'm cell N. 10. na physt A-DGIJKLN; fai KL. 12. rhodio EM. 14. oni ABCFGI-LN. 15. yn ddiwrafun DIJ, ddiorafun BCKLM. 16. digio F; huno IJ. 17. uwch ben F. 18. wen A. 19. bendith tlawd i'r N. 20. saerniaeth A-DGI-N. 21. o liw nid oes oleuach KL, ni liwiodd dim oleuach BN. 22. benwen (D)F(G). 23. cannwyll BN; yr BFN. 24. hoyw wybr GKL, e hwyr wybr E; euro maes fydd orau i mi BN. 25. ddiffydd BGM; rhan y KL, y lân BN; ni ddiffoddan y IJ. 26. nis gellir ABGM. 28. arf kadeu E, orlladen F. 29. dyfwr llyfwr E; lyfr L, dyfr llyfr N. 30. disgleirwraig F. 31. ni ddeil . . . â'i ABCG-N. 33–4. [ACGabH -M.] 33. gywair F. 35. goleuad F, goleuni A, em burdeg K; yw

CDF-M. 37. glân KL ; vwked E ; ail i haul golau yw hi N. 39. â'i bys er bydd BN ; i gwaith yw dangos heb gudd KL. 40. eurferch GIJL. 41. bo E ; diffyd CDGH ; teg o'i lliw Duw a'i diffyd N, teg i lliw Duw a'i diffyd B, dyw oi gloyw briff ai diffyd KL. 42. y byd BCDGHN. 43. I'r gogledd 'n gosgedd gu BN.

68

Y NIWL

Doe Ddifiau, dydd i yfed,
Da fu ym gael, dyfu ym ged,
Coel fawrddysg, cul wyf erddi,
Cyfa serch, y cefais i
Gwrs glwysgainc goris glasgoed
Gyda merch, gedy ym oed.

Nid oedd, o dan hoywdduw Dad,
Dawn iddi, dyn a wyddiad,
Or bydd Difiau, dechrau dydd,
Lawned fûm o lawenydd,
Yn myned, gweled gwiwlun,
I'r tir ydd oedd feinir fun,
Pan ddoeth yn wir ar hirros
Niwl yn gynhebyg i nos ;
Rhol fawr a fu'n glawr i'r glaw,
Rhestri gleision i'm rhwystraw ;
Rhidyll yst*a*en yn rhydu,
Rhwyd adar y ddaear ddu ;
Cae anghlaer mewn cyfynglwybr,
Carthen anniben yn wybr.
Cwfl llwyd yn cyfliwio llawr,
Cwfert ar bob cwm ceufawr.
Clwydau uchel a welir,
Clais mawr uwch garth, tarth y tir.
Cnu tewlwyd gwynllwyd gwanllaes
Cyfliw â mwg, cwfl y maes.
Coetgae glaw er lluddiaw lles,
Codarmur cawad ormes.

68. Y NIWL

Twyllai wŷr, tywyll o wedd,
Toron gwrddonig tiredd.
Tyrau uchel eu helynt,
Tylwyth Gwyn, talaith y gwynt.
Tir a gudd ei ddeurudd ddygn,
Torsedd yn cyrchu'r teirsygn.
Tywyllwg, un tew allardd,
Delli byd i dwyllo bardd.
Llydanwe gombr gostombraff,
Ar lled y'i rhodded fal rhaff.
Gwe adrgop, Ffrengigsiop ffrwyth,
Gwaun dalar Gwyn a'i dylwyth.
Mwg brych yn fynych a fydd,
Mygedorth cylch Mai goedydd.
Anardd darth lle y cyfarth cŵn,
Ennaint gwrachïod Annwn.
Gochwith megis gwlith y gwlych,
Habrsiwn tir anehwybrsych.

Haws cerdded nos ar rosydd
I daith nog ar niwl y dydd;
Y sêr a ddaw o'r awyr
Fal fflamau canhwyllau cwyr,
Ac ni ddaw, poen addaw pŵl,
Lloer na sêr Nêr ar nïwl.
Gwladaidd y'm gwnaeth yn gaeth-ddu
Y niwl fyth, anolau fu;
Lluddiodd ym lwybr dan wybren,
Llatai a ludd llwytu len,
A lluddias ym, gyflym gael,
Fyned at fy nyn feinael.

BDG liv.

Ffynonellau.—A—(a) B 14,969, 39b; (b) B 14,932, 41b; (c) Ba 6, 44. B—(a) Cw 5, 235; (b) B 53, 350. C—Cw 125, 125. D—H 26, ii, 117. E—Ll 6, 30. F—Ll 25, 33. G—(a) Ll 47, 483; (b) Ll 134, 518; (c) LlH 287a; (d) MT 544. H—(a) M 212, 38; (b) M 1, 41; (c) M 148, 390. I—P 49, 3 (*darn*). J—Wy 2, 55.

AMRYWIADAU.—1. ddifai AcCG. 2. fu'n A; dofi am ged J; doe fynu ged A. 3–4. [D.] 3. cael BEF; varddysc E. 5. glwysgerdd BEFG. 6. gwedy BF, gad C, gado AH, i gade D, i gadw J. 8. dewin H. 9–10. [D.] 9. ar BF, doe AHJ; dimau G; dechrau y dydd ABCFH, cyn dechrau DJ. 11. myned i'w gweled ACH. 12. i dir ACH; lle'r oedd ACH, llei ddoedd B. 13. i'r BEFG. 14. y niwl ACDGH; yn debyg ACDGH, yn gyffelyb BF, val kynhebic E. 15. bol E; toron fawr fu ACH; fu hon gloywfron glaw D. 17–18. DJ. 17. ysten DJ. 19–20. [D.] 19. cof BEJ. 20. hyd yn niben Aa. 21. llwyn AaCH; cyflawni J, kyflayvyo E, cyflwyo G, cyfliw â C. 22. kwyn E. 24. carth G. 25. cyfyngaf chwedl ACDH; hocedlaes ACH, rhyfedlaes D. 26. cyfliw mwg yw ACH; cofl G. 27. llidiaw B. 28. cawad B. 27–8. [ACDHJ.] 29–30. ACH. 31–2. [ACDHJ.] 33–4. [DJ.] 34. cuddio ACH. 35–6. DJ. 37. gosiombraff Ba, heb sombraff ACH, gonbr gysonbraff G. 38. y rhed fal yn B, ar i lled y rhed mal G. 40. gwan BCE-I, gwen D. 42. mygydarth B, mwgodarth G, mogodarth I, mygydwarth ACH, mogodarth E, mygadfa D, mygadai J; gar ACH; y Mai DJ. 43. anadl arth DH(I). 45. o chwith BEFGI, a chwith D; fal y D. 47–58. [D.] 47–52. AH. 51. piwl A. 53. truan y gwnaeth fy BEFGI, gwladaidd y ACH. 55–6. ACH. 57. lluddiodd . . . yn AH, fy lluddias G; gyvym G. 58. at Forfydd ACH. *O flaen y cwpled olaf yn* (Abc)J:

Llwch melin gerwin mewn gwern / Dost affeth mal dwst uffern
Cwmwl dall cymau dwllith / 4 Mawr ei law mal môr o wlith
Tywod mân ar hyd mynydd / I'm boddi dan doddi y dydd
Grasu y mae am groes y mywyd / 8. Dyna boen odynau byd
Oes tre na llan yng nglan Gwy / Oerlom na bo yn arlwy?
Oes gwraig heno froch o'r fro / 12. Pwyllog na bo yn peillio?
Ac o'r peiriau gwawr purwyn / Ac ar anhawddgar am hyn
Nadodd y lluwch annedwydd / 16. Feinir gain i fyny i'r gwydd
Ond oedd orn ar gyflorni / Mynyd hael ei myned hi?
A methu gan ei mwythe / 20. Addewid llawn ddod i'r lle.
Rhegaf y baeled rhygudd / Y niwl du yn ael y dydd.
Anadl diawl hynod dioch / 24. Anad mawr fagad o foch.

(2. tost Abc. 3. a dwllith Abc. 9. glwy J. 20. ddofyd Abc.)

69

MIS MAI A MIS IONAWR

Hawddamor, glwysgor glasgoed,
Fis Mai haf, canys mau hoed.
Cadarn farchog serchog sâl,
Cadwynwyrdd feistr coed anial;
Cyfaill cariad ac adar,
Cof y serchogion a'u câr;
Cennad nawugain cynnadl,
Caredig urddedig ddadl.
A mawr fydd, myn Mair, ei fod,
Mai, fis difai, yn dyfod,
A'i fryd, arddelw frwd urddas,
Ar oresgyn pob glyn glas.

Gwasgod praff, gwisgiad priffyrdd,
Gwisgodd bob lle â'i we wyrdd.
Pan ddêl ar ôl rhyfel rhew,
Pill doldir, y pall deildew—
Gleision fydd, mau grefydd grill,
Llwybrau Mai yn lle Ebrill—
Y daw ar uchaf blaen dâr
Caniadau cywion adar;
A chog ar fan pob rhandir,
A chethlydd, a hoywddydd hir;
A niwl gwyn yn ôl y gwynt
Yn diffryd canol dyffrynt;
Ac wybren loyw hoyw brynhawn
Fydd, a glwyswydd a glaswawn;
Ac adar aml ar goedydd,
Ac irddail ar wiail wŷdd;

A chof fydd Forfudd f'eurferch,
A chyffro saith nawtro serch.

Annhebyg i'r mis dig du
A gerydd i bawb garu;
A bair tristlaw a byrddydd,
A gwynt i ysbeilio gwŷdd;
A llesgedd, breuoledd braw,
A llaesglog a chenllysglaw,
Ac annog llanw ac annwyd,
Ac mewn naint llifeiriaint llwyd,
A llawn sôn mewn afonydd,
A llidio a digio dydd,
Ac wybren drymled ledoer,
A'i lliw yn gorchuddio'r lloer.
Dêl iddo, rhyw addo rhwydd,
Deuddrwg am ei wladeiddrwydd.

BDG cxvi; DGG li.

Ffynonellau.—A—A 2, 185. B—(a) B 29, 401; (b) B 53, 36b; (c) G 3, 93a; (d) N 8330, 123; (e) C 26, 58. C—(a) B 14,933, 20; (b) B 14,932, 15b; (c) Ba 6, 16. D—Bl e 1, 117. E—(a) Br 2, 217; (b) J 17, 280. F—(a) C 7, 862; (b) J 14, 205. G—Cw 129, 320. H—H 26, ii, 69. I—(a) Ll 133, 1047; (b) Ll 14, 117. J—Ll 186, 153. K—M 147, 204. L—(a) M 212, 110; (b) M 1, 98. M—N 560, 47. N—N 1260, 12. O—P 49, 103. P—P 312, iii, 22. Q—Wy 2, 39.

Amrywiadau.—2. mis ABDEILP; mae BEFI; i fis Mai NQ; o'i leision dai doed Q. 3. cadair BE, cadr K. 4. cadwynog ACDF-JL-P. 6. cog (D)K; a gâr B(D)EK. 7–8. BEK. 9. mawr a ABEHK; yw Q. 11. ar CFILO; arddel BEK, ar ddelw JN, ar elw P, ardderw F, a'i ddail Q; frawd BEK. 12. yn BCEK. 13. gwisgiad praff BEK; gosgiad K, gosgau E, gwasgod B. 14. gwisgai BK, gwisged E. 15. yn ôl BEK. 16. pwyll doldir EK, pwll B, pall G; pill G; adeildew AC-JLNOQ. 17. Mai C; dagrau Mai (D)K, digri Mai BE; fydd grefydd E, sydd grefydd B, graddau y grill K. 18. llwybrau obry lle y bu'r BEK. 19. cwlm daw . . . clam K. 22. a dedwydd o Q; hafddydd BEFKQ. 23. yn ael BCEK, ar ôl FHM. 24. diffriw BE; da fferennau dyffrynwynt K.

25. a bron hoyw loyw K, a bron loyw hoyw B, a thon loyw yn hoyw E. 26. glaswydd a glwyswawn A; a glaswydd aml EK, a glaswyrdd aml B, a glwyswyrdd teg P; eglwyswawn BEK. 27–8. BCcDEGK. 29. am BEK. 30. amdro K. 32. heb gerydd K, digerydd E; pawb i F. 33. dulaw M, ddilaw N, truthlaw C. 34. yn BE. 35. bryd osedd K, breuolwedd Bc; ac oerfel a rhyfel rhew FHLOP, ac oerfel rhyfel a rhew ADI, ac oerfel du ryfel draw (C)MN. 36. llaesglod C(D)FGHKM-P, llaesgog DHL; chenllysglew ACDF-JLOP; ar fron a gloesion glasrew P. 37. a'n pair yn llawn o annwyd B, a'm pair, etc. E, a'm pair yn fuan mewn annwyd (D)K, ym mhob man y bydd annwyd Q. 38. a'r maint yn BEK, ymhob nant llifeiriant Q. 39. a dwyn sôn BK, a dwyn sŵn E. 40. duo dydd BEK; yn ysu dŵr nos a dydd Q. 41. ac awyr B(D)EK; dromlom P. 42. a lluwch E, yn debyg i'r K.

70

NOSON OLAU

Pynciau afrwydd drwy'r flwyddyn
A roes Duw i rusio dyn.
Nid eiddo serchog diddim
Nos yn rhydd, na dydd na dim.
Neud gwedy gwydn o gythrudd
Nid nes lles, neud nos a'i lludd.
Neud ofer brig llawer llwyn,
Neud wyf glaf am dwf gloywfwyn.
Ni lefys dyn hael Ofydd,
Ei brawd wyf, i'w bro y dydd.
Na bydd mawr, gwn, y budd mau
Na sâl, tra bo nos olau.

Gwn ddisgwyl dan gain ddwysgoed,
Gwyw fy nrem rhag ofn, *er oed*.
Gwaeth no'r haul yw'r oleuloer,
Gwaith yr oedd, mawr oedd, mor oer
Golydan ail eirian loer,
Goleudan hin galedoer.
Gweniaith rwydd, gwae ni o thrig,
Gwae leidr a fo gwyliedig !
A fu ddim waeth, rygaeth reg,
I leidr no nos oleudeg ?

Blin yw ar bob blaen newydd,
Blodeuyn o dywyn dydd.
Ei threfn fydd bob pythefnos
(Ei thref dan nef ydyw nos)
I ddwyn ei chwrs odd yna,
Myfyr oedd, mwyfwy yr â

Hon, oni fo dau hanner.
Huan, nos eirian, y sêr.
Hyrddia lanw, hardd oleuni,
Haul yr ellyllon yw hi.

Eiddig dawel o'i wely
Wrth bryd, llwyr fryd, y lloer fry,
I'm gwâl dan y gwial da,
A'm gwŷl i'w ymyl yma.
Rhyborth i'r gŵr fu'r fflwring ;
Rhyddi a nef dref y dring.
Rhygron fu hon ar fy hynt,
Rhywel ysbardun rhewynt.
Rhwystr serchog anfoddog fydd,
Rhyw wegil torth rhewogydd.
Rhyleidr haf a'i gwarafun,
Rhyloyw fu er hwyl i fun.
Rhy uchel yw ei gwely,
Rhan Ddwy fraisg, ar hindda fry.

Cennyw lle bwyf, cannwyll byd,
Cwfert, o'r wybr y cyfyd.
Cyflunddelw gogr cyflawnddellt,
Cynefin ei min â mellt.
Cerddedwraig llwybr yn wybr nen,
Carrai fodd, cwr efydden.
Cyfled ei chae â daear,
Cyfliw gwersyllt gwyllt a gwâr.
Camp mesurlamp maes serloyw,
Cwmpas o'r wybren las loyw.

Dydd heb haul, deddyw polart,
Dig fu, i'm gyrru o'm gwart.
Disgleirbryd, cyn dwys glaerbrim
Da oedd ym pei duai ddim.

I anfon llateion taer,
Dioferchwedl, dai f'eurchwaer,
Tra fo nos, loyw ddiddos lân,
Tywyllid Tad Duw allan.
Rhwol teg oedd i'n rhiydd,
Rho Duw, yn olau rhoi dydd,
A rhoi nos ynn, ein rhan oedd,
Yn dywyll i ni'n deuoedd.

BDG civ.

FFYNONELLAU.—A—A 2, 269. B—B 30, 158. C—B 46, 38. D—B 53, 126. E—(a) B 14,933, 27; (b) B 14,932, 10b; (c) Ba 6, 21. F—B 14,985, 28a. G—Bl e 1, 130. H—Cw 129, 402. I—H 26, ii, 85. J—J 12, 77. K—Ll 6, 22. L—(a) Ll 47, 475; (b) Ll 134, 515; (c) LlH, 285b; (d) MT, 541b. M—Ll 120, 88. N—(a) Ll 133, 1061; (b) Ll 14, 136. O—Ll 186, 163. P—M 144, 263. Q—M 145, 755. R—(a) M 212, 7; (b) M 1, 8. S—N 560, 122. T—N 644, 58b. U—N 727, 103a. V—N 832, 20. W—N 1559, 112. X—N 5283, 22. Y—P 49, 110. Z—P 54, i, 24.

AMRYWIADAU.—1. pwyntiau AEGHIMNQRSVWXY. 5. nid HQWX, nid a BEU, ni da F, nid ta T, a gwedy L; gystudd ABD-JMNOQR-Y. 6. ond nos BDFKLQX, nid nos EHTU. 7. nid BEFLQUWX. 8. nid BFGLQUX, nad H, ond ET; deg ABFG HNU. 9–10. DEKLO. 9. lefais L; ufudd K. 10. oi bro K, wybro EL, i lwybro O. 11–12. DEKLZ. 11. na budd L; gwna K; na bydd L. 13–14. KLZ. 13. am gain L, gaing K. 14. gwae fy mron L; erioed KL, e roed Z. 16. ar goedd QWX, lle'r oeed T. 17–18. Z. 19–20. KLZ. 19. gwelioedd dagreuoedd dig Z. 20. gweledig L. 21. nid oedd BEF, ni bu M. 25. ar bob BFKL. 26. dan y nef yw'r ABGN. 28. wyf BEGHIL-ORSXY, rwysg QW, wr F. 29. hoyw F, a'i rhan yn Z. 35. i'n AMNOQRSWX, a'm NT. 36. ni'm B. 37. hyborth EF; i'm iôr BFGNU; ffloring ABFGHTUWX. 38. rhyngthi A-JM-Y. 39. hygron BF; yw . . . ei A-JM-Y. 41. rhwysg K; an vodioc K. 42 + EKL:

Plwyfogaeth seroliaeth sant / Planed dwfr pob blaen tyfiant.
(1. saeroliaeth L. 2. dyfwr K.)

43–4. KLZ. 43. er L. 44. ger hyloyw fun L, ger hyloyw y hyn K. 46. rhan Dduw A-JM-Y; yr BEKL, o'r AGHNOQ-SUX-Z. 49. cof iawndda Q, cof iawnddal WX, cyflym dderw T, cyflym ddelw F; ogr ABFGINQWX; cyfiawnddellt QX, cyflymddellt T, cyfanddellt

W. 51. dan wybr wen T, dan wybrnen BE, dan wybren U, yr wybren I, yr wybrnen L, bryn wybr nen QWX. 52. karr ai F; o fodd EFTU; y fen E. 53. â'r GHIMOQRSUVY. 54. cyfrwng FK, cyfryw AGINT. 55. mis hirloyw Z. 57. dyddiau ABFINTU, diwedd QW. 58. om gwedd am gyrrai ym gward Z. 59. disgleirbryd dwys ABF-IMNOQSU-Y, disgleirbryd ddwys M; eglurbrim ABF-IMNOQSU-Y. 60. deuai NX, du oedd U. 61. ddanfon ABCNQWX, er danfon F, ef anfon E. 62. difyrchwedl ABEFHMNTU, da fawrchwedl KL, dioerchwedl V, difai orchwyl S; i dai HKLMOQWXY, i dŷ ABEFGINTUV, at S. 63–4. [KL.] 65. rhyol O, rheol AKL, rhowyr BEFT; da AGINS; rhyol ydoedd M.

71

Y DON AR AFON DYFI

Y don bengrychlon grochlais,
Na ludd, goel budd, ym gael bais
I'r tir draw, lle y daw ym dâl,
Nac oeta fi, nac atal.
Gad, er Duw rad, ardwy ri,
Drais y dwfr, fi dros Dyfi.
Tro drachefn, trefn trychanrhwyd,
Dy fardd wyf, uwch dwfr ydd wyd.

A ganodd neb â genau
O fawl i'r twrf meistrawl tau,
Gymar hwyl, gem yr heli,
Gamen môr, gymain' â mi ?
Ni bu brifwynt planetsygn,
Na rhuthr blawdd rhwng deuglawdd dygn,
Nac esgud frwydr, nac ysgwr,
Nac ysgwydd gorwydd na gŵr,
Nas cyfflybwn, gwn gyni,
Grefdaer don, i'th gryfder di.
Ni bu organ na thelyn,
Na thafawd difeiwawd dyn,
Nas barnwn yn un gyfref,
Fordwy glas, â'th fawrdeg lef.
Ni chair yr ail gair gennyf
Am f'enaid, brad naid bryd Nyf,
Ond galw ei thegwch golau
A'i phryd teg yn lle'r ffrwd dau.

Am hynny gwna na'm lluddyych,
Ymwanwraig loyw dwfr croyw crych,

I fyned, f'annwyl a'm barn,
Drwy lwyn bedw draw Lanbadarn
At ferch a'm gwnaeth, ffraeth ffrwythryw,
Forwyn fwyn, o farw yn fyw.
Cyfyng gennyf fy nghyngor,
Cyfeilles, marchoges môr.
Ateg wyd rhof a'm cymwd ;
Atal â'th drwyn ffrwyn y ffrwd.

Pei gwypud, don ffalinglwyd—
Pefr gain lateiwraig aig wyd—
Maint fy ngherydd am drigiaw !
Mantell wyd i'r draethell draw.
Cyd deuthum er ail Indeg
Hyd yn dy fron, y don deg,
Ni'm lladdo rhyfel gelyn,
O'm lluddyud i dud y dyn,
Neu'm lladd saith ugeinradd serch ;
Na'm lludd at Forfudd, f'eurferch.

BDG xli ; DGG xliv.

FFYNONELLAU.—A—A 2, 144. B—(a) B 29, 384 ; (b) B 53, 34b ; (c) G 3, 117a ; (d) C 26, 66. C—(a) B 14,932, 71 ; (b) Ba 6, 117. D—Bl f 3, 20b. E—Cw 129, 343. F—H 26, ii, 122. G—Ll 6, 58. H—(a) Ll 47, 491 ; (b) Ll 134, 523 ; (c) LlH 289a. I—(a) Ll 133, 1104 ; (b) Ll 14, 202. J—(a) M 212, 161 ; (b) M 1, 150. K—N 560, 53. L—P 49, 8. M—P 54, i, 61. N—Wy 2, 57.

AMRYWIADAU.—1. grochlas B. 2. gael bas B, i'w gul bais E, im gael budd gloyw bais AIK, na ludd mohonof mwyn lais C. 3. i fyned draw daw ym dâl GJ, i fyned draw o daw'n dâl E, i fyned draw o daw ym dâl A-DIKN. 5–6. [N.] 5. ardwy rhad GHLM ; ordwy rhi BCDJKL, orddwy F, fordwy E, er Duw Rhi GHLM. 6. rhwyfo dwfr rhof a Dyfi ADE-JLM, rhwyfo dyfr rhof a Dyfi CK. 7. dwg drachefn GHL. 10. twrw ACDEIKN, twf GHLM. 11. môr heli GHLM. 14. rhuthr clawdd AFJ, rhuthr cawdd BDE, rhuthr hawdd K ; na deugawdd dygn GHL, na dengawdd dygn M. 14 + CN :
Ba fendith na bu faendwr / Llew na hydd na gwŷdd na gŵr.

17. nis cyfflybwn DGL, a gyfflybwn CEN. 18. gryfdwr BDEFH JKMN. 20. digrifwawd ILM, digryfwawd GH. 21. nas tybygwn gwn gyfref B, duwies-liw nad gwell dy oslef CN. 23–6. [N.] 22 + CN :

Dy gennad ton loewgron grych / Och unwaith rwy o'i chwennych
I fyned fwyned am farn / Drwy lwyn bedw draw i Lanbadarn.

24. ar f'enaid H. 25. yn galw A-FIJ. 26. fal y ffrwd dau B, ar y loywffrwd dau AC-FIJ, i'r loywffrwd K. 27. er y sydd gwna C; myn llydd nych G. 28. ymwahanwraig EKL, gwahanwraig AI; hoyw ABEFJ. 29–30. [Bacd.] 29. ym vyned G; am farn CN. 30. i Lanbadarn AH-K. 31. ffrwythloyw CN, ffrwythfyw BFIJK. 32. o feirw F. 33–4. [GHM.] 35. ateb AI; ateg wych wyd ar grychffrwd B, kammu ddwyf rhof am kymwd K. 36 + CN :

Gobr da pe gwype'r don / Sy a'i brig dros gerrig geirwon.
(1. gwybu C.)

37–8. [N.] 37. ddring ffalinglwyd CK, ing ffalinglwyd B. 38. letywraig BDG, leteuwraig AC; pefr letuywraig i aic wyd F, pefr leteuwraig aig wyd J. 39. maint fy nirmyg E, maint fy nig am dy drigiaw B, maint yw fy nig am drigiaw A, 'rwy'n geryddig am drigiaw N, dryged fy nghosp am drigiaw K. 40. mantell ar y draethell draw B; lliwddu drom ni'm lluddiai draw C, lliwddu drom a'm lliddie draw N. 41–4. [N.] 41. gwedi myned er B, deuthum yn flin CK. 42. hyd ger J. 43. ni'm lladd (Bd)J, ne i'm lladd Bc, mae'm lladd K, gwell im fy lladd seithradd serch CN.

72

TRECH A GAIS NOG A GEIDW

Ceisio yn lew heb dewi
Beunydd fyth bun ydd wyf fi.
Cadw y mae Eiddig hydwyll
Ei hoywddyn bach hyddawn bwyll.
Traws y gwŷl treisig olwg,
Trech a gais trwy awch a gwg
Nog a geidw rhag direidwas
Ei ddyn gwyn ar ael glyn glas.

Nid hawdd cadw cymen wen wych
Rhag lleidr yn rhygall edrych.
Un orchwyl, pan ddisgwyliwyf,
Yn llywio drem â lleidr wyf.
Gwydn y mae ef, addef oedd,
Yn ei chadw, anwych ydoedd ;
Gwydnach ydd wyf, trymglwyf trais,
Yn amgylch bun yn ymgais.
Serchog, o'i radd gyfaddef,
O chais a gâr, ni chwsg ef ;
Ac o chwsg bun, un anoeth,
Mae'n serchog celwyddog coeth,
Hoed gwyliwr, pylgeiniwr pŵl,
Hynag fydd, hunog feddwl.

Tebyg iawn o fawrddawn fudd,
Em fawrfalch, wyf am Forfudd
I'r march a wŷl o'i warchae
Y ceirch, ac ni wŷl y cae :
Minnau, heb ochel gelyn,
A welaf ddiweiriaf ddyn,

Ac ni welaf, hyaf hawl,
Ei du gymar, deg emawl.
Ni welo Mair ddyn geirsyth,
Ni wŷl yntau finnau fyth.
Mwy blyg ni bydd mablygad
Ym mhen gwledig, unben gwlad.

Trech, lle'r ymddyrchaif glaif glas,
Wyf nog ef, ofn a gafas.
Tramwyaf, lwyraf loywryw,
Trefi fy aur tra fwyf fyw.
Oerfel ym o gochelaf
Eirian oroen huan haf,
Arfog swydd, o ryfyg sâl,
Er a'i ceidw, eurog hoywdal.

BDG lxxiii; DGG vi.

Ffynonellau:—A—(a) B 14,932, 70b; (b) Ba 6, 154. B—C 2.616, 92. C—C 7, 827. D—C 52, 12. E—C 64, 623c. F—Cw 5, 247. G—H 26, ii, 25. H—Ll 26, 234. I—(a) Ll 47, 466; (b) Ll 134, 508; (c) Ll H, 283b. J—Ll 120, 68. K—(a) Ll 133, 1111; (b) Ll 14, 209; (c) B 53, 313. L—Ll 186, 82. M—M 146, 367. N—(a) M 212, 167; (b) M 1, 155. O—N 560, 69. P—N 1260, 15. Q—N 6706, 30. R—P 49, 51. S—P 54, i, 46. T—P 312, iv, 58. U—T, 234. V—Wy 2, 19.

Amrywiadau.—2. bronydd bydd S. 4. balch IT. 5. trais a golwg ACDGK-OPT. 8. o fewn S, yn ael HKO. 9. cangen DIT. 10. hygall T, mynych L, a fo'n I. 10 + T:
Gnawd i leidr anfeidrawl / ai rhai wedi del or hawl
nawd ystyr bryd eira cnwd ystwyll / tan orchymyn tynn ywr twyll.
11. lle A-CE-GJ-ORTUV. 12. unlliw o drem AKV. 15. ydwyf BCE-GI-OPQTU. 17. o HI, ei BRS. 19–20. BCD. 21. a gwyliwr T, a'r gwyliwr KOP, mal gwyliwr AC-GJLMNQUV, disgwyliwr BR. 22. hunog IT, hunaw AC-GJ-QU; hynawg I, hynnag T, hyn a AC-GJ-QUV. 23–4. Q. 25. y march A-V; wêl JO. 26. wêl J. 28. ddifeiaf BEFHRU. 31. d'ŵr HIa, ni welwy d'ŵr . . . gwirsyth Ib, welo Duw ACDG-PRSTV. 32. wêl J. 33. mau S; na bydd B-GJ-LNO, na bai T. 35. ymgyrchaif GJLMN, ymgylchaif CONP, ymgylchaf K, ymgyrchai A, dyrchaif y FQ, drychaif y R, ym drychaif H, ymdrechaf glaf I. 37. lawraf DM, laraf A. 40. Ieuan K. 41. arfod Ib; serch A-RTUV. 42. ei wraig hoywdal EQU, Efrawg hoywdal T.

73
GWALLT MORFUDD

Dodes Duw, da o dyst wyf,
Dwybleth i hudo deublwyf,
O radau serch, aur ydyn',
Aerwyau teg, ar iad dyn.
Eurdyrch a chynnyrch annwyl
O ffrwyth golau iadlwyth gŵyl,
Llwyth gŵr, llyweth o gariad,
Llathr yr aeth uwch llethr yr iad.
Llwyn o gŵyr, ddifeiwyr faeth,
Llwyn eurllin, llyna iarllaeth.
Llonaid teg o fewn llinyn,
Llaes dwf yn lleasu dyn.
Llin merch oreuserch rasawl,
Llwyn aur mâl, llinynnau'r mawl.

Balch y dwg, ferch ddiwg fain,
Banadl ysgub, bun dlosgain,
Yn grwn walc, yn goron wiw
Wyldlos, blethedig oldliw,
Yn gwnsallt, fanwallt fynwaur,
Yn gangog frigerog aur.
Eirian rodd, arwain ruddaur
Ar ei phen o raffau aur
I hudo beirdd penceirddryw;
Oedd hyfryd i'r byd ei byw.

Bun a gafas urddasreg;
Bu ragor dawn briger deg
Cannaid rhag Cynfrig Cynin,
Fab y pengrych flawrfrych flin.

Llwdn anghynnil gwegilgrach,
Llwm yw ei iad lle y mae iach,
Lledfeddw, rheidus, anlladfegr,
Lletpen chwysigen chwys egr.
Annhebyg, eiddig addef,
Fulwyllt, oedd ei foelwallt ef,
Llariaidd ddifeth y'i plethwyd,
I'r llwyn ar ben Morfudd Llwyd.

BDG lxviii.

Ffynonellau.—A—A 2, 182. B—B 53, 168b. C—(a) B 14,933, 22; (b) B 14,932, 16b; (c) Ba 6, 5. D—Bl e 1, 69b. E—(a) Br 2, 214; (b) J 17, 276. F—Cw 5, 370. G—Cw 129, 326. H—G 3, 212b. I—H 26, ii, 73. J—Ll 6, 8. K—Ll 25, 27. L—Ll 53, 292. M—(a) Ll 133, 1011; (b) Ll 14, 58. N—Ll 186, 39. O—(a) M 212, 73; (b) M 1, 74. P—N 5283, 357. Q—P 49, 105. R—Wy 2, 41.

Amrywiadau.—1. a da dyst B. 4. y mae aur IR, aur teg sydd GHN. 6. a ffrwyth ADMR; goleuadlwyth ADEH, adwyth P, odwyth L. 8. llath L, llathe E; ras J, o ras AELP, yr âi G; llathr ei iad P. 9. llwyr y gŵyr AEGHIJMNO. 10. llon I; eurllwyn BCDHILNPQ, eurlliw EF. 12. lliosi CEFKLP, llyoysi J. 13. llun EJ. 15. fun AEFJNQR, dyn DMO, ddyn B. 16. esgob LP, esgyb FK. 17. wallt A-IKM-OQR, oll LP. 18. aeldlos LP. 21–2. [ADGHIMOR.] 21. ar fain E. 22. raffau o E. 25. dyn EJ; urddasdeg N, ben gofeg LP. 26. twf L; brig aur DELMOP; teg L. 27. Cinnin H; penmoelgrach y panelgrin R. 28. flawdgrych EF, flawrddrych J; mab pengrach gaflach goflin R. 29. anghenfil CJ, gwyddfil EF. 32 + (Cb)Cc(N)R:

Eiddig gyw sarrug go sur / Lledpen chwysigen segur
Penglog o'r fedrog fadrach / 4. Ni bu ar ben cwch gwenyn bach
Y fo'n ddreng a fu yn ddrud / Gael barcio clol y barcud
Nid tebyg ennyd tybiais / 8. Ei fflwch lom i fflech lais.
(3. ponglog Cc; fudrach Cc.)

34. fulwallt oedd A-IK-R. 35. dibeth J, ddableth E, ddwybleth lle i FK; y plethwyd AC-R, i plethwyd B. 36. y llwyn DEGI-MOP.

74
Y SERCH LLEDRAD

Dysgais ddwyn cariad esgud,
Diwladaidd, lledradaidd, drud.
Gorau modd o'r geiriau mad
Gael adrodd serch goledrad.
Cyfryw nych cyfrinachwr,
Lledrad gorau cariad gŵr,
Tra fuom mewn tyrfaau,
Fi a'r ddyn, ofer o ddau,
Heb neb, ddigasineb sôn,
Yn tybiaid ein hatebion.

Cael, herwydd ein coel, hirynt
A wnaetham ymgytgam gynt.
Bellach modd caethach y cair
Cyfran, drwy ogan, drigair.
Difa ar un drygdafod
Drwy gwlm o nych, dryglam nod,
Yn lle bwrw enllib eiriau
Arnam, enw dinam, ein dau.
Trabalch oedd o chaid rhybudd,
Tra gaem gyfrinach trwy gudd.

Cerddais, addolais i ddail,
Tref eurddyn, tra fu irddail.
Digrif fu, fun, un ennyd
Dwyn dan un bedwlwyn ein byd.
Cydlwynach, difyrrach fu,
Coed olochwyd, cydlechu,
Cydfyhwman marian môr,
Cydaros mewn coed oror,

Cydblannu bedw, gwaith dedwydd,
Cydblethu gweddeiddblu gwŷdd.
Cydadrodd serch â'r ferch fain,
Cydedrych caeau didrain.
Crefft ddigerydd fydd i ferch—
Cydgerdded coed â gordderch,
Cadw wyneb, cydowenu,
Cydchwerthin finfin a fu,
Cyd-ddigwyddaw garllaw'r llwyn,
Cydochel pobl, cydachwyn,
Cydfod mwyn, cydyfed medd,
Cydarwain serch, cydorwedd,
Cyd-ddaly cariad celadwy
Cywir, ni menegir mwy.

BDG cxcv; DGG xiv.

Ffynonellau.—A—B 23, 182. B—(a) B 29, 254; (b) B 53, 21; (c) G 3, 50b; (d) C 26, 59. C—(a) B 14,932, 72b; (b) Ba 6, 131. D—B 15,030, 206a. E—C 5, 66. F—Cw 5, 474. G—G 3, 209b. H—H 26, ii, 59. I—Ll 6, 44. J—(a) Ll 47, 521; (b) Ll 134, 542; (c) LlH 295a. K—M 146, 371 (*darn*). L—M 146, 373. M—M 161, 184. N—(a) M 212, 29; (b) M 1, 32. O—N 832, 86. P—P 49, 29. Q—P 54, i, 71. R—P 76, 66. S—Wy 2, 68.

Amrywiadau.—6. garu IO. 11. coel JOPQ; oherwydd BCE-HKOPS, herwr Q; yn cael JP, yw koyl Q. 12. gawsam Q. o gytgam IJPQ, am gytgam S. 13–42. [K.] 13. mal BCFGOS, fal AEMNR. 14. cytgam A; darogan Q; drygair IJLMP. 15. difa'r un drwg i davod Q. 16. gwlm nych a ABCFGHO, gwlwm ENRS. 16 + CS:

Ni chawn mwy mo'r tramwyo / Yr hen lwybre gore o go.

19. tra geid I, tra chaid C, oni chaid R. 20. tra geid Q, tra gawn M, tra gwan NR; y cariad Q, ymddiddan NR. 21. credais IJPQ, cerais O. 22. tra fu . . . tref Q. 23. digrif ynn EIPQ, digrif ym J, digrif fu'r F, digrif fu hyn NOR, digrif i'r fun B. 24. dan frig Q. 25. cydlawenach A, cydlawnach GHLO(P), cyflawnach BFNR, cyd bwy iach DE, kyd gyvrinach vach Q; ddigrifach HLO, diwyd-iach NR. 27. cydgwhwfan F. 29. cydgadw BCF-HLO(P)S. 30. cydblannu BCF-HLOS. 31–2. [AEJMN.] 31. i'r R. 32. y coed

CS. 33. ddigrif rydd A-HJ-S; cyd yfed medd ar sedd serch CS. 34. â'i AEIJR. 37. cydogwyddaw BF-HL; cydgwynaw garllaw y llwyn CS. 38. pell AP, serch R. 38 + R:

bod yn wyl wrth vanwylwenn / a wnaeth i mi golli gwenn.

41. cyd talu CS, cyd ddala JL-O, cyd ddal BFGHR; taladwy BCF-HMN, tvladwy R, dyladwy O.

75
I DDYMUNO BODDI'R GŴR EIDDIG

Ef aeth heddiw yn ddiwael
Gyda Rhys i gadw yr hael
O frodyr ffydd a rhai maeth
A cheraint, mau awch hiraeth,
Ymy, i ymwrdd â Ffrainc,
O'r Deau (Mair a'u diainc!)
Brehyrllin weilch beilch bylchgrwydr,
Blaenorion brodorion brwydr.

Mab gogan, mae bygegyr
Gyda chwi, o gedwch, wŷr,
Yn elyn dianwylyd
I fardd bun ac i feirdd byd.
Un llygad, cymyniad cawdd,
Ac unclust yw ar ganclawdd ;
A chorn celwydd-dwyll pwyll pŵl,
A chosbwr bun, a'i cheisbwl.
Y sawl gwaith rhag trymlaith trwch
Y ffoais gynt, cofféwch,
Rhagddaw'r cawell ysgaw cau,
A'i dylwyth fal medelau.
Bid iddaw yn ei law lwyth
O faw diawl, ef a'i dylwyth.

Od â â'i enaid, baid banw,
I'r lwydlong wyllt ar lidlanw,
Llonydd ni hir gydfydd hi,
Llun ei hwyl yn llawn heli.
Gwisg ei phen fo'r ffrwd wen wawl,
Gwasgwynes y gwaisg ganawl.

Ni cherdda, ni hwylia hi,
Trychwanddyn, â'r trwch ynddi.
Gythier efo, gwthr afanc,
Dros y bwrdd ar draws y banc.
Y don hael, adain heli,
Y tâl a ddlywn i ti,
Nith mordraeth, anoeth mordrefn,
N'ad y trwch uriad trachefn.
Saethffrwd aig, trywanwraig trai,
Saig nawton a'i sugn atai.

O don i don, edn sugndraeth,
Od â i Ffrainc y du ffraeth,
Y sawl anghenfagl y sydd,
Hoenyn fo ei ddihenydd.
Meddyliwch, graff braff broffes,
Am ei ladd, gwnewch ymy les,
Ac na edwch y cwch cau
I'm deol am em Deau.

Tithau'r albrasiwr, tuthia,
Teflidydd defnyddwydd da,
A thafl â'r pren gwarthaflfyr,
A saeth, bythorud o syrr ?
Brath y lleidr yn eneidrwydd,
Bid trwch y breuddwyd, boed rhwydd.
Trywana, na fetha fath,
Traidd â'r albrs trwyddo'r eilbrath.
Adnebydd, saethydd sytharf,
Ei sythion flew feinion farf.
Diddestl farf ffanugl gruglwyn,
Dydd a ddaw, da oedd ei ddwyn.
Diddan ynn ei drigian' draw,
Deuddeg anhawddfyd iddaw !

Diddaly bardd, a hardd yw hyn,
Diddel adref i'w dyddyn.
Ffroen eiddig wenwynig nod,
Ffriw ddifwyn, o phraw ddyfod,
Wrth wyn esgar, lafar lef,
Y du leidr, y dêl adref.

BDG xcix; DGG liv.

Ffynonellau.—A—A 2, 74. B—B 53, 149b. C—(a) B 14,933, 4; (b) B 14,932, 7b; (c) Ba 6, 15. D—Bl e 1, 136b. E—C 5, 25. F—G 3, 218b. G—G 4, 58. H—H 26, ii, 30. I—J 14, 124. J—(a) Ll 133, 1067; (b) Ll 14, 144. K—Ll 186, 85. L—(a) M 212, 44; (b) M 1, 46. M—P 49, 82. N—P 54, i, 93. O—P 57, ii, 108. P—Wy 2, 25.

Amrywiadau.—3. Morfudd maeth ABDFJK. 4. brodyr kefndyr kyfiondaith P. 5. imi'n ffrom F. 6 + P:

Adre don aeth o honyn / gida duw i gyd ond un.

7. brehyrion FGHKL. 8. breiniolion ABDFIJO. 9. Gwgon DFJK, Gwgan AGILO. 9. eilun P. 15. celwyddbwyll B-EG-IK-M. 17. pa sawl A-MOP; trymfaith BCHK, trymwaith D-GJLOP. 18. ffois E, yn y ffoes P, ei phais BC, i ffoesoch I; kyffeswch I. 20. mydylau I. 23. od â ar naid A(B)DJ; laid lanw I, i laid lanw A o laid lanw (B)DJ, erlidlanw ABCE-HK-MOP. 25. llywydd BCHM 28. gwsgwynes BEGHLM; ei DJO; gwaisg anawl BEGHLM, gwisganawl O, gwaisc aniawl I. 30. trychanddyn A-DF-MP, tracheinddyn O, trachweinddyn E; er A-DJKM. 31. ef a'i DFGJ-M. 34. adolwyn E, ddylwn A-DF-MOP. 35–6. E. 37. seithffrwd A-MP; tramwywraig A(B)DFGJL, trwynwraig EO, trymwraig P. 38. cafnddwr brigwyn a'i cefnai P. 39. a thrwy bob blin segindraeth P. 40. âi BCE. 41. ysaw long henfagl BCM, enynfagl N, angheuawl GL; yr hwlc foliog gonglog gudd P. 42. hwynyn D-GJLOP. 43. brysiwch broses N. 46. dial (C), digio . . . degau O. 48. tafledydd BCF-IJLMP, taflidydd O; deunyddwydd ADH-JP. 50. bethorost H. 51. drwy ei BCDFHJKMP. 52. bythawr ei ladd BCHIKMO, bythawr ei fâr FGL, na fetha'i war A(B)DJ; bydd gar gwydd BCHIKMO, byth gar gwydd ADFGJL; dod ffon drwy i galon gwydd P. 53. trawa E, tor anaf ADJ, tryvera O, gwahana P; fetha'i ADJ, fetha'r N; frath FP. 54. tro O; yr E, o'r FGIL; albras BEHMN, albrys DJO, albrus IP, alvre GL; eilfrath GL. 55. ylysen oed roi y lasarf P. 56. geirwon ADJ; fyrion EO; gna yw fo i gneio i farf P. 56–7. [ADJ.] 57. fardd BCE-IK-O; ysbie'r gwas

bob glaslwyn P. 58 a fu BEFH-IK-M; nid oedd BEFH-IK-M; ei fwyn M, ef fwyn BEFH-IKL. 59. ym A-DG-M; drigfan N; y ciw brith a drigith draw P. 61. difai E; diddig fydd bardd hardd o hyn A-DF-MOP. 62. rhyd y dydd yn rhodio i dyddyn P. 62 + (Cc)P:

A'r nos y dof yn nes o'i dy / Gaf weled ei gywely
Cyd achwyn y fi a'r fwyn ferch / 4. Iechyd ynn a chyd annerch
Cyd adde cyd weddio / O'i ol fyth nas delo fo.
(3. mi yr P. 6. nas dêl y fo Cc.)

64-6. [P.] 63. ffrwyn ABCGIKLM, ffriw ADJ, ffwyn FH; cloedig clod ABCGIKLM, cwliedig clod ADJ, kladdig klod O. 64. ddiwyn BCDHIJM, ddwfn A; ddvwod BCHIM. 65. ysgar ADJO, nis câr BCEHM, wyllysgar I.

76

RHAG HYDERU AR Y BYD

Mau aflwyddiant, coddiant cawdd,
Mefl iddo a'm aflwyddawdd !
Sef yw hwnnw, bw ni baidd,
Eiddig leidr, Iddew gwladaidd.
Ni adawdd, ni bu nawdd nes,
Da i'm helw, Duw a'm holes.
Cyweithas, hoywdras, hydrum,
Cyfoethawg, rhuddfoawg fûm.
Ethwyf o wiw nwyf yn iach,
Wythlid bwyll, a thlawd bellach.
Ciried, deddf cariad diddim,
Digardd wyf, a'm dug ar ddim.

Na rodded un cun ceinsyth
Fryd ar y byd, fradwr, byth.
Estron was, os dyry'n wir,
Fyd ollwng, ef a dwyllir.
Hud yw golud, a gelyn,
Brwydr dost yw a bradwr dyn.
Weithiau y daw, draw draha,
Weithiau yn ddiau ydd â,
Mal trai ar ymylau traeth,
Gwedy llanw gwawd a lluniaeth.

Chwerddid mwyalch ddichwerwddoeth
Yng nghelli las, cathlblas coeth.
Nid erddir marlbridd iddi,
Neud iraidd had, nid ardd hi.
Ac nid oes, edn fergoes fach,
O druth oll ei drythyllach.

Llawen yw, myn Duw Llywydd,
Yn llunio gwawd mewn llwyn gwŷdd.
Llawenaf, breiniolaf bryd,
Yw'r bastynwyr, byst ennyd.

Wylo a wnaf, bruddaf bryn,
Ymliwddeigr, galw am loywddyn,
Ac ni ŵyr Fair, glodair glud,
Ym wylo deigr am olud,
Gan nad oes, duunfoes deg,
Gymroaidd wlad Gymräeg
Hyd na chaffwyf, bwyf befriaith,
Durfing was, da er fy ngwaith;
Ac ni chaid o'i chyfoedi
Dan ymyl haul dyn mal hi.
Am fy nghannwyll y'm twyllwyd,
Morfudd, lliw goleuddydd, Llwyd.

BDG xcii; DGG lix.

Ffynonellau.—A—B 24, 187. B—B 53, 123b. C—(a) B 14,932, 46b; (b) Ba 6, 61. D—Bl f 3, 37b. E—(a) C 7, 858; (b) J 14, 311. F—Cw 129, 306. G—H 26, ii, 66. H—Ll 120, 80. I—(a) Ll 133, 1112; (b) Ll 14, 211. J—Ll 186, 128. K—N 560, 73. L—N 5283, 111. M—P 49, 44. N—Wy 2, 38.

Amrywiadau.—1. mae ACK. 3. o B-LN. 5. bydd FIJKL, im nawdd yn nes A. 6. i'm BI. 7. hoedras DGHJ. 8. fawreddog B-DF-L, fawr enwog E, vawl enwawc A. 9. eithwyf A, yr wyf B-KMN; wir KN. 10. at lid K, dilid N; i'th wlad B-FHJL, ŵr tlawd K, dylawd N. 10 + (Ca)CbN:

heb arian mewn llan na llu / heb drwsiad heb wtresu
heb farch a heb barch a heb ben / o bur lid heb awr lawen
fo'm cafodd heb ddim cyfaith / ond yr awen lawen laith
o cefais i cofus waith / brud gwyn ei briodganwaith
Duw a rannodd o'r unwaith / del ym ged dal am y gwaith.

11–12. CLN. 14. ar fyd A. 16. fud ACDEHIJL; ellwng A(G)JLR; disymwth draw o somir N. 18. dwys EFHIJKN. 22. gwyd a (CG)L(N), gwaed H. 23. a cherdd C; wych eirddoeth BD-HJKN, wych eurddoeth ACIL. 24. cethlblas EGHIK, caethblas FN, gathlblas goeth A. 25. pridd marl IK. 26. nid iraidd A-HJL-N, i IK, ond (M); yrraidd M, yrredd A. 28. a thruth IK(M); thrythyllach IK(M). 29. wyf CDFGHJKL. 31. breisgaf o F. 32. bystyniwr C; pastynwyr . . . pyst IK. 33. wylais a brydythais A; brydaf MN, brudaf I. 34. olewddeigr DE, loyw ddeigr G, em oleuddeigr FH-LM. 34 + (Ca)CbN:

llawen Eiddig mi a'i lliwia / cyw dewr du'n cadw'r da
oedd deg i'r Iddew dygyn / 4. dwyn fy nghoweth soweth syn
a dwyn fy lloer dyna fy lladd / y Morfydd liwrydd loewradd
gofrwnt y rhoes y gyfraeth / 8. da a dyn i'r gelyn gaeth
a'm gado ond tro trymddyn / heb ddyn heb dda yn gla mewn glyn
wylo ar ôl y wiw ael rydd / 12. dwr hallt a dyr i elltydd
ag ni ddaw amser draw drud / im wylo byth am olud.
(1. a'm lluddia CaCb.)

35. nis gŵyr . . . loywair lud B-LN, gloywair glud A. 37. am C-JL, gwn AB(G); dewinfoes CL, dehaufoes F. 38. iaith J. 39. beniaith B-EHIJL, boeniaith F. 40. ŵr CDEGHIJL, wyf A. 41. chaf CFM; ni chaf doed i'w L. 43–4. ABCMN.

77
AMAU AR GAM

'Morfudd weddaidd anghywir,
Gofwy gwawd, gwae fi, ai gwir,
Eto o nwyf, yty, fy nyn,
Diofrydu dy frawdyn,
Yr hwn; a wn o'i eni,
Nith Eigr deg, ni'th ddigar di,
A gadael, i gael galar,
O'th gof y truan a'th gâr,
O serch ar ormodd o sôn,
Ïau neidr, ai anudon?'

'Na wir; tyngu ni weryd,
Ni bu ambrydu i'm bryd.
Myn y Gŵr mewn cyflwr cawdd,
Ddafydd, a ddioddefawdd,
Mwy carwn ôl mewn dolgoed,
Dibrudd drin, dy ebrwydd droed
No'm godlawd ŵr priawd prudd,
Neu a ddeiryd i'w ddeurudd.'

'Dugost lid a gwrid i'm grudd,
Dyn fawrfalch, da iawn Forfudd.
Ef a ddaw byd, bryd brydu,
Ar ŵr doeth gwedy'r eiry du.
Ni rygeisiwn argyswr,
Na chydfydd i'th ddydd â'th ŵr.
Na phâr i Eiddig ddig ddu
Lin hwyad lawenhäu.
Na chaffwyf dda gan Dduw fry,
O chei 'modd, o chymyddy.'

BDG cix.

FFYNONELLAU.—A—A 2, 308. B—(a) B 14,932, 77; (b) Ba 6, 99. C—Bl e 1, 143b. D—Cw 129, 349. E—H 26, ii, 105. F—(a) Ll 47, 536; (b) Ll 134, 551; (c) LlH 298a. G—Ll 120, 79. H—(a) Ll 133, 1123; (b) Ll 14, 227; (c) B 53, 319. I—(a) M 212, 126; (b) M 1, 115. J—P 48, 10. K—P 49, 37. L—P 197, 42. M—Wy 2, 51.

AMRYWIADAU.—4. difrodi A-EGIM; yn gwbl ACEI, yn hawdd DG, dy wir BM. 5. er hyn A; ni AFJK; ei C, ei ynni FK; er hyn ni fynnai hynny Hab. 6. aithagar dy H, ar nith gâr di A. 9–10. ABFHK. 9. i sôn ABFH. 10. neu neidr ABH; am F. 11. wyr FH; tyngaf CDGJ, tyngai B. 12. ai brydu A; am brydu CDFGIJ; o'm J; dy ddigaru ni bu i'm bryd BM. 13. nid CEI. 15. caraf FK. 16. dibrwydd FK; dyn AH, drum FK. 18. ag AFK, nid DG. 18 + BM:

dydi yw'r dyn du dewr doeth / a'm gŵr yw'r anwr annoeth
dydi yw'r corff a'm gorffen / 4. yntau yw'r cysgod hynod hen
Y fo yw'r briddell ddichellddu / dithau o'm henaid cannaid cu
y mugail yw magal arw / 8. dithau o'm llo daeth o'm llw
coelia dan goed a ddoedais / nac amau y geiriau ar gais.
(1. o'r dyn M. 2. o'r anwr M. 7. magail B.)

19. dugaist A, dy gost H, dygais D, dygaist BF; des a gwres BM. 20 + ABFHK:

Iawn y gwneuthum dy ganmawl / ond oedd iawn f'enaid i ddiawl.

22. i ŵr DEGIJ; dig ABFHK. 23. ni cheisiwn AFHK; cân yn iach i'th goegfachwr B, cân yn iach i'th goegfarchwr M. 24. chynnydd FK. 26. lun AFH; llawn och mo'r llawenychu BM. 27. oddi fry B, gan Dduw Tri M; drugaredd fry AFHK. 28. o cheid modd BM; o chymyddu B, o chydmyddi M: gwen hynaws nes gwahanu D.

78

SERCH DIRGEL

Myfi y sydd, deunydd dig,
Leidr y serch dirgeledig.
Gwylltion adar claear clod
Anian uthr a wna nythod.
Sef y gwnân', i dan y dail
Yn blethiad, gwead gwiail,
Yn lle diarffordd rhag llu,
O fygr synnwyr i fagu.
Yn unsud yn un ansawdd
Â hynny, cywely cawdd,
Cariad a wnaeth, caeth yw'r cof,
Annoethineb, nyth ynof;
A'm dwy ais, ym Duw Iesu,
Fyth a'i cudd; gwaith heb fudd fu.
Gwiail ydynt, hynt hyfriw,
Dan ystlys gwas destlus gwiw.
Canu a wnaf, cyd cwynwyf,
A'm calon fyth yw nyth nwyf.
Ni cheir serch y loywferch lân,
Ni thwyllir, o'i nyth allan.

Ni fedr Eiddig anfadwr
Ar y nyth hwn, arwnoeth ŵr,
A mi, ni'm dawr, gawr garsyth.
Cyn nis metro efô fyth.
Dilys gennyf, fardd dilyth,
Yn wir, nas gwybyddir byth.
Oni'm pair, drwy anair drwg,
Twrn aelaw, tirion olwg,

Meddwl calon a bron brudd
Drwy amgylch draw a ymgudd.

Ple bynnag, ddinag ddeunwyf,
Tyb oedd, yn y tŷ y bwyf,
Â drem goris ael dramain
Y'm cenfydd cof hafddydd cain.
Llw beiddiad, o'r lle byddwyf
Minnau a'i gwŷl, engyl wyf,
Ei chwerthiniad, gariad gael,
A'i mynud ar ei meinael,
Newidio drem, ni wadaf,
Â'm chwaer, dim amgen ni chaf.
Ef aeth ei drem, gem Gymry,
A'i chariad, ehediad hy,
Dyn fain wengain ewyngorff,
Drwy 'mron a'm calon a'm corff,
Mal ydd âi, gwiw ddifai gofl,
Gronsaeth drwy ysgub grinsofl.

Ni ad Beuno, tro tremyn,
Abad hael, fyth wybod hyn.
Gymro dig, heb Gymru dir
Y byddaf, o gwybyddir.

BDG clxxxviii.

Ffynonellau.—A—B 53, 174. B—(a) B 14,933, 28; (b) B 14,932, 20; (c) Ba 6, 22. C—(a) C 7, 633; (b) J 14, 10. D—Cw 5, 384. E—Cw 129, 324. F—H 26, ii, 87. G—Ll 120, 77. H—(a) Ll 133, 1114; (b) Ll 14, 213. I—M 145, 758. J—M 161, 110. K—(a) M 212, 9; (b) M 1, 10; (c) M 148, 395. L—N 560, 78. M—P 49, 111. N—P 76, 73. O—P 114, 157. P—Wy 2, 49.

Amrywiadau.—1. tydi E; myfi sydd CDIJKN. 2. leidr serch BCFH-NP. 5. a sef . . . dan BEFGHKLM. 7. mewn dirgel fan adeilian dŷ P. 13. myn CEIKNP; soniais hynny HL. 14. difudd DEG. 15–20. [CN.] 15. gwial EFGKM. 16. gweddus IJ, dilys L. 18. yn P. 19. y ferch loywferch D. 20. o'r E-L; o'i thŷ P. 21. feidr

78. SERCH DIRGEL

DEGKM. 23. gorsyth IN. 24. er HL, gan B; nas DHIJLNP. 24–5. [Kb.] 27. onis BDF-MP. 28. trwyn CN; alaw CDLN. 33. gorlliw haul dremain CN; o gariad bun lygadfain P. 34. cynnydd CN. 35. beiddiaf CN. 36. o'r nef a wyl angel CN. 39. trem CNP. 41. threm CJN. 43. uniongorff CDN. 45. yr âi CN. 48. hawl CN. 48 + P:

> cadwaf hyn rhag pob dyn per / a'i gelu byth nis gweler
> rhag fy nabod lle rhodiwyf / mi wnn pawb a ofyn pwyf.

79
MORFUDD A DYDDGU

Ochan fi, drueni drum,
Heb ohir, na wybuum
Garu cyn oedran gwra
Hocrell fwyn ddiell fain dda,
Gywair o ddawn, gywir, ddoeth,
Gynilgamp, gu, anwylgoeth,
Gair unwedd etifedd tir,
Gorwyllt foethusddyn geirwir,
Yn gronfferf, yn ddiderfysg,
Yn gyflawn o'r dawn a'r dysg,
Yn deg lân, Indeg loywnwyf,
Yn dir gŵydd (enderig wyf),
Yn gariad dianwadal,
Yn lath aur, yn loyw ei thâl,
Mal y mae, mawl ehangddeddf,
Dyddgu â'r ael liwddu leddf.

Nid felly y mae Morfudd,
Ond fel hyn, farworyn rhudd :
Yn caru rhai a'i cerydd,
Rhywyr fun, a rhyir fydd ;
Yn berchennog, barch uniawn,
Tŷ a gŵr, yn ddyn teg iawn.

Nid anfynychach ym ffo
Am hanner nos am honno
Rhag dyn o'i phlas dan laswydr
No'r dydd, wyf llamhidydd hydr ;
A'r gŵr dygn, a'r gair digall,
Dan guraw y llaw'n y llall,

Llef beunydd a rydd, rwyddchwant,
A bloedd am ddwyn mam ei blant.

Eiddilwr, am ei ddolef
I ddiawl aed ; pam ydd ŵyl ef,
Och, gwae ef, ddolef ddylyn,
Hyd ar Dduw, o hud ar ddyn ?
Llwdn hirllef llydan haerllug,
Llafur ffôl yw llyfr ei ffug.
Llwfr a rhyfedd y gwneddyw,
Llefain am riain fain fyw.
Y Deau ef a'i dihun
Dan ddywedyd, barcud bun.
Nid dawnus, nid dianardd,
Nid teg gwarandaw, nid hardd,
Gŵr yn gweiddi, gorn gwaeddawd,
Ar gân fal brân am ei brawd.

Ys drwg o un anhunfloedd,
Finffug ŵr, am fenffyg oedd.
Pei prynwn, befr didwn bwyll,
Wraig o'm hoedl, rhyw gam hydwyll,
Caliwr dig, er cael awr daw,
Rhan oedd, mi a'i rhown iddaw,
Rhag dryced, weddw dynged wae,
Y gŵr chwerw, y gŵyr chwarae.

Dewis yr wyf ar ungair
Dyddgu i'w charu, o chair.

BDG xx.

Ffynonellau.—A—A 2, 238. B—(a) B 14,932, 85 ; (b) Ba 6, 101. C—Bl e 1, 149b. D—C 7, 840. E—Cw 5, 368. F—H 26, ii, 49. G—Ll 25, 26. H—Ll 120, 85. I—(a) Ll 133, 979 ; (b) Ll 14, 2 ; (c) B 53, 225b. J—Ll 186, 4. K—(a) M. 212, 132 ; (b) M 1, 121. L—N 657, 8. M—N 832, 85. N—(a) P 49, 61 ; (b) Wy 2, 106. O—Wy 2, 34 (*darn*).

Amrywiadau.—1–20. [O.] 5. gywir BCN, gwiw aur D, gu wâr M; ddyn EFGIJKMN; gywair BCN. 6. gynilgain BCFIN. 7. mal AC-KM. 11. yn dŷ gloywnwyf BMN, yn ddigloywnwyf ACDFIK. 13–14. [ACDFGIK.] 15. arianddeddf ACDFIK. 16. gwallt lliwddu ACDEFIKM. 19–20. [ACDE-IK.] 22. cyd boed ACDFHIJK, cyd bo EGM. 23. yn ffest yn fynych 'rwy'n ffo EG. 25. er dyn o'm gras BN. 26. no lliw dydd AC-KM. 28. daraw ACDFH-KMO. 31–4. [ACDFGIJKM.] 35. llydan . . . llwdn BN. 37. bloedd a rydd blaidd arwryw O. 42. ei weled EHK. 43. gwaddawd BDEHN. 45–54. [O.] 49. coeliwr A-KM. 53. 'rwyf un ar M, 'rwyf hyn E.

80

TRI PHORTHOR EIDDIG

Tri phorthor, dygyfor dig,
Trafferth oedd, triphorth Eiddig,
Trefnwyd wynt i'm tra ofni,
Trwch fu'm gyfarfod â'r tri.

Cyntaf i blas dygngas dig
Pyrth a'i rodd, porthor Eiddig,
Ci glew llafarlew llyfrlud,
Cawn ddrwg sen, cynddeiriog sud.
A'r ail porthor yw'r ddôr ddig,
Wae ei chydwr, wichiedig.
Trydydd, gwn beunydd benyd,
A'm lludd i gael budd o'r byd,
Gwrach heinus ddolurus ddig,
Daw ei dydd, diwyd Eiddig.
Pei cyd y nos, pei caid nef,
Â dengnos, wrach ddidangnef,
Unawr, mewn gwâl chweinial chwyrn,
Ni chwsg, am nad iach esgyrn.
Cynnar nychled yn cwynaw
Ei chlun, drwg ei llun, a'i llaw,
A dolur o'i dwy elin,
A'i phalfais yn glais, a'i glin.

Deuthum echnos, dunos dig,
Afrwyddwr, i fro Eiddig,
O radd dawn, ar oddau dioer
Ymweled â gem wiwloer.
Carchar bardd, a mi'n cyrchu
Yn ddigyngor y ddôr ddu,

Neidiodd, mynnodd fy nodi,
Ci coch o dwlc moch i mi.
Rhoes hyr ym yn rhy sarrug,
Rhoes frath llawn yn rhawn yr hug.
Cynhiniawdd, caer gawdd, ci'r gŵr.
Cabl a'm sym, cwbl o'm simwr.
Gwthiais y ddôr, cogor cawg,
Dderw, hi aeth yn gynddeiriawg.
Gwaeddodd fal siarad gwyddau,
Och ym o beiddiais ei chau!
Coel awen wrid, clywn y wrach,
Coelfain oedd waeth, mewn cilfach,
Yn taeru (ponid dyrys?)
Wrth ŵr y tŷ fry ar frys,
'Mae'r dromddor yn egori,
Mae'n fawr, braich cawr, broch y ci.'

Ciliais yn swrth i'm gwrthol
I'r drws, a'r ci mws i'm ôl.
Rhedais, ni hir sefais i,
Gan y mur, gwn ym oeri,
I am y gaer loywglaer lân,
I ymarail â gem eirian.
Saethais drwy'r mur, gur gywain,
Saethau serch at y ferch fain.
Saethodd hon o'i gloywfron glau
Serch ymannerch â minnau.
Digrif oedd ym, ni'm sym serch,
Am y maenfur â meinferch.
Cwynais, mynegais fy nig,
Dir oedd ym, rhag dôr Eiddig.

Cyd gallai'r gŵr cyd golli
A'i wrych gawr a'i wrach a'i gi
Fy lluddias, glud addas glŷn,
I'w dai, Eiddig, a'i dyddyn,
Rhydd y mae Duw yn rhoddi
Coed briglaes a maes i mi.

80. TRI PHORTHOR EIDDIG

BDG cviii; DGG liii.

Ffynonellau.—A—A 2, 77. B—B 50, 65b. C—B 52, 25b. D—B 53, 111. E—(a) B 14,932, 58b; (b) Ba 6, 66. F—(a) C 7, 346; (b) J 14, 332. G—C 13, 40. H—C 19, ii, 118. I—C 48, 124. J—C 64, 620h. K—C 2.616, 105. L—C 84, i, 675. M—Cw 5, 226. N—Cw 10, 105. O—Cw 23, ii, 34. P—Cw 125, 103. Q—H 26, ii, 124. R—Ll 6, 239. S—Ll 25, 31. T—(a) Ll 47, 364; (b) Ll 134, 446; (c) LlH, 262a; (d) MT, 498. U—Ll 53, 296. V—Ll 120, 95. W—(a) Ll 133, 1081; (b) Ll 14, 167. X—M 148, 405. Y—M 161, 422. Z—(a) M 212, 43; (b) M 1, 45. *A*—N 560, 136. *B*—N 832, 9. *C*—N 1246, 429. *D*—P 49, 127. *E*—P 195, 2b. *F*—T, 721. *G*—Wy 2, 7.

Amrywiadau.—1. digyfor EGMNP. 3. hwnt RT. 4. trwch ym RT. 5. dugnas E, dungas BP, dyngas EQRTXYZ*AB*, di yngas HI*E*, diangas *F*, dygnwas JW. 6. parth yr oedd (E)*A*, parth e radd R, parthe rodd T, pyrth ddi rodd Fa, pyrth iddi rodd Fb, parth ai rodd G, purth oi rodd HI, parth o rodd U, parth a rowd *G*. 7. llwfrddrew RT, llyfrlew G, llafarllew OY, llafarddewr U, llafarflew HIJ*EFG*; llafyrddryd RU, llafarddryg T, llowfrlud Q, llafarlyd G, llwfrlyd L, llwfwrllyd Y, llafrwlad *F*, llwfrwlad AHJNW*CE*. 8. cynddrwg RT; sôn KNR-WZ*DG*, sain BEOP; syg T, siad AHIN*CEF*, sad JW. 10. ei chydiad *E*, ei cheidwad U, a'i chydwr sydd *G*, arw i chydiad I, gwae i'w . . . gwichiedig J. 13. heintus P, hoenys G, greckys *G*. 14. ddaw BEFLQXYZ, addaw dydd T, yddaw dydd R, a ddaw dydd GO, daw i dy W, od a i dy *G*, ddiwyd oedd i dy *A*, dai dydd dowaid i U, ddedwyddaidd *B*; ddiwyd BEFGLOQRTXYZ. 14 + U:

gwnn i ddeuddeg fynegi / yn amlwg faint drwg y tri.

15–22. [U.] 16. dengau'r P; hyd angnef QY*B*; dengawr . . . hyd angef BELPXZ*G*. 17. un hun G; chweinwal JOTVY*FG*, chwerw wâl *B*, chweinbawr R. 18. nid iach ei hesgyrn T. 19. ceinach BELPXZ; nychlyd ABEGHIKM-PRTV-Z*BD*-*G*. 20. ddrwg BEO PRTYZ*AF*. 21. dau BEPQVXYZ*A*, i dau R, yny deulin T, odid elin L, mawr ei deilin *G*. 22. oedd glais R. 23. daeth im *B*, eithym (E)*G*; deunos X*CD*. 25–6 DERTU. 25. o radd daw ryddie R, radd a dawn ruddiau T, o radd daw ruddiau DE. 27–8. [RT.] 30. o dŷ moch BEPXYZ, o wâl *A*. 31. herr A*C*, haer (E)L, haur BEPXZ, sir HIN*EF*; yn dra BEGLOPQXYZ*G*, yn ddisarrug *F*. 33–4. [L*G*.] 32 + *G*:

Rhwygodd y byd ai rhego / Fy simwr rhag dwr oedd do.

33. kynhennawdd RT, cynhieawdd BE, cynheiawdd P, cynhyniawdd Q, cinghiniawdd F, kyllynawdd G, cynllynawdd O, cynhygiawdd IW, kyngyniawdd H, canlynawdd J, cinyniawdd *C*, cyrhaeddawdd *B*;

gair gawdd RT. 35. rhoes hwp i'r ddôr RT; gogor gawg GJL, goror gawg RT, cynghor cawg *F*. 37–8. [RT.] 37. gwaedd . . . y gwyddau HIN*CEF*. 38. och ŵr I; beiddiwn Q, ni feiddiais J, mi beidiais â'i HIN*CEF*. 41. penyd A-EH-KM-QSV-*ZAC-G*, pam nad U*B*, pan nad G, pan nid F, panyd R. 41–2. wrth ŵr y ty fry ar frys / oedd ddraig dibwyll ddrwg dybys L. 44. y cawr broch ci OY, mawr braich cawr broch yw'r ci Q, mae yn fawr broch croch y ci HN*EF*. 44 + U:

bum heb wen yn fferenv / gwnn nad egor y ddor ddu.

45. neidiais BDEPRTUXZ. 46. i'r llawr . . . mawr *G*. 47. rhodiais ACH-KMNSVW*B-F*, ciliais RT; ni fawr soniais i R, ni fawr synnais i T. 49. hyd y gaer T, hed am R, hyd at U, oddi ar A-QSV-*ZA-G*. 50. ymorol A-SU-*ZB-G*, ymeroli *A*; am eirian BDEGJLPQTXZ *ABG*, am em ACHKMNSUVW*CDF*, ac em R, am ddyn F, am fun I*E*, am un OY. 51. gywrain ABD-GJOPRTUW-*ZF*, gwyrain *A*, garwain K. 53–4. [*B*.] 54. i 'mannerch AMNS*D*, im annerch CFHIW*CE*, am annerch GOUY; i minnau BDEGOPRUY*ZAFG*. 55–6. (D)ERTU. 55. dyfal U; oeddym o sym DET, oedd yr ym R. 56. a mainir yn ymannerch DET. 56 + U:

dyfal oedd im dyfalu / y wrach ddigyfrinach ddu.

58. a dir oedd rhag T, dihir oedd ym R, dir oeddwn HN*CE*, dir oeddyn J, dir oeddym U, du oer oedd BELPXY*ZA*, draw oeddwn D*G*, dig oer ym Q, dig oedd ym F, dirwyddwr GO*B*. 58 + RTU:

damweiniwr a'i domenni / a'i wrych gwg a'i wrach a'i gi.

59–60. [J.] 59. bid y gŵr oll ar golli BEPZ, cad y gŵr oll ar golli X, y gŵr a gawn i grogi *G*, kyd gallor wrach kyd golli RT. 60. a'r ddôr islaw'r côr a'r ci RT. 61. fy lleas RT; glod addas Y*AB*, glew fardd-was glyn RT, lluddias y glod addas glyn G, am na cha nid a y dyn *G*. 62. i dai ABCFHIK-NS-XZ*CDE*, i dŷ GOQY*BG*, iw dai J*A*, o dai *F*, ai dai DEP, oedd dai R. 63–4. [Y.] 63. rhwydd BDGLOPXZ, yn rhydd mae T, yn rhydd y mae R. 64. briglas ABCPW*A*, gwyrddlaes T; y mae *F*; y coed llaes a'r maes *G*.

81

LLYCHWINO PRYD Y FERCH

Y ferch a alwn f'eurchwaer,
A'm annwyl eglurwyl glaer,
Mae i'm bryd, enbyd iawnbwyll,
Trwy nerth Duw trin i wrth dwyll,
Bod i'm cof, byd a'm cyfeirch,
Beidio â hi, bedw a'i heirch.
Ba dâl *a*'m bu o'i dilyn ?
Boed awr dda beidio â'r ddyn.

Llygru a wnaeth, gaeth gerydd,
Lliw'r dyn er ys llawer dydd.
Ni allaf, nerth ni pherthyn,
Ni ellir da â lliw'r dyn.
Meddylio'r wyf, mau ddolur,
Myfi a'i gwn, mau fwy gur,
Y chwaen gyda'r ychwaneg
A ludd ei deurudd yn deg.
Enid leddf, anadl Eiddig
O'i enau du a wna dig,
Gwedy gollyngo, tro trwch
Y gŵr dygn, bu Eigr degwch,
Anadl fal mwg y fawnen
Yn ei chylch (pam nas gylch gwen ?)
Gofal yw fal rhwym gefyn
Gadu'r delff i gyd â'r dyn.

Delw o bren gwern dan fernais,
Dogn benrhaith o saerwaith Sais,
Drwg gadwad, dygiad agwyr,
Llugorn llon a'i llwgr yn llwyr.

Y pân Seisnig da ddigawn
A fydd drwg ym mwg y mawn.
Nïwl a ddwg yn awyr
Gan yr haul wiw ei lliw'n llwyr.
Cadeirgainc dderw, coed argor,
A fydd crin ym min y môr.

Tramwyais, hoywdrais hydreg,
Trefi y dyn tra fu deg.
Ystiwardiaeth gaeth gariad,
Ond tra fo teg, nid tref tad.
Da y gŵyr beri digaru
Ei phryd, fy anwylyd fu.
Gorau gan Eiddig oeryn,
Gi du, na bai deg y dyn.
Llychwinodd llwch o'i enau
Lliw'r dynyn mireinwyn mau.
Rho Duw a Chadfan, rhaid oedd
Rhad a geidw ; rhydeg ydoedd.

BDG lxxvi.

FFYNONELLAU.—A—B 23, 185. B—Bl f 3, 35a. C—Cw 129, 302. D—H 26, ii, 43. E—Ll 186, 97. F—P 49, 42. G—Wy 2 34 (*darn*).

AMRYWIADAU.—1–4. [G.] 1. a elwir A-E. 7. y'm ABDEF ; bûm DE ; bu ym C ; i'w BE. 8. bo er da . . . dyn A-E. 12. dim ABDE. 13. meddylynt nid F. 14. a gawn F ; mwyfwy gur AC-F. 15. ochain G. 17. vnet F. 19. gellyngo F. 20. ail Eigr ABCE, ail eiry D, ail geirie G. 21. faw anadl C, banhadlen AF. 23. gofid tost ABDG. 24. yw gado'r . . . gyd A-E. 26. grin diffaith G. 27-40. [G.] 27. a'i gwyr D, dic gwyr A. 31. y niwl DF, a niwl C. 31–7. [B.] 35. hwydrais C. 39. ei digaru BDEF. 42. dogn du D, dygyn du G, doc y du A, dog du CE. 43. ei C. 44. dyn y C. 42 + G :
Drwg gan inne gore o ged / yn gulaidd iawn i gweled
poed kul poed mul poed melyn / or kur i lliw kara i llyn.
43–6. [G.]

82

ERFYN AM EI FYWYD

Y fun glaer fwnwgl euraid
O Fôn gynt yn fwyn a gaid,
Nid oes ym obaith weithion
O'th wlad di, ddyn wythliw ton,
Ym Deinioel sant, trachwant trwch,
Am dir rhydd am dor heddwch.
Ys diriaid nad ystyriais
O'th gael, *y bai* annoeth gais.
Ni bu anrheg na neges,
Eithr fy lladd, waeth ar fy lles.

Trist fûm na'th gawn, ddawn ddiwael,
Tristach, wyth gulach o'th gael.
Gwae fi a wnaethost, gost gŵyl,
Fy mynnu pan fûm annwyl.
Nid oeddud gall na phallud,
Ni bu dda ym dy rym drud.
Peraist annog fy nghrogi
Pei'm caffud ; ni fynnud fi.
Rhyfedd oedd i Bab Rhufain
Fod gennyd, gwyn fy myd main.

Cymer dan gêl a welych,
Cymod am hyn, ddyn gwyn gwych,
A dos, feinir, yn nirwy,
A phaid â'th gŵyn, ddyn mwyn, mwy.
Chwarëus fuam, gam gae ;
Chwerw fu ddiwedd ein chwarae.

O buost, riain feinir,
Fodlon ym dan fedwlwyn ir,

Na phâr, ddyn deg waneg wedd,
Grogi dillyn y gwragedd,
Dros beri, ddyweddi ddig,
Dienyddu'r dyn eiddig.

Ym Mynyw, rwyf Wenhwyfar,
Ym Môn yr haeddaist fy mâr.
Fy mun, mi a fûm ynod;
A geri fu i mi fy mod.

BDG lxxxviii.

FFYNONELLAU.—A—B 23, 188. B—(a) B 14,932, 73b; (b) Ba 6, 105. C—H 26, ii, 46. D—(a) Ll 47, 534; (b) Ll 134, 550; (c) LlH 298a. E—Ll 186, 123. F—M 146, 77. G—N 832, 84. H—N 1260, 17. I—P 49, 36. J—P 93, 114. K—Wy 2, 77. L—Wy 2, 104.

AMRYWIADAU.—3. a oes CF; oes ym obaith fyth weithion BEK. 4. o'th weled di wythliw CFHJ, o'th wlad di wyth ddeuliw D, dy weled di deuliw BEK. 5–6. [H.] 5. myn Deinioel B-GI-K; dyniolen . . . trychant A; saint trymaint J. 6. ym dir A-L. 7. diriaid fûm ADIJL, ystyriaid EFH, ystyria BK. 8. noth gael FL, nath gael H; fo fu BEK, a bu H, ni bu ACDFGIJ. 11–14. [DL.] 11. dduael EFHI(K). 15. oeddit (I), oeddwn AEIJL, buost BCFGH(I)K. 16. ni bu ddewin gylfin glud BEFI-K, ni bu ddewin y glin glud CL. 18. carud BCFHKL. 19. rhyfalch ABCEFJKL. 23. dod . . . ynn AIJ; mewn dirwy H, ar ddirwy BEK, yn arwy F. 24. â'r cwyn BCFH. 26. y chwarae BCKL, fu am fy chwarae J. 27. od oeddud AJ. 30. dilynwr gwragedd J. 32. dienyddio BEIK. 33. Gwenhwyfar AJL, ddyn hoewfar BE. 35. meinir J. 36. geri yw i mi CH, garw yw i mi BEK, i mi mae arwydd A, i mi mae'r gwaetha J 36 + BEK:

Ai lles i ti Morfudd Llwyd / Ysbeilio gwas a bowliwyd.

83

TAITH I GARU

A gerddodd neb er gordderch
A gerddais i, gorddwy serch ?
Rhew ac eiry, y rhyw garedd,
Glaw a gwynt er gloyw ei gwedd.
Ni chefais eithr nych ofwy,
Ni chafas deudroed hoed hwy
Ermoed i Gellïau'r Meirch,
Eurdrais elw, ar draws Eleirch,
Yn anial dir yn uniawn
Nos a dydd, ac nid nes dawn.
O Dduw, ys uchel o ddyn
Ei floedd yng Nghelli Fleddyn,
Ymadrodd er ei mwyn hi,
Ymarddelw o serch bûm erddi.
Bysaleg, iselgreg sôn,
Berwgau lif, bergul afon,
Mynych iawn, er ei mwyn hi,
Y treiddiwn beunydd trwyddi.
I Fwlch yr awn, yn falch rydd,
Mau boen dwfn, Meibion Dafydd.
Ac ymaith draw i'r Gamallt,
Ac i'r rhiw er gwiw ei gwallt.
Ebrwydd y cyrchwn o'r blaen
Gafaelfwlch y Gyfylfaen,
I fwrw am forwyn wisgra
Dremyn ar y dyffryn da.
Ni thry nac yma na thraw
Hebof yn lledrad heibiaw.

Ystig fûm ac anaraf
Ar hyd Pant Cwcwll yr haf,
Ac ogylch Castell Gwgawn,
Gogwydd cyw gŵydd lle câi gawn.
Rhedais heb Adail Heilin,
Rhediad bloesg fytheiad blin.

Sefais goris llys Ifor
Fal mynach mewn cilfach côr,
I geisio, heb addo budd,
Gyfarfod â gwiw Forfudd.
Nid oes dwyn na dwys dyno
Yn neutu glyn Nant-y-glo
Nas medrwyf o'm nwyf a'm nydd
Heb y llyfr, hoywbwyll Ofydd.
Hawdd ym wrth leisio i'm dwrn,
Gwir nod helw, Gwern-y-Talwrn,
Lle y cefais weled, ged gu,
Llerwddyn dan fantell orddu,
Lle y gwelir yn dragywydd,
Heb dwf gwellt, heb dyfu gwŷdd,
Llun ein gwâl dan wial da,
Lle briwddail fal llwybr Adda.

Gwae ef yr enaid heb sâl,
Rhag blinder heb gwbl undal,
O thry yr unffordd achlân
Y tröes y corff truan.

BDG lxiii.

Ffynonellau.—A—A 2, 227. B—B 53, 157. C—(a) B 14,933, 8; (b) B 14,932 108b; (c) Ba 6, 8. D—Bl e 1, 145b. E—Cw 129, 312. F—G 3, 204b. G—H 26, ii, 35. H—(a) Ll 133, 1131; (b) Ll 14, 236. I—Ll 186, 27. J—(a) M 212, 128; (b) M 1, 117. K—N 722, 84 (2 *l. yn unig*). L—P 49, 86. M—Wy 2, 30.

Amrywiadau.—6. chafodd G. 7. gelli er AG, gelli aur HJ. 8. eurdraws B, oerdraws M. 11. os BCEHL, sy J, bûm M. 13. cael ymadrawdd hawdd â hi (Cb)CcM. 15. Masaleg H, Mesaleg ADJ. Bassaleg I. 16. berygl EFI. 23. er blwydd M, eb lwydd E. 24. gyfylfwlch C, gyfaelfwlch BDGJLM. 25. gwleais forwyn ai mwyndra M. 30. pont BL. 33. rhodiais CL. 34. rhodiad CL. 35. deuais A(B)DEFHIJ. 36. amaeth L. 39. twyn nodais tano M. 43. hawdd wn AIJ; hawdd lais da leisio o'm dwrn E; nid oes wrth leisio i'm dwrn M. 46. lloerddyn . . . oerddu M. 49. yngwal B; dan y gwiail GL, dan wiail J. 51. sydd gwrnaid sâl M. 53. throi M; ith ran M, a thran E. 54. ag y troes BCGL; y troses J.

84
HUDOLIAETH MERCH

Caeau, silltaerynnau serch,
A gwawd y tafawd, hoywferch,
Ac aur, gwn dy ddiheuraw,
I'th lys, a roddais i'th law.
Anhun, wych loywfun, a chlwyf,
A deigrnych, drem edegrnwyf,
Fy ngelynion, holion hy,
Fedel aml, fu dâl ymy.
Yn iarlles eiry un orlliw
Y'th alwn, gwedd memrwn gwiw;
Yn herlod salw y'm galwud
I'm gŵydd drwy waradwydd drud.
A gwe deg, liw'r gawad ôd,
O sirig a rois erod;
Ni roud di erof fi faint
Y mymryn, gwenddyn gwynddaint.
Gwewyr serch gwaeth no gwŷr saint
A gefais drwy ddigofaint.

Gwiwddyn wyd, Gwaeddan ydwyf,
Gwaethwaeth newidwriaeth nwyf.
Gyrraist fi yn un gerrynt
Gwaeddan am ei gapan gynt,
O hud a rhyw symud rhus,
A lledrith yn dwyllodrus.
O ddyad twyll ydd wyd di,
Anfoes aml, yn fy siomi.
Dyn gannaid, doniog annwyd,
Ddifai dwyll, o Ddyfed wyd.

Nid dim ysgol hudoliaeth,
Na gwarae twyll, cymwyll caeth,
Na hud Menw, na hoed mynych,
Na brad ar wŷr, na brwydr wych,
Uthr afael, wyth arofun,
Eithr dy hud a'th air dy hun.

Tri milwr, try ym olud,
A wyddyn' cyn no hyn hud—
Cad brofiad, ceidw ei brifenw,
Cyntaf, addfwynaf oedd Fenw ;
A'r ail fydd, dydd da dyall,
Eiddilig Gor, Wyddel call.
Trydydd oedd, ger moroedd Môn,
Math, rhwy eurfath, rhi Arfon.

Cerddais ar holl benceirddiaeth
Cyfnod gŵyl, cyfnewid gwaeth ;
Anaml y cedwy unoed,
Ail rhyfel Llwyd fab Cel Coed.

Da dlyy, wen gymhenbwyll,
Delyn ariant, tant y twyll.
Henw yt fydd, tra fo dydd dyn,
Hudoles yr hoyw delyn.
Enwog y'th wnair, gair gyrddbwyll,
Armes, telynores twyll.
Y delyn a adeilwyd
O radd nwyf, aur o ddyn wyd ;
Mae arni nadd o radd rus,
Ac ysgwthr celg ac esgus.
Ei chwr y sydd, nid gwŷdd gwŷll,
O ffurf celfyddyd Fferyll.
Ei llorf a'm pair yn llwyrfarw
O hud gwir ac o hoed garw.

Twyll yw ebillion honno
A thruth a gweniaith a thro.
Deulain o aur a dalant
Y dwylo tau er daly tant.
Wi o'r wangerdd, wawr wengoeth,
A fedry di o fydr doeth.

Gwell yw crefft, meddir, hir hud,
Ne gwylan befr, no golud.
Cymer, brad nifer, bryd nyf,
Gannwyll Gwlad Gamber, gennyf,
Lawrodd ffawd, lariaidd ei pharch,
Le yr ŵyl, liw yr alarch.

BDG cv.

Ffynonellau.—A—Bl f 3, 33b. B—Cw 129, 347. C—H 26, ii, 132. D—(a) Ll 47, 527; (b) Ll 134, 548; (c) LlH, 297a. E—(a) Ll 120, 64; (b) B 53, 329; (c) Ba 6, 232; (d) Cw 381, 54. F—Ll 186, 23. G—P 49, 34. H—P 51, 49.

Amrywiadau.—1. silldarennau D, silltrynneu H, sill o dyrnau ACEF, sill o deyrnas B. 2. er CE. 4. gefais o'th ABCEFH. 5. loyw un DE. 6. adegrnwyf CG. 7. hoelion D. 9. eira CG. 13. gwead aur ABF. 15–16. [DH.] 17. gwae nas gŵyr H, gwir ACEF. 21. y fun BCEF. 23. drwy H. 25. o addaw teg Dab, o addaw twyll Dc. 27–8. [DFG.] 29. ni bu H, nid un BCEF. 28. gwarant B. 31. meniw D, mewn B. 32. nwyf . . . nych H. 33–4. [H.] 33. eithr A-F. 34. diau hud o'th ABCEF. 35. tra ymolud H, trem olud ACEF, term olud B. 36. cynt hynt o hud B; a oeddynn kynn hynn o hud H. 37. cadw D, caid B, cadwai H. 38. addwynaf C. 40. 40. eiddilikwr D, eiddelig gwr Db. 41. muroedd DEbc, uwch muroedd BH. 42. roi DG, rhyw B; arfaeth BCE, irfath D. 43. cerddaist DGH; benceirddwaith B. 44. gwaeth CD. 47. dlyai Db, dyleud ACEF, dylyd B. 51. a'th alw a wneir ddyn H; gyrbwyll DG, geirbwyll H. 55. radd a nadd D, a gwyrnadd tan radd H. 56. ysgwl H, ysgarth ACE, ysgwydd D. 57. y kwrr H; gwyllt ABCEF. 58. ffyrf gelfyddyd ABEbcH. 59. gwnaeth H. 60. hoed H; gŵr DH. 61. twyll ebillion sy i ABCEF. 63. deulafn BDFGH. 64. yn daly CEFH. 65. wengerdd ABCEFH; wingoeth ABCEF. 66. fydry D. 67. trech H; trech yw meddir crefft hir hud ABCEF. 68. liw ABCEF. 70. geinfer CE. 71. lawrudd ACE, law rydd B. 72. unlliw â'r D.

85

SIOM

Cariad ar ddyn anwadal
A fwriais i heb fawr sâl.
Edifar oedd im garu
Anghywir ferch, fy nghur fu,
Fal y cerais ledneiswawr
Forfudd unne dydd, ni'm dawr.
Ni fynnai Forfudd, f'annwyl,
Ei charu hwy. Och o'r hwyl!

Treuliais dalm, trwy loes dylyn,
O gerdd dda wrth garu'r ddyn.
Treuliais wrth ofer glêr glân
Fodrwyau ; gwae fi druan!
Traws eirwgaen wedd tros argae,
Treuliais a gefais o gae.
Treuliais, nid fal gŵr trylwyn,
Tlysau o'r mau er ei mwyn.
Treiglais, gweais yn gywir,
Defyrn gwin, Duw a farn gwir.
Treiglais hefyd, bywyd bas,
Defyrn meddgyrn gormoddgas.
Perais o iawngais angerdd
Prydu a chanu ei cherdd
I'r glêr hyd eithaf Ceri,
Eiry mân hoen, er ei mwyn hi.

Ymddiried ym a ddaroedd ;
Er hyn oll, fy rhiain oedd,
Ni chefais, eithr nych ofal,
Nid amod ym, dym o dâl,

Eithr ei myned, gweithred gwall,
Deune'r eiry, dan ŵr arall,
I'w gwneuthur, nid llafur lles,
Yn feichiog, fy nyn faches.

Pa fodd bynnag, i'm coddi,
Y'i gwnaethpwyd, neur hudwyd hi,
Ai o gariad, i'm gadu,
Diras farn, ai o drais fu,
Yn gwcwallt salw y'm galwant,
Wb o'r nâd !. am ne berw nant.
Rhai a rydd, rhyw arwyddion,
I'm llaw, gormodd braw i'm bron,
Llysgon, oedd well eu llosgi,
O gyll ir ; ni bu o'm gwall i.
Eraill a rydd, deunydd dig,
Am y tâl ym het helyg.

Morfudd, ac nid o'm erfyn,
Heb awr serch a beris hyn ;
Duw a farno o'r diwedd,
Barn iawn, rhof a gwawn ei gwedd.

BDG lxxi ; DGG viii.

Ffynonellau.—A—A 2, 291. B—(a) B 14,932, 75b ; (b) Ba 6, 102. C—Bl e 1, 138b. D—Cw 5, 363. E—Cw 129, 301. F—H 26, ii, 75. G—Ll 6, 40. H—(a) Ll 47, 500 ; (b) Ll 134, 528 ; (c) LlH, 290b. I—(a) Ll 120, 65 ; (b) B 53, 336b. J—(a) Ll 133, 1069 ; (b) Ll 14, 147. K—Ll 186, 43. L—M 146, 366. M—(a) M 212, 124 ; (b) M 1, 113. N—N 560, 80. O—N 1260, 7. P—P 49, 12. Q—Wy 2, 42.

Amrywiadau.—1. ofer sâl B-GI-NOQ. 5. modd AC-FIJL-O, mawr BQ. 6. neu dydd FIJLMN, neud dydd A, neu ddydd CKO, yny dydd G, un dydd D, bob dydd E ; ennyd awr AC-FI-NO ; wych lliw hafddydd wawr BQ. 8. yn hwy BGIQ. 10. i garu A-FI-LOQ. 13. eirygaen CFIL, eiragaen M, eirgaen A, arwgaen H, eurgain JO, eiry gamwedd C. 14 + Q, 20 + B :

85. SIOM

Treuliais fy nghlod wrth rodio / Treuliais a gefais o go
Treuliais fel ffôl fy ngolud / 4. I'r dafarn fo'i barn y byd.
(1. rodiof Q. 2. gof Q.)

15. rhois ystôr iddi'n forwyn BQ. 16. dlysau mawr o'r mwnau mwyn BP. 17. treuliais AD-NO; gwelais NO. 19. nid byd bost BCDFI JLMP. 20. gormoddgost BCDFIJLMP. 22. dysgu A-FI-NO. 23. hyd lle y cerddi BQ. 29. ond P; gall BOQ; ond med gweithred y gwall G. 30. dyna'r orn BQ, doe ne'r G, dyner H, dyner wawr NO. 31. a'i GHP; llafur nid lles DHP, llafur ym lles G. 33. i'w noddi AC-FI-NO; pa wedd bynnag i'w meddu BQ. 35. ei adu BF-ILMPQ, i'w adu A. 38. arnad G; unne HLP, fy ne G(I), am wedd AB-FIJKMQ, am liw (J)NO. 41. llaesgoed BQ, llosgion O, llyscaid E; gwell ym ABCEFI-NOQ. 42. o gyll oedd I, o gyll lwyth D; i'm BCFJ-MQ; ni bûm gall i GHOQ; gallu mawr o gyll i mi E. 47. ranno ABDFIJL-OQ; o rinwedd Q.

86

Y LLW

Caru 'ddwyf, gwaith hynwyf gwyllt,
Eneth ddiseml, nith Esyllt;
Lliwddu ddrem, wylltem walltaur,
Llawn yw o serch, llinos aur,
Cyfliw Fflur ac eglurwawn,
Cangen gethinwen goeth iawn.

Meddai rai ym, rym rwymserch,
'Gwra y mae gorau merch
Eleni, *bun* ail Luned,
Oroen crair; oeryn a'i cred.'

Ni feiddiaf, anhy feddwl,
(Gwae'r bardd a fai gywir bŵl!)
Deune'r haf, dwyn y rhiain
I drais, unlliw blodau'r drain.
Ei chenedl feilch, gweilch Gwynedd,
Gorau i'n gwlad, gwerin gwledd,
A'm lladdai am ei lluddias
Briodi'r gŵr, brwydr o gas.

Oni chaf, araf eurair,
Hon i mi, liw hoywne Mair,
Nid oes, mau einioes annudd,
I'm bryd o gwbl ddifri brudd,
Myn delw Gadfan (ai dilyth?)
A'r grog fyw, fynnu gwraig fyth.

86. Y LLW

BDG lxvii.

Ffynonellau.—A—(a) B 14,932, 84; (b) Ba 6, 137. B—Ll 6, 46. C—(a) Ll 47, 523; (b) Ll 134, 544; (c) LlH, 295b; (d) B 53, 361b. D—(a) M 212, 138; (b) M 1, 127. E—N 657, 3. F—P 49, 30. G—P 197, 43. H—Wy 2, 100.

Amrywiadau.—1. hirnwyf ADH. 3. lliw dy C, didrem B, drem F; lliwyden wyllten AEH, lliwyden wylltwen D. 5. eglurlawn Cb. 9. ail Eluned BDEF, ail Eiluned AH, ail i Luned C. 12. fu ADEH. 13. dafnau rhif C. 14. gwynlliw CEF. 16. gorau'n ABCEFH, y gwledd B-FH, ei gwledd A. 18. i briodi ABCEFH; brwydr gas BCDF. 19. o nychaf EF. 22. ddaifr em C. 23. gadan B(Cd).

87

HWSMONAETH CARIAD

Caru y bûm, cyd curiwyf,
A mwy neu ddeufwy ydd wyf.
Cyfragod cariad tradof,
Crupl y cur, croyw epil cof.
Cadw a orwyf i'm ceudawd
Cariad, twyllwr, cnöwr cnawd.
Cynyddu, cwyn a wyddiad,
Y mae i'm bron, mam y brad,
Cynt no thyfiad, cread craff,
Cangen o blanbren blaenbraff.
Ceisio heiniar o garu
Yn briod fyth i'm bryd fu.

Gaeafar, gwayw o ofal,
A wneddwyf, dolurnwyf dâl;
Rhwng deiliadaeth, cawddfaeth cudd,
Y marwfis a serch Morfudd
Arddwyd y fron ddewrlon ddwys
Onengyr ddofn yn ungwys,
Ac aradr cyweirgadr call
I frynaru'r fron arall.
Y swch i'm calon y sydd,
A chwlltr y serch uwch elltydd.
Ac i'r fron ddeau, glau glwyf,
Hëu a llyfnu llifnwyf.
A thrimis, befr ddewis bwyll,
Gwanhwyndymp, gwayw anhundwyll,
Cadeiriodd ynof ofid,
Coetgae a'm lladd, cytgam llid.

Ni chaf eithr sias o draserch,
Ni chred neb brysurdeb serch.

Calanmai rhag cael unmodd
Seguryd i'm byd o'm bodd
Caeais, hoywdrais ehudrwyf,
Yn ei gylch, dyn unig wyf.
Tra fu serch yr haelferch hon,
Trefn efrydd, trwy fy nwyfron
Yn hoywdeg hydwf, ni'm dawr,
Ac yn aeddfed gynyddfawr,
Treiddiais, ni ohiriais hur,
Trefnau medelau dolur.

Trwm fu gyfrgoll yr hollyd,
Trallod yw byth trylliad byd.
Tröes y gwynt, bellynt bollt,
O ddeau'r galon ddwyollt,
A thywyllawdd, gawdd gordderch,
Yn fy mhen ddwy seren serch,
Llidiardau dagrau digrwyf,
Llygaid, nofiaduriaid nwyf ;
Edrychasant, lifiant lun,
Ar Forfudd, araf eurfun ;
Lwferau dwfr lifeiriaint,
Lafurus annawnus naint.
Curiwyd y fron hon heno
Â dwfr glas, edifar glo.
Dan fy mron y mae'r gronllech,
Ni ad fy nrem seldrem sech.

Drwg yw ar sofl, gofl gofid,
Drycin o orllewin llid ;
A daw prif wastadlaw prudd
O ddwyrain wybr ar ddeurudd.
Hydr ddeigr am ne Eigr ni ad,
Heiniar lwgr, hun ar lygad.
Oio gariad, had hydwyll,
Gwedy'r boen, gwae di o'r bwyll,

Na ellais, braisg oglais brad,
Dy gywain rhwng dwy gawad.
Syrthiodd y cariad mad maith ;
Somed fi am osymaith.

BDG xxx.

Ffynonellau.—A—B 53, 125. B—(a) B 14,932, 48 ; (b) Ba 6, 93. C—Bl f 3, 39a. D—Cw 129, 293. E—Cw 281. F—H 26, ii, 107. G—Ll 6, 54. H—(a) Ll 47, 508 ; (b) Ll 134, 535 ; LlH, 292b. I—Ll 120, 67. J—N 5283, 91. K—P 49, 20. L—P 57, ii, 105. M—P 67, 54. N—Wy 2, iii. O—Wy 2, 52.

Amrywiadau.—*Dyma'r dechrau yn* O :
Caru ydd wy er cerydd / Y.rioed dan ir goed a gwydd
Gwreiddiodd yn fforch drwy orchest / Cariad i'm bron cryd i'm brest
Ni chaf mo'i frad i'm gadof / Cryppul cryf croew eppyl cof.
1. caru bun BDHN ; cyd y D, cyd cywiriwyf BH. 3. kravagod Hb ; krafangod G, crafangog A-FHaI-N. 4. cul A(B)EJLMN, cyrf (B)C, cryf BF. 7. can a L, can na CFI. 10. corsen BMN ; blaenbren Ha, blinbren AHb. 12. a'm ACFILMN. 13. gwayw G, mewn gwyw ofal KM, mewn gwiw ofal N. 14. wnelwyf GK, welwyf AH. 15. gwiwfaeth gudd (A) Hb ; drygwaith galarwaith gwydd ABE, drygwaith galarfaith gwydd J, gwlyddiaeth gwroliaeth gwydd FI, drwy ysmonaeth sowaeth swydd O, cwyn gwelwaith gwroliaeth gwydd D. 16. a marfol D. 18. uniawngur K, yn iawngyr G, uniawngar H, yn angerdd serch CDFI, o angerdd serch O, iawn angerdd serch ABEJ. 19. cywirgadr GH ; ac y mae . . . cerddgadr ABE, ac y mae . . . cadr CFIO. 23. mae A-FLO. 24. i hau H, fryd hau ABEJ ; o'r llifnwy O. 28. i'm BJ. 29. yr haf yr hoywferch KL ; er haf a hoywferch E ; ni chau er hau o'r hoywferch DF, ni thau er hau i hoywferch ABCIJO. 30. brysured BO. 32. cyrchu'r yd (A)H. 33. cefais N. 35. tra oedd M, trefnu . . . i'r AH, treiddiodd K. 36. afraid AHK. 37. am y dyn K, yn un hoedl DEFIJ, yn un fydd i'm dydd AB ; nwyf mawr D. 39. cyrchais A-FJLO, treuliais N ; arwydais N ; drwy fawr carchar cur O. 40. cyrchau A-FJL ; i'r cae fedelau dolur O. 41–2. BKMN. 41. yw M ; hollfyd BN. 42. bardd BKN, byth M. 43. gwynt o ABCEFHIJ ; billwynt bellt (A)Hb, bellgynt B ; chwythodd ar hynt erwin wynt oer O. 44. ddwyellt (A)Hb, dduoer O. 45. a drylliawdd O. 49. lwyddiant F-K, lifnant ACNO, liwiant D. 51. lifeiriant CENO. 52. aniawnus K, a nofus L, anafus D, uniawnus H, o nwyfus A, o nawmis E ; nant CENO. 53. curwyd ABFGIL-O. 55. dan hon ACEFJO. 56. serdrem DEGHKMNO. 57. drwg ar y

M, yw'r sâl ACFIJLO, fu N; afal ofid ACFIJLO. 58. gorllewin a ACEFIJO, gorllewin yw'r L. 61. hoen bryd Eigr ABCEJLO, hidl o ddeigr am Eigr N. 63. rho Duw L, goddau D, ie N, rhoddaf CFI; da didwyll CFIL, brud breudwyll N, tat didwyll K; dywedwch i'm henaid didwyll AEJ. 65. fron oglais (K), briwoglais AB, bredychais GKM. 67. syrthio o'r ABE, syrthie o'r J, syrthiad G, syniodd F, synnodd C. 68. a'm siomi ABEJ, siomodd CIO, siwiodd D; fy symwaith BEJ, f'ysmonaeth O, 'n ddi hyswiaith D.

88

MERCH O IS AERON

Celennig yw cael annerch
Calon Is Aeron a'i serch.
Gwan y bardd sythardd seithug,
Gwawn Geredigiawn a'i dug.
Gwae a fwrw, gwiw oferedd,
Ei serch, maeronesferch medd,
Llary bryd, hi yw lloer ei bro,
Lluniaeth ocr, lle ni thycio.
Gwae a wŷl â gwiw olwg
Ar fun aur ddiaerfen wg.
Ni ddiddyr faint y ddeuddeigr
O'i chariad, diwygiad Eigr.
Gwae a oerddeily gwayw erddi
Oddi fewn, mal ydd wyf fi
Yn drysor bun, yn drasyth,
Yn ddadl fawr, yn ddidal fyth.

Gwae a wnêl rhag rhyfel rhew
Dŷ ar draeth, daear drathew.
Bydd anniogel wely,
Byr y trig, a'r berw a'i try.
Gwae a gâr, gwiw y gorwyf,
Gwen drais, gwenifiais gwayw nwyf,
Gwynllathr ei gwedd, gweunllethr gwawn,
Gwynlliw'r geirw, gwenlloer Garawn.
Erfai leddf, oerfel iddi,
Ar fy hoen neur orfu hi.
Eirian liw, oroen lawir,
Euren deg o Aeron dir,

88. MERCH O IS AERON

Aerau len, eiry oleuni,
Ar ei hyd a eura hi.

FFYNONELLAU.—A—P 57, 61. B—P 312, iv, 54.

AMRYWIADAU.—6. meiryonesferch AB. 9. gwyw A. 13. oer ddeilu B. 14. mae A. 15. byth B. 23. gwennllethr B. 24. gwenloer B. 29. aeren B.

89

DAN Y BARGOD

Clo a roed ar ddrws y tŷ,
Claf wyf, fy chwaer, clyw fyfy.
Dyred i'th weled, wiwlun,
Er Duw hael dangos dy hun.
Geirffug ferch pam y gorffai ?
Gorffwyll, myn Mair, a bair bai.

Taro trwy annwyd dyrys
Tair ysbonc, torres y bys
Cloëdig ; pand clau ydoedd ?
Ai clywewch chwi ? Sain cloch oedd.
Morfudd, fy nghrair diweirbwyll,
Mamaeth tywysogaeth twyll,
Mau wâl am y wialen
Â thi, rhaid ym weiddi, wen.
Tosturia wrth anhunglwyf,
Tywyll yw'r nos, twyllwr nwyf.
Adnebydd flined fy nhro ;
Wb o'r hin o'r wybr heno !
Aml yw rhëydr o'r bargawd,
Ermyg nwyf, ar y mau gnawd.
Nid mwy y glaw, neud mau glwyf,
No'r ôd, dano yr ydwyf.
Nid esmwyth hyn o dysmwy,
Ni bu boen ar farwgroen fwy
Nog a gefais drwy ofal,
Ym Gŵr a'm gwnaeth, nid gwaeth gwâl.
Ni bu'n y Gaer yn Arfon
Geol waeth no'r heol hon.

89. DAN Y BARGOD

Ni byddwn allan hyd nos,
Ni thuchwn ond o'th achos.
Ni ddown i oddef, od gwn,
Beunoeth gur, bei na'th garwn.
Ni byddwn dan law ac ôd
Ennyd awr onid erod.
Ni faddeuwn, gwn gyni,
Y byd oll oni bai di.

Yma ydd wyf drwy annwyd,
Tau ddawn, yn y tŷ ydd wyd.
Yna y mae f'enaid glân,
A'm ellyll yma allan.
Amau fydd gan a'm hirglyw
Yma, fy aur, ymy fyw.
Ymaith fy meddwl nid â,
Amwyll a'm peris yma.

Amod â mi a wneddwyd ;
Yma ydd wyf, a mae 'dd wyd ?

BDG liii ; DGG vii.

Ffynonellau.—A—A 2, 232. B—(a) B14,932, 74b ; (b) Ba 6, 106. C—Bl e 1, 148. D—Cw 129, 295. E—H 26, ii, 39. F—Ll 6, 18. G—(a) Ll 47, 495 ; (b) Ll 134, 525 ; (c) LlH, 289b ; (d) MT, 547b. H—(a) Ll 133, 1133 ; (b) Ll 14, 239 ; (c) B 53, 321b. I—Ll 186, 31. J—(a) M. 212, 130 ; (b) M 1, 119. K—P 49, 10. L—P 54, i, 59. M—Wy 2, 33.

Amrywiadau.—1. ar draws y tŷ H, tost yw cload M, tyn sydd ar D. 2. o serch A-GI-KM, o ferch H. 4. aro dy hun A-EGbHJM, arho I, erot F(Hc)K, ero Gd. 5. gwair ffyc FL, gairffwg G. 7 o'm FGHK, am L, rhag D. 8. toreis D, torrwys G. 9. un clau FGKL, cloedig ddrws clau BM. 10 nes H, nis BCDM ; ei sain BH, naws (C)D. 13. ymwyl FGK, y mae ffal D, mawr yw'r wal am aur wialen BM. 15–18. [ACDEHabIJM.] 15. anghenglwyf GHc. 16. tywell FK. 16 + BM :

Yr od sydd fe yrrwyd sen / Ar y war yn oer weren
Mi a rynna mawr yw'r annwyd / Dan dy fargod llif od llwyd.

19. aml y rhed A-EHJ, aml iawn y rhed I; erydr F, deigr G. 23. dan odwynt mawr dyn ydwy BM. 25–6. [ACDEHIJMP.] 25. drwg G 27. nid oes yng Nghaer AHIJ, nid oes yn hen Gaer narvon E, nid oes fy chwaer yng Nghaerlon M, nid oes fy chwaer yng Nghaerleon B. 28. reol . . . reol G. 29. y nos AEHIJM. 31. ddioddef ABCHIJM. 35. oddefwn L. 35–6. [ABCEHIJM.] 37. mae annwyd ACHIJ, mau annwyd E, mawr yw'r M, mawr o'r B. 39. yn glyd y mae M. 41–2. [FG.] 43. am oed dydd a mi nid da L. 44. etyl A-EHIJM. 45. thi GK; yr amod teg a rwymit ti BM. 46. yr wyf BCEHI; y mae A, amau FG, mae rwyd BCEHI.

90
CYSTUDD CARIAD

Curiodd anwadal galon,
Cariad a wnaeth brad i'm bron.

Gynt yr oeddwn, gwn ganclwyf,
Mewn oed ieuenctid, mau nwyf,
Yn ddilesg, yn ddiddolur,
Yn ddeiliad cariad y cur,
Yn ddenwr gwawd, yn ddinych,
Yn dda'r oed, ac yn ddewr wych,
Yn lluniwr berw oferwaith,
Yn llawen iawn, yn llawn iaith,
Yn ddogn o bwynt, yn ddigardd,
Yn ddigri, yn heini, yn hardd.

Ac weithian, mae'n fuan fâr,
Edwi 'dd wyf, adwedd afar.
Darfu'r rhyfyg a'm digiawdd,
Darfu'r corff, mau darfer cawdd.
Darfu'n llwyr derfyn y llais,
A'r campau, dygn y cwympais.
Darfu'r awen am wenferch,
Darfu'r sôn am darfwr serch.

Ni chyfyd ynof, cof cerdd,
Gyngyd llawen nac angerdd,
Na sôn diddan amdanun',
Na serch byth, onis eirch bun.

BDG ccxxvii; DGG lxiv.

FFYNONELLAU.—A—A 2, 127. B—Cw 5, 357. C—H 26, ii, 137. D—Ll 25, 2. E—(a) Ll 133, 963; (b) B 53, 215b; (c) Ba 6, 249; (d) Cw 381, 91. F—P 49, 62. G—P 108, 23.

AMRYWIADAU.—3. balch a oeddwn C. 4. ifienctid BDEb ; a nwyf ABD-G. 5. ddiles C. 7. yn ddenu AEa, i ddenu Eb. 8. 'rioed BD(Eb). 12 + C :

Yn ddelw gwawd yn ddilych / Yn dda'r wedd ac yn ddewr wych.

14. trist wyf mewn trwsiad afar C. 16. mae d'arfer (Ea)Eb. 17. y cwmpas Ea. 18. eu Ebcd. 20. darfy'r serch D. 22. gengyd AEaF; awen C. 23. am anun BDEbcd.

91
Y RHEW

Deincryd mawr o led ancrain
Fu'r mau gerllaw'r muriau main,
Neithiwyr ynghanol noethwynt
A rhew, och mor oer fu'r hynt!
Gnawd gaeafrawd, gnwd gofron,
Gerllaw tŷ hoen gorlliw ton.
Gwir yno fu, gwae'r unig,
Ddyn a gyflawner o ddig.
Gofyn, o'i glud gofion glân,
Am y mur o'm gem eirian:

'Ai diddan annwyd oddef?
Ai dyn wyd, er Duw o nef?'

'Dyn oeddwn heddiw liw dydd
Bydol, gwedy cael bedydd;
Ac ni wn o'm pwn poenglwyf
Weithian, bath eirian, beth wyf.'

Cwympo ar draws, dygn naws dioer,
Clwydau o ia caledoer.
Yng ngeir*w*ferw dwfr ing arfoll
Y syrthiais, ysigais oll.
Pan dorres, wael eres wedd,
Plats cron gledr dwyfron dyfredd,
Pell glywid o'r pwll gloywia
Garm a bloedd, garw y mau bla.
Gweau anaelau o nych
Gleision dan wybr goleusych.
Golwg pŵl amlwg plymlawr,
Gwydr ddrychau, marl byllau mawr.

Certh iawn ei llun, carthen llaid,
Cleddiwig lithrig lathraid.
Weithian gwaeth yman ymy
Nog yn y fron, gan ia, fry;
Bygwth y mae'r gloyw bigau
O'r bargawd y meingnawd mau,
Cryn hoelion, ddiferion farn,
Cyhyd â rhai og haearn.
Pinnau serthau pan syrthynt,
Pob un ia pibonwy ŷnt.
Synnodd arnaf eisiniaid
Sildrwm, gwewyr plwm ger plaid.
Cyllyll a rhew defyll dioer
Newyddlif yn niweddloer,
Berwblor, rhewedig boerbla,
Bore oer, i'r berau ia.
Gwir mai rhaid, garmau rhydew,
Gochel arfau rhyfel rhew.

Ys gwae fi rhewi ar hynt
Ysgillwayw drwg asgellwynt.
Ys gwn nad gwell, feithbell farn,
Esgidiau rhag ias gadarn,
Nwyf glwyf glau ferw ferwinwaed,
Nog na bain' am druain draed.
Mi yw'r gŵr mawr a guria
Mwyn a ddoeth o'r mynydd ia,
Eto a welir, hir hun,
Olwg dost ar ei eilun,
Oherwydd tranc difancoll,
Yn wyw iawn ac yn ia oll.
Ysgorn arnaf a gafas
Ysglem glew o'r crimprew cras.
Ysglyn fal glud drud y dring
Ias greulon, fal ysgrawling.

Gan na chaf, geinwych ofeg,
Le mewn tŷ liw manod teg,

Yn ôl hawl anial helynt
Oedd raid ym, bei caid, bai cynt,
Tes gloyw tew, twysgliw tywyn,
A haul a ddatodo hyn.

BDG cxciv.

Ffynonellau.—A—A 2, 178. B—(a) B 14,932, 86; (b) Ba 6, 147. C—Bl e 1, 105a. D—C 5, 18. E—Cw 5, 282. F—Cw 20, 69. G—H 26, ii, 183b. H—Ll 25, 20. I—(a) Ll 133, 1038; (b) Ll 14, 101; (c) B 53, 255b. J—M 146, 118. K—(a) M 212, 102; (b) M 1, 90. L—N 657, 7. M—(a) P 49, 60; (b) Wy 2, 105. N—P 57, 154.

Amrywiadau.—1. ar ACDGIKN. 2. mab BL(M). 4. ar y rhew. D. 5–6. [BaEHLM.] 5. gnwd ABbDFGIJK; gaeafrwd BbCGIJK, gayafrawdd N, gauafrwnt F, gauafwynt A; gnawd ABbDFGIJK. 7–8. N. 10. ym em D, ym am N. 11. diddig BEFHLM, dicodd N. 12. a wnaeth Duw nef ACDFGIJK. 15. mewn pwn ACFGIJKN. 16. byth BDEHLMN, fy hunan AF. 17. cwympais ACFGIJK, syrthio BLM, syrthiais EH. 18. clwyden BEGHLM. 19–20. [ACD-(F)GIJKN.] 21. oni CGIJK, nis AF. 22. plat L, plas AF; ton N. 23. gloia AHLM, gloywaf N. 24. garw iawn heb lwydd garm y bla ACFGIJK. 25. yn olau CGIJK. 27. goddrwg ACFGIN, gorddrwg K. 29. certh ei llun M, certh ei llam EH; carthenau L. 30. craig ddiwig HM. 33. gloywon AFGIJK. 35. ddifyrion ACDIJK, ddifeir-ion EGHLM. 36. cyd â dannedd ACGIJK. 37. serth iawn fydden ACFGIJK, serth iawn fyddyn DN. 39. safodd DG; a'i syniaid ACFIJK, i syfiaid DG. 40. silltrwm CGIJKL, sylltrwm AF. 41. cyll-yll rhew ABEFHIcJKL, o rew D; rhai dioer Ic. 43. byrblu ABCEF-(G)-M, berwbloer D, berwboer G; berwbla ABCEFH-M. 45–6. [EHLM.] 45. mae'n . . . garmwyn A. 47–8. BE(F)HLM. 48. ysgall wayw (F). 49. mai BEHLM. 51. mwy G, mwyf D; clwyf EHLM; clai CIJK, gloew G; farw B. 52. ar EHLM. 54. i'r BEHLM. 55. eto gwelir ACGIJK; fy hun ACDFGIJK. 56. tost ACDIJKN; fy eilun ACDIJK. 57. yn farwol dranc ACDFGIJK, o farwol dranc N. 59–62. [EHLM.] 59. ysglein N. 60. ysglen dew A. 63. gan wych ACGIJK. 65. hwyl ACIJK. 66. hyn oedd raid CGIJK, hyn fai raid A; pe . . . fai ACGIJK, be . . . be BEHLM. 67. da DN; tes glud hoyw CGIJK, tes gloyw A; twysogliw ACGIJK. 68. ddatodai A-CE-M.

92

ACHAU HIRAETH

Digwsg fûm am ail Degau,
Dig er ei mwyn yw'r deigr mau.
Deufis am dwf yr unferch
Ni chysgais i, ni chwsg serch,
Draean noswaith hyd neithiwyr,
Drwm lwc, hun drymluog hwyr.

A myfy yn ymafael
Â chwr fy hun, fy chwaer hael,
Gofyn a wnaeth ar gyfair,
Gofal cariad, irad air,
Gofyniaeth hiraeth hoywrwysg,
Gofyniad braisg geimiad brwysg :

'Mae bardd Dyddgu loywhardd law ?
Pwy dy henw ? Paid â hunaw.
Agerw fydd murn dolurnwyf,
Agor y ddôr, agwrdd wyf.'

'Pei rhôn a'i hagor, pei rhaid,
Paddyw ? Neu pwy a ddywaid ?'

'Mae rhai i'm galw, disalw dwys,
Amheuwr hun ym Mhowys :
Hiraeth fab cof, fab cyngyd,
Fab gwae fy meddwl, fab gwŷd,
Fab poen, fab gwenwyn, fab bâr,
Fab golwg laes, fab galar,
Fab ehudnych, fab hoednwyf,
Fab Gwawl, fab hud, fab Clud clwyf,
Fab deigr, fab digwsg ledryth,
Fab trymfryd, fab hawddfyd fyth,

Fab anhun ddu, fab annerch,
Fab Seth, fab Adda, fab serch.

'Gŵr bonheddig rhyfyg rhwyf,
Diledach, deol ydwyf;
Poenwr dwys air eglwyseigr,
Pennaeth dyledogaeth deigr;
Gweinidog wy', *llywy* llu,
Gweddeiddgorff hardd, gwiw Ddyddgu,
A hefyd, meddai hoywferch,
Ysbenser ar seler serch.
A Dyddgu annwyl wylfoes
Gyda thi a'm gad i'th oes.'

Cynnwys hwn, cwynofus hwyr,
A wneuthum yno neithiwyr,
Cennad Ddyddgu, leuad lwys;
Cannoch fyfy o'r cynnwys!

BDG ccxi.

FFYNONELLAU.—A—B 23, 93. B—(a) B 29, 292; (b) G 3, 57b; (c) B 53, 29; (d) C 26, 61b. C—(a) B 14,932, 69b; (b) Ba 6, 73. D—Bl f 3, 50a. E—C 7, 832. F—H 26, ii, 29. G—Ll 54, 8. H—Ll 186, 105. I—(a) M 212, 168; (b) M 1, 156. J—N 11,087, 27. K—P 49, 75. L—P 108, 27. M—Wy 2, 23.

AMRYWIADAU.—1. digwrs C. 3. am lun JM; deufis iawn am dwf seinferch B. 4. ni chysgais hun A. 5. dros un C; neithiwr DHM. 6. lw cun IKL, drem bleg hun AJ; drymbluawg AJ; wiw loer deg ond wylo'r dŵr BHM. 9. wnaid AJ. 10. gafael A(B)J. 11–12. AJ. 13. mae'r bardd mwyn CHM; lawradd E, loywradd CF, loywyn A, lanwardd HM. 14. hynod ffei paid CHM. 15. a garw E, garw ACHJM, agwrdd B. 18. pa dduw ABD-GI-L, pa ddyn C, pa ddau HM; yna B. 19. a'm geilw BCEFHIKLM; diseilw BCEFHIM. 20. hon K. 21–30. ap *trwodd* AJ. 21. gofyd EKL, cyfyd M. 22. gwae fab IJ, gwayw fab FKL. 23. pâr AEFIJ, a'i pâr CM. 24. hen AJ, lyb M. 25. ehednych L. 26. gwael H, gŵyl B, gwawr hud ap clud clwy AJ; fab hud fab clwyf I; glud glwyf EK. 27. ledlythr EH, dig byth CM. 24. adfyd F. 32. duwiol CM. 33–6. AJ. 34. dylydogaeth AJ. 35. lliw gwy AJ. 39–40. [AJ.] 39. rhaid ym bob awr drwy fawrloes CM. 40. a gad KL; ymgadw CM. 41–4. AJ. 42. wnethwn J.

93

Y CARIAD A WRTHODWYD

Drud yr adwaenwn dy dro,
Gwen gynhinen, gyn heno.
Mae i'm bryd, ennyd ynni,
Aml ei thwyll, ymliw â thi.
Morfudd ferch Fadawg Lawgam,
Myn y Pab, mi a wn pam
Y'm gadewaist ar feiston
Yn weddw hyll yn y wedd hon.

Tra ellais, ni wydiais wawd,
Dirprwyo dy ŵr priawd,
Caredd hawl, caruaidd hud,
Cerydd fi, oni'm carud ?
Bellach myfy a ballawdd,
Bell glwyf, blin wyf heb le nawdd.
Ar dy fryd, cadernyd cur,
Da y sigl y Du Segur.
Symudaist fi, som ydyw,
Seren oleuwen o liw,
Megis y gŵr, gyflwr gau,
Ag iddo dan y gweddau
Deubar o ychen diball
Dan yr un aradr cadr call ;
Ardded fy ngran graeanfylch,
Dalar gŵydd, ef deily ar gylch,
Heddiw y naill, hoywdduw Naf,
Yfory y llall oferaf.

Mal y gwnair, gurair gerydd,
Chwarae â phêl, fy chwaer ffydd,

93. Y CARIAD A WRTHODWYD

Hoff wyd, dilynwyd dy lun
O-law-i-law, loyw eilun.
Hir ddoniau, bryd hardd annwyl,
Hyn yw dy fryd, hoen Dyfr ŵyl.

Ysgwier gwiw ei ddwywisg,
A'r rhain cyn dynned â'r rhisg,
Nofies o'r blaen yn nwyfwydn
Heb dâl, gyfnewidial wydn.
A wnêl y da dan fedwgoed,
O mynn y dyn, i mewn doed ;
Ac a'i gwnaeth, brodoriaeth braw,
Aed allan wedi'i dwyllaw.

Bid edifar dy garu,
Bwriaist fi, byr o wst fu.
Ys gwir y bwrir baril
Ysgwd, pan fo gwag, is gil.

BDG lxxiv.

FFYNONELLAU.—A—A 2, 223. B—(a) B 14,932, 75 ; (b) Ba 6, 103. C—Bl e 1, 149. D—C 7, 849. E—Cw 129, 304. F—G 3, 211a. G—H 26, ii, 48. H—(a) Ll 133, 978 ; (b) Ll 14, 1 ; (c) B 53, 224b. I—Ll 186, 36. J—(a) M 212, 131 ; (b) M 1, 120. K—N 560, 117. L—N 832, 82. M—N 1260, 28. N—P 49, 92. O—P 54, i, 96. P—P 76, 14. Q—Wy 2, 34 (*darn*).

AMRYWIADAU.—1. drud iawn y gwyddwn O. 2. cenhinen ABC FGHJ-O, cynheinwen DE, cynhinwen (N). 3. enbyd iawnbwyll O. 4. ymliw uthr aml i thwyll O. 6. mynnu pawb N ; paham EGIK-O. 7. gedaist ar y ABCGHJ-N. 9. newidiais DKLM, mi wanais E ; ith ddilin y fun am fod Q. 10. dewr priddin dy wr priod Q. 11–44. [Q.] 11. haul CDGHJMNP ; cerddau mawl F, cariad hael L. 12. fu L. 14. pell glwyf O, o glwyf A-DFG-JLMN, o blwyf P. 15. er dy bryd KLMP. 16. ai da sigl A-MNP. 17. vo P. 19. megis gwr heb gyvwr O. 22. wrth A-MNP. 23. graeangylch N, graeanwylch D, graynbylch P, graenfylch B. 24. fe a'i CDGKLNP, fe a'i deulu E, ei deulu I. 26. yforu'r F ; a fwriaf E. 29. hardd O. 31–2. O. 33. gwyw CHabJ, gwy Hc ; ddvwisc P. 35. nofiais ABCHJ ; o'i flaen ABCHJ ; yn wydyn D, yn wiwydn LO 36. a dyn D. 37. wnaeth E ; da O, yn dda ABCHJ. 39. bradwriaeth BCHO. 41. bu O. 43. os gwir ABEHJOP.

94

GALW AR DDWYNWEN

Dwynwen deigr arien degwch,
Da y gŵyr o gôr fflamgwyr fflwch
Dy ddelw aur diddoluriaw
Digion druain ddynion draw.
Dyn a wylio, gloywdro glân,
Yn dy gôr, Indeg eirian,
Nid oes glefyd na bryd brwyn
A êl ynddo o Landdwyn.

Dy laesblaid yw dy lwysblwyf,
Dolurus ofalus wyf;
Y fron hon o hoed gordderch
Y sydd yn unchwydd o serch;
Hirwayw o sail gofeiliaint,
Herwydd y gwn, hwn yw haint,
Oni chaf, o byddaf byw,
Forfudd, llyna oferfyw.
Gwna fi'n iach, weddusach wawd,
O'm anwychder a'm nychdawd.
Cymysg lateirwydd flwyddyn
Â rhadau Duw rhod a dyn.
Nid rhaid, ddelw euraid ddilyth,
Yt ofn pechawd, fethlgnawd fyth.
Nid adwna, da ei dangnef,
Duw a wnaeth; nid ei o nef.
Ni'th wŷl mursen eleni
Yn hustyng yn yng â ni.
Ni rydd Eiddig ddig ddygnbwyll
War ffon i ti, wyry ei phwyll.

Tyn, o'th obr, taw, ni thybir
Wrthyd, wyry gymhlegyd hir,
O Landdwyn, dir gynired,
I Gwm-y-gro, gem y Gred.
Duw ni'th omeddawdd, hawdd hedd,
Dawn iaith aml, dyn ni'th omedd.
Diamau weddïau waith,
Duw a'th eilw, du ei thalaith.
Delid Duw, dy letywr,
Dêl i gof, dwylaw y gŵr,
Traws oedd y neb a'i treisiai,
Tra ddêl i'm ôl trwy ddail Mai.
Dwynwen, pes parud unwaith
Dan wŷdd Mai a hirddydd maith,
Dawn ei bardd, da, wen, y bych ;
Dwynwen, nid oeddud anwych.
Dangos o'th radau dawngoeth
Nad wyd fursen, Ddwynwen ddoeth.

Er a wnaethost yn ddawnbwys
O benyd y byd a'i bwys ;
Er y crefydd, ffydd ffyddryw,
A wnaethost tra fuost fyw ;
Er yr eirian leianaeth
A gwyrfdawd y coethgnawd caeth ;
Er enaid, os rhaid y rhawg,
Brychan Yrth breichiau nerthawg ;
Eiriol, er dy greuol gred,
Ar em Wyry roi ymwared.

BDG lxxix.

Ffynonellau.—A—A 2, 229. B—(a) B 29, 357 ; (b) G 3, 52b ; (c) B 53, 23b ; (d) C 26, 29. C—(a) B 14,933, 9 ; (b) B 14,932, 11b ; (c) Ba 6, 7. D—Bl e 1, 147a. E—C 7, 836. F—Cw 129, 314. G—H 26, ii, 37. H—(a) Ll 133, 1132 ; (b) Ll 14, 238. I—Ll 186, 65. J—(a) M 212, 129 ; (b) M 1, 118. K—P 49, 87. L—P 54, i, 80. M—Wy 2, 31.

AMRYWIADAU.—1. arian M, orien H, darian E, danian CK. 5. wylo L. 6. un deg M ; arian CE. 7. gleifiad na brad M. 9. ar dy ADHJ, yn C. 11. yn ysig gan M, gwreiddion gordderch E, unswydd H. 13. hir wylaw F. 17. wiw iach wawd ACDE-KM, wiwach L. 20. rhyd y CGK, rhaid y L. 22. fethgnawd CM. 23. Duw fu i'th wadd oi rhaddef CM. 24. Duw a wnaf nad ei o nef CM. 24 + CM :

Nid eill eiddig dyn dig du / noeth ddragwn fyth mo'th ddrygu.

(1. ni ddeil M. 2. pouth M.)

26. husting . . . ing A-K. 30. Forfydd i goedydd er gwir F. 32. o gred A-HJK. 34. dan CL. 36. doeth eilwaith F. 38. o gof ADE-K. 39. y mab Babd, y dyn Bc, i'r neb ADE-KM. 41. pe ABDH, pei EGIKM. 42. dan ddydd ACDEGHJK. 43. dawn a budd id L, Morfydd lawen ddyn wen wych M. 47. er o ddefaist L, er dy rad lawn a'th B. 49. er ffydd er crefydd croywryw M. 51. dy B. 53. in B, be rraid yn L. 54. arth L. 55. ar L ; grefol K, greol E ; bydd eiriol er greddfol gred M. 56. yr CGJK, i'r DEH ; em iraidd M ; riw ymwared F.

95
DAGRAU SERCH

Dyddgu liw dydd goleuaf,
Dy nawdd, er Unmab Duw Naf,
Deurudd Mair o diredd Mael,
Duon lygaid a dwyael.
Deliais, n*eu*d fal hudoliaeth,
Dilyn serch, arnad, ferch faeth.
Da leddfair deulueiddferch,
Dolurus yw daly ar serch.
Deuliw barf dwfr llafarfas,
Delw glaer ar len dyli glas,
Dêl i'th fryd dalu i'th frawd
Dyfu yt wawd â'i dafawd.
Dugum yt well no deugae,
Dogn mul, da y gwn y mae.

Dyn fal corfedw yn edwi,
Deune ton, amdanad di ;
Dyfed a ŵyr mai difyw,
Difai ddysg, a Dafydd yw.
Difraw ddyn, od af ryw ddydd,
Dwf llerw, dan defyll irwydd,
Daifn fy neigr, dwfn fynegais,
Dewr fy mhoen, hyd ar fy mhais.
Diofal, glud, a deifl glaw
Dan ael wyf, dean wylaw.
Dy fardd mad yn anad neb,
Digroenes deigr ei wyneb.
Dyn wyf o'th serch, wenferch wawl,
Digreiad, gwyw, dagreuawl,

Dydd ermoed, deuwedd eiry mân,
Diferiog bwyll, dwf eirian.

Dyddgu, f'aur anrhydeddgael,
Dyn gwiw, du eiliw dy ael,
Dawn glud, pei'm rhoddud yn rhad,
Da holl Loegr, diell lygad,
Dielwid rhin ym min Mai,
Dy olwg a'i dielwai.
Dylyaf ffawd am wawdair,
Dylyy fawl, myn delw Fair.
Didarf i'm bron yw d'adwyth,
Didaer lun o Dewdwr lwyth.
Didwf yw dadl dy gerddawr,
Didawl main ar dy dâl mawr.
Dodaist wayw llon dan fron friw,
Didost gan dy fryd ydyw.
Didawl o'th gariad ydwyf,
Da dy lun, a didal wyf,
Dieithr cael, da uthr yw cwyn,
Dylusg arnad, f'adolwyn,
Dau lygad swrth yn gwrthgrif,
Diystyr wallawyr llif.

BDG xviii.

Ffynonellau.—A—A 2, 98. B—(a) B 29, 197; (b) G 3, 48a; (c) N 8330, 110a; (d) B 53, 30. C—(a) B 14,932, 82b; (b) Ba 6, 108. D—Bl e 1, 155. E—(a) C 7, 867; (b) J 14, 88. F—C 52, 10. G—Cw 5, 409. H—Cw 129, 307. I—H 26, ii, 65. J—Ll 25, 30. K—Ll 133, 971. L—Ll 186, 125. M—(a) M 212, 139; (b) Ml, 128. N—N 832, 86. O—(a) P 49, 47; (b) Wy 2, iv. P—P 197, 19.

Amrywiadau.—3. diroedd AD-GIJN. 5. nid BDEHILN, fel ar ACFGJKMO. 7. dieiddilferch E. 8. dal AEFIN, dala M, dalu C. 9. lafrwas Oab, llafarlas L. 10. o lun C, o lynn O, ar lanw H; du liw E. 12. o'th ACO. 14. dygna mawl ABDFG-JLM. 19. deuaf ABDFGJL. 21. diofn eigr ABDFGHJL, diofn fu neigr E. 22. dwfr ABbcEF, dŵr BadGHJLN; fy mhen ABE-HJLN. 24. oedd deunydd AEF, dan ddwyael deunydd BDGHJL, dan wedd ael deunydd N. 26. digroenodd ACFGO; fy F. 27–8. CO. 29–30. ACFO. 31. wawr ABE-HJLMN. 37–8. ABabCFGJO. 37. dileaf ACO, dyleuaf BadF. 38. dlyei O, diley C, dyleu F, dileuu Ba, dileyy J, dileua Bd. 39. didawl BDEHILMN. 40. loer ABD-GILMN; Dudur CJO. 41. dy dwf DIM, dig ar AFGJ; angerdd N. 44. ar BLM. 45. didwyll fun CJO. 47. uthra cwyn ABD-JL-N. 48. dilesg E, dilusg FIMN, dylust HL; i'r deil-lwyn ABFGJ, dolwyn E, dulwyn H, deulwyn D, dewlwyn N. 49. dau lygad dyn DEHIL MO, dynyn N; yn wrthlif H, gwyngrif N. 50. gwall awyr ABFG IJLMN; a llif B; lladd a wyr a llif E.

96

BLINDER

Dy gariad, Indeg oroen,
Dygn y sydd, huelydd hoen,
Ynof, gwas o nwyf a gwedd,
Yn 'y mlino naw mlynedd.
Ni bu ar les ei dadmaeth
O hir gymdeithas was waeth.
Moethus o was, lleas llaw,
Metheddig fab maeth iddaw.

Llyna, Forfudd fireinrhyw,
A gaf o dâl, gofud yw.
Pa lan bynnag ydd elych,
Na Sul na gŵyl, f'annwyl fych,
Caeu a wnaf, fy nyn llwyd,
Ddeuddwrn i'r lle ydd eddwyd ;
Ac yno, em y genedl,
Goganus, chwarëus chwedl,
Torri fy llygaid terrwyn
Ar dy hyd, f'anwylyd fwyn.

Ef a fydd y dydd ai deg
O nodwyddau, ai deuddeg,
O'r amrant, er ymrwystr fydd,
Bugeiliaeth serch, bwygilydd,
Hyd nad ymweisg, ddyn ddwysgall,
Un, aur ei llun, ar y llall.
Tra fo fy llygaid, haid hawl,
Yn agored enguriawl,
Glaw a ddaw, dyn gloyw-wedd wyd,
O sygn y fron a 'sigwyd,

O ddinau, ddeunant ar lled
Odd yno, fy eidduned.
Meddylia hyn, ddiweirferch,
Meddyliau o sygnau serch,
Y daw glaw yn ôl praw prudd
Hyd y farf, hydwf Forfudd.

Cyd bwyf dalm, er salm, o'r Sul
Yn y glwysgor, un glasgul,
Ni'm gwrthyd, dyfryd difreg,
Pawb o'r plwyf, er nad wyf deg;
Cyfraith serch y sy'n erchi,
Cymer dy hun yt, fun, fi.

BDG xlviii.

FFYNONELLAU.—A—(a) B 14,932, 73; (b) Ba 6, 120. B—(a) C 7, 863; (b) J 14, 139. C—Cw 129, 327. D—G 3, 212a. E—H 26, ii, 70. F—Ll 14, 253. G—(a) Ll 47, 510; (b) Ll 134, 536; (c) LlH, 292b; (d) B 53, 378b. H—Ll 186, 20. I—(a) M 212, 136; (b) M 1, 125. J—P 49, 21. K—Wy 2, 71.

AMRYWIADAU.—1. un deg G, deg ei goroen ABaC-FHIK, ddyn deg oroen Bb. 2. heolydd AK, hy febydd G; Dyddgu sydd beunydd boen C. 3. yno B. 6. gydmeithas GJ. 7. llias ABEFI, lias law K. 8. methedig . . . udaw G, methedig . . . i adaw B. 11. par H; lam D, le Gc. 12. wych AE. 13. kaeet J, cerdded AG, cau B-FHI; nynyn C-FHI, mun G; wenllwyd B. 14. ddeudwrn . . . ydd ydwyd Gbc. 16. goganus AGJ. 17. llygad torwyn B. 19. ai dydd Ba, a dydd Bb; yn deg C. 21. bigant nid bydd AK, ymrwymynt C. 22. bigeiliaid B, bigeiloed CEHI, bogele AK. 23. ymwasg fun A-EHIK; ddoethgall GJ. 24. awr D. 27. gloywddа BCD, glewaidd G, ddyn wywog EI. 31. y feinferch GJ. 32. o symae EI, siamplau CDH, rhesymau K, rhesyma A. 35. ers talm EI, er ystalm BH; er salm Sul BEHI. 37. deufryd BGJ, difryd IK, hyfryd CDH. 39. sydd yn A-EHK. 40. y fun GHJ; eto fi B.

97

ANGOF

Efa fonheddig ddigawn,
Arglwyddes, dwywes y dawn,
Ofer, pryd eiry cyn Ystwyll,
Ymliw â thi, aml ei thwyll,
Na ddylyud ddilëu
Y rhwym fyth yrhôm a fu.

Tebyg, fun enaid dibwyll,
Na'm hadwaenost, tost fydd twyll.
Och, ai meddw, wych em, oeddud
Er llynedd, gyhydedd hud ?
Bun ry haerllug fuddugawl,
Bid i'th farn, y byd a'th fawl.
O bu, ymannerch serchbryd,
Un gair rhôm, unne geirw rhyd,
Ac o bu gynt, tremynt tro,
Bai ditiwr, mawl, bid eto.
Na haedd ogan fal anhael,
Ac na fydd adwerydd wael.
Angof ni wna dda i ddyn,
Anghlod mewn awdl neu englyn.
Terfyn angof yw gofal,
Tŵr dy dŷ, taro dy dâl
Goldwallt dan aur gwnsallt da,
Galw dy gof, gwyldeg Efa.
Nid taeredd a wnaut erof,
Nid da, deg Efa, dy gof.
Na fydd anghywir hirynt,
N'ad tros gof ein wtres gynt.

97. ANGOF

BDG ccxiv.

FFYNONELLAU.—A—(a) B 14,932, 72; (b) Ba 6, 124. B—(a) C 7, 845; (b) J 14, 126. C—G 3, 217b. D—H 26, ii, 31. E—N 832, 84. F—N 1260, 2. G—P 49, 57. H—P 197, 31. I—Wy 2, 66.

AMRYWIADAU.—2. duwies A-FHI. 3. nid CG, nid er pryder cyn BDEF(G); o flaen tyst cyn yr ystwyll AI. 5–6. [AI.] 5. ond na ddylit BFG, ond na ddylevt D, ond na ddyleud C, ond na ddylid E. 6. y rhom . . . y rhwym CDF, y rhiain . . . y rhwym B, rhyom . . . y rhwym E. 7. yw f'enaid G, fu'r enaid F, myn f'enaid AI, ai tebig f'enaid E; didwyll BD. 8. yw G. 9. och im eddyw G, och ym heddiw I. 10. y llynedd AEI. 10 + AI:

Rhag cam ddallt dy wallt melyn / ni ddyweda chwaneg landeg lun.
(1. em wallt I. 2. ddoeda I.)

12. a'r byd AG. 13–14. [B-FH.] 14. neu gair G, ne gair A, pe gair I; un geirw A, fun geirw I. 15. bûm B-FH, bûm gynt yn ŵr B. 16. bwy ditiwr B-F(G)H. 17. na fyn G. 18. na fydd wiw ddevrydd wael B. 19. amwyll G(I). 20. o anglod gwylia englyn (A)I. 21. terwyn G. 23. dy aur ABDEF. 24. gwyledig E. 25. yn gwit eurwen y gwneit AI.

98

DEWIS UN O BEDAIR

Ei serch a roes merch i mi,
Seren cylch Nant-y-seri,
Morwyn wych, nid ym marn au,
Morfudd ŵyl, mawr feddyliau.
Cyd collwyf o wiwnwyf uthr
Fy anrhaith a fu iawnrhuthr,
Cyd bai brid ein newid ni,
Prid oedd i'r priod eiddi.
Eithr rhag anfodd, uthr geinfyw,
Duw fry, diedifar yw,
Gwedy i'w chariad, brad fu'r braw,
Lloer byd, roi llw ar beidiaw.

O cherais wraig mewn meigoel,
Wrth hyn, y porthmonyn moel,
Gwragennus, esgus osgordd,
Gwraig ryw benaig, Robin Nordd,
Elen chwannog i olud,
Fy anrhaith â'r lediaith lud,
Brenhines, arglwyddes gwlân,
Brethyndai, bro eithindan,
Dyn serchog oedd raid yno,
Gwae fi nad fyfi fai fo!
Ni chymer hon, wiwdon wedd,
Gerdd yn rhad, gwrdd anrhydedd.
Hawdd ym gael, gafael gyfa,
Haws no dim, hosanau da;
Ac os caf, liw gwynnaf gwawn,
Fedlai, hi a'm gwna'n fodlawn.

98. DEWIS UN O BEDAIR

Nid ydwyf, nwyf anofal,
Rho Duw, heb gaffael rhyw dâl:
Ai ar eiriau arwyrain,
Ai ar feddwl cerddgar cain,
Ai ar aur cyd diheurwyf,
Ai ar ryw beth, arab wyf.
Hefyd cyd bo fy nhafawd
I Ddyddgu yn gwëu gwawd,
Nid oes ym, myn Duw, o swydd,
Ond olrhain anwadalrhwydd.

Gwawr brenhiniaeth, maeth a'i medd,
Y byd ŵyr, yw'r bedwaredd.
Ni chaiff o'm pen cymen call,
Hoen geirw, na hi nac arall
Na'i henw, na'r wlad yr hanoedd,
Hoff iawn yw, na pha un oedd.

Nid oes na gwraig benaig nwyf,
Na gŵr cymin a garwyf
Â'r forwyn glaer galchgaer gylch;
Nos da iddi, nis diylch.
Cair gair o garu'n ddiffrwyth,
Caf, nid arbedaf fi, bwyth.
Pei gwypai obaith undyn
Mai amdeni hi fai hyn,
Bai cynddrwg, geinwen rudd-deg,
Genthi â'i chrogi, wych reg,
Mwy lawnbwys, mau elynboen,
Moli a wnaf hi, Nyf hoen,
Hoyw ei llun, a holl Wynedd
A'i mawl; gwyn ei fyd a'i medd!

BDG xvii.
FFYNONELLAU.—A—A 2, 240. B—B 53, 164. C—(a) B 14,933, 18; (b) B 14,932, 14; (c) Ba 6, 4. D—Bl e 1, 153b. E—(a) C 7, 868;

(b) J 14, 212. F—H 26, ii, 64. G—Ll 120, 62. H—(a) Ll 133, 981; (b) Ll 14, 4. I—Ll 186, 16. J—(a) M 212, 135; (b) M 1, 124. K—P 49, 100.

AMRYWIADAU.—1. serch . . . myfi A. 2. o gylch Nant Seri E. 7. bu AC-GIK. 8. iddi BEFK. 12. llaw CEFK. 14. wrth lyn ACDHI. 15. gŵr anghenus E. 22. hi CE; myfi ABD-J. 25. hawdd oedd gael EGI, hawdd gael a ADFHJ. 33. air C. 42. geiriau Ha. 47. galchglaer C-FHJ. 51. gobaith C-EGIK. 53. pe A-DG-K, pei EF; gan em CK, genym E, geinem GI, feinwen J. 56. mold DFH.

99
PERERINDOD MERCH

Gwawr ddyhuddiant y cantref,
Lleian aeth er llu o nef,
Ac er Non, calon a'i cêl,
Ac er Dewi, Eigr dawel,
O Fôn deg, poed rhwydd rhegddi,
I Fynyw dir, f'enaid i,
I geisio, blodeuo'r blaid,
Maddeuaint, am a ddywaid,
Am ladd ei gwas dulas dig,
Penydiwr cul poenedig.
O alanas gwas gwawdferw
Yr aeth, oer hiraeth, ar herw.

Greddf ffôes gruddiau ffion,
Gadewis fy newis Fôn.
Crist Arglwydd, boed rhwydd, bid trai,
Gas, a chymwynas Menai.
Llifnant, garw luddiant guraw,
Llyfni, bo hawdd drwyddi draw.
Y Traeth Mawr, cludair fawr fodd,
Treia, gad fyned trwodd.
Y Bychan Draeth, gaeth gerrynt,
Gad i'm dyn gwyn hyn o hynt.
Darfu'r gweddïau dirfawr,
Digyffro fo Artro Fawr.
Talwn fferm porth Abermaw
Ar don drai er ei dwyn draw.
Gydne gwin, gad, naw gwaneg
Dysynni, dir Dewi deg;

A dwfn yw tonnau Dyfi,
Dwfr rhyn, yn ei herbyn hi.
Rheidol, gad er d'anrhydedd
Heol i fun hael o fedd.
Ystwyth, ym mhwyth, gad ym hon,
Dreisdew ddwfr, dros dy ddwyfron.
Aeron ferw hyson hoywserch,
Gad trwod fyfyrglod ferch.
Teifi deg, tyfiad eigiawn,
Gad i'r dyn gadeirio dawn.
Durfing drwy'r afon derfyn
Yr êl ac y dêl y dyn.

Mae'm hirffawd, mae ym mhorffor,
Os byw, rhwng Mynyw a môr ;
Os hi a'm lladdodd oes hir,
Herw hylithr, hwyr y'i holir.
Maddeuid Mair, neddair nawdd,
I'm lleddf wylan a'm lladdawdd.
Diau, a mi a'i diaur,
Minnau a'i maddau i'm aur.

BDG xxxiii.

Ffynonellau.—A—B 53, 193b. B—(a) B 14,933, 44 ; (b) B 14,932, 31b ; (c) Ba 6, 37. C—Bl f 3, 21a. D—(a) C 7, 361 ; (b) J 14, 144. E—Cw 129, 345. F—(a) G 3, 220b ; (b) N 8330, 150a. G—H 26, ii, 128. H—Ll 186, 143. I—N 560, 133. J—P 49, 131. K—P 197, 12. L—Wy 2, 75.

Amrywiadau.—1. erdduniant D. 2. i'r llu BGJL. 3. i dir Non D. 4. Duw D. 6. deg BJ. 9. y gwas D. 13. gradd y ffoes I ; os gadawodd da i rodd dirion L. 14. anos in fyw ynys fon L. 15. crair D ; f'arglwydd BDL ; rhwydd y trai IL. 16. dros forglas mwynwas D. 17–18. D. 19. cludfawr clod ABG–JL, goludfawr glod CF, goleufawr glod E. 20. fy nyn D ; trwod A-CE-L. 24. Ertro A-DF-HL. 27. gydne gwiw D, gwydn y gwn I. 30. dyfr gwyn L. 32. ferch D. 34. didaw ddwfr D, ddyfr EI. 35. eurferch D. 36. hebod D ; fy aurglod L. 37. Teifi dwr A-CE-K, dyfr L ; eurwawn A-CF-L, eurddawn E. 41. mam C-H, man I, main L. 44. llerw . . . llwyr I ; helaeth mae hwyr L ; yr holir BCE-HJ. 45. maddeued EI, maddeuaint ABDGHJL. 47. diau mae im L, a minnau diau E. 48. mi a'i maddeuaf B, mi a'i maddeua J, i minnau maddau I.

100

SAETHU'R FERCH

Gwewyr, cyfeddachwyr cof,
A â'n wân trywan trwof,
Cynt no hwyl i gan ddwylaw
Y pilwrn drwy'r brwynswrn draw,
Rhag mor derrwyn gynhwynawl
Y gwrthyd fy myd fy mawl.

Saeth awchlem wyllt syth wychloes
Dan ben ei bron gron yn groes,
Drwy na thorro, tro treiglfrys,
Na'r croen nac unpwyth o'r crys.
Bach haearn gafaelgarn gael
Dan ddwyen y dyn dduael,
Drwy na chyfarffo, dro drwg,
Diwael gulael, â golwg.
Torri ei phen, cledren clod,
Â gisarn ar un gosod.
Rhydraws yw a'i gwarafun ;
Wb ! Gwae fi ! Ai byw gwiw fun ?
Uchel y rhof fy llawnllef,
Och fwy nog 'och fi' nac 'ef.'

Os marw fydd, ys mawr wae fi,
Y gwiwddyn pefr o'm gweddi ;
Rhag mor anawdd, drymgawdd dro,
Ei hennill, hoedl i honno ;
Dewisaf oedd, gyhoedd ged,
Ei dianc, rhag ei däed.

BDG cl.

Ffynonellau.—A—(a) B 14,932, 84; (b) Ba 6, 136. B—Bl f 3, 29a. C—G 3, 221b. D—H 26, ii, 74. E—Ll 27, ivb. F—(a) Ll 47, 501; (b) Ll 134, 529; (c) LlH, 291a; (d) B 53, 354. G—Ll 186, 3. H—N 657, 3. I—N 1260, 18. J—P 49, 13. K—Wy 2, 99.

1 gwae wyr D. 2 â yn wân DFbcJ, a ymwan BCG; trawan A-DGIK, truan Fb. 2 + AI:

Am wrth ei chwrtais geisiaw / I'r fun drwm orafun draw.

5–6. [BDI.] 5. cychwynnawl F. 7. hir syth awchloes BCDGI. 10. y croen AEFJK. 11. gafaelfarn AEJK, gafael gadarn I. 13–14. [B-FI.] 15. taro ADEFIK. 16. ag isarn A-DF-K. 19. uchel iawn rhof A, rhown I. 21. y fun F. 22. bach A-DGI. 23. dringawdd F.

101

MERCH FILEINAIDD

Hoed cas, er hyd y ceisiwyf,
Hudol serch, ehudlas wyf,
Herwydd maint yr awydd mau,
Hely diol haul y deau,
Hoen ewyngaen ar faen fainc,
Hoyw dduael, hi a ddiainc.
Ni chaf fi hi o'i hanfodd,
A bun ni'm cymer o'i bodd.
Ni thawaf, od af heb dâl,
Mwy nog eos mewn gwial.

Mair a Duw a Mordëyrn,
A rhai a wŷl fy chwŷl chwyrn,
A wnêl, hyn yw'r rhyfelnwyf,
Ymy y naill, am fy nwyf,
Ai buan farw heb ohir,
Ai cael bun hael a byw'n hir.
Rhydebyg, medd rhai dibwyll,
Na wn (ponid hwn yw twyll ?)
Prydu gair, pryd a garwyf,
Eithr i'r un, athro oer wyf.

O ganmol bun, hun heirddryw,
O gerdd dda, ac arwydd yw,
Ni rôi ryw borthmon llon llwyd
Er ugeinpunt a ganpwyd ;
Ni roed ym, nawrad owmal,
Gwerth hyn, ond gwarae â thâl.
Mul anrheg, oedd mal unrhyw
O bai ŵr â bwa yw

Yn saethu, lle sathr angor,
Gwylan ger marian y môr,
Heb goel budd, heb gael y byllt,
Na'r edn ewinwedn wenwyllt.
Gwydn wyf, bwrw gwawd yn ofer ;
Ai gwaeth bwrw â saeth y sêr ?

Pei prytwn, gwn gan henglyn,
Er Duw a brydais er dyn,
Hawdd y gwnâi erof, o hawl,
Fyw o farw, fwyaf eiriawl.
Ni wnâi hi erof fi faint
Y mymryn, gwenddyn gwynddaint.
Gwell gan fun, ni'm gad hun hawdd,
Ei hensail glyd a'i hansawdd
No bod yn rhith ger gwlith gwledd
Gweirful gain, gwirfawl Gwynedd.
Ni newidiai hon wawdair,
Lle y mae, a'i bod gerllaw Mair.
Ni aned merch, dreiglserch draidd,
Felenwallt mor fileinaidd.
O gwrthyd hoen eiry gorthir
Y fau wawd, hon a fu wir,
Gwrthodiad y marchnadoedd,
Gwrthodiaith f'annwyl ŵyl oedd,
Clwyf py glwyf, gloywferch feinwen,
Plwm a ffals, pla am ei phen !

BDG ccix.

Ffynonellau.—A—(a) B 14,932, 73 ; (b) Ba 6, 132. B—Bl f 3, 32a. C—Cw 129, 299. D—H 26, ii, 104. E—(a) Ll 47, 496 ; (b) Ll 134, 526 ; (c) LlH, 290a ; (d) MT, 547c. F—(a) Ll 120, 59 ; (b) B 53, 335 ; G—N 1260. 25. H—P 48, 7. I—P 49, 11. J—Wy 2, 74.

Amrywiadau.—1. rhoed AJ. 2. ehudlais A, hudoles EcdJ, hoewdlws C. 3. main BDFG ; yw'r BD-GI ; mai yn C ; arwydd

BCEacdG, mawredd Eb; anodd im mwy yn nyddiau Mai AJ. 4. hel a D, heli a F, hela a dal AJ. 4 + AJ:

Teg mewn rhiw yw i lliw llon / A golau dan gangau gwnion.

5. hardd yw ACDFGH; yn gayn H, ynghaen DF, y gaen AG. 6. hael BDF, ei hael dduael AG, haul ddiwael C. 7. ni chaf ddyn lân o'i hanfodd AJ. 9–10. [E.] 11. Dewi AG; môr deyrn AEG. 12. y rhai A-GIJ. 13. hwn CDEI. 15–22. [Ed.] 15. farw o'm garwgur AJ. 17. y rhai EI. 18. pam nad AG. 19. brydu . . . brad EabI, brydu . . . bryd Ec. 23. roddai borthmon EI, borth Einion E. 25. nawrwyd EI, o rad AJ, o ryd G; amwyll A-GIJ. 26. a thwyll EGI, onid gwarth a thwyll A-DFJ. 27. mawl EI. 30. ym marian AEIJ, gerllaw marian G. 32. ewinwen AJ, ewinwyn Ecd. 34. gwaeth no EI; bwrw saeth i'r AEDG, ym fwrw saeth i'r BCF. 35. gwnelwn EI. 36. wneuthum EI; o'm bodd mi a'i gwneuthum i'm bun AJ. 37. rhwydd . . . yr hawl EI; gwnai y rhain egni er hawl J, gwae yr hain egni o'r hawl A. 38. fwyfwy ABDFG. 41–6. [J.] 42. hansail Ebd; hi a'i Ed. 44. gwirfawl . . . Gweirful A-DF-H. 45. newidiwn E, ne wawdair BCDFH, iawn wawdair AG. 46. a bod CDFH, i fod AG. 47–8. [E.] 49–54. [J.] 49. liw ADFH; eirw Eabc, gairw Ed. 50. peth a fu EI. 53. plwyf a glwyf EI, gwelwyf glwyf AG; gloywaf ABDFGH, clafa C.

102

CYSTUDD Y BARDD

Hoywdeg riain a'm hudai,
Hael Forfudd, merch fedydd Mai.
Honno a gaiff ei hannerch,
Heinus wyf heno o'i serch.
Heodd i'm bron, hon a hyllt,
Had o gariad, hud gorwyllt.
Heiniar cur, hwn yw'r cerydd,
Hon ni ad ym, hoywne dydd.
Hudoles a dwywes deg.
Hud yw ym ei hadameg.
Hawdd y gwrendy gyhudded,
Hawdd arnaf, ni chaf ei ched.
Heddwch a gawn, dawn a dysg,
Heddiw gyda'm dyn hyddysg.
Herwr glân heb alanas
Heno wyf o'i phlwyf a'i phlas.
Hyhi a roes, garwloes gŵr,
Hiraeth dan fron ei herwr.
Hwy trig no'r môr ar hyd traeth
Herwr gwen yn ei hiraeth.
Hualwyd fi, hoelied f'ais,
Hual gofal a gefais.
Hwyr y caf dan ei haur coeth
Heddwch gyda'm dyn hoywddoeth,
Heiniau drwg o hyn a droes,
Hwyrach ym gaffael hiroes.
Hon o Ynyr ydd henyw,
Hebddi ni byddaf fi byw.

102. CYSTUDD Y BARDD

BDG xxiv ; DGG x.

Ffynonellau.—A—A 2, 312. B—(a) B 14,932, 45b ; (b) Ba 6, 92. C—B 31,058, 193b. D—Bl e 1, 18a. E—Bl f 5, 60. F—Br 5, 110. G—C 64, 606. H—Cw 19, 44b. I—H 26, ii, 83. J—Ll 120, 57. K—(a) Ll 133, 985 ; (b) Ll 14, 13 ; (c) B 53, 228. L—Ll 186, 57. M—M 144, 713. N—M 146, 376. O—(a) M 212, 4b ; (b) M 1, 5. P—N 560, 112. Q—N 1244, 9. R—N 1246, 308. S—N 2692, 78. T—N 5283, 115. U—P 49, 52. V—P 197, 11. W—Wy 2, 47.

Amrywiadau.—4. hoenus H(J)ObQS. 7–8. [FIJMORST.] 7. hyn NP, hon K. 9. duwies A-IK-TV. 10. ym yw IJNOPQ ; hoyw i dameg P, ei hoyw dameg Q, hu i dameg M. 11. gelwydded Q, hi o hyd G. 12. haedd fuchedd ar f'afiechyd G. 13. heddiw BKNPQ ; ni chawn N, o chawn Q, pei cawn BKP. 14. heddwch BKNPQ ; gan fy mun NQ, gyda'm bun BP, gyda'm gwen K ; hoywddysg BKNPQ. 16. heddiw DKP ; i'w phlwyf DKP, yn ei phlwyf H. 17. hi B-LN-RT-W ; er garwloes DH-LNOW, ond garwloes R, arwloes i ŵr PQ ; y gŵr G. 19. ar y B-JL-OQ-TV. 20. herwydd . . . i mae Q ; hwy na herwr hon o U(W). 21. hualodd KacPQ ; hoeliodd KacPQ, hoeliwyd ABFGIJN. 23. cawn B-PRSTW. 24. bun Ka, gwen P, gan fy mun B-KbL-OR-TVW. 25–6. A-CKLPQR. 25. am hyn A ; hwyr y daw draw rhyd a droes BKLPQ. 27. honno W ; o Wynedd BCFG(KM)P-S, o'm gwlad W. 28. + B-GKMNP-S :

Hai how hi a'm gorfu haeach / Ha ha gwraig y Bwa Bach.

(1. hi a'm gorfydd N, hi a'm gorfu i DKP.)

103

CANU'N IACH

Hydr y gwyddost, ail Indeg,
Hoedl i'th dâl, hudoliaeth deg,
Hoed a'm deily, hud a'm dilyn,
Hoyw dy dwf, er hudo dyn.
Gwaith pell o fewn gloywgell gled
Dy dreisio, rhag dy drawsed.
Na ffo, cyfaro, forwyn,
Nid rhaid brys i'r llys o'r llwyn.
Trwyddedwraig llen bedwenni,
Trig a dyhudd, Forfudd, fi.
O doi i'r fedwgell bellach,
Fy nyn bychanigyn bach,
Nid ai drachefn, wiwdrefn wych,
Mul o dâl, mal y delych.
Dygn na allaf dy atal;
Dy gaeth wyf, ddyn deg ei thâl.
Tost na allaf, rhynnaf rhin,
Dy orlludd dan do eurllin.

Ni'th ddwg tynged o'th fedydd
Mal y'th ddug oed ymhlith gwŷdd.
Dyred, o'm colled, i'm cael
Lle'r addewaist, lloer dduael;
F'ewyllys ystrywus drud
A'i dialai, bei delud,
D'ymlid heb gael proffid prudd;
Ni chaf arfod, och Forfudd!

Dos, f'eidduned, yn gwbliach,
A Duw'n borth yt, y dyn bach.

Dos yn iach, gadarnach ged,
Dengoch fyfi o'r dynged !
Yn iach, y dyn bach, dawn byd,
Ac annerch dy hun gennyd.

BDG xci.

Ffynonellau.—A—A 2, 224. B—Bl e 1, 144a. C—(a) Ll 47, 502 ; (b) Ll 134, 530 ; (c) LlH, 291a. D—Ll 120, 56. E—(a) Ll 133, 1129 ; (b) Ll 14, 234 ; (c) B 53, 303b. F—M 145, 757. G—(a) M 212, 23 ; (b) M 1, 26. H—P 49, 15. I—P 54, i, 86.

Amrywiadau.—1. gwelaf ABD-G. 2. dwf CH. 3. deil ADFG, dyly Cac, dalu Cb. 4. dâl I ; i hudo ABD-G(H), yn hudo CH. 8. o'r . . . i'r I. 11. od ei ABDE. 12. fy mun G. 13. gwiwdrefn gwych CabH, gloewdrefn Cc. 14. dylych A. 15. gan na CH. 16. digaeth FG. 17. gan na ABD-G ; rhannaf ABEG, mynnaf F, rymmaf HI, rwyddaf Cb, rwyvaf Cc. 18. dy orllwyn ABD-G. 19–26. I. 27. fun enaid CH, fau dduned BEFG. 29. gyfrinach CH. 30. dengwaith ABD-G(H) ; gwae fi A-G(H).

104

Y MAB MAETH

Mau gariad mewn magwriaeth,
Mab rhyfygus, moethus, maeth,
Mireinfab, mawr ei anfoes,
Meinferch mewn traserch a'i troes.
Mab ym heddiw, nid gwiw gwad,
Maeth rhag hiraeth yw cariad.
Mawr o ddrwg, cilwg culi,
A wnaeth y mab maeth i mi.
Mynnu ei ddwyn er mwyn merch,
Mynnu gorllwyn ymannerch.
Mynnu rhodio mewn rhedyn,
Mynnu ei ddenu o ddyn.
Mae'n rhyfawr ym fy nhrafael,
Mynnu ei gelu, a'i gael.
Meinir a ŵyr fy mynud,
Mynnu gwynfydu yn fud.
Megais, neur guriais, gariad,
Mab maeth o brydyddiaeth brad.
Meithrin chwileryn gwyn gwâr
I'm mynwes o serch meinwar,
Oedd ym fagu, llysu lles,
Mebyn meinwyn i'm mynwes.

Mab rhyfedd, mi a'i profaf,
Ei foes yw hwn fis o haf.
Ni myn cariad ei wadu,
Na'i ddangos i lios lu.
Ni thry o ardal calon,
Ni thrig eithr ym mrig fy mron.

Ni ddichon ynn heddychawd,
Ni westety gwedy gwawd.
Nid eisteddai pei bai Bab,
Ni orfedd f'anniweirfab.
Ni saif, ni orsaif eurserch
Natur gŵyl, am orchwyl merch.
Tyfais ei chlod hyd Deifi,
Tadmaeth serch y ferch wyf fi.
Mab anodd, mi a boenais,
I'w feithring yw fyth rhwng ais.
Aflonydd yw fo 'leni
Y mab a fegais i mi.
Megais, dyn wyf cynnwyf cain,
Anwylfab i wen aelfain.

Bychan, em eirian, i mi
Budd, er magu mab iddi.
Oerfel, serchowgrwydd arfaeth,
I'r ferch a'i rhoddes ar faeth,
Oni thâl, llawn ofal llu,
Mau fygwl, am ei fagu.

BDG xxxviii.

Ffynonellau.—A—A 2, 304. B—(a) B 29, 269; (b) G 3, 56a; (c) B 53, 27; (d) Ba 6, 198; (e) C 26, 121. C—B 14,965, 187b. D—B 14,975, 169. E—C 19, 445. F—C 48, 126. G—C 84, 831. H—Cw 10, 358. I—Cw 129, 332. J—H 26, ii, 138. K—Ll 6, 173. L—(a) Ll 47, 400; (b) Ll 134, 469; (c) LlH, 259a; (d) MT, 491b. M—(a) Ll 133, 1121; (b) Ll 14, 224. N—M 147, 246. O—N 1246, 365. P—N 1553, 191. Q—N 5272, 86b. R—P 49, 40. S—P 54, i, 91. T—P 195, 3b. U—P 197, 14.

Amrywiadau.—1. mae ADEFGILMPT, cariad ADEFGMPT, mae'n gariad H, mi gerais O; o'm magwriaeth I, ym J. 2. rhyfygwr C; mwythus EF-JNPQT; mwythwr C. 4. mwynferch Lcd; a'm EIJLPS, y'm K. 5. maeth L; ydyw DEF-IOT; gwyw EFT. 7. golwg ADEF-JMT; celi CKLNQ, cyli ABeM. 8. fy mab CDGK LQS, ei mab B. 10. im annerch AC, am anerch K. 12. diddanu KL. 15. meinwar DEF-IOT, meinwen BP; munud BeJN, mywyd Lacd, mhenyd ALb. 16. medru DEF-IT; fyd AKLM. 17. megis AK; mawr B-JN-QT; ragorais K, gur mwy gas L. 18. brydigaeth Lbd; mal mab maeth brydyddiaeth BCE-JNOQT. 20. yw serch DEGHJP, o waith L. 21–2. [CNQ.] 21. oer BKP. 22. meinwen L. 25. ni fyn A-CEF-IJL-QT. 27. nid â A-DHJ-RU, nid af EIT; arddal S. 28. thrig ef DFP; ond A-CEG-OQRTU. 29. ni ddichon fynd CNQ, neb ECHOT, ef BDPS, un L, ni ddichyn ef J; odduchawd NQS, heddychwawd I. 30. wastady La, osgedegu Lb, wastody Lc, ostegu Ld. 31–2. B-JN-QT. 31. febai fab B. 32. orwedd BCFJO; fy niweirfab EFHIJPT, yni wirfab DG. 35–6. [S.] 35. tyfodd D-IKOT; ei glod B; Dyfi ACDGK-NQRS. 36. i'r ferch CDEGHJNOPQT, i ferch BIM. 38. i'w feithring ef DGN, fydd BHP; aeth rhwng DGJ, fo aeth EFT, f'aeth HIO. 39–42. [CNQS.] 41. megis dyn yw cynyw AKLMR. 42. i fun AKLMR. 45–6. [CNQ.] 45. eurfaeth ABD-MOPRTU. 48. fygwth ABCJ-NP-T.

105
Y DRYCH

Ni thybiais, ddewrdrais ddirdra,
Na bai deg f'wyneb a da,
Oni theimlais, waith amlwg,
Y drych ; a llyna un drwg !
Ym y dywawd o'r diwedd
Y drych nad wyf wych o wedd.

Melynu am ail Enid
Y mae'r grudd, nid mawr y gwrid.
Gwydr yw'r grudd gwedy'r griddfan,
A chlais melynlliw achlân.
Odid na ellid ellyn
O'r trwyn hir ; pand truan hyn ?
Pand diriaid bod llygaid llon
Yn dyllau terydr deillion ?
A'r ffluwch bengrech ledechwyrth
Bob dyrnaid o'i said a syrth.

Mawr arnaf naid direidi ;
Y mae'r naill, yn fy marn i,
Ai 'mod yn gw*u*fr ardd*u*frych,
Natur drwg, ai nad da'r drych.
Os arnaf, gwn naws hirnwyf,
Y mae'r bai, poed marw y bwyf !
Os ar y drych brych o bryd
Y bu'r bai, wb o'r bywyd !

Lleuad las gron gwmpas graen,
Llawn o hud, llun ehedfaen ;
Hadlyd liw, hudol o dlws,
Hudolion a'i hadeilws ;

Breuddwyd o'r modd ebrwydda',
Bradwr oer a brawd i'r ia.
Ffalstaf, gwir ddifwynaf gwas,
Fflam fo'r drych mingam meingas!

Ni'm gwnaeth neb yn wynebgrych,
Os gwiw coeliaw draw i'r drych,
Onid y ferch o Wynedd;
Yno y gwŷs ddifwyno gwedd.

BDG ccxxvi; DGG lv.

Ffynonellau.—A—A 2, 175. B—(a) B 29, 347; (b) G 3, 86b; (c) B 53, 42b. C—(a) B 14,969, 7b; (b) B 14,932, 38b; (c) Ba 6, 54. D—Cw 5, 285. E—Cw 19, 74b. F—Cw 23, 176b. G—Cw 129, 362. H—H 26, ii, 58. I—Ll 25, 11. J—(a) Ll 133, 1100; (b) Ll 14, 195. K—Ll 186, 114. L—(a) M 212, 159; (b) M 1, 148. M—N 1260, 9. N—N 560, 5. O—N 832, 20. P—P 49, 59. Q—P 108, 17. R—Wy 2, 15.

Amrywiadau.—3. oni syniais yn FHJL-Q, onim syniais yn DI onim symlais yn G, oni symmiais yn R, oni 'mlynais yn A. 4. yn y drych llyna ACDEG-LOPQ, yn y drych dyna F, fal dyna R. 5. yna dywawd HLMP, dywawd imi AIQ, dywad imi BD, dywod imi N, dywaid imi K, ym y dywad J. 7. ael L; Luned P, a moel enyd R. 8. mae'r grudd ac ABD; y mae'r croen mawr yw na'm cred P. 9–10. [GKMPQ.] 9. yw grudd gwedi griddfan ADI, gwydr grain ydyw'r gruddiau R. 10. a chlau R. 12. hir truan yw PQ, pan nad R. 13. ond A-OR. 15. bengrych ledychwyrth F; ar gwallt glân mor anferth R. 16. serth R. 17. od wyf mor gyl dan gylni R. 18. ar fy marn BCHJLMPQ, fy mron N. 19. gwifr BCE-HJ-N, wifr PQ, bifr ADI, yn wydr ar ddidrych O, ai bod y grudd yn bruddfrych R. 21. drwy naws A-DH-OR, dros naws G; oernwyf L. 22. a fu'r C, fu'r PQ; yn farw CFHO-R. 24. y bo'r K. 29. bid freuddwyd byd afrwydda A-EG-OR. 30. brawdwr CGHKMNO, breuder ABDI; yw A-DGHLNOR. 31. myfi ai gwala gwaetha gwas R. 32. main-grych R; iawngas P, mingas H, mingras R. 34. gwir ACDFHO. 35. ond y ferch fwyn o R. 36. yna A-DHJ-N, gŵyr BJKL; noeth om gwawr hi aeth am gwedd R.

106

EDIFEIRWCH

Prydydd i Forfudd wyf fi,
Prid o swydd, prydais iddi.
Myn y Gŵr a fedd heddiw
Mae gwayw i'm pen am wen wiw,
Ac i'm tâl mae gofalglwyf ;
Am aur o ddyn marw ydd wyf.
Pan ddêl, osgel i esgyrn,
Angau a'i chwarelau chwyrn,
Dirfawr fydd hoedl ar derfyn,
Darfod a wna tafod dyn.
Y Drindod, rhag cydfod cwyn,
A mawr ferw, a Mair Forwyn
A faddeuo 'ngham dramwy,
Amen, ac ni chanaf mwy.

BDG cxix.

Ffynonellau.—A—A 2, 295. B—B 31, 62b. C—(a) B 53, 85b ; (b) Cw 14, 58 ; (c) Ba 6, 225 ; (d) Cw 381, 42. D—(a) Br 2, 215 ; (b) J 17, 278. E—Br 4, 67. F—Cw 129, 292. G—H 26, ii, 110b. H—Ll 53, 40. I—Ll 54, 57. J—Ll 120, 87. K—(a) Ll 133, 1110 ; (b) Ll 14, 209. L—Ll 155, 11. M—(a) M 212, 149 ; (b) M 1, 138. N—P 49, 120. O—P 76, 23. P—P 184, 40. Q—P 197, 19. R—Wy 2, 17.

Amrywiadau.—*Yr ail linell yn gyntaf* DF-JL-PR. 2. ei swydd GHJ, y swydd A. 3. gŵr piau BCEO. 4. gwae O. 7. i osgel FGIJK, i asgel A, ysgor ar O, gwasgar ar BCE, asgreth i'r D. 8. ac angau CE, a'r ange D ; chwrnolau BCE, chwyrnoglau O, a'i chware D, a'i chwarau yn F. 9. dirfar O, darfod fel HP. 11. cyn CO ; cyfod HL, cyfoed K, cyfnod A(K) ; cyn cydfod C. 12. marw ferw FIJ, a marw o farw D, mawr wyrf ferw EO, mawr fyrain R ; Mab Mair ACK. 14. nid rhaid im Cacd.

107
GWADU

Traserch ar wenferch winfaeth
A rois i, fal yr âi saeth.
Mi a euraf bob morwyn
O eiriau mawl er ei mwyn.
Och fi, drwg yw ei chof draw
Amdanaf, mae'm diwynaw.

Bûm gynt, ger wyneb em gain,
Anwylfardd i wen aelfain.
A phellach, er na phallwyf,
Is gil serch, esgeulus wyf.
Gorweddais ar gwr addail
Gyda'r ddyn dan goed ir ddail.
Bûm grair, er na bai ym grefft,
Groengroen â'r ddyn gywreingrefft.
Ni fyn fy mun, er fy mod,
Fyd annibech, f'adnabod.
Ni chaf mwy, eithr drwy drais,
Wraig ifanc ar a gefais.
Ni fyn merch er ei pherchi,
Loywed oedd, fy ngweled i
Mwy no phe rhoid mewn ffair haf
Barf a chyrn byrfwch arnaf.

BDG cxli.

Ffynonellau.—A—A 2, 87. B—(a) B 14,932, 79b; (b) Ba 6, 125. C—(a) C 7, 300; (b) J 14, 331; D—Cw 5, 364. E—C 48, 25b. F—Ll 25, 22. G—Ll 53, 295. H—(a) Ll 133, 975; (b) B 53, 222b. I—Ll 186, 193. J—N 5283, 358. K—(a) P 49, 63; (b) Wy 2, 107. L—P 108, 24. M—P 197, 32.

Amrywiadau.—5. o'i chofio EJ, a chofio G. 6. amdani CEGJ; mae diwynaw BH, mae difwynaw A. 7. yn wyneb DF; gwen gain E; gerbron dyn gain C. 12. dyn C, gyda dyn DF; a dail DF, ar dail C, ar ddail KL. 14. â'm dyn CDFGJ, â'm bun E. 15. ni fynnai 'mun A-HJ. 19. nid mwyn G. 20. fy ngolud oedd A-DFHKL.

108
Y GALON

Oio galon fergron fach,
Ddieres chwaen ddieiriach,
A fu dryll fwy ei drallawd
No thydy, gwehydd-dy gwawd ?
Palmeres, mynwes a'i maeth,
Penwyn gyhyryn hiraeth.
Cron forwyn ryderrwyn daer,
Cruglwyth meddyliau croywglaer.
Llonydd fydd fodd difocsach ;
Llenwi y bydd llun wy bach.
Hon a bair, cadair ceudawd,
Henw amddyfrwys gwennwys gwawd,
Rhuad gwyllt, ddyn rhyod gwael
Rhyhy yn serchog rhyhael.

Ystyried windraul deulu
Y ddiod fedd, ddäed fu ;
Hon a wna, anrhegfa rhawg,
Hwyl berw llif, hael byrllofiawg.
Palmer budr, pŵl marw bidyn,
Paeled oer heb bil y din,
A rhylew ar heolydd,
Wyneb oer, yno ni bydd
Heb ai cael, heibio ciliwyf,
Dolur, ai clau wneuthur clwyf.
Yr ail ydyw ar loywdarf
Uno dros wefl fefl ar farf.
Y trydydd ni wybydd neb :
Troau dyn trwy odineb

Yn chwenychu, chwaen uchel,
Dwyn y dyn gwylwyn dan gêl.

Hynny yw gwraidd yr heiniau,
Henw swydd falch honno sydd fau.
Nid mwy rhyfel dan Geli
Dyn na mil, myn Duw, no mi,
Yn caru, nesäu serch,
Er anfodd pawb, yr unferch—
Pobl wrthrych, llewych llywy,
Pefr feinwyr, pawb a ŵyr pwy;
Mygr hyloyw, magwyr hoywloer,
Morfudd deg ei deurudd, dioer;
Hoen tes pan fai huan taer
Ar fron, olyglon loywglaer;
Haelwen leddf, heilwin lwyddferch,
Heulwen a seren y serch.

BDG xxiii.

Ffynonellau.—A—A 2, 238. B—Bl e 1, 152b. C—(a) C 7, 853; (b) J 14, 223. D—H 26, ii, 55. E—Ll 6, 52. F—(a) Ll 47, 512; (b) Ll 134, 537; (c) LlH, 293a. G—Ll 120, 61. H—(a) Ll 133, 1099; (b) Ll 14, 194; (c) B 53, 296; (d) Ba 6, 217. I—Ll 186, 13. J—(a) M 212, 134; (b) M 1, 123. K—P 49, 22.

Amrywiadau.—1. tydi galon H, ie galon A-DGIJ; bengron bach A-DG-J. 2. chwaer EFK. 3. o drallawd K. 4. gwhedd-dy B, gwehedd-dy J, gwhodd-duy D. 8. creiglwyth ABDJ, creuglwyth H. 9. aflonydd H; fyd AH, fud fod BCDJ. 12. ymddifrwys A-DHJ, ymddiffrwys GI, anyfrwys K, a myfrwys F, an yffrwys E; gynnwys CI. 13. wyllt FK, gwyll D(K). 14. anserchog EFK. 15. afrifed H. 16. fach EFK. 17. wnaf J; anrheg y rhawg C. 18. lliw F, llu EK. 19–20. [EFK.] 19. fudr . . . fwydyn H. 20. pa eled oer o epil dyn H. 24. doluriau clau CE. 26. un a ABD(H)J, yno EGI, yna C. 27. trydydd nid adnebydd A-DG-J. 28. troi y A-DG-J. 29. i A-DG-I, a J. 30. gwelwyn A-DG-J, gwiwlwyn Fc. 31. ei heiniau A-DG-I. 32. hen swydd fawr hynny A-DG-J. 35. i serch H. 37. mygr A-DG-J. 41. teg A-CG-J; fo DJ. 42. olygon loywgaer A-DG-J.

109
YR UCHENAID

Uchenaid wedn aflednais
A'm pair heb enni i'm pais.
Uchenaid, oer rynnaid ran,
A dorres yn bedeirran
Bron a'i deily, bryn y dolur,
Braidd na'm hyllt o'i gorwyllt gur.
O nythlwyth cofion bron brid,
Anathlach o anoethlid,
Cyfyd rhyw sôn ohonof
Cyfyng, cawdd ethrycyng cof,
Cynnwrf mynwes, tylles twyll,
Cynnil ddiffoddwraig cannwyll.
Cawad o drowynt cywydd,
Cae nïwl hir feddwl fydd.

Rhiain a'i pair, gair gorfyn ;
Rhuad dig yw ar hyd dyn.
Pawb a debyg pan ddigiwyf,
Pe bai ddysg, mai pibydd wyf.
Mae o anadl mwy ynof
Nog yng nghau meginau gof.
Uchenaid, lifaid lafur,
O'r blaen a dyr maen o'r mur.
Awel glaw i grinaw gran,
Ef yw gwynt hydref hoedran.
Ni bu wenith na nithid
Wrth hon pan fai lon o lid.
Athrist fy swydd es blwyddyn ;
Eithr Morfudd ni'm dyhudd dyn.

BDG xxvii.

Ffynonellau.—A—A 2, 303. B—(a) B 14,932, 71b; (b) Ba 6, 118. C—Bl e 1, 19. D—Cw 19, 45. E—Cw 129, 297. F—G 4, 36. G—Ll 6, 7. H—Ll 14, 222. I—(a) Ll 47, 513; (b) Ll 134, 538; (c) LlH, 293b. J—Ll 120, 103. K—(a) Ll 133, 1095; (b) Ll 14, 189; (c) B 53, 309. L—Ll 186, 64. M—M 146, 369. N—(a) M 212, 49; (b) M 1, 51. O—N 560, 119. P—N 832, 83. Q—P 49, 23. R—P 57, 53. S—Wy 2, 62. T—Wy 2, 91.

Amrywiadau.—1. fy 'chenaid er na chwynais BS. 2. eni CKbMO, ynni AHKa(b), einio I, huno G. 3–4. [Q.] 5. deil BKbOS, dala I, dyly T, dailia G, delai E, a ddeily H, a ddeil Ka, ni ddeil A; bryniau B, brwynnau S, bryn dolur EG, bryn a dolur I, o ddolur AHKa. 6. o'r Ia, a'i A-DFJ-O(Q)RS. 7. oni ludd (Q)T, oni'th lwydd AHKa, oni chlywch G; calon BCFJKMNO(Q)RS; bryd BHKS. 8. yn athlach FJKbLNO, yn uthr lawn C; anoethlyd HK; o'i wag ochain ni fag iechyd BS. 9. don AGHIKQRT. 10. cyfrin O; a thrycing AIaKaQT, a drycin O, o ddrycin Kb, y cyfyng . . . drycin BS. 11. dylles CFJLMNS, diles O, dulles E; dwyll CEFJL-OS. 12. cynnar CEFJ(Ka)L-O(Q)S, kynyll G. 13. cawad yw o flaen BCEFJL-OS. 14. cae o BCIaMS, cae y A, nifwl FN; cwmwl o KO(Q); a fydd GIc. 15. a'm QR; gofyn BCFKLMNS, gorwyn AH(Kb). 16. tost BCFJ(K)L-OS. 21-2. (Q.) 23. grain E; gwaeth na gwynt helynt hydref BS. 24. gwynt yw ef K(a)b; hoedrain E; o'm chwyth y mae yn chwith ef BS. 25–6. [BEJLORS.] 25. ni K(Q)T. 26. lawn HK. 27. uthr CFJK(a)bMNO, eithr E, a thrist Ic; es FGIKNQRT, ys AH, er ys CEJ(Ka)MO; cria o'm swydd ers blwyddyn BS. 28. ond BS.

110

DIFRAWDER

Un agwedd, oferedd fu,
Oerni cur, yr wy'n caru
Â'r ffôl yn ymlid ar ffyrdd
Ei gysgod trwy goed gwisgwyrdd.
Parabl mab a fydd trabalch,
Cyd bo gynt no'r gwynt neu'r gwalch,
Naws dig, ni bydd nes y daw,
Barn hen oedd, brynhawn iddaw,
Brwysg feddwl, braisg gyfaddas,
Byr ei glod, no'r bore glas.
Nid â ei gysgod, a dau,
O'i ymyl, yn ei amau.

Un foddion, anufuddoed,
Wyf â hwn, mau ofwy hoed;
Minnau sydd, meinwas oeddwn,
Mawr ei hud, myn Mair, yw hwn,
Yn nychu yn wan achul
O serch yr addfeinferch ful.
Hyn a wasg fy ngrudd glasgrych;
Heno nid nes, hoywnod nych,
Cael meddwl rhiain feinir
No'r dydd cyntaf o'r haf hir,
Mwy no'r ffôl ar ôl yr ôd
O'i gwsg am ddal ei gysgod.

Diamynedd y'm gwneddyw,
Diriaid ym diweiried yw.
Ni symud mynud meinir
Na'i gwên er celwydd na gwir,

Mynog wedd, mwyn yw a gwiw,
Mwy no delw, manod eiliw.
Ni'm cymer i fy rhiain,
Ni'm gwrthyd f'anwylyd fain.
Ni'm lludd meinwar i'w charu,
Ni'm lladd ar unwaith em llu.
Ond o'm gwŷl gwen gymheniaith,
Degau chwimp, yn digio chwaith,
Cael a wnaf, er celu nwyf,
Cusan yr awr y'i ceisiwyf,
A glas chwerthin, gwedd hinon,
Gwyngen hawdd, a gawn gan hon.
Ni wn pa un, fun feinir,
Yw hyn, lliw gwyn, yn lle gwir,
Ai gwatwar, cynnar y cad,
Am wir gur, ai mawr gariad.

Degau ddadl, digio'dd ydwyf,
Da bychan ym, dibech nwyf,
Dwyn hirnych, dyn gwych ei gwedd,
Dwywes, a marw o'r diwedd.

BDG ccxv.

Ffynonellau.—A—B 24, 102. B—(a) B 29, 291; (b) G 3, 57a; (c) B 53, 28; (d) C 26, 61. C—(a) B 14,932, 74b; (b) Ba 6, 133. D—B 14,975, 136b. E—(a) C 7, 830; (b) J 14, 358. F—C 84, 835. G—H 26, ii, 28. H—Ll 6, 228. I—(a) Ll 133, 1075; (b) Ll14, 158. J—(a) M 212, 165; (b) M 1, 153. K—N 560, 71. L—P 49, 48. M—P 66, 21. N—Wy 2, 26.

Amrywiadau.—2. o'r un BDE, o ran HI. 4. mewn AEHL, o H. 5–6. [BEIJK.] 5. y mab nyd tra balch H. 6. kyn bai H, tra bo A, cyd bo C. 6 + D:

gosaved mal gwas vvydd / ar rrydid ran er hyd y dydd.

9. braisg . . . brwysg B-EGJKN, brisg . . . braisg I; foddion H. 10. glog y bore CN. 11. ac nid â'i EIK, ag nid ai yn kysgod ni yn dau E, nid a yr gwasgod C. 12. o'n . . . yn yn amau E; myn ei ammeu C, ond i amau D. 13–14. [BEG-K.] 13. anrhyfeddoed C. 16. o hud AB(C)JN, yw hud C, mor ehud K, haint H; i hwn CH.

17. yn fain ACDEGIJKLN. 18. o draserch CDEGJ-N; ar y feinferch BM, y ferch ddi-ful CDEGIJK, dda ferch ddi-ful N, y ferch ddiwair A, yr addwynferch H. 18 + A:

gwreiddiodd cariad gorauddyn / glud im deheufron y glyn
lliw eira man ywch llawr mynydd / lloer deg is llawer dydd.

20. oes (C)ILM(N); hynod BCEGIJMN; wych (L). 21. gael BdEGHJ, hael CN. 23. noc yr ffôl H; ar ledol od A. 25. dir amynedd B, difonedd A, diomedd CH; im heddiw BM, y'm gomeddwyd CH, im gwnai heddiw A, y'm gwnae Dduw Ib. 26. wyd CH. 28. ei gwên B(C), i gwedd A, gwen er na H; cellwair (Bd). 29-30. [H.] 29–32. [BEGIK.] 31. wiw riain A. 32. gwyn y myd A, ac nym gwrthyd vy myd H. 33 gad A. 34 o'r unwaith CE, er yn waith H. 35. eithr A; o gwŷl GIJK, nym gwyl A; em CDN; gymhenwaith CDEG-K. 36. fi'n digio GIJK(L), im digio E, nim digia D. 37. cywely nwyf CDEGIJKN. 40. gwen gain CDEGJKN, gwn gwen H, gwngan Bd, gwyngan Babc, gwngen A, gwedd gain I; hud BCDGIJKMN. 40 + A:

pedvai ddoythion wirion wedd / rrvvain llyna beth rryvedd
yn keisiaw alaw ailvn / nvchv rwy ni chaer vn
ydynabod nod aniben / o nawd gwir anwydav gwen.

41–4. [BEGIJK.] 43. cymar C. 45. dig o ddadl GJ, deg o ddadl DE, deg ddadl . . . ydd CINK. 46. a bychan H, dyn . . . un . . . wyf I. 47. er gwych B-EGIJN. 48. dwyoes A-K(L)MN.

III

Y GWAYW

Y ferch dan yr aur llathrloyw
A welais, hoen geirwfais hoyw,
Yn aur o'r pen bwy gilydd,
Yn rhiain wiw deuliw dydd,
Yn gw*a*rando salm balchnoe
Yng nghôr Deinioel Bangor doe.
Digon i'r byd o degwch,
Deugur, bryd Fflur, a brad fflwch,
Weled y wenferch wiwlwys,
Wi o'r dawn ! mau wewyr dwys.

Â seithochr wayw y'm saethawdd,
A seithwawd cymhendawd cawdd.
Gwenwyn awch, gwn fy nychu,
Gwyn eiddigion gwlad Fôn fu,
Nis tyn dyn dan wybr sygnau,
I mewn y galon y mae.
Nis gorug gof ei guraw,
Nis gwnaeth llifedigaeth llaw.
Ni wŷs na lliw, gwiw gwawdradd,
Na llun y dostarf a'm lladd.
Gorwyf, o'm gwiwnwyf a'm gwedd,
Gorffwyll am gannwyll Gwynedd.
Gwae fi ! gwewyr a'm hirbair ;
Gwyn fy myd ! ail gwiwne Mair.
Gwydn ynof gwayw deunawnych,
Gwas prudd a wnâi'r grudd yn grych.
Gwynia'n dost, gwenwyn a dâl,
Gwayw llifaid, gwäell ofal.

Esyllt bryd a'i dyd er dig,
Aseth cledr dwyfron ysig.

Trwm yw ynof ei hirgadw,
Trwyddew fy mron friwdon fradw.
Trefnloes fynawyd cariad,
Triawch saeth fydd brawdfaeth brad.

BDG xxii; DGG xxii.

FFYNONELLAU.—A—A 2, 50. B—B 53, 92. C—(a) B 14,932, 66; (b) Ba 6, 82. D—B 31,056, 60b. E—(a) Br 2, 223; (b) J 17, 687. G—C 7, 923. H—G 1, 128. I—H 26, ii, 44. J—(a) Ll 48, 71; (b) Ll 134, 223; (c) LlH, 142b; (d) MT, 264; (e) Lla B ii, 44. K—Ll 133, 1219. L—Ll 186, 41. M—M 160, 35. N—P 49, 90. O—P 76, 148.

AMRYWIADAU.—2. fain ddigabl crwn barabl croyw CDELM, fain ddigabl cron barabl croyw BH. 5. gwrando ABFGIKLNO; gwrando ar CDEHJM; sailym Ja, sail i'm AK, ddaulin Jc; balchnod J, balchnad AK. 6. Daniel FLN, Deiniel GO, Deiniol AKJ; Bangor Deiniol ADJK; dod J, dad AK. 7. digon oedd FGO. 8. Eigr BCDHL, deigr AFJK; ei brad AIJKN, ai brad F, ei brawd CDEGLM, brawd O. 10. dyn JaK, dydd Jce; wiw ordwy BCEHLM, wiw eur dw D. 11. sythochr IN, serthochr D. 12. sythdod IN, sythwawd JK, o ieithawd F, sychwawd A, saithdawd O. 13. gwen fwyn wych N, gwenfun wych B-ELM; gwinau nychu JK. 14. gweledigion B-EHLMN, gwyneddigion I, gwnfenedigion G, gwnvedigion O, gwenidogion F. 15. nis myn N, nid tynnu BK; awyr B-EHM; dan sugn gae AJ. 16. o mewn B-FLMN. 17. nid gorau CDEHLM, nid gorwy GO, nis gorwyf nes F. 18. lladdedigaeth AGJKO. 19. nid oes N, ni wn AJK, ni wiw F; nad lliw B; gwaedradd G, gwadradd O, gwawnradd AJc. 20. ond llun GO, nad llun BDEM; i'r N; y dystfardd GO, y dostur yn AK, dosturach yn J. 21. gŵr wyf J; er J, i'm GN, a'm AK; ei gwedd J. 23. fyfi gwayw GIKLN, gwayw fyth AJK. 24. gwyn fy myd yw GLN, gwyn fy myd ne AJK; gwiwnef BCEHILM. 25. gwydn yw B-EHLM, gwydn ym O. 26. wna EFILMN. 27. gwn iau'n N, gwnâi yn B-EHLM, gwae ni'n AJK; o dâl BCDK. 28. gwiaill GO, gwall A-FHJLM. 29-30. [B-EIL-N.] 29. evrdid avr dig GO. 30. a saeth AJK, a syth O. 31. drain yw I, tra fynno N; yno FGNO. 32. trwyddedwr I, trwy fedw'r GO, trwy dewder JK; y fron F. 33. trafloes GO; fynad cariadwy CEHLM. 34. bradwy CEHLM. 34. + (C)GI-LNO:

Truan mor glaf yw Dafydd / Trwyddew serch trwyddo y sydd.

112

YR ANNERCH

Annerch, nac annerch, gennad,
Ni wn pwy, gwraig macwy mad.
Arch i'r ferch a anerchais.
Ni wn pa beth rhag treth trais,
Ddyfod yfory'n fore,
Pŵl wyf, ac ni wn pa le.
Minnau a ddof, cof cawddsyth,
Ni wn pa bryd o'r byd byth.
O gofyn hi, gyfenw hawdd,
Poen eirchiad, pwy a anerchawdd,
Dywed dithau dan dewi,
Ysgoewan wyf, 'Nis gwn i.'
O gwely deg ei golwg,
Er nas gwelych, nid drych drwg,
Gwiw loywbryd haul goleubrim,
Ar dy gred na ddywed ddim.

BDG clxxvi; DGG v.

Ffynonellau.—A—A 2, 302. B—B 30, 70b. C—(a) B 40, 31; (b) B 53, 108b. D—(a) B 14,932, 58b; (b) Ba 6, 74. E—C 19, 573 F—C 20, 224. G—C 48, 160. H—C 64, 617. I—C 84, ii, 1096. J—Cw 10, 451. K—G 3, 204b. L—Ll 27, iv. M—Ll 55, 198. N—(a) Ll 133, 1076; (b) Ll 14, 159. O—(a) Ll 134, 555; (b) LlH. 299b; (c) Lla B i, 181b. P—N 695, 105. Q—N 832, 16. R—N 1246, 348. S—(a) P 49, 50; (b) N 5269, 347b. T—P 61, 27. U—P 91, 48. V—P 195, 38b. W—T, 722a. X—Wy 2, 2.

Amrywiadau.—2. merch A-KNP-VWX; i'r macwy C; ferch ni wnn pwy M. 3. ac arch i'r ferch anerchais CE-HJKMNQRTUVWX, 5. yfory ddyfod yn AHM. 6. pŵl yw O. 7. gof gwiwsyth BDNPQ, gof gwaywsyth CEGMRTUVWX, gof gwaywfyth J, go gwiwfyth I, gof gwiwferch H. 8. pa bryd synllyd serch H. 9. gwen yn hawdd

(Cb)EIN, gyfion hawdd BCDH(N)PQT, gofyn hawdd A, gof yn hawdd GJRV, gwen gof yn hawdd W, gyfiawn hawl F. 10. paun K(S)U, pa un (D)X, pwy'n C, un QT, enw'r A, enw'i (N); eiriad L, erchiad Q, erchydd A, archiad F; a'i hanerchawdd ABCKNPT, a'i nerchawdd D-JOQUVWX. 11. dywaid A-DFHLOPRTV; er Dewi CaN(Q)T. 12. ŵr EGIJNRVW, iawn CDHQ; nas FKQT. 14. y dydd y gwelych (Cb)EGINRVW, a llei gwelych (CbN)Q, pan welych J. 15. gwir . . . gawr Oa; oleubryd . . . loywbrim Obc, a deiliw haul (Cb)IN; arwydd serchowgrwydd awgrym CNQT; disgleirbryd dwys egleirbrim F; o gweli Ddafydd ap Gwilym CEJRVW. 16. amnaid ac na ddywaid CEGJMNQRTV.

113

CYRCHU LLEIAN

Dadlitia'r diwyd latai,
Hwnt o'r Mars dwg hynt er Mai.
Gedaist, ciliaist myn Celi,
Arnaf y mae d'eisiau di.
Dof holion, difai helynt,
Da fuost lle y gwyddost gynt.

Peraist ym fun ar ungair,
Pâr ym weled merched Mair.
Dewis lun, dos *i* Lan falch
Llugan, lle mae rhai lliwgalch.

Cais yn y llan ac annerch
Y sieler mawr, selwr merch.
Dywed, glaim diwyd y glêr,
Hon yw'r salm, hyn i'r sieler.
A chŵyn maint yw'r achwyn mau.
A chais ym fynachesau.
Saint o bob lle a'm gweheirdd
Santesau hundeiau heirdd,
Gwyn eiry arial gwawn oror,
Gwenoliaid, cwfeiniaid côr,
Chwiorydd bedydd bob un
I Forfudd, araf eurfun.

Da ddodrefn yw dy ddeudroed,
Dwg o'r côr ddyn deg i'r coed,
Un a'i medr, einym adail,
A'r lleian du i'r llwyn dail.
Or caf finnau rhag gofal
O'r ffreutur dyn eglur dâl,

Câr trigain cariad rhagor,
Cais y glochyddes o'r côr.
Oni ddaw, er cludaw clod,
Hoywne eiry, honno erod,
Cais frad ar yr abades,
Cyn lleuad haf, ceinlliw tes.

BDG xi.

FFYNONELLAU.—A—B 53, 165. B—(a) B 14,933, 19; (b) B 14,932, 15; (c) Ba 6, 11. C—Bl f 3, 22a. D—G 3, 215a. E—H 26, ii, 68. F—Ll 186, 233. G—P 49, 102. H—Wy 2, 70.

AMRYWIADAU.—1. y dilediaith da FH. 2. o'r Mars A-H; i'r Mai A-EG; cu mawr o'r Mars cymer Mai FH. 3. dihengaist FH. 7. unair FH. 9. dewis lyn EG, dewis lan CG, dewis lwyn FH; yn lân falch A-H. 10. llogan G, lligan AB(G), llogwr FH. 12. y selwr (B)EGH, y seler (B)CD, ys olwr E, salw yw'r modd AB; solwr merch FH. 13–14. [FH.] 13. dywaid A-EG; glain ABD. 15. a chen maint FH. 17. y seintiau da a'm gwaheirdd FH. 18. hen deiau FH. 20. cywiriaid FH. 24. er cur FH. 27–8. [FH.] 27. o caf A-EG. 31–2. [FH.] 33. gwna frad yr anfades FH. 34. canlliw FH.

114

YR EHEDYDD

Oriau hydr yr ehedydd
A dry fry o'i dŷ bob dydd,
Borewr byd, berw aur bill,
Barth â'r wybr, borthor Ebrill.

Llef radlon, llywiwr odlau,
Llwybr chweg, llafur teg yw'r tau :
Llunio cerdd uwchben llwyn cyll,
Lledneisgamp llwydion esgyll.
Bryd y sydd gennyd, swydd gu,
A brig iaith, ar bregethu.
Braisg dôn o ffynnon y ffydd,
Breiniau dwfn gerbron Dofydd.
Fry yr ai, iawnGai angerdd,
Ac fry y ceny bob cerdd ;
Mygr swyn gerllaw magwyr sêr,
Maith o chwyldaith uchelder.
Dogn achub, digon uched
Y dringaist, neur gefaist ged.

Moled pob mad greadur
Ei Greawdr, pefr lywiawdr pur.
Moli Duw mal y dywaid,
Mil a'i clyw, hoff yw, na phaid.
Modd awdur serch, mae 'dd ydwyd ?
Mwyngroyw y llais mewn grae llwyd.
Cathl lân a diddan yw'r dau,
Cethlydd awenydd winau.
Cantor o gapel Celi,
Coel fydd teg, celfydd wyd di.

Cyfan fraint, aml gywraint gân,
Copa llwyd yw'r cap llydan.
Cyfeiria'r wybr cyfarwydd,
Cywyddol, dir gwyndir gŵydd.

Dyn uwchben a'th argenfydd
Dioer pan fo hwyaf y dydd.
Pan ddelych i addoli,
Dawn a'th roes Duw Un a Thri :
Nid brig pren uwchben y byd
A'th gynnail, mae iaith gennyd,
Ond rhadau y deau Dad
A'i firagl aml a'i fwriad.

Dysgawdr mawl rhwng gwawl a gwyll,
Disgyn, nawdd Duw ar d'esgyll.
Fy llwyteg edn, yn llatai,
A'm brawd awdurdawd, od ai,
Annerch gennyd wiwbryd wedd,
Loyw ei dawn, leuad Wynedd.
A chais un o'i chusanau
Yman i'w ddwyn ym, neu ddau.
Dyfri yr wybrfor dyrys,
Dos draw hyd garllaw ei llys.
Byth genthi bwyf fi a fydd,
Bâr Eiddig, un boreddydd.

Mae arnad werth cyngherthladd
Megys na lefys dy ladd.
Be rhôn a'i geisio, berw hy,
Bw i Eiddig, ond byw fyddy.
Mawr yw'r sercl yt o berclwyd,
Â bwa a llaw mor bell wyd.
Trawstir sathr, trist yw'r saethydd,
Trwstan o'i fawr amcan fydd ;
Trwch ei lid, tro uwch ei law
Tra êl â'i hobel heibiaw.

BDG xcv ; DGG xxxii.

FFYNONELLAU.—A—A 2, 191. B—Bl e 1, 106b. C—B 9817, 201b. D—C 7, 899. E—C 84, ii, 1188. F—Cw 5, 278. G—H 26, ii, 184. H—Ll 25, 34. I—Ll 120, 142. J—(a) Ll 133, 1039 ; (b) Ll 14, 34 ; (c) B 53, 261b ; (d) Ba 6, 179. K—M 146, 139. L—(a) M 212, 103 ; (b) M 1, 91.

AMRYWIADAU.—1. hyder . . . hedydd EJ, chwidr . . . uchedydd (H) 4. barth yr D, barthwr B. 5. lle A-FH-L. 7. uwch llwyni DFH, yn llwyni CE. 10. i bregethu ABGJL. 11. uwch ffynnon ABGJL. 15. gaer magwyr A-EGKL ; y sêr A. 18. geisiaist ABCGJKL, di gefaist FH. 22. ni DH. 24. yw'r llais H. 26. wyniau FH. 29. cyfar AC-FHJKL, cyfa B. 30. copa a llwyd yw'r capan C-I. 32. gweindir DEFH. 34. ucha'r DEFH. 35. ben addoli (D), ben i ddoli FH. 36. un Duw FH. 38. gynnal EJ ; iaith dda GK. 43. fy llatai A-FH-L. 48. ddwyn un neu ddau L. 49. difri GL, dyfriw E, difriw CD, dyred i'r FH. 50. a dos draw gerllaw FH. 51. gŵr iddi fyfi ABJKL, bychan genthi bwyf fi fydd CDE, bychan gennyd ba fyd fydd FH. 57. yw sercel dy berclwyd BGJKL ; a berclwyd DEFH. 58. bwa llaw A-CEGI-L. 60. yn f'amcan a fydd ABGJKL. 62. onid G, ond ABKL ; ei hobel ABGJKL.

115

Y CYFFYLOG

'Tydy ehediad tewdwr*w*,
Taer gyffylog lidiog lwr*w*,
Manag, edn mynog adain,
Mae dy chwŷl ? Mad wyd a chain.'

'Ffest a glew y mae'n rhewi,
Ffo ydd wyf, myn fy ffydd i,
Ar hynt o'r lle y bûm yr haf
Ar guert rhag eiry gaeaf.
Rhyw gof dig, rhew gaeaf du
A'i luwch ni'm gad i lechu.'

'Edn, yt hiroedl ni edir,
Ederyn hardd duryn hir.
Dyred, na ddywed ddeuair,
Lle y mae a garaf, lliw Mair,
Lle gofrwysg gerllaw gofron,
Lle claer tes, lle y clywir tôn,
I ochel awel aeaf,
O ras hir, i aros haf.

'O thry i'th ogylch, iaith ddrud,
Treiglwr, chwibanwr traglud,
Â bollt benfras a bwa,
A'th weled, ŵr, i'th wâl da,
Na chudd er ei lais, na chae
Dy lygad dan dy loywgae.
Eheda, brysia rhag brad,
A thwyll ef o'th ddull hoywfad
O berth i berth, drafferth drwch,
O-lwyn-i-lwyn anialwch.

Glân dy dro, o glŷn dy droed
I mewn magl ym min meigoed,
Na fydd, dilonydd dy lam,
Wrth gryngae, groglath gringam.
Tor yn lew i am d'ewin
Â'th dduryn cryf wyth rawn crin;
Trist big, hen goedwig a gâr,
Trwyddau adwyau daear.

'Disgyn heddiw ger rhiwallt
Is tŷ gwen, ys teg ei gwallt,
A gwybydd, er delw Gybi,
Ger rhiw, a yw gywir hi.
Gŵyl ei thro, gwylia a thrig
Yno, ederyn unig.'

'Bai reitiaf dy rybuddiaw,
Tydi, fab teg arab, taw.
Rhywyr, mau ofn y rhewynt,
Y gwylir hi, gwael yw'r hynt;
Eres hyd y bu'n oeri,
Aeth arall hoywgall â hi.'

'Os gwir, edn, mau ehednwyf
Is gil serch, esgeulus wyf,
Gwir a gant, gwarant gwiwras,
Y rhai gynt am y rhyw gas:
"Pren yng nghoed"—mawroed yw'r mau—
"Arall â bwyall biau".'

BDG lxxii; DGG xxxvii.

Ffynonellau.—A—A2, 265. B—(a) B 14,932, 70b; (b) Ba 6, 156. C—Bl e 1, 129. D—Cw 129, 309. E—H 26, ii, 119. F—Ll 6, 47. G—(a) Ll 47, 519; (b) Ll 134, 541; (c) LlH, 294b. H—Ll 120, 96. I—(a) Ll 133, 1059; (b) Ll 14, 133; (c) B 53, 278. J—Ll 186, 134. K—(a) M 212, 119; (b) M 1, 108. L—N 560, 51. M—N 1260, 29. N—P 49, 28. O—Wy 2, 56.

115. Y CYFFYLOG

AMRYWIADAU.—*Ar y dechrau yn* BO:

Dydd da i'r deryn gwarynlais / Y cyffylog lidiog lais.

(1. gerwinlaes B. 2. llidiog llaes B.)

1. hyddyf y tewddwfr ACEIJK, hydyf y tewdwfr (E), hydyf y tewdwrf D, hedyf y tewdwfr BO, hydab y tewdwrf LM. 2. y cyffylog DEH-KO; llidiog ABCEHIK-N, lifiog G; llwfr ACEIJK, lwfr HO, lwrf DFG. 3. miniawg ACIK, minog FG, meinwag BDEHJLMO. 4. wyd mad EFGN, trwm wyd LM; mae dy dwr y llowdwr llwyd BO. 8. gwfert ACIK, gofid BO. 9. oer a dig yw'r eiry du A-EH-KLM. 10. ni ad im DHJ. 11–12. [DHIJLM.] 11. hiroed G, yn ei hoedl B(N). 13. tyred A. 15–16. [FG.] 15. gofraisg ACEKLMO, gwiwfrisg H, gwiwfraisg DJ; gwiwfron LM. 16. clywir . . . claer ACD EHJ-MO. 22. i'th weled AC-GIJKN, a'th wal CEK, wlat da N, wlad a (N). 24. lygaid A. 25. heda a A-EH-KO. 26. â'th BFGO. 30. mewn . . . ger min DELMO, mewn . . . ger min y AHJ. 31. yn aflonydd lam FGN, ry aflonydd lam (N), ry lonydd dy lam A-EHIK LMO. 32. gryngor CK, groengi D, gryngaer A; croglath H(N). 33. tyn A-FHIKLMO; oddi am B-EG-KO. 34. â thrwyn . . . rawnyn FGN, â'th ddwrn D; crach BO, cam A; nyth o rawn CK. 35–6. [ACDEH-M.] 35. i'th goedwig a'th gâr BO. 36. traidiau BO. 37. yn ABDHIJO, i'r LM. 38 + BO:

maneg edain o'r mynydd / fy mraw caeth fy mriwiau cudd.

39. gofyn iddi o ddifri BO. 40. ger rhiw edn gywir N, od yn FG; ai cywir meinir i mi A-EH-KLMO. 40 + BO:

Er bod lliw'r od yn lle'r aeth / Orig sydd yn wraig 'sywaeth
Nid llai y cerid ei llun / 4. A'i glwysfryd ar y glasfryn
Mwy na phan fu gwen gu ei gwedd / Yn forwyn deg dan fawredd
Pair i'm lloer o pur i'm llas / 8. Garu ei bardd gŵr heb urddas.

(1. erod bod lliw'r od lle'r aeth B.)

41–2. [ACDEH-M.] 41–6. [BO.] 43. ni beiddiaf ACDEH-M(N). 44. ac ero fab arab ACEHJK, ac erod fab arab I, af erod fab da arab LM, ero fab dewr arab D; draw ACDEH-M. 45. rhag ofn ACDEH-M, mae ofn FG, rhyoer fu awel B(N)O. 46. y gwela hi ACEIK, y gweli hi HJLM, o gweli hi D, y gwelir hi F, y gweler hi G, i'w gwylio hi B(N)O; gwael o hynt CIK, gwyl o hynt EHJO, gwyl ei hynt LM. 47. hir CEFGIJKN; bûm AC-M. 49. myneg edn ACEH-M; main ei hoednwyf ACEIK, meingyw hoednwyf J, meingyw goednwyf H, main o goednwyf (I)LM. 51. y cant LM. 52. er ACDEIJK, ar H; y gair gynt kyd bo'r gwir gas LM. 53. markiad mewn coed mowroed mau LM.

116

Y CARW

Tydi'r caeriwrch ffwrch ffoawdr,
Rhediad wybren, lwydwen lawdr,
Dwg hyn o lythr tal*m*ythrgoeth
Er Duw nef ar dy din noeth.
Cyflymaf wyd cofl lemain,
Negesawl cywyddawl cain.
Rho Duw, iwrch, rhaid yw erchi
Peth o lateieth i ti.

Grugwal goruwch y greigwen,
Gweirwellt a bawr gorwyllt ben.
Talofyn gwych teuluaidd,
Llamwr allt, llym yw ei raidd.
Llama megis bonllymoen
I'r rhiw, teg ei ffriw a'i ffroen.
Fy ngwas gwych, ni'th fradychir,
Ni'th ladd cŵn, hardd farwn hir.
Nod fawlgamp, n'ad i filgi
Yn ôl tes d'oddiwes di.
Nac ofna di saeth lifaid,
Na chi yn ôl o chai naid.
Gochel Bali, ci coesgoch,
Ac Iolydd, ci celfydd coch,
Adlais hued a gredir,
O dôn' yn d'ôl Dywyn dir.
Ymochel rhag dy weled,
Dros fryn i lwyn rhedyn rhed.
Neidia goris hen adwy
I'r maes ac nac aro mwy.

Fy llatai wyd anwydael,
A'm bardd at Ddyddgu hardd hael.
Dwg dithau, deg ei duthiad,
Y daith hon i dŷ ei thad.
Dos er llid, dewiswr lludd,
Deall afael dull Ofydd.
Dabre'r nos gerllaw'r ffosydd,
Dan frig y goedwig a'i gwŷdd,
Â chusan ym, ni'm sym seth,
Dyddgu liw gwynblu geinbleth.
Cyrch yno'r caeriwrch hynod;
Carwn, dymunwn fy mod.
Ni'th fling llaw; bydd iach lawen;
Nid â dy bais am Sais hen,
Na'th gyrn, f'annwyl, na'th garnau,
Na'th gig ni chaiff Eiddig au.

Duw i'th gadw, y doeth geidwad,
A braich Cynfelyn rhag brad.
Minnau wnaf, o byddaf ben,
Dy groesi, bryd egroesen.

BDG xvi.

FFYNONELLAU.—A—A 2, 207. B—B 14, 965, 187a. C—Bl e 1, 45b. D—Cw 19, 49b. E—H 26, ii, 151. F—(a) Ll 133, 991; (b) Ll 14, 23; (c) B 53, 233b; (d) Ba 6, 176. G—M 147, 97. H—(a) M 212, 59; (b) M 1, 61. I—N 560, 91. J—N 1260, 33. K—N 5272, 82. L—P 137, 109.

AMRYWIADAU.—1. cariwrch B-EGHK, carwiwrch AFd; dydd da fo i'r iwrch IJ; ffowdr ABDEG-L, ffawdr F. 2. hediad B(C)IJ. 3. talythrgoeth ACD-HK, talythgoeth B, gwiw lythrgoeth (C)IJ, dan lethyrgoeth (C)L. 4. da dy naid Fb; ar d'enau E, ar d'ewin ADFH. 5. wawl cyflomwain BK. 8. peth ol atethol IJ. 9. grugwalch H. 11. tolofyn AH, tylofyn L, ioluyn Fd, tlosyn (C)G; tylysraidd (C)G. 12. ei wraidd A-FHIJ, yn llym i wraidd K. 14. deg B. 22. ci efydd GIJ. 23. huaid ABDFGK; o kredir IJ. 24. daw EGIJ, od ai L; ar d'ôl BK. 25. tan ochel nad BK, a mogel nad IJ. 27. goruwch (CF)GIJL. 28 + BCGI-L:

Mab maeth erioed glyngoed glân / Main dy goes myn di gusan.
(1. o gwnei oed mewn BK. 2. i goes myni BK.)

29. anwydgael G. 33. er llaith GL, i'r llaid (CFa-c)Fd. 34. dalla GL; efo AC-HKL; vfydd IJ. 35. dowch GL; heblaw GL; dros y rhosydd IJ, gerllaw'r rhosydd (Fa-c)Fd. 36. drwy frig L; a'r GHL. 37. bychan beth (C)IJ. 38. irblu G, eurblu ACEFabH, gwaenblu IJ, eirblu L; eurbleth ACEFabGHL. 43. gernau (CF)IJK. 44. nis caiff BGKL, ni'th gaiff (CE)F, nis cae IJ. 45. doetha AEHK. 47. mine a wna hwy o byddaf hen G, mi fynaf byddaf heb wen IJ, mi fynnaf hwn o byddaf hen F. 48. y groesen G.

117
Y GWYNT

Yr wybrwynt helynt hylaw
Agwrdd drwst a gerdda draw,
Gŵr eres wyd garw ei sain,
Drud byd heb droed heb adain.
Uthr yw mor aruthr y'th roed
O bantri wybr heb untroed,
A buaned y rhedy
Yr awron dros y fron fry.
Nid rhaid march buan danad,
Neu bont ar aber, na bad.
Ni boddy, neu'th rybuddiwyd,
Nid ai ynglŷn, diongl wyd.
Nythod ddwyn, cyd nithud ddail,
Ni'th dditia neb, ni'th etail
Na llu rhugl, na llaw rhaglaw,
Na llafn glas na llif na glaw.
Ni'th ddeil swyddog na theulu
I'th ddydd, nithydd blaenwydd blu.
Ni'th ladd mab mam, gam gymwyll,
Ni'th lysg tân, ni'th lesgâ twyll.
Ni'th wŷl drem, noethwal dramawr,
Neu'th glyw mil, nyth y glaw mawr ;
Noter wybr natur ebrwydd,
Neitiwr gwiw dros nawtir gŵydd.

Rhad Duw wyd ar hyd daear,
Rhuad blin doriad blaen dâr.
Sych natur, creadur craff,
Seirniawg wybr, siwrnai gobraff.

Saethydd ar froydd eiry fry,
Seithug eisingrug, songry.
Dywed ym, diwyd emyn,
Dy hynt, di ogleddwynt glyn.
Drycin yn ymefin môr,
Drythyllfab ar draethellfor.
Huawdl awdr, hudol ydwyd,
Hëwr, dyludwr dail wyd.
Hyrddiwr, breiniol chwarddwr bryn,
Hwylbrenwyllt heli bronwyn.

Hydoedd y byd a hedy,
Hin y fron, bydd heno fry,
Och ŵr, a dos Uwch Aeron
Yn glaer deg, yn eglur dôn.
Nac aro di, nac eiriach,
Nac ofna er Bwa Bach
Cyhuddgwyn wenwyn weini ;
Caeth yw'r wlad a'i maeth i mi.
Gwae fi pan roddais i serch
Gobrudd ar Forfudd, f'eurferch ;
Rhiain a'm gwnaeth yn gaethwlad,
Rhed fry rhod a thŷ ei thad.

Cur y ddôr, pâr egori
Cyn y dydd i'm cennad i.
A chais ffordd ati, o chaid,
A chŵyn lais fy uchenaid.
Deuy o'r sygnau diwael,
Dywed hyn i'm diwyd hael :
Er hyd yn y byd y bwyf,
Corodyn cywir ydwyf.
Ys gwae fy wyneb hebddi,
Os gwir nad anghywir hi.
Dos fry, ti a wely wen,
Dos obry, dewis wybren.
Dos at feinwen felenllwyd,
Debre'n iach, da wybren wyd.

117. Y GWYNT

BDG lxix; DGG xxxi.

FFYNONELLAU.—A—A 2, 211. B—B 23, 6. C—(a) B 29, 367; (b) G 3, 88a; (c) B 53, 55. D—B 31, 64. E—(a) B 14,932, 50b; (b) Ba 6, 63. F—B 14,966, 326b. G—B 14,978, 27. H—B 15,015, 299b I—Bl e 1, 48b. J—C 2.616, 125. K—C 5, 83. L—C 7, 142. M—C 19, 399. N—C 48, 115. O—C 84, ii, 1218. P—Cw 5, 268. Q—Cw 10, 332. R—Cw 14, 65. S—Cw 19, 52b. T—Cw 125, 117. U—Cw 129, 287. V—Cw 296, 1. W—H 3, 150. X—H 26, ii, 60. Y—Ll 6, 28. Z—Ll 15, 57. *A*—Ll 25, 17. *B*—(a) Ll 47, 482; (b) Ll 134, 517; (c) LlH, 287a; (d) MT, 543. *C*—(a) Ll 133, 994; (b) Ll 14, 27. *D*—M 146, 377. *E*—(a) M 212, 37; (b) M 1, 40; (c) M 148, 388. *F*—N 642, 12. *G*—N 644, 53. *H*—N 1246, 340. *I*—N 8341, 86. *J*—P 49, 2 (*darn*). *K*—P 104, 60. *L*—P 195, 7b. *M*—P 239, 357. *N*—Wy 2, 4.

AMRYWIADAU.—2. a gwrdd GJOUZ*AB*, a'r gwrdd ET, ogwrdd F; drws GH, drud DEO. 3. gras eres U; eres syw MNQ*HL*, gwrhyrus *G*; nid garw O, garwa ei sain U. 4. draed H*N*. 5. aruthr yw BKL, eithr aruthr O, eithr a thrwst CPV*A*, uthr iawn W, uthr wyd DERT, aruthr wrth ruthr GH; mor uthr K, mor eres BLY*BJ*; erioed FMNQ*HL*. 6 + FMQ*HL*:

Da i wared y rhed yn rhwydd / O wâl wybr awel ebrwydd.

(1. da wared Q.)

7. gan ebrwydded UY*BCJ*; yr hedy BCDJKNOX*N*. 11. ni foddi MN*JE*, ni'th boddir ER, na boddi B, ni byddy Y*B*; ni rybuddiwyd BCDLPVZ*AFI*, ni'th rybuddiwyd AEGHNWX*B*, fo'th rybuddiwyd FM*HL*, fe'th rybuddiwyd Q, ni ryfeddwyd J*EG*. 12. diangol AJNQUX*CEGH*, diengol FMW, dianglog L, dioengl ET, gŵr deongl Y*BJ*, gŵr diongl V, gŵr diengol *N*. 13. noethud dwyn AEGHJRTUWX*GN*, nithud dwyn OPZ*AI*, noeth hyd twyn *C*; noethud BCLMNPQZ*FHI*, noethy O, nithynt D. 14. ni thitia A-DFGJ-OQXZ*ACEHN*, ni hitia H, nith hitia ETV, nith ddotia W, nith ddowtia U, nythitiwyd ti K*BGJ*, nythitiwd dim Y. 15. llw rhugl *HL*, un llu *N*, llw... llu Q; llw rhaglaw A*BJ*. 18. ni'th ludd FMNQW*H*, ni ludd *L*; nithwydd JWX*EFJ*, ieithydd FMNQ*HL*; planwydd plu J*EG*; tithe nithwynt blaenwynt blu K; anoeth blwng un o'th blu E*N*. 19. o amwyll ACEGHJKOPT-XZ*CEFI*, mewn amwyll *G*, i amwyll *N*. 21. wêl *C*; trem W; nith ddeil dramawr FMN*HL*, noethfawl BL, noethwael O, noethawl V, noeth awel K, nythwal W, noth wal GH, ith wal DE; tramawr W. 22. ni'th glyw FLMNPXZ*BIL*, fo'th glyw ACDEHKOQRTUV *ACEGHN*, fe'th glyw G, e'th glyw W. 23. nota'r FMNQ*HL*, neitiwr AJW, nottyr O. 24. gwych EGHV*FG*, gwrdd W, gwyw Z. 27. creawdur X*C*. 28. seirniaw W, seirnia i K, serniawg A, sereniog ET, syrnig *B*, sirnic Y, swrntiawg *N*; swrn *N*; obraff KW. 29. ar

foreuddydd FMNQ*CH*, ar fron fynydd COPZ*EGI*, ar fronnydd oer W, ar frofydd oer *N*, ar Forfydd GH, ar fôr syth ET. 30. seisnig *GK*; esingrug K, y singrig LR; syngry EGHRT. 32. rhyw ogleddwynt DEGHJX*E*, ogleddwynt y glyn FMNQ*HL*, da ogleddwynt O, ddi-ogleddwynt CbV*F*, ddauogleddwynt (Cc), dduogleddwynt C. 33. paer ddrykin *N*; ym myddin COLPVZ*AI*, ym Mehefin AEGHRX*C*, ymefin ym môr W, ym min y môr U*N*. 35. heawd Y*B*, hadyl K, heu dail od W; awdwr E, leidr U, odl FMNQY*BHL*; heawdl EX, hoedl *C*, hyaid Y, hyod *B*; awdur blinderoedd ydwyd *N*. 36. heriwr FMNQ*L*, herwr E*H*, helwr *N*, hydwr Y*B*; deludwr K, deleiwr FMN*L*, delewr Q, dilewr *H*. 37. heliwr W, hoeddwr R, hoywddwr ET, chwylddwr MNQ, hwylddwr F*H*, horddwbran G, hordd wb ran H; breiniawl chwiliwr W, breniwr chwarddwr R, breiniwr hyrddiwr ET, chwal dderw FMNQ*H*, chwardd breiniwr BDL, chwarddwr breiniwr CbOPVZ*I*; hir wddw bryn GH, hawl i'r bryn U, bron O. 38. hwylbrenwyll X, hwylbrenwalch K, hwylbreinwynt BCLO, hwylbronwyllt AET*C*, hwylbrenwynt PZ*I*, haulbrenwyllt GH; uwch heli MN, yw'th heli F; branwyn GH, hael bur union O. 39. hadoedd K, hudoedd M, rhydoedd A, hudol ERT, hydaidd *N*, ar hyd CV, ar hydoedd byd BD; y rhedy ACV; hydoedd byd a ehedy *B*. 40. hy yn y fron *L*, hoyw'n y fron Q. 41. och ŵr dos o uwch JRTXW*E*, och ŵr dos oddi uwch K, och wr dos odduwch B-FL-OQV*FH*, och ŵr dos odduch PZ*AI*, och ŵr dos yn uwch GH. 42. glaear Z*A*, eglur . . . glaear FMNQ*HL*; eglur i dôn K. 43. ac erof fi BDKMN, aros HU. 44. y Bwa TW, er y Bwa EGHKXY, rhag Bwa Cb*F*, mo'r Bwa AJ*CEN*. 45. cyhuddwyn MN, o hud gwyn L, o hudd gwyn B, cyhudd o winwydd G, cyhuddo i winwydd H; ynni CO. 46. caith . . . a maith ET. 47. pan rois i serch X, pan rois i fy *E*, pan roddais fy *I*; gwae fi sy gofio fy serch *N*. 48. obrudd KL; ar Forfudd araf AEGHJR-UXZ*CEGN*, ar Forfudd arafeiddferch FMQ*H*, ar forfudd araf irferch W, ar forwyn arafeiddferch N*L*. 49. y rhiain GHK, yr hon O. 50. tua thŷ *N*, a thyn at dŷ FMNQ*HL*. 54. a chân ABFJKMRTUX*HL*, a chwyna COPVZ*AI*, a chân yno W; ochenaid O*AC*, ychenaid PVWZ, lais uchenaid BCD, yr uchenaid KRT, yr ochenaid NQ*L*, yn echenaid M, yr echenaid F. 55. deue *C*, devid W, dewi FNQ*H*, diwyd J*E*, dywaid ERT; synnedd N, sugnedd Q*H*, signedd F; er Dewi y gŵr diwael *N*. 56. dywaid B-EGHKOUVWX*CGN* dowad JN; i'm dyn diwyd hael EJ. 58. carodyn EJK, car adyn W, cor adyn DEGHRT, cyr adyn *N*, coredwynt B, caredig FMNQ*HL*, creded mai COPVZ*AFGI*. 59. a gwae *N*, os gwae H, ys prudd yw f'wyneb BCOV, os prudd yw f'wyneb L*I*, os bydd fy wyneb FMNQ*H*. 60. nad cywir D, mai anghywir BJUW*EN*, anghywir yw FMNQ*HL*, hyn ys cywir K, hyn nad cywir Ca*F*, hyn nas cywir CbEOPRTVZ*AI*. 61. tua gwely gwen CLOPVZ*AFI*. 63. at Forfudd ABE-HK-NR-UWXY*BC EGHN*, at forwyn *L*, at seren PZ*AI*; felenlwyd W, lle y cuddiwyd A*C*, liwfudd lwyd *G*. 64. debre'n nes EGRT; dan wybren CO*F*.

118
YR WYLAN

Yr wylan deg ar lanw dioer
Unlliw ag eiry neu wenlloer,
Dilwch yw dy degwch di,
Darn fal haul, dyrnfol heli.
Ysgafn ar don eigion wyd,
Esgudfalch edn bysgodfwyd.
Yngo'r aud wrth yr angor
Lawlaw â mi, lili môr.
Llythr unwaith llathr ei annwyd,
Lleian ym mrig llanw môr wyd.

Cyweirglod bun, câi'r glod bell,
Cyrch ystum caer a chastell.
Edrych a welych, wylan,
Eigr o liw ar y gaer lân.
Dyw*e*d fy ngeiriau duun.
Dewised fi, dos at fun.
Byddai'i hun, beiddia'i hannerch,
Bydd fedrus wrth foethus ferch
Er budd ; dywed na byddaf,
Fwynwas coeth, fyw onis caf.

Ei charu'r wyf, gwbl nwyf nawdd,
Och wŷr, erioed ni charawdd
Na Myrddin wenieithfin iach,
Na Thaliesin ei thlysach.
Siprys dyn giprys dan gopr,
Rhagorbryd rhy gyweirbropr.

Och wylan, o chai weled
Grudd y ddyn lanaf o Gred,
Oni chaf fwynaf annerch,
Fy nihenydd fydd y ferch.

BDG xxviii; DGG xxx.

Ffynonellau.—A—A 2, 132. B—B 14,876, 31b. C—(a) B 14,933, 41; (b) B 14,932, 29; (c) Ba 6, 32. D—B 24, 206. E—(a) B 38, 158b; (b) B 53, 114b. F—Bl e 1, 109b. G—Cw 129, 296. H—H 26, ii, 125. I—Ll 120, 100. J—(a) Ll 133, 967; (b) Ll 14, 106. K—Ll 186, 131. L—M 146, 363. M—(a) M 212, 105; (b) M 1, 93. N—N 560, 41. O—N 1260, 21. P—P 49, 128. Q—P 108, 10. R—Wy 2, 58.

Amrywiadau.—1. Cuoer B. 2. â'r eiry GINO, a'r araf BE, unliw ag eira ne wenloer R, â'r ewyn neu'r lloer FJLM. 5. ysgon FH-N, cysgod BE, ar frig ton R. 6. pysgodfach edn B. 6 + (Cb)CcR:

A ddygi yn ddiogan / Llathr ei glod fy llythyr glân
At ferch sy a'i serch yn saeth / I'm dwyfron mae gloesion gloyw-saeth.
(1. ddygai Cc.)

7. awn ABCE-MPQ, nid oes uwch angor D. 9. llithr BEJMNO, llathr anwyd E, lle ith ranwyd D. 11. cywirglod FGJK; cai'r glod GJKLMQ, kae r glod FIPR, caer glod DEHNO, cae'r glod A, taer glod B. 14. eigr liw BDEFR. 15–16. [R.] 15. dywaid A-Q; dyfun ABC EFJ-NPQ, dyfyn DH, deyn G, doefun O. 16. hyd fun JNO. 17. bydd ei hun ENO, o bydd ei hun D, bydd un yn beiddio R. 18. fwythus GHIKLN-R, foddus BE. 19. a bydd ACFGI-Q, bydd R, ar bydd E, er bydd B, o bydd H, oni bydd D; dywaid AC-Q. 20. feinwas L; caeth C. 22. och wych arwed Ea, och wych arwydd B. 23. chwenychfin CGHIKPQR, chwenychwin ADFJL-O, wneythfyn B, wneithfyn Ea; fach BE. 25. seiprys BN, seipris BE, syberys D. 26. gywirbropr AC-FJL. 28. ei grudd . . . lana' E; y fun deca D.

119
I WAHODD DYDDGU

Dyn cannaid doniog gynneddf,
Dyddgu â'r gwallt lliwddu lleddf,
Dy wahawdd, cawddnawdd cuddnwyf,
I ddôl Manafan ydd wyf.

Nid gwahodd gwyw a'th gydfydd,
Nid gwahodd glwth i fwth fydd.
Nid gorchwy elw medelwas,
Nid o ŷd, gloyw amyd glas.
Nid tam o ginio amaeth,
Nid fal ynyd ciglyd caeth.
Nid gofwy Sais â'i gyfaillt,
Nid neithior arf barf mab aillt.

Nid addawaf, da ddiwedd,
I'm aur ond eos a medd;
Eos gefnllwyd ysgafnllef
A bronfraith ddigrifiaith gref.
Ygus dwf, ac ystafell
O fedw ir, a fu dŷ well?
Tra fôm allan dan y dail,
Ein cei*n*nerth fedw a'n cynnail.
Llofft i'r adar i chwarae,
Llwyn mwyn, llyna'r llun y mae.
Nawpren teg eu hwynepryd
Y sydd o goedydd i gyd,
I waered yn grwm gwmpas,
I fyny yn glochdy glas.
I danun', eiddun addef,
Meillion ir, *ymellin* nef.

Lle deuddyn, llu a'u diddawr,
Neu dri yn ennyd yr awr.
Lle y cyrch *ieirch*, rywioceirch ryw,
Lle y cân edn, lle cain ydyw.
Lle tew lletyau mwyeilch,
Lle mygr gwŷdd, lle y megir gweilch.
Lle newydd adeilwydd da,
Lle nwyf aml, lle nef yma.
Lle golas rhwyl, lle gŵyl gwg,
Lle gar dwfr, lle goer difwg.
Lle nid hysbys, dyrys dir,
Blotai neu gawsai goesir.

Yno heno, hoen gwaneg,
Awn ni ein dau, fy nyn deg.
Awn, od awn, wyneb gwynhoyw,
Fy nyn lygad gloyn gloyw.

BDG xix; DGG xxiv.

Ffynonellau.—A—(a) B 14,932, 76b; (b) Ba 6, 109. B—Bl e 1, 156 b. C—G 3, 216a. D—H 26, ii, 78. E—(a) Ll 133, 1115; (b) Ll 14, 215; (c) B 53, 300. F—Ll 186, 160. G—(a) M 212, 2; (b) M 1, 2. H—(a) P 49, 58; (b) Wy 2, 102. I—Wy 2, 44.

Amrywiadau.—1–2. (Ha) [Hb]. 1. dydd da i'r ferch a anherchais A, . . . anherchaes I. 2. dydd ku oi gwallt lliwddu llaes I, dyddgu a'i gwallt . . . llaes A. 3. cuddnawdd cawddnwyf B-G; dy wadd di drych y trifflwy AI. 4. Mynafon H, Velaon (Ha), Falaon C, Felayon B(D)EFG, yr Auron AI. 5. nid gwae undyn BCDFG, nid gwâr undyn E; ir bedw nid er bwydydd AI. 6. i'w fwth C-FH. 7–8. [A-EGI.] 9. ac nid fal llam gwledd B-G(Ha); nid i wledd a medd mwyniaeth AI. 10. neu fal ynyd BCDFG, nid i ynyd AI, ac nid ynyd H. 11–12. [AI.] 11. neu gyfaillt B-G. 13. adawaf Hb; dda D, ddaf AGI; diwedd Hb. 14. nid aur I; eithr A-DFG. 17. igus E; os daw y fun ag ystafell AI. 18. fyd well ABDGI, fudd well E. 20. yn ceinerth BCF, yn cenierth G, yn ceinerch D, ein cain nerth E, cynnes AI, ceinwydd y bedw H. 21. llofftydd adar CDEG, lloches adar AI. 22. mân H. 24. goedwydd H. 25. grwn ABDE GHI. 27. a than un H, oedd danun E, o danyn A, o dymmun I.

28. meillion aur A-GI ; myn myllin A-F(H)I, myn myllni G, a melli H. 29. a'n DG. 31–2. H. 33. lle tew mae llety E, lle tew mwyn llety AI, lle y mae galluau H. 34. gwyr DHa, gŵr Hb, ymogor gwydd A, y mogr gwyth I. 37. hwyl A-GI. 38. gloyw dwfr clau AI ; llugoer CF ; diwg C. 39. lle anhysbys A-GI. 40. gwerdd dwr rhag caswr coesir AI. 42. awn yno od awn BD-G, awn yno down C ; hoen waneg AI. 43. od awn awn . . . gwynloyw A-GI. 44. yr un E, fy mun (Ha) ; lygaid F ; fy hoen wyneb gloen AI.

120

MERCH AC ADERYN

Eiddun dewisaf serchawg,
O Dduw Rhi, a ddaw yrhawg,
O bai'n barawd y wawd wedn,
Bun gywiw a bangawedn ?
Ni bu, er dysgu disgwyl,
Gan serchogwas golas gŵyl
Crefft mor ddigrif, o'm llif llid,
Ag aros bun a gerid,
A rhodio, heirio hiroed,
Cilfachau cadeiriau coed,
Mal cynydd, chwareydd chwai,
Am lwdn gwyllt a ymlidiai
O le pwygilydd, o lid,
O lwyn i lwyn, ail Enid,
Ac edn bach a geidw ynn bwyll
Yn ochr wybr yn ei chrybwyll.

Golau lais, galw ail Esyllt
A wnâi y gwiw latai gwyllt
Aur ei ylf ar wialen,
Ar ei gred, yn gweled gwen.
Digrif, peis gatai'r dagrau
A red, oedd glywed yn glau
Dyrain mawr ederyn Mai
Dan irfedw y dyn erfai.
Eirian farchog doniog dôn
Urddol aur ar ddail irion,
Hoyw erddigan a ganai
Awr by awr, poen fawr pan fai.

Nid âi ef, mygrwas lef mwyn,
Arianllais edn, o'r unllwyn,
Meddylgar gerdd glaear glau,
Mwy nog ancr, meinion geinciau.

Da y gweddai 'medwendai mwyn,
Or delai'r edn i'r deilwyn,
Corfedw diddos eu hosan,
Cyweithas gawell glas glân.
Teg fedwen, to gyfoedwallt,
Tŵr diwael ar ael yr allt.
Tyfiad heb naddiad neddyf,
Tŷ, ar un piler y tyf.
Tusw gwyrdd hudolgyrdd deilgofl,
Tesgyll yn sefyll ar sofl.
Tywyllban, mursogan Mai,
Tew irnen, rhad Duw arnai.

Crefft ddigrif oedd, myn y crair,
Cusanu dyn cysonair,
Ac edrych gwedy'n gwiwdraul
Rhôm ein hun, rhwymynnau haul,
Drwy fantell fy niellwraig,
Drumiau, ceiniogau cynhaig,
A lleddfu agwedd heddiw
Llygad glas llwygedig liw,
Oroen gem eirian gymwyll,
Ar y dyn a oryw dwyll.

BDG xlvi.

Ffynonellau.—A—(a) B 14,932, 13; (b) Ba 6, 77. B—Bl f 3, 25b. C—C 7, 846. D—G 3, 219b. E—H 26, ii, 36. F—Ll 6, 49. G—(a) Ll 47, 514; (b) Ll 134, 539; (c) LlH, 293b; (d) B 53, 357b. H—Ll 186, 89. I—P 49, 24. J—Wy 2, 76.

Amrywiadau.—1. y ddyn C, fy ngwir AJ, ty ddyn F, tyddyn (Gd); ddewisferch ACE(I)J, ddewisaw DH. 2. rhif CDEH, rhwydd AJ. 2 + AJ:

A ddaw i lwyn a addolwy / Fis Mai yn fy oes mwy
Ag os daw fe ddaw'n ddiau / Merch i goed a march i gau.

3. a fai DH ; ei wawd ADH ; wedy G, wydyn C. 4. gywyw AJ ; gwiw yw Gbd, gwiw FGc, gwiwdw C ; a'i FG ; bangaw hy Gbd, bangaw dy Gac, ban nad gwydyn C. 7. ger llif A-E(I). 8. arail A-E(I)J ; merch A-EJ. 9. hiriaw Gb, huriaw Ga, hirio B, hyrio AJ. 11. llywydd pob lle AJ, warthoydd wrthai F(Gd) ; kilfachau chwarau-ydd Gac, kilfachau i chwarau o chais Gbd. 12. am lwdn a ymlidie AHJ, am ei lwdn a H ; gwyllt ymlidiai FGd, gwyllt ymlidiais Gbd. 13. bigilydd CJ, bwygilydd ABE. 15. a geid AJ. 16. chyrbwyll FGa-c(I). 17–18. [B-EH.] 19. aur a wŷl FI, ar a wŷl G, aur i lef C, aur i lyf E, eurfrig gofl o frig gwialen AJ. 21. lais gadai'r Gacd, pe B-EH, bais AJ, bes F, beis I. 22. ei glywed I. 24. a dyn G ; arfodai C. 25–6. [B-EH.] 25. arian A. 26. air Gcd, ar y dail Gb. 30. arianllys BDGaH. 31–4. [B-EH.] 31. oedd glaear Gbd. 32. mwynion G. 34. o delai AJ, delir G. 36. o gawell FI ; a gwellt G. 37. twf ABDEHJ. 38. twf AJ. 41–2. [J.] 41. bydawlgyrdd I, bedwgyrdd AGd, hudolgyrf E. 43. munsongan (IJ), mersogan Gc, mesur organ Gb, nosur organ (Gd), myfr gogan (Gd). 44. tŷ wir Nonn G. 45. ddirgryf Gd ; koethi min krair C. 46. nyn GI. 47–8. [B-EH.] 48. rhwyme yn haul G. 49. dan A-EJ ; fentyll G. 51. llyfu AJ ; f'agwedd FGacI, fy ngwedd Gbd. 52. llwyddedig ACEJ.

121

Y DEILDY

Heirdd feirdd, f'eurddyn diledryw,
Hawddamor, hoen goror gwiw,
I fun lwys a'm cynhwysai
Mewn bedw a chyll, mentyll Mai,
Llathr daerfalch uwch llethr derfyn
Lle da i hoffi lliw dyn;
Gwir ddodrefn o'r gaer ddidryf,
Gwell yw ystafell os tyf.

O daw meinwar fy nghariad
I dŷ dail a wnaeth Duw Dad,
Dyhuddiant fydd y gwŷdd gwiw,
Dihuddygl o dŷ heddiw.
Nid gwaith gormodd dan gronglwyd,
Nid gwaeth deiliadaeth Duw lwyd.
Unair wyf i â'm cyfoed,
Yno y cawn yn y coed
Clywed siarad gan adar,
Clerwyr coed, claerwawr a'u câr;
Cywyddau, gweau gwiail,
Cywion priodolion dail;
Cenedl â dychwedl dichwerw,
Cywion cerddorion caer dderw.
Dewi yn hy a'i dawnha,
Dwylo Mai a'i hadeila,
A'i linyn yw'r gog lonydd,
A'i ysgwîr yw eos gwŷdd,
A'i dywydd yw hirddydd haf,
A'i ais yw goglais gwiwglaf;

Ac allor serch yw'r gelli
Yn gall, a'i fwyall wyf fi.

Ni chaf yn nechrau blwyddyn
Yn hwy y tŷ no hyd hyn.
Pell i'm bryd roddi gobrau
I wrach o hen gilfach gau,
Ni cheisiaf, adroddaf drais,
Wrth adail a wrthodais.

BDG cciii.

Ffynonellau.—A—A 2, 277. B—B 53, 171. C—(a) B 14,933, 24; (b) B 14,932, 18; (c) Ba 6, 18. D—Bl e 1, 112a. E—H 26, ii, 21 F—Ll 120, 55. G—(a) Ll 133, 1042; (b) Ll 14, 109. H—(a) M 212, 4; (b) M 1, 4. I—N 560, 108. J—N 1260, 26. K—P 49, 107. L—Wy 2, 73:

Amrywiadau.—1. fyrddiwn (D)G, furddion IJ, ferddyn B: diledfeirw AD-J, cred diledfriw L. 2. geirw (A)DFGIJ. 3. i'r ADG. 5. yw llethr L. 6 + CcL:

Gwerdd hafblas cyweithasdeg / Ple mae gwell fy stafell deg.

7–8. [L.] 7. ar gaer B; ddidry AD. 8. a dyf BC(D EFGHK, o dy AD. 9–10. [IJ.] 11. ei chartre fydd L. 13. gorwedd D-G(a)b Hb, nid rhaid gorwedd L, nid gwaeth gorwedd AC, nid fel mewn congl Ga(b)IJ, nid fel gwaith congl (D). 4. y gwnaeth Ga(b)IJ, da yw gwaith L. 15. unoed D(G)IJ. 18 + CcL:

Mil o gerddorion melys / Yn swnio'n llawn sy'n fy llys.

20. mwyn brydyddion L. 21. deuchwedl ADGIJ, da i chwedl L. 22. gwychion L. 23–4. [L.] 23. dewin hy A-EG-K; o down i ha ADEGH, o deuwn ha BCK, o daw hi yn ha IJ. 26. sgwir . . . y gwŷdd A-DFGHL, sgwâr J. 27. neuadd hardd newydd yr haf CL. 29. ysgymydd gwell IJ. 30. heb ball IJ. 31. yn ebrwydd ddechrau IJ. 32. hyd dyn AEFJK. 33. gobrin im roddi IJ. 34. am hen IJ. 34 + CcL:

Er dwyn yn rhwydd fy arwyddion / Cowlaid hardd ca weled hon.

122
OFFEREN Y LLWYN

Lle digrif y bûm heddiw
Dan fentyll y gwyrddgyll gwiw,
Yn gwarando ddechrau dydd
Y ceiliog bronfraith celfydd
Yn canu englyn alathr,
Arwyddion a llithion llathr.

Pellennig, pwyll ei annwyd,
Pell ei siwrnai'r llatai llwyd.
Yma y doeth o swydd goeth Gaer,
Am ei erchi o'm eurchwaer,
Geiriog, heb un gair gwarant,
Sef y cyrch, i Nentyrch nant.
Morfudd a'i hanfonasai,
Mydr ganiadaeth mab maeth Mai.
Amdano yr oedd gasmai
O flodau mwyn gangau Mai,
A'i gasul, debygesynt,
O esgyll, gwyrdd fentyll, gwynt.

Nid oedd yna, myn Duw mawr,
Ond aur oll yn do'r allawr.
Mi a glywwn mewn gloywiaith
Ddatganu, nid methu, maith,
Darllain i'r plwyf, nid rhwyf rhus,
Efengyl yn ddifyngus.
Codi ar fryn ynn yna
Afrlladen o ddeilen dda.
Ac eos gain fain fangaw
O gwr y llwyn gar ei llaw,

Clerwraig nant, i gant a gân
Cloch aberth, clau ei chwiban,
A dyrchafel yr aberth
Hyd y nen uwchben y berth;
A chrefydd i'n Dofydd Dad,
A charegl nwyf a chariad.
Bodlon wyf i'r ganiadaeth,
Bedwlwyn o'r coed mwyn a'i maeth.

BDG xlv; DGG xxxvi.

Ffynonellau.—A—A 2, 272. B—B 53, 173. C—(a) B 14,933, 26; (b) B 14,932, 19; (c) Ba 6, 20. D—Bl e 1, 132. E—(a) C 7, 894; (b) J 14, 265. F—Cw 129, 297. G—H 26, ii, 84. H—Ll 120, 73. I—(a) Ll 133, 1062; (b) Ll 14, 138. J—Ll 186, 58. K—(a) M 212, 6; (b) M 1, 7. L—P 49, 109. M—Wy 2, 48.

Amrywiadau.—3. gwrando B-EG-M, gwran'awy F, ymwrando A; ddechrau y dydd I, clau ddechrau dydd CcM, dechry F. 4 + (Cc)M:

Hoywfron yn canu'n hyfryd / Arwyddion mwynion y myd.

5. englynion ceinlathr E. 7. heb ball M. 8. pell yw L, pell siwrnai y AFJM, pell siwrneiai BGH. 9. yna E. 11. hyd pan gaer CFHJKL, hyd pan geir ADGI; cloch gywir clych a garant M. 12. ne E. 14. gan odiaeth E. 15. y mae F; i wisg oedd oi wasg eiddil M. 16. a blodau ADGI; geinciau BCG, geingiau ADHJKL; o flodau mau gangau mil M. 19. yno M; onid oedd yna ni'm dawr (I). 20. yn do i'r E, yn dorr FK. 30. a chwiban DEGJKL, y chwiban A, oi chwiban F. 31. drychafel E, dyrchafael DHI. 33. a chywydd C; i'm I. 34. gwiw ADGI. 35. bodlon fi F. 36. bedlwyn D-GKM

123
Y CEILIOG BRONFRAITH

Y mae bob Mai difeioed
Ar flaenau canghennau coed
Cantor hydr ar gaer wydr gyll,
Esgud dan wyrddion esgyll—
Ceiliog teg, rheg rhag organ,
Bronfraith drwy gyfraith a gân.

Pregethwr maith pob ieithoedd,
Pendefig ar goedwig oedd;
Siryf fydd ym medw-wydd Mai,
Saith ugeiniaith a ganai;
Ustus gwiw ar flaen gwiail,
Ystiwart llys dyrys dail;
Athro maith fy nghyweithas,
Ieithydd ar frig planwydd plas;
Cywirwas ar friglas fry,
Cydymaith mewn coed ymy;
Ceiniad yw goreuryw gân,
A gynnull pwyll ac anian.

mwy Creirwy cred
Am y fun a mi fyned
Hyder a balch ehedeg
A wnaeth â dewiniaeth deg;
O blas i blas drwy draserch,
O lwyn i lwyn er mwyn merch,
Dysg annerch a disgynnu
Lle'r oedd y fun; llariaidd fu.

Dyw*a*d yn deg fy neges,
Diwyd fydd, pen-llywydd lles.

Dangos a wnaeth, cydfaeth cant,
Y gwir yn ei lythr gwarant.
Darlleodd ymadrodd mydr,
Deg lwyswawd, o'i dŷ glaswydr.
Gelwis yn faith gyfreithiol
Arnaf, ddechrau haf, o'r rhol.
Collais, ni ddymunais ddig,
Daered rym, dirwy dremyg.
Cyd collwn, gwn, o gynnydd,
Dirwyon dan wyrddion wŷdd,
Ni chyll traserch merch i mi,
Cain nerthoedd, na'm cwyn wrthi.
O bydd cymen y gennad
O brudd, ef a gais ei brad.

Duw a wnêl, gêl ei gofeg,
Erof fi a Dewi deg,
Amod rhwydd, fy myd rhyddoeth,
Am y gennad, geimiad goeth,
Ei adel ef a'i lef lwys,
Brydydd serch o Baradwys,
Ynad, mygr gynheiliad Mai,
Enw gwiwddoeth ; yno y gweddai.

Ffynonellau.—A—P 52, 15. B—P 78, 38.

Amrywiadau.—3–4. [B.] 9. sierri A, siri B. 11. sustus A. 12. stiwart A. 15. cyweithas A. 19–20. [B.] 19. *Y mae rhan gyntaf y ll. hon yn annarllenadwy.* 27. dwedud A, dowed B. 30. y gŵr ym lythr A. 40. cai nerth oedd B. 49. ganheiliad A. 50. un gwiwddoeth B.

124
TRAFFERTH MEWN TAFARN

Deuthum i ddinas dethol,
A'm hardd wreangyn i'm hôl.
Cain hoywdraul, lle cwyn hydrum,
Cymryd, balch o febyd fûm,
Llety urddedig ddigawn
Cyffredin, a gwin a gawn.

Canfod rhiain addfeindeg
Yn y tŷ, *mau* enaid teg.
Bwrw yn llwyr, liw haul dwyrain,
Fy mryd ar wyn fy myd main.
Prynu rhost, nid er bostiaw,
A gwin drud, mi a gwen draw.
Gwarwy a gâr gwŷr ieuainc—
Galw ar fun, ddyn gŵyl, i'r fainc.
Hustyng, bûm ŵr hy astud,
Dioer yw hyn, deuair o hud;
Gwneuthur, ni bu segur serch,
Amod dyfod at hoywferch
Pan elai y minteioedd
I gysgu; bun aelddu oedd.

Wedy cysgu, tru tremyn,
O bawb eithr myfi a bun,
Profais yn hyfedr fedru
Ar wely'r ferch; alar fu.
Cefais, pan soniais yna,
Gwymp dig, nid oedd gampau da;
Haws codi, drygioni drud,
Yn drwsgl nog yn dra esgud.

Trewais, ni neidiais yn iach,
Y grimog, a gwae'r omach,
Wrth ystlys, ar waith ostler,
Ystôl groch ffôl, goruwch ffêr.
Dyfod, bu chwedl edifar,
I fyny, Cymry a'm câr,
Trewais, drwg fydd tra awydd,
Lle y'm rhoed, heb un llam rhwydd,
Mynych dwyll amwyll ymwrdd,
Fy nhalcen wrth ben y bwrdd,
Lle 'dd oedd gawg yrhawg yn rhydd
A llafar badell efydd.
Syrthio o'r bwrdd, dragwrdd drefn,
A'r ddeudrestl a'r holl ddodrefn ;
Rhoi diasbad o'r badell
I'm hôl, fo'i clywid ymhell ;
Gweiddi, gŵr gorwag oeddwn,
O'r cawg, a'm cyfarth o'r cŵn.

Yr oedd gerllaw muroedd mawr
Drisais mewn gwely drewsawr,
Yn trafferth am eu triphac—
Hicin a Siencin a Siac.
Syganai'r gwas soeg enau,
Araith oedd ddig, wrth y ddau :

'Mae Cymro, taer gyffro twyll,
Yn rhodio yma'n rhydwyll ;
Lleidr yw ef, os goddefwn,
'Mogelwch, cedwch rhag hwn.'

Codi o'r ostler niferoedd
I gyd, a chwedl dybryd oedd.
Gygus oeddynt i'm gogylch
Yn chwilio i'm ceisio i'm cylch ;

A minnau, hagr wyniau hyll,
Yn tewi yn y tywyll.
Gweddïais, nid gwedd eofn,
Dan gêl, megis dyn ag ofn;
Ac o nerth gweddi gerth gu,
Ac o ras y gwir Iesu,
Cael i minnau, cwlm anun,
Heb sâl, fy henwal fy hun.
Dihengais i, da wng saint,
I Dduw'r archaf faddeuaint.

BDG cxlii.

Ffynonellau.—A—A 2, 168. B—(a) B 14,932, 86b; (b) Ba 6, 142. C—Bl e 1, 66a. D—C 2.616, 95. E—C 7, 721. F—C 64, 517. G—Cw 5, 360. H—G 3, 217a. I—G 4, 32. J—H 26, ii, 2. K—Ll 25, 2. L—Ll 54, 246. M—(a) Ll 133, 1008; (b) Ll 14, 53; (c) B 53, 245b. N—Ll 156, 329. O—Ll 186, 223. P—(a) M 212, 52; (b) M 1, 54. Q—N 560, 114. R—N 1247, 219. S—N 5274, 131. T—N 6706, lxxiii. U—P 198, 55. V—T, 243.

Amrywiadau.—1. i'r dinas G, i letty B. 2. anhardd B; ŵr ieuanc CMOS, ŵr ifanc BCPQ, was ieuanc HR, a . . . o wreang E, wreang DTV, ŵr eang L, wasnaethwr N, heirdd wyr ifaingc A. 3–4. [D-JKNPRTV.] 3. cael L, canu hoywdraul cwyn Q, cwyn adrist cyfion owdrym B. 4. Kymro or byd Q. 7. arganfod J; addfwyndeg E, fain fwyndeg N, feinael J. 8. o fewn y tŷ AIJM; f'enaid AIJM, un enaid CFHOPRSTUV, yn enaid DGK, oedd enaid Q, fy enaid LN, goleuni teg (C), haelioni teg BE, enaid hael J. 9–10. BC. 9. fal haul B. 10 + BC:

A gwledd ac anrhydedd mawr / A wnaeth a gwell na neithiawr.

9–12. D-IKOPRT. 13. gwareuau CGHIKPR, gwareau D, gwaryw E, gwareuau y gwŷr FTV, gwawr yw B. 14. ar fun gwyl CIPTV, ddydd gŵyl B. 14 + B:

Gwedi myned tynged ting / Y rhwystr gwedi'r husting.

15–16. [L.] 15. ni bûm ŵr B, yno air astud A, yn air o astud CJM, rhy astud V. 16. a wnawn â hon ACJMS, mi a hon B, ddeuair a hi Q, ddeuair i hon N; ddiwair hud NQ. 17. bûm D-IKOPRV; gwneuthud nid oedd fud y ferch J, a gwneythyr trwy syd a serch N. 19–20. CD-GHIKPRT. 19. gwedi'r elai finteioedd B. 22. onid mi ACGJ-MST, ond myfi BN, yn eithr EHO, i wneuthur V; im fyned att fŷn F. 23. ceisiais AC-UV. 24. fun B; gwely'r fun ag alar LQ.

25–6. [D-IKLPRT.] 25. kwmpais ni N. 26 dwys N. 27–8. (C)D NT. 27. kody ymdrigioni N. 28. yn drwsgl ag N. 29–30. [D-IKL PRTV.] 29. briwais BN ; ysigais nid iach CJM, ni erbyniais barch Q. 30. gwae'r gromach CM ; a gaer amarch Q. 31–2. BLNQ. 31. och i'r ostler BLN ; stôl y groch Q, ystôl grech BL, ystôl a gyrch N. 33–4. L. 35–6. BELQ. 35. fu'r B, mawr yw'r Q. 36. llanw rhwysg EL ; y rhawg ni chefais gam rhwydd B. 37. mewn tywyll CDFGKT, aml dwyll B, gan fy mwyll S, amwyll dig ymmig L ; trewais ysigais agwrdd AJMQ. 38. taro 'nhalcen wrth ben bwrdd C-HKORT. 39. efyddawg fydd B. 40. llef fawr a phadell AMNQS, llafar a phadell DFGJTV. 41–2. D-IKP. 41. cwympodd y DFGK, ond oedd IP, onid oedd EH. 44. fo'm ACJLMT, a glywid L. 45. o'r gwr gorfag B, o'r gŵr dig Q. 46. ynghyfarth EIOPR, a chyfarth ABN, am gyfarth F, a chyfarch Q, ynghyfarch H. 47. deuthum lle'r oedd ABCJMNO. 48. drysawr IP. 49. mewn B ; hy drafferth hoyw driffack E. 50. higyn a siogyn S, higian a siancyn (C), hinckin a seinkin D, hugun a sugun AJM, hugyn a siencyn L, hicin a siocyn BN, hittyn a siekyn Q, hittin a siencin FV. 51–4. [D-IKPRTV.] 51. delff (E)LQS, un B. 52. aruthr ddig wyf MO, aruthr wyf ddig A, aruthr wyf o ddig C, aruthr o ddig BJ, araith o ddig QS, a ryth o un N. 53. yn taer geisio twyll N. 55. fydd BDFGNTV. 56. codwch cedwch BE, deffroywch kedwch S, kodwch a hedwch N. 57–62. [D-IKPRTV.] 60. bob naw im keisiaw om kylch N, im gwilio am ceisio B. 61. a minneu yn fardd hardd go hyll ACJM, minnau fardd hoewfardd hyll C, a minnau hagr fardd gwinau hyll L, myne yn fardd hagr westai hyll N, minnau'n fardd hugar hyll B. 63. mewn gwedd DF-IKOPTV, a gwedd QR, gwiw dduw S, gwiw weddion L, duw gweddion N, gweddi eofn B, gweddio iddwyf gweddi ddofn E. 64. fel y dyn GHIKOPRTV, fel dyn DEF. 65. a thrwy nerth Q, o nerth y weddi ABDGHJKMN. 67. cael mwyniant OR, cefais pan soniais anun AJM, cefais ine kofys anyn N, cefais drwy ran am anhun B. 68. drwy sâl AMQ, gael sâl HOR, ar sâl G, heb ffael L, gael ffael ar E. 69–70. [D-IKLNPRTV.] 69. da myn y sant ABCM. 70. faddeuant ABCM.

125
Y RHUGL GROEN

Fal yr oeddwn, fawl rwyddaf,
Y rhyw ddiwrnod o'r haf
Dan wŷdd rhwng mynydd a maes
Yn gorllwyn fy nyn geirllaes,
Dyfod a wnaeth, nid gwaeth gwad,
Lle'r eddewis, lloer ddiwad.
Cydeistedd, cywiw destun,
Amau o beth, mi a bun,
Cyd-draethu, cyn henu hawl,
Geiriau â bun ragorawl.

A ni felly, anhy oedd,
Yn deall serch ein deuoedd,
Yn celu murn, yn cael medd,
Encyd awr yn cydorwedd,
Dyfod a wnaeth, noethfaeth nych,
Dan gri, rhyw feistri fystrych,
Salw ferw fach sain gwtsach sail
O begor yn rhith bugail;
A chanto'r oedd, cyhoedd cas,
Rugl groen flin gerngrin gorngras.
Canodd, felengest westfach,
Y rhugl groen; och i'r hegl grach!
Ac yno cyn digoni
Gwiw fun a wylltiodd; gwae fi!
Pan glybu hon, fron fraenglwy,
Nithio'r main, ni thariai mwy.

Dan Grist ni bu dôn o Gred,
Can oer enw, cyn erwined.

Cod ar ben ffon yn sonio,
Cloch sain o grynfain a gro.
Crwth cerrig Seisnig yn sôn
Crynedig mewn croen eidion.
Cawell teirmil o chwilod,
Callor dygyfor, du god.
Ceidwades gwaun, cydoes gwellt,
Groenddu, feichiog o grynddellt.
Cas ei hacen gan heniwrch,
Cloch ddiawl, a phawl yn ei ffwrch;
Greithgrest garegddwyn grothgro,
Yn gareiau byclau y bo.
Oerfel i'r carl gwasgarlun,
Amen, a wylltiodd fy mun.

BDG lxv.

Ffynonellau.—A—A 2, 201. B—B 23, 101. C—(a) B 29, 366; (b) G 3, 87a; (c) B 53, 39. D—B 51, 262. E—(a) B 14,932, 42; (b) Ba 6, 53. F—B 14,965, 188a. G—B 14,969, 109. H—Bl e 1, 119a. I—Br 1, 188. J—C 7, 348. K—C 19, 486. L—C 48, 118. M—C 64, 610. N—C 66, 356. O—Cw 5, 239. P—Cw 10, 394. Q—Cw 19, 75. R—Cw 125, 97. S—Cw 283. T—Cw 296, 25. U—G 2, 55a. V—Gn B, 21. W—H 26, ii, 86. X—Ll 6, 167. Y—Ll 25, 18. Z—Ll 53, 419. *A*—(a) Ll 133, 1049; (b) Ll 14, 119; (c) Ll 14, 183. *B*—Ll 186, 234. *C*—M 146, 372. *D*—M 147, 245. *E*—M 161, 107. *F*—(a) M 212, 8; (b) M 1, 9. *G*—N 832, 19. *H*—N 1246, 351. *I*—N 3487, 120. *J*—N 5272, 87b. *K*—N 6706, xlix. *L*—N 11,087, 28. *M*—P 49, 68. *N*—P 76, 220. *O*—P 108, 14. *P*—P 195, 8b. *Q*—T, 240. *R*—Wy 2, 6.

Amrywiadau.—2. o hyd *MO*, ar hyd OY*KQ*, ar ryw ACDQX *ABFLR*, ar rhyw EHJ*CP*, yn rhyw M*I*, yn y rhiw N, yr un ryw *N*, ar hynt U, ddydd hir V, 'n rhydd ryw G, ar ddiwrnod hynod L. 3. dan wŷdd irddail mynydd maes FG*DJ*, rhwng gwŷdd a mynydd a maes U. 4. mun *CI*; gyrllaes COQ*A*; yn dilyn bun hudolaes *BR*; yn gorlliw rhiain gowirllays V. 6. addewis ACDEGHKUXZ*ACDFJ*, yddewis *EN*, addawodd LMN*BGIPR*, addewais *Q*; ddowad DM*FK*, ddywad CQX*AL*. 7. cu wiw *BR*, cydwiw AV*ACE*, cad wiw *G*, cyfryw FX*DJ*, cyfliw J, cu o CDEK-PSTY*HIKQ*, cywir *N*, cyd weu *F* cyd roi *L*; ystyn V, testun *FL*, mewn coed astun U, mewn cyd destun Z. 8. a mi *FLN*, a minnau W*E*, mae o D; ar gader faes gida'r fun *BR*, am awr o ddydd mi a'r ddyn *A*(*a*)*c*. 9. cyd henu *L*, cyd haeddu UZ, haeddu *BR*, cymhennu *AC*, cyn hynny o X. 10. a'm ABEFGHJKLNPUVW*AC-GJLNPR*. 13–14. [FGUXZ*CDJ*.] 13. mun *EGI*, marn P*LP*, coelio y myn *BR*. 14. kyd arwain serch V. 15. yno y daeth CDKLOPQSTY*HIKPQ*, yno doeth N; caeth coethnych EFG*DJ*, noethwaeth AHJUWZ*ABFLNR*, waethwaeth *E*, enaeth wych V, noeth nych D, ryw noeth nych KLPST*HP*, yn noeth nych N*I*, o noeth nych OY, fal noeth nych CQ, anoeth nych K*Q*, waethwaeth wich X. 16. festri DM, wisgri wisgrich X. 17. salw fyrfach AH*AC*; salw gwdsach sail *M*, sur gwdsach sail AH*AC*; llogwrn lled anferth serth sail CJVW*A*(*a*)*cBEGR*, llogwrn anferth mewn serth sail EFG(H)*DJ*, llogwrn lled serth anferth sail *FN*, llogwrn serth sud anferth sail *L*, llowrgwd anferth serth ei sail DKLN-QTY*HIKPQ*, lloergwd anferth serth ei sail S, llwdwn anferth serth ei sail U, salw gwd anferth serth ei sail (*M*). 20. groengrin gerngras PT, gerngrin groengras KLN*HP*, grongrin groengras *I*, fileingroen flaengras V, fyngron fongras *L*. 21. fileingest V; westach KLNSTX*HIP*. 22. gwarth i'r hegl CDEKLNOQY*DH-LPQ*, gwarth fo PST. 23–4. [X.] 23. heb ddigoni HRUVW*BEFGLN*. 24. a gollais CJ. 25. a rhag ofn hon EFGJUVWZ*BD-GJLNR*; freuwny AM*I*, fraingwy *Q*, bron braenglwy W*BENR*, bron blaenglwy V. 26. nith i'r Mai CEJKLN-QSTVY*BE-IK*(*M*)-*R*, nith yr haul F*DJ*, i'w thir Mai Z*L*, evthvr y mun U, ruthr main D*M*, ni thyr hawl G; hwy FG*DJ*. 26 + C:

Ffynnu'n deg ffo yno'n dau / Ffoes hon a ffoais innau.

27–8. [X*L*.] 27. o Grist F*D*, un duw Grist V, dan groes ST; ni bu dyn *M*, ni bu ddyn DE, a all dyn F*DJ*, a eill dyn G, nid oedd dim *E*, nid oedd o gred V, nid un dôn *N*. 28. cynnar enw CDKLN-QSY *HKP*, gan . . . gyn *Fb*, gynnar enw gyn M*I*; egwan air ddyn gyn oered V; gloewol ysprydol glywed *M*, ysbrydawl gloywawl glywed FG*DJ*. 30. croch *M*, crud FG*DJ*. 31. ei son K-NPS*I*. 32. crin ydoedd M, crynedig nyth FGXZ*DFJL*; crwyn V. 34. ddigyffor ddu god *Q*; megin ddigyfrin ddu god *BR*. 35. cadwades CFJ*DEF JMNO*, caeades OY*KQ*, ceidwad is U; gwawn CDPQS*HINQ*; hysio ar ddiawl hussor ddellt *BR*. 39. gweithgrefft . . . gwythgro F*DJ*; un anghwrtais yn lleisio CEOJQVWY*A*(*a*)*cBEFG*(*M*)*NQR*, bu anghwrtais yn lleisio (H), yn anghwrtais yn lleisio DKLPST*HKLP*, ag anghynnes yn lleisio MN*I*; krech god lydan o fanro U. 40 + AH*AC*:

Tarfai'r meirch twrf ymorchest / Ffrâm ddig a cherrig i'w chest
Parodd lle drysodd draserch / 4. Dyrfau main i darfu merch
Twrf anhawddgar i'w arwain / Mal dygyfor môr a main
Cod ni phair cariad na pharch / 8. Tabwrdd diawl ymwrdd amarch
Cron sercel y bugelydd / Casged ddiawl ar sugnbawl sydd
Cawell cerrig annigri / 12. Cod am ben ffon greulon gri

Crogen llesg yn peri cryn llid / Coffor dygyfor gofid
Tŷ annedd anhunedd hed / 16. Cerwyn amgylch pawl cored
Cwrwgl gwael ei gaffaeliad / Croengest anonest ei nad.
(5. twrw *C*. 9. croen A*A*. 13. cryn a llid *A*.)

42. am wylltio EFJUVW*A-FJLR*.

126

Y CWT GWYDDAU

Fal yr oeddwn gynt noswaith,
Gwiw fu'r dyn, gwae fi o'r daith,
Gwedy dyfod yn grwydrball
Yn lle'dd oedd gwen gymen gall,

'Ai hir gennyd yr ydwyd ?
Dyn goddefgar serchog wyd.'

'Fy aur, gwyddost mai rhyir ;
Am baham oedd na bai hir ?'

Nycha y clywwn ŵr traglew
Yn bwrw carwnaid, llygaid llew,
Yn dwyn lluchynt i'm ymlid
Yn greulawn ac yn llawn llid,
O ddig am ei wraig ddisglair,
Un dewr cryf, myn Duw a'r crair !
Gwybuum encil rhagddaw,
Gwybu'r gwas llwyd breuddwyd braw.

'Hwyr yt fel*a*n ysbardun,
Aro fi heno fy hun.
Arfau drwg i ddigoni
Yw'r cywyddau sydd dau di.'

Ciliais i ystafell, gell gau,
Ac addurn oedd i'r gwyddau.
Meddwn i o'm ystafell,
'Ni bu rhag gofal wâl well.'
Codes hen famwydd drwynbant,
A'i phlu oedd gysgod i'w phlant.
Datod mantell i'm deutu,
Dialaeth o famaeth fu.

A'm dylud o'r ŵydd lud lai,
A'm dinistr a'm bwrw danai.
Cares, drwg y'm cyweiriwyd,
Cu aran, balf lydan lwyd.

Meddai fy chwaer ym drannoeth,
Meinir deg a'i mwynair doeth,
Seithwaeth genthi no'n cyflwr
Ni'n dau, ac no geiriau'r gŵr,
Gweled hen famwydd blwydd blu
Gogam wddw goeg i'm maeddu.
Pei gatai arglwyddïaeth
Gwŷr Caer a'u gwaraeau caeth,
Gwnawn i'r famwydd, dramgwydd dro,
Rhybuddied rhai a'i beiddio,
Amarch i'w chorpws nawmlwydd;
Am ei hwyl yr ŵyl yr ŵydd.

BDG cvi.

Ffynonellau.—A—A 2, 141. B—B 53, 152b. C—(a) B 14,933, 5; (b) B 14,932, 8b; (c) Ba 6, 14. D—(a) C 7, 833; (b) J 14, 129. E—G 3, 220a. F—H 26, ii. 32. G—(a) Ll 133, 1097; (b) Ll 14, 191. H—P 49, 83. I—Wy 2, 27.

Amrywiadau.—1. fawl rwyddiaith I. 3. i'w ADEGH; o'i gwydrball AD-I. 4. y lle'r oedd A. 5-6. [I.] 6. un dioddefgar H, un ddioddefgar BC, dyn dioddefgar AD. 9. tryglam mi a glywn I. 10. yn rhoddi naid a I. 11. llychwynt D, llywch-hynt E; amlwg y doi im ymlid I. 15. gwybu am A; rhwygais y coedydd rhagddaw I. 16. du ing lid diengais o'i law I. 17. felen BCEFH, filain D y taflen A(B)G; galwe yn ddig fal eiddigddyn I. 19. i drigioni I. 20. oth dau I. 21. llechais mewn I, sydd gell BC. 22. rhag eiddig I. 23. doedwn yn dda o'm stafell I. 25. yr henwydd D. 26. ddiddos E. 27–8. [AG.] 27. mentyll E. 28. dialeth y fameth BFHI, dialaeth y famaeth fu E. 29. dilid . . . lwyd D. 31. curodd I, cared AG. 32. curodd ar balf D. 34. mwynair a doeth E. 36. na geiriau i gŵr I. 39. pe gadai'n rhwydd A, pei tale'r wydd I. 40. ai chware I, a'u chwareuon A. 41. gwnaf I. 42. rhag i beiddio I.

127

Y PWLL MAWN

Gwae fardd a fai, gyfai orn,
Gofalus ar gyfeiliorn.
Tywyll yw'r nos ar ros ryn,
Tywyll, och am etewyn !
Tywyll draw, ni ddaw ym dda,
Tywyll, mau amwyll, yma.
Tywyll iso, mau fro frad,
Tywyll yw tu y lleuad.

Gwae fi na ŵyr, lwyr loywryw,
Da ei llun, mor dywyll yw,
Fy mod, mau ei chlod achlân,
Mewn tywyllwg tew allan.
Dilwybr hyn o ardelydd ;
Da y gwn nad oeddwn, bei dydd,
Gyfarwydd i gyfeiriaw
Na thref nac yma na thraw,
Chwaethach, casach yw'r cysur,
Nos yw, heb olau na sŷr.
Nid call i fardd arallwlad,
Ac nid teg rhag breg na brad,
O'm ceir yn unwlad â'm cas,
A'm daly, mi a'm march dulas.
Nid callach, dyrysach draw,
Ynn ein cael, yn enciliaw,
Ym mawnbwll ar ôl mwynbarch,
Gwedy boddi, mi a'm march.
Pyd ar ros agos eigiawn,
Pwy a eill mwy mewn pwll mawn ?

Pysgodlyn i Wyn yw ef
Fab Nudd, wb ynn ei oddef !
Pydew rhwng gwaun a cheunant,
Plas yr ellyllon a'u plant.
Y dwfr o'm bodd nid yfwn,
Eu braint a'u hennaint yw hwn.
Llyn gwin egr, llanw gwineugoch
Lloches lle'r ymolches moch.
Llygrais achlân f'hosanau
Cersi o Gaer mewn cors gau.
Mordwy lle nid rhadrwy rhwyd,
Marwddwfr, ynddo ni'm urddwyd.
Ni wn paham, ond amarch,
Ydd awn i'r pwll mawn â'm march.

Oerfel i'r delff, ni orfu,
A'i cloddies ; ar fawrdes fu.
Hwyr y rhof, o dof i dir,
Fy mendith yn y mawndir.

BDG cxxxiii.

Ffynonellau.—A—A 2, 139. B—B 53, 147b. C—(a) B 14,933. 1 ; (b) B 14,932, 6b ; (c) Ba 6, 12. D—B 14,969, 6b. E—Bl e 1, 104b, F—C 2.616, 93. G—C 5, 19b. H—(a) C 7, 360 ; (b) J 14, 146. I—C 64, 611. J—C 66, 339. K—H 26, ii, 18. L—Ll 120, 49. M—(a) Ll 133, 1037 ; (b) Ll 14, 100. N—Ll 155, 9. O—Ll 186, 77. P—(a) M 212, 101 ; (b) M 1, 89. Q—N 560, 6. R—N 3487, 19. S—N 6706, lxxi. T—P 49, 79. U—P 54, i, 78. V—P 198, 40. W—T, 242. X—Wy 2, 21.

Amrywiadau.—1. gwae ŵr er a gâi o orn U. 3. tywell U ; ir hyn G, er hyn N. 4. tywell U ; am y tywyn CDEGIJMPR, am bentewyn FQSWX. 5–6. [V.] 6. mae AC-FIJRSW ; twyll amyl towyll yma H. 7. mae EF, mae'r fro CDIJ, mae i'r fro NR, mae'n y fro H, mewn bro a brad MP, bro mau brad GU ; tywyll heno yw'r fro frad W. 8. tywell U ; tŷ IJR, twf CEFGHKOPQSTUW, tw LN. 9–12. [N.] 10. dan y llwyn H ; dywell U. 11. a'm bod A-MO-TVW ; yn ei chlod ACKPQRT, mi a'i chlod EHLMO, am ei chlod DFIJSW, mi yw ei chlod G ; wych lân FIRSW ; a bod bardd a chlod iach lân X. 12. maint allan A-GI-MOTVW, main wynt X, o'm hynt H. 13–18. U. 20. mewn breg A-GHTVWX. 21. o'm cael H, o'm caid CG, im cair W; mewn unwlad BN, ym ymeulyd W. 22. dala CDEJN PRW, dal GILMQW, dylyn H; a'r march HU. 23. dirasach GN, dirysach F, dwysach W, eithr drysach U, ond drysach I, ond casach Q. 24. fy nghael wedi fy nghiliaw A-LNOQRSTVWX, fy nghael ar ôl fy nghiliaw LP. 27. pydew rhos A-TVWX. 30. heb nudd DJR, heb nawdd I; o bu'n ei oddef A-GJ-PSTVWX, o bai'n ei oddef QR, o baen yw oddef I, a fu'n ei oddef H. 31–2. [HP.] 33–4. U. 35. lliw gwin GH. 37–8. G. 39–40. U. 37–42. [T.] 41–2. BCEH MPU. 41. mi a wn pam er amarch U. 43. a orfu H, a'i arfau IR. 44. ar foeldes A-TVWX; fau IR. 45. hwyr ym adaw o daw dir U.

128

ATHRODI EI WAS

Gŵyl Bedr y bûm yn edrych
Yn Rhosyr, lle aml gwŷr gwych,
Ar drwsiad pobl aur drysor,
Ac ar llu Môn gerllaw môr.
Yno 'dd oedd, haul Wynedd yw,
Yn danrhwysg, Enid unrhyw,
Gwanddyn mynyglgrwn gwynddoeth,
A gwych oedd a gwiw a choeth ;
Ac unsut fy nyn geinsyw
Yn y ffair â delw Fair fyw,
A'r byd, am ei gwynbryd gwiw,
Ar ei hôl, eiry ei heiliw ;
Rhyfedd fu gan y lluoedd,
Rhodd o nef, y rhyw ddyn oedd.
Minnau o'm clwyf a'm anun
Yn gwylio byth am gael bun.
Ni bu was a fai faswach
Ei fryd didwyll a'i bwyll bach.
O gyfair y gofl ddiell,
Od gwn, y byddwn o bell,
Onid aeth, dynoliaeth dwys,
I loywlofft faen oleulwys.

Troes ugain i'm traws ogylch
O'm cyd-wtreswyr i'm cylch.
Prid i'r unben a'i chwennych,
Profais y gwin, prif was gwych,
Prynu, gwaith ni bu fodlawn,
Ar naid ddau alwynaid lawn.

'Dos, was, o'r mygr gwmpas mau ;
Dwg hyn i'r ferch deg gynnau.
Rhed hyd ei chlust a hustyng
I'w thwf tëyrnaidd, a thyng,
Mwyaf morwyn yng Ngwynedd
A garaf yw, 'm Gŵr a fedd.

'Dyfydd hyd ei hystafell ;
Dywed, "Hanpych, ddyn wych, well !
Llym iawnrhyw, llyma anrheg
I ti, fy anwylddyn teg." '

'Pond cyffredin y dinas ?
Paham na'th adwaenam, was ?
Pell ynfyd yw, pwyll anfoes,
Pei rhôn, gofyn pwy a'i rhoes.'

'Dafydd, awenydd wiwnwyf,
Lwytu ŵr, a'i latai wyf.
Clod yng Ngwynedd a eddyw ;
Clywwch ef ; fal sain cloch yw.'

'Cyfodwch er pum harcholl !
A maeddwch ef ! Mae 'dd ywch oll ?'

Cael y claerwin o'r dinas,
A'i dywallt yng ngwallt fy ngwas !
Amarch oedd hynny ymy ;
Amorth Mair i'm hoywgrair hy.
Os o brudd y'm gwarthruddiawdd
Yngod, cyfadnabod cawdd,
Asur a chadas gasul,
Eisiau gwin ar ei min mul !
Bei gwypwn, gwpl diletpai,
Madog Hir, fy myd, a'i câi.
Hwyr y'i gwnâi, hagr westai hy,
Einion Dot yn un diawty.

Hi a wŷl, bryd hoyw wylan,
Ei chlust â'i llygad achlân,
Fyth weithion pan anfonwyf
I'r fun anuun o nwyf
Llonaid llwy o ddwfr llinagr
Yn anrheg, bid teg, bid hagr.

BDG xxi.

Ffynonellau.—A—B 24, 80b. B—(a) B 14,932, 72; (b) Ba 6, 126. C—Bl f 3, 23a. D—Cw 129, 359. E—H 26, ii, 25. F—Ll 6, 19. G—(a) Ll 47, 532; (b) Ll 134, 549; (c) LlH, 297b. H—(a) Ll 120, 50; (b) B 53, 332. I—Ll 186, 100. J—M 148, 399. K—M 161, 177. L—(a) M 212, 25; (b) M 1, 28. M—P 49, 35. N—P 49, 71. O—P 76, 76. P—Wy 2, 67.

Amrywiadau.—4. a gallu Môn A-EH-LOP, gallu Môn . . . y môr N, ac ar llu mawr G. 5. lloer Wynedd P; wiw BCDHIJLO, hoyw KN. 6. nid unrhwysg BCEJLP, nid iawnrhwysg KN, nid anrhwysg HI, yn i downrwysc AO, nid anrhwystr D; enaid iawnrhyw J, neb nid unrhyw KN, enid iawnrhyw L, onid unrhyw CD, ynad unrhyw E, ond unrhyw A, edn unrhyw (O), enaid unrhyw G, hynod unrhyw BP. 7–8. [A.] 7. gwenddyn CDEG-LN, gwynddyn BP; mwnwglwyn GK, mwnwglgwyn O, fynyglgrwn CDEHIP, fwnwglgrwn B. 8. yw AGHM, iawn KO, gwych yw hi N. 9–10. AKO. 9. ynfyd . . . geinfyw K, ym bu ond nid oedd anfyw A. 11. a'm bryd ar NO. 12. eiry hoywliw CE-JLN, eira hoywliw BDOP, aur i hailiw Gb. 11–18. [A.] 13–14. [CEH(I)JKLNO.] 15. o glwy O; a minnau oedd o'm JL. 16. wylo . . . yn ôl FGMO. 17–18. [O.] 17. a fu BCHIKNP, a fai L; fasach DFGIM. 18. ei fryd a'i dwyll CDHI. 19. ar gyfair aur gofl CDEHIJLN, ar gyfair cofl aur KO; gwyliais i hi heb ddichell P. 20. o gwn N, vy hvn O. 22. gain BP, wen N; gil owlaw lan oleulwys O. 25–6. [BP.] 25. nid yr unben F; ei chwenych AFGMN, ni chwenych L. 27. prynais FGM; fu JL, val i by K; boddlawn CHI, fodlawn D-GJ-M; prynu y gwin ar y prynhawn BP. 29. mayr gwas O; was mygr gwmpas JKN, medr gwmpas O, mydr gwmpas A, mydr yw'r cwmpas CEHI, mwyn cwmpas BP. 31. dos yn ei chlust A-EI-LNOP. 32. tymhoraidd D; a'th ddysg nac arbed BP, dowaid ti oer er duw tyng O. 34. a garaf myn JL, a garaf fi CDEHIK, a garaf fi myn BNOP. 35–6. [AG(M)O.] 35. dyfyn DEHJKLN, dyvod Gb, dyvyd Gc, dafyd F; danfon ef hyd ei stafell BP. 36. dowyd L, dywad Gc, dywaid BCEFHJ-K; henffych N, ympych FG, vnpych M, henffych yn wych well BCEH

IJLP. 37. unrhyw GIM, iawnrhwysg JL, iawnrhwydd AN; llawn i downrrwysc llyma danrreg O. 38. addfwynddyn FGM, fy anwylddyn B-EH-LNP; i ti radwen i ddyn teg O. 39. pand CEKN, ond O; nid wyt gyffredin o'r dinas BP. 40. it adwaenam CDH, nad adwaenam A, pam na'th BP, nath ydwaynant O. 41. fydd B-EIJ, ynfyd a fydd L, pell ufydd fydd P, pellinig fardd O; beth ynvyd ne bwyth anvoys A. 42. pei rhan FGc, pe rhyhir N, pur yw'r rhodd BP; a dywed N, dywaid CDEIJL, a gwybod A. 43. awenydd winef BP. 44. yn rhodd a'm gyrrodd ag ef BP. 44 + BP:

Lwytu wawr a'i latai wyf / Atad ei gariad gorwyf
Nid wy mewn bodd o'i roddion / Na'i win da na'i wenwyn dôn
Ffordd o'm gwydd ffwrdd o'm golwg / Coelia y dreng rhag cael y drwg.

45–6. [BCI-LNOP.] 47–8. [BP.] 47. yn ddibarch er CH-L(N)O, ymddibarch E, yn ddibech N, yn ddeubarch D, kael ammarch myn A. 48. maeddwch chwi ef AEHIJL, meddwch chwi ef CD; hwn Ga, hynn Gc; mae ydd ych AKNO, mae eiddoch oll L, maddeuwch oll C. 51. hwnnw DFGKM, hyn BP. 52. amarch FGbc; i'w hoywgrair NP, o'i hoywgrair B. 53–4. [ABP.] 53. im gwarthryddio O. 54. isod CDEI-LNO; fydd cydnabod JL, er cydnabod K, er cydnabod co O. 55. anras i'w KO; chadach JL, chadys A, chad gas N; asur ddisglaer i chasul BP. 56 + BP:

Dal iachgain bydd mwy diolchgar / Imi byth amheua i bar.

57–8. [BJLOP.] 57. gwypai F; gwbl AGc; pe gwypai madog di letbai D. 58. ym myd N; mwy ydiw cur mud ai cai D. 59. hydr westai O. 61. wŷl hoyw AKLO, yr hoyw CDEIJN. 62. â'i chlust ei llygad DEIKN, oi chlust ai llygad O; wych lân Ga, awch lân Gbc. 63. beth weithian JL, mwy weithian BP; ddanfonwyf AGab. 64. anyun FM, anyfun BEGacJ, anyfyn KLNP, an nyun CDI, aur nyvun Gb, oneddu o nwy A, oedd yn un o nwy O.

129

Y WAWR

Uchel y bûm yn ochi,
Echnos y bu hirnos hi.
Echnos, dyn goleudlos gŵyl,
Wythnos fu unnos, f'annwyl ;
A bernos, medd y beirniad,
A bair gwen heb ungair gwad.

Neithiwyr y bûm mewn uthr bwyll,
Nyf gain, gyda nef gannwyll,
Yn mynnu tâl am anun,
Yn aml barch yn ymyl bun.
Pan oedd ffyrfaf fy ngafael,
A gorau 'mhwynt, gwrm ei hael,
Uchaf len, awch aflonydd,
Och wir Dduw, nachaf wawr ddydd.

'Cyfod,' eb gwen len liwloyw,
'Cêl hyn ; weldyna'r coel hoyw.
Deigr anial dy garennydd,
Dos i ddiawl ; weldiso ddydd.'

'Hirfun dda hwyr fain ddiell,
Hyn nid gwir ; hynny neud gwell.
Lleuad a roes Duw Llywydd,
A sêr yn ei chylch y sydd.
Hyn o dodaf henw didyb,
Honno y sydd dydd o dyb.'

'Gair honnaid, pei gwir hynny,
Paham y cân y frân fry ?'

'Pryfed y sydd yn profi,
Lluddio ei hun, ei lladd hi.'

'Mae cŵn dan lef ny dref draw
Ag eraill yn ymguraw.'

'Coelia fy nâg yn agos,
Cyni a wna cŵn y nos.'

'Paid â'th esgusawd wawdwas ;
Pell boen a fynaig pwyll bas,
Wrth gael taith, anrhaith unrhyw,
Antur i'th ddydd, anterth yw.
Er Crist, cyfod yn ddistaw,
Ac agor y dromddor draw.
Rhyfras camau y ddeudroed,
Rhydaer yw'r cŵn, rhed i'r coed.'

'Ochan ! Nid pell y gelli,
A chynt wyf finnau no chi.
Oni'm gwŷl ffel ni'm delir,
O rhan Duw, ar hyn o dir.'

'Dywed di, fardd diwyd da,
Er Duw ym, o doi yma.'

'Deuaf, mi yw dy eos,
Diau, 'y nyn, o daw nos.'

BDG lix.

FFYNONELLAU.—A—A 2, 283. B—(a) B 14,932, 78 ; (b) Ba 6, 135. C—Bl e 1, 123b. D—(a) C 7, 838 ; (b) J 14, 472. E—Cw 129, 336. F—H 26, ii, 40. G—(a) Ll 47, 518 ; (b) Ll 134, 543 ; (c) LlH, 294b. H—Ll 120, 104. I—(a) Ll 133, 1053 ; (b) Ll 14, 125 ; (c) B 53, 269. J—Ll 186, 92. K—(a) M 212, 115 ; (b) M 1, 103. L—N 560, 64. M—N 832, 82. N—N 8330, 196a. O—P 49, 26. P—P 197, 38. Q—Wy 2, 11.

Amrywiadau.—1. yr wyf BGO. 2. na bai A-FH-N(O)PQ. 3. oleudlos ŵyl GO. 6. a gâr A-FH-N(O)PQ. 8. naf gain BQ, nwyf gain GHO, nwyf ganaid E. 10. mewn aml barch B, mewn annwyl barch Q. 11. fwyaf GO. 12. im hwnt B, a gorau 'mharch GO, agore ym hwynt Q; grym i hael LM, a grym hael E, gwiwrym hael BQ. 13. nychaf len CFHIJL, ni chaf len DK, nycha flaen M, nycha o flaen B; doede y ferch nid dedwydd Q. 14. na chaf wawr DFJ, ny chai wawr E; mawr oedd ym am y wawr ddydd BLM; deka o ddyn fel dakw ddydd Q. 14 + BbQ:

F'enaid cyfod i fyny / A chel os myn hyn yn hy.

16. loyw DGO, oloyw BFIKLM. 17. draig anial BQ. 19–20. (BbC) G(Ic)O. 20. nid gwell BbCGIc. 21. a wnaeth BQ. 23–4. [GQ.] 24 + BbQ:

Ar ogil heno a gawn / Diwedd lloer fel y dydd llawn.

23. hynny dwedaf BbE(Ic), hynny doeda M; heno didyb E. 24. a heno bydd dydd y dyb O. 25. gwawr honnaid D-K, gwar hynwn Q, da'r hunwn B. 28. a'i lladd BIKMQ. 28 + E:

Yn peri i'r fran y gan gerth / A drysu hon yn draserth.

29. ci GO, cyw E; dan llef GO, ar lef Q; yn dref O, o'r dref BQ, i'r dref L. 30. yn y guraw G. 31. coeliaf O; hawdd cael annog DEFH-M; i agos F, o agos (C)DEH(Iab)IcJLM, llwynogos C(D) IabK; ogylch pell ac agos BQ. 33. taw IbK; esgusod rodwas L, esgus it rodwas M. 34. a fenyg C-FIK, a fag BQ, yn talu GO, a ofna E. 35–6. (C)GO. 37. cyfod er Crist GLO. 39. rhif frasgamau dy GOQ, brasgama di yn ddioed LMQ. 38 + E:

Lleuad newydd sydd a ser / au pelyr (*sic*) ar bob piler.

41. o chaf GL, och nid yw bell BMQ. 43–4. [Q.] 43. ni'm gwŷl dyn ffel (C)GO; ni'm gwelir BLM. 44. o ran BCDGabKLMO; dyn B; hoen daith ar hynny o dir Gc. 44 + E:

Rhedais rhyd coed a rhedyn / rhag ofn dydd glaswydd glyn
Mae'r dydd yn gyd a dwynos / Oth blaen oth ol, nid ffol, ffos.

45. dywaid hyn GO. 46. a da yw im LM; or doy BGHO. 47. dawaf G; myfi BKQ; deuaf fi i dŷ eos M. 48. diau yn wir BEH-KQ; y daw M.

130
Y GARREG ATEB

Ychydig o'r cerrig gerw
Un arfer, widdon oerferw,
Â'r garreg hon gyriog gau,
Gystoges trwsgl gystegau.
Mwy y dywaid heb beidiaw
Ar ael y glyn ar ôl glaw
No Myrddin sonfawr mawrddig,
Fab Saith Gudyn, y dyn dig.

Agos ym, ac i'm siomi,
Yn eryl i'w hymyl hi,
Ac aros merch goris maes
Dan goedlwyn dinag edlaes.
Hyhi i'm ceisio i'n ŵyl,
Minnau'n ceisio *g*em annwyl,
Fal y ddau ychen hen hy
Fannog—'Pa beth a fynny ?'
Galw bob un ar ei gilydd,
Ymgael i gyd, da fyd fydd,
Mi a'r fun, *mau o*fynaig,
Yng ngwasgod maen graen y graig.

Eresyn doeth, er ised
Yr ymddiddenym, grym gred,
Ateb a gwrtheb yn gau
Yn ei hiaith a wnâi hithau.
Diliwio'r ferch, delw aur fain,
Dal*y* ofn rhag *ei* dolefain,
Ffuannaidd rydd, ffo yna,
A phwy o ddyn ni ffôi'n dda ?

Artaith oer, dioer, *dau*ddyblyg,
Ar freuant y creignant cryg !
C*u*rne*n* a fref fal cornawr,
Carnedd foel fal caer nadd fawr.
Mae naill i mewn ai ellyll
Ynddi, hen almari hyll,
Ai cŵn yn y garreg gau
Sain cogor, ai sŵn cawgiau.
Gwaedd hunlle'n lladd gŵydd henllom;
Gọslef gast gref dan gist grom.
Gwiddon groch yn gweiddi'n greg,
Er gyrru ofn, o'r garreg.
Llidwawr rif, lled warafun,
Lluddiodd fi lle'dd oedd y fun.
Llesteiriodd wahodd i was,
Mefl iddi am ei luddias !

BDG cxiii.

Ffynonellau.—A—B 24, 117 (*dienw*). B—(a) Ll 6, 169 ; (b) B 53, 364b ; (c) Ba 6, 202.

Amrywiadau.—1. karw A, kairw B, cerw (Bac). 2. ar widdan oervarw B. 3. hwnt A ; gyroc B ; kas A. 4. droscyl ostegas A, drysglin gystagay Ba, drwsgl gystagau Bbc. 5. a ddwaid A. 6. yn ael glyn A, ar ael y glyn ar ôl B. 7. mvrddvn sonfawr tew myrddic A. 8. no mab saith Kvdvn dyn dic A. 10. oy hymyl B. 11. yn egor . . . gorav A. 12. adlaes B. 13. hi yn yngovyn i yn wyl A. 14. yngem A, em B. 18 + A :

mewn glescyll towyll tawel / y ddoyddym da gwyddym gel.

19. may aur vynaic A, viar vyn vy ayr venaic B. 20. ynghyscod . . . or graic A. 21. gressyn ydoedd A. 26. a dal ofn rac dolefain A, dala ofn rac dylefain B. 26 + A :

deliais dyscais i discwyl / lle drwc i ddwyn lleidr gwyl.

27–8. [A.] 29. astalch A ; dair dyblyg A, dyblyg B. 31. kyrn a vrevai A, kyrner a vref B. 32. kaer narfawr B. 34. ail mari Ba. 36. sôn cogor Bbc ; syn kogor sain kowgav A. 37. gwedd hvnlle lladd A. 38. gwaslef B. 39. gwiddon grom A. 40. yn gyrru A. 41. llid vawr lled wrafvn wrafvn (*sic*) A. 43. o llyddiawdd y wawdd y was B.

131
DOE

Dyddgwaith dibech oedd echdoe,
Da fu Dduw â Dafydd ddoe.
Nid oedd unrhyw, deddf anrheg,
Y dydd echdoe â doe deg.
Drwg oedd fod, rhywnod rhynoeth,
Echdoe yn frawd i ddoe ddoeth.
O Fair wychdeg fawr echdoe,
A fydd rhyw ddydd â'r dydd doe ?
O Dduw erfai ddiweirfoes,
A ddaw i mi ddoe i'm oes ?
Rhoddi, yn drech nog echdoe,
Ydd wyf gan hawddfyd i ddoe.

Doe y dialawdd, cawdd cuddnwyf,
Dafydd hen o newydd nwyf.
Gwedy fy nghlwyf, ydd wyf ddall,
Gwydn wyf fal gwden afall
A blyg yn hawdd, gawdd gyhwrdd,
Ac ni thyr yn ôl gyr gwrdd.
Mae ynof, gwangof gwyngen,
Enaid cath anwydog hen ;
Briwer, curer corff llwydwydd,
Bo a fo arni, byw fydd.
Pedestr hwyr wyf, cawddnwyf call,
Ar hyd erw lle y rhed arall,
A meistrawl ar wawl wiwgamp
*E*r gwst lle y bo gorau'r gamp.

Gwell ymhell, gair gwiw llifnwyf,
Pwyll nog aur, pellennig wyf.

O Dduw, ai grym ym amwyll ?
A wyddant hwy pwy yw pwyll ?
Trech llafur, nofiadur nwyf,
No direidi, dewr ydwyf.
Da fyddai Forfudd â'i dyn
O'r diwedd, hoen eiry dywyn.
Iawn y gwneuthum ei chanmawl ;
On'd oedd iawn, f'enaid i ddiawl !
Nos da i'r ferch anerchglaer,
A dydd da am nad oedd daer.
Hi a orfuum haeach,
Aha ! gwraig y Bwa Bach.

BDG lxxxii.

Ffynonellau.—A—A 2, 311. B—Bl f 3, 36b. C—(a) C 7, 835; (b) J 14, 79. D—Cw 20, 3. E—Cw 129, 305. F—G 3, 210b. G—H 26, ii, 41. H—Ll 6, 227. I—(a) Ll 133, 1107 ; (b) Ll 14, 206 ; (c) B 53, 312 ; (d) Ba 6, 224 ; (e) Cw 381, 41. J—Ll 186, 33. K—(a) M 212, 142 ; (b) M 1, 131. L—N 560, 66. M—P 49, 89. N—P 54, i, 52.

Amrywiadau.—1. fu HN. 3. dydd anrheg A-GI-M, ddwy anrheg H(Ic). 5. hoywnod hynoeth A-GI-M, hynod hynoeth H. 8. a fydd y rhyw ddydd oedd ddoe HIce. 9–12. AHIcd. 9–40. [D.] 13. cawdd-nwyf A-CEFGIJKM, cauddnwyf Icde. 14. a newydd BEFGHIabJ-M. 15. gwydnglwyf ydd wyf un ddeall CGIabKM, gwydnglwyf nid fal y dyn dall E, gwydnglwyf nid fel un dall BFJ, gwydnglwyf ydd wyf yn ddall L. 17. gyfwrdd ACEIcde. 18. yn ayl N, ar ôl AH. 20. caeth H(Ic). 21. cof lwydwydd BCFGJM, cof arwydd K, cof cerydd E, er cerydd IL. 22. bo a fo byw a fydd K. 25. walamp CGIa-dKLM, wiwlamp HIe, ar fawl wawlgamp E, ar fawl wiwlamp A(Iab)J, ar hawl wiwlamp (Ic) ; a meistr ar fawl wawlamp B, a meistr a fawl wawlamp F. 26. o'r gwst BCF-Id-L, ar gwst N, or gwyst E, ar gost (Iabc), ar gest A, or gwest Ie, o'i gwsc M; lle mae A-CEFGIM. 27. o bell gwell L ; ger gwayw AMN, gaer gwayw BCFGIJK. 29. a'i rym E. 33–6. [AH.] 33. da y gwnâi N ; i'w dyn BCEJ-M, oi dyn G, i'w dwyn I. 37–8. [N.] 39–40. [H.] 39 ai hi CM, y hi ABEFGIJK; a'm gorfydd A-CEFGIJKM, a'm gorfu i L. 40. ha ha ABIL.

132
CYFEDDACH

Gildiais fal gildiwr ar fin,
Gildio'n lud, golden ladin.
Gildiais yn ddinidr ddidrist,
Gild cryf, myn goleuad Crist.
Gildiad, nid chwitafad hallt,
Gildwin er fy nyn goldwallt.
Gwych y medrais, haeddais hedd,
Gwaith da rwyddfaith diryfedd,
Gwiw ddysgnwyf, roi gweddusgnwd
Gwinwydd Ffrainc er gwenwedd ffrwd.

Petem Ddyw Pasg yng Ngasgwyn,
Buan fydd, mi a bun fwyn,
Didlawd oedd pei'n diawdlyn,
Er claer dwf, o'r clared ynn.
Herwydd barn y tafarnwas,
Hir y'm câr a hwyr y'm cas,
Y pedwerydd mydrddydd mad
Fu heddiw, fau wahoddiad.
Meddwn innau, gau gerydd,
'Truan nid oedd traean dydd.'
Ef a bair, ddyn gywair ged,
Fy nwyforc i ddyn yfed.
Gwelid er gwen ar ben bwrdd
Gwanegu gwin yn agwrdd.
Hir yw'r cylch, cylchwy didryf,
A hy yw'r cariad a'i hyf.
Hawdd yfaf, dibrinnaf bryn,
Hawdd yf a wŷl ei hoywddyn.

BDG ccxiii.

FFYNONELLAU.—A—(a) B 14,932, 85 ; (b) Ba 6, 129. B—(a) M 212, 154 ; (b) M 1, 143. C—N 657, 2. D—P 49, 56. E—Wy 2, 98.

AMRYWIADAU.—6. ar A. 8. dda rwyddfaith ddiryfedd A. 9. gwiw ddysgu wyf roi gweddusgnawd AE. 11. yngwasgwyn E. 12. fyd AE ; a'm bun E. 21. dyn ABE. 23. y bwrdd AE. 24. y gwin hywrdd B.

133
CUSAN

Hawddamawr, ddeulawr ddilyth,
Haeddai fawl, i heddiw fyth,
Yn rhagorol, dwywol daith,
Rhag doe neu echdoe nychdaith.
Nid oedd debyg, Ffrengig ffriw,
Dyhuddiant doe i heddiw.
Nid un wawd, neud anwadal,
Heddiw â doe, hoywdda dâl.
Ie, Dduw Dad, a ddaw dydd
Unlliw â heddiw hoywddydd ?
Heddiw y cefais hoywddawn,
Hyr i ddoe, hwyr yw ei ddawn.

Cefais werth, gwnaeth ym chwerthin,
Canswllt a morc, cwnsallt min,
Cusan y fun, cyson fi,
Cain Luned, can oleuni.
Calennig lerw ddierwin,
Clyw, er Mair, clo ar y min.
Ceidw ynof serch y ferch fad,
Coel mawr gur, cwlm ar gariad.
Cof a ddaw ynof i'w ddwyn,
Ciried mawr cariad morwyn.
Coron, am ganon genau,
Caerfyrddin cylch y min mau.
Cain bacs min diorwacserch,
Cwlm hardd rhwng meinfardd a merch.
Cynneddf hwn neb nyw cennyw,
Cynnadl dau anadl, da yw.

Cefais, ac wi o'r cyfoeth,
Corodyn min dyn mwyn doeth.
Cryf wyf o'i gael yn ael nod,
Crair min disglair mwyn dwysglod.
Criaf ei wawd, ddidlawd ddadl,
Crynais gan y croyw anadl.
Cwlm cariad mewn tabliad dwbl,
Cwmpasgaer min campusgwbl.

Cyd cefais, ddidrais ddwydrin,
Heiniar mawl, hwn ar 'y min,
Trysor ym yw, trisawr mêl,
Teiroch ym os caiff Turel,
Ac os caiff hefyd, bryd brau,
Mursen fyth, mawrson fwythau.
Ni bu ddrwg, ei gwg a gaf,
Lai no dwrn Luned arnaf.

Inseiliodd a hwyliodd hi,
Mul oeddwn, fy mawl iddi.
Ni ddaw o'm tafawd wawdair
Mwy er merch, berw serch a bair,
Eithr a ddêl, uthrwedd wylan,
Ar fy nghred, i Luned lân.
Eiddun anadl cariadloes,
O Dduw, mwy a ddaw i'm oes
Y rhyw ddydd, heulwenddydd wiw,
Â'm hoywddyn, ym â heddiw ?

BDG ccii.

Ffynonellau.—A—A 2, 93. B—B 53, 179. C—(a) B 14,933, 32 ; (b) B 14,932, 226 ; (c) Ba 6, 26. D—C 52, 8. E—H 26, ii, 103. F—Ll 120, 58. G—Ll 133, 968. H—(a) M 212, 143 ; (b) M 1, 132. I—N 560, 48. J—P 48, 3. K—P 49, 115. L—Wy 2, 50.

Amrywiadau.—3. dwyol J ; rhagorawl dwyfawl I. 4. wychdaith A-IKL. 5-6. [I.] 7. nid anwadal CDG, naid anwadal L. 8. haeddai dâl FH. 9–10. [L.] 12. her i ddoe DGIJ. 13. gwneuthum DG. 14. mark I; kwnswallt I. 15. fin I; wyf fi A-DF-L, cyson fi E. 16. cain oleuni K, can . . . cain I. 18. er mêl I; fy min L. 19. yno ACDK. 20. kael I, caul L. 22. kuriad I. 25. ffrwyth backws L. 27. nis A-IKL. 29. dauwell nar kyfoeth L. 30. karodyn J. 33–4. [L.] 35. taliad I. 36. kwmpasgwbl L. 38. ei min ACFG. 39. yw im F; trisawyr L. 40. o chaiff EI. 43–6. [L.] 43. ddiwg gwg ADEGHK. 45. enseiliodd C, ymseiliodd G, ni ffeiliodd I, haeddodd J. 47. na J. 49. wiwlan L. 50. aryf nghred Eluned lân ADEGHK; ar fy nghariad, lunad lan L. 52. a dduw J. 53. yn nuw ddyäd ACDGK; hael winwydd wiw L. 54. em hoywddyn (D)F; yma AC-HJKL.

134

NIWBWRCH

Hawddamawr, mireinwawr maith,
Tref Niwbwrch, trefn iawn obaith,
A'i glwysteg deml a'i glastyr,
A'i gwin a'i gwerin a'i gwŷr,
A'i chwrw a'i medd a'i chariad,
A'i dynion rhwydd a'i da'n rhad.

Cornel ddiddos yw Rhosyr,
Coetgae i warae i wŷr ;
Coety i'r wlad rhag ymadaw,
Cyfnither nef yw'r dref draw.
Côr hylwydd cywir haelion,
Cyfannedd, mynwent medd Môn.
Cystedlydd nef o'r trefi,
Castell a meddgell i mi.
Llwybrau'n henw, lle brenhinawl,
Llu mawr o bob lle a'i mawl.
Lle diofer i glera,
Lle cywir dyn, lle y ceir da.
Lle rhwydd beirdd, lle rhydd byrddau,
Lle ym yw, ar y llw mau.
Pentwr y glod, rhod rhyddfyw,
Pentref, dan nef, y dawn yw.
Pantri difydig digeirdd,
Pentan, buarth baban beirdd.
Paement i borthi pymoes,
Pell ym yw eu pwyll a'u moes.
Perllan clod y gwirodydd,
Pair Dadeni pob rhi rhydd.
Parch pob cyffredin dinas,
Penrhyn gloyw feddyglyn glas.

134. NIWBWRCH

BDG cxxxviii.

Ffynonellau.—A—A 2, 34. B—(a) B 14,932, 74; (b) Ba 6, 152. C—B 14,978, 122. D—(a) C 7, 720; (b) J 14, 206. E—H 26, ii, 47. F—Ll 123, 391. G—(a) Ll 133, 959; (b) B 53, 212. H—M 161, 420. I—(a) M 212, 35; (b) M 1, 38. J—N 1024, 65. K—N 6499, 313. L—(a) P 49, 91; (b) Wy 2, 50.

Amrywiadau.—1. mureinfawr HI, marian mawr D. 2. i dref . . . drefn BFI, dref . . . drefn iawn E, dref . . . dyrf iawn CJK, tref . . . tyrf iawn A, tref . . . tyrfa iawn GL, tyrfa . . . tref D. 7. yn Rhosyr BJK. 8. mewn koytgau warau I, i warchae AG. 9. coetgae CDJK, cae ty FHI. 11. caer FHI. 15. Llwybrau henw lle breiniawl BI, llwybrau'r hen G; llu brenhinawl E. 20. llaw mau BCEJ; llawen yw ar lle i mae D. 22. dan y nef dawn BCG-K, dan y nef y dawn EF. 23. difrydig B, difodig I, difedig DF. 27. penrhyn D. 28. par daioni CJK, pair dad heini FHI; a rhi yn rhydd D. 29. ddinas BCEIJK.

135
LLADRATA MERCH

Lleidr i mewn diras draserch
Ymannos fûm, mynnais ferch ;
Llwyr fry y'm peris llerw fro,
Lleidr dyn yn lledrad yno ;
Gwanfardd o draserch gwenfun,
Gwae leidr drud am ei hud hun !
Ar y modd, gwell nog aur mâl,
Y'i cefais och rhag gofal !

Gwedy cael, neud gwawd a'i cwyn,
Gwin a medd, gwen em addwyn,
Meddwon fuon', fân eiddwyr,
Mau boen gwych, meibion a gwŷr.
Cysgu, gwedy symlu sôn,
A wnaethant, bobl annoethion.
Twrf eirthgrwydr, mal torf wrthgroch,
Talm mawr megis teulu moch.
Mawr fu amorth y porthmon,
Meddwon oeddynt, o'r hynt hon.

Nid oedd feddw dyn danheddwyn ;
Nid wyf lesg ; nid yfai lyn.
Os meddw oeddwn, gwn *a* gad,
Medd a'i gŵyr, meddw o gariad.
Er gostwng o'r ddiflwng ddau
Y gannwyll fflamgwyr gynnau,
Hir o chwedl, fardd cenhedloyw,
Ni hunai hoen ertrai hoyw,
'Y nyn, ni hunwn innau,
Er maint oedd y meddwaint mau.

Sef meddyliais, ei cheisiaw
O'r gwâl drwg i'r gwiail draw.
Cyd bai anawdd, garwgawdd gŵr,
Ei chael i wrth ei chulwr,
Mai degwch, mi a'i dugum,
Ym delw Fair fyw, dilwfr fûm.
Ni wyddiad, bryd lleuad bro,
Y dynion ei bod yno;
Nid oedd fawr, am geinwawr gynt,
Ysgipio 'mhen pes gwypynt.
Od â bun ar ei hunpwynt
I gyd-gyfeddach ag wynt,
Ei rhieni, rhai anardd,
A geidw bun rhag oed â'i bardd.
Hir fydd ynn, eosydd nos,
Hirun Faelgwn, ei haros.

BDG lxxxi.

Ffynonellau.—A—B 14,933, 17 (2 *l. yn unig*). B—(a) B 14,932, 73b; (b) Ba 6, 104. C—Bl f 3, 24b. D—C 7, 856. E—H 26, ii, 62. F—Ll 54, 52. G—(a) Ll 120, 75; (b) B 53, 338. H—Ll 186, 119. I—P 49, 98. J—P 197, 25. K—Wy 2, 78.

Amrywiadau.—1–2. [ABJK.] 1. mewn D, o fewn FI; lleidr cyfrwys mewn dwys draserch E. 4 + BK:

Nid lleidr march dihafarchdroed / Na buwch nac ych gwych o goed
Nac arian nac aur gwiriach / 4. Na mwnws byd manus bach
Cefais dywedaf rhag gofid / Ddynes fwyn i'r llwyn rhag llid.

3. parodd lloer BK. 4. fyfi'n lleidr wyf yn llidio BK. 6. y lleidr CFGH; am hud C-H. 9. nid BK. 10. gan em BI. 11. fy meiddwyr BK, fal meiddwyr C-H. 12. mae boen K. 13. senu a son D. 15. eirthgrwyd BE, irthgrwyd K, o irthgrwyd I; werthgroch BK. 18. yr hynt K. 19. nid oedd dyn HI, nid oedd un dyn (I). 21. gwn gad B-K. 22. medde'r gwr I, meddai'r gwŷr BDEK, meddai gwŷr CG. 23. o ddiflwng BK. 26. er tra K. 28. meddwant B. 29. sef i D, sef y C, er hyn K, ar hyn B. 30. gwial EI. 31. er bod yn anawdd gawdd gwr BK. 32. o ywrth E, oddi wrth BCDF-K. 34. myn BDEIK. 37 amgen wawr F. 40. i gyd-gyvaddas E, i gyd-gyfeddas BK. 43. oessydd D. 43–4. [B(a)K.]

136
CYNGOR GAN FRAWD LLWYD

Doe ym mherigl y ciglef
Englyn aur angel o nef,
Ac adrodd pynciau godrist,
Ac adail gron, ac awdl Grist.

Disgybl Mab Mair a'm dysgawdd ;
Fal hyn y dywawd, fawl hawdd :

'Dafydd, o beth difeddw bwyll,
Digymar gerdd, da gymwyll,
Dod ar awen dy enau
Nawdd Duw, ac na ddywed au.
Nid oes o goed, trioed trwch,
Na dail ond anwadalwch.
Paid â bod gan rianedd,
Cais er Mair casäu'r medd.
Ni thalai ffaen gwyrdd flaen gwŷdd,
Na thafarn, eithr iaith Ddofydd.'

'Myn y Gŵr a fedd heddiw,
Mae gwayw i'm pen am wen wiw,
Ac i'm tâl mae gofalglwyf,
Am aur o ddyn marw ydd wyf.'

BDG lxiv ; DGG lvi.

FFYNONELLAU.—A—B 53, 182. B—(a) B 14,933, 34 ; (b) B 14,932, 24 ; (c) Ba 6, 28. C—(a) B 14,932, 77b ; (b) Ba 6, 144. D—G 3, 217a. E—H 26, ii, 108. F—Ll 186, 230. G—(a) M 212, 160 ; (b) M 1, 149. H—N 832, 84. I—P 48, 13. J—P 49, 117. K—Wy 2, 53.

136. CYNGOR GAN FRAWD LLWYD

AMRYWIADAU.—1. doe mewn côr fe'm cynghore BC, doe mewn côr ym cynghoref FHK. 3–4. [CFHK.] 2 + CFHK:

Wrth ganu araith gynnes / O'i fin gwell na gwin a ges
Parod frawd llwyd ymhob lle / I gyngor doeth rhag ange.

3. ag edrych B. 4. hyawl gron B. 6. dywed B, dyvod I; a hyn a ddyfod yn hawdd FHK, a hyn a ddywaid yn hawdd C. 8. dy gymar DJ; ddigymar . . . dda G. 9. dod ar wen dy aur enau CFHK. 10. na ddywaid BDEGI. 14 + CFHK:

Mogel draws magal draserch / A mogel mwy magal merch
Gochel dafarn difarn don / A gochel merched gwychion
Tri pheth a bair y methu / I'r dyn a'u dilyn o'i dŷ
Gwin merch drwch a gwchder / Myn f'enaid gwiw afraid ger
Atebais pan gefais gwr / Er hyn eiriau yr henwr
Pa fodd gwel y gochela / Magl serch yr ordderch dda
A minnau y gŵr mwyniaeth / Ynddi yn gweiddi yn gaeth.

15. gwyrdd gwydd ABEJ, gwyrth gaen gwydd G. 16. iaith Ofydd ABEGJ. 17–20. (AB.) 17. y gŵr bie I. 19. gofalnwyf I. 20. a marw ddwyf DI. 20 + CFHK:

Ni cha ochlyd hefyd hawl / Gan daeru y gŵr durawl
Rhaid rhoi draw o daw o dal / Groeso i ddeuliw'r grisial
Llenwi mewn gwindy llawen / Siwgr ar win i ddyn segr wen
Os heibio y rho dau glo o glêr / Gwas gwechdon gwisgo gwychder
Ni fyn Morfudd ddeurudd dda / Aelod main weled mona
Ni thâl dy gyngor am forwyn / Garrai i mi y gŵr mwyn.

137

Y BARDD A'R BRAWD LLWYD

Gwae fi na ŵyr y forwyn
Glodfrys, â'i llys yn y llwyn,
Ymddiddan y brawd llygliw
Amdani y dydd heddiw.

Mi a euthum at y Brawd
I gyffesu fy mhechawd;
Iddo 'dd addefais, od gwn,
Mai eilun prydydd oeddwn;
A'm bod erioed yn caru
Rhiain wynebwen aelddu;
Ac na bu ym o'm llofrudd
Les am unbennes na budd;
Ond ei charu'n hir wastad,
A churio'n fawr o'i chariad,
A dwyn ei chlod drwy Gymry,
A bod hebddi er hynny,
A dymuno ei chlywed
I'm gwely rhof a'r pared.

Ebr y Brawd wrthyf yna,
'Mi a rown yt gyngor da:
O cheraist eiliw ewyn,
Lliw papir, oed hir hyd hyn,
Llaesa boen y dydd a ddaw;
Lles yw i'th enaid beidiaw,
A thewi â'r cywyddau
Ac arfer o'th baderau.
Nid er cywydd nac englyn
Y prynodd Duw enaid dyn.

Nid oes o'ch cerdd chwi, y glêr,
Ond truth a lleisiau ofer,
Ac annog gwŷr a gwragedd
I bechod ac anwiredd.
Nid da'r moliant corfforawl
A ddyco'r enaid i ddiawl.'

Minnau atebais i'r Brawd
Am bob gair ar a ddywawd:
'Nid ydyw Duw mor greulon
Ag y dywaid hen ddynion.
Ni chyll Duw enaid gŵr mwyn
Er caru gwraig na morwyn.
Tripheth a gerir drwy'r byd:
Gwraig a hinon ac iechyd.

'Merch sydd decaf blodeuyn
Yn y nef ond Duw ei hun.
O wraig y ganed pob dyn
O'r holl bobloedd ond tridyn.
Ac am hynny nid rhyfedd
Caru merched a gwragedd.
O'r nef y cad digrifwch
Ac o uffern bob tristwch.

'Cerdd a bair yn llawenach
Hen ac ieuanc, claf ac iach.
Cyn rheitied i mi brydu
Ag i tithau bregethu,
A chyn iawned ym glera
Ag i tithau gardota.
Pand englynion ac odlau
Yw'r hymnau a'r segwensiau?
A chywyddau i Dduw lwyd
Yw sallwyr Dafydd Broffwyd.

'Nid ar un bwyd ac enllyn
Y mae Duw yn porthi dyn.
Amser a rodded i fwyd
Ac amser i olochwyd,
Ac amser i bregethu,
Ac amser i gyfanheddu.
Cerdd a genir ymhob gwledd
I ddiddanu rhianedd,
A phader yn yr eglwys
I geisio tir Paradwys.

'Gwir a ddywad Ystudfach
Gyda'i feirdd yn cyfeddach :
"Wyneb llawen llawn ei dŷ,
Wyneb trist drwg a ery."
Cyd caro rhai santeiddrwydd,
Eraill a gâr gyfanheddrwydd.
Anaml a ŵyr gywydd pêr
A phawb a ŵyr ei bader,
Ac am hynny'r deddfol Frawd,
Nid cerdd sydd fwyaf pechawd.

'Pan fo cystal gan bob dyn
Glywed pader gan delyn
Â chan forynion Gwynedd
Glywed cywydd o faswedd,
Mi a ganaf, myn fy llaw,
Y pader fyth heb beidiaw.
Hyd hynny mefl i Ddafydd
O chân bader, ond cywydd.'

BDG cxlix ; DGG lvii.

FFYNONELLAU.—A—A 2, 36. B—B 30, 88. C—(a) B 31, 24 ; (b) B 53, 80b. D—B 34, 29b. E—B 14, 876, 22b. F—B 14,902, 28. G—(a) B 14,933, 37 ; (b) B 14,932, 26b ; (c) Ba 6, 158 ; (d) Cw 381, 1. H—B 14,966, 35b. I—B 15,006, 105a. J—Bl e 1, 80b. K—(a) C 7, 924 ; (b) J 14, 179. L—C 19, 727. M—C 49, 12. N—Cw 125, 110. O—H 26, ii, 118. P—Ll 120, 51. Q—(a) Ll 133, 1022 ; (b) Ll 14, 72. R—Ll 186, 67. S—M 212, 96. T—N 6499, 607. U—P 49, 123. V—P 76, 144.

137. Y BARDD A'R BRAWD LLWYD

AMRYWIADAU.—1–4. [B.] 1. na wydde'r HL. 2. glodforus AHT; o'r llys a'r llwyn HL. 3. llychliw F, y brawd gwiw H. 4. a myfi HL. 5. mi euthum JSTV, myfi a euthum HL, myfi ddoethym F. 7. iddo addefais ABCEGIKNQT, yr addefais JPS, addefais iddo HL; hyd y gwn BGHLNQ, o gwn D. 8. yno mai prydydd F; proffwyd T. 9. yn arfer o garu EIKTV. 10. fwnwglwen F. 11. nad oedd BHLT. 12. un beunes ACDGIQ; gan unbennes BHLT. 13–14. [V.] 13. ond i charu i hi yn wastad B. 17. gweled F. 18. yn y gwely J, yn y nos y rhof (J); rhyngof E, rhwngof CD, rhyngo'r HL. 20. mi rown . . . iawndda HL. 21. o cheraist ti liw'r FHL, ddeuliw'r BET. 22. a lliw'r piod ar dy goryn HL; yw hyn CEK, od hir yw hyn DT, lle'r oedd hir yt dy hvn (B). 23. llaesa dy boen ddydd F, llai fydd o boen ddydd HLT. 24. lles i'th enaid di beidiaw HL. 25. â'th gywyddau C-GIKLNT, ar gywydday V. 26. â'th baderau C-GILNT. 27. ac englyn C-GK-NV. 29. nid yw'ch cerdd PR. 30. ond trwch E; a geiriau FL. 31. i annog BCI. 32. i'r pechod a'r B. 34. a ddwg FL. 35. y brawd BF. 38 + CbGIQRS:

Ond celwydd yr offeiriaid / Yn darllain hen grwyn defaid.

(2. darllen CbIRS.)

40. neu forwyn BLQST. 46. a'r holl CDGI; undyn (J); yr holl fyd ond dau ddyn L. 48. garu BCDGMV. 49. caed E; pob digrifwch GV, diddanwch JQS. 53. rhydded FL, iawned JQ; brydyddu L, i ni brydyddu T. 55. rhydded F, rheitied B. 58. ymner CDEIK MRV, hymner O. 59. a chywydd DFGINQSU, pand cywydd B, pam ond cywydd HL. 60. llaswyr E-KM-V, lloswyr CD, oedd laswyr BHL. 61. englyn CDE; nid ar fwydydd nag enllyn BH. 62. pob dyn GIJKMPQSV; y porthes duw byw bob dyn F. 63. sydd BFHL, a osoded JKORSV, a osodwyd CDEMT. 65–6. [B.] 66. i gynganeddu AGNU, i brydyddu HL, i grefyddu M. 67–70. [F.] 68. gwŷr a gwragedd HL. 71. ddywod OS, ddyfod ILV, ddyfyd E, ddywaid G. 72. gyda'i wŷr B(Q)T; wrth gyfeddach BFG, ynghyfeddach HL(Q), yn gyfeddach DV, yn y gilfach J. 74. a dry BFHL. 75. cyd y câr BHL, cyd carai T. 76. gynghaneddrwydd GN. 77–8. [B.] 77. cerdd ber CDEGIKNTV. 79. dwyfol AGJNU. 83–4. [F.] 85. ar fy llaw BHL. 86. fy mhader HL. 88. fyth ond M, o flaen HL. 88 + F(G):

Ni thickia dy gynghori / rrag dy fyned yth boini.

88 + CbGIJOQS:

Dos o'r byd â'th gywyddau / Dos dithau i ffwrdd i'r poenau.

+ AC-GIJKNOQ-T:

Dos di i boen a phenyd / Dos dithau frawd du o'r byd
Dos di i boen uffernawl / 4. Dos dithau frawd i law ddiawl.

(2. i'r tywyllfyd AJQ. 3. boenau CDGT, i'r tân AFIJQS; tragwyddawl IJQS. 4. tithe phrir F.)

138

RHYBUDD BRAWD DU

Modd elw ydd wy'n meddyliaw
Am arch y padrïarch draw.
Duw a ŵyr, synnwyr a sôn,
Deall y brodyr duon.
Y rhain y sydd, ffydd ffalsddull,
Ar hyd yr hollfyd yn rhull,
Bŵl gwfaint, bobl ogyfoed,
Bob dau dan yr iau erioed.

Yna y cefais druth atgas
Gan y brawd â'r genau bras,
Yn ceisio, nid cyswllt rhwydd,
Fy llygru â'i haerllugrwydd.
Llyma fal y cynghores
Y brawd â'r prudd dafawd pres :

'Ystyr pan welych y dyn
Ebrwydded yr â'n briddyn.
Yn ddilys yr â ei ddelw
Yn y ddaear yn ddielw.'

'Cyd êl y dywarchen ffloch
Yn bryd hagr, y brawd dugoch,
Nid â llewychgnawd mirain,
Pryd balch, ond unlliw'r calch cain.'

'Dy serch ar y ferch feinloyw
Oreurwallt, â'r hirwallt hoyw,

Hynny a'th bair i'r pair poethgroen,
A byth ni'th gair o'r pair poen.'

Yna y dywedais wrthaw,
'Y brawd du, ie, bry, taw ;
Twrn yw annheilwng i ti
Tristău dyn tros dewi.
Er dy lud a'th anudon,
A'th eiriau certh a'th serth sôn,
Mefl ym o gwrthyd Dafydd
O'r rhai teg deg yn un dydd.'

BDG ccxxiv.

Ffynonellau.—A—Bl e 1, 80a. B—H 26, ii 185. C—(a) Ll 133, 1021 ; (b) Ll 14, 72 ; (c) B 53, 328 ; (d) Ba 6, 243 ; (e) Cw 381, 78. D—M 146, 145. E—(a) M 212, 95 ; (b) M 1, 88.

Amrywiadau.—1–4. [AC.] 5. a'r rhain ABC. 7. pwl . . . pobl ABC. 9. yma B ; drwch AE. 20. yn bridd C. 22. yn lliw C. 24. ir irwallt A. 27. dwedais AB, doedais DE. 34. yn y dydd E.

139

MORFUDD YN HEN

Rhoed Duw hoedl a rhad didlawd,
Rhinllaes frân, i'r rhawnllaes frawd.
A geblynt, ni haeddynt hedd,
Y brawd o gysgawd gosgedd
Nêr a rifer o Rufain,
Noeth droed, ŵr unwallt nyth drain.
Rhwyd yw'r bais yn rhodio'r byd,
Rhyw drawsbren, rhad yr ysbryd.

Periglor gerddor geirddoeth,
Barcutan, da y cân, Duw coeth.
Mawr yw braint siartr ei gartref,
Maharen o nen y nef.
Huawdl o'i ben gymhennair,
Hoedl o'i fin, hudol i Fair.
Ef a ddywawd, wawd wydnbwyll,
Am liw'r dyn nid aml ar dwyll :

'Cymer dy hun, ben cun cant,
Crysan o'r combr a'r crisiant.
Gwisg, na ddiosg wythnosgwaith,
Gwasgawd mwythus lyfngnawd maith.
Dirdras fûm, chwedl ail Derdri ;
Duach fydd, a dwyoch fi !'

Foel-llwyd ddeheuwawd frawd-ddyn,
Felly'r brawd du am bryd dyn.
Ni pheidiwn, pei byddwn Bab,
 Morfudd tra fûm oerfab.
Weithion, cyhuddeidion cawdd,
Y Creawdr a'i hacraawdd,

Hyd nad oes o iawnfoes iach
Un lyweth las anloywach,
Brad arlwy, ar bryd erlyn ;
Nid â fal aur da liw'r dyn.
Brenhines bro anhunedd,
Brad y gwŷr o bryd a gwedd,
Braisg oedd, un anun einioes,
Breuddwyd yw ; ebrwydded oes !
Ysgubell ar briddell brag,
Ysgawen lwydwen ledwag.

Heno ni chaf, glaf glwyfaw,
Huno drem oni fwyf draw.
Hyrddaint serch y ferch yw ef,
Henlleidr unrhyw â hunllef.
Hudolaidd y'i hadeilwyd,
Hudoles-ladrones lwyd.
Henllath mangnel Wyddeleg,
Hafod oer ; hi a fu deg.

BDG ciii.

FFYNONELLAU.—A—(a) B 14,932, 87 ; (b) Ba 6, 107. B—H 26, ii, 17. C—(a) M 212, 94 ; (b) M 1, 87. D—N 560, 120. E—N 832, 83.

AMRYWIADAU.—16. wyd aml B ; liw'r dydd aml yw'r dwyll A. 18. rhawn ambr AD ; didrais C ; dirdra i fun felly od ordri AD. 27. cyhuddion AD. 39–42. [ACD.] 43–6. [B.]

140

CAER RHAG CENFIGEN

Cynghorfynt, wan Frytaniaid,
Cenedl Sisar, blaengar blaid,
A'i plaodd, o chwplëir,
Ac a'i rhywnaeth, gwaeth no gwir,
Rhwym o gynghorfynt a rhus,
Ac annwyd genfigennus,
Yw gwarafun yn unnod
I ddyn glân ei ddawn a'i glod.
Neur gaiff flinder, Duw Nêr nen,
Gan fagad y genfigen.
Mae arnaf o warafun,
Myn y grog, mwy nog ar un,
Rhus hydr o ryw was ydwyf,
Gan bobl oer, gwn o ba blwyf.
Rhai grym rhywiog arymes,
Rhoddant, amlhaant ym les ;
A'r bawheion a soniant,
Och am nerth ! a cham a wnânt.

Ef a roes Duw, nawddfoes nawd,
Gaer i'm cadw, gwiwrym ceudawd,
Cystal, rhag ofn dial dyn,
Â'r Galais, rhag ei elyn ;
Cilio ni lwydd, calon lân,
Caer Droea, caru druan.
Di-isel ddirgel ddurgoly
Dwyfron, tŵr Babilon boly.
Ungwr dieiddil angerdd
A gadwai gastell, cell cerdd,

Rhag y dynion a sonia,
Tra fai ystôr, trwy foes da ;
A gofynag yn fagwyr
O gariad Angharad hwyr ;
A maen blif o ddigrifwch,
Rhag na dirmyg na phlyg fflwch ;
A llurug ddiblyg ddybliad
Gorddyfn hedd Gwirdduw fy Nhad ;
Golwg ruddell yw'r gwyliwr
Ar feilch teg ar fwlch y tŵr ;
Lladmer, a adrodder draw,
Yw'r hoywglust ar y rhaglaw ;
A'r porthawr, ni'm dawr i'm dydd,
Yw'r tafod o rad Dofydd ;
Adail oddieithr ydynt
Dwylo a thraed, dilythr ŷnt.

Duw Tad, Tydi a'i piau,
Dod fwyllwr yn y tŵr tau.
Na ad yn wag fynagwael
O fewn gŵr, rhag ofn ei gael.
Cais i'w gadw rhag anfadwyr
Côr bro saint cer wybr a sŷr.
Bygythia, gymanfa gas,
Bygythwyr y byw goethwas.
Ni a wyddam ar dramwy,
Peiriant oer, pa rai ŷnt hwy.

Bei delai'r môr angorwaisg
Drwy din Edwart Frenin fraisg,
Bardd i fun loywhardd lawhir
Byw ydyw ef, a bid wir.

FFYNONELLAU.—A—P 54, i, 43. B—P 57, 2. C—P 312, iii, 18.

AMRYWIADAU.—6. anian A. 9–10. [BC.] 11. y mae arnaf warafun A. 15. a rhai . . . armes A. 26. dilon dŵr BC. 35. ddeublyg A. 36. gorddwfn A. 52. gaethwas C. 54. peiryeint BC ; heirdd B.

141
EI GYSGOD

Doe'r oeddwn dan oreuddail
Yn aros gwen, Elen ail,
A gochel glaw dan gochl glas
Y fedwen, fal ynfydwas.
Nachaf gwelwn ryw eilun
Yn sefyll yn hyll ei hun.
Ysgodigaw draw ar draws
Ohonof, fal gŵr hynaws,
A chroesi rhag echrysaint
Y corff mau â swynau saint.

'Dywed, a phaid â'th dewi,
Yma wyt ŵr, pwy wyt ti.'

'Myfy wyf, gad d'ymofyn,
Dy gysgod hynod dy hun.
Taw, er Mair, na lestair les,
Ym fynegi fy neges.
Dyfod ydd wyf, defod dda,
I'th ymyl yn noeth yma,
I ddangos, em addwyn-gwyn,
Rhyw beth wyd ; mae rhaib i'th ddwyn.'

'Nage, ŵr hael, anwr hyll,
Nid wyf felly, dwf ellyll.
Godrum gafr o'r un gyfrith,
Tebygach wyd, tebyg chwith,
I ddrychiolaeth hiraethlawn
Nog i ddyn mewn agwedd iawn.
Heusor mewn secr yn cecru,
Llorpau gwrach ar dudfach du.

Bugail ellyllon bawgoel,
Bwbach ar lun mynach moel.
Grëwr yn chwarae griors,
Gryr llawn yn pori cawn cors.
Garan yn bwrw ei gwryd,
Gaerau'r ŵyll, ar gwr yr ŷd.
Wyneb palmer o hurthgen,
Brawd du o ŵr mewn brat hen.
Drum corff wedi'i droi mewn carth ;
Ble buost, hen bawl buarth ?'

'Llawer dydd, yt pes lliwiwn,
Gyda thi, gwae di o'th wn.'

'Pa anaf arnaf amgen
A wyddost ti, wddw ystên,
Ond a ŵyr pob synhwyrawl
O'r byd oll ? Yty baw diawl !
Ni chatgenais fy nghwmwd,
Ni leddais, gwn, leddf ysgŵd,
Ni theflais ieir â thafl fain,
Ni fwbechais rai bychain.
Ni wnaf yn erbyn fy nawn,
Ni rwystrais wraig gŵr estrawn.'

'Myn fy nghred, pei managwn
I rai na ŵyr hyn a wn,
Dir ennyd cyn torri annog,
'Y nghred y byddud ynghrog.'

'Ymogel, tau y magl tost,
Rhag addef rhawg a wyddost,
Mwy no phe bai, tra fai'n fau,
Gowni ar gwr y genau.'

BDG clxxi.

FFYNONELLAU.—A—A 2, 253. B—B 53, 195. C—(a) B 14,933, 46 ; (b) B 14, 932, 33 ; (c) Ba 6, 39. D—Bl e 1, 114b. E—(a) C 7,

578; (b) J 14, 116. F—G 3, 213b. G—H 26, ii, 130. H—(a) L 133, 1045; (b) Ll 14, 113. I—(a) M 212, 108; (b) M 1, 96. J—N 560, 57. K—N 5274, 134. L—P 49, 133. M—P 76, 25. N—Wy 2, 13.

AMRYWIADAU.—2. Olwen A(B)DFH(L). 3. yn gochel AM. 5. ucho FGHKM, ucho drwy'r haul J, mi a welwn (B)DI. 7–8. [N.] 9. dychrynais swynais ryw saint N. 10. a chroesis rhag ychrysaint N. 11. na phaid BCHL. 12. od wyt dim beth (BH)J, od wyt ŵr pwy (B), ym tau ŵr K, rawnllwyd pwy ydwyd di N. 13. myfy a gad CFGIL, myfy a gaf ADH, myfy taw a'th EM, odwyt i mofyn N. 15–16. [N.] 15. i fynegi A-DIJM, a fynegi L, i fynegi dy F. 17. syn dowod o ddefod dda N. 18. o'm noeth CG(H)JL, noeth yw EK. 18 + CN:

Hoff yw genny dy ddylin / was da ag ni bydda blin
Pa achos mor ddiddos ddyn / kilaidd irwyt im kalyn
Ai kyflog sydd was gafl-hir / itti y drwg hydwg hir
Am fy spio enfys bawaidd / gan Eiddig oerfloeddig flaidd.

19–20. [CN.] 21. anewr DI, hagr anwr J. 22 + CN:

Beth yntef kenef y kawr / hen arthfoel gwyll anferthfawr.
(1. ynteu ceneu C.)

23. godrwm GK, o drym H, odrum DFI; godrwm gawr E; odrom gyfrith ADFI; ond teg or widdan gegrwth CN. 24. tebyckach wyt gleiriach glwth CN. 27. keckrwth hussor yn keckru CN. 30 + CN:

Fal gryr llwyd ir wyd ar ia / fiawn canol a fai n kowna.

31. grehyr K, gryr DHI. 32. neu ryr CLM, brynhawn yn pori FH. 35. palmerth AD ILM, palmyrth JK, palmyr BC, talmyrth (D), dinerth N. 37. trum ADIK, trwm FHJM; troi FJK; drum ku n rhwym mewn karth K, un wedd siwr a gwr o garth N. 38 + CN:

Dy galyn i rwy dan gelu / yrioed ar hyd y koed ku
O ddyn a markio n eiddil / dy gastie ath feie fil.

39–40. [N.] 39. bûm pes DHI. 40. od gwn EM; i ti yn gweini lle gwn A, gyda'th di yn gweiní lle gwn DI, gyda thi yn gweini lle gwn H. 45–6. [CN.] 45. chytgenais M, ddatgenais AHI, ddychenais E; gais gymwd E. 49. nid af L, ni af BCJ, ni da M; ni rwystrais wraig gwr estrawn N. 50. i estrawn ADHI; nemor waith na morwyn iawn N. 51. myn Iago (D)K; dywedwn ADHIJ. 52. na ŵyr C; yr hyn M; heno ar rai hanner a wn (D)K. 52 + (D):

gwnawn wylo tost ar osteg / a gwasgar rhai ou tai teg.

53. trennydd EM, tir ennyd G, tir . . . tro J, ar ennyd cyn hir ADFHI (L); da i gwn o mynnwn annog N. 54. ing rhwydd N; di fyddud ADHI. 55. mogel tau fydd FHL, maglau (H)J, mogel taw JM. 56. adde'r hyn HN, y rhai gwyddost BC, rhai ag wyddost GIL, rhai ag a wyddost EM, rhai o gwyddost J. 57. mwyn hoff wyt mwy na ffei bau N. 58. ar gil EM.

142
Y GAINC

Dysgais ryw baradwysgainc
Â'r dwylo mau ar dâl mainc;
A'r dysgiad, diwygiad dyn,
Eurai dalm ar y delyn.
Llyma'r gainc ar y fainc fau
O blith oed yn blethiadau,
O deilyngfawl edlingferch,
A brydais i â brwyd serch.

Meddynt ferched y gwledydd
Amdanaf fi, a'm dawn fydd :—

'Symlen yw hon naws amlwg,
A symlyn yw'r dyn a'i dwg.'

Solffeais o'm salw ffuaint
Salm rwydd, ys aelaw fy mraint,
Ac erddigan gan y gainc
Garuaidd, medd gwŷr ieuainc.
Coel fuddbwnc ferw celfyddber,
Cael ym glod, neud cwlm y glêr.
Caniadlais edn caneidlon,
Cerdd a fyn beirdd heirdd yw hon.

Gwae fi na chlyw, mawr yw'r ainc,
Dyddgu hyn o brydyddgainc.
Os byw, hi a'i clyw is clwyd
Ysbyslef eos beislwyd,
O ddysg Hildr oddis cildant,
Gormodd cerdd, gŵr meddw a'i cant;
Llafurlef tant, llef orlais,
Lleddf ddatbing, llwybr sawtring Sais.

Ni wnaeth pibydd ffraeth o Ffrainc
Na phencerdd ryw siffancainc.

Poed anolo fo ei fin
A'i gywydd a'i ddeg ewin
A gano cerdd ogoniant,
Ni cherydd Duw, na cherdd dant,
Gwiw loywglaer ddyn golyglon,
Ac yn cael canu'r gainc hon.

BDG cxxxvii.

Ffynonellau.—A—A 2, 128. B—(a) B 14,932, 87b; (b) Ba 6, 153. C—(a) C 7, 870; (b) J 14, 93. D—Cw 129, 338. E—G 3, 213a. F—G 4, 57. G—H 26, ii, 63. H—(a) Ll 133, 964; (b) B 53, 216. I—Ll 186, 146. J—(a) M 212, 45; (b) M 1, 47. K—P 49, 99. L—P 54, i, 73. M—P 57, 1.

Amrywiadau.—1–8. [M.] 2. mân Hb. 3–4. [C.] 4. dalwrn ar delyn D. 5. a hon yw'r gainc ar fainc ABD-K. 6. o blethiadau ABD-K. 7. i ADGHIK; deilyngfawr DJ; edlingfardd i delyngferch B. 8. a brwd D, i brwd B, a brawyd C, ebrwyd K, abrwyd FJ, ebrwydd AH. 9. meddant BDF(Hb)IJ, meddai LM. 10. o'm dawn AC-K. 11. symlyn AHIK, symlen B-GJ(K); yw'r gainc A-K; os amlwg A-KM. 13–14. [LM.] 13. am salw B, mewn salw D. 14. i saelaw AH, is alaw D, islaw BC. 15. orddigan A-K. 17–18. [L.] 17. cael AC; ufuddbwnc celfyddber ABCE-K, ufuddgaingc celfyddger D. 18. nid HK, glod cwlwm CD, glod a glyw A. 19–20. [A-K.] 20. kanvyn beirdd L, kerdd . . . vn beirdd M. 21. gainc G, maingc D. 23. uwch clwyd LM, im clwyd D. 24. ysbysle ACGH. 25. addysg A-FH-K. 27. llef eurloyw fygr llafarlais A-CE-K, llef eurloyw fu'r llafarlais D, llef orloyw vygr llafurleis M. 28. llef AH; ddatcain B; sawdring EFJ, sawtrin D. 30. saffancainc A-CE-K, saffrwncainc D. 31. a'i fin DM. 33. gerdd BDH; gogoniant J, o ogoniant C. 35. goleuglaer LM. 36. ac en kael LM.

143

Y CLEDDYF

Rhyir wyd, gyflwyd gyflun,
Rho Duw, gledd, ar hyd y glun.
Ni ad dy lafn, hardd-drafn hy,
Gywilydd i'w gywely.
Cadwaf fi di i'm deau ;
Cedwid Duw y ceidwad tau.
Mau gorodyn, mygr ydwyd,
Meistr wyf, a'm grymuster wyd.
Gŵr fy myd ni gar fy myw,
Gwrdd ei rwystr, gerddor ystryw,
Tawedog enwog anwych,
Tew ei ddrwg, mul wg, mal ych,
Gweithiau y tau, annwyd da,
Ac weithiau y'm bygythia.
Tra'th feddwyf, angerddrwyf gwrdd,
Er ei fygwth, arf agwrdd,
Oerfel uwchben ei wely,
A phoeth fo dy feistr o ffy,
Nac ar farch, dibarch dybiaw,
Nac ar draed er y gŵr draw,
Oni'm pair rhag deuair dig
Cosb i'th ddydd, casbeth Eiddig.
Catgno i gilio gelyn,
Cyrseus, cneifiwr dwyweus dyn.
Coethaf cledren adaf wyd ;
Collaist rwd, callestr ydwyd.
Coelfain brain brwydr treiglgrwydr trin ;
Cilied Deifr ; caled deufin.

Cyfylfin cae ufelfellt,
Cadwaf dydy i'th dŷ dellt.
Cwysgar wyd rhag esgar ym,
Cain loywgledd canoliglym.

Llym arf grym, llyma f'aur gred,
Lle y'th roddaf llaw a thrwydded:
Rhag bod yng nghastell celli
Rhyw gud nos i'n rhagod ni,
Rhwysg mab o fuarth baban,
Rhed, y dur, fal rhod o dân.
Na chêl, ysgwyd Guhelyn,
Ar fy llaw o daw y dyn.
Glew sidell, gloyw osodiad,
Rhyfel wyd, y metel mad.
Hwn a'm ceidw rhag direidwyr,
Rheitia' cledd, ŵyr Hawtyclŷr.

Ar herw byddaf ar hirwyl
Dan y gwŷdd, mi a'm dyn gŵyl.
Nid ansyberw ym herwa,
Os eirch dyn, nid o serch da.
Talm o'r tylwyth a'm diaur;
Tew fy ôl ger tai fy aur.
Ciliawdr nid wyf, wyf Ofydd,
Calon serchog syberw fydd.

BDG cxxxiv.

FFYNONELLAU.—A—A 2, 137. B—(a) B 29, 391; (b) G 3, 92a; (c) B 53, 40; (d) C 26, 67. C—(a) B 14,932, 83b; (b) Ba 6, 148. D—Bl f 3, 41b. E—C 7, 824. F—C 20, 143. G—H 26, ii, 23. H—Ll 120, 54. I—Ll 124, 214. J—(a) Ll 133, 1093; (b) Ll 14, 186. K—Ll 186, 79. L—(a) M 212, 164; (b) M 1, 152. M—N 560, 31. N—N 1260, 23. O—P 49, 70. P—P 108, 15. Q—Wy 2, 94.

AMRYWIADAU.—1–6. [EH.] 1. ar y gyflun GOPQ, ar y gylfin C; goflwyd gyflun ABDJMN, gyflwyd goflun L, gyflyd goflyn FI, a rhy gyflun K. 3. glwys ABabcGJ; y glyn Bd, y glin C. 3. hardrafn

AOPQ, hoywdrafn BCDGKMN. 7–8. [K.] 7. gar adyn EH. 8. meistr im grymuster BCJM-Q, meistr im a grymuster A. 9. ni châr P, nis câr ABD-K, nid câr L, digar MN. 10. gerdd o'r gerdd ar A. 12. tew ddrwg mul ei wg JMN. 13. amod da ABCJM-Q, o annwyd da DEGHK ; angerddnwyf DLM, angerddwyf F, angerrwyf G, angerddrwydd B ; gwedd AJ. 16. ar f'agwedd AJ. 20. er ungwr ABDFI-NP, er ei gŵr H, nag ar i draed er gŵr draw G. 21. onis DEG; cas diwair DEFGHIK(O)P. 22. i'th ŵydd B. 23. cadno EFHIL. 24. cyrsaeth MN, awchus FL, crefus Bd ; gneifiwr deifiwr dyn FIJ LMN ; deufys dyn (G) ; cyrfio cneifio dwy wefus dyn EH ; cneifiwr dwys dwy wefus dyn B, cnaifiwr dwyweu'r dyn C, cur sais cneifiwr dwyais dyn (O). 27. trwy grwydr BCJM-Q, try grwydr A, grwydr . . . treiglfrwydr DEHL, brain brwydr o vrwydrin G. 29. cyfelin ABDEGHKL, cefelin FI, cyfelun J, cyfwiwlun MN ; caf DEGHK(O); ufelwellt ABJMN, ufulwellt F, o felfellt (O), o fulfellt EHL. 31. rhag ysgar DEFHKL, rhag gwasgar ACIJM–Q. 32. canologlym M, canolowglym (O), canolyglym BC. 33. llym ar y grym AJMN, llyma'r grym FI, llym aer grym B ; lle mae'r gred AFIL, llyma'r gred JMN, llyma ar gred B, llyma awr gred DEGHK, llyma fawr gred C, llyma rhof gred (O). 34. rodder D-IKL. 35. mewn castell EGHK. 37. a buarth B, a'i fuarth DFGHI, o'i fuarth EH, fel buarth (G)L. 39. ni BD–HJLMN ; ysgwydd ABEH–KM ; fy ngelyn AJLMN. 41. sidyll AMN ; osodau C(D)MOQ, osodan AJ. 42. rhyfedd FI ; mau C(D)MOQ, mân AJ. 43. hyn a'm ceidẇ DEGKL, ti a'm ceidw B. 44. rhitta B, ehuta ACFIMOP ; llafn AJ ; ail MOPQ, rhawt llyr AJN. 46. dan goed EFIL, y dan goed DGK. 47. os ansyber K ; yw herwa MN. 49. o dylwyth EGHKL, o'm tylwyth BFI. 50. tŷ D-IKLOP. 51. na bwyf MN ; ciliawdr cof nid Ofydd C, ciliawdr cof nid wyf Ofydd A(J), ciliawdr nid wyf wr celfydd EH. 52. calon serchogion y sydd ABacdFIJMN, calon y ferch serch y sydd EH, calon serchog syberw sydd Q, calon serhog syber fydd OP, calon i serchogion sydd Bb.

144

YR ADFAIL

'Tydi, y bwth tinrhwth twn,
Yrhwng gweundir a gwyndwn,
Gwae a'th weles, dygesynt,
Yn gyfannedd gyfedd gynt,
Ac a'th wŷl heddiw'n friw frig
Dan do ais, dwndy ysig;
A hefyd ger dy hoywfur
Ef a fu ddydd, cerydd cur,
Ynod, ydd oedd ddiddanach
Nog yr wyd, y gronglwyd grach,
Pan welais, pefr gludais glod,
Yn dy gongl un deg yngod,
Forwyn, bonheddig fwyn fu,
Hoywdwf yn ymgyhydu,
A braich pob un, gofl fun fudd,
Yn gwlm amgylch ei gilydd;
Braich meinir, briwawch manod,
Goris clust goreuwas clod;
A'm braich innau, somau syml,
Dan glust asw dyn glwys disyml.
Hawddfyd gan fasw i'th laswydd,
A heddiw nid ydyw'r dydd.'

'Ys mau gŵyn, geirswyn gwersyllt,
Am hynt a wnaeth y gwynt gwyllt.
Ystorm o fynwes dwyrain
A wnaeth gur hyd y mur main.
Uchenaid gwynt, gerrynt gawdd,
Y deau a'm didoawdd.'

'Ai'r gwynt a wnaeth helynt hwyr ?
Da y nithiodd dy do neithiwyr.
Hagr y torres dy esyth ;
Hudol enbyd yw'r byd byth.
Dy gongl, mau ddeongl ddwyoch,
Gwely ym oedd, nid gwâl moch.
Doe'r oeddud mewn gradd addwyn
Yn glyd uwchben fy myd mwyn ;
Hawdd o ddadl, heddiw'dd ydwyd,
Myn Pedr, heb na chledr na chlwyd.
Amryw bwnc ymwnc amwyll,
Ai hwn yw'r bwth twn bath twyll ?'

'Aeth talm o waith y teulu,
Dafydd, â chroes ; da foes fu.'

BDG cxl.

FFYNONELLAU.—A—A 2, 146. B—B 53, 192. C—(a) B 14,933, 43 ; (b) B 14,932, 31 ; (c) Ba 6, 36. D—Bl f 3, 47a. E—Cw 5, 242. F—Cw 129, 330. G—H 26, ii, 127. H—Ll 25, 19. I—Ll 120, 97. J—(a) Ll 133, 1102 ; (b) Ll 14, 198. K—Ll 186, 177. L—(a) M 212, 144 ; (b) M 1, 133. M—N 560, 43. N—N 832, 81. O—P 49, 130. P—P 182, 323. Q—Wy 2, 12.

AMRYWIADAU.—1. tydi'r bwth L, tydi fwth Q, ai hwn yw'r bwth P 2. rhwng y ABCE-IKLOQ. 4. gyntedd ABGJMQ. 5. wêl IQ 6. dan dy ais CE-IKLNQ, dan do us P, yn dy ais AJM ; yn dŷ ysig AGJKMP, yn do ysig L. 7. yn dy CKOP, dan dy EF(H) I. 8. fe a fu CQ. 11. neur gludais P, per gludais Q. 12. ddyn deg P. 13. fonheddig forwyn FGL. 14. hoywdeg GL, gloywdwf H ; dda ddownus im diddanu F. 15. yn goflfun A, cof fun fydd P ; am deufrauch difroch fydd Q. 16. yn gwlwm am AFGJL, yn gwlwm yn MQ. 17. briw uwch COP. 19. soniau syml BJL ; seiniau syml M ; a'm braich innau gorau gwawd Q. 20. am feingorff yr un fwyngnawd Q. 21. yr hawddfyd taf ir hafddydd Q. 23. och mae'n gŵyn F, mawr om kwyn Q ; gwirswyn AFHIJLP. 25. air diriaid wynt or dwyrain Q. 27. ynte y gwynt Q ; garw hynt M. 28. didyawdd GIKLP. 29. pa wynt vu ni llygrv llwyr P, para wynt o helynt hwyr Q. 30. a nithiodd Q, nithiwyd P. 33. yn ddiau mae i'th gongl ddwyoch Q. 35. oeddwn J. 39–42. [Q.] 39. cyfryw P. 40 a bath J, ar beth M ; hwn yw'r bwth twn a bath twyll AG, hwn y bwth twn yw bath twyll P. 42. ach rhoes GL, arhoes A, a'i rhoes J, ymgroes M.

145

CARU YN Y GAEAF

Gwae a garo, gwag eiriawl,
Eithr yr haf, mae'n uthr yr hawl,
Ar ôl unnos am dlosferch
A gefais i, mau gof serch,
Y gaeaf, addefaf ddig,
Dulwm wedy'r Nadolig,
Ar eira, oer yw'r arwydd,
A rhew, a'r pibonwy rhwydd.

Difar hwyl, fawr ddisgwyl farn,
Dyfod yn frwysg o'r dafarn
I geisiaw, mawr fraw fu'r mau,
Gweled serchawgddyn golau,
Drwy goed y glyn, ni'm syn serch,
Am y maenfur â meinferch.
Drwg fu i mi, defni'r don,
Ceusallt o'r bargod cyson.
A phan ddeuthum, gwybûm ged,
Perygl oedd, garllaw'r pared,
Tew oedd dan frig y to oer
Rhywlyb bibonwy rhewloer.

Hyfedr i'm safn y dafna,
Rhwysg oer chwibenygl rhisg ia.
Disglair gribin ewinrhew,
Dannedd og rhywiog o'r rhew.
Canhwyllau, defnyddiau dig,
Pyrs addail, Paris eiddig.
Dagrau oer, dag*e*rau ia
Cofus, o ddurew cyfa.

Gwybu fy ngwar, digar dôn,
Gloes y gwerthydoedd gleision.

Gwneuthum amnaid dan gnithiaw
Yn llaes ar ffenestr â'm llaw.
Cynt y clybu, bryd cyntun,
Gerwin fu, y gŵr no'i fun.
Golinio rhiain feinloer
A wnâi â'i benelin oer;
Tybio bod, trwy amod rhai,
Manwl yn ceisio mwnai.
Cyfodes y delff celffaint
O'i wâl ei hun, awel haint.
Llwfr fu ddigwas anrasol,
Llefain o'r milain i'm ôl.
Dug am fy mhen, daith enbyd,
Dorf o gas y dref i gyd.
Rhoi cannwyll Fair ddiweiroed
Yn ael rhych yn ôl fy nhroed,
Llefain o hwn, gwn ganllef,
'Llyma'i ôl, a llym yw ef.'

Yna y ciliais, drais draglew,
Ar hyd y du grimp a'r rhew,
I gyrchu'r bedwlwyn mwynaf
Ar hynt, a'm lloches yr haf.
Tybiaswn fod, clod cludreg,
Y tyno dail a'r to'n deg,
A mwyn adar a'm carai,
A merch a welswn ym Mai.

Yno nid oedd le unoed,
Llyna gawdd, eithr llwyn o goed;
Nac arwydd serch nac arail,
Na'r dyn a welswn na'r dail.

Nithiodd y gaeaf noethfawr,
Dyli las, y dail i lawr.

Am hyn y mae 'mofyn Mai,
A meiriol hin ni'm oerai.
Dyn wyf ni châr âr aeaf
Ar hir hawddamor i'r haf.

BDG clxxiv ; DGG lii.

Ffynonellau.—A—A 2, 160. B—(a) B 14,932, 39b ; (b) Ba 6, 46. C—B 14,969, 10. D—Bl e 1, 55a. E—Br 2, 213. F—Cw 5, 361. G—Cw 19, 58. H—H 26, ii, 186. I—J 17, 275b. J—Ll 25, 13. K—(a) Ll 133, 999 ; (b) Ll 14, 37 ; (c) B 53, 235. L—(a) M 212, 63 ; (b) M 1, 64.

Amrywiadau.—1. garodd A-DGHL. 2. gwneuthur hawl (D)EFJ. 3. wedi'r unnos FJ, gwelir nos air y E. 4. mae'n gof BCE, am gof (D)FJ. 5. a ddyga'n ddig EF, a ddygaf yn ddig J. 6. dylwn A. 7. eiry BCF ; yr arwydd FJ. 9. edifar hwyl F, edifar hwyl ddisgwyl (D)J, da ufudd hwyl ddisgwyl ADGHKL, da rwydd hwyl f'ysgwydd a farn BbC. 11. mawr ferw H, i geisio mewn mawrdro mau EFJ, i geisio'n eglur mur mau BC. 13–16. [EF.] 17. gwedy deuthum EFJ. 18. perygl ym A-DGHKL. 19. rhew oedd ymon y to rhyoer E. 20. rhewlyd BCHJKabL, rhywlyd ADG, rhewlwyd Kc ; rhywloer CHJ, arwyddion rhewloer A. 22. chwibanogl ACDEG-HIKL, chwibeinogl J, chwinogl B. 26. addwyn EF ; parus AD. 27. deigre oer E, deigrey oer J.; da gyrrai ia A-DGHKL, dagrau ia F, dagray ia J, dageri o ia E. 28. fal durew E. 29. dug . . . dig alar don ABCGHKL. 31. i gnithiaw EFJ. 32. ar y EF. ar i J. 33. im clybu EJ, ni chlybu F. 34. gerwin fodd EFJ ; no'r fun EGHJ. 35. ac elino y ddyn geinloer D, ac elino y fun geinloer E, ac elino'r ddyn geinloer J, ag ylino y ddyn geinloer F. 37. rhwydd amod rhai ABCGHKL. 38. meinwas (D)EFJ ; yn gofyn E. 39. codes DG KabL, a chodes Kc, codi a wnâi'r BCH, neidio im o'r (D)EFJ. 41. oedd (D)FJ, llatar ddigwas E. 43. duth enbyd H, gwaith enbyd EFJ. 44. dorf fawr gas (D)FJ, trwy fawr gas y trefi E. 45. ddi-eiroed BDGHK. 47–8. [J.] 47. llesg na chawn hwn BCH, gweiddi o hwn A, a gweiddi o hwn DGKL, syganai hwn E. 48. llwm FKab. 49–50. [E.] 49. cyrchais FJ ; driglew J. 50. dugrin CH, dugrin ar y rhew B, drycin FJ. 51. cyrchais i'r EFJ ; coedlwyn BCHK. 53–4. [E.] 53. tygaswn FJ ; clydreg Kc, cleudeg FJ, cludeg G. 54. y tŷ dail ADGHKL, tŷ iawn dail BC ; tŷ'n deg FJ. 55. mân FJ, at fan adar E. 56. liw Mai H, fis Mai BC, er Mai E. 58. mewn llwyn E, llyma . . . llwm FJ. 59. nac irddail (F)J. 60. nar dyn nar adar E. 61. noethwawr F. 62. dyle las (D)EJ dyli las o'r A(B)DGHKL. 63. am hyn mae ymofyn BFJ, am mae ymofyn i mai E. 64. am heiriawl FJ ; arwydd mae honn am oerai E. 65. dyn wy yngharchar dan ia H, dyn wyf yngharchar dan aeaf A-DFGJKL. 66. ir ha H.

146

DISGWYL YN OFER

Deg nithiad, doe y gwneuthum,
Dyw Llun, oed â bun, y bûm.
Lle y gwelais hoen geirw trais trai
Ddywsul, hi a addawsai
Ddyfod i eilwydd ofyn
Lle ni ddoeth llawen o ddyn.

Llawer golwg, ddyn llawen,
Llariaidd a gweddaidd yw gwen,
O frys haf a fwriais i,
Fry oedd, parth â'r fro eiddi,
Tawel fryd uwch y tywyn,
Tua lle 'dd oedd ; twyllai ddyn.
Morwyn yw mirain awen,
A mefl i minnau, Amen,
O rhof, yn rhad y'm gwadawdd,
I dwyll hon, ac nid dull hawdd,
O'r borau, ddyn goleuwefr,
Hyd anterth dan y berth befr ;
O anterth, pridwerth prydydd,
Hyd hanner, dau amser, dydd ;
O hanner dydd a honnir
Hyd brynhawn a bery'n hir ;
O brynhawn, sôn digawn syml,
Hyd y nos, hoed annisyml.
Hirwyl yw ym ei haros,
Eurwawr hardd, ar war y rhos.

Pei bawn, myn y Pab annwyl,
Yn y llwyn, anneall hwyl,

Cyd y bu'r gŵr, cyflwr cail,
Ebwch gwae, â'r baich gwiail,
Gwyn ac addwyn ei hwyneb,
Gwae fi, ni welwn i neb.

BDG xl.

FFYNONELLAU.—A—A 2, 288. B—B 53, 172. C—(a) B 14,933, 25; (b) B 14,932, 18b; (c) Ba 6, 19. D—Bl e 1, 133. E—Cw 129, 323. F—G 3, 210a. G—H 26, ii, 82. H—(a) Ll 133, 1063; (b) Ll 14, 139. I—(a) M 212, 5; (b) M 1, 6. J—N 560, 7. K—P 49, 108. L—P 197, 11. M—Wy 2, 46.

AMRYWIADAU.—2. lle bum M. 3. hoyw geirw BH, difantais fai M. 4. y hi addawsai B-HJK, a hi addawsai A. 5. i ddeilwydd EF; ddowod i gair oedd ddiwyn M. 6. ddaeth EFH; llawena ddyn J. 6 + M:

Mynd drwy goel mewn dirgeli / o waith y myd a wneuthym i
ir nant lle roedd pwyntmant per / ar ymswyn cyn yr amser
kyn golauddydd kyn gloddiau / rhag gweled y kerdded kau
gorffwys i lawr mewn gwirffydd / i daw y ddyn pan i doe dydd.

7–16. [M.] 8. i gwen J. 11. bryd ABCIK, llawen bryd J. 14. meflau i minnau AF, mél enau i minnau E. 15. lleim gadawdd J. 16. y dwyll BDFGHJK, o dwyll AE. 17. goleuwerf E; or borau ddyn golauwawr M. 18. berf CE, bum hy anterth dan berth J, hyd anterth dan foelberth fawr M. 20. amser . . . hanner ADGH. 21. henwir M. 22. i byrnhawn DF. 23. ddigawn BCJ; or pyrnhawn yn llawn llid M. 24. y nos annos ennyd M. 25. hirwyl oedd i haros M. 26. ir wawr J. 28. anial hwyl M. 30. ebwch gwy BCGIK, gwan M, gwiw J; wrth y baich A-DGHIKM, wrth baich EF. 31. oi hwyneb M.

YMRYSON DAFYDD AP GWILYM A GRUFFUDD GRYG

Ceir y cywyddau ymryson, neu rai ohonynt, yn y mannau a ganlyn:

BDG cxx–cxxvii.

FFYNONELLAU.—A—A 2, 52. B—B 53, 94. C—B 9817, 192b. D—B 14,876, 5a. E—(a) B 14,932, 67; (b) Ba 6, 83. F—B 14,969, 217b. G—B 31,056, 61. H—Bl e 1, 90b. I—(a) Br 2, 525; (b) J 17, 688. J—Br. 6, 202b. K—C 5, 259 (*rhifau* 149–51 *yn unig*). L—C 7, 808. M—C 47, 75. N—Cw 5, 331. O—G 1, 143. P—H 26, ii, 92. Q—Ll 10, 50 (*rhif* 147 *yn unig*). R—(a) Ll 48, 73; (b) Ll 134, 224; (c) MT, 265; (d) LlH 143a; (e) Lla B i, 445. S—(a) Ll 133, 1027; (b) Ll 14, 81. T—M 144, 773 (*rhifau* 147–52 *yn unig*). U—M 160, 36. V—(a) M 212, 14, 98; (b) M 1, 15. W—N 675, 1. X—N 3487, 21, 109. Y—N 5283, 39. Z—T, 189. *A*—Wy 2, 79.

147

CYWYDD CYNTAF GRUFFUDD

Eres i Ddafydd oeryn
Fab Gwilym Gam, ddinam ddyn
Gwas trahy, cywely cawdd,
Gwewyr ganwaith a'i gwywawdd.
Hefyd y mab anhyfaeth
Yn llochi cerdd, yn llech caeth.
Maith, eiddilwaith, ei ddolef,
Ym Mam Dduw, y mae, medd ef,
Artaith druan ar Gymro;
Eres yw ei fyw efô.
Ymhob rhyw fan, gran grynnwyf,
Mair a glyw mai mawr ei glwyf.

Gwewyr rif y sŷr y sydd
Yn difa holl gorff Dafydd.
Och ym os gwewyr awchlif
A fydd yn y prydydd prif.
Nid gwayw terfysg ymysg mil,
Nid gwayw iddw, ond gwayw eiddil.
Nid gwayw yng nghefn, wiwdrefn wedd,
Nid sylwayw, onid salwedd.
Nid dygyrch wayw, nid digus,
Nid gwayw rym, onid gwayw rus.

Mae arfau, meistr gweau gwawd,
Yn gadarn yn ei geudawd.
Ys deng mlynedd i heddiw
Dafydd a ddywawd, wawd wiw,
Fod yntho gant ond antur
O arfau, dyrnodau dur,
O saethau, cof luddiau cawdd,
A thrwyddo y cythruddawdd.
Merfder cadarn oedd arnaw,
Ym marn gwŷr, drwy wewyr draw.

Mawr o gelwydd, brydydd brad,
A draethodd Dafydd druthiad.
Pe bai Arthur, mur mawrgorf,
A wnâi ffysg derfysg ar dorf,
Gwir yw, pe bai'r gwewyr oll
Cynhyrchiol mewn can harcholl,
(Gwyllt ryfel a gynhelis)
Gwir yw na byddai fyw fis,
Chwaethach, meinwas yw'r gwas gwiw,
Gweinidog serch, gwan ydyw.
Och ym, pes brathai Gymro
Â gwayw, o Fôn, (*pond* gwae fo ?)

Â'i eurllaw ar ei arllost,
Dan ben ei fron don yn dost,
Or byddai awr fawr fore
Yn fyw ; truan yw ei ne ;
Chwaethach crybwyll, nid pwyll pêr,
Llewyg am wewyr llawer.

Ei lyain yw ei leas ;
Ei liw ag arfau a las.
'Y nghred, y mab arabddoeth,
Cyd boed bostus gampus goeth,
Y gwnâi ŵr call arallwlad,
Cwyn, â saeth frwyn ei syth frad.
Enbyd iddaw, rhag praw prudd,
Angau am arfau Morfudd.

AMRYWIADAU.—*Ar y dechrau yn* D(E)GNOSU :
Truan mor glaf yw Dafydd / Trwyddew serch trwyddo y sydd.
1. yw Dafydd Rc, yw iddo EGUN ; euryn R. 2. ap AHLPQRTUZ. 3. tra fu C, tra cu Re. 4. a gwynawdd Z. 6. yn lleche CSVX, cerdd llechau DQR*A*, cerdd llechi ET, mewn llech M, llywch . . . llechi U, llywch . . . llechau AN, llowch carth llechi G, llywch carth llechi O, llichio . . . llechu Z. 7. maeth eiddylwaith R, maith o ddeiliaith Z, 8. mam i Dduw A-JL-PS-*A*, amau o Dduw Q ; yma LV. 9. artaith. gamraith E, artaith ddygyn GO, artaith ddirym ANS, camrwysg truan i'r Cymro M. 10. yw yn ei fyw fo MZ, a'r gorau yw ei fyw fo BOU. 11. ymhob man graen L ; rhan rhynwyf T. 12. Mair ai clyw mae mawr y clwyf C. 13. hir y sir NOU. 15–16. QR. 15. yw awchlif Rc. 17. nid gwaith U, nid gwaeth Rc, nid maith Z. 18. iddwf Rade S, iddew AZ, iddaw C, i dduw CX, na . . . iddf na Rc ; ymysg medd D. 18–19. [D.] 19. waeldrefn R. 20. silwayw Z, selwayw ANR, nid gwayw selwayw ond Q, nid iselwayw ond (E). 21–2. R. 22. gwaewyr . . . gwaewyr Rc. 23–4. R. 25. es R, er EMOTXZ, ers ADGLNPQSUV*A*, erys . . . heddiw C. 27. ganddo M ; o antur Rce. 28. o frathau GNOU ; a dyrnau M. 29–30. R. 29. leiddiau Rabd. 31–2. QR. 31. sydd Q. 33. mawr gelwydd mwyn R, celwydd bu wradwydd a brad L, celwydd mwyn brydydd mewn brad AEGNOU, celwydd y mwyn brydydd brad BC FH-JMPSTV*A*. 35. ddur ddwrgorf ABGO(S)U. 36. ffysg a wnâi PX a wnaiff ffysg Vb, a wnaeth ffysg ar derfysg R. 38. cynhyrchiawl

boen can Q, cynhyrchwn R, i cynhyrchai can Z. 39–40. QR. 42. cerdd CEGMNO(S)TUVbXZ*A*. 43. pei D, pe ACHLMNPRST VXZ*A*. 44. o fan DL, i'w fôn M, o onn Z ; nid gwae Vb, onid gwae Z, ond ACDGHL-VaXY*A*. 45. arllaw CDELMTVX ; am R. 46. yn don dost Vb. 47. o byddai A-JL-QS-Y*A*, o byddaf Z ; foref AHLNQSVXZ ; o byddai farw y boref EGOU. 48. ei nef AHLNSVZ, tua'r nef GU, gŵr truan oedd ef QZ, feinael was fyw yn ei le T. 49. cyn pwyll ACEGHL-PS-VX*A*, mewn pwyll Z. 50. llivaid o arfe Q, llefain rhag arfau llifer BOU. 51–6. DEQR. 51. y liain yw i leas R, i lye vydde i leas Q, ei luein iw ei lias D, eili ei luein yw ei leas E. 54. kyd bych Q ; cyd boed yn ŵr campus coeth DER. 56. cwyn a saeth urwyn a sad DE. 57. ofn yw iddaw cyn praw R, ofnus iddaw mewn praw Q, enbyd iddaw o daw dydd M.

148

CYWYDD CYNTAF DAFYDD

Gruffudd Gryg, wyg wag awen,
Grynedig, boenedig ben,
Cynnydd cerdd bun o unflwydd,
Coeg yw un dyfiad cyw gŵydd.
Nid llai urddas, heb ras rydd,
No gwawd, geuwawd o gywydd.
Cywair ddelw, cywir ddolef,
Cywydd gwiw Ofydd, gwae ef!
Un a'i cas, arall a'i cant,
Enw gwrthgas, un a'i gwrthgant.

Telyn ni roddid dwylaw
Ar ei llorf, glaeargorf glaw,
Ni warafun bun o bydd
Ei chyfedd gyda chywydd.
Traethawl yw o cheir trithant,
Traethawr cerdd, truthiwr a'i cant.
Yn nhafarn cwrw anhyful
Tincr a'i cân wrth foly tancr cul.
Hwn a'i teifl, hyn *neud* diflas,
Hen faw ci, hwnnw fo cas.

Cwrrach memrwn, wefldwn waith,
I'r dom a fwrid ymaith,
Diddestl wrth ei fedyddiaw
Ei bennill ef, bin a llaw,
A geisir â'i ddyir ddail
A'i bensiwn serch heb unsail.

Bustl a chas y barnasam
Beio cerdd lle ni bo cam.

Pam y'm cên yr awenydd
Draw i'm diswyddaw y sydd—
Gruffudd ddigudd ymddygiad
Fab Cynwrig, Wyndodig dad ?
Gŵr heb hygarwch Gwyndyd,
Gwyrodd â'i ben gerdd y byd.
Nid oes gwaith, lle mae maith medd,
I geiniad cerddau Gwynedd
Eithr torri, ethrod diraen,
Braisg gofl yw, y brisg o'i flaen.

Ni chân bardd yma i hardd hin
Gywydd gyda'i ddeg ewin,
Na chano Gruffudd, brudd braw,
Gwedd erthwch, gywydd wrthaw.
Pawb a wnâi adail pybyr
O chaid gwŷdd a iechyd gwŷr ;
Haws yw cael, lle bo gwael gwŷdd,
Siwrnai dwfn, saer no defnydd.
O myn wawd, orddawd eurddof,
Aed i'r coed i dorri cof.
Nid tra chyfrwys, lwys lysenw,
Awenydd clod hynod henw
A fai raid ofer edau
I ddefnydd ei gywydd gau.
Â'i law ar ganllaw geinllwyr,
Rhydain hen, y rhed yn hwyr.
Caned bardd i ail harddlun
Gywydd o'i henwydd ei hun.

Rhoddaf, anelaf yn ôl,
Rhybudd i Ruffudd ryffol,
Crair pob ffair, ffyrf a'i gweheirdd,
Cryglyfr bost, craig lefair beirdd :—
Taled y mab ataliaith,
Tâl am wawd, talm ym o'i waith.

AMRYWIADAU.—1–2. DE. 3. cynne fydd P, cynfydd YT, cynnofydd EV*A*, kynedf L, cymwys MX; yw unflwydd Racde, yw unswydd Rb, er pumlwydd F. 4. cog BIU. 5. nid mwy R. 6. gwawd na gauwawd i Ra, gwawd na gwiw wawd i Rb-e. 7. cywir ddelw TYZ, cu wir ddelw MX, cei ir ddelw BIU, cei irddelw G, cair ir ddelw N, kywir ddaly kywair R; kair ddolef JZ, kiw oer ddolef L. 8. gwiw a fydd RTY, o fudd J. 9. un a'i cais GIU; a'i cân JRZ; un a'i gas arall a gant M. 10. gwrthgan JRZ, gwarthgantBIU. 11. a roddid R, a roddud JZ. 12. glain irgorf BGIU, gloyw gorf JRbZ. 14. ei chyved TY, ei chywedd BDIU*A*, ei cheuedd AFHS, ei chywaeth M, ei chaued R. 15–16. Ra. 18. a'i câr APS, a'i cant GIU, a'i câi *A*; gar bron tancr JZ, wrth fwrw Rbe, ŵr dangar cul C. 19. un a'i teifl GIU; hyn oedd DTX*A*, hyn ond JZ, hyn oed ACFNP, yn oed G; hwn a deifl a'i hoen diflas M. 20. honi fo P, hon a fo TY, oni fo J, hwn fo'i *A*, am fo D. 21. meinrwn FP, meingrwn L; weflgrwn BIU, wesdwn JZ. 22. i bwrid C, a fwriwyd BILU, a deflid TY. 23–4. [*A*.] 23. diddym M. 27. bar achos BDGIU, byr a chas CEF, bwrn a chas JZ. 29. cam acen AMNX, cam amcen HLSU, cam amcan BGI, pam amgen CDF, pam i mae pen E. 33. hygarwch gwawdydd BGIU, hawddgarwch gweryd E*A*, hawddgarwch gwyndyd JZ, hawddgarwch gwryd F; gwandaer hygarwch gwyndyd N, geiriau gwandwyll gŵr gwyndyd M. 34. gwyro oi ben gerdd y bydd BGIU. 35–8. DER. 38. trais gofl R. 39. lle bo hardd JZ. 40. gywydd i ddyn teg addwyn *A*. 41. nas gwna Gruffudd brydydd braw D, neb ond Gruffudd brudd a braw GIU, ni chân Gruffudd brudd o braw JZ. 42. gawdd erthwch JZ, gwedd erthyl M. 44. iechyd a gwŷr M. 45. lle bai BGIU. 46. dwf IRcU; Dafydd GIU. 47. or myn Racde, er mwyn gwawd Rb, a fyn wawd M; orddwawd AD-HLPSTVY*A*, wrddwawd IU, urddawd JZ, rwyddwawd N, oerddawd C, urddwawd B; erddof T, orddof JZ, irddof Rcd, eirddof Ra. 50. i awenydd DEF*A*, i 'wenydd AHLPSX, i wynedd TY, i gywydd BIU, o gywydd G. 51. a fai ofer arferau TY, a fai raid o fwriadau BGIU, o bai raid heb waredau JZ, a fu raid oer fu'r edau R. 52. i ddefnydd y cywydd cau TY, yn neunydd y cywydd cau JZ, a defnydd ei gywydd BG, yn nefnydd ei gywydd R, yw defnydd ei gywydd M, o ddeunydd ei gywydd C, o ddefnydd i gywydd wiw gau *A*, i gael defnydd i'w gywydd gau D o derfydd i gywydd U. 54. a red E, a'i rhed D, a'i rhoed BU, rhydain hoed da i rhed R, rhydyn hoed y rhedai'n hwyr JZ. 55. harddun JR, harddyn XZ. 56. oherwydd JZ. 57. anwylaf A-EG-JM-PRadS-*A*, a welaf L, a niolaf F. 60. cryglef bost GIU, cryg lafar bost F; carreg lafr U, lefain *A*, lafar G, carreg lefair L; grug hir bost garreg lefain beirdd JZ. 61. tolied JRZ. 62. talm o wawd LR, tâl am ei wawd MZ; tâl am ei waith TZ, talm o'i waith ADFHPTVY, talm o waith JZ, talm o iaith C, tâl ym o'i waith GIU.

149

AIL GYWYDD GRUFFUDD

Gwyll yw, ni wn ai gwell ym
Gweled Dafydd fab Gwilym,
A'i law dwyllfraw elw dullfreg,
Ail Gwenwlydd yw Dafydd deg.
Da i'm gŵydd, ysgwydd esgud,
A drwg i'm absen a drud.
Dywad i wŷr y Deau
Dafydd ar ei gywydd gau
Nad oedd ym ddym o'm gwawdlef
Eithr ei ddysg ; athro oedd ef.
Dywad gelwydd, myn Dewi !
A phrofer pan fynner fi.
Tyngodd na wnaf o'm tafawd,
Gorau gŵr, ond gwyro gwawd.
Arwydd na mynnwn, eiriawl,
Wyro ermoed air o'r mawl.
Syml ei hwyl, ys aml holion,
Ys hoff gan Ddafydd ei sôn.
Hoff gan bob edn afledनais
Ym medw gled lwysed ei lais.

Dryglam oer, drwy gwlm eiriau,
I'r dyn ohonom ein dau,
A difa ar ei dafawd
Lle bai, a newidiai wawd.
Cyd boed cryg, ennyg ynni,
Yn nhwf dig, fy nhafod i,
Nid ungamp onid angerdd,
Nid cryg, myn Mair, gair o'r gerdd.

Hobi hors ymhob gorsedd
A fu wych, *annifa*'i wedd.
Degle'n nes :—dwyglun esyth
Diflas yw, dan daflu'n syth.
Dilys, ni bu hudoliaeth
O brenial wan weithian waeth.

Ail yw'r organ ym Mangor ;
Rhai a'i cân er rhuo côr.
Y flwyddyn, erlyn oerlef,
Daith oer drud, y doeth i'r dref,
Pawb o'i goffr a rôi offrwm
O'r plwyf er a ganai'r plwm.

Trydar ei daerfar ar darf,
Trydydd yw Dafydd dewfarf.
Hoff oedd yng Ngwynedd, meddynt,
Yn newydd ei gywydd gynt.
Bellach gwywach ei gywydd,
Aeth yng ngwyll ei waith yng ngwŷdd.

Paham, ar gam Gymräeg,
Na wŷl mab Ardudfyl deg
Pwy yw ef, ddiglef ddeuglwyf.
A phwy wyf finnau ? Hoff wyf.
O bai decaf gan Ddafydd
Heb gêl gaffel rhyfel rhydd,
Bwgwl gwlad fydd rhuad rhai,
Bawddyn oedd na'm rhybuddiai,
Rhag fy nghael yng nghwlm coddiant
Yn lledrad, fel y cad cant.
Ceisiodd fi, casaodd fudd,
Bribiwr y gerdd, heb rybudd.

Ni rôi neb, oni rown i,
Seren bren er ei sorri.

AMRYWIADAU.—1. gwyllt . . . dim CDFHLNPSX*A*, gwyllt wy . . . dim K, gwyllt yw a wn . . . dim M, gwall dwys . . . dim T, gwell oedd pe bai gyfaill ym GOU. 3. a'i le dwyllfraw FPVZ, a'i le dyllfraw CD, ail dyllfraw K, ail dwyllerw M, aelaw dwyllfraw N; elw dwyllfraw R, wael dwyllfraw T, ail i dwyllfraw E*A* ; elw dwyllfreg FMPTVX*A*, aulaw dyllfreg R ; diledwyll frawd echwyllfreg GOU. 4. Gwenddydd GMOU, gwenddydd K, heb enw a bydd T, dau wynebydd E*A*. 5. ysdwydd esdud K ; ysgafn im gwydd ac esgud T. 7–10. R. 14. gorau gwas R ; onid gair gwawd M. 15. yn arwydd na wnawn R, arwydd na fyddwn E*A*. 16. gwyro . . . gair R, er modd M. 17. symlhau T ; os EFKLOU*A*, os yw MN, os aml i holion R, os yw aml haelion N, syml hwylus am hoelion D. 18. os hoff A-PR-Y*A*. 20. o fedw EA ; glyd . . . lwysyd R. 21. glwm R. 22. ni'n dau DEHLMPSX*A*. 23. difai MSX, difa'i ben a'i BGIOU. 25. cyd bo AFGHNPSTX*A*, bai IOU, bwy D, er bod E ; ynyg C, ynnig enni E*A*, emyg imi ADF, cryd enyd ini X. 26. yn nhwf dyn T. 27. nid yw ungamp ond IOU. 30. hoff EFKMPRTVX ; ni feiau i wedd EF, ni feie i wedd LPTVX, ni feia wedd D, ni feiai hedd M*A*, ni feiddie hedd K, ym i fai hedd R, y bu . . . cyn beio'i wedd CGINOU, anifai i wedd HS, anifai wedd A. 31. esydd EHKLPV*A*, asyn A, usydd S. 32. sydd HLPSV, syn A, dan valu seth K ; gwrando er Mair un gair mewn gwydd E*A*. 34. a breiniol E, o freinial T, o fremial L, o remmial HS ; o ben malwen wythen waeth BGIOU ; dim ni alwan weithian waeth N. 35. ail i'r EK*A* ; rhuo'r côr G, rhuo'n y côr HS. 38. daith ar druth R ; o doyth K. 40. i'r plwyf M ; am a ganai BGIOU, i'r rhai a ganai C, i'r organ a'r plwm K. 41–2. [K.] 41. i daerfardd CDL, ryd daear G, ar ei daear IOU, i dayar T. 42. brydydd yw E. 45–6. [G.] 46. yng ngwyllt A-EHIL-PRSTVX, yng ngwellt F ; aeth yn y gwellt waith y gwydd K. 47. ni wn pam gam R, am gam INOU, ai kam K, A phaham ar gam ddameg M. 51. pan oedd EU ; o'r ddau chwanocach DR. 52. heb gel i fod DR ; heb gaffel rhyfel yn rhydd GIOU. 54. pam na'm GIORU. 56. yn rhad fel y cafad R. 59. ac ni rown i D. 60. am D.

150

AIL GYWYDD DAFYDD

Graifft y plwyf, ei grefft a'i plyg,
Graff ei ddeigr, Gruffudd ogryg,
Dihaereb, ŵr du, erof,
Da y cân, dieuog gof.
Ymannerch teg, o mynnai,
A gair caredig a gâi,
Ac oni fyn, gefyn gau,
A fynnwyf a wnaf finnau.
Ni ŵyr Duw ym, loywrym lais,
Wadu gair a ddywedais,
Na bai raid, dyngnaid dangnef,
Siampl o'i wawd ; gŵr simpl yw ef.

Llyma'r dyst, lle mae'r destun,
Gwardd hir, yn ei gerdd ei hun.
Cynt i'n gŵydd y cant yn gerth
Cefnir Dudur ap Cyfnerth
Ym, a'r march gwŷdd, hydd hoywddaint,
Ac i'r organ, simpian saint,
Caniad dalm cyn oed dolef,
Cenau taer, nog y cant ef.
Pam ydd âi, ddifai ddefawd,
Pefr nerth, dros dalu gwerth gwawd,
Was dewr hy, i west yrhawg
Ar Dudur, ŵr odidawg ?

Mynned fab ei adnabod,
Mulder glew, mold ar y glod,
Ac na fynned, ced nid cêl,
Ar ddychan arwydd ochel.

Ynfyd yw i wiwfyw was
Anfon anrhegion rhygas
O Fôn, holion a holir,
I mi hyd Bryderi dir.
Henw fy ngwlad yw Bro Gadell,
Honnaid ei gwŷr, hyn neud gwell.
Ystod o'i dafod a dyf,
Ysto garth, os dig wrthyf,
Deuwn i gyd, da fyd fu,
Lawlaw rhwng ein dau lewlu.
Ymbrofwn od ŷm brifeirdd
Â dau dafawd hyrddwawd heirdd,
A dwygerdd serth, digardd sôn,
A deugorff ffynedigion,
A gwrdd hwrdd ar heirdd wychdraed;
Ac o ryfel a êl, aed.

Gaded ym, a dig oedi;
Gwden ym o gadwn i!
Dyrnawd o hirwawd herwa
Yn rhad gan ei dad nid â.
O bydd heb sorri, cri cryf,
Digynnen, da yw gennyf;
O syrr, lle'i gwesgyr gwasgwyn,
O'm dawr, Gwyn ap Nudd i'm dwyn!

AMRYWIADAU.—1. grifft ABGIKU, graist . . . grest EF, grist . . . grest R; a'i grefft y plyg AGHS; ei blwyf a blyg BIU. 3–4. DER. 5. a minnau E*A*. 6. y gair . . . a gai E. 7. onis myn R; gewyn D, gofyn CKNR; o'r un a'i gofyn yn gau IU, er un a'i gofyn yn gau BG. 9. nis gŵyr AFHKMPSTVX*A*, ni wrdduw LN; nid gwiw er ymliw ymlais I, nid gwiw er ymliw am lais BG, nis gwiw or ymliw am lais U, nis gwyr Duw im loyw rymlais E. 10. wadu yr hyn A-IK-NPSY*A*; a ddoedais ADFLMNPSTVY*A*, a ddwedais BI, a wydais C, ag a wedais R. 11. ni bai AHMS, bod yn rhaid R, dengnaid K. 12. waith DLTY. 13. tyst . . . testun MRX. 14. gardd AC-FHLPRSVX*A*, gordd TY, gwrdd M, gradd K, agwrdd X. 15. cyn i . . . y cene'n TY. 16. i dudur cyfnerth Ra, i ddaudir cyfnerth Rb-e. 17. ym amarch

TLY, ymraych y gwydd GIU, i'r march N, er march B, mi ar march *A*; hoywddant GIU. 18. seinian BGU, simian I, sympian DN, syprian M, symplan R, sippian *A*, sigyndan K. 19. cennad BGIU, kenaid L. 21. pan CT; ddeuwawd K, ddofai ddeufawd F. 22. nes talu E; was dewr hyn wesdaiwyr hawg L. 25. gydnabod BGIN, dynabod L. 28. uchel DEGKLNPRT*A*. 29. enbyd MNX, afraid K; wiwsyw EKV*A*, wiwsyd L. 31–2. [K.] 34. honiad K, honnaid a'i gŵyr MX, ynfyd a'i gŵyr E*A*, honnaid y gŵr Rbe, honnaid y gwir Racd; nid gwell B-GIKLNRTUY*A*. 36. ys dig G. 37. down . . . a da K; ynghyd F. 38 + R:

Prifenw dwys profwn ein dau Pa ŵr ym mrwydr, pa orau
Down i gyd diennig ŷm / A deugledd odidowglym.

38. loywlu BGIKRU, y ddau liwlu C. 39. lle rym Rb. 40. yn ddiannod hyrddod R, ym gyvarvod hynod heirdd K. 41. serch AGKLPSUY; dig oedd T, dig yw'r GIU, digerth D, digarth K, digardd LR. 42 + A-PR-Y*A*:

A dau dafawd breuwawd braw / A deulafn dur i'n dwylaw.

(43. breuawd F, briawd Racd, brifwawd Rbe.)

43. agwrdd BLN; hwrdd draw ar wych heirdd draed F, hwrdd draw heirddlwyth draed T; a gwrdd or hwrdd ar heirdd-draed *A*. 45. i dig AHIPSUV*A*, o ddig D, i digodi N, i ddigodi K, ei ddigoedi B, yn dig oedi G; gaded imi dig oedi E, gaded ef o'i ddig oedi C, gaded ef i'm dig oedi M, gadem ym i ddi goedi R. 47. a'i dafawd TY, fy nyrnawd hirwawd R; herwaf AHS. 48. od a KR, nid af AHS; yn hŷn na'i dad hwn nid da T, yn hyn nai dad gwn nid da Y. 49–50. [A.] 49. or bydd R. 50. digynnen ydyw gennyf BGIU, da iawn gennyf L. 51. gwisgir D*A*, gwasger E, gwesgwyr MX. 52. ni'm dawr MTY.

151

TRYDYDD CYWYDD GRUFFUDD

Dafydd, ponid edifar
Dyfu'r hyn a fu o fâr,
Rhoed athrod, annod ynni,
Rho Duw mawr, yrhôd a mi?
Credaist ef, croywdyst ofer,
Crediad yw a glyw y glêr.
Dwyoch ym o'm dychymyg
O'm dawr i digoni dig!
Mawr yw gennyd dy fryd fry,
Mwyfwy dy sen â myfy,
A bychan a rybuchud
Ym o gerdd rym agwrdd ddrud.

Amlwg dy chwant i ymladd,
Aml ym ras, a mul am radd.
O'm nwy nid arhowy'r haf
A chael fy mun, o chiliaf
Er unbardd, oerwr enbyd,
Droedfedd na modfedd ym myd.

Mawr dy sôn am ddigoni,
Meddud, dewr ytoeddud di.
Dewis, Dafydd, ai dywaid
Ym beth a fynnych neu baid,
Ai ymsang, ŵr eang wg,
Am radd, ai ymladd amlwg,
Ai ymdoniog ymdynnu
Tros dân, ŵr trahäus du.

O sorraist, od wyd sarrug
Os aml dy ffull, syml dy ffug,

Dod yman, bwhwman byd,
Dy anfodd, ŵr du ynfyd.
Mae rhental, mi a wrantwn,
Ar led dy gwcwll twll twn,
Allwydd yngwydd llu ddengwaith,
Ymbrofi â thi o'th iaith.
Ni wŷs o gorff na orffwyf,
Neu o gerdd, anniog wyf.

Down i gyd, gwŷr dinag ŷm,
Â deugledd odidawglym.
Prifenw dysg, profwn ein dau
Pa ŵr ym mrwydr, pwy orau.
Dafydd, o beiddir dyfod,
Â main gledd, o mynny glod,
A dau dafawd, breuwawd braw,
A deulafn dur i'n dwylaw,
Duw a ran rhwng dau angerdd,
Dyred i'r cyrch, daradr cerdd.
Aed i ddiawl, dragwyddawl dro,
Y galon fefl a gilio.

Trwch iawn y'th farnaf, Ddafydd,
Tristäu Dyddgu o'r dydd.
Didrwch wyf, ffieiddiwyf ffo,
Didrist Gweirful o'm didro.
Gwae Ddyddgu, ddyn gweddeiddgall,
Gwyn fyd Gweirful, ni wŷi wall.

Llew ydwyf rhwysg, llo ydwyd,
Cyw'r eryr wyf, cyw'r iâr wyd.
A dewr ydwyf a diriaid,
A rhwysg bonheddig yn rhaid.
A cherdd ben y sydd gennyf,
A chryg y'm galwant a chryf.

Ac ni'm dawr, newyddfawr nwyf,
Byth yn ôl, beth a wnelwyf.

O thrawaf heb ethrywyn
Â min fy nghledd dannedd dyn,
Bychan iawn o rybuched
A geir i gennyf o ged.
Anodd i brydydd unig
Ymwrdd â dyn agwrdd dig.
Medr bwyll gyda mydr o ben ;
'Mogel, nid mi Rys Meigen.

Amrywiadau.—1. pam nad A-EGHKM-PSUX*A*, pan nad LTVY, pand yw F. 3. annod inni T, amod imi CDEGMORUX*A*. 4. i rhoed i mi O ; rhoed Duw mawr ei rad i mi BD. 8. yn digoni E, daioni dig BO, onid awr digoni dig N. 9–10. [K.] 10. sôn C-FHMNORUX*A* ; na myfy FGORU. 11–12. [E*A*.] 12. ym agwrdd rym y gerdd IOU. 14. aml am ras ADEHJLNPSTV-Y*A*, aml am rus M, mal am ras K, emyl am ras C ; aml am radd ACDHKLPSV, a mawl am radd N ; a mul am fawl nefawl nadd BGIOU, mae ym ras a mi am radd R. 15. arhoswy N, mi a'm rhwyf T, nid y rrwyf C, nid a rwyf F. 17. er ungwr CEFLPTX, er unfardd DR, er unben BGIOU ; wryd L, engyd CFT, ofer ynfyd DR, erw oer BGIOU ; er oerwr ungwr engyd *A*. 21. ai dywaid DEL. 25. ai dannod ac ymdynnu B. 26. tros dwr BGIOU, tros dynn E. 27–36. DR. 38. yn odowglym ABEFH NPRSTV*A*, yn waedowglym IOU, ar yn dwyglyn L. 39. prifenw dwys K, prifenw'n dyst CMOUX, prifiwn dyst D. 43–4. *Gw. nodiadau.* 47. êl i ddiawl T ; foel F, lefr E*A*, fyth BIOU. 50. am dristau DX, mai trist fu Dyddgu M, tristau fry N, trist a fu Dyddgu BCGIOU, tristau mae Dyddgu R, du o'r dydd E*A*. 51–2. [K.] 66. gaid HP ; gennyf fi DHLMOSTU, gennyf ACEFNPRVX. 65–6. [R.] 67. anodd yw i ddyn K. 69. medra bwyll ADHKNOSTU.

152

TRYDYDD CYWYDD DAFYDD

Gruffudd Gryg ddirmyg ddarmerth,
Grugiar y gerdd somgar serth,
Mefl ar dy farf yn Arfon,
Ac ar dy wefl mefl ym Môn.
Doeth wyf, da fu Duw â thi,
Dan nyddu gwddf, dy noddi.
Dianc rhag clêr yn eres
Ydd wyd, dew leufwyd di-les.
Rhyw elyn beirdd rhy olud,
Rhywola dy draha drud.
Ffraeth arfaeth erfai haerllug,
Ffrwyna, diffygia dy ffug.
Gwahawdd nawdd, nyddig fuost,
Gwahardd, du fastardd, dy fost.

Gwadu'r cwpl, gwe adrcopyn,
Gwae di na elly'n hy hyn,
Am ddeugyw, amau ddigawn,
Eryr a iâr, oerwr iawn ;
Gair o gamryfyg erwyr,
Garw dy gerdd, y gŵr du gŵyr.

Di-ŵyl dy hwyl i hoywlys,
Di-elw ddyn, dy alw ydd ŷs
Draenen gwawd, druenyn gwedd,
Neu eithinen iaith Wynedd.
A chadw cam, o chydcemir
Â thi ar fordwy a thir,
Daith draws, ni wnei dithau draw
Amgenach nog ymgeiniaw.

Hy fydd pawb dan hoywwydd perth
Yn absen, ofn wynebserth.
Lle clywwyf, heb loywnwyf blyg,
32 Air hagr o'th gerdd, ŵr hygryg,
Talu a wnaf, leiaf ludd,
Triphwyth o wawd yt, Ruffudd.
Ni bydd yn unfarn arnaf,
36 O beiwyf hyn, ni bwyf haf,
Na'th ofn, ni thyfaist annerch,
Na'th garu, nes haeddu serch.

Af i Wynedd amlwledd ym
40 Ar dy dor, ŵr du dirym ;
Os cadarn dy farn arnaf,
Main ac aur ym Môn a gaf.
Tithau o'r lle'th amheuir,
44 O doi di i'r Deau dir,
Ti a fydd, cytbar bâr barn,
Broch yng nghod, braich anghadarn.
Cystal wyf, cais dy loywfoes,
48 I'th wlad di â thi i'th oes ;
Gwell no thi, gwall ni'th dduun,
Glud fy hawl, i'm gwlad fy hun.

Trafferth flin yw yt, Ruffudd,
52 Chwyrn braw, od â'r chwarae'n brudd.
Da y gwn, mwynwiw gystlwn Menw,
Ditianu nad wyt unenw
Â Meigen-Rys meginrefr,
56 Magl bloneg, heb ofeg befr.
Mawl ni bu mal y buost,
'Mogel di fod, mwygl dy fost,
Yn Rhys wyrfarw, rhus arfer,
60 A las â gwawd, lun als gwêr.
I'r tau dithau, da y deuthum,
Sarhäed fydd ; saer hoed fûm.

Amrywiadau.—2. y gerdd far siomgar a serth MX. 5–8. [*A*.] 5. wyd EIKRU, yw D. 9–64. [K.] 8. tew laeswyd dy les CPTY, tew lyswyd dy les N, da laeswyd dy les ABHS, tew lygrwyd dy les EIU, tew laethfwyd dy les F, tew loywfwyd dy les L, diflaswyd dy les DK, dau laeswyd dy les R. 9. bardd R, cerdd IU; rhy elyn bardd rhy alaw R. 10. rhifola MVX, rhwola CDFTY, rhyola INUR, rheola AHPS; nid da daw dy draha drud E*A*. 11. erfyn TY, erfain DEFPSVX, erfing C, erfin L, erfan H, ar fin N, aurfin Rc, wyrfin Rabde; ffraeth arlludd ffrwythau haerllug M, ffraeth hwyrlles a ffrwyth haerllug *A*. 13. neddig GIOU, niddig FHSV, nuddig E, aniddig AX, yn ddig TY, nidding Rae, nydding Rb, yddig Rd, aiddig Rc, nawdd fry y buost N, feiawdd fuost M; gwahardd hwy wyrth bwy buost *A*. 14. di AC-FHINPSTUVY*A*. 15. gwe hadr T, gwe adar DFLVY, gweawdr GIOU, gwehydr N, gweadur X, gwadwr *A*, gwedy'r R, gweddu'r M. 17. am y ddeugyw C-FHNPSTVY*A*; mau C, ym N. 19. eryr TY, orwyr IU, eirwyr LN; gair ar gam oedd gwyrgam wyd E*A*. 20. gŵr du au gwyr R; gwanas gul gwn nas goeliwyd E*A*. 21. di hwyl ydiw dy hoywlys N; hoywlysg R. 22. di elw i ddyn F; dielw i ddyn dy alw i ddysg R. 23. drueni BGILOU. 28. ymgwynaw TY. 29. hoywfodd ACFHILMR-VXY, hoywfedd E. 31. gwelwyf R; lownblwyf ALS, lownwyf P. 39. dof ALS; amlwedd CPRabde, amlwedd ynn C, amlwledd ynn DEFTY, ddiwledd ddyn M, anilwedd X. 40. derwyn C-FMTXY. 43. nith adweinir *A*. 45–6. [*A*.] 44. + E*A*:

Cawr diliw ceir dy weled / Heb groeso yn crwydro Cred.

45. iti bydd cydfod bod barn M, ti fydd cytpar y fâr farn TY, ti a fydd cydgar fâr y farn IU, ti fydd cytbar fâr farn FVX, ti fydd cytbâr fâr y farn ADEHLNPS, ti fydd cyttfardd fardd y farn C. 46. broth . . . brath M, broth . . . braith V. 47. cas di lewoes R. 49. ni thyfyn CILSTUX, ni thyfun ADEHPVY, na thyfyn E*A*, nith ddyfun B, nith ofvn N, naith y vun R. 50. glud fy hwyl R, glod fo haws E*A*.

53 + A-JL-PS-Y:

Ystyr di Ruffudd ruddlwm / Fod blaen dy dafod yn blwm
Gennyd na ddaw'n ddilestair / 4. Druan gŵr draean y gair
Nad disalw onid twysaw / Gŵr dall ar draws ysgall draw.

(3. drwy west ni ddaw N, gennyd na ddaw lles llestair F, ni weddi west ddilestair M. 5. nod disal E, nid disalw ydyw M, nod disalw GIOU; ond tywysaw CDPX; na disalw ond dewisaw TY.)

53–62. [*A*.] 52 + E*A*:

Ystyr di Ruffudd ruddlwm / Fod blaen dy dafod yn blwm
Gennyd ni ddaw'n ddilestair / 4. Druan gwr draian y gair
Mi wn nad wyd y llwydfardd / Un enw fyth yr anhy fardd
A Rhys Meigen rhos magawd / 8. Gwn fo las y gwas a gwawd
Gellith fod am dafodau / Yn unwedd eich diwedd eich dau.

(9. gelliff E.)
53. enw GIMOTU, i'm enw DY, am enw Ra, anenw Rb-e. 54. di danv TY, di tany R, dianu A. 56. mogel bloneg V, mayl bloneg FT, mab bloneg Rbcd, bloesg ei geg M. 57. mawl na bu R, mawl i bu C, mawl o bu DN; mal ni buost L, mal na buost HMSV, fal y buost ITUY. 60. alas gwer AEGHIOSU, alys gwer N, wyr als y gwer R, lun dilsgwer P, lesg ei wêr M. 62. saer ehud fûm N.

153

PEDWERYDD CYWYDD GRUFFUDD

Gweirful, wawr eddyl ryddoeth,
Gwae fi fod, cydnabod coeth,
Yn rhaid ym yn rhyw dymawr
Oedi dy wawd ; ydwyd wawr.
Aml yt o'm tafawd wawdair,
A maint y'th garwn, myn Mair !
Medrai gongl, mae drwg angel
Yn llestair cerdd, llaester cêl.
Dafydd eiddil fab Gwilym
Ni ad o anghariad ym
Ddychanu neb anhebgor,
Na phrydu mwy no ffrwd môr.
Na sor, oleuliw nos hardd,
Weirful, er mwyn dy wirfardd.
Tra gyfan ymddychanwyf,
Dos yn iach ; un dison wyf.

Tudur Goch glowrllyd froch glêr,
Fab Iorwerth, foly babwyrwer,
Cwynaf na chaf rhag cyni,
Cenau tom, canu i ti.
Nychdawd i'th sarugwawd sur,
Nochd ydwyd ; yn iach, Dudur.

Rhaid ar Ddafydd, gwehydd gwawd.
Ddial yr hyn a ddywawd.
Cytgerdd eos mewn coetgae,
Cytgam â'r mawrgam y mae.
Nid teg gan neb, nid digam,
Myn llaw'r Pab, yn fab ei fam.

Undad nid wyf, cyd bwyf bardd,
Nac unfam â'r goganfardd.

Am radd y mae'n ymroddi
Ymryson ym Môn â mi.
Mae saith o gydymddeithion
I mi'n Aberffraw ym Môn,
Aml ym roddiad profadwy,
Am un i Ddafydd, a mwy.
Mawr eisiau cerdd ar glerddyn
Mal Dafydd, awenydd wŷn.
Hyrio ymladd cyn addef
Ymlaen gwawd ei dafawd ef.
Da y tybiodd gael, gafael gall,
Llysg ongl ar ddyn llesg angall.
Diofn y bardd o'r Deau
Fyddaf, ni thawaf, o thau.
Fy ngherdd yn erbyn fy nghas
A rof, am na bûm ryfas,
A'm cerdd fasw dan fedw laswydr,
A'm callter a'm hyder hydr.

Am fonedd, mau ofynaig,
Am ddyhuddiant, gwrygiant gwraig,
Gofynner, herber hirbell,
I Ardudfyl a wŷl well.
Gŵyr ymoglud anudon,
Gŵr iddi wyf fi o Fôn.
Os mab ym oedd, gyhoedd gof,
Ni henyw ddim ohonof.
Ys drwg y peirch yr eirchiad,
Y prydydd Dafydd, ei dad.

AMRYWIADAU.—1. eiddyl B-ENX, eiddil LMOSU*A*, or eddyl Ra, o aiddil Rb-e. 2. cydwybod CDHLNPRV, un cyfnod MX. 3. rhaid i mi MX, mae'n rhaid ym E*A*, yn rhad ym BIOU, gwraidd im V.

5. annwyl CX; aml o'm tafawd yt D. 6. gerais BINOU. 7. gono . . . annel BIOU. 10. ni ad e yngheriad ym R. 11. dychan neb rhyw R. 12. gwenffrwd E, gefnffrwd *A*. 13. naws hardd BIOU. 14. diweirfardd N. 15. tra chyfan MX; ymddiddanwyf BINOU; drychan amcan drychanwyf Ra, dychan amcan dryganwyf Rb-e. 17. glaw llwyd frochgler E*A*, glafrllyd foch gerth M, klafr llwydfroch kler R, frochglaer N. 18. faw iro'i fol fal irwer AHS, vaw iro i fol val ier wer P, baw iro i fol fal ier wer VX, fab iro'i fol fab irwer CL, baw iro'i fol fab Iorwerth M, fab iro i fol fab oeraer N, fab iriawn o fab Ierwer BIO, bario i fol fab Ierwer F, ym mhob glyn gelyn y gler E*A*. 20. genau taer gwyno i ti D. 21. nychgnawd ar dy sythgnawd Ra, nychdawd ar dy sygn gnawd Rb-e. 22. noeth . . . yn iaith MX. 23. gywydd gwawd N, gwawdydd gwawd IOU. 26. ar y mawrgam ADEFHPVX*A*, or mawrgam C; cydgan ar mwyngan y mae BIOU. 28. myn y Pab PS, myn bawd y Pab A, yngwlad y Pab M; i fab i fam DE, i fab ei fam C. 29–30. CDELR. 29. tra bwy bardd DE, hynwyf hardd R. 30. a goganfardd L. 33–4. [MX.] 33. saith ym o gymdeithion L. 34. y Nyfed a Mon Ra, yn yfed y Mon Re. 36. ar Ddafydd P. 39. herio BIOU, heiriaw R. 42. llusg CDFLMPRSV; angel BEIOU*A*. 43. i'r bardd ADFHLNPRSV*A*, yw'r bardd M, diwen i'r bardd BIOU. 44. af ni thawaf oni thau M, byddaf ni thawaf oni thau X, fyddaf o thawaf ni thau IORU. 47–54. [*A*.] 46 + E*A*:

Cefais serch gan fun serchog   Llawen ged yn llwyn y gog
Nid er bost na thrybestyd   Ond er adde beie'r byd
Ag ar hon ddyn gyfion gu   Ynillais fab gwan allu
A'i henw ydoedd yno   Yn Ddafydd o'i fedydd fo
Mynd a wnaeth yn grach fachgen / Ar niwl baw yn ol i ben
Mawr o'r orn ar gyfeiliornu   Tua'r Deheudir dihir du
Ag ni ches mo hanes hwn   Oer ellyll er a allwn
Tybio yr wy nid wy annoeth   Mai fo yw'r prydydd newydd noeth
Gwedi cael gwidi y calan   Droi Gryffin yn Wilin wan

48. yn hyder D, dan hyder M, a'm hoywder EINORU. 49. a fynaig ACDFHLNPRS, a fynaig FMVX, a fynair EGIOU. 50. am ddyddiant gwarant a gair EGIOU. 51. hwyrber R. 53. nid glud fy anudon R.

154

PEDWERYDD CYWYDD DAFYDD

Arblastr yw Gruffudd eirblyg
A bwa crefft, cyd bo cryg.
Saethu y mae, wae wahawdd,
Pob nod, nid rhydd i'r Pab nawdd ;
Ac odid, elyw-wrid liw,
Un a fedr, anaf ydyw,
Ond dwyn y gerdd wrthwyneb,
Y glod yn anghlod i neb.
Pei hebof, ungof angerdd,
Oedfedw cof, adfydig cerdd.
Llai cywilydd oedd iddaw,
Dial fy llid, dal fy llaw,
Nog edliw ym, gyflym gawdd,
Fy mhrudded ; fy mâr haeddawdd.

Ped fai ffyrch, nid llwyrgyrch llesg,
Dan aeliau dyn anolesg,
Ef a eill tafawd, nawd nâr,
Gwan unben, a gwenwynbar,
Dygyfor y digofaint
Dan ei fron a dwyn ei fraint.
O chafas y gwas wg wên
Urdd newydd ar ddwyn awen,
Is gil eto ys gwelwyf,
Esgeulus fydd nofus nwyf.

Ystyried Gruffudd ruddlwm,
A blaen ei dafod yn blwm,
Ganthaw na ddaw'n ddilestair,
Druan gŵr, draean y gair,

Ynad disyrth, ond twysaw
Gŵr dall ar draws ysgall draw.
Ef a eill, gwufr arddufrych,
Cern oer, gael llonaid corn ych.
Ni fynnaf, nid unaf dwyll,
Gymod â dyn dig amwyll.

Haws yng Ngwynedd oedd weddu
Tad i Fleddyn o'r dyn du
Nog efô, hwylio heli,
O dud Môn yn dad i mi.
Dyn ydwyf dianudon,
A fu gan wreigdda o Fôn;
Yna y cad, oerfad yrfa,
Mab cryg, nid mewn diwyg da,
Gruffudd liw deurudd difrwd,
Mold y ci, fab Mald y Cwd.
Gwas i gleifion Uwch-Conwy,
Gwn, gwn; pam na wypwn pwy?

To llingarth, tywyll angerdd,
Tudur Goch, taw di â'r gerdd.
Grawys henw o groesanaeth,
Graful mefl, a fu wefl waeth?
Rhyfawr gas, rhwyf argyswr,
Rhefr gŵydd, gad rhof fi a'r gŵr.

Amrywiadau.—1. arblast Rae, aerblanc ABCHILNPSUVX, aurblanc DE*A*, herblanc M; wyrblyg BDIOU, irblyg E*A*, aurblyg Rc, hirblyg M. 2. bwa croes M; cyd bai BIOU. 3. wag wahawdd DR. 4. ni rydd CHSV, ni ad D, y mae R. 5. elynwrid ADHMNRab SVX*A*, enlynwrid E, olynwrid L, o lymwrid Rc, elymwrid Rd, elvmrid Re, elinwrid C, le unwrid BIOU. 6. feidr BINOU. 7–8 [R.] 9. petwn heb ynof angerdd ACDELPSVX*A*, petwn hebddo un o angerdd IOU, petwn hebddo yngo angerdd B, o bewn heb ynof angerdd R, iawngof ped fawn heb angerdd M, ungair petwn mewn angerdd N. 10. oedfedw coed AHPS, oedfedw cann D, aed fyd cof BIOU, ar fedw . . . arfodi MX. 14. fy nhrwydded fan ir haeddawdd

BIOU, ymprydied fy mar prydawdd Racd, ymprydiad fy mar prydawdd Rbe. 15–20. [*A*.] 15. o roir ffyrch nid llyfrgyrch R. 17. wawd nar P, wawdar BEIOU, wawd wer D, wawd wâr ACLMN VX. 18. gwenwynber D; unfan . . . gwenwynfar MX; gwan un ben gwenwyn a bâr BEIOU. 22. radd newydd BIOU, wrdd newydd CDL, yn newydd M. 23. os gwelwyf Rbe, ys celwyf X, istil . . . os delwyf C. 24. esgeulus nwyfus iawn wyf BIOU. 24 + Eb*A*:

Gallase ar droe draw Berchi gwir eithr i athraw
Mynne glod o fod i fi Diwyd amorth yn dad imi
Gwr iau ydyw mewn gwradwydd / Mewn difri na m'fi o flwyda
Dyna ddyn ynfyd anael I'ch gwydd ar gelwydd i gael.

25–30. R. 30 + R:

Anawdd yw i ŵr unig Gyfwrdd a dyn agwrdd dig.

31. gwir arddifrych L, gwifr addifrych HPSX, gwifr annifrych M, habifr arddifrych N, gwisg ar ddisgrych R, gwifr y ddufrech E*A*. 32. croen oer BIOU; corn ech E*A*. 33–4. [*A*.] 33. ni wnai oni mynnai dwyll ABEbILOPUV, ni wnai ond adwaenai dwyll N, oni wna Duw ni wna dwyll R. 34. bod dygymod dig amwyll ABEb ILOPRUV. 37. nog yno R, nog a fo MX, nag i bo E. 38. odid man E*A*, odid ym Môn dad i mi MX. 40. wreigen B, wreigan INOU. 41. oerfab yrfa *A*, anfad wynfa MX, ag a wnaeth arfaeth aurfa R. 43. dw efrydd M; dirwd BIOU. 44. cŵn BEIOPRU; mab maeldu cwd Rb-e; mollt cam a mab Mallt y cwd M. 45. gwraig BIOU, gwas y gleision AS, o wag leision Rbe, o wag kleifion Racd; is Conwy R. 46. od gwn ABIOU; wyddwn ABIOSUV. 49. enau ABCEHIL-PSUVX. 50. ni bu wefl R. 51. cywir gas E, rhywyr gas LPV, rhyfer goes R; rhof argyswr BIOU, rhyw argyswr MX. 52. yr ange gwael gad rhyngo a'r gŵr E*A*.

CYFANSODDIADAU AMHEUS EU HAWDURIAETH

(i)

Dyn yw fyw fardd gardd hardd hwnt
dyn wen len louw grouw houw hynt
dyn lan fan gyll dyll ryll rent
dyn glvr bvr faieth iaith saith sant.

FFYNHONNELL.—N 5283, 166.

(ii)

Gagog wyd leidr a gwgus
Gwgan dy drem a goeges
gwd merw gidwm mevrys
gi dv marw gad ym aros.

FFYNHONNELL.—P 96, 367.

(iii)

ENGLYN I FAM IFOR HAEL

Hawddfyd, wawn wryd wen eirian—yng nghaer,
Angharad ferch Forgan,
Lliw rhudd aur, llaw rhodd arian,
Llwyr orau merch, lliw'r eiry mân.

FFYNONELLAU.—A—A 2, 31. B—B 53, 143b. C—B 14,994, 143. D—B 31,060, 62. E—Bl e 1, 75a. F—Ll 14, 66. G—M 146, 507b (*dienw*).

AMRYWIADAU.—4. lloer orau A ; eira EF.
Ar ddiwedd yr englyn ceir yn EF : Angharad law arian mam Ifor Hael oedd honno, a merch Syr Morgan marchog ap Mredydd ap Gruffydd ap Mredydd Gethin ab yr Arglwydd Rhys.

(iv)

Iesu dewis pris pur oes wydd—in gŵydd
yw n gweddi n dragywydd
Iesu yw nghof mab dofydd
Iesu dad bob nos a dydd.

FFYNHONNELL.—C 53, 110.

(v)

Hyllais pan welais hollwyr ofer—saith
syth rygynbren im hamner
hoyw fydd gwin gloyw gen gler
a chwerw poen dielw pan daler.

FFYNONELLAU.—(a) M 131, 511; (b) Ba 6, 524.
Ar ôl yr englyn ceir y nodiad a ganlyn: Dafydd ap Gwilym ai kant ir kyfeillion a dynnassant yr ysgor oi bwrs oddi dann i benn a'i chwanegv ac vwriassynt yr yscor pren yn ei bwrs ef i fod yn attebol am werth y gwin a yfessynt.

(vi)

Llafn glan o arian ai yrru—mewn bwrdd
a lle ir beirdd i ganu
aur mal wedi'r anialu
arian yn dyrch am gyrn du.

FFYNONELLAU.—(a) M 131, 598; (b) Ba 6, 525.

(vii)

Morfydd deg wenddydd dvw gwyn—hoff ydyw
ni pheidiaf ath ddylyn
oni ddel ar bren celyn
nev or grawn gwern groyw win gwyn

FFYNHONNELL.—N 1578.

(viii)

Mawr yw cadair dâr mawr yw coedydd—byd
mawr yw bod yn gelfydd
mawr iawn yw dyfnder môr rydd
mwy yw f'erfyn am Forfydd.

FFYNONELLAU.—A—Ba 6, 368. B—N 1578.

AMRYWIADAU.—1. cadr ddaear A. 2. yn efrydd A.

(ix)

Ni pheidiaf â Morfudd, hoff adain—serchog
Pes archai Bab Rhufain,
Hoywliw ddeurudd haul ddwyrain,
Oni ddêl y mêl o'r main.

FFYNONELLAU.—A—B 52, 26. B—B 53, 46. C—Ba 6, 368. D—C 19, ii, 61. E—C 64, 619. F—C 84, 831. G—Cw 5, 228. H—Ll 15, 109. I—N 1578. J—P 198.

AMRYWIADAU.—1. pheidia CG, pheidiai Morfydd F. 2. pab ACHI. 3 hoyw loyw FG, hoyw ddeurydd hael C, ei deurydd . . . Dwyrain F. 4. hyd oni F.

O flaen yr englyn yn I *ceir yr englyn a ganlyn, a'r englyn uchod yn ateb iddo:*

Rhag cyfraith dewfaith Dafydd wr beiuvs
Ar Bwa llym gigydd
gorav i ti rhag garw oed dydd
ymarfer peidio a Morfydd.
Gr. Gryg.

(x)

Tawy tra tawy towyn gwmpas—haul
hael Vorvydd gweithas
ys gwyr Duw ith deuluwas
awr daw ond wylaw glaw glas.

FFYNONELLAU.—A—Ba 6, 368. B—C 5, 8. C—M 131, 783. (*Argraffwyd fel yn* C.)

AMRYWIADAU.—1. tawai padawai towyn gwynnias haul B, tawaf tra tawyf A. 3. ni wyr Duw A, nis gwyr Duw iw B. 4. awr draw A; yn wylaw B.

O flaen yr englyn hwn yn A *ceir yr englyn a ganlyn:*

Beth a wnai di yma vy llew syth lle havaith
lle hryved mae dynnyth
arail oed koed gwehelyth
gorllwyn yr vn vorwyn vyth.

(xi)

Ni syrthiodd deigr disyrthach
nor tau dw hoiw loiw lewyrch
o rym dygyn o ran degach
o radd deigr ar rvdd degach.

FFYNHONNELL.—M 131, 678.
AMRYWIAD.—3. degach *wedi ei newid yn* degwch *trwy ysgrifennu* w *uwchben yr* a.

(xii)

Mwdran mwllgamlan mwllgymale—lliw ffordd
llyffant kastell myrdd
mab ehengwag sik sak syrdd
wik bola wik wig wag wyrf.

FFYNONELLAU.—(a) M 131, 622; (b) Ba 6, 525.

(xiii)

Un nos ar bymtheg wiw ennain—yn dwyn
a Dau cant a thrugain
y bu Grist Brenin Distain
I gyd ym mru Morwyn gain.

FFYNONELLAU.—(a) B 53, 46b; (b) Ba 6, 423.

(xiv)

Ymhedrain rhiain yn rhiw—Llangollen
Y collais cyn ymliw
Cwrw a medd a gaid heddiw
Ac ar i min blas gwin gwiw.

FFYNONELLAU.—(a) M 131, 846; (b) Ba 6, 525.

(xv)

Yswbwb or bobl ansyber—ydych
mi a adwen ych arfer
rhoi'r bardd digabl parablber
da i ryw ai barch i droi'r ber.

Ffynonellau.—A—(a) M 131, 870; (b) Ba 6, 525. B—P 97, 319. (*Argraffwyd fel yn* A.)

(xvi)

Deng hewin i Heilin a hiliwyd—yn llymion
Llama berth a chronglwyd
dedwydd ar gig da ydwyd
Tynn o'r nen Lygoden Lwyd.

Ffynonellau.—A—Ba 6, 523. B—Cw 25, 145. (*Argraffwyd fel yn* A.)

Amrywiadau.—*Teitl yn* A: Englyn a gant Daf^d. i Gath ei Fam yr hon a alwa hi Heilin. *Yn* B: Yr Englyn cynta a wnaeth Dafydd ap Gwilym.

1. heiddin B; hwyliwyd B. 2. barth B.

(xvii)

Mae gwr ymwascwr in mysc—gavel
goval edyn a physc
nis lladd llafn gwowdddafn gwawdddysc
Ni vawdd ni loscawdd ni lysc.

Ffynonellau.—(a) M 131, 622; (b) Ba 6, 525.
Gw. DN, 113

(xviii)

Torth voelgron dirion dyred—o ddyna
i ddynion i wared
drwg yw moes bara koesed
i rai or clerwyr na red.

Ffynhonnell.—H 26, ii, 125.

Digwydd yr englyn ynghanol y rhan o'r llsgr. sy'n cynnwys geirfa Thomas Wiliems, o dan y gair coesed, *gyda'r nodyn hwn:* Ac velly y gwnai David ap Gwilim yr englyn isod pan ei gosodid ar y pen isaf i vwrdd a thorth goch gaer i vronn, ac ar y pen vwchaf ir bwrdd dorth wen dĕg.

(xix)

Cowad i fyny kowarch—iw dy bais
wyr i Ifor ap Llowarch
er Mair dyro wair ir meirch
oni roi wair dyro geirch.
Rhys Meigen.

Ai ir gwina tena tin gregin—llwyd
lleidr gwair pob dyffryn
hir yw blew i dynewyn
gwair gwag ai tag fel i tunn.
Dafydd ap Gwilym.

FFYNHONNELL.—N 836, 26.

AMRYWIAD.—1. Cowad i fyny cowad kowarch *llsgr.*

(xx)

Tad Ddafydd yn peri iddaw ddwyn eithin i Grasu Haidd ar Gynhauaf Gwlybyrog.

Brysia digona dwg Eithin—i mewn
mae'n myned yn ddryghin
gyr y Defaid or Egin
Hoi hoi tro'r lloi or Llin.

Atteb Dafydd iw Dad :

Yr ydym ni yn dau yn diwynaw—'r ŷd
ar Odyn heb dwymnaw
ni âd dryghin gael Ciniaw
ni chrâs haidd glâs ar y Glaw.

Dafydd am ddarfod iw Dad ei daraw am na chynneua'r tân yn Canu iddaw :

'R Huddigl car Huddigl yn Cyrhaeddu—'r Sêr
saer Elor y fagddu
wyneb suddas yn Crasu
Gwilym Gam gan y fam a fu.

Ffynonellau.—A—Ba 6, 369. B—N 836, 26. C—Wy 2, 129. (*Argraffwyd fel yn* A.)

Nodyn ar y dechrau yn B : Gwilim Gam yn crasu haidd ar odyndy uwchlaw Melin y Prior ar gynhaeaf gwlyb, a ddywedodd wrth Dd ab Gwilim yr Englyn isod, ac nis coiliodd ef mai efe oedd dad iddo nes ir llanc i atteb ef, canis dwl oedd ef heb ddangos ei dueddiad i brydyddy.

Amrywiadau.—1–4. [C.] 5. I rydym yn dau yn diwnaw pryd C. 12. gen ei fam B, gan i fam C.

(xxi)

Yr ymddiddan rhwng Dafydd ap Gwilim ar wrach am y modd y gwneir y blawd keirch:

Agor y ddor er kariad ar Vair
yfory ir af im gwlad
yma ydd wyf ynn ymddifad
ys da air dan blas dy dad

Y WRACH

Nag agoraf yr haf er hynn / o siarad
kai faros ith dderbynn
oni ddwettych i nechwyn
atteb im hwyneb am hynn

Pa fodd y gwnair y kribdeilwas fara
gorchydynog o geirch y dinas

DAFYDD

kael ychen a menn gymwynas
kael arddwr gweithiwr a gwas

Ag aredic tir ai fras franaru
ai hau ai lyfnu ai farlu n fras
A chau yno n gry poed gras fo yw ddwylaw
a chael iddo law ai chwynnu n las

A chael medelwyr sawdwyr or sias pan ei meth . . .
gwyr om plwy ai gario im plas
A dyrnu/r/ keirch du or das
a chwedi ei ddyrnu ei grassu n gras

Or kul ir felin or sach ir hopran
ag yna ei silian mewn uchel solas
nithio r yd i gyd ar ias chwefrolic
rroi r felin yn ei frig ai falu/n/ fras

Ai bobi yn gri gras heb halen
a than dan ei flaen lechwen las
ai fwytta/n/ fara a wna oferwas
yn ddiofal iawn yn dda ei flas

Yn iach i ti wrach a thras dy ddwyn
oni ddelwy i mwy ith ymofyn dan hyn o sias
oni geffych di bais o guras y fran
oni ddyfo r gwlan drwy r garreg las.

FFYNHONNELL.—P 111, 74.

AMRYWIADAU.—26. *Newidiwyd yn* dan lechfaen las. 30. *Newidiwyd yn* ni ddof i mwy.

(xxii)

KARW

Doe gwelais kŷd a gwialen o gorn
Ag arno naw kangen
gŵr balch ag og ar i ben
a gwraig foel or graig felen

FFYNHONNELL.—B 14. 892, 12a.

MARWNADAU

I

Cywydd:

'Hudol doe fu hoedl Dafydd,
Hoyw o ddyn, ped fai hwy'i ddydd,
Diungor awdl, da angerdd,
Fab Gwilym Gam, gwlm y gerdd.
Lluniai fawl wrth y llinyn,
Llyna arfer dda ar ddyn.
Mau ddarpar, mi a ddirpwr
Marwnad o gariad y gŵr.
Gem oedd y siroedd a'u swch,
A thegan gwlad a'i thegwch,
A mold digrifwch a'i modd,
Ymwared ym am wiwrodd ;
Hebog merched Deheubarth,
Heb hwn, od gwn, aed yn garth
Cywydd pob cethlydd coethlawn,
Canys aeth, cwynofus iawn.'

Bardd:

'Tydi, gi, taw di, gywydd !
Nid da'r byd, nid hir y bydd.
Tra fu Ddafydd gelfydd gân
Ydd oeddud barchus ddiddan ;
Ac ni bydd, oherwydd hyn,
Gwedy ef gwiw dy ofyn.
Bwrier a wëer o wawd
A'i deuflaen ar y daflawd.
Ethyw pensaer y ieithoedd,
Eithr pei byw athro pawb oedd.

Uthr yw fy nghŵyn o frwyn fraw,
Athronddysg oedd uthr ynddaw.
A thaeliwr serch i ferch fu,
A thelyn llys a theulu,
A thrysorer clêr a'u clod,
A thryfer brwydr a thrafod,
A thruan heb ethrywyn,
A thraha fu difa'r dyn,
A thrawst beirdd, athrist y byd,
A thrachefn ni thrachyfyd.
Athro grym glewlym gloywlef
A thëyrn oedd ; aeth i'r nef.'

IOLO GOCH.

BDG t.xxxix ; IG xxvii ; IGE xvi (IGE[2] xiv).

II

Da ar feirdd, dewr o ŵr fu,
Y dewisodd Duw Iesu.
Poen bu dwys, pen bedysawd,
Pan aeth â gwawr pennaeth gwawd,
Pensaer y wengaer wingerdd,
Pennaeth penceirddiaeth, paun cerdd,
Porthloedd gwawd, parthlwydd gwiwder,
Parlmant clod a moliant clêr,
Pensarff aer, pensaer y ffawd,
Penselwayw, paun inseilwawd,
Pergyn ei dudded purgoch,
Perllan cerdd, pâr llinon coch,
Pentref cerdd, pen trofa cad,
Pantri cur, puntur cariad,
Penáig y glod penigamp,
Pennod a chompod a champ,
Penial cerdd dyfal dafawd,
Pen ar y gwŷr, pannwr gwawd.

Aml cwyn am ei ddwyn i'w ddydd,
Amddifad cerdd am Ddafydd.
Ieuenctid, maddeuid Mair
A Duw Iesu dewisair,
A maswedd, trawsedd traserch
I Ddafydd, esilltydd serch,
Fab Gwilym, febyd gwaywlyw,
Gwanas clod ; a gwae nis clyw !
Gwawr gryd oedd a gwayw ar grwydr,
Gwawd da ffyddfrawd diffoddfrwydr.
Gweadur cerdd, gwiw ydoedd,
Gwedy ef, pob gwawd a oedd,
Gwedy fy mrawd hy gwaywdwn,

Gwiw fu ef, gwae fi a wn
O hirnych, gwych ni'm gweheirdd,
O hiraeth am bennaeth beirdd.
Maer y serch am aur a sôn,
Mawr annudd, clod morynion,
Mawlair cerdd, milwr a'i cant,
Melin y glod a'r moliant ;
Mawr ar fy ngrudd, llowrudd llif,
Mesur deigr, masw ŵr digrif,
Mal un arial Aneirin,
Mold gwawd hael, am ild y gwin.

Ys gwag yr haf am Ddafydd,
Ysgwîr gwawd, ysgwier gwŷdd.
Da athro beirdd, dieithrach
No dyn a fu, a Duw'n fach.
Och na bai hir, goetir ged,
Oes Dafydd, eos Dyfed.
Rhoes broses fal Taliesin,
Rhol o wawd, rhy hael o win.
Rhwyf o hoed, ni ryfu hen,
Rhaid yw, yn ôl rhwyd awen,
Adardy awdl, fardd gwawdlwydd,
Ado'r gerdd fal yn dir gŵydd ;
O ganmol serch ugeinmerch
Yn dir sied y deryw serch.

Digrif oedd, deigr a foddes
Deutu fy ngrudd ; *neu*'m lludd lles.
Dioer, serchocaf fu Dafydd,
Dyn o'r gwŷr dan oror gwŷdd.
Dadlwawd awdl, didlawd ydoedd,
Dioer o baun, dihaereb oedd.
Dwyn naf nod Duw nef a wnaeth,
Da lawrodd cerdd daelwriaeth,
Dafydd, degan rhianedd,
Dyfna' clod, daufiniog gledd.

Dafydd, ei ddydd a ddeddyw,
Doctor clod, dicter a'i clyw,
Da hebog doeth, coeth o'm cof,
Deheubarth, nid â hebof.

MADOG BENFRAS.

BDG t.xxxvii; DGG² lxxi.

III

Dafydd fab Gwilym, ymy
Y bu fraw am na bai fry
Yn nhir Deheubarth yn hardd,
Ac aerfa rhof ac eurfardd.

Gwae'r beirdd am eu penceirddwalch,
A gwae'r byd am y gŵr balch ;
Gwae finnau, myn creiriau Cred,
Trais boen dwfn tros baun Dyfed.
Dewiswn ddychan glanbryd
O ben Dafydd, brydydd bryd,
Cyn prydu ym, gloywrym glod,
O arall angall yngod.
Disgybl wyf, ef a'm dysgawdd,
Dysgawdr cywydd hyawdr hawdd.

Cyn ei farw bu gyfarwas
Rhof ac ef ; neud rhyfu gas.
Pwy bynnag, ddinag ddinam,
Ferw cerdd, a fu ar y cam,
Maddau i'r prifardd harddfaeth
Hoywdduw nef heddiw a wnaeth.
Rhof finnau, gweadau gwawd,
Maddeuant am a ddywawd.
Ar y gwir y bu hirynt,
A minnau ar y gau gynt ;
Bûm yn cynnelw ar gelwydd,
Gwawr serch ar y gwir y sydd.

Brenin haul a goleuloer,
Bu nad ac irad ac oer
Dwyn Dafydd, dioer, dyn difai,
Dwbiwr cerdd dau aber Cai,
Fab Gwilym, wawdrym wiwdrafn,
Fardd penceirddradd, lifnadd lafn ;

Un tlysair, enw Taliesin,
Ynad gwiw, enaid y gwin ;
Cyw Myrddin, cywiw mawrddof,
Cadair y gerdd, cadr ei gof ;
Ymlyngof, aml ei angerdd,
Angelystor, cyngor cerdd ;
Cyweirdant mwyn a gwynir,
Colofn cerddau'r Deau dir.

Caed o'i ben bob cymhendawd,
Cynddelwaidd ei weddaidd wawd.
Hoywlan ŵr, hael Aneirin,
Hael o was a heiliai win ;
Dôr durarf, dewr a diriaid,
Yn llwybr yr aer, lle y bai raid.
Maes o wawd, gŵr masw ydoedd,
A doeth pan ofynnid oedd.
Fal Trahaearn y'i barnwn,
Neu fal Llywarch hirbarch hwn,
Neu Gasnodyn, dyn difas,
Neu Addaf frowysaf Fras.

Cywraint y gwnaeth Mab maeth Mair,
Dan gôr gwydr, dwyn gŵr gwawdair,
A gado Bleddyn gidwm,
Fforddrych truan, cryman crwm.
Iawn y gwnaeth Crist ddewistad,
Ac yn cael, gafael a gad,
Yn ddilis ddewis o'r ddau,
Ddinag ŵr, ddwyn y gorau.
Dewisodd Duw deuluwas,
A gwrthod cydfod y cas.

Tristach weithian bob cantref,
Bellach naw nigrifach nef.

GRUFFUDD GRYG.

BDG t.xxxv ; DGG[2] lxxxi.

YR YWEN UWCHBEN BEDD DAFYDD

Yr ywen i oreuwas
Ger mur Ystrad Fflur a'i phlas,
Da Duw wrthyd, gwynfyd gwŷdd,
Dy dyfu yn dŷ Dafydd.
Dafydd llwyd a'th broffwydawdd
Er cyn dy dyfu rhag cawdd ;
Dafydd, gwedy dy dyfu,
A'th wnaeth, o'i fabolaeth fu,
Dy urddo yn dŷ irddail,
Tŷ a phob llwyn yn dwyn dail ;
Castell cudd meirw rhag eirwynt
Cystal â'r pren gwial gynt.

Mae danad ym mudaniaeth,
Bedd rwym, nid o'm bodd yr aeth,
Bydaf angylion bydoedd,
Bu ddewr ef, mewn bedd yr oedd,
A synnwyr cerdd, naws unyd,
A gwae Ddyddgu pan fu fud.

Gwnaeth ei theuluwas lasryw
I'w hael dyfu tra fu fyw ;
Gwna dithau, geinciau dethol,
Gywirder i nêr yn ôl.
Addfwyn warchadw ei wyddfa,
Drybedd yw fodrabaidd dda.
Na ddos gam, na ddysg omedd,
Ywen, odduwch ben y bedd.

Geifre ni'th lwgr, nac afrad,
Dy dwf yng ngwedre dy dad.

Ni'th lysg tân, anian annerch,
Ni'th dyr saer, ni'th dyfriw serch,
Ni'th bilia crydd, mewn dydd dyn,
Dy dudded yn dy dyddyn ;
Ni'th dyr hefyd, rhag bryd braw,
Â bwyall, rhag eu beiaw,
Ir dy faich, i ar dy fôn,
Taeog na chynuteion.
Dail yw'r to, da le yw'r tau,
Diwartho Duw dy wyrthiau.

GRUFFUDD GRYG.

BDG t xxxiii ; DGG² lxxxii.

ENGLYNION MARWNAD

(i)

Dafydd, gwiw awenydd gwrdd,
Ai yma y'th roed dan goed gwyrdd,
Dan lasbren, hoyw ywen hardd ?
Pan y'th gladdwyd cuddiwyd cerdd.

Ffynonellau.—A—B 6 (xli). B—H 26, ii, 4. C—Ll 145, 111. D—N 436, 114. E—Wy 2, 138.

Amrywiadau.—1. wiw . . . wrdd C. 4. lle i'th ABD, lle'i E : y cuddiwyd ABE.

(ii)

Glasbren, dew ywen, dŷ Eos—Deifi
Mae Dafydd yn agos ;
Yn y pridd mae'r gerdd ddiddos,
Diddawn ynn bob dydd a nos.

Ffynonellau.—A—B 6 (xli). B—H 26, ii, 4. C—Ll 145, 111. D—N 436, 114. E—N 643, 75b. F—Wy 2, 138.

Amrywiad.—1. glas dew ywen glan Eos AF.

NODIADAU

1

1. *Siesus:* Ffurf fenthyg o'r Saesneg Jesus, cf. IGE² 95. 2 ; 98. 16 ; 298. 14 ; LGC 500, 77 ; G 3, 19a ; 196b. Digwydd hefyd y ffurf *Siesu*, GGGl lvi, 72, a *Iesus* RP 1202. 22, 26 ; 1330. 14. Ond mwy cyffredin yw *Iessu*, RP 1204. 17 ; 1218. 24, 39 ; 1234. 8 ; 1247. 18. Am fenthyciadau cyffelyb o'r Saesneg cf. *Sioseb* yn llin. 42 isod ac yn IGE² 332. 28 ; GGGl lxx, 3 ; *Sywdas* RP 1340. 37 ; *Sudea* RP 1251. 21.

3. *gwryd:* yr hyd o un llaw i'r llall pan fo'r breichiau'n estynedig o boptu'r corff. B viii, 235.

32. *pa:* Ar *pa*, *py* yn yr ystyr 'paham,' gw. WG 290.

33. *cof:* yn yr ystyr 'cofio am.' Cf. 16. 80 *cof* Angharad ; RP 1245. 3 *cof* pob kyfryw dyn ; 1247. 18 *Cof* iessu . . . am peir da.

36. *gwyal:* Ar y ffurf gw. WG 101, CA 105, B xi, 127–8.

38. *sentwm:* y Llad. *centum* 'cant' wedi ei ysgrifennu yn ôl ei ynganiad ar y pryd.

2

Dyma'r emyn Lladin cyflawn :

Anima Christi, sanctifica me :
Corpus Christi, salva me.
Sanguis Christi, inebria me :
Aqua lateris Christi, lava me.
Passio Christi, conforta me :
O bone Iesu, exaudi me.
Intra tua vulnera, absconde me :
Ne permittas me separari a te.
Ab hoste maligno defende me :
In hora mortis meae voca me.
Et jube me venire ad te :
Ut cum Sanctis tuis laudem te
In saecula saeculorum. Amen.

(*Plainsong for Schools, Masses and Occasional Chants*, Liverpool, 1948, t. 62.) Nid yw'r emyn yn rhan o wasanaeth yr offeren (er gwaethaf teitl yr englynion Cymraeg), ond fe'i cenir yn fynych ar ôl y gwasanaeth. Tybir ei gyfansoddi yn hanner cyntaf y 14 g., ond nid oes sicrwydd pwy oedd ei awdur. (*The Catholic Encyclopaedia*, I, 515.)

9. *rhag yn drist:* Cysyllter â 'fy neol a'm colli' llin. 10.

15. *gyllawl:* Diau mai T.M. o *cyllawl* yw hwn, ond ni ddigwydd y ffurf hon yn y geiriaduron. Tebyg maï tarddair o *cwll* ydyw, G 'bron, mynwes,' cf. LlB 232. O ran y terf. geill fod yn ans. neu enw.

25–6. Nid oes cyng. yma rhwng y gair cyrch a'r ail linell, ond nid oes help yn y llsgrau. gan eu prinned. Diau fod y darlleniad yn llwgr.

31. Awgrymodd yr Athro Thomas Jones 'Ny nefoedd', *Y Traethodydd*, Ebr. 1953, t. 6.

3

4. *Anna:* Mam Mair Forwyn.

10. *pymoes:* Rhennid oed y byd cyn dyfod Crist yn bum cyfnod. Dyma un rhaniad: (1) o'r Creu hyd y Dilyw; (2) o'r Dilyw hyd Abraham; (3) o Abraham hyd Ddafydd; (4) o Ddafydd hyd y Gaethglud; (5) o'r Gaethglud hyd ddyfod Crist. Gw. HGCr 214.

4

Cywydd yw hwn i ddarlun o Grist a'r Apostolion mewn rhyw eglwys. Ar y dde i'r Iesu y mae Pedr, Ieuan, Phylip, Andras, Iago, Simon; ar y chwith, Pawl, Tomas, Martholameus, Matheus, Iago, Sud (sef Judas). Paentiad ar goed ydoedd yn ôl llin. 4. Gwelir fod yn y rhan fwyaf o'r llsgrau. nifer o linellau ychwanegol. Perthynant yn ddiamau i'r cywydd annilys 'Credaf i Naf o nefoedd' BDG 481–3. Fel llawer o gywyddau DG y mae'r cywydd hwn yn darfod â brawddeg hir yn ymestyn dros amryw o gwpledi.

Gw. D. Stephen Jones, B xix, 102 ar ddarluniau o Grist a'r apostolion yn y cyfnod canol.

12. *dysg:* Yr ystyr yw 'medr, dawn,' datblygiad digon naturiol o ystyr gyffredin y gair. Cf. isod 5. 42 unddysg.

21. *hanner:* Am yr ystyr 'ochr' mewn cyswllt cyffelyb gw. B xiii, 181 y greaduryeit a vont ar yr *hanner* deheu ydaw (am Grist ddydd brawd).

25. *oreuwib:* Ar *gwib* 'symudiad cyflym' gw. Be. vi, 276; CA 374. TW impetus.

33–4. *Martho-lameus:* Enghr. o drychiad, gw. CD 83. Cf. RP 1350. 3–4 a gud *gwenn* hoewvud *hwyvar*; 1308. 30 *hawdd* diommed *ammor*. Y mae trychiadau ysgafn yn fwy cyffredin, e.e. RP 1246. 27 *llann* rann rymhussaf goethaf *geithaw*; 1307. 32–3 gwawr *ystrat* tiwat *tywi*; 1215. 40 yr *dec* y byt tec bu teu *ar hugein*; 1218. 5–6 Trwy y *pedwar* gwar gwiryodeu ragor *agel ystor* cor caer y sycneu. Cf. Stern, 221.

5

1. *Da y rhed:* Prawf y mydr fod yr *a* a'r *y* yn cael eu cywasgu. Y mae llawer o enghrau. o hyn yng ngweithiau DG a beirdd eraill. Cf. IGE² 176. 27 Da y gŵyr Rhys er digio rhai; 200. 27 Llei (lle y) ceir gyda'm llew cywrain; 262. 3 Llyma'r twrf llei mae'r terfyn.

2. *rhyd fôr:* Yn BM 16 rhoir yr ystyr 'an arm of the sea, estuary' i *mor ryt*.

9. *madiain:* Gw. B i, 3 am enghrau. a tharddiad y gair o **matu-gen-i-*. Ar *mad* 'ffodus' gw. B ii, 121, CLlH 85, CA 224, 257.

11. *cad drachyfarf:* Dyry mwyafrif mawr y llsgrau. y darll. *cad ddychryndarf*. Ond derbyniwyd y darll. a argraffwyd oherwydd y geill fod *trachyfarf* yn tarddu o'r gair anodd *cyfarf*, gw. isod 7. 11.

13. *rhyferthwy:* llif llanw uchel. 'Spring tide' yw ystyr y Llyd. *reverzi* (Cym. *rhyferthi*) a'r Gw. *rabharta*, CA 267.

14. *Ector:* mab Priaf, brenin Troea. RBB *Ystorya Dared*, *passim*. Cf. *Echdor* isod, llin. 41. Gw. R. Bromwich, TYP 336–7.

18. *llogawd:* D. conclave, aula, cella. TW d.g. armarium. Ei ystyr wreiddiol yw mangre neu le, HGCr xvi, 148 *llogawd* offeren. Ond defnyddir ef yn fynych bron yn gyfystyr ag eglwys neu fynachlog: HGCr xvi, 159 Berth Veiuot o virein *logawt*; xviii, 103 Llanndewi y Crwys, *llogawd* newyt; RP 1245. 39 bro deilaw ae *logawt*; 1254. 41 *llogawt* votuan (Abergwyngregin); 1350. 33 *llogawt* gyvundawt vaendy. lle keidw seint eu breint ae bro. Golyga'r bedd yn RP 1285. 12 kynn dyuot ym dyuyt *logawt*, a llys neu gartref yn 1302. 13 Gwrdyor llaw egor *llogawt* uerneisswin. Llys nef yw'r ystyr yn y testun. Tarddair yw o *llog* o'r Llad. *locus*. B iii, 261, CA 227, 273. Gw. Loth, RC xxxix, 71, 310, lle dangosir fod *loc*. mewn Gw. Can. yn golygu 'bedd,' a *loc* mewn Llyd. 'fangre gysegredig,' a bod y Llad. *locus* yn cael ei ddefnyddio am fynachlog ac am gell meudwy.

19. *llawrlen:* Y mae'n ymddangos mai ystyr *llen* yw 'surface.' Cf. *llen maen* uchod, llin. 13.

20. *nen:* 'arglwydd.' CLlH 201.

21. *newidiwr:* un yn marchnata. Am *newid* yn golygu rhywbeth a werthir gw. DN 123.

trwsiwr: Am *trwsio* dyry D ornare, polire. TW d.g. orno. DWS array, decke, tryme. Gwisg yw *trwsiad*. Tardd o'r Ffrangeg *trousse*, ChO 27.

25. *Ercwlff:* arwr y Groegiaid yn y rhyfel yn erbyn Troea. RBB *Ystorya Dared*, *passim*.

llathrsiamp: Am *siamp* dyry D nota, signum, naevus. TW d.g. nota, naevus. Ychwanega D 'Habet D.G. & R.G.Er. &c.' Ond ni wedda'r ystyr a gynnig ef yng nghwpled Rhys Goch, Nid camp llythyr *eursiamp* llên / Na bywyd Crist heb awen IGE² 171. Yn y nodyn yno cynigir mai benthyg ydyw o'r Ffr. *champ* 'maes,' ac mai at lawysgrifau goreuredig y cyfeirir. Y mae'r ystyr hon yn addas i *loensiamp* hefyd yn IGE² 27. 13. Cf. IGE² 124. 15 Iach wyd, ddiarswyd *ddursiamp*, maes neu arwynebedd o ddur, h.y. gwisg ddur. Cyffelyb yw'r ystyr yn y testun.

26. *neddair agor:* llaw agored, h.y. hael. Cf. RP 1302. 13 gwrdyor *llaw egor*; 1306. 3–4 gwawr *llaw egored*.

29. *pell:* Mewn ystyr amserol, ni ellid hepgor Ifor yn hir. Gw. CLlH 106, CA 358.

34. *cychwior:* Yn ôl G 194 'cystal, hafal, cystedlydd.' Nid oes ond dwy enghr. ar gael, sef hon a LGC 164. 1 Henri a Siaspar *gychwiawr.* Yn *Celtic Inscriptions of France and Italy, Additions and Corrections* 60 y mae Rhys yn crybwyll y gair gan gymharu'r Almaeneg *geschwister*, a ddefnyddir yn y lluosog yn unig, 'brodyr a chwiorydd.' (I'r Athro T. H. Parry-Williams yr wyf i ddiolch am alw fy sylw at hyn.) Cyfansoddiad y gair felly yw *cy-* a *chwior* fel yn *chwior-ydd.* Cf. Llad. *consobrinus*, o'r un bôn ag yn *soror* 'chwaer,' yn ôl Walde. Diau mai 'perthynas, un o dylwyth' yw'r ystyr. Cf. Gw. *cômhbhráthair* 'a cousin; *a kinsman*' (Dinneen). Y mae'r bardd yn galw Ifor yn ddisgynnydd o Lywelyn ac yn berthynas iddo. Felly yn LGC Siasbar yw *cychwiawr* Henri (ei ewythr). Dyry G un enghr. o'r negyddol *anghychwiawr*, gan awgrymu'n betrus yr ystyron 'anosgoadwy, digymar' (cf. D. inaequalis, impar), RP 1170. 2–3 Deu edryd yssyd . . . *aghychwiawr.* Y ddau edrydd (preswylfod) yw nef ac uffern. Onid yr ystyr yw 'diberthynas, heb gyswllt rhyngddynt, *unrelated*'?

35. *ydyw:* gyda godd. amhenodol, ac felly'n gyfystyr ag *oes.* Am y gwrthwyneb, sef defnyddio *oes* gyda godd. penodol, gw. WG 350, PKM 133.

38. *eiddigor:* Gair prin, gw. G. Yn ôl WLl (275) 'arglwydd,' a dilynir ef gan D. Dyry WOP 'one that is a possessor or guarding; a lord, or master,' a dilynir yntau gan S. Yr unig enghr. arall o'r gair hyd y gwyddys ar hyn o bryd yw IGE² 75. 9 Oer ddugest arw *eiddigor* am y llong, ac yno (411) cynigir yn betrus esbonio'r gair fel *eiddig* ac *or* (ymyl). Petrus yw G hefyd gyda'r ystyr 'cysgod, gorchudd.' Yn y testun buasai 'arglwydd' yn gweddu'n burion, ond nid yn y llin. o IGE. Os cymerir yr ystyr 'cysgod,' dichon mai cysgod a chlydwch y llys gyda'r nos a olygir.

39. *ymwrdd:* Yr ystyr gyffredin yw 'ymdaro, rhuthro ynghyd,' D concertare. E.e. IGE² 46. 1 Ymwan ag ieirll diamwynt, *ymwrdd* . . . ag wynt; P 57. 69 *Ymwrdd* dreig o vlaen myrdd draw. Ond yn ChO 44 rhoir 'ymdrafferthu, trafod, trin' i egluro *ymwrd* a'r golut. Cf. P 67. 244 Pawb am gwrthod ym tlodi / y mae ar dduw *vymwrdd* i, lle golygir 'rhaid i Dduw fy nhrafod i.' Yma, hawdd ymdrafod neu ymdrin.

42. *ffysg:* 3 un. pres. myn. y ferf *ffysgio* 'gwasgaru, gyrru ar ffo.' CLlH 180.

Deifr: (1) Hen deyrnas y Saeson yn y Gogledd, Deira, a hefyd ei phobl, CA 82, G 310. (2) llu. dwfr, G 400. Er bod rhai llsgrau. yn rhoi *dwfr* a *dyfr*, diau mai Deifr sy'n gywir. Am y gyts. wreiddiol yng ngwrthrych 3 un. pres. y ferf gw. WS 193. Atalnodwyd y llin. ar y dyb fod *unddysg* yn cyfeirio'n ôl at Echdor, oherwydd ni ellir ei gymryd gyda'r geiriau sy'n ei ddilyn. (Am *dysg* 'medr, gallu' gw. ar 4. 12 uchod.) Felly y mae 'Â'r dew fronddor' ar wahân ac yn ddisgrifiad o Ifor, h.y. yn gwisgo llurig dew, cf. RP 1203. 9 ar vreiscdu vronndor.

45. *beirdd, digeirdd:* y ddau ans. gyda *beirdd.*

tariangrwydr: Am *crwydr* yn yr ystyr addurn ar ddull gogr gw. CA 162 a'r cyfeiriadau yno.

47. *baer:* Fel enw 'carthen rawn,' B ii, 144; R 'kiln cloth.' Ond gair arall sydd yn y testun, efallai gwreiddyn y ferf gyffredin *baeru*; gw. CA 194, lle crynhoir y gwahanol gynigion i esbonio'r gair. Yn RC xiv, 68 cysylltodd Stokes *baer* â'r Gw. *sár*, a'u tarddu o *sagro-*, elfen gyffredin mewn enwau priod, fel *Nettasagru, Sagrani* (Loth, RC xxxvi, 160). Yr ystyr wreiddiol felly fuasai 'gwych, rhagorol,' cf. Gw. *sár-* 'superior, excellent' (Dinneen). Yn CA 194 dywedir 'mewn gair fel *baerllug* cryfhau y mae *baer-* yn sicr.' Y mae hyn yn ddatblygiad naturiol o'r ystyr wreiddiol, cf. y defnydd o *exceedingly* yn Saes. Yn gyffelyb y Gw. *sár-* 'super-, per-, very, most' (Dinneen). A eill rhai o'r enghrau. o *baer* fod yn cadw'r ystyr wreiddiol? E.e. LlT 35 awen huawdyl *baer.* Beth am H 59. 22 *baeret* (t = dd)? Cf. Gw. *sáire* 'excellence.' Y mae'n ymddangos mai ystyr *baeret* yn ei gyswllt yw 'balchder, gorfynt.' Cf. dwy ystyr y Llad. *superbus* 'magnificent' a hefyd 'arrogant, insolent.' Efallai y gellir tybio i *baer* ddatblygu'n gyffelyb. Y mae elfen o 'insolence' yn *baeru.* Yn y testun fe weddai'r ystyr 'gwych' yn dda gydag *aesor* 'tarian.' Cf. Gw. *sár-chopán* 'a splendid goblet,' *sár-chruit* 'an excellent harp.' Y mae 'haer aesor facwy' yn ddiau yn cyfeirio at Ifor, nid at Noe.

6

1. *O:* Ystyr yr arddodiad *o* ar ddechrau pob un o'r englynion hyn yw 'in respect of.' Defnyddir ef yn gyfystyr â'r Llad. *de.* Cf. LlA 105 hystoria *o* uuched dewi; yma y treithir *o* ach dewi. Gw. Brut D. 219, nod. ar *traethvs.*

9. *Ffranc:* Norman, mwy na thebyg, yn hytrach na'r *ffranc* 'milwr cyflogedig' a drafodir gan Syr Ifor Williams yn B vi, 106. vii, 366, CLlH 237. Cf. LlDC 56. 2 ad vit *frangc* ar ffo fort ny ofin, Am y llu. *Ffreinc* gw. LlDC 47. 9; HGrC 146. 1, 148. 4; RP 1050. 12, 18. Ystyr y toddaid yw 'Mewn doethineb nid oes neb Norman yn agos at Ifor mwy nag yw Ffrainc yn agos at Fanaw.'

12. *dri:* Sylwer ar y T.M. yn anghywir yma, ac yn 'bedwar' a 'bym' isod. Ni ddylid treiglo'r goddrych mewn brawddeg enwol, CFG 6.

17. *ffon:* Am *ffon* 'gwaywffon,' *ffonogion* 'gwŷr y gwaywffyn,' gw. CLlH 185.

21. *ffêr:* Gwelir fod rhai llsgrau. yn rhoi *nêr*, ac y mae'r ystyr yn gliriach felly, ac fe geid cyng. lusg yn y llin. Ond gan mai cyng.

sain sydd ym mhob llin. gyntaf englyn yn y gyfres hon, tybiwyd mai gwell oedd derbyn *ffêr*. Ans. yw'r gair yn gyffredin, ag iddo'r ystyr 'cadarn, ffyrnig,' CA 172, CLlH 88. Ond amlwg mai enw ydyw yn y testun, 'y gŵr cadarn, mawr ei arddyrnau.' Cf. isod 13. 105.

25. *prifflwch: prif* a *fflwch* 'hael,' DGG² 185.

29. *cyfansoddwr:* Am *cyfansoddi* dyry G 'gosod, gosod ynghyd, trefnu' yn ogystal â'r ystyr ddiweddar. Ni ddigwydd yn yr hen farddoniaeth. Am *ansoddi* 'gosod' cf. B v, 211 a'r syr a'r sygnev yn *ansodedic* yn y ffurvaven.

37. *Ffwg:* Fulke Fitz Warine; bu amryw o'r enw yn arglwyddi Whittington ar y Goror. Gw. IGE² 345. Sonnir yn fynych gan y beirdd am yr un a ddaeth yn arwr chwedlau yn y Cyfnod Canol, e.e. IGE² 29. 11; DN xxiv, 43; GTA vii, 3, 95; xxix, 85; xxxviii, 55; BWLl xxi, 73.

Perthyn i awdl farwnad Ifor a Nest y mae'r englyn a ychwanegwyd ar y diwedd mewn rhai llsgrau., gw. isod 11. 9–12.

7

1. *o faerwriaeth:* Yn wyneb 'maer' llin. 4 nid oes amheuaeth nad *o faerwriaeth* yw'r darlleniad cywir, gyda P 76, er gwaethaf y llsgrau. eraill. *Maeroni* a *maeronïaeth* yw'r ffurfiau cywir (B iii, 15. 73; WML 27. 24, 56. 10; LlB 48. 2, 6, 16). Ond ceir *maerwr* RP 1343. 30, 34; 1345. 5; a *maerwraig* P 57, xxiv. 7; Ll 6, lxxxvi. 38. Felly nid amhosibl *maerwriaeth*. Ai eco o hyn sydd yn llinell TA, Dafydd, faer rhydd Ifor Hael, GTA xxiv, 51?

10. *prifenw Rhydderch:* sef 'hael,' ac yn rhyfedd fe ddaethpwyd i adnabod Ifor yntau fel Ifor Hael. Am enghr. gynnar yng ngwaith MD i Hopcyn ap Tomas, gw. RP 1310. 38.

11. *cyfarf arf:* Dichon y defnyddir *arf* yn ffigurol am Ifor, fel yn fynych gan y beirdd, e.e. RP 1246. 40 Bard wyfi ym ri . . . *aryf* aer gat estrawnffwyr. Am *cyfarf* dyry G 'ymladdgar, dygn, cadarn.' Fe weddai'r ystyron hyn yn y testun. Am *cyfarfawg* awgrymir yn CA 327 'wedi ei gwbl arfogi,' ac odid na ellid yr ystyr hon i *cyfarf* yntau. Am y cyfuniad *cyfarf arf* cf. RP 1315. 7 *Kyuaryf aryf* eurgreir geir gorvoled; 38 Rwydwalch *aryf kynaryf* (darll. kyuaryf); 1337. 4 *kyfaryf aryf* eurwawr arbennic. Yn y cysylltiadau hyn gallai *cyfarf* fod yn enw, a dyna ydyw yn sicr yn 16. 15 isod, *cyfarf* galarfardd. Gellid efallai awgrymu fod y gair yn golygu 'cystedlydd, cyfartal, cyffelyb,' a chymryd *arf* yn ei ystyr gyffredin ddidrosiad. Yn 16. 15 llawer cymrawd i'r bardd galarus. Gellid esbonio *cad drachyfarf* yn 5. 11 fel 'cyfartal â byddin.' Rhy fentrus yn ddiau, yn niffyg enghrau., fuasai cysylltu *cyfarf* â'r Gw. *comardd* 'equally high, of equal value' CIL 432, trwy ymgyfnewid *f* ac *dd*.

12. *mab aillt:* Aelod o un o ddosbarthiadau isaf yr hen gymdeithas Gymreig oedd yr aillt. Gelwir ef hefyd yn daeog a bilain, HW 294.

Ar *mab* mewn cysylltiadau fel hyn gw. HW 298, n. 75, 'Uchelwr . . . often in the form "mab uchelwr," in which, as in "mab aillt," "mab sant," the prefix merely indicates the gender.' Cf. isod 119. 12.

14. *y glêr:* Hyd y gwyddys ar hyn o bryd ni ddigwydd y gair clêr o gwbl cyn y 14 g. Digwydd o hynny ymlaen fel enw torfol benywaidd yn golygu beirdd. Ond fe'i defnyddir yn hollol amlwg am ddau fath gwrthwyneb o feirdd (cf. Stern 9, ond nid yw ei enghrau. yn profi'r pwnc). (*a*) Y beirdd yn gyffredinol, mewn ystyr ganmoliaethus, e.e. RP 1210. 2 Dihagyr oed glybot y glot gan *gler* (GMD i Dudur ap Goronwy); 1271. 1 menestyr *cler* mewn ystyr clod (MD i Forgan ap Dafydd); 1293. 36 trysorer *cler* mydyrner mad (IG i Ruffudd Fychan ?); 1308. 30 heol y glynn heil y *gler* (LlG); DGG² lxxviii, 45–6 Yn rhannu, fy nêr hynod / Yma i *glêr* aur am glod (GGr i Einion ap Gruffudd); IGE² 20. 6 Cell y *glêr*, Celliwig lys. (*b*) Dosbarth isel o feirdd a cherddorion, a ddirmygir ac a ogenir, e.e. RP 1345. 16 car *cler*grwth (cerdd ddychan); 1355. 5 Gwtter *cler* llygher a ellynget (cerdd ddychan); 1359. 8 ar ystiwart llys . . . am roes gyt ar *gler* a digereis (Iocyn Ddu); DGG² lxxxv, 50 Clau ddychanu, llu lledffrom / Clywir ei dwrf, *clêr* y dom; IGE² 119. 18 Nid un o'r *glêr* ofer wyf; 117. 19 Beth am Fleddyn, *gler*ddyn glwys ? LlA 40. 4–5 Pa obeith yssyd yr *gler*. Hyn yn cyfieithu 'joculatores.' Yn FfBO 40. 23 defnyddir y gair i gyfieithu 'histriones.' (Ar gyfystyredd *ioculator*, *ministrallus*, *mimus*, a *histrio* yn yr Oesoedd Canol gw. Chambers, *Mediaeval Stage*, II, 232.)

Bu dau gynnig i egluro tarddiad y gair. Yn TrCy 1913–14, 141 (DGG², t. lvi), y mae Syr Ifor Williams yn ei darddu o'r HFfr *clers*, *cler*, a ddaeth yn ei dro o'r Lladin *clērus*. Dywed ef na ddichon *clêr* ddyfod yn syth o'r Llad. *clērus*, gan mai *clwyr* a geid felly, ac fe ddigwydd pedair enghr. o'r ffurf honno, ond â'r ystyr yn bur dywyll, gw. G 151. Yn *Recherches* 75 y mae Chotzen yn awgrymu nad amhosibl i *clêr* fod yn fenthyciad diweddar a lled-ddysgedig o'r Llad., fel y caed *ystyr* a *hystoria* o'r Llad. *historia*. Ond nid yw'n derbyn hyn na'r tarddiad o'r HFfr. Yn hytrach myn mai o'r Gw. *cléir* y benthyciwyd *clêr* i'r Gym. Dyry ddatblygiad ystyron y gair Gw. fel hyn : 1. offeiriaid yn gyffredinol ; 2. offeiriaid yn gweinyddu ; 3. mintai o gerddorion crwydrad ; 4. trwy drosiad defnyddir y gair am adar ; 5. y beirdd yn gyffredinol. Ar *cléir* dyry Meyer, CIL 383, 'a chorus, a band,' ac ar *clíar* (op. cit., 386) 'clergy ; a company, band, train.' Yn ôl Dinneen *clíar* 'a band, a company ; the clergy ; the bards, strolling singers ; a chorus ; *clíar na n-éan*, the feathered choir.' Yr ystyron a geir yn Gymraeg yw'r ddwy a nodwyd uchod ynglŷn â'r beirdd, a hefyd yr ystyr o fintai yn canu neu gôr yn y cwpled yn IGE² 102. 23–4, 'Bu ar ei fedd, diwedd da, / Cain *glêr* yn canu Gloria,' am yr angylion yn canu pan fu farw Dewi Sant. Ac wrth gwrs fe'i defnyddir gan DG, fel y sylwodd Chotzen (op. cit. 77) am aderyn, 'clerwraig nant' (122. 29). Y mae'r ystyron hyn yn cyfateb yn bur agos i ystyron *cléir* mewn Gw., ac o blaid tybio mai benthyg sydd yma. Ond nid hawdd egluro pryd y benthyciwyd y gair, na pham. Gan nad oes yr un enghr. wybyddus o *clêr* cyn y 14 g., gellid tybio ar yr olwg gyntaf mai yn y ganrif honno y benthyciwyd ef. Sonia Chotzen (op. cit., 79) am Rys ap Maredudd yn ffoi i Iwerddon yn 1287. Awgryma hefyd mai i Iwerddon y ffoes Rhys ap Gruffydd yn 1326, ond y mae'n amlwg mai i Sgotland y ffoes Rhys (TrCy 1913–14, 197). A sut bynnag, ni buasai ymweliad un gŵr ag Iwerddon am fyr amser yn ddigon i ddod â therm fel *clêr* i'r Gymraeg, ac i hwnnw gydio ar unwaith a phara am ganrifoedd. Ni wyddys am ddim cyfathrach agos rhwng Cymru ac Iwerddon yn y 13 g. a'r 14 g. fel a fu, dyweder, yn amser Gruffudd ap Cynan. Y mae'n wir fod IG yn gynefin â'r hyn a wnaeth Rhosier Mortimer yn Iwerddon, ac yn gwybod enwau lleoedd yn y wlad honno, ond at ddiwedd y 14 g. yr oedd hynny (gw. B xi, 114). Diamau fod llawer o Gymry wedi bod yn ymladd ar du Lloegr mewn rhyfeloedd yn Iwerddon o adeg Gerallt Gymro ymlaen. Ond y mae'n werth sylwi mai'n ddirmygus a diraddiol iawn y cyfeirir at y Gwyddel ym marddoniaeth y 14 g. (gw. isod 139. 45), a gwrthgyferbynner hyn â'r cyfeiriadau parchus at Ffrainc a'i phethau (gw. isod 10. 32). Anodd credu mai hwn oedd y cyfnod i ddiwylliant Iwerddon ddylanwadu mewn unrhyw fodd ar ddiwylliant Cymru. Y gwir yw yn ddiau fod *clêr* wedi ei fenthyca ymhell cyn hynny. Dosbartha Einion Offeiriad farddoniaeth Gymraeg yn dri math, clerwriaeth, teuluwriaeth, a phrydyddiaeth. Y mae digon o brofion yng Ngramadeg Einion i ddangos mai nid disgrifio'r amgylchiadau yn ei oes ef ei hun yr oedd, a bod ganddo rai pethau sydd efallai wedi eu tynnu o ramadegau yn perthyn i gyfnod cynharach o lawer. Y mae'n gwbl amlwg nad yw'r dosbarthiad hwn ar farddoniaeth yn cynrychioli pethau fel yr oeddynt yn y 14 g., oherwydd fe welwyd fod y prydyddion bonheddig yn cyfeirio atynt eu hunain fel clêr. Felly nid annhebyg fod y dosbarthiad a'r enw clerwriaeth yn tarddu o amser cryn dipyn ynghynt, pan oedd clêr yn golygu yn ddigamsyniol y dosbarth isaf o feirdd. A pheth arall, y mae'r ffaith fod i'r gair ddwy ystyr mor bendant yn y 14 g. yn ddigon o brawf mai nid benthyciad newydd ydoedd yn y cyfnod hwnnw, ond yn hytrach ei fod yn yr iaith ers digon o amser i'w ystyr gyfnewid. Felly, a chymryd bod Chotzen yn iawn mai o'r Wyddeleg y benthyciwyd *clêr* i'r Gymraeg, gellir credu ei fod wedi ei fenthyca ymhell cyn y 14 g., efallai yn amser Gruffudd ap Cynan, a bod iddo i gychwyn yr ystyr o feirdd crwydrad, o'u cyferbynnu â beirdd mwy sefydlog llysoedd y tywysogion ; ond erbyn y 14 g., pan oedd pawb yn feirdd crwydrad, yr oeddid wedi mynd i ddefnyddio'r gair am y beirdd yn gyffredinol, eithr gan gadw hefyd yr hen ystyr o feirdd yr haen isaf. Yn wir parhaodd yr ystyr honno yng ngramadegau ceidwadol y beirdd am ddau can mlynedd arall, fel y gwelir ym Mhum Llyfr Cerddwriaeth Simwnt Fychan (GP 133).

15–17. Tybiais unwaith y gellid atalnodi'r llinellau yma fel hyn:

Dewraf wyd a gwrddaf gŵr;
Dy ddilyn, dieiddilwr,
Da oedd, a syberw dy ach.

Ac nid annichon hyn yn ddiau. Ond nid yw 'a syberw dy ach,' er ei fod efallai yn gystrawennol gywir, yn unol â dull y 14 g. o ymadroddi. Felly atalnodwyd fel y gwelir yn y testun, ond nid yw'r gystrawen yn un gyffredin. Yr unig ffordd i'w hesbonio, hyd y gwelaf fi, yw fel amrywiad ar yr hyn a eilw Morris-Jones (CD 101) yn gyflwr parthredol, fel yn 'gŵr byr ei dymer.' Disgrifir y gystrawen gan Mr. D. Simon Evans, B xiii, 127, 'Gall enw ddilyn ansoddair fel gwrthrych a bydd yn cyfyngu ar ei arwyddocâd drwy ei ddisgrifio'n fanylach.' Dengys Mr. Evans hefyd y geill berfenw ddilyn yr ans. yn y math hwn o gystrawen, a dyry'n enghr. 'llawer o betheu tec odidauc *annotaedic* ganthaw *ev guelet*.' Y mae hyn yn cyfateb yn union i 'dewraf . . . a gwrddaf . . . dy ddilyn,' ond bod yr ansoddeiriau yma yn y radd eithaf.

18. *Duw a fedd:* Am yr ymadrodd fel llw, a *meddu* yn yr ystyr 'rheoli,' gw. B i, 28.

23. *rhylunieithir:* 'Trefnu, gosod' yw hen ystyr *lluniaethu*, ac y mae weithiau bron yn gyfystyr â *llunio* heddiw, e.e. GGGl xl, 59 Nid cyfraith a *lunieithwn*, / Nid cyfrwys Powys heb hwn. Gw. ChO 59, IGE 391. Am y ffurf *rhyluniaethu* cf. DB 91. 1, 139. 2.

28. *hwyl hy haul haf:* taith yr haul. Defnyddir gan y beirdd i gyfleu pellter, e.e. H 31. 12 hyd yd bresswyl *hwyl heul* ueheuin; 58. 18 hyd yr gerta yr *heul yr hwyl* bellaf; 305. 12 hyd yt aeth *hwyl heul* a ssyr.

31. *digust:* Dyma'r unig enghraifft o'r gair hwn hyd y gwyddys. Rhoir ei ystyr yng ngeirfa DGG fel 'unobscured, clear.' Ar darddiad **cust* gw. B. xi, 83.

8

4. *hwylfa:* Yr ystyr gyffredin yw 'llwybr,' o *hwyl* yn yr ystyr o gwrs neu daith, fel yn 7. 28 uchod. Gw. IGE 357; ChO 51.

10. *Caerdyf:* Ffurf wreiddiol Caerdydd o hen gyflwr traws yr enw Taf. WG 91, 177.

12. *minrhasgl: rhasgl*, radula D, a rasp R; *rhasglio* d.g. abrado TW. Enghr. dda yn IGE² 205. 24 am y farf, Yn rhisglo grudd fel *rhasgl* graff. Ceir yr un cyfuniad ag yn y testun yn IGE² 42. 21. Eglurir ef yn yr eirfa fel 'llyfnfin.' Defnyddir *rhasgl* yn Arfon am *spokeshave*, WVBD 458.

31. *a'm deddyw:* Yr *'m* yn y cyflwr derb. Gw. DGG² 177, CLlH 78.

38. *solas:* O'r Saes. *solace*, ond nid yn ystyr ddiweddar y gair, ond yn hytrach 'entertainment, recreation, amusement' OED, gydag enghrau. yn 1320 a 1386. Cf. P 67. 238 Tomas ar medd pvrlas per / ac yn *solas* gwin seler; B xi, 30 yr holl *solas* ir ydoedd yr holl raddoedd bobyl yn i wneuthud iddo (sef y croeso i Ercwlff).

40. Derbyniwyd yma ddarll. Cw 5, sy'n amlwg yn cynnwys testun da o'r cywydd hwn. Y mae *pennod* yn ffurfio cymeriad â *pand*; collwyd y cymeriad yn y llsgrau. eraill. Ystyr *pennod* yma yw 'targed,' D scopus. Gellid ei gymryd fel gwrthrych *saethu*, neu gymryd *saethu claernod* fel sangiad, a chysylltu *pennod* â *clêr*. Atalnodwyd y llin. yn ôl yr ail eglurhad. Am *nod*, yntau'n golygu targed, cf. WM 225 A chyllell a llafneu eureit udunt o askwrn moruil ym pob vn or deu *not* ac hwynteu yn saethu eu kyllyll; GGGl xiii, 20 A thrannoeth saethu'r *unnod;* xc, 2 Saethu *nod* yn syth a wnaf.

41. *ffristiol a tholbwrdd:* Am y chwaraeon hyn gw. TrCy 1941, 185. Yno y mae Dr. Frank Lewis yn dangos mai chwarae ar fwrdd wedi ei rannu'n 121 o sgwarïau oedd tawlbwrdd. Y mae'n casglu oddi wrth y disgrifiad yn AL, ii, 94, 96 fod gan un ochr frenin ac wyth darn arall, a chan yr ochr arall 16 o ddarnau. Erbyn 1587, pan ddisgrifiwyd y chwarae gan Robert ab Ifan o Frynsiencyn yn P 158, 4, yr oedd y nifer wedi cynyddu i 12 a 24. Amcan y chwarae oedd dal y brenin, ond ni wyddys ond ychydig am y rheolau. Yn CLlGC, v, 280 ceir darn anghyhoeddedig o Owen, *Pemb*, lle dywedir fod gwerinwyr y sir honno yn yr 16 g. yn chwarae *chess* a gelwid ef ganddynt yn *fristiol Dolbarth*. Ar enwau Cymraeg y darnau gw. Melville Richards, B, xiii, 136.

46. *rhagor rhag Ifor:* cael y blaen ar Ifor. Ymffrostia'r bardd, os geill neb guro Ifor mewn dim, y geill ef ei guro wrth chwarae ffristiol a tholbwrdd. Am *rhagor . . . rhag* cf. AL ii, 366 ef a wnaethpwyt seith *ragor* yr eglwys *rac* llys; LlA 32 y gyniuer gobrwy a gaffant wynteu yn *ragor rac* ereill; isod 73. 26–7. Gw. CA 167; B ii, 307–8.

9

14. *rhyseifardd:* Ni ddigwydd y gair hwn yn y geiriaduron. Ai o'r *rhys* yn *rhysedd*? Ystyr *rhysedd* gynt oedd 'rhwysg' a 'cyflawnder' CA 352–3. Gallai *rhysai* fod o'r *rhys* hwn a'r terf. a welir yn *llatai*, *blotai*, etc., ond anodd gweled priodoldeb y terf. Tybed fod yma ffurf ar y Saes. *receive*, ac y dylid darll. *rysyfardd*? Cf. IGE² 17. 5 *rysyfwr*. Buasai hyn yn dra chyfaddas o ran ystyr.

17. *llaill:* Ar *llaill . . . llall* gw. WG 299–300.

27. *nigus:* Dyry amryw o'r llsgrau. *faneg megys*, ond diau mai *nigus* sy'n gywir. Yn B i, 112–3 amheuir a oes y fath air, ac awgrymir yn gynnil ei fenthyca o'r Saes. *niggish*, ond na chofnodwyd hwnnw hyd yr 16 g. Dyry WLl yr ystyr 'crych' a dilynir ef gan D rugatus,

gan ddyfynnu'r cwpled hwn. Ceir ffurf gyffelyb yn IGE[2] 278. 11 O Dduw, pa wlad, *nigiad* noeth, / Y ganed balchder geunoeth? Ond yn yr Eirfa awgrymir perthynas â *nugiaw* 'ysgwyd,' CLlH 137, B x, 38. Yn AP 5. 19 digwydd marchogai i *niktref* is law Seissniktref, a dywedir yn y nodiadau mai 'parodi yw hwn ar odli enwau lleoedd.' Ond tybed ai'r *nig-* yn *nigus* sydd yn *niktref*? Sut bynnag, y tebyg yw mai benthyg o'r Saes. ydyw *nigus*. Y mae llawer o eiriau llafar na chofnodwyd mohonynt yn OED am y rheswm nad ydynt yn digwydd mewn ysgrifen. Am anhawster cyffelyb gw. ar *hobi hors* isod 149. 29.

34. *Rheged:* Yr hen dalaith yn y Gogledd, gw. CA, xvii.

47. *y Wennallt:* Y mae llecyn coediog a elwir Craig y Wennallt tua thair milltir i'r gogledd-orllewin o'r lle safai Gwern y Clepa, cartref Ifor, a thua milltir a hanner i'r dwyrain o bentref Risca.

59–60. Digwydd y cwpled hwn gan Guto'r Glyn yn ei gywydd i'r pwrs, GGGl xxv, 3–4.

10

4. *Wynedd:* enghr. o'r TM yn unig, heb yr ardd. *i*, yn dilyn berf yn golygu myned neu ddyfod. ZCP xvii, 98. Digwydd droeon yng ngwaith DG, ac afraid nodi pob enghr.

5–6. Cf. D Diar. Nid myned a ddêl eilwaith. Hefyd Cy vii, 143.

9. *pedrogl:* Yr ystyr wreiddiol yn ddiau yw 'sgwâr, pedair conglog.' D quadrum, quadratum, quadrilaterum, quadrangulus. Felly *pedrongl* a ddisgwylid. Ni ellir barnu wrth orgraff y testunau rhyddiaith beth oedd grym yr *g*, e.e. Brut D 151. 19 *pedrogyl*, ac yn yr un llin. *cogyl* (congl). Cf. RBB 12. 24, 31; 13. 23; YCM 5. 25. Dywed D 'vid. an rectius Pedrongl, a Pedwar, & Ongl; Antiqui enim semper g scribebant pro ng.' Ond i'r beirdd *g* sydd yn y gair: IGE[2] 15. 13 Pedwar eglur, *pedroglion*; GTA vii, 94 Mal *pedrogl* waywddellt, mal Pedr a'i gleddau; xxix, 34 Pwy a dreigl ffon *pedrogl* ffyrf. A fu newid ar yr *ng* yn *g* trwy ddadfathiad? Am yr ystyr, fel y dengys yr enghrau. uchod, fe'i defnyddid am ddynion bron yn gyfystyr â 'cadarn, cryf.' (Ar *pedry-* yn yr ystyr o gyflawn neu berffaith gw. RC xlix, 149, EC iv, 284.) Nid hawdd penderfynu ystyr *cron*. Ni ddisgwylid ffurf fen. gyda *pôr*. Geill fod yn fôn *cronni*, ond nid oedd hynny'n nodwedd gymeradwy mewn uchelwr, gw. yr enghrau. yn G d.g. *cronni*, *cronnyat*. Gellid cysylltu *pedrogl-gron* a *y galon* yn hytrach nag â *pôr*, cf. 108. 1 Oio galon fer*gron* fach. Atalnodwyd ar y dyb hon, ac ystyried 'bôr' yn gyfarchol.

23. *rhagoriaith:* Yn IGE 380 rhoes Syr Ifor Williams enghrau. cynnar o gymysgu *-aeth* ac *-aith* mewn terfyniadau. Diau mai dyna sydd yma. Ystyr y ferf gyfansawdd *rhagoriaeth garu* yw caru yn anad neb.

32. *Ffrengig:* Owen, *Pemb.*, I, 94, n. 1, nodyn ar *Eithin Ffrengig:* '*Ffrengig* or "French" is usually applied in Welsh to non-indigenous plants, trees or animals, believed to have been introduced by the Normans or from France (e.g. *llygod Ffrengig*, "rats," *cnau Ffrengig* "walnuts"); but the epithet as applied to the indigenous furze probably meant "luxuriant," that sense arising from the fact that "French" and "cultivated" were more or less synonymous terms, and that plants are made more luxuriant by culture.' Defnyddir *Ffrengig* mewn cysylltiadau eraill, fel yn y testun, yn gyfystyr â 'gwych, rhagorol.' Ni raid tybio, fel y gwna Stern, 11, fod y bardd yn gynefin â Ffrainc. Cf. Huw Dafi, P 67. 234 Mae deu vvr ym a dwy vaingk / a thy vn ffriw a thai n ffraingk.

35. *tyrnau:* llu. *twrn*, o'r Saes. *turn*, EEW 162; gw. OED am yr ystyron 'act, deed, feat, exploit.' Dyna'r ystyr yn y testun. Golyga hefyd 'tro, digwyddiad,' gw. IGE² geirfa, a defnyddir ef weithiau, fel aml air arall, yn gyfystyr â 'fel, cyffelyb i'; RP 1306. 23–4 teyrn bryt *twrn* beredur; IGE² 201. 21–2 Da loer yw hi, deuliw'r ha, / Dirion siriol, *dwrn* Sara.

II

9. Sylwer nad oes cyng. yn y llin. hon, ac nid oes sail i'w diwygio yn y llsgrau.

10. *esyth:* llu. o *aseth* 'gwialen, llath, eisen' G. Cf. isod 149. 31. Am enghrau. gw. GMWL 29–30. Yr ystyr yma yw rhoi Deifr ar elor, h.y. eu lladd.

15. Cyfeiriad diddorol at arfer y bardd o ganu'r delyn. Cf. uchod ll. 7 'mae f'arwest yn fôr.'

19. *gorchest:* yn B viii, 16 rhoir ystyron *gorchest* fel (1) cwestiwn, (2) 'riddle,' (3) deisyfiad, (4) dameg, (5) camp, rhagoriaeth. Gw. hefyd Y Bibyl 87. Yr ystyr olaf sy debycaf i'r hyn sydd yn y testun, rhywbeth neilltuol, eithafol. Oherwydd yr wylo eithriadol chwyddodd y nentydd.

22. *gwyraint:* Ceir *gwyrain* fel enw yn golygu math o adar, D chymlops, anus scotica. Ond gair arall sydd yn y testun. Cf. RP 1333. 13 llys uffern *wyrein*. Geill fod yn darddair o *gŵyr* a'r terf. *-aint*, fel yn *maddeuaint*, *henaint*, etc. Nid amhosibl *gŵyr* a *haint*. Am yr ystyr 'chwithig, croes' cf. Gw. *fiar* 'awry, twisted; wicked, perverse' (Dinneen).

23. *rhaglyw afael:* Fel gafael arwr ym mlaen brwydr yw marw Nest, h.y. ergyd drom. Cf. H 139. 29 Gauael glew yg cad. Nid yw'r gyng. sain yn y llin. hon yn acennu'n gywir yn ôl y rheol. Ond nid anfynych y digwydd hyn yn nechrau'r cyfnod caeth, e.e. RP 1326. 13 medgyrn mawr deyrn mordaf.

26. *cynheiliaint:* Ar y terf. *-aint*, 3 llu. amherff. myn., gw. WG 324–5.

34. *i gyd:* sef ynghyd, fel yn gyffredin mewn Cym. Can. WG 264, 438.

42. *ael-feiniaint:* Ffurfiad anghyffredin, sef chwanegu'r terf. *-aint* at yr ans. cyf. *ael-fain* i wneuthur enw.

43. *Llŷr ennaint:* Yn ôl RBB 68 (Brut D 30) pan aeth Llŷr at ei ferch Cordelia i Ffrainc, y peth cyntaf a ddigwyddodd iddo oedd 'gwneuthur enneint idaw ac ardymheru y gorff a symudaw dillat.' Yr oedd Ifor yntau, medd y bardd, yn briwio llafnau ac yn ymlid yr Eingl yn yr un dull (*llwrw*) ag y gwnaeth Llŷr wedi cael yr ennaint.

Einglgrwydr: yn gwasgaru Eingl. Ar *crwydr* gw. isod 54. 53.

45–6. Y mae'r toddaid hwn yn anodd, ac nid yw'r atalnodi ond cynnig. Ystyr wreiddiol *llorf* yw 'coes,' yna 'colofn,' yna 'cynheiliad, amddiffynnwr, cynhorthwy.' Llorf y delyn yw'r piler syth ynddi, a'r llorfdant yw'r tant nesaf at hwnnw, DGG² 170. Ceir y llu. *llyrf* yn IGE² 15. 25. Cf. ymhellach RP 1211. 23, 1328. 21, 1334. 43 ; IGE² 10. 18, 54. 11, 120. 19, 305. 17. Am *lled* prin mai'r *lled* 'tristwch,' ffurf seml *aeled*, a drafodir yn B viii, 231 sydd yma nac ychwaith *lled* 'hanner' fel yn *lledfyw*, etc., WG 262. Efallai y gellir ystyried LlT 45. 21 Mab brochuael *brolet.* CT 22, 'un sy'n lledu ei derfynau.' Cf. isod, *lled* ancrain 91. 1. Gellid cymryd *caru* fel ans. fel yn HGCr xl, 3, nawd Iessu *caru*, a esbonnir yn y nodiad fel 'annwyl,' cf. YCM 62. 25 A *garu* nei.' Ystyr y ddau air wedyn fuasai 'annwyl ar led, ymhell, yn helaeth ; *universally beloved.*' O'u cymryd fel sangiad daw ystyr gweddill y llin. yn weddol glir, 'amddiffynnwr llu o geraint ffyniannus yn ei fro.' Diau y dylid cymryd *llywio* yn llin. 46 fel 3 un. pres. dib. yn hytrach nag fel y b.e. Ond hyd yn oed felly nid yw'r ystyr yn gwbl eglur.

12

Ar Lywelyn ap Gwilym gw. Rhag., tt. xv, xxxvii.

1. *Llyfr dwned:* 'Llyfr gramadeg' yn llythrennol, ond yma yn drosiadol am Lywelyn. Am *dwned* 'gramadeg' (o enw'r gramadegwr Lladin Donatus) gw. GP 67 a'r enghrau. yn G.

dyfyn: A chymryd *llyfr dwned* yn gyfystyr â Llywelyn, fel yr awgrymwyd uchod, gellir cymryd *dyfyn* fel 3 un. pres. y ferf *dyfynnu.* Gellir fodd bynnag ei ddehongli mewn ffordd arall, sef cymryd *llyfr dwned* i olygu rhywbeth fel rheol neu arfer a *dyfyn* fel b.e. (heb derf. gw. G). Yr ystyr wedyn fuasai 'Arfer Dyfed yw galw gwindai i (wasnaethu) rhandir Llywelyn.' Efallai mai hwn yw'r dehongliad gorau.

6. *plas:* O'r Saes. *place*, gw. EEW 84, lle rhoir yr ystyron 'place, open space, palace.' 'A place' yw'r unig ystyr a ddyry DWS. Cf. RP 1329. 25 bu pla ym pob *plas* ; 1356. 16 yn llawr uffern*blas* ; 1319. 12 lliw bas ewin*blas.* Ceir hefyd yr ystyr 'maes,' yn arbennig maes brwydr, e.e. YCM 19. 17 ym *plas* y urwydyr (gw. nod t. 182) ;

RP 1313. 13 Kereist gynt yth *blas* ath las lafynvin Kri ruthyr morgymlawd. Nid yw'r ystyr yn y Cyfr. fawr fwy na lle, neu efallai le penodedig, AL ii, 362 *plas* gorssed kyfreith, *plas* kyfreithawl. Lle agored dibreswyl yw'r ystyr yn RP 1331. 29 Na wna dat . . . llawr gwyned . . . yn *blas* o draeth bas dreth beirdd. Yn gyffelyb golyga le agored mewn tref fel yn GTA xxvii, 3 Ystrad Fflur, ei stryd a'i *phlas*; HGrC 132 ym *plas* y dinas. Yn Y Bibyl 35. 3 y mae'n gyfystyr â heol neu stryd (gw. nod. t. 100). Yn y testun yr ystyr yw 'ymhob lle.' Cf. isod 42. 38 blaned *blas*.

9. *bar:* Amwys. Geill fod am (1) *barr* 'pen, pig, blaen' CA 222; (2) *bâr* 'llid, digofaint.' Os felly 'mawr ei lid' cf. CA 339 bâr dew (?); (3) TM *pâr* 'gwaywffon'; (4) o'r Saes. *bar.* Pa ystyr bynnag a gymerir, nid yw ystyr yr holl linell yn glir. Dichon fod i *bryn* yma yr ystyr a awgrymir yn 15. 35.

10. *goglais:* Ar yr ystyr 'provoke' gw. CLlH 236, ac isod 87. 65.

13. *a'u myn:* Dangosodd Syr Ifor Williams, CLlH 121, 140, CA 72, fod y rhag. m. *s* yn digwydd droeon lle y mae hefyd wrthrych wedi ei fynegi, e.e. CLlH, t. 13 Neu*s* goruc . . . gelorawr veich. Gw. enghrau. eraill yn nodyn yr Athro Henry Lewis, B xiii, 185. Trafododd yr Athro Lewis y pwnc hefyd yn Brut D 221, a rhoes enghrau. o'r rhag. m. *i* yn cael ei ddefnyddio yr un fath, megis LlDC 84. 2 Mi a*e* gowinneis . . . ba beth orev rac eneid. Dyma ragor o enghrau. H 317. 5 gwraget a*e* met uy martrin; RP 1176. 33–4 Gwr an gwnaeth a*e* gwnel amdanam trugared; 1191. 12 a duw a*e* mynnwys mynyw y dewi; IGE² 80. 14 Crehyr a'*i* hegyr hoywgwys. Y gystrawen hon yn ddiau sydd yn y testun, a'r ystyr yw 'Llywelyn a fyn im ynni a grym.' Y mae a ganlyn yn enghrau. eraill yng ngwaith DG: 23. 41 Magwyr laswyrdd a'*i* magai; 48 Deigr a'*i* mag; 45. 46 Pand Duw a'*i* tâl paentiad hwn?; 52. 35–8 Y dall . . . a'*i* gorug . . . glwyfo'i fron; 78. 36–7 Minnau a'*i* gwŷl . . . ei chwerthiniad; 103. 23-5 F'ewyllys . . . a'*i* dialai . . . d'ymlid

18. *Bryn-y-beirdd*: Y mae'n weddol sicr mai enw lle sydd yma, oherwydd yr oedd tref o'r enw hwn ym mhlwyf Llandeilo Fawr. Gw. Melville Richards, *Welsh Administrative and Territorial Units* (Cardiff, 1969), 22.

23. *aserw:* Nid oes ond pedair enghr. o'r gair hwn yn wybyddus yn ôl G. lle rhoir yr ystyr yn betrus 'gorchudd, mantell, cysgod.' Dyry S. 'sparkling, brilliant, splendid,' a chytuna Loth â'r ystyr hon, ACL i, 455. Nid yw'r enghr. yn y testun yn help i dorri'r ddadl, gan y gweddai'r ddwy ystyr.

29. *bancr:* Dyry R 'dung pot, basket.' Dyry S yr un ystyr ac ychwanegu 'a fender, screen or guard,' gan ddyfynnu o 'araith Wgon,' gw. AP 7, 81. Cf. GTA cxi, 43 I'w fwng ceir llath o *fancr* llwyd. Mewn nodyn, t. 631, terddir y gair o'r Ffr. *banquier*

'gorchudd tros fainc,' a chyfeirir at linell GGr i'r don, DGG[2] lxxv, 64. Ond yno darllenir 'Claer farchlen, clyw, f'ancr wen, f'ainc.' Diau mai T. Gwynn Jones sy'n iawn ac y dylid darllen 'fancrwen fainc.' Buasai mainc wen ei gorchudd yn ddyfaliad da i'r don, ac y mae'n dilyn 'marchlen.' Cf. hefyd 'mainc fancr bali' y testun. Meinciau â gorchudd o bali drostynt oedd dodrefn llys Llywelyn : lle anarlloestrefn ydoedd, h.y. â'i ystafelloedd yn llawn. (Ar *trefn* am ystafell, gw. B. ii, 310.)

35. *Gwri Wallt Euryn:* Dywedir yn PKM 151 mai *Eurin* a ddylid ei ddarllen, ond prawf yr odl yma mai *-yn* yw'r sain i DG.

36. *trawstyn:* Yn CA 296 dywedir am *traws*, 'arferir fel mawl ac fel anfri.' Gw. enghrau. yno. Yma mawl ydyw, a'r ystyr yw 'cryf, cadarn.' Cf. *boywdraws* isod, ll. 44. Geill yr ail elfen fod yn *tyn* neu *dyn*, yr olaf trwy galediad *sdd* yn *st.*

37. *Elfed:* y cwmwd nesaf at gantref Emlyn lle trigai Llywelyn. Yr afon Gwyli (llin. 39) oedd y terfyn dwyreiniol. HW 266.

39. *Gwyli:* Heddiw Gwili. EANC 147.

42. *Pyll:* mab Llywarch Hen, gw. CLlH 5.

Rhodri: Rhodri Mawr, brenin Gwynedd. HW 324.

43. *llinon:* gwaywffon. Cf. G 3, 70. 27; LGC xiv, 33, xvi, 24; P 67 lxiv, 59; DGG[2] lxxi, 12. Yn DN 178 awgrymir mai 'spear dripping blood' yw ystyr wreiddiol y gair, o *llin* fel yn *gwaedlin.* Gw. CA 155.

Beli: Gw. CLlLl 11, MVM 172, PKM 164.

47. *terwyn:* Cf. isod llin. 49. Ar y ddeuair *terwyn* 'tanbaid' a *terrwyn* 'dewr, ffyrnig' gw. IGE 355, CLlH 148, CA 377; y blaenaf sydd yma yn odli â Llywelyn.

48. *llawfron:* 'mynwes,' gw. DGG 186; Be. vii, 187. Cf. isod 58. 18. Y mae'n ymddangos fod y gair wedi datblygu'r ystyr 'dewrder' fel yn IGE[2] 7. 9–10 Cael a wnaethost, post peistew, / Calon a *llawfron* y llew. A dyna yw yma yn ddiau. Cf. ystyr *calon*, CA 147.

49. Gwelir fod y llinell hon hyd y gwant yr un â llinell 47. Dichon fod y darll. cywir wedi colli.

50. *aur-rhuddiad:* Ffurfiad tebyg i *ael-feiniaint* yn 11. 42, sef chwanegu'r terf. *-iad* at *aur rhudd.*

13

Mewn gosteg o englynion fel y gerdd hon y mae bob amser ryw ddyfais i gysylltu pob pennill â'i gilydd. Un yw eu canu'n unodl; un arall yw dechrau pob pennill â'r un gair; ac un arall yw eu cysylltu â chyrch-gymeriad. Gw. CD 293–6. Cymysglyd iawn yw'r englynion hyn yn y llsgrau., a cheisiwyd gwneuthur trefn arnynt yn ôl y rheolau uchod. Afraid ceisio dangos eu trefn yn y copïau. Fel yr argreffir hwy gwelir fod llin. 1–32 yn unodl. Cysylltir yr englyn nesaf (llin. 33) â'r gyfres flaenorol trwy ailadrodd 'Gwae fi,' a chedwir y cyswllt hwn hyd llin. 56. Dechreuir yn llin. 57 gyda chyrch-gymeriad ar 'llys.' Ceir cymeriad llythrennol hyd llin. 72; cyrch-gymeriad hyd llin. 88; cymeriad llythrennol hyd llin. 92; cyrch-gymeriad hyd llin. 96; cymeriad llythrennol hyd llin. 100; cyrch-gymeriad hyd 108. (Y mae 'wnêl' yn llin. 103 braidd yn bell oddi wrth ei gymar yn llin. 106, ond diau mai dyna'r cyswllt a fwriadwyd, cf. GTA vii, 59–61.) Ni ellir canfod dim cyswllt rhwng yr englyn 105–8 a'r englyn 109–12, a theg yw tybio fod rhywbeth ar goll. Ond o llin. 112 hyd llin. 120 ceir cymeriad llythrennol, yna cyrch-gymeriad. Wedyn daw bwlch, ac un englyn, a bwlch eilwaith. Cysylltir y ddau englyn nesaf â chyrch-gymeriad ('diwyd'). Y mae'n bur sicr fod yr englyn olaf yn ei le, oherwydd y mae'n cyrchu i'r dechrau ar y gair 'Dyfed.'

1. *mawrair:* 'ymffrost.' Cf. EWGP iii, 32 chwenneckyt meuyl mawreir. D Diar. Anghwanecgid mefl mowrair.

2. *bro yr hud:* sef Dyfed, oherwydd bwrw hud arni yn y Mabinogi, PKM 51–2. Cf. isod llin. 17 a 15. 2. Am *symud* 'difa, difodi' cf. RP 1265. 11 Twyll a *symut* pwyll. Am yr ystyr 'newid' gw. Y Bibyl 83.

3. *dywedud:* yn yr ystyr o lefaru, h.y. 'to speak,' nid 'to say' fel heddiw. Cf. isod llin. 11 a 30. Cf. PKM 44 kyuodyn tranoeth y bore yn wyr ymlad kystal a chynt, eithyr na ellynt *dywedut*; WM 150 yr na allei *dywedut*; 151 a phei gallut *dywedut* mi ath garwn yn uwyhaf gwr. Am yr ystyr 'to call' gw. DB 51. 2 Ac o hynny y *dywedir* hi y dayar eithaf.

9. *tadwys:* tarddair o *tad.* D pater, genitor. Cf. isod 27. 2. IGE² 85. 6 Pennaeth o *dadwysaeth* da. Ceir mabwys yn *mabwysiad.* Am *mamwys* gw. DGG xxvii, 10 Paradwys yw, *mamwys* medd. Hefyd LlB t. xxx a GMWL 215.

13. *helgud:* Y mae'r gair yn fyw yn Arfon yn y ffurf *helcid.* Am ei ystyron gw. WVBD 201 (1) 'to chase, drive,' (2) 'to drag, lug,' (3) 'to search,' ac fel enw, 'trouble, difficulty.' Hefyd yn Sir Ddinbych, *Cymru* xlvii, 53. Dyry D *helgyd* a *helgud*, Frequentat. ab Hely. Yn B viii, 322 dadleuir mai'r un gair ydyw â *hercyd* a geir yn y De yn y ffurf *ercyd*, yn golygu 'to reach, fetch,' a bod yr *r* wedi troi'n *l* yn nhafodiaith y Gogledd. Terddir ef o'r Gw. *airc(a)id* 'to offer, proffer.' Yn RC xlvi, 58 ceir, A chyn i'r sarff *herkid* y mab, neido a orug y milgi ag ymavael yn y sarff; ac ychwanegir nodyn: 'This word is still current in Glamorgan and means "to fetch, to reach".' Cyn derbyn y tarddiad o'r Wyddeleg, a chymryd felly mai *r* oedd yn wreiddiol yn y gair, dylid cofio am yr hen ffurfiau gydag *l*, e.e. RP 1341. 19 Begyr golwyn gwad drwyn gwaed dryw ar *helcut* (yn cynganeddu â *halcwt*); 1349. 14 Gleif trablud kystud kestyll ros *helkut*; IGE² 59. 27 A *helgyd* meirch hueilgyrn (rhoir yr ystyr 'hela' yn yr eirfa). Ar y gytsain galed *c* yn *helcud* gw. B xiii, 197, lle dengys

Syr Ifor Williams fod TM yr *-g* yn y bôn *belg-* wedi ymuno â'r *g-* ar ddechrau'r ail elfen *-gyd* a rhoi *c*. Yr ystyr yn y testun yw 'yn hela Deifr,' sef gwŷr Deira, hen elynion y Brython yn y Gogledd, enghr. dda, ymysg llu mawr eraill yn y cyfnod hwn, o epithed traddodiadol heb ystyr iddo yn yr oes yr ysgrifennwyd ef.

14. *bwhwman:* Yr ystyr arferol yw 'cerdded yma ac acw, yn ôl a blaen, crwydro, treiglo' G, DGG[2] 245. Yma llif y dagrau.

17. *dwfn:* Ar *dwfn* 'byd' gw. CA 382, PKM 99–101. Gw. *domun.* Tarddair o hwn yw *annwfn* 'y byd mewnol.' Tybed fod *is dwfn* yma yn gyfystyr ag *annwfn*, sef yn y ddaear, gan gyfeirio at Lywelyn yn ei fedd, neu at wlad yr hud ? Sylwer fod P 49 yn rhoi *ys dwfn.* Os hynny sy'n iawn, yr ans. cyffredin ydyw, ac ymgysyllta efallai ag 'ys difai' yn y llin. nesaf.

21. Y mae'r llin. yn rhy fyr o sillaf. Gellid diwygio trwy ddarllen 'Neud dwfn *yw* fy neigr' (fel yn BDG), ond y mae'r gystrawen yn fwy safonol fel y mae.

23–4. Digwydd yr un cwpled yn union mewn awdl i ferch gan Ruffudd ap Dafydd ap Tudur, RP 1264. 3–4.

25. *gwawr:* yn yr ystyr o bendefig neu arglwydd, gan gyfeirio at Dduw. CA 164.

29. *ail Clud:* Am Clud fel enw pers. gw. PKM 14, Gwawl fab Clud. Gan fod *ail* weithiau'n golygu 'mab, etifedd' (PKM 213), dichon mai at Wawl ei hun y cyfeirir. Ond tebycach mai ail yn yr ystyr 'fel, cyffelyb i' sydd yma.

nyw: Mewn barddoniaeth yn y Cyf. Can. ceir *nwy* / *nyw* ar ddechrau cymal perth. neg. yn gyfystyr â *nis*, sef yn cynnwys gwrthrych y ferf ; WG 278, L & P 206. Hwnnw sydd yma yn ddiau, ond ni ddichon fod y rhag. mewnol yn wrthrychol gan mai berf gyflawn yw *pallu.* Gellir ei gymryd yn y cyf. derb., 'ni phallai iddo.' Y frawddeg yw 'Gwae fi fod . . . gawr eiriau mawr am ŵr mud.'

31. *gofud:* Ar y ffurf gw. PKM 157. Awgrymir yno mai'r *f* wefusol a droes yr *i* yn *u.*

33–6. Yma eto cysyllter dechrau'r englyn â'i ddiwedd : 'Gwae fi . . . gwympo crair holl gampau Cred.' A'r un modd yn y ddau englyn sy'n dilyn.

38. *myfyr:* enw yn gyffredin yn golygu 'meddwl.' (Hefyd yn golygu 'bedd,' CLlH 216, ELl 55.) Ond yma ans., efallai 'myfyriol, trwm, trist.' Cf. RP 1265. 7 traha *myfyr.*

40. *cwympo:* TM fyddai'n gywir yma.

41. *darpar:* 'bwriad, amcan' G, PKM 173. Yma eto y mae dau ben yr englyn yn ymgysylltu.

45. *brwyn:* Anodd gwybod ai *brwyn* 'rushes' ai *brwyn* 'tristwch' sydd yma. A'i gymryd fel 'rushes' gellir cynnig dau eglurhad : (1) 'Gwae fi ddwyn, fel brwyn lledrith, freiniol gyhoedd lywodraeth y bobloedd.' Aeth Llywelyn ymaith fel y diflannai brwyn a luniwyd

trwy hud a lledrith. (2) Cymryd 'ail brwyn lledrith' i gyfeirio at 'bobloedd,' eu bod hwy'n plygu fel brwyn o'i golli. Os tristwch yw'r ystyr, gellir cydio *brwyn* wrth *fi*, cf. RP 1306. 13 kyhafyl *brwyn* oe dwyn doe. Y mae'r llin. yn rhy hir o sillaf, ond anodd penderfynu sut i'w diwygio. Buasai'r ffurf gywasgedig 'coedd' yn ei dwyn i'r iawn hyd, ac efallai mai dyna a ddylai fod, er nad yw ar gael yn yr hen farddoniaeth.

55. *llaesu:* Yn CLlH 163 dyfynnir enghrau. o *llaes*, *llaesu* yn ystyr wreiddiol y Llad. *laxus*, sef 'llac, diafael'; YCM[1] 72 *lleysswch* y kadwyneu ychydig, 'slacken the chains somewhat'; SG 178 *llaessu* y helym. Mewn ystyr ffigurol ceir LlDC 79 *llaessa* di var di bart wif; isod 137. 23 *llaesa* boen y dydd a ddaw. D flaccesco; TW d.g. deficio a langueo. Felly nid pell yr ystyr 'ymddatod, adfeilio' fel y sydd yn y testun gyda *llys*. Cf. RP 1306. 4 egoret vrys lys ny *laeso*.

56. *Llystyn*: un o dai Llywelyn; gw. Rhag., t. xv.

arlloesty: tŷ gwag. Ceir y ddwy ffurf *arloes*, *-i* ac *arlloes*, *-i*, gw. enghrau. yn S a G. Ystyr yr ans. yw 'gwag, clir,' a'r ferf 'gwacáu, clirio'; e.e. MA 343b 22 lle heb foes llom *arloes* lleithig; isod 49. 30 I beintio'n hardd . . . lle *arloes* â lliw eurloyw; B v, 12 bwrw allan y kreigiau or ogof val y bai *arlloes* lle r demyl yn y lleon; SG 354 a phawb yn *arlloessi* fford idaw. Dyry D *arlloes*, passim *arloes*, evacuatus, expurgatus. TW *arloesi* d.g. inanio, evacuo; *arlloesi llestri* d.g. decapulo. Amrywiad arno yw *arllwys*, WM 466. 34 ef a *arllwyssei* ford i arthur yn lluyd; a dyma'r ffurf a arhosodd heddiw gyda'r ystyr 'tywallt.' Ceir *anarlloes* 'llawn' uchod 12. 30. Hefyd *diarlloes*, H 238. 14–15 nyd oes ath ueito yth uytyn *diarlloes*. Ar hwn dyry G 'ansymudadwy, diysgog.' Onid 'diwegni, di-fwlch, clos wrth ei gilydd'? Fe weddai ystyr felly am fyddin. Ar y glos HLyd. *loes* a'r anhawster i'w gydio wrth *arloes* gw. ZCP xxi, 304.

57. *digamoedd:* Hon yw'r unig enghr. o'r gair hwn yn ôl G, a chysylltir ef â *cam* 'trosedd, bai, camwri.' Felly yr ystyr yw 'teg, cyfiawn.'

61. *rhull:* cf. isod 138. 6 brodyr duon . . . y sydd . . . ar hyd yr hollfyd yn *rhull*. Yn ôl D 'Alijs largus, liberalis, amplus, Alijs Celer, festinus. Sed mihi videtur significare, Temerarium, alacrem, praepetem.' TW d.g. dilargior. Y mae i'r gair yr ystyr 'parod, hael,' fel yn GID 52 Llaw yn roi yn llawen *rvll* / lleyky wenn llaw ai kynnvll; RP 1305. 5 *Rull* garwy reit gofwy rat gyved. Dan *fundo* dyry TW 'rhoi yn rhull, rhoi yn hael-fflwch.' Y mae iddo hefyd ystyr fel 'annoeth, anwybodus, anfedrus': LlB 16. 16 (amr. 134) Or myn y brenhin dodi neb vn [*rull*] agkyurwys ac amharawt yghyureith yn vrawdwr llys. (Yn yr eirfa 'byrbwyll.') RP 1347. 11 (mewn cerdd ddychan) mab gormes glafres glwyf*rull*. Efallai mai datblygiad yr ystyr oedd 'cyflym, parod, hael,' ac ar y llaw arall 'cyflym, gorgyflym, di-bwyll.'

68. Gan nad cyfaddas iawn cymryd *llwfr* gyda llyfr a thelyn, atalnodwyd y cwpled i gysylltu *dysg* â *llyfr a thelyn*. Am y fannod o flaen *dysg* ac yntau'n cael ei ddilyn gan enw yn y cyf. gen., gw. Y Bibyl 67.

69. *chweg:* 'melys, pêr.' Anodd deall hynny yn y cyswllt hwn. Ai dagrau melys ?

70. *maeliereg:* Ar *mael* rhydd D 'lucrum, emolumentum, quaestus.' Benthyg o'r Saes. *mail*, EEW 194 ; RP 1375. 39–40 ny roes neb *vael* wyneb vwy. Cf. RP 1378. 37 ; GTA xcvii. 33. Benthyciwyd hefyd *maelier*, EEW 109 (D mercator), e.e. G 3, 68. 87 (LGC 388), a lluniwyd ben. *maelieres*, gw. isod 31. 57 *maelier* y gerdd ; 42. 24 *Maelieres* Mai oleurwydd ; DGG lxv, 44 Mal ar sud *maelieres* wyd. Ceir hefyd y tarddair *maeleriaeth*, FfBO 50. 15. Ystyr *meulwr* yn Arfon yw 'middleman,' B i, 98. Ceir *mael* 'arfogaeth' hefyd o'r Saes. *mail*, e.e. GGGl lv, 37 *maels* ei glog. Yr ystyr yma gyda chyllell yn ddiau yw ei bod wedi ei phrynu, neu efallai yn gyllell y talwyd am ei defnyddio, h.y. fod lleiddiad Llywelyn wedi ei hurio gan rywun. Anghyffredin yw'r terf. *-eg* mewn ans., ond cf. isod 139. 45 mangnel Wyddeleg. Gellid cynnig ei esbonio fel ffurf fen. artiffisial i'r terf. *-ig* o'i ddeall fel *-yg* oherwydd ansicrwydd am werth *y* o flaen *g* (cf. *perigl*, *peryglus*, etc.). Cf. y ffurf fen. i'r terf. *-llyd*, creu*led*, gwyar*lled*, etc. WG 240. Prin y geill fod y terf. a welir yn *banereg*, *Saesneg*, *gramadeg*, etc., oherwydd ffurfio enwau a wna hwn.

77. *Y Ddôl-goch:* un arall o dai Llywelyn, gw. Rhag., t. xv. Y mae'r ll. yn rhy fyr. Ceir 'gwedi gŵyl' yn BDG, ond nid yw'r llsgrau. gorau o blaid hynny, ac y mae 'ddaly gŵyl' yn rhoi cyng. fwy nodweddiadol o DG.

89. *gwaelfyrn:* Ar *byrn* gw. isod 21. 69.

101. *argae:* Yn ogystal â'r ystyr gyffredin y mae i'r gair ystyron trosedig, 'amddiffyn, nawdd, noddwr' G. Ond ni weddai'r un ohonynt yma. Y mae rhai enghrau. yn golygu 'bedd' ; RP 1281. 10 O glywet mynet ym meinin *argae* (Rhisierdyn ym marwnad Hywel ap Gruffudd) ; MA 255a 25 Lle y mae *argae* ar Gymro dinam. Y mae hon yn ystyr naturiol o'r bôn *cae*.

103–4. Cynhwyswyd dihareb yma : A wnêl drwg arhoed y llall D Diar., B iii, 14. 52.

105. *ffêr:* 'cadarn.' Am drafodaethau ar y gair gw. CA 172 ; CLlH 88 ; ACL i, 461 ; RC xli, 383, xliii, 249. Cf. uchod 6. 21.

107–8. Ymgais i gynganeddu'r ddihareb 'A laddo a leddir.' Cf. uchod 98.

109. *oerwan:* Geill mai *gwan* 'weak' yw'r ail elfen. Ond mwy tebyg mai bôn *gwanu* 'taro' ydyw. PKM 169, 170 ; CA 132, 135, 174, 224. Felly 'ergyd alaethus.'

117. *fflowr dling dy lis:* Trychiad ar *fflowr dy lis*, o'r Ffr. *fleur de lis* (efallai drwy'r Saes. *Flour de lyce*), sef y lili, dyfais gyffredin mewn

herodraeth. Am ddefnyddio'r ymadrodd fel term moli cf. IGE^2 159. 12 *Fflŵr d'lis* awen ddewis ddofn, ym marwnad Gruffudd Llwyd. Am y ffurf *dling* awgrymodd Mr. J. H. Watkins imi y geill fod yn fenthyg o'r Ffr. *de ling* (neu *de lign*). Ystyr *ling* yw 'line, family, lineage' (Ffr. Diw. *ligne*). Yr ystyr gan DG yn ddiau yw 'o dras, o linach, bonheddig.' Ni wn beth yw arwyddocâd y cyfeiriad at glochdy Paris yn y llin. nesaf.

122. *aur Afia:* Gw. G d.g. *Auya*. Ffurf Gymraeg Arabia oedd *Arafia*, a chysylltir yr enw gan y beirdd o hyd ag aur : IGE^2 219. 27 Eurwr wyf aur Arafia ; GTA lxxiii, 81 E roe rif aur Arafia. Fel y nodir yn IGE^2 394 'cymysgwyd y sillaf gyntaf ag *yr* y fannod.' Cf. Y Mwythig, Y Bermo, etc. Felly y caed *yr Afia*, e.e. RBB 148 hwnnw a ofynhaant *yr avia* ar affrica ; P. 76, 133 Pert oedd ar vin dewin da / roi rived aur *yr afia*. Yna collwyd *yr:* H 188. 22 wyt rodyat rudeur *afya* ; 284. 1–2 Ac ystyr brif unben mor brid / *eur afya* os ef ry erchid ; IGE^2 319. 26 Oreufab o aur *Afia* ; 58. 16 Arianllythr *Afia* unlliw. Felly yn y testun. Cyfeiria'r ymadrodd at 'fy ewythr' llin. 121.

124. *yng ngwyllt:* Ystyr 'myned yng ngwyllt' yw gwallgofi. B i, 228.

129. Y mae'r llin. yn rhy fyr o sillaf, ond nid oes yn y llsgrau. ddim awgrym sut i'w diwygio.

130. *Llandudoch:* hen gartref y teulu. St. Dogmaels yn Saes. heddiw. Gw. Rhag., t. xv.

133. *heilbryn:* yn prynu hail, sef bwyd a diod ar gyfer gwledd. Cy xxvi, 146 ; IGE 353. Cf. uchod llin. 29.

137. Llin. fer eto.

14

Ar Ieuan Llwyd gw. Rhag., t. xxxvii.

9. *temlau:* Am yr ystyron 'crug, pentwr' ac yna 'eisteddfa, gorseddfa,' gw. CA 244–5.

11. *na:* Am *na* lle defnyddir *ni* mewn Cym. Diw. gw. isod 77. 11. Cf. llin. 13.

13. *dofaeth:* D 'Caeth dofaeth yw dyn a dricco o gariad, heb ei brynu, gyda mab uchelwr.' Cyfansoddiad y gair yw *dy-go-maeth*. Cf. *dyofag* B vi, 130.

16. *dofraeth:* Term cyfreithiol, ond yn y ffurf *dofreth*. GMWL 117 'quarters, billeting during progress.' Am y ffurf *dofraeth* cf. IGE cxii, 38 ; newidiwyd yn *dofraff* yn IGE^2 321. Yn ôl Syr Ifor Williams, B xi, 80, benthyg yw *dofreth* o'r hen ffurf Wydd. **dámreth*, a ddatblygodd yn *dámrad* 'company, retinue, visitors.' Dengys hefyd i *dofreth* fagu'r ystyr 'cylch' erbyn amser cyfreithiau Hywel. Y syniad yn y testun yw bod Dafydd yn cael ei dderbyn gan Ieuan fel y derbynnid teulu'r brenin yn nhai'r taeogion.

19. *treftadogaeth:* Sylwer fod B 23 yn rhoi 'tres tadogaeth.' *Tres* 'cynnwrf, cythrwfl' CA 308. Gellid synnwyr ohono yma efallai.

24. *gwedr:* O ran y gystrawen geill y gair hwn fod yn enw neu ans. Nis ceir yn y geiriaduron ac nis gwelais yn unman arall.

28. *awr:* TM o *gawr* 'llef, cri,' yn hytrach nag *awr* 'hour.'

31. *gwaeanwyn:* Hen ffurf *gwanwyn*, WG 101. Y mae'r rhagwant yma ar y chweched sillaf yn lle ar y bumed yn ôl yr arfer draddodiadol, ond nid oes dim yn y llsgrau. i warantu newid y darll. Cf. llin. 47, lle mae'r rhagwant ar y bedwaredd sillaf.

39. *treisiaeth:* Nid yn ystyr gyffredin *trais* 'gormes.' Yn CA 261 rhoir yr ystyr 'cadarn, meistrolgar' i *treissic*, a diau mai rhyw ystyr fel 'cadernid' a olygir yma. Cf. hefyd esboniad Syr Ifor Williams ar *treisguenn* 'of holy might' am fagl Padarn, CLlGC, ii, 75.

40. *Huail:* Enw dyn yn ddiau, fel yr awgrymwyd yn IGE² 367. Yn IGE² 178 gelwir Wiliam Tomas o Raglan gan Lywelyn ap y Moel yn 'Huail y glêr.' Cf. LGC 199. 43 Dafydd val cynnydd Huail ab Caw. Am drafodaeth ar Huail a'i berthynas ag Arthur gw. R. Bromwich, TYP 408.

15

Ar Hywel ap Goronwy gw. Rhag., t. xxxviii.

1. *canon:* G 'canon, rheol, cyfraith; y Beibl; weithiau'n ffig. rheolwr.' Ond yn y testun y mae'r ystyr yn gyffelyb i'r hyn a roir yn niffiniad OED : 'A clergyman (including clerks in minor orders) living with others in a clergy house (*claustrum*), or (in later times) in one of the houses within the precincts of a cathedral or collegiate church, and ordering his life according to the canons or rules of the church.' Fel Deon Bangor buasai Hywel yn ganon yn yr ystyr eang hon i'r gair fel yn IGE² 85. 17 Conffesor, can offisial sy i ti . . . *canonwyr* mawr . . . priorau, abadau beilch. Defnyddid y gair yn Gymraeg hefyd am fynaich, yn arbennig y rheini a oedd yn perthyn i hen sefydliadau Cymreig a heb ymuno ag urddau adnabyddus y Cyf. Can. fel y Sistersiaid neu'r Benedictiaid. Canoniaid y gelwid mynaich Ynys Lannog, Ynys Enlli, a Beddgelert. HW 216, 689, n. 205. Cf. HGrC 134 yd aeth en ysgraff e *canonwyr* en aber daron.

sud: enw, 'modd, ffurf, dull.' D modus, forma, species. Cf. H 61. 7; RP 1262. 37, 1270. 44, 1407. 7; GID 79; IGE² 18. 10, 26. 18, 186. 14, 335. 14. Ceir hefyd ans. ohono, *sudaidd* IGE² 189. 15, 'moddus, gosgeiddig.' Gw. CA 360, EEW 173.

Mordeyrn: LBS iii, 502. Ceir cywydd iddo gan Ddafydd ap Llywelyn ap Madog. G 3, 110. Digwydd ei enw eto isod 101. 11.

2. *Gwlad yr Hud:* Dyfed, cf. uchod 13. 17.

3. *Cybi:* LBS ii, 202.

4. *Sud:* Benthyg o'r Saes. *Jude.* EEW 173.

6. *Gwinau Dau Freuddwyd:* Dyma enw hendaid Llywelyn Sant o'r Trallwng, yn ôl Bonedd y Saint, Cy vii, 134; LBS iv, 370–2. Awgryma Stern, 221, fod yma gyfeiriad at ddau gyfenw Judas, Lebbaeus a Thaddaeus, ond prin fod dim yn hynny. Yr oedd i Lywelyn fab, Gwrnerth, a hwy ill dau oedd nawddsaint gwreiddiol eglwys y Trallwng, Owen, *Pemb.*, iv, 545. LBS iii, 388. Ceir 'Ymatreg Llywelyn a Gwrnerth,' cerdd grefyddol ar ffurf ymddiddan rhyngddynt, yn RP 1026–7.

7. *Silin:* Yn ôl LBS iv, 203 ffurf Gymraeg Giles yw Silin.

ffrangsens: o'r Saes. *frankincense.* OED *franke ensens* 1387.

8. *Elien:* Ceir tair ffurf i enw'r sant, Elien, Elian, ac Eilian, LBS ii, 435.

10. *pân:* Yn EC i, 320 dangosodd yr Athro Henry Lewis mai ystyr *pân* i gychwyn oedd 'bog down, cotton grass' (cf. B vi, 152), a'i fod yn gytras â'r Gw. *canach* 'bog cotton.' Ystyr ddatblygedig yw 'fur, ermine,' fel yn y testun. Gw. hefyd CA 65. Cf. isod 81. 29.

11. *geirwgalch:* Y mae ystyr *geirw* yn ddigon adnabyddus, sef crych neu donnau ar wyneb dwfr, ac yna yr ewyn gwyn a ffurfir. Yr oedd yr eglwys wedi ei gwyngalchu nes ei bod mor wyn ag ewyn.

organ: Cyfeirir at yr organ ym Mangor gan GGr yn yr ymryson, isod 149. 35.

12. *atynt:* Amlwg nad 3 llu. yr ardd. *at* yw hwn. Yn hytrach *ad-hynt*, ac *ad-* yn gwaethygu'r ystyr, gw. WG 263, B iii, 271. Cf. *adfyd*, *adflas*, *adwaith*, D opus imperfectum. Felly 'heb hynt ddrwg,' h.y. 'yn rhwydd, yn fedrus.' Ni wn am yr un enghr. arall o'r gair. Ar ffurfiau cyfans. o *hynt* gw. B xi, 38.

14. *lliniodr:* pren wedi ei dorri'n wastad i dynnu llinell union ag ef, Saes. *ruler.* Cf. YCM 168. 7.

17. *dwydraidd:* Ai y *dwy* yn *gorddwy*? Cf. CA 260. Os felly, 'yn treiddio trwy ormes.' Gwell hynny efallai na *dwy* 'duw,' G 402.

18. *camruad:* Dyry G (d.g. *cam*) *camrwy* 'trais.' Ai gwall am *camrwyad* sydd yma? Efallai ymgyfnewid *wy* ac *u*, fel *dywedwyd* > *dywedud.*

26. Darllener y llin. hon, 'neud bardd ffyrfair, ffurfaidd ei neddair (llaw).'

30. *Nen:* 'arglwydd.' Cf. uchod 5.20. Yr ystyr yw 'nid byw dan y sêr arglwydd fel fy llyw.'

31. *nid un:* Yn y gyfres sy'n dilyn yr ystyr yw 'nid yr un peth yw . . . â . . .' Math o gyffelybiaeth yw hyn lle y dangosir fod Hywel yn rhagori ar eraill fel y rhagora gwalch ar gyw dryw, gwenith ar haidd, gwin ar faidd, etc.

35. *bryn:* O'r ystyr gyffredin y mae'n ymddangos ddyfod yr ystyr 'uchelder, amlygrwydd.' Yn y testun nid yr un uchelder neu urddas sydd i febyn ag i hynaif. Cf. am y llwynog, isod 22. 35 cynnwr *fryn*, un sy'n amlwg am beri cynnwr; am uchenaid, 109. 5 bron a'i deily,

bryn y dolur ; y mae dolur yn uchel neu amlwg yn y fron ; am yr haul, 27. 50 *fryn* wybrluwch fry. Am ddatblygiad ystyr cyffelyb cf. CA 157, lle dangosir mai'r un bôn sydd i *mynydd* a *mynawg* 'arglwydd, teyrn,' neu fel ans. 'aruchel, bonheddig.' Ond gw. L a P, 2.

36. *gwenithgnaif:* Cyfyngir *cneifio* heddiw i dorri gwlân defaid. Ond yr oedd iddo ystyr ehangach gynt, gw. G. Sonnir am gneifio gwallt a barf, ac yn MA 117b. 31 ceir 'cneifo yr yd glas.' Bôn y ferf yw *cnaif* yma yn cael ei ddefnyddio fel ans., cf. WG 396 ; *gwlân cnaif*, TW d.g. tomentum. Felly gwenith wedi ei dorri.

37. *naddfin:* Tebyg mai at fin y cwpan y cyfeirir (yn hytrach na'r wefus), a hwnnw wedi ei naddu neu ei weithio.

39. *Bleddyn:* Rhyw fardd sâl cydnabyddedig. Ceir amryw gyfeiriadau dirmygus ato, e.e. isod 154. 36, ac ym marwnad DG gan GGr, isod t. 428. Yng nghywydd y Cwest (B i, 237 ; IGE[2] 117) enwir 'Bleddyn, glerddyn glwys.' Cydoesai â Llywelyn Goch a Moel y Pantri. Ceir yn y llsgrau. englynion gan Fleddyn Ddu Was y Cwd (B i, 239–40 ; GP xxviii). Y mae dwy awdl dduwiol gan Fleddyn Ddu yn RP 1249, 1284. Ai'r un gŵr oedd y ddau hyn ? Am feirdd eraill o'r enw Bleddyn gw. G. 57.

40. *eddylwas:* Gw. amr. Diau ei bod yn ddiogel adfer *eddyl* 'bwriad, amcan, arfaeth, cynllun' G. Defnyddir hefyd fel ans. Cf. CA 200 ; RC xlii, 401. Felly *eddylwas* yw dyn amcanus, cynllwyngar, medrus.

berw: G 'crychias, bwrlwm ; cynnwrf, helynt.' Ac am *berwi* '. . . yn ffig. am y meddwl yn cynllunio.' Y mae peth o'r ystyr hon yn *berw* hefyd, ac ynglŷn â bardd golyga gân neu farddoniaeth, e.e. ym marwnad Trahaearn, RP 1229. 34 doeth dichwerw y *uerw* hyt wlat ueiryawn ; ym marwnad Iorwerth, RP 1262. 16 gwawt eurllythyr baradwyseid *berw* disathyr. Berw Cynddelwaidd yw cerdd ar ddull Cynddelw Brydydd Mawr.

43. *dwysgel:* Ni welais enghr. arall ond honno a rydd G, sef GP 63. 26, dwysgel bryd. Ai o *dwys* + *cêl* ?

16

Ar Angharad gw. Rhag., t. xxxviii.

1. *didyr:* Gw. G d.g. *didor* lle yr awgrymir y geill *didyr* fod naill ai'n 3 un. pres. myn. y ferf *didorri*, ac felly'n golygu 'rhed, llifa,' neu'n llu. yr ans. *didor*.

difyr: Cf. isod 43. 25 A dwfn ydd â a *difyr* / Yn y tân y dyn a'i tyr. Hen ystyr *difyrru* oedd 'byrhau,' G 341, PKM 126, *diuyrru* y dydd ; a *di-* yn gadarnhaol neu gyfnerthol. O hyn y daeth yr ystyr ddiweddar, 'hyfryd, dymunol.' Ond amlwg nad cyfaddas yn y ddwy enghr. hyn. Dyry G 'difetha' fel ail ystyr i *difyrru*, gyda dwy enghr. Dichon mai o'r syniad o fyrhau einioes y daeth yr ystyr hon. Y mae'n ymddangos mai *di-* negyddol sydd yn yr enghrau. hyn o DG, ac mai 'hir' a olygir wrth *difyr*. Dwfn a hir fydd y dyn yn y tân. Yn y testun llifa'r dagrau'n hir. Cf. IGE[2] 151. 31–2 A'r Gair o'r dechrau a gad, / Duw fu'r Gair, *difyr* gariad. Onid yr ystyr yw 'cariad hir,' gan ei fod o'r dechreuad ? Eto 225. 11 *Difyr* fanwallt edafedd. Yn sicr, gwallt hir a olygir.

adafael: Yn y Cyfr. 'distress, seizure,' GMWL 5. Digwydd y gair unwaith yng ngwaith y Gogynfeirdd, RP 1207. 11 dwyn gwawr dan llawr llann. nyt *adauel* gwann neut ediuar. Dyry G yr ystyr '? gafaelgar, sefydlog.'

5. *buail:* llu. o *bual* 'corn yfed.' Defnyddir yr unigol a'r lluosog yn gyfystyr ag arglwydd. Yma arglwyddes a olygir, a'r TM yn dilyn.

7. *gwaesaf:* 'gwarant, meichiau, amddiffynnwr.' Gw. *foessam* 'protection,' ac mewn ystyr gyfreithiol 'the escort or protection which a guest received on his visits passing from one house to another.' Gw. Diw. *faosamh* 'peace guarantee, safeguard ; help, succour' (Dinneen). Gw. RC iii, 97. Yn y Cyfr. 'gwarant' yw *gwaesaf*, LlB 44. 12 ; 116. 11 ; 120. 7, 17. Ond y mae iddo ystyr ehangach mewn barddoniaeth, e.e. LlDC 50. 2 Oef kas gan gwassauc *guaessaf* Rydirch ; 'noddwr, amddiffynnwr.' Cf. RC xxxviii, 300 ; l, 151. Rhydd rhai llsgrau. *alaf arwaesaf*, a buasai'n haws cael ystyr i'r llinell felly (ar *arwaesaf* 'amddiffyn, gwarant' gw. G), ond prin efallai y buasai *arwaesaf wiwsail* yn gwbl foddhaol mewn cynghanedd, a'r darll. a argraffwyd a geir yn y llsgrau. gorau.

wiwsail: Prin mai *sail* 'gwaelod, sylfaen' sydd yma. Yn DGG[2] 230 deellir *sail* yn DGG lxxv, 54 o doi adref â *sail*, fel llu. o *sâl* 'rhodd.' Diau mai hwnnw sydd yma. Gellir cynnig ystyr i'r holl linell fel hyn : 'yr un sy'n enwog am amddiffyn cyfoeth a rhoi rhoddion gwiw.'

9. *Indeg:* un o rianedd yr hen amser sy'n safon prydferthwch i'r beirdd. Yn RM 302 enwir 'Indec uerch arwy hir' fel un o 'deir karedicwreic' Arthur. Gw. R. Bromwich, TYP 412.

11. Nid yw darll. y llinell hon yn gwbl sicr. Dyry mwyafrif y llsgrau. y darll. a argraffwyd, a gellir efallai ei egluro fel 'hudol yw pob bywyd ond yn nef Duw, cartref bywyd tangnefeddus (hoedl dangnef dref).' Ond y mae'n werth ystyried diwygiad posibl. Yn B 23 (hanner cyntaf yr 16 g.) ceir 'Hud hyd ar dangnef nef nêr.' Nid oes synnwyr yn hyn fel y saif, a theg yw casglu fod y llinell yn llwgr. Un o brif achosion llygru yw gair anghyfarwydd, ac os cymerir fod *hud* yn 'ddiwygiad' ar ryw air anadnabyddus, gellir efallai adfer *hu* 'so.' Y mae enghrau. gweddol fynych o rannau o'r ferf 'bod' yn dilyn *hu*, gw. B. viii, 238, a dichon mai gwall am *bydd* neu *bid* yw *hyd*. Dichon felly y gellid darllen y cwpled fel hyn : Hu bid, ar dangnef nef nêr, / Hudol yw, hoedl i lawer. A'r ystyr gyffredinol fuasai 'Felly boed bywyd i lawer yn nhangnefedd Nêr y nef.' Am y defnydd o *ar* yn *ar dangnef* cf. *ar osteg*, *ar gyffro*, etc., G 33. Ond y

mae dau anhawster yn y darll. hwn. Yn gyntaf, ni ellir ffitio 'hudol yw' i'r cwpled. Ni eill ymgysylltu â dim ond 'nef nêr,' ac nid yw 'hudol' yn air a eill gyfeirio at Dduw. (Y mae'n wir y ceir 'dewin' yn aml am Dduw, ond y mae amgen ystyr ac urddas i'r gair hwn rhagor na 'hudol,' er gwaethaf eu tebygrwydd arwynebol.) Yn ail, y mae gwell cymeriad rhwng dwy linell y cwpled fel yr argraffwyd ef nag yn y ffurf ddiwygiedig a awgrymwyd uchod.

13. *Pennardd:* cantref yng Ngheredigion, lle'r oedd cartref Angharad. HW 258–9. Gw. Rhag., t. xxxviii.

14. *Esyllt:* cariad Trystan. B v, 115.

15. *cyfarf:* Gw. ar 7. 11 uchod.

19. *neud ym brad:* cystrawen go anghyffredin. Ceir *neud* yn rheolaidd o flaen enw, WG 477, ond yma rhoed yr ardd. *ym* rhwng *neud* a'r enw *brad*. Hwn yw darll. y llsgrau. hynaf.

21. *rhy irad:* Y mae digon o enghrau. o *rhy* yn golygu 'very,' nid 'too' fel yn yr iaith ddiweddar; LGC 13. 48 I'r tai *rhy* iachus a'r tir uchel; RP 1316. 13 *Ry* hael aerllew glew; 15 *Ry* hydyr ffyryfder ner; MA 276a. 39 *Rhy* flin yw attal llwydd arial lludd, *Rhy* flwng yw echwng echel ddeurudd. Erys yr ystyr o hyd yn *rhwyr* o *rhy* a *hwyr*. Cf. Gw. *ró-thréan* 'very brave,' *ró-eolach* 'very skilful' (Dinneen). Rhediad y frawddeg yn yr englyn hwn yw 'Rhy irad . . . fu orfod . . . rhwymo derw rhom a'i deurudd.'

26. *urael:* D asbestinum, ac ychwanega 'Urael yw llieinwisg o'r manweiddiaf o'r maen ystinos. ac a olchid â'r tân wedi y budreddai.' Cf. LlA 95 Sef yw yr ystinos, maen gwerthuawr claerwynn ac a geffir yn yr yspaen eithaf. ac a ellir y nyddu. a gwneuthur gwiscoed or adaued hwnnw. ar wisc a wneler ohonaw a olchir yn y tan pann vvtraho. a byth y para. Gw. HGCr 252; IGE² 366. Cf. RP 1318. 31 dyn eur a vu yn dwyn *vrael*; 1320. 7 Pall *vrael* ydoed kynn pell wryt gro; 1329. 2 Gweleis symut sut sidan ac awmael ac *vrael* ac aryan; IGE² 219 Y rhiain ddiorhewg / A'r ael ddu, *urael* a ddwg. Amlwg mai defnydd drudfawr i wneuthur gwisgoedd yw'r ystyr i'r beirdd, nid yr asbestos a ddisgrifir yn LlA. Y mae ystyr letach yn LGC 475. 51 (G 3, 29b) Ar dyrrau gwynion ar dai *urael*—mawr / Y mae ei lawn afael. 'Gwych, rhagorol' yw'r ystyr yma. Cf. isod llau. 46, 53.

31. *ffysg:* Gw. uchod ar 5. 42. Yma 'hoen bywiog.'

un: Gw. uchod at 15. 31. 'Nid oedd un . . . â hi nebun,' h.y. nid oedd nebun yn gyffelyb iddi.

34. *tragyr:* 3 un. pres. myn. o *tragyrru*. Ar *gyrru* 'taro' gw. isod 131. 18. Yr ystyr yw bod dagrau'n blino'r bardd.

37. *gofalus:* Nid 'careful' fel heddiw, ond 'llawn poen.' PKM 288.

41. *gorhoffter:* 'mawl' yw un o ystyron y gair, gw. B ii, 40, lle dyfynnir CCh 5 Hu vrenin corstinobyl a gigleu *gorhoffter* a ragor clot idaw rac eraill. Felly yma 'nêr moliant' yw Duw.

44. *rhwyf:* Am amryfal ystyron y gair gw. CA 246, DGG² 189. Cymysgwyd yn gynnar yr enw, *rhwyf* ('*oar*, arglwydd, balchder, cynhaeaf') a'r adf. *rhwy* '*too*.' Cymysgu sydd yma, a'r ystyr yw 'yn rhy sydyn drist.' Fel y dengys y TM, enw yw *brad*. Digwydd hefyd fel ans., e.e. RP 1170. 16 gwedy golwc *urat* goleuat gwawr; 1299. 41 prit yr tavodeu oe brotyeu *brat*; 1357. 14 effeiryat *brat*.

48. Gan mai cyfarch Duw y mae'r bardd yn y llinellau hyn, y mae'r cyfeiriad at Ddofydd Dad yn y 3 pers. yn y llinell hon braidd yn chwithig. Gallai'r *a* o flaen Dofydd fod yn ebychiad (gw. G 5), ond pe felly disgwylid y TM ar ei ôl.

49. *ymystig:* Efallai y dylid darll. *amystig*, fel *amdlawd*, *amdrist*, *amdrwch*, etc. Digon cyffredin yw ymgyfnewid *am-* ac *ym-*. 'Diwyd, dyfal' yw ystyr *ystig*, Be ii, 174, DGG² 230.

51. *Eigr:* Merch Amlawdd Wledig, a gwraig Gorlois, Iarll Cernyw, yn ôl Brut Sieffre, RBB 176–9, Brut D 135–9. Hi oedd mam Arthur.

53–4. Y mae darll. y toddaid hwn yn dra amheus. 'Fun arael' yw darll. amryw o'r llsgrau, ond nid oes yn G ond un enghr. o *arael*, a honno'n ansicr. Felly gwell derbyn *urael* yn ei ystyr eang o 'wych, godidog.' Yng ngweddill y fraich gyntaf darllenwyd 'irad nad byw,' er bod hynny'n torri ar rediad y darn o flaen y gwant. Gellid efallai gymryd 'irad' gyda 'fun urael fain,' yn yr ystyr 'truan,' a darllen 'nid' yn lle 'nad,' fel y gwneir yn rhai o'r llsgrau. Am ail fraich y toddaid gwelir fod y llsgr. B 23 yn rhoi 'unlliw geirw geirw gwiw garw gawad.' Cywirer hyn wrth lsgrau. eraill, fel P 240 (er ei diweddared) a cheir 'unlliw geirw gywiw gwiw garw gawad,' peth sy'n hollol gydnaws â chymhlethdod mydryddol yr awdl hon. Ond gan fod y darll. a argraffwyd yn cyfeirio at 'ryw' (teulu) Angharad, a'r toddaid nesaf yn sôn am ei brodyr maeth, gwell efallai dderbyn hyn. Ansicr braidd yw 'unllyw,' ond dichon mai cyfeirio y mae at ei gŵr Ieuan, a grybwyllir yn y pennill nesaf.

57. *gwrygiant:* Cf. 59. 21 *Gwrygiant* serch eurferch erfai; H 155. 4 cad *wrygyant*; 258. 11 ef goreu a vu o uab tad. a mab gwreic *gwrygwys* y pwyllad; P 67. 106 o gav r gadwyn *gwryc* ydiw (am farch). Ar *gwrygio* dyry D 'augere, crescere,' TW d.g. masculesco, vigeo, viresco. Felly 'cryf' yw *gwryg*; 'cryfhau, ymnerthu, tyfu' yw *gwrygio*. *Gwrygiant* 'cryfder, cadernid, cyfnerthiad.'

eurddoniad: Cf. G 3, 171b Mawr stad *aurddoniad* vrddyniant gwirfad (Marwnad Iarlles Penfro). Angharad oedd cyfnerthiad gwychder y macwy urddasol, a'r macwy hwnnw oedd ei gŵr, a ddisgrifir yn y toddaid nesaf.

58. *golywy:* Ceir *llywy* fel enw priod ar ferch, a hefyd fel ans. 'hardd, prydferth,' e.e. DGG lxvii, 1 Myfanwy *lywy* liwod; RP 1282. 6 Meuanwy kywy (darll. *lywy*) oleuwed. Gw. CA 258, 286; RC xl, 25.

59. *garthan:* Dyry geirfa'r beirdd (B ii, 139) 'c.id, rhyfel, brwydr.' Yn CA 169 ychwanegir yr ystyron 'gwersyll, neu'r amddiffynfa o'i gwmpas.'

61. *gwaedgoel:* Ffurf ar *cofl* yw *coel*, DGG² 171, 178. Am y trosiad ystyr cf. IGE² 177. 17 Pôr *dawngoel* parod angerdd, h.y. arglwydd a chanddo lwyth neu goflaid o ddawn. Diau mai 'pennaeth' yw ystyr *rhwy* yma, er mai *rhwyf* yw ffurf lawn y gair (gw. uchod 44). Dibynna ystyr fanwl y tri gair cyntaf yn y toddaid ar prun a roir ei gwerth i'r gytsain gysefin yn *rhwyf* ai peidio. Fel y mae, brawddeg enwol a geir: 'llawn gwaed yw gwaywffon y pennaeth.' Os tybir y dylai fod TM yn *rhwy*, ond bod DG yn ei anwybyddu, fel y gwna rai gweithiau, yna ffurfia *gwaedgoel saffwy* ymadrodd ansoddeiriol gyda *rhwy*: 'pennaeth â'i waywffon yn llawn gwaed.'

63. *galon:* Fel rheol lluosog, 'gelynion.' Ond awgrymir yn CA 220 y geill fod hefyd yn unigol, a chymharu'r Gw. *galann*. Gwrthwynebwr gelyn (neu elynion) yw Ieuan, ac un cyfartal â milwr—*gartheiniad gythar*. Ar *gartheiniad*, cf. 59 uchod. Ar *cythar*, G 197.

64. *uriad:* D senator, senex. Cf. IGE² 238. 26; G 3, 6b Dug lawffon Aaron *vriad* / Almwns a dail mewn ystad; GGGl lxxxv, 29 *Uriad* y Berfeddwlad fawr. Y mae'n fwy cyffredin yn y ffurf gyfansawdd *henuriad*; IGE² 24. 11; 25. 25. Ceir Teyrnon *henur* yn LlT 34. 21. Esbonnir hwnnw gan Loth (ACL iii, 41) fel *hen* a **gur*, cytras â'r Gw. *guaire* 'noble.' 'Pennaeth' yw ystyr *uriad*, nid 'hen ŵr' fel yn y geiriaduron. Cy xxvi, 121.

66. *alawir:* *alaw* a *hir* efallai, yn hytrach nag ailadrodd *ir*.

78. *gwanas:* Gw. PKM 200, lle dangosir mai 'hoelen' yw'r ystyr gyntaf, yna 'prop, stay, support.' Yma defnyddir yn ffigurol, 'cynheiliad cywirlys'; cf. MA 217a 33 *gwanas* deyrnas.

17

Ar Rydderch a Llywelyn gw. Rhag., t. xxxix.

9. *pa'r dwrw:* *pa'r*, talfyriad o *pa ryw*, WG 292, L & P 228.

10. *pefr:* Yn gyffredin 'disglair, golau,' PKM 286. Yn y testun defnyddir y gair yn drosiadol, gloes olau, amlwg. Cf. 'gloyw floedd' y ceiliog bronfraith, 28. 10 isod.

11. *Llywelyn:* Cysyllter â Fychan, llin. 13.

15–6. *Amlyn*, *Emig:* Cyhoeddwyd 'Cedymdeithas Amlyn ac Amig' yn RC iv, ac yn llyfryn gan J. Gwenogvryn Evans yn 1909.

20. *ail:* Er rhyfedded ar yr olwg gyntaf yw *ail* yn dilyn *trydedd*, diau mai dyna'r darll. cywir, a'r ystyr yw bod och Llywelyn yn *gyffelyb* i'r ddwy arall. Ar yr ystyr hon i *ail* gw. G 457.

25. *dirfawr:* Disgwylid TM ar ôl yr enw ben. *moes*. Efallai mai enghr. sydd yma o'r calediad *s-dd* > *s-d*. Dichon hefyd mai anwybyddu'r treiglad ydyw, cf. uchod 16. 61. Nid amhosibl cymryd 'dirfawr' gyda 'medd.'

18

Ar Gruffudd ab Adda gw. DGG[2], t. lxxxix.

1. *rhagawr:* Ffurf anghywir, wrth reswm, oherwydd *rhagor* oedd y gair erioed (B ii, 307–8), ond prawf y gyng. bengoll mai *rhagawr* a ysgrifennodd DG. Dengys hyn, fel llawer peth arall, mai tipyn o hynafiaeth beiriannol oedd rhoi *aw* mewn sillaf ddiacen yn y 14 g.

7. Amheus iawn yw'r llin. hon, gan nad oes gyng. ynddi. Sylwer ar y nifer mawr o amrywiadau. Y tebyg yw bod y cwbl yn llwgr.

8. *orlais:* Ceir hefyd *orlaes* ac *orloes*, benthyg o'r Saes. *orlage*, *orloge*, EEW 212–3. Am ddefnydd anghyffredin o'r gair, gw. B vi, 312, *astell orlais* 'the plank at right angles to seat [of a coracle] supporting it and forming a box for the catch.'

9. *adeilym: adail* yn yr ystyr o 'lunio' neu 'wneuthur,' a *llym.*

12. *pedryollt:* DGG[2] 216: 'O *pedry-*, ffurf gyfystyr â phedwar, a *hollt.* Daw *quarrel* yn Saes. o'r Llad. *quadrellus*, yntau yn cyfeirio at bedwar, ond nid pedair hollt, eithr fod pen y saeth yn sgwâr, a'r pedair ochr yn meinhau i'r blaen, ar ffurf pyramid. Deallaf *bollt bedryollt*, gan hynny, fel 'a bolt with a four-edged head,' a saethid o fwa croes.' Gw. hefyd CA 98; B vi, 313. Efallai ei bod yn werth ystyried tybed a eill *pedryollt* olygu yn wreiddiol saeth ag arni nifer o *barbs* ('subordinate recurved point of arrow' OED), ac mai'r bwlch rhwng pob *barb* a'i gilydd yw'r 'hollt' yn y gair.

22. *peues:* cyfystyr â *pau* 'gwlad.' Enghrau. yn H 85. 14; 118. 24; 132. 22; 168. 18; 220. 1; 268. 4; 271. 6; 311. 4. Yn y rhan fwyaf o'r enghrau. cysylltir ef â Powys, oherwydd hwylustod cyng. yn ddiau. Yn DGG[2] 217 terddir y gair o'r Ffr. *pays.* A ddichon ddarfod ei ffurfio trwy roi'r terf. ben. *-es* at *pau*? Y mae'n ymddangos mai dyna farn Syr Ifor Williams yn CA 383, wrth drafod *gwales* o *gwâl.*

23. *adlaw:* Yr unig enghr. arall o'r gair yn ôl G yw MA 369b. 46 saint *adlaw*, ac awgrymir yr ystyr 'ufudd, parod.' Geill fod o *ad-* a *llaw* 'isel, bychan,' Be vi, 213. Os felly, yr ystyr fuasai 'iselfryd, trist,' a buasai'n gweddu'n dda yn y testun.

24. Anfoddhaol yw darll. y llin. hon, ond ni ellir gwella arno.

36. *Gwenwynwyn dir:* Ar y rhaniad ar Bowys yn Bowys Fadog a Phowys Wenwynwyn, gw. HW 584.

47. *gŵydd:* Y dull o ladd gŵydd yw torri hollt ar ei phen nes gwaedu ohoni i farwolaeth. Cymhara Dafydd yr ergyd a gafodd Gruffudd i hynny. Dylai hyn ynddo'i hun fod yn ddigon i awgrymu nad yw'r farwnad hon o ddifrif.

50. *twred:* Yn DGG[2] 217 cynigir tarddu *twred* o'r Saes. *turret* o'r Ffr. *touret* 'olwyn fechan,' ac mai'r ystyr yw 'dau gylch crwn o liw aur ar ei ddeurudd.' Ond prawf rhai enghrau. beth bynnag mai tarddair ydyw o'r *turret* Saes. mwy cyffredin, o'r Ffr. *tourette*, sef 'tŵr.' P 67. 152 torret vn *twret* yn tir (Marwned Rhys ap Hywel);

GTA cxv, 40 Tŷ'r dwrn, a'r *twred* arnaw (am darian â chnap pigfain ar ei chanol, 41–2 Afal moel ar fol malen / Ac yna pig yn y pen); cxviii, 73 *Twred* yw'r gorsied i'm gên; G 3, 132b y *twred* tynn (am gwrwgl). Felly yma tŵr aur oedd Gruffudd, a defnyddir y gair mewn ystyr drosiadol, fel yn P 67 uchod.

19

Ar Fadog Benfras gw. Rhag., t. xxxvi.

7. *cên:* 3 un. pres. myn. 'poena, aflonydda.' G 129, DGG 221.

22. *esgyr:* 3 un. pres. myn. o *esgor* 'bwrw ymaith.' PKM 157, CLlH 111, CA 103.

29. *tampr:* o'r Ffr. *timbre* yn yr ystyr 'cloch' (DGG).

30. *trwmpls:* WS vtgorn, D tuba, R trumpet. Benthyg o'r Ffr. *trompel.* Y Bibyl 84–5, lle y dangosir mai fel un. yr ystyrid y ffurf *trwmpls*, a bod llu. *trwmplysau.*

trimplai: o'r Ffr. *trompille* 'corn' (DGG).

32. *coprs:* D chalcanthum, R copperas. Benthyg o'r Saes. Madog oedd yn rhoi lliw tlws ar gerdd (DGG).

40. *acses:* o'r Saes. *access*, ymosodiad sydyn o afiechyd (DGG).

42. *ynn:* Y coed yn ddiau, nid 1 pers. yr arddod. *i.*

44. *copr:* Saes. *copper*, y rhataf o'r arian bath. Cf. edliwiad RGE i SC, IGE[2] 186 *Copr*, Siôn, surferw creichion crach, / Cent, neur aethost mewn ceintiach (DGG).

20

Ar Gruffudd Gryg gw. DGG[2], t. xcvii.

7. *lledchwelan: chwelan*, cyfnewidiog, anwadal, GPC. Ar lafar yn y De yn y ffurf *lletwelan.*

11. *dig:* nid yn ystyr ddiweddar y gair, ond 'chwerw, blin' G.

gostegion: Yn ôl CD 296, 'Gosteg y gelwid pob cyfres gysylltiedig o englynion. . . . Nid hawdd cyfrif am yr enw; tebyg felly ei fod yn hen. . . . Gall mai'r eglurhad yw bod caniad o englynion yn ffurf gyffredin ar amddiffyniad neu her, yn hawlio gwrandawiad.'

20. *Goleuddydd:* y ferch y canai GGr iddi, e.e. DGG lxxv. 38.

22. *primas:* Cf. isod 28. 22 *Primas* mwyn prif urddas Mai. O Lad. Diw. *Primas*, sef y prif swyddog eglwysig mewn gwlad. Ar Primas fel pennaeth y Goliardi gw. DGG[2], t. xlix, 197; TrCy 1913–14, 129; Chotzen 40, 141. Ei enw priod oedd Hugo d'Orléans.

24. *nad:* 'cerdd.' Gw. Be i, 60; CA 234.

25. *golud:* Nid 'cyfoeth,' ond *go-* a *glud.* Felly 'cyson, taer.' CA 202. Ni ddisgwylid TM ar ôl *alaeth*, ac y mae'n edrych fel enghr. arall o dreiglo er mwyn cyng. Ond fe ddichon efallai fod i *alaeth* rym ans. ac mai enw yw *golud.*

38. *Llan-faes:* Y fan ger Biwmares, Môn, lle'r oedd tŷ gan y Brodyr Llwydion wedi ei sefydlu gan Lywelyn Fawr. HW 686.

39. *deiryd:* 3 un. pres. myn. o *deirydaid* 'perthyn' G 311. 'Gem a berthyn inni,' a'r '*n* yn y cyf. derb.

48. *term:* o'r Saes. *term*, EEW 120. Cf. GTA 727 Ethrylith aeth ar elawr, / A *therm* oes yr athro mawr.

49. *llariangerdd:* Yn DGG 267 esbonnir y gair fel *llary-angerdd*. Ond yn DGG² 219 eglurir ef fel *llarian* a *cerdd*, ac ychwanegu 'Cymh. *llary*, *llarian* â *tru*, *truan*.' Cf. H 20. 7 carafy yr ednan ae *llaryan* llais.

60. *ofyddiaeth:* canu serch. Defnyddir Ofydd yn gyfystyr â chariad, e.e. 35. 43. Ni bydd dy *Ofydd* difai; 24. 29 dyn *Ofydd*. Hyn oherwydd enwogrwydd cerdd y bardd Lladin Ofydd, *Ars Amatoria*, yn yr Oesoedd Canol. Gw. Chotzen, *Recherches*, 171–3. Fe'i ceir hefyd mewn ystyr ehangach, 'meistr, pen-campwr,' e.e. 6. 23, *Ofydd* cad.

21

Am yr hanes ddarfod i Rys Meigen farw pan glywodd yr awdl hon, gw. Rhag., t. xl.

1. *cerbyd:* Am ddefnyddio'r gair yn waradwyddus am ddyn, cf. RP 1273. 28 massw *gerbyt* divlas. Am ei gysylltiadau ieithyddol, B i, 13.

4. *cymyrred:* 'bri, urddas.' Y terf. arferol yw *-edd*; gw. enghr. yn G.

5. *carnben:* Yn y ddwy enghr. arall o'r gair hwn (RP 1335. 2, 1340. 24) ystyr oganus sydd iddo. Awgryma G (113) 'pen mawr' neu 'pen caled' (o *carn* 'hoof'). Am ddefnyddio *carn* yn gyffelyb cf. ar lafar *carbwl* 'clumsy,' WVBD 240, o *carn* a *pŵl*.

7. *carwden:* 'the chain which passes over the saddle of a draught-harness and supports the shafts' WVBD 243; 'y dres o fraich i fraich trol dros gefn ceffyl' B i, 38. Tardd S y gair o *car* a *gwden* 'wythe,' ac ychwanega'r ystyr 'a tall awkward fellow.'

8. *corodyn:* Cf. 117. 58 *corodyn* cywir ydwyf; 133. 30 Cefais . . . *corodyn* min dyn mwyn doeth; 143. 7 mau *gorodyn* (am gleddyf). Gwahaniaetha S rhwng *carodyn* 'lover, friend' a *corodyn* 'lavisher, benefactor, distributor' (gan ddilyn P). Ond nid yw'r ystyr hon i *corodyn* yn cytuno â'r enghr. a ddyry o DG. Am *corod* dyry 'lumber; trifles, toys,' a'r enghr. Cymmeryd ei gorod ar ei gefn, 'to truss up bag and baggage.' Dyry D *corrodyn*, a'i gysylltu â *corr*; felly hefyd TW dan *nanus*. Diau mai *co-* yw'r sillafiad cywir, ac mai trwy gydweddiad â *caru* yr aeth yn *carodyn* (cf. yr awgrym yn B i, 41). Gw. hefyd G 166. Yn y pedair enghr. yng ngwaith DG fe weddai'r ystyr 'peth bychan, teclyn, tegan.'

13. *pres:* Ai *pres* 'pwys,' CA 313? Ni chaffai gariad yn y lle y rhoddai bwysau, lle'r ymwthiai?

15. *datodai:* Am *datod* gyda cherdd neu gân cf. DGG xxxv, 3 *datod* mydrglod mawl; GTA 749 cerdd a *ddatodaf*.

17. *rhain:* Am yr ystyr 'stiff, stretched out' gw. Be vi, 206, CLlH 133–4. Ai gyda *genau*, ai gyda *geiriau*, ai fel enw yn oddrych *rhagorai* y dylid ei gymryd? *Rhiain* a geir yn yr holl lsgrau. ond dwy.

18. *truthain:* D adulator. Cf. RP 1341. 14 *trutheing*erd; 1362. 33 *truthein* amprytuerth.

20. *blawdfardd:* Dyma yw darll. y llsgrau. Gellid ystyried darll. *blawddfardd* o *blawdd* 'cyffrous, cythruddol, brawychus, uthr' G. Ond cf. y dirmyg sydd yn *blotai* uchod 1. 22; RP 1274. 23 gwrach vlottei. Cofier hefyd am lysenw'r Morrisiaid ar Ddafydd Jones o Drefriw, Bardd y Blawd. Cf. hefyd Ashton, IG 418. 53–4 Nid beirdd y *blawd* brawd heb rym / Profedig feirdd prif ydym.

21. *cyfrwys:* *-wŷ-* yw'r ddipton fel rheol, ond yma *-ŵy-*. Gw. G am enghrau. eraill. Ystyr anrhydeddus sydd i'r gair y rhan amlaf—'cyfarwydd, cywrain, galluog, dysgedig' G. Ond ceir hefyd yr ystyr ddiweddar. Cf. D 'subdolus, vafer,' DWS 'slye.'

cyhwrdd: Am berthynas y ffurf hon â *cwrdd*, *cyfwrdd*, a *cyffwrdd*, gw. DN 169.

23. *cyfred:* Yn ôl G ans. yn y radd gyfartal 'yn cydredeg â, mor gyflym, cynted.' Ond yma enw ydyw. Cf. D concursio, TW d.g. concursus, confluentia.

27. *sietwn:* O'r Saes. *shetton*, ffurf ar *shitton* 'defiled with excrement' OED; enghr. gan Chaucer 1386.

ytai: *attai* yw darll. yr holl lsgrau. Diwygiwyd i *ytai* o *ŷd*, cf. *blotai*, *cawsai*, *llatai*, etc. Cf. RP 1342. 9 bogel hobel attel *yttei* (eto mewn ystyr ddirmygus).

30. *lledryn:* Un llsgr. yn unig a rydd y darll. hwn, sef Br 6, ond diau ei fod yn gywir, gan ei fod yn cyfeirio at y cwrwgl wedi ei wneud o grwyn. Aeth yn *lleidr* a *lleidryn* yn y llsgrau. eraill.

37. *cardlawd:* Dengys G fod *car* yn golygu ffrâm, e.e. *car caws*, ac yn *car yr ên* golyga 'gums' neu 'jaw.' Cf. *carfan* B i, 13. Gw. *carr* 'a car, a dray, a waggon' a hefyd 'mouth, face' (Dinneen). Felly yma, ci tlawd ei enau.

39–40. Y mae'r cwpled hwn yn llwgr ac annealladwy, ac nid oes dim goleuni yn y llsgrau. Awgryma 'cafn' ei fod wedi ei gamosod, ac y dylai ddilyn y sôn am gwrwgl, llin. 29–30.

44. *chwiltath:* Cf. isod llin. 81; BDG clviii, 43. Yr un ystyr â chwilota medd D (d.g. chwilenna). Felly hefyd TW. Cf. G d.g. *chwil.*

47. Llin. lwgr eto, ac ni ellir bod yn sicr o'r nesaf chwaith.

53. *gwrolGai:* Am wneuthur enw cyfans. o'r enw priod Cai cf. 114. 13 iawnGai angerdd. Ar Cai gw. R. Bromwich, TYP 303–7.

59. *ateth:* Ni rydd G ond un enghr. o'r gair hwn, sef RP 1341. 17 cost ettel kest *atteth*. Awgrymir mai ffurfiad ydyw o *teth* neu adffurfiad o *atethol*. Ar hwnnw gw. isod 65. 49.

68. *gwadnwyrn:* *gwyrn* 'pryfedog.' D verminatus.

69. *geneufyrn:* byrn, llu. o *bwrn* 'llwyth, baich' G.

75. *sawdwr:* o'r Saes. Can. *soudiour*, EEW 208.

edyrn: Derbyniwyd y darll. *ys edyrn*, er bod rhai llsgrau. yn rhoi *ansedyrn*, ac mai dyna a argraffwyd yn BDG. Nid yw'n ymddangos fod y fath air ag *ansedyrn*. Ar *edyrn* dyry G 'aruthr, rhyfeddol,' ac y mae'n gweddu'n dda yn y testun. Gw. hefyd CA 110–1.

76. *Dinbyrn:* enw rhyw arwr traddodiadol. Yn H 39. 29 gelwir Llywelyn ab Iorwerth yn 'angert dinbyrn.' Ni rydd G ond y ddwy enghr. hyn.

79. *anheodr:* Yn Cy xxvi, 142 eglurir *heawdr* fel tarddair o'r un bôn â *he-u*; felly un yn hau, neu wasgaru (saethau, gwaywffyn, gelynion, etc.). Os y gair hwn sydd yma, y syniad yw nad yw Rhys yn gwasgaru neb na dim. Ond yn GPC rhoir i *anhuawdr* / *anheodr* yr ystyr 'anhawddgar, annifyr.'

82. *mepgyrn:* *mab* a *cyrn*, llu. o *corn*. Am *corn* yn golygu dillad baban gw. B i, 109; ii, 48; PKM 149. Yr ystyr yw bod Rhys fel cath wryw wedi ei lapio fel baban.

84. *rhwd:* Am yr ystyr 'baw, aflendid' gw. ELl 46. Cf. RP 1330. 10 uffern rew vigynwern *rwt*; IGE lxxxii, 75 *dirydwn* ei draed, 'glanhau' neu 'olchi.'

85. *er na:* Dyma ddarll. yr holl lsgrau., ac i gael yr ystyr a ddisgwylir yn y cyswllt rhaid cymryd fod *er na* yma yn golygu 'since not' (nid 'though not' fel yn gyffredin). Cf. 14. 5 Neud *er* na chaffwyf. Yr ystyr yn sicr yw 'am, oherwydd.' Am yr ystyr honno gw. Strachan *Intro.* 131 lle dyfynnir o MA 183b *yr* na ddaw 'since he will not come.' Ceir dwy enghr. yn y Computus o *ir* (*er*) 'oherwydd,' B iii, 271 ir hat bid oit guor mod 'for the excessive time passes away'; ir ni deruid hinn 'for this does not happen.' Cf. H 89. 31–2 Edewid arnan ernywyant / *yr* nad byw rywr ryw runblant. Gw. hefyd J. E. Caerwyn Williams, B xi, 18. Yn wyneb y ffaith fod y modd dib. yn dilyn *er na* yn y testun, ond y modd myn. yn yr enghrau. eraill, a hefyd bod y llsgrau. oll yn perthyn yn o agos i'w gilydd, efallai y buasai'n ddoeth ystyried diwygiad, sef newid *er na* yn *cany* (*can* 'since' a *ny* WG 443). Nid yw *can* ychwaith yn cael ei ddilyn gan y modd dib. (gw. G 104), ond y mae rhai enghrau. o hynny: RP 1320. 1 kany bo byt; 1363. 28 kany del yng gawr; IGE liv. 1–2 Yr haul deg ar fy neges / Rhed ti, *can bych* rhod y tes. (Newidiwyd yn 'cyd bych' yn IGE² 144, ond yn groes i'r ystyr.) Diau fod cymysgu ar gystrawennau ac ystyr *can* a *cyd* ac mai dyna sy'n cyfrif am y modd dib. yn yr enghrau. uchod, ac yn arbennig felly gyda'r ffurfiau neg. *can ny* a *cyn ny*. Cf. WM 148 *kanys* roessam ni idaw ef (= kyn nys); 238 *kany* welwyfi dydi (= kyn ny); H 290. 21 *can y* daw ym bot, ond RP 1425. 5 *kynnym* rangho bod.

gosgryn: O'r bôn *gryn* 'gwthio,' B iii, 54.

87. *afrifed:* Nid 'dirifedi, aneirif' fel heddiw, ond yn hytrach yn cyfnerthu, 'arbennig, neilltuol' ystyr gyffredin yng ngweithiau Beirdd yr Uchelwyr. Gw. enghrau. yn G d.g. *efriuet.*

22

1. *dioer:* Adf. y rhan amlaf, ond geill fod yn ans., fel y dywed G, e.e. RP 1248. 12 hi yw yn gogawn dawn *dioer.* heul gein hwyl virein hael veir.

2. *nyw:* Gw. ar 13. 29.

7. *ni garwn:* Enghr. o'r hen arfer o roi TM ar ôl *ni* mewn cymal perth. yn lle'r TLl a geir mewn brawddeg seml. WG 423, L & P 143.

9. *dinastwrch:* 'baedd, mochyn' yw ystyr arferol *twrch*, ond defnyddir ef yma yn ehangach—anifail dinas, anifail dof, oherwydd eistedd fel ci neu gath y mae'r llwynog.

13. *arfodus:* 'ergyd, dyrnod' yw *arfod.* Felly 'ergydiol' yw *arfodus.* Dangosir yn G y geill *arfod* weithiau olygu 'arfogaeth.' Os felly, yr ystyr yma yw 'gŵr arfog,' ac y mae'n gweddu'n dda.

20. *trichnap* : O'r Saes. *knap* yn ôl EEW 70 yn betrus. Ceir yr un gair mewn Gw. yn golygu 'a button, stud, knob, lump,' CIL 397, ac yno terddir y gair o'r Hen Norseg *knappr.*

25. *dilid:* Dengys enghrau. yn G d.g. *dilid*, 353, fod cymysgu er yn gynnar ar y b.e. *dilid*, *-yd* a bôn y ferf *dilyn-af.* Dyna sydd yma, oherwydd *dilyn* yw ffurf gywir y 3 un. pres. myn. Nid yw'r gyng. yn profi *dilid*, ond gan mai dyna a rydd y llsgrau. a bod y cymysgu'n bod, barnwyd mai'r peth gorau oedd argraffu *dilid.* Isod llin. 41 defnyddir *dilid* yn gywir fel b.e. Y syniad yw nad yw'r llwynog byth yn dilyn dolef cyrn hela ; y mae bob amser o'u blaenau.

30. *adolwg:* Yr un math o wall ag yn llin. 25, ond bod yma ddefnyddio bôn y ferf yn lle'r b.e. *adolwyn* 'erchi, gofyn.'

35. *cynnwr fryn:* Gw. ar 15.35.

39. *latwm:* D orichalcum, 'copr.' O'r Saes. *latoun*, o'r HFfr. *laton* EEW 74.

40. Sylwer ar y bai Camosodiad yn y gyng. CD 298–9.

23

35. *a'm dysgai:* *'m* yn y cyf. derb. 'Dysgai Mai *imi* nwyfiant sionc.'

41. *a'i magai:* Cf. llin. 48 *a'i mag.* Amlwg mai'r ystyr yw bod Mai yn magu ('peri tyfu, cynyddu,' Gem. Gog. 102) magwyr laswyrdd (o ddail), ac yn llin. 48 dagrau *a fag*, h.y. fod ymadawiad Mai yn peri wylo. Os felly, rhaid deall yr *'i* fel yn 12. 13.

24

2. *mordwy:* ymchwydd y môr ; gw. ChO 54, CA 304. Yma llifeiriant o fendith (rhad) yw'r haf.

17. *anianol:* 'naturiol,' yna 'cadarn' a 'bywiog.' Gw. G, EWGP 62, a B v, 126. Ond defnyddir weithiau i gryfhau ans. IGE² 114. 24 Yn unawr fer *anianawl*; 169. 21–3 Pei profid . . . pob gair o'm gwawd . . . yn ddrud *anianawl*; 192. 17 Cyrchu'n fuan *anianol.* Felly yn y testun 'glud iawn.'

19. *deune geirw dyn:* Enghr. o beidio â threiglo, oherwydd diau y dylid cael TM yn *dyn.*

23. *caniadaf:* O *caniad* 'permission' caed *caniadu* a *caniatáu*; o *cennad* 'negesydd' caed *cenatáu*, PKM 138, ond cymysgwyd y ffurfiau yn gynnar. Gw. G 105 d.g. *canhat*, a 130–1 d.g. *kennat*, *kennatau*, lle yr ychwanegir yr ystyr 'mynegi, dywedyd.' Gan na ellir pwyso ar y ffurf, ni ellir bod yn sicr iawn o'r ystyr yn y cyswllt hwn. Atalnodwyd gan dybio fod 'cloch osber' yn wrthrych y ferf 'caniadaf.'

26. *pwyntus:* DGG² 207: 'Defnyddid *point* yn Saes. am 'ystad' ymhlith ystyron eraill, ac aeth pwynt i feddwl iechyd; ac *amwynt*, afiechyd; *pwyntio* 'tewychu.' . . . Felly yma *pwyntus* yw llyfndew, mewn cyflwr da. Defnyddir o hyd yng Ngwynedd.' Cf. RP 1377. 22 *pwyntus*walch doeth babyl parabyl pereid; ac isod llin. 46 gwŷdd ym *mhwynt*; 90. 11 dogn o *bwynt. Diamwynt* gyda dau negydd yw 'iach, cryf'; IGE² 46. 1 Ymwan ag ieirll *diamwynt.* Am ddefnyddio'r gair mewn Cym. Diw. gw. *Y Traethodydd* 1853, 233.

pentis: o'r Saes. *pentice*, 'earlier form of *penthouse*, ME *pentis*, rarely *pendis*, OF *apentis*. A subsidiary structure attached to the wall of a main building.' OED. Enghr. yn 1325.

30. *traidd:* Am yr ystyron 'mynd a dwad, ymweled â' gw. CLlH 210.

31. *cyswynfab:* Yn ôl y Cyfr. plentyn nad arddel ei dad mohono, LlB 33. 8, 113. 1–15, 116. 13. Yn WML 122. 2 gelwir y cyfryw blentyn yn 'fab amheuedig.'

49. Nid yw'r llin. hon yn glir ei hystyr. Gwelir fod rhai llsgrau. yn rhoi 'hydref neu aeaf,' ond y mae hynny'n difetha hynny o gyng. sydd yn y llin., a gwell ei chymryd fel y mae. Y mae'n bur sicr mai 'eiry a rhew' yw goddrych 'daw,' nid 'hydref,' a bod 'hydref, ef aeaf' yn disgrifio'r tymhorau pan ddaw'r eira a'r rhew.

25

Y mae rhai pethau yn iaith y cywydd hwn sy'n peri ei amau yn y ffurf sydd arno yn y llsgrau.: llin. 15 *dala* yn ddwy sillaf yn lle'r ffurf *daly* a geir fel rheol gan DG; llin. 38 *werdd*, ffurf ffug na ddisgwylid ei gweld mor gynnar, a sylwer hefyd nad oes gyng. yn y llin. Ond y mae arddull a chrefft y cywydd a'r sôn am Fadog Benfras a Dafydd ei hun yn gryf o blaid ei ddilysrwydd. Y tebyg yw mai llwgr yw'r llinellau a nodwyd. Ond ni ddylid rhoi gormod o bwys ar ffurf anghywir fel *gwerdd*, oherwydd fe wyddys yn dda ddigon fod llu o gydweddiadau wedi digwydd yn gynnar iawn yn hanes yr iaith. Ceir enghr. o *gwerdd* sydd bron yn gyfamserol â Dafydd yn IGE² 19. 16 Môn wegil*werdd*. Cwestiwn arall gwerth ei ystyried yw a eill y cywydd fod yn waith Madog Benfras, ac mai tric o'i eiddo ef yw rhoi geiriau yng ngenau Dafydd yn y 14 llin. cyntaf. Y mae hynny lawn gyn debyced o leiaf â bod Dafydd yn rhoi 42 o linellau yng ngenau Madog. Cadarnheir hyn gan y sôn am Goed Eutun yn llin. 52, oherwydd ym Maelor y mae Eutun, a Maelor oedd cartref Madog.

1. Y mae'n ddiamau mai'r bardd Madog Benfras a gyferchir.

gwyddaer: aer neu etifedd y gwŷdd. Tybed a ddylid cymryd hyn yn llythrennol, ac mai Madog oedd perchen y coed ? Gwelwyd ei fod yn berchen tir.

3. *Mordaf:* Un o'r tri hael traddodiadol, gyda Nudd a Rhydderch. Gw. R. Bromwich, TYP 463.

22. *gorffwyr:* Ar *ffwyr* 'ofn, dychryn,' gw. CA 298.

30. *ystofwraig: Ystof* yw'r edafedd a osodir yn y gwŷdd wrth weu i weithio'r edafedd eraill drwyddynt. Fe ddefnyddir y gair yma'n drosiadol. Am ystyron lletach y gair ynglŷn â threfnu byddin i frwydr, etc., ChO 58, CA 385. Ystyr yr holl lin. yw 'yr un sy'n llunio cân yn hy yn y gaer gadarn, sef y goedwig.'

33. *deholwraig:* Ystyr *deol* yw 'alltudio' ; gw. G d.g. *dehol* ; PKM 245 ; CLlH 137. Fel yr awgryma G geill *deholwraig* olygu un wedi ei halltudio neu un yn gyrru i alltudiaeth. Yr ystyr flaenaf sy'n gweddu yma yn wyneb gweddill y gerdd.

arfynaig: Y mae *gofynaig* yn adnabyddus, 'cais, deisyfiad.' Ni cheir *arfynaig* yn G.

40. *drem:* Dengys y TM mai *trem* yw'r ffurf wreiddiol. Gw. isod 39. 17–8.

43. *Maestran:* Tref ddegwm ym mhlwyf Llanycil, Meirionnydd. B xvi, 103.

56. *gutorn:* Saes. *gittern*, gyda'r amrywiadau *githorn*, *guthorne* ; HFfr. *guiterne*, *guisterne*. 'An old instrument of the guitar kind, strung with wire' OED. Enghr. yn 1377. Yma disgwylid y TM ar ôl yr ans. Cadwyd y gysefin efallai am mai gair benthyg ydyw.

26

2. *distal:* Cf. IGE² 186. 23 Mydr gynnal *distal* destun (Rhys Goch am Siôn Cent yn yr ymryson). Y ffurf wreiddiol oedd *distaddl*, G 373, a datblygodd mewn dwy ffordd : (1) trwy galedu'r *dd*, *distadl* ; (2) trwy ei cholli, *distal*. Cf. *cystaddl* yn rhoi *cystadl* a *cystal*.

28. *gwestn:* ffurf fen. *gwystn*, D flaccidus, aridus. Cf. *gwystno* ar lafar Arfon am afal â'i groen wedi crybachu.

ystaen: (1) *ystaen*, D stannum, sef alcam, o'r Llad. *stagnum*, e.e. Brut D 2. 6. Gw. LWP 413 ; isod 68. 17. (2) *ystaen* o'r Saes. *stain*, EEW 195. Cf. GGGl i, 38 Llew du'n *ystaenu* dynion. Dichon mai (2) sydd yma, er nad amhosibl (1) o gofio lliw llwydwyn y dylluan.

30. *cân*: Y mae'n ymddangos fod *cân* yn wrywaidd yma. A oes enghraifft arall ?

33. *syfudr:* Cf. DGG² lxx, 27–8 Sefyll a'r cawell *syfudr* / Dan fonau 'neufraich, baich budr. Ymddengys mai cyfystyr yw â budr. Am ffurfiant cyffelyb cf. D. *sybwll*, gurges ; B xiii, 183 uffern . . . y *sybwll* ysgeler hwnnw ; B iii, 124. 38 *syfurn* o *murn* ? yng Nghywydd y Celffaint gan Ithel Ddu. (Yn y copi a argraffodd M. Bachellery yn EC v, 139–41 *syvydr* yw'r ffurf.)

40. *Gwyn ap Nudd:* pennaeth y tylwyth teg mewn llên werin Gymraeg. Gw. LlDC 98, 99 ; WM 470, 484, 496.

41. *ŵyll:* Ar berthynas y gair â'r Saes. *owl*, Alm. *eule*, etc., gw. B i, 234.

27

2. *brwys:* Ni rydd G ond un enghr. arall o'r gair hwn, sef H 257. 20 *brwys*glet, a dyry'r ystyr 'hydwf, pybyr' i'r gair yn y testun.

caead brig: Y mae'n amlwg mai ans. cyfans. sydd yma yn disgrifio 'coed' ac y dylai fod TM yn 'brig.'

5. *pair:* Derbyniwyd peth o'r hyn a awgrymodd yr Athro W. J. Gruffydd yn B viii, 301, er nad oes yr un llsgr. yn ei roi. Gellir felly ddarllen 'pair dadeni,' disgrifiad cyfaddas o'r haf yn wyneb llin. 9–10. Gw. Nodiadau Ychwanegol isod.

12. *cadeiriaw:* Yn yr ystyr 'tyfu cangau.' B i, 290, 'Dywedir fod ŷd yn cadeirio pan fo rhagor nag un gwelltyn yn tyfu o un gronyn yn y ddaear.' Cf. isod 29. 17 *cadeirgoed* ; IGE² 190. 12 Yna *cadeiria* coed ir. Gw. Yr Efrydydd ix, 92.

20. *teml:* Am yr ystyr 'pentwr' gw. CA 244–5, ac isod llin. 26 a 29. 30.

25. *method:* Ai tarddair o *meth*, gwreiddyn *methu* ?

26. Y mae'r darll. a argraffwyd yma yn rhagdybio darllen *aut*, gyda'r gyts. galed (cf. *wnaut*, 97. 25). Gallesid diwygio drwy ddarllen 'aur dymor yr aud ymaith,' fel yr awgrymwyd yn CD 203, n. 8. Ond gwelir fod yr holl lsgrau. yn rhoi *euraid* a bod amryw'n rhoi *deml*. Y mae'n fwy naturiol tybio ddarfod newid *teml* yn yr ystyr anghyffredin sydd iddo yma yn *tymor* na bod yr holl lsgrau. wedi newid gair mor adnabyddus ag *aur* yn *euraid*. Ac o ddarllen 'euraid deml' rhaid darllen 'aut.' Heblaw'r ystyr sydd i *teml*, dichon fod yr ychydig afreoleidd-dra yn y gyng. (sef fod y cyfuniad *-ml-* yn cael ei hollti (gw. CD 148, 155)), wedi bod yn help i *tymor* ddisodli *teml*.

33. *sy'm:* Am y talfyriad o *sy ym*, cf. 63. 55 mae't blu brithu ; 80. 4 trwch fu'm ; 99. 41 mae'm hirffawd ; LGC 72. 57 mae't lew dewr iawn, mae't law drom.

rhamant: Benthyg o'r Saes. EEW 63, ond y mae'n ymddangos iddo ddatblygu ystyron arbennig yn Gymraeg. Mewn rhai enghrau.

ceidw'r ystyr o chwedl neu hanes. LGC 78. 45 Cynt wyv at Wiliam i gael ei *ramant* / No'r hydd. . . . Soniwyd eisoes yn yr awdl fod Gwilym ap Morgan yn croesawu tri dyn i'w dŷ, sef bardd, *storïawr*, a 'theuluwr cywydd.' Wrth foli Llywelyn Fawr dywaid Prydydd y Moch, H 277. 31 wyf tebic eliffant / Can oruod pob rod yn *ramant* can uolawd a thauawd a thant, h.y. y mae'r bardd fel corn Rolant (eliffant) yn canu clod Llywelyn, gan ragori ar bopeth yn y *chwedl* (rhamant) â mawl cerdd dafod a cherdd dant. Ystyr wedi datblygu ychydig sydd yng ngeiriau IG am Owain Glyndŵr, IGE² 123. 5–6 Cefaist *ramant* yn d'antur / Uthr Bendragon. . . . H.y. cefaist yn dy antur yr un hanes, neu'r un gwrhydri, ag Uthr. Yn is i lawr yn y cywydd dywedir, 'Hwyliaist, siwrneiaist helynt / Owain ab Urien. . . .' Y mae'r ystyr o wrhydri, camp, rhagoriaeth, yn bur amlwg mewn llawer o enghrau. IGE² 117. 35 *Rhamant* ydyw'r moliant mau —geiriau GLl yng Nghywydd y Cwest. Wedi enwi nifer o feirdd a ddylai fod ar y cwest y mae'n ei ychwanegu ef ei hun, a'r llin. uchod, sef bod ei foliant yntau'n wych, yw ei gyfiawnhad. Mewn cerdd ddychan i 'Fadawg gorunawg' ebe'r Iustus Llwyd, RP 1364. 36 medyr golgant *ramant* rimwr puteineit. Camp *in sensu obs.* yw eiddo Madawg. Disgrifir Owain Gwynedd gan Gynddelw, H 90. 2 Car kerteu kertoryon *ramant*; sef hoffwr cerddi cerddorion rhagorol, a *rhamant* yma'n ans. Yn gyffelyb y Prydydd Bychan ym marwnad Morgan fab Rhys, H 241. 18 ar pob dreic ys*ramant*. Yr oedd yn rhagori ar bob arglwydd. (Yn EC iii, 292 y mae M. Vendryes yn cyfieithu hyn 'qui au-dessus de tout dragon a force merveilleuse.') O'r ystyron a nodwyd eisoes naturiol fai datblygu'r syniad o 'ryfeddod,' ac yna 'coel, argoel, arwydd,' a dyna'n ddiau sydd gan D pan rydd *rhamant* am auspicium, omen, a *rhamanta* am auspicari, auspicia et omina sectari. Cf. TW auspicium, argoel, *rhamant* o beth i ddyfod; omen, *rhammant*, gair *rhammant*. Yn B ii, 235–6 disgrifir arfer werin i rywun allu gweld ei ddarpar ŵr (neu wraig) mewn breuddwyd, a'r enw ar yr arfer yw *rhamanta*. Diddorol sylwi fod yr enw wedi para hyd yn ddiweddar. Yn *Manion Hynafiaethol* (1873), t. 53, dywaid Robert Ellis (Cynddelw), 'Meddwl Rhamanta yn Mhowys . . . yw cyflawni rhyw ddefodau pennodol gan yr ieuengtyd, mewn trefn i wybod pwy fydd cymheiriaid eu bywyd yn y dyfodol.' Ac y mae'n rhoi enghrau. o'r gwahanol arferion. Yr ystyr hon efallai sydd yng nghwpled DE yn y cywydd a ganodd dan bared ei gariad mewn rhew ac eira, GDE iv, 23–4 oer ym or barvc ar ia / yw r mentyll i *remanta*. A beth yw'r ystyr yn y pennill o'r Afallennau yn B iv, 123 yt vydant wyr *ramant* rydrouaus? Ai dynion hysbys, rhai'n rhagfynegi? Am y gair yn y testun nid hawdd bod yn gwbl sicr o'r ystyr. Y mae'r TM yn profi fod yma ymadrodd cyfans., a gellir cymryd *grym* yn gyfystyr ag ans., a deall y ddeuair fel 'grymus gamp,' sef gwaith yr haf yn tyfu 'defnyddiau llafuriau llu.' Ond yn wyneb 'tynghedfen' gellid hefyd yr ystyr 'argoel, *omen.*' Cyfieithiad M. Vendryes (EC l. c.) yw 'force créatrice.'

40. *dwfn:* gw. uchod 13. 17. Ychydig iawn o enghrau. a ddyry G o'r gair yn yr ystyr 'byd,' ac yn DGG² 70 argraffwyd y llin. hon fel 'I Annwfn oddwfn ydd af.' Nid oes dim o'i le ar y darll. hwn, ond bod 'o ddwfn' yn gwneud gwell cyng. ac yn dra chyfaddas o ran ystyr. Dichon fod rhai enghrau. o *dwfn* 'byd' heb eu hadnabod: H 115. 9 yn annwfyn yn *dwfyn* yn dyfynder yd uarn; 91. 18, 269. 25 beirt *dwfyn* (cf. LlT 63.22, 80. 9 beird *byt*); 2. 4, 141. 21, 166. 21 dragon *dwfyn.*

46. *fainc:* Anodd ei ddeall fel *bainc* 'bench.' Ai llu. *banc* o'r Saes. *bank* 'high ground,' EEW 67? Cf. Gw 3. 158a Er ei ddiangc o'r *bangc* lle mae'r bedd; ac efallai 151a Aros beth o wres y *bangc* / aros haf Syr Rys ifangc. Os felly yr ystyr yw 'hinon y llechweddau ym Mehefin.'

49. *deyrn:* Dwy sillaf yw'r gair gan Ddafydd fel rheol, ond un yma. A yw'r llin. yn llwgr?

50. *fryn:* Gw. nod. 15. 35.

28

Y mae peth amheuaeth ynghylch dilysrwydd y cywydd hwn, oherwydd ceir cywydd arall i'r ceiliog bronfraith (rhif 123), a'i arddull yn debycach i arddull DG. Ond y mae celfyddyd y cywydd hwn a chyfartaledd isel y cynganeddion cytsain yn gwahardd ei droi heibio.

1. *sôn:* Am yr ystyr 'sain' cf. isod 69. 39 A llawn *sôn* mewn afonydd; RBB 30. 8 a gwyr groec a ffoassant a *son* vawr gantunt.

7. *plygain:* Profir y trawsosodiad o *pylgain* gan y cymeriad â *plu* yn y llin. nesaf. Cf. RP 1201. 11, 1387. 39.

17. *cwlm:* Term technegol mewn cerddoriaeth gynt, ond ni wyddys yn union beth a olygai. Gw. DGG² 196, MA 1071, 1074, 1075, 1205, G d.g. *clwm.*

19. *llywr:* DGG² 196: 'lle-wr, darlle-wr, neu ddarllenydd. Y ferf oedd *lleaf*, *darlle-af*, a'r berfenw *darllein.* . . . Pan ddaw *e* o flaen llafariad, gall droi yn *y* fel *deall*, *dyall.*'

22. *primas:* Gw. uchod 20. 22.

23. *adwaen:* 3 un. pres. myn. WG 353.

29

Yn C 84. 538 rhoir enw DE wrth y cywydd hwn, ac ychwanegir 'Y Dr Davies a ddywedodd yn ei Lyfr mae Dafydd ap Gwilym ai gwnaeth. Myfi a gefais henwau y ddau wrtho wrth i mi ei scrifennu o amryw Lyfrau. ni wn pwy ai gwnaeth. Barned eraill.' Rhwydd i Ddafydd Jones oedd bwrw'r cyfrifoldeb ar eraill; nid mor hawdd barnu. Ond y mae arddull y cywydd yn ymddangos ychydig yn fwy cymhleth weithiau na gwaith DE, ac y mae yma fwy o eiriau cyfansawdd. Mentrwyd ei adael i DG.

1. *coel:* coflaid. Gw. G, IGE 368, DGG² 169, 171.

15. *cadoedd:* Golyga *cad* 'brwydr' a hefyd 'byddin, llu.' Y llu. yn yr ystyr flaenaf yw *cadau* fel rheol, ac yn yr ystyr olaf *cadoedd*, G. Defnyddir y gair yma, fe ymddengys, yn yr ystyr o lu o goed neu o ddail.

22. *Rhobert:* Pwy ?

23. *Hywel Fychan:* Rhyw fardd, y mae'n amlwg. Ai Hywel ab Owain Gwynedd ? Efallai Hywel ab Einion Llygliw, awdur yr awdl enwog i Fyfanwy o Ddinas Brân, MA 339. Dywed Stern, 20, mai Hywel ap Goronwy, Deon Bangor, ydoedd, ond tra annhebygol.

28. *tabar:* mantell laes, D. tunica longa. EEW 64, 251. Gw. yr enghrau. a nodir yno a hefyd GTA cxxi, 66, G 3, 104a.

29. *trefn:* 'ystafell.' Cf. uchod 12. 29.

30. *teml:* Cf. uchod 27. 20.

37. *penfar:* D capistrum, fiscella, d.g. *pennor*, a dweud mai'r un gair ydyw â *penfar*. TW fiscella, pennor i lestair i anifeiliaid grafu coed ieuaingc. Yn Arfon defnyddir y gair am fwsel lledr â hoelion pigfain yn sefyll allan ohono, a roir am enau llo rhag iddo sugno'i fam. Buasai hyn yn gyfaddas i ddisgrifio'r celyn yn y testun, oherwydd y pigau meinion. Cf. IGE² 5. 24 lle geilw IG ei farf yn *benwar*, yn gymysg â'i galw yn bais draenog, blaenau celyn a symlau dur; DGG lxxxiii. 17, lle geilw LlG ei farf yn *benfar*. Amlwg mai rhywbeth pigog a olygir.

41. *siamled:* Ceir hefyd *camled*, EEW 69, 79. Cf. GTA cvi, 54, cxxii, 32. 'Originally a costly Eastern stuff of silk and camel's hair' (Concise Ox. Dict.).

30

Y mae wyth linell cyntaf y cywydd hwn yn anodd, ac efallai yn llwgr. Ond y mae'r ystyr yn ddigon amlwg, sef adarwr ar noson o aeaf yn gosod glud o gwmpas ffynhonnau i ddal adar. Yna cymhara'r bardd ei serch i aderyn wedi ei ddal yn y glud.

2. *heod: he-*, bôn *he-u*, ac *od*; lluwch eira.

3. *amraisg:* Ans. yw *braisg* 'cryf, nerthol, ffyrf, mawr' G. *Ym mraisg* yw darll. y llsgrau., ond ni ellir gweled synnwyr yn y llinellau felly, gan na ellir cysylltu *braisg* â dim. Felly darllenwyd *amraisg*, sef y gwrthwyneb i 'cryf, nerthol.' Nid yw'r gair yn digwydd yn G, ond y mae gan DG amryw o eiriau felly. Nid heliwr cadarn yw'r adarwr sy'n defnyddio glud.

5. *gwrthlys:* Yn ôl D Bot. Alan bychan, gwrthlys, carn yr ebol, y besychlys, *Tussilago*. Yn ôl WB 199, yr un ydyw â Carn yr Ebol y Gerddi. Cf. MM 198.

melgawad: D ros melleus, TW drosomeli, P honeydew ('sweet sticky substance found on leaves and stems, held to be excreted by aphides,' Concise Ox. Dict.).

7. *clydwyan':* Amlwg mai 3 pers. llu. berf yw'r gair, o **clydwyo.* Ond ni ddigwydd yn G nac yn yr un geiriadur. Dichon ei ffurfio o *clyd* ac *-wy* fel yn *gwobrwy*, cf. BDG cxxxi, 31 *clydwy* clod. Yr ystyr felly fuasai y gwiail sy'n gwneuthur yn glyd lannau'r ffynhonnau. Yn RP 1188. 15–6 (H 199. 29–30, HGCr xviii, 92) ceir 'bangeibyr hennllann yssyd yr clotuan yr *clytywyd.*' Yn G d.g. *clyd* cynigir darllen *clyt y wyd* 'clydwr ei goed,' neu *clyt ywyd* 'clydwr ei goed yw' neu 'ei goed yw cysgodol.' Ond tybed nad gwall sydd yma am *clydwywyd*, o *clydwy* a *gwŷdd*? Hawdd fuasai i gopïwr fethu oherwydd dieithrwch y ffurf ac agosrwydd y ddau *-wy-*.

25. *cenynt:* 3 pers. llu. pres. neu amherff. yn cyfateb i'r 3 pers. un. pres. *cên.* Gw. uchod 19. 7. Ni rydd G 129 ond un enghr. betrus o'r ffurf hon. (Ar *-ynt* yn y 3 pers. llu. pres. gw. WG 323, CA 111.)

30. *i ar:* Yn gyfystyr ag *oddi ar*, WG 420, B xiii, 6.

31. *pefrlys:* Llygaid y ferch fel llysiau gloywon yn ei phen. Cf. aeron, llin. 23.

31

Pwnc y cywydd hwn yw bod Madog (Benfras yn ddiau) wedi cael *cae* gan ei gariad, sef torch o fedw, fel y cafodd Dafydd yntau, ac y mae'n ei gwisgo am ei ben beunydd. Ond cafodd Iorwerth ab y Cyriog *dudded bys* (llin. 21) o aur, sef modrwy, y mae'n amlwg. Beirniada Dafydd ef am fynnu meini ac aur (llin. 39–40), a gwell ganddo Fadog, sy'n caru'r ferch er ei mwyn ei hun, ac nad yw'n cael dim yn anrheg ond cae o fedw. Masnachu cerdd y mae Iorwerth (llin. 57), ond caru'n unig y mae Madog. Yn B i, 52–4 dywedodd Syr Ifor Williams mai Iorwerth ab y Cyriog biau'r cywydd a argraffwyd fel eiddo Iolo Goch yn Ashton, *Iolo Goch*, 465 (IGE² 219), ac mai'r cywydd hwnnw yw sail y cellwair gan DG yn y testun. Yn IGE² 375 dywedir mai gwregys yw ystyr *cae* yn y cywydd. Ond anodd dilyn hyn. I gychwyn, y mae'n amlwg wrth y cywydd hwnnw mai tlws i'w wisgo ar ei fynwes a gafodd yr awdur gan ei gariad, nid gwregys ('gem oleulem liwloyw . . . euryn bychanigyn bach ; arwain aur a main y mae . . . ar ei ddwyfron'). (Felly Syr Ifor yntau yn B i, 53.) Ymhellach, nid tlws na gwregys a ddywaid DG yma i Iorwerth ei gael gan y ferch, ond modrwy ('tudded bys . . ., rhwymo bys').

Awgrymodd Syr Ifor Williams hefyd y geill nad gwaith DG mo'r cywydd hwn, ond yn hytrach gwaith Ithael Ddu. Seilir yr awgrym ar gywydd gan DE (GDE 10–11), lle y cymherir cae o fedw a gafodd y bardd hwnnw i gae Ithael, ac y dywedir na chaiff y bardd byth gae fel un Iorwerth ab y Cyriog. Y mae cysylltu'r ddau fardd hyn â'i gilydd yn yr un gerdd yn awgrymu mai Ithael Ddu, nid DG, a fu'n ceryddu Iorwerth ab y Cyriog. Ond yn niffyg awgrym arall, cynhwysir y cywydd yma, ond yn betrus.

6. *chwaer:* Nid yn llythrennol, ond yn gyfystyr â merch neu gariad. Cf. isod 89. 2, a gw. G d.g. chwaer (2) a'r enghrau. yno.

9. *cae:* Ar ystyron y gair, '*brooch*, *clasp*, coron, gwregys,' gw. B i, 50–1. Yma coron neu wisg pen ydyw, 'to dail ir,' llin. 4.

16. *symlyn:* D symlyn, *simplicellus*, *idiota*. TW d.g. *idiota* ac *insipiens*. Ond gair arall sydd yn y testun, sef o'r un bôn â *symlu* 'symbylu,' D *stimulare*, *instigare*. Gellir tybio *swml* o ryw ffurf ar y Llad. *stimulus*, Loth, ML 209, Ped. i, 219. Cf. IGE² 168. 22 Syml iawn roi *swmwl* ynod ; 5. 26 *Symlau* dur yn symlu dyn (am farf).

19. *trysorer:* Nid ffurf ferfol, ond enw o'r Saes. *tresorer* 'trysorydd.'

24. *rhimwr:* bardd, o'r Saes. *rhyme*. Cf. RP 1364. 36, GGGl iv, 77, cix, 47.

25. *mynwaur:* Ffurf ar *mynwair* 'coler,' DGG² 178, PKM 248.

33. *mydr ddoethlef:* Gw. WG 269–70, lle dangosir mai gair cyfans. sydd yma, ac mai ei gyfansoddiad o ran ystyr yw *mydrddoeth lef*. ond bod y rhagacen ar *mydr* wedi mynd mor gryf nes bod y gair yn sefyll ar wahân. Cf. 58. 1 wawr dlosfain.

49. *hwcstres:* O'r Saes. *bucksteress*, gwraig yn pedlera. EEW 109,

32

2. *cyfwrdd:* Am hwn fel ffurf ar *cyhwrdd* gw. DN 169.

14. *bedw:* Trwy gydol cyfnod Beirdd yr Uchelwyr ac yn ddiweddarach parhawyd i ystyried *w* ar ddiwedd geiriau fel hyn yn gytsain i bwrpas mydryddiaeth. Am ddatganiad Simwnt Fychan ar y pwnc gw. GP 124. Ond diau mai ceidwadaeth y beirdd a gyfrifai am yr arfer, a bod yr iaith lafar hyd yn oed yn y 14 g. yn trin *w* ac *y* gytseiniol fel llafariaid, ac yn rhoi '*r* neu '*n* ar eu holau. Gw. enghrau. yn CD 198, ac ychwaneger IGE² 7. 28 *Daly'r* brenin, dileu'r Brynaich (Iolo Goch) ; 204. 15 Mair hael i'th *gadw*'r mur hoywliw (Llywelyn ab y Moel). Y mae'r peth yn bur gyffredin yn y 15 g., e.e. GGGl xxviii, 37, xlvii, 3, lvi, 12 ; P 67 ii, 43, xxvii, 15, xxxii, 10, 11, lxix, 2, lxx, 13. Y mae'r anghysondeb o drin y geiriau hyn yn y dull hwn ac ar yr un pryd eu cyfrif fel un sillaf i bwrpas hyd y llin. yn brawf mai arfer draddodiadol yn unig oedd eu hystyried yn eiriau un sillaf.

26. *gloynnau Duw: Gloyn Duw* oedd enw'r hyn a alwn ni heddiw yn *gloyn byw*, e.e. IGE² 21. 20, GGGl xxxii, 26.

29. *llugyrn clŷr: Llugorn* yw lamp. Llu. *cleheryn* yw *clŷr*, 'cacynen y meirch, Robin y Gyrrwr' G. Ai 'will-o'-the-wisp' a olygir yma ?

32. *Fferyll:* Am syniad yr Oesoedd Canol am y bardd Lladin Virgilius fel dewin gw. SDR, t. 98.

33

4. *trafanwthr:* Gwelir nad oes ond dwy ffynhonnell i'r cywydd hwn, a'r rheini'n perthyn yn agos i'w gilydd, ac nid oes ond dau ddarlleniad o'r gair hwn, sef *trafanwthr* a *tra raithwr* (neu *tra raithr*). Nid yw'r un ohonynt yn edrych yn gywir. Argraffwyd y blaenaf, gan mai ef a geir yn P 49, a bod y llsgr. honno i raddau bach yn annibynnol ar y lleill. Gellid efallai awgrymu diwygio i *tryfanuthr*, a chymryd *tryfan-* fel yr esbonnir ef fel enw mynydd a llysieuyn yn ELl 15, 'yn codi'n uchel iawn, neu â blaen main iddo.' Neu'n well, gellid ystyried yr elfen gyntaf fel *trywan-* o *gwan-u*; a chofio bod y gair hwnnw'n golygu 'rhedeg, rhuthro' (PKM 170), fe weddai'n dda yn y cyd-destun.

8. *Trystan:* Am chwedl Trystan a'i serch at Esyllt, gwraig March ap Meirchion, gw. B v, 115. Hefyd R. Bromwich, TYP 329–33.

9. *crynbren:* Am *cryn* yn yr ystyr 'bychan, eiddil,' gw. DN 163.

17. *syndal:* O'r Saes. *sendal*, EEW 64; 'a thin, rich silken material; fine linen, lawn,' OED; enghrau. yn 1300 a 1362.

24. *doeth gain:* Sylwer ar yr amrywiaeth mewn treigliad ar ôl *dyn* pan ddefnyddir ef yn fenywaidd. Cf. P 57. 59 dyn llaryeidd lan.

28. *celg:* Gw. G d.g. *digelk*. Ystyr *celcu* yn y geiriaduron yw 'cuddio'; DWS *kelky* 'kepe close,' D celare, TW d.g. celo, concelo, obscuro. Ystyr lafar Arfon i *celc* yw arian wedi eu cadw neu eu cuddio, WVBD 251 'a hidden store of money'; *celcio* 'to keep a secret store of money.' Yn ôl Ped. i, 24 benthyg yw *celc* o'r Wydd. *celg*, ac am hwnnw dyry CIL 334 'deceit, treachery, plot.' Ceir yr ystyr hon o dwyll yn Gymraeg hefyd, a hon yn ddiau oedd yr ystyr gyntaf. Amlwg mai 'twyll' yw'r ystyr yn y testun, a 'twyllwr' yw *celgwr*, llin. 29. Cf. llin. 31–2 ni mynnwn . . . dy *dwyllo*. Yn IGE² 166. 25 A'r gair amddiffyn . . . a guddiwyd rhagof, ddirfawr *gelc*, fe weddai'r naill ystyr neu'r llall.

34

3. *apêl:* Ni ddigwydd y gair gan y Gogynfeirdd, ond y mae'n weddol gyffredin gan Feirdd yr Uchelwyr. Benthyg yw o'r Saes. *appeal*, EEW 59, ond nid yn ystyr gyffredin y gair hwnnw. Yn hytrach 'cwyn, achwyn,' e.e. SG 272 a llyma vy *apel* i arnaw ef ar y vot yn vratwr twyllwr; 273 vy *apel* i yssyd am ffelwniaeth; P 53. 67 Mae arovin am ryvel / Morwyr pell mawr ywr *apel*; GGGl xli. 25–6 Llafur da, pur, *diapêl* / Yw dringo i dai'r angel; IGE² 191. 7–8 Gwneuthud cyn pwlfryd *apêl* / Fwting cyn cyrchu'r fatel. *Pwynt apêl* yw peth i gwyno amdano. Cf. IGE² 191. 21–2 A chyda hwynt, *pwynt apêl*, / Awchus leferydd uchel.

8. *enillwyd:* Am *ennill* yn yr ystyr 'cenhedlu plant' gw. G 479.

11. *gwrle . . . orloes:* Yn B i, 41–2 dywedir mai'r *vox humana* yn yr organ yw *gwrle(f)*, ac mai'r *unda maris* (neu'r *vox angelica*) yw

gorloes. Ond er cywreinied y ddamcaniaeth, y mae'n anodd ei derbyn, oherwydd cysylltir gorloes yn fynych iawn â thelyn. Yn B ibid. dywedir hefyd yr 'arferir "llef gŵr" gan amryw o'r beirdd am ganu â'r llais, o'i gyferbynnu â chanu offeryn,' ond ni roir enghrau. Ymddengys brawddeg yn B i, 155 fel yn cadarnhau hyn: 'ag yr Jabel hwnw y roed *gwrle* music ag yw vrawd Tubal y roed telyn ag organ.' Ceir awgrym o'r un peth yn IGE² 100. 18 A *gwrle* gwŷr ac orloes. Ond diau golli golwg ar yr ystyr hon a myned y gair i olygu 'sain' yn unig. Felly yma *gwrle telyn*. Am *orloes*, a'r amrywiad *orlaes*, o'r Saes. *orloge*, *orlage* (neu'r Ffr. *horloge*), gw. EEW 212–3.

13. *orohian:* 'ynfytyn serchog,' Yr Efrydydd iii, 356.

20. *'Pwy?':* Y mae mwyafrif mawr y llsgrau. yn rhoi *pwyodd*. Dyry Lewis Morris yn B 53 *pwyoedd*. Yn DGG argraffwyd 'Pwy oedd?'. Newidiwyd mymryn yn yr argraffiad presennol er mwyn llyfnach cynghanedd.

30. *Gwgon:* Am Gwgon Gleddyfrudd gw. isod ar 46. 67. Ai merch iddo ef a olygir yma? (Nid oes dim sail i osodiad Chotzen, *Recherches* 185, n. 2, mai'r gog a olygir wrth 'ferch Wgon.')

41. *da deutrew:* Awgrymir yn DGG² 170 fod tisian ddwywaith yn beth ffodus. Dyna arwyddocâd y ddihareb, Nac untrew na dau ni nawdd rhag angau. D Diar.

55. *deily:* Am *dal* yn yr ystyr o ofyn tâl gw. G 290 a GMWL.

56. *dyly:* Am *dylyu i* 'bod â hawl ar, hawlio gan,' gw. B vii, 364.

35

Y mae gwahaniaeth amlwg rhwng testun y cywydd hwn yn llsgrau. Morgannwg a'r gweddill. Ceir 60 llin. yng nghopïau Morgannwg, ond tua 40 yn y lleill, a chyda'r ail lin. yn gyntaf. Lluniwyd y testun a argraffwyd trwy gyfuno'r ddwy ffurf ac ad-drefnu llawer ar y llinellau.

1. *sinobl:* 'coch,' IGE² 347. TW d.g. cicerculum, cinnabaris, minium. EEW 142–3. Am enghrau. eraill, GGGl xciv, 54; IGE² 47, 173, 206, 224, 225, 336; RP 1376. 8.

4. *dygi'r bel:* Ymadrodd cyffredin gan y beirdd yn golygu 'rhagori, bod ar y blaen.' Cf. P 53. 31, 67 xxxi, 56, xlv, 53, lii, 17, lxiii, 46, lxv, 4, lxxxiv, 57; IGE² 60. 7, 108. 29; GGGl xci, 61, cxx, 20. Y mae'n ymddangos ar yr olwg gyntaf mai *pêl* yw'r gair a bod yr ymadrodd wedi ei dynnu o ryw chwarae â phêl. Dyna'n sicr ydyw yn GGGl lxxxix ('ni ddichawn . . . gwarae â hi ond gŵr hael'). Ond yn OED d.g. *bell* 'cloch' dywedir '*To bear the bell* "to take the first place"; *to bear or carry away the bell* "to carry off the prize." The former phrase refers to the bell worn by the leading cow or sheep of a drove or flock; the latter, perhaps, to a golden or silver bell sometimes given as the prize in races and other contests; but the two have been confused.' Rhoir enghr. o weithiau Chaucer

yn 1374. Yr unig un o'r enghrau. Cymraeg uchod sy'n awgrymu'r ystyr hon yw P 67 lii, 17 aet y bel ffordd y relych / aed y bairdd yr adwy i bych. Efallai fod yma gyfeiriad at ddefaid yn dilyn ei gilydd drwy adwy. Defnyddir *llwdn y gloch* yn gyffelyb am rywun sy'n rhagori, e.e. P 67, 156. Cf. yn arbennig GTA xxxviii. 64 Wrth roi i'r glêr *aeth a'r gloch.*

10. *corun:* sef corun wedi ei eillio yn ôl arfer mynaich, G 167.

16. *i ti:* Mynegi goddrych y berfenw 'gwrthod' â'r arddod. *i.* B iv, 183.

24. *y destun:* Cf. llin. 28 a rôi *destun*, 29–30 na cheffid . . . *testun*, 39 nid oes *testun* ; DGG[2] lxx. 47–8 Yntau, diamau ymwad, / Un *destun* ganthun nyw gad, 45–6 A'r tylwyth . . . yn ei *destuniaw* (nod. t. 223) ; GP 6. 37 Teir keing ereill a berthynant ar teulwryaeth : *testunyaw*. . . . Ystyr *rhoi testun* a *testuniaw* yw gwawdio a goganu er peri difyrrwch mewn cwmni. Ar *testun* dyry D scomma, improperium. Ceir y gair mewn ystyr ehangach, yn golygu gwawd yn gyffredinol, yn IGE[2] 215. 27.

36. Y mae'r llin. yn fer o sillaf yn yr holl gopïau. Ychwanegwyd *yr.*

73. *dywaid:* Ffurf y 3 pers. un. pres. myn., er mai 2 un. gorch. ydyw'r ystyr. Cymysgwyd y ffurfiau'n gynnar, fel y dengys G 430–1.

36

Y mae'n edrych fel petai'r cywydd hwn yn anghyflawn. Nid oes ond chwe chopi ohono, ac un yn unig o'r rheini sy'n dda, sef P 49. Ond gan y digwydd y cywydd yn y rhan o'r llsgr. honno a godwyd o Lyfr Gwyn Hergest, a bod arddull y cywydd yn debyg i eiddo DG, teg yw cymryd ei fod yn ddilys.

3–4. *Cyfliw gŵr . . . â llwyn:* Am yr ymadrodd hwn yn yr ystyr o gyfnos, cyflychwr, gw. yr enghrau. yn G d.g. *kyfliw.*

10. *gwnai:* Enghr. o *-i* yn yr 2 bers. un. pres. Cf. 35. 64, 63. 66 ; *ai*, 114. 13.

37

13. *dringhedydd:* 'Sic vocamus bestiolas scandendo sese tuentes,' medd D, sef cyfieithiad o'r hyn a ddywedir yn y 'Naw Helwriaeth' ar ddiwedd y geiriadur : 'Dringhedydd yw pob peth a ddringo i frig pren i'w amddiffyn ei hun. Ac ni ddyly heliwr ddywedyd Bele, neu Gâth goed, neu Wiwair, neu Ffwlbart, ond eu galw Dringhedydd llwyd, dringhedydd du, dringhedydd coch.' Cf. B vi, 302. Yr oedd dringhedydd hefyd yn enw ar lysieuyn, sef y 'Clematis,' WB 134, 184. Yn y testun at anifail y cyfeirir.

14. *gwerling:* D, dominus, ar awdurdod W. Llŷn. Cf. B ii, 142. H 281. 21 Ath uendiccwy duw deyrn *werlin* hael. Yn ôl Syr Ifor

Williams, B vi, 138, ei elfen gyntaf yw'r *gwerg* a welir yn y glos *guerg* ar efficax, VVB 136, a'r ail elfen yw *llyn* neu *llin*.

20. *bwntian:* Cf. 46. 29 O hynt i hynt i *bwntian* (ysgyfarnog); H 229. 20 gwirodeu gwledeu a gwlat ar *bwntan*. D vacillare, vagari. TW d.g. iacto, titubo. Ceir hefyd *byntiaw*; 45. 55 Beirniad fûm gynt, hynt *byntiaw*. TW d.g. curso. Ni ellir bod yn sicr o ba un o'r berfenwau hyn y daw ffurfiau berfol, e.e. 65. 25 Gadewais a *byntiais* hwnt; RP 1354. 45 hwnt *bynttyet* . . . o gret (mewn cerdd ddychan). Y mae'n ymddangos mai ystyr *bwntian* yw '*to hop, to hobble*, hercian,' a *byntiaw* 'myned, rhedeg.'

25. *diwanfa:* Cf. 54. 31. G cyfeiliorn, crwydr, disberod, ac awgrymir ei darddu o *difant* a *ma*, 'a thyfu o'r *w* drwy ddadfathiad.'

28. *nod:* 'targed.' Gw. uchod 8. 40.

38

1. *cae:* Er y geill y gair olygu talaith am ben, yr ystyr yma, y mae'n amlwg, yw gwregys—'a rwym ceudawd' llin. 15.

4. *cyniled:* Ystyr *cynnil* yma yw 'medrus, celfydd, cywrain.' G, PKM 240.

6. *I efail o ddail:* Y mae hyn yn amwys: (1) aeth o'r dail i'r efail; (2) aeth i efail ddail, cf. tŷ o ddail, etc. Yr ail, yn ddiau, yw'r ystyr.

8. *sawduriaw:* 'to solder.' Gw. enghrau. yn EEW 208, lle yr awgrymir y geill y gair darddu o'r Saes. Can. *sowdere* neu o'r Ffr. *soudure*.

17. *ceinwefr:* 'Amber' yw *gwefr*, a defnyddid ef yn helaeth gynt i addurno'r corff. CA 77.

39

17–18. *diwalldrum . . . a thrum: Drum* yw ffurf wreiddiol y gair (WG 136, 186, L & P 4, 153), ond y mae'n amlwg ei fod wedi troi'n *trum* ymhell cyn amser DG. H 100. 31 a flameu o *drum* yn edrinaw (Cynddelw i Hywel ab Owain). Cf. y ffurfiau llu. CA 641 dra *thrumein*, TrCy 1940. 75 treidet *trath*[*r*]*umein*; a'r ans. RP 1291. 8 hirwaew *trumyawc* hwyrwyt tramwy. Ceir amryw o enghrau. o *trum*, *trumeu* yng ngweithiau cyfoeswyr DG, e.e. RP 1301. 14–5 gwneuthost nef a llawr dramawr *drumyd* (Llywelyn Goch); IGE[2] 304. 9 Rhybuddiaw draw ar y *drum*; 327. 14 Disglair ar *drum* esgair drosgl. Yng ngwaith DG ei hun cf. 60. 8 I *drum* a gwrthallt y dring; 79. 1 Ochan fi drueni *drum*. Ond ar y llaw arall, 141. 37 *Drum* corff wedy'i droi mewn carth. Diau fod Dafydd yn defnyddio'r ffurf fyw neu'r hen ffurf gywirach yn ôl fel y gweddai i'r gynghanedd. (Dylwn ddiolch i'r Athro J. Lloyd-Jones am fy nghyfeirio at rai o'r enghrau. uchod.)

40

Y mae arddull sangiadol rhan gyntaf y cywydd hwn, y cynganeddion pengoll a hen ffurfiau fel *cannwyf* a *rhom* yn cadarnhau mai DG yw'r awdur. Ond y mae ynddo hefyd rai pethau afreolaidd: llin. 14 disgwylid *ferch Lŷr*; hyd yn oed mewn rhyddiaith treiglir y rhan amlaf mewn enwau priod yn dilyn enw benywaidd, e.e. Brut D 12 *gvreig Vrutus*, 27 *oes Lyr*. Nid yw'r odl chwaith rhwng *benwyr* a *Llŷr* yn gywir, oherwydd *gŵyr* yn ddiau yw ail elfen y gair cyntaf. Ond geill fod y bardd yn ei chymryd fel dipton ddyrchafedig, cf. 59. 24 *tywyll*. Dylid hefyd efallai gofio'r ffurf *poenwyr* yn 44. 14. Ymhellach, ceir *d'wedyd* yn llin. 32, yr unig enghr. yng ngwaith DG. Ond y mae'r cywasgiad hwn yn hen; e.e. RB 3. 23 *dwedut*, 57. 10 *dwedassant* (ond Brut D 18. 19 *dywedassant*). Mewn barddoniaeth fe'i ceir mewn cenhedlaeth ar ôl DG, e.e. IGE² 165. 1 *doedaf*, 171. 21 *doedaist*. Cf. hefyd B v, 126.

41

16. *canmolid:* Am y terf. *-id*, 3 pers. un. pres. myn., gw. WG 322, L & P 279.

20. *na wn:* Ar *na* o flaen berfau ac ansoddeiriau lle ceir *ni* heddiw gw. WG 424, L & P 249.

37. *bocrell:* O'r Saes. *boggerel* 'dafad ifanc,' PKM 106. Yr ystyr yma yw merch ifanc.

42

3. Ni cheir y darll. hwn yn yr un o'r llsgrau., gw. amrywiadau. Tebyg mai'r diffyg T.M. yn 'dyn' ar ôl yr ans. 'golau' a yrrodd y copiwyr ar gyfeiliorn. Yr ystyr yw 'gwêl Duw mai golau yw'r ferch.' Ar *y mae* = *mai* gw. WG 448.

9. *pebyll:* 'mantell, gwisg.' Cf. RP 1365. 28 hi a vu yn *bebyll* y hen babo (mewn cerdd ddychan i hen wisg).

13. Ansicr iawn yw'r llin. hon. Dichon fod 'llun dyn' yn gyfystyr ag 'unrhyw ddyn' neu'n syml 'y dyn.'

14. *gwaeddolef:* D clamitare, exclamare, a'i darddu o *gwaedd* a *dolef*. TW d.g. exclamo.

17. *gwers*: 'tro, gwaith.' CLlH 202.

29. *uncorff:* Ceir y gair yn yr ystyr 'person, bod, dyn,' e.e. GGGl xcii, 53 Oes *uncorff*, Rys ap Siancyn, / Arall hael a ŵyr oll hyn ?

32. *wybren:* Enghr. dda o'r gair yn yr ystyr 'cwmwl.' Cf. DB 117. Ond yr ystyr gyffredin, sef y ffurfafen, sydd i *wybr* yn llin. 37.

38. *eilywed:* 'colled, galar, tristwch, alaeth' G, CA 306. Mentrwyd adfer y gair hwn, gan fod yr ystyr yn gwbl gyfaddas, ac nad yw 'Eluned' ac 'Elfed' y llsgrau. yn gwneud dim synnwyr.

plas: 'lle,' gw. uchod ar 12. 6.

39. *pell:* Am *pell* mewn ystyr amserol gw. CLlH 106. Yma 'hir i neb wybod,' h.y. 'annhebyg.'

60. *cynne:* 'llosg, tanbaid' G. Dyry rhai llsgrau. *cynnau*, a gallai hynny fod yn iawn, sef bôn y ferf fel ans., WG 396. Cf. isod 135. 24 Y gannwyll fflamgwyr *gynnau*. Ar gysylltiadau *cynne* gw. B iv, 52.

64. *deaill:* 3 pers. un. pres. myn. *deall*, yn yr ystyr wreiddiol o 'gymryd gafael, cydio, meddiannu.' Am ddatblygiad yr ystyr gw. CLlH 121–2, B iii, 26. 44, G d.g. *dyall*.

43

1. *eniwed:* 'niwed.' Ceir y ffurfiau *eniwed*, *einiwed*, *enwywed*, PKM 299, G d.g. *eniwet*. Ceir *aniwed* yn niwedd yr 16 g., RC xlvi, 69. *fforffed:* Ystyr gyntaf y Saes. *forfeit* yn OED yw 'a misdeed, crime, offence,' ac enghr. yn 1300.

25. *difyr:* 'hir,' gw. ar 16. 1.

44

1. *Ddafydd:* Nid cyfarchiad, ond mewn cyfosodiad â'r goddrych a gyfleir yn y ferf 'gwelaf'—'heddiw y gwelaf fi, Ddafydd. . . .'

8. *dywiwaf:* cyfans. o *dy-* a *gwiw*. Ni chroniclwyd enghr. arall.

11. *croes naid:* Yr oedd gan dywysogion Gwynedd ddarn o'r Groes Sanctaidd wedi ei oreuro ag aur ac arian a gemau, a rhoid mawr bris arno fel crair. Wedi lladd Llywelyn ap Gruffudd meddiannwyd ef gan Edward I. Am ei hanes wedyn gw. Cy xxiii, 100–3 ; xliii, 1–18 ; T. H. Parry-Williams, *Y Llinyn Arian* (1947), t. 91. Defnyddir yr ymadrodd yn fynych gan y beirdd un ai fel llw, fel yma, neu fel arwydd o ragoriaeth ; gw. G d.g. *croes*. Tyfodd chwedl yn gynnar fod y darn o'r groes wedi ei ddwyn i Gymru gan sant o'r enw Neot (Cy xxiii, 101, nod. 1), ond diau nad yw hynny ond ymgais i esbonio'r gair *naid*. Rhydd D *naid* fel cyfystyr *nawdd*, a rhydd TW ef dan *asylum*. Felly yr ystyr fuasai 'y groes sy'n noddi.' Dangosodd Syr Ifor Williams fod *naid* (fel *llam*) yn golygu 'ffawd,' CLlH 124–5. Yn ôl hyn yr ystyr fuasai 'croes sy'n dwyn ffawd.' Nid yw 'bro Eidal' yn hawdd ei ddeall. Yn sicr, nid y wlad a elwir heddiw yn Eidal a olygir. Ceir Bryn Eidal fel enw lle ym Mrycheiniog (LlLl 146) a hefyd yng Nghwm Penmachno (B vii, 273). Ar yr enw pers. Eidal gw. G 453.

13. *leiddiad Lŷr:* Fel enw cyffredin ystyr *llŷr* yw 'môr,' ac fe'i ceir fel enw duw'r môr, CLlH 116. Anodd deall y naill ystyr na'r llall yn y testun. Ai bai am *lwyr* ?

14. *poenwyr:* A derbyn *Lŷr* yn llin. 13, rhaid cymryd hwn fel *poen a gwŷr*, ans. cyfans. am y ferch, yr un sy'n peri poen i wŷr. Neu os darllenir *lwyr* yn 13, gellid cymryd hwn fel *poenŵyr*, neu ei ddiwygio i *penwyr* (*pen* a *gŵyr*). Am anhawster cyffelyb cf. 40. 13–4.

16. *combr:* 'lliain main' G. Cf. IGE[2] 4. 26 *penselgombr* 'baner o liain main,' yn disgrifio penwisg merch, fel yn y testun. Saes. *cambric*, o Cambray, lle y gwneid ef gyntaf.

17. *Fflur:* Y ferch yr aeth Caswallon fab Beli i Rufain i'w cheisio, yn ôl y Trioedd, RM 308, PKM t. xxviii. Cf. DGG lxix. 8 Fflur wyd o liw. Am hynny sy'n wybyddus o chwedl Caswallon a Fflur, gw. Syr Ifor Williams, TrCy 1946–7, 41. R. Bromwich, TYP 352.

21. *penial:* Cf. isod 46. 23 Mynyddig wâl, *benial* byllt (am yr ysgyfarnog); t. 424. *Penial* cerdd dyfal dafawd (am DG yn y farwnad iddo gan MB). Dyry D capitalis, ond diau fod i'r gair ystyron heblaw hynny. Y cytras yw Gw. *cendgal* 'a dashing or striking, a pressing or crushing' CIL 339; Gw. Diw. *ceannghail* 'a crush, a dashing' (Dinneen). Gellir awgrymu mai'r ystyr gyntaf yn Gym. yw 'gwasgu pennau ynghyd, terfysg, helynt' (cf. yr ymadrodd 'mynd benben' am ymrafaelio (Gw. *cenn i cenn*)). Fe weddai'r ystyr hon yn WM 141. 29 Ny symudawd peredur y ar y vedwl mwy no chynt yr gwelet y *penyal* am pen kei. (Yr oedd Cai wedi ei anafu'n dost.) Dichon mai'r ystyr hon sydd hefyd yn RP 1308.2 trwy ochel *pennyal* tryfal trefi (er bod enw lle yn bosibl yma; y mae Pennal ym Meirionnydd a Cheredigion). O'r ystyr o wasgu pen gellir hefyd yr ystyr o rwymyn neu wisg am ben, a dyna'n ddiau sydd yn y testun, mewn cyswllt â 'rhactal'; cf. y sôn am 'wasgu' (llin. 16) a 'hual' (llin. 18). Ac y mae'r wisg ben hon yn peri poen i'r bardd; cf. 'gwallt a'm gwylltiai' (llin. 3), 'y dyn a'm curia' (llin. 17). Gellir trosi o'r ystyr rhwymyn i'r ystyr o bennaeth, rheolwr, yn bur hawdd. Cf. RP 1285. 14–5 Archaf vod vy rwyf *rwym* keluydawt; 1314. 16 *rwym* trin blin blymlwyt; 1388. 15 rwyf divradw *rwym* achadw mechein; 1406. 10 *rwym* cat yn cadw y adef. Hyn yn sicr yw ystyr *penial* isod, t. 424. *Penial* cerdd dyfal dafawd. Cf. hefyd RP 1223. 8 ardal eur *bennyal* erbynnyat anant; 1349. 20–1 Maranned boned *bennyal* ffyll gystlwn; H 242. 23–4 *pennyal* beirt llawr keinwawr ked / pennyadur dewrwur dyfed; 54. 29 *pennyal* pob aryal creu allwg branes. Y mae'r ystyron uchod yn weddol sicr, ond geill fod ystyron pellach mewn enghrau. eraill megis RP 1339. 24; H 23. 20; GGGl cviii, 18. Dylid hefyd ystyried *gal penn* (WM 479. 10). Ar *gal* mewn geiriau cyfans. gw. J. Lloyd-Jones, *Féilscríbhin Torna*, 83; B xi, 127. (I'r Athro J. Lloyd-Jones yr wyf i ddiolch am sylwedd y nodyn hwn a llawer o'r enghrau.)

22. *rheng:* Saes. *reng*, EEW 58. 'A rank, row, line' OED.

24. *aur bwrw:* Ynglŷn â metalau ystyr *bwrw* yw 'cast'; *haearn bwrw* 'cast iron,' WVBD 205; S d.g. *bwrw*, bwrw'r pres pan doddo.

27. *awr loywbrim:* Ar *prim*, DGG 173: 'Gwasanaeth crefyddol ydoedd a gynhelid yr awr gyntaf ar ôl codiad haul, Saes. *prime*.' Defnyddir am y bore, fel yn MA 356 o *brim* hyd ucher. Yma y wawr a olygir. Cf. 112. 15 Gwiw loywbryd haul goleu*brim*.

45

1. *Ieuan:* gw. Rhag., t. xxv.

11. *glas:* Am yr ystyr 'newydd, ifanc, *fresh*,' gw. CA 88.

difaddau: *maddau* 'gollwng, hepgor, ymadael â.' DGG² 175, PKM 238, CA 158. Cf. 51.46 *maddau* bun, 52 *maddau*'r dyn; 89. 35–6 Ni *faddeuwn*, gwn gyni, / Y byd oll oni bai di. Ceir yr ystyr ar lafar o hyd, WVBD 359.

23. *Doethion Rhufain:* Am y chwedl amdanynt a geir mewn Cym. Can. gw. Henry Lewis, *Chwedleu Seith Doethon Rufein* (Wrecsam, 1925; Caerdydd, 1958).

37. *Peredur:* WM 140 'Trannoeth y bore ef a gyfodes y vynyd. a phan daw allan yd oed kawat o eira gwedy ryodi y nos gynt. a gwalch wyllt gwedy rylad hwyat yn tal y kudygyl . . . Sef a oruc peredur. sefyll a chyffelybu duhet y vran a gwynder yr eira a chochter y gwaet y wallt y wreic uwyhaf a garei a oed kyn duhet ar muchyd ae chnawt y wynder yr eira. a chochter y gwaet yn yr eira gwyn. yrdeu van gochyon yg grudyeu y wreic uwyhaf a garei.' Sylwer mai hwyad a nodir yn y chwedl, ond mwyalch gan y bardd (llin. 44).

46. *a'i tâl:* Ar y rhag. m. mewn cyswllt fel hyn gw. ar 12. 13 uchod. Ar *talu* 'teilyngu, haeddu, bod yn werth,' gw. CA t. xlviii, 70.

51. *r'odi:* Y geiryn perff. *ry* ac *odi*, yr union ymadrodd a geir yn y dyfyniad uchod o'r Llyfr Gwyn.

55. *beirniad fûm gynt:* Ceir amryw enghrau. o'r beirdd yn honni bod yn farnwyr er mwyn rhoi grym yn yr hyn a ddywedir, e.e. RP 1223. 9 Ny wadaf barnaf *kan wyf beirnyat*; 1283. 10 Bedaf y barnaf *wyf beirnyat kyfyawn*; 1440. 34 gwynuyt beird *beirnat wyf inneu*.

hyntiaw: Gw. ar 37. 20.

56. *rhawt:* O'r Saes. *rout* 'mintai, tyrfa.' DGG² 199, EEW 208.

58. *am fy myd:* 'oherwydd fy anwylyd.' Am *byd* yn yr ystyr hon, gw. G 85.

46

Yn *Proceedings of the Leeds Philosophical and Literary Society, Literary and Historical Section*, Vol. III, Part vi, t. 347, y mae A. S. C. Ross yn trafod cân Saesneg yn cynnwys llu o epithedau am ysgyfarnog. Digwydd y gân mewn llsgr. o ddiwedd y 13 g., a ysgrifennwyd, mwy na thebyg, yn Sir Amwythig, a dywaid yr Athro Ross fod dylanwad Cymreig ar y gân. Argraffodd yr Athro hefyd ddarn o'r cywydd hwn (o P 49 a BDG), a dangosodd y tebygrwydd rhwng yr enwau a roir i'r ysgyfarnog yn y ddwy gerdd. (I Mr. Thomas Jones, Aberystwyth, yr wyf i ddiolch am dynnu fy sylw at yr erthygl hon.)

1. *lle mae y bydd:* Cf. GDE 115 yn minio *lle bo y bydd* / i lwynog aflewenydd (am ddaeargi).

2. *llyfr canon:* Cf. RP 1293. 11 ynat *ganon lyfyr*; IGE[2] 10. 4 enaid *llyfr y ganon* (am Rys ap Gruffudd); 164. 14 *Llyfr canon* a deon dysg (am Ruffudd Llwyd). Defnyddir yr ymadrodd yn gyfystyr â 'safon, uchafbwynt, perffeithrwydd.' (Yn H 131. 15–6 yr ystyr yw chwedl neu gyfarwyddyd, Gnaud om gwawd goruod yn amrysson mal pan oruyt lleu yn *llyvyr canon.*) Y mae'n ymddangos mai ystyr y cwpled yw 'Dyma brif waith llafur yr heliwr, sef erlid glastorch a hwyliai o'r berth, a lle bynnag y mae hi y bydd yntau.'

3. *glastorch:* D lupusculus (bai am lepusculus), TW d.g. lepusculus, 'ysgyfarnog ieuangc, *glastorch*'.

7. *hued:* Y ffurf unigol yw *huad*, D canis venator. Y mae *hued* yn edrych fel llu. â'r terf. *-ed* (WG 206). Cf. 116. 23 Adlais *hued* a gredir.

8. *cwlm:* Gw. ar 28. 17. Heb wybod beth yn union a olygid wrth *cwlm* ni ellir deall arwyddocâd y trosiad yn y testun.

9. *gwrwraig:* Cf. WM 202. 24 *gwrwrach*, B xi, 120 *gwrneidr*, RM 302. 15 *gwruorwyn*, Cy vii, 131 *gurueichiat*. Geill mai *gwrdd* yw'r elfen gyntaf yn y geiriau hyn, a'r *dd* wedi colli. Ond geill hefyd mai *gŵr* ydyw yn rhai ohonynt beth bynnag—*gwrwrach* 'a masculine hag.' Y mae Ross (op. cit., t. 357) yn cymryd mai *gŵr* yw'r elfen gyntaf yn *gwrwraig* yma, a'i gyfieithu 'hermaphrodite,' a chyfeirio at 'the hare's reputed bisexuality.'

12. *lawdrwen:* T.M. ar ôl yr enw ben. *tynghedfen*. 'Gwn dynged yr un wen ei llawdr.'

14. *lledfegin:* Gw. CA 160, lle dangosir fod y gair yn golygu anifail gwyllt wedi ei ddofi, a hefyd yn cyfieithu'r Llad. *reptile.* Gw. hefyd Y Bibyl, 68, lle dangosir ddyfod y gair i olygu anifail yn gyffredinol.

16. *socas:* Saes. *socage*, 'Tenure of land by certain determinate services other than knight service' OED. Ond ni wedda'r ystyr hon yn y testun. Dyry Wright, *Dial. Dict. sockage* 'liquid manure; the drainage from cattle sheds.' Hwn yn ddiau sydd yn y testun. Cf. Ross (op. cit., 357), '*soillart* "filthy beast." The reference is probably to the popular view as to the hare's excretory habits.'

17. *herwraig: herw-wraig*, a *herw* efallai gyda'r ystyr o ladrata, PKM 247.

18. *her:* Ebychiad cyfystyr â 'dos ymaith.' Cf. isod *hyr* 133. 12.

cath: Cf. Ross (op. cit., 361) *wode-cat* 'cat of the wood,' *furse-cat* 'cat of the furze.'

19–22. Ceir yr un llinellau yn 60. 3–6.

20. *adwern:* Ni wn am enghr. arall. Dyry S 'a place that is partly a swamp; spungy or swampy ground; a swamp,' a dyfynnu'r enghr. hon.

23. *penial byllt:* Diau mai llu. *bollt* 'saeth' yw *byllt* yma. A derbyn yr ystyr 'gwisg pen' i *penial* (uchod ar 44. 21), gellir awgrymu mai'r

hyn y myn y bardd ei gyfleu yw mai gwisg pen yr ysgyfarnog yw saethau, sef ei chlustiau hirion. Os gellir pwyso ar yr ystyr o wasgu sydd yn *penial*, dichon y gellid dehongli'r ddeuair yn y testun fel yr un y mae saethau yn ymwasgu arni—yr ysgyfarnog yw nod saethau'r helwyr.

26. *ysgŵd:* Cf. 93. 44, 141. 46, IGE² 308. 32 *Ysgŵd* hir i esgid hwnt. D impulsus, pulsio. TW d.g. impulsio. WVBD 487 'a throw, a push.'

27. *ymlynynt:* Nid 3 pers. llu. y ferf, ond yn hytrach *ymlyn- hyni*. Un ystyr i *ymlid* (berf *ymlyn-af*) oedd hela. D *ymlyniad*, canis venaticus.

28. *ymloyn: ym* a *gloyn*, ond odid. Defnyddid *gloyn Duw* am 'butterfly,' gw. IGE² 21. 20, GGGl xxxii, 26, DGG xlv, 52. D papilio. Yn DGG² 205 awgrymir mai o *gloyw-yn* y daw *gloyn*. Ond dyry D *gloyn* fel tarddair o *glo*, a TW d.g. carbo. Cf. 119. 44 Fy nyn lygad *gloyn* gloyw. Ai'r ystyr yw fod llygad y ferch yn disgleirio fel marworyn ? Ni ddigwydd *ymloyn* yn y geiriaduron, ond y mae'n debyg mai'r ystyr yw fod yr ysgyfarnog yn ymloywi yn y gwynt. Efallai ei bod yn werth cofio am yr ystyr lafar mewn ymadrodd fel *i gloywi hi* am redeg yn gyflym. WVBD 152.

29. *hwntian:* Gw. ar 37. 20.

33. *cynnil:* Cf. uchod 38. 4. *Plas cynnil* yw lle call neu gyfrwys i ymguddio ynddo.

34. *gwlith:* Cf. Ross (op. cit., 365) '*deu-dinge* "knocking the dew off," *deu-hoppere* "the hopper in the dew." Hares feed in the early morning and late evening.'

40. *ysgor:* 'amddiffynfa,' B i, 7, CA 103.

65. *golochwyd:* neu'n gywirach *golychwyd* o *golwch* 'mawl.' Yr ystyr wreiddiol yw 'gweddi,' e.e. 137. 63–4 Amser a rodded i fwyd, / Ac amser i *olochwyd.* Yna magodd yr ystyr o 'le neilltuedig, cilfach, encilfa,' a dyna yw yma. Gw. B ii, 124.

67. *Gwgon . . . Gleddyfrudd:* Cf. uchod 34. 30. Tybed a yw Gwgon Gleddyfrudd yr hen farddoniaeth yn atgof am Gwgon ap Meurig, brenin Ceredigion, a fu farw tuag 871 ? Gw. HW 257, 325. Rhoir ei ach o Gunedda yn Harl 3859 ; gw. Cy ix, 180, Loth, *Mab* ii, 344, Owen, *Pemb.*, iii, 208. Os felly 'gwlad Wgon' yw Ceredigion, cartref Dafydd. Gw. R. Bromwich, TYP 389.

47

23. *dormach:* 'gorfodaeth, gormes.' Yn B x, 41 y mae Syr Ifor Williams yn ei darddu o *dy-gor-mach*, a'i gysylltu â'r HGym. *diguormechis*. Yr un *mach* 'hardd, aruchel' sydd yn *mechdeyrn*, Gw. *mass* 'hardd, gwych.' Digwydd y gair hefyd yn y ffurf *tormach*. Clywais ar lafar ymadrodd fel 'Hwn-a-hwn yn byw dan *dormach* ei fam-yng-nghyfraith.' Cf. WVBD 99. TW d.g. vadimonium, 'addewid

neu rwymedigaeth ar ddyfod ger bron yr ynad ar y dydd pennod, dydd *tormach*.'

39. *dlyai:* Gw. amrywiadau. Dyry'r diwygiad hwn well ystyr na dim a ddyry'r llsgrau.

48

15. *Garwy:* Y gŵr a garai Greirwy, yn ôl awdl Hywel ab Einion i Fyfanwy o Ddinas Brân, MA 339. Cyfeirir ato'n bur fynych gan y beirdd, gw. amryw enghrau. yn GTA 602, EC iv, 283, Loth, *Mab.* i, 262, ac ychwaneger P 67 lxix, 59 ac nim gad garyad *garwy* / dy olvt mawr yn dlawt mwy. R. Bromwich, TYP 354.

19. *Llanbadarn:* sef Llanbadarn Fawr yng Ngheredigion. Gw. Rhag., t. xvi.

24. *dros fy mhlu:* Yn ôl DGG² 179, 'Daliai ei het yn ei law, ac yn honno yr oedd pluen, a throsti syllai'n hir ar ei blwyf, yn yr hen ystyr, sef pobl ei blwyf.' Am gymhlethdod gwisgoedd yn y 14 g. a'r defnydd o blu mewn gwisgoedd pen, gw. *Mediaeval England* (gol. H. W. C. Davis), 156–7. Am *plwyf* yn yr ystyr o 'bobl y plwyf' cf. LlA 106. 19 dos ti heb y sant y dieithyr yr eglwys. ac arch yr *plwyf* dyuot y mywn ; 21 Yna y gouynnawd y *plwyf* idaw paham na elleisti pregethu yni gynnhev.

27. *mursen:* D 'a coy dame.' Awgrymwyd mai o'r Saes. *virgin* y tarddodd ; gw. EEW 130 a'r cyfeiriadau yno.

29. *godinabus:* Ar y terf. enwau haniaethol *-inab* gw. WG 230.

30. Dengys yr amrywiadau i'r copiwyr gael trafferth â'r llin. hon. P 54 yw'r testun gorau ar y cyfan, ond y mae ei darll. hi, 'da gwyr i ddrem gelu ddrwg,' yn amlwg yn llwgr, oherwydd collwyd y cymeriad a'r gynghanedd. Yr hyn a arweiniodd y copiwyr ar gyfeiliorn oedd cymryd y 'gŵyr' ar y dechrau fel berf ; diau mai ans. ydyw, ac y mae 'gŵyr ei ddrem' yn ddisgrifiad rhagorol o'r llanc. Y mae 'da' ar ddechrau'r llin. yn P 54 yn awgrymu ei fod wedi ei symud yno o rywle arall. Rhodder ef yn ail ran y llin., ac ar ei ôl rhaid wrth ferf i gwpláu'r ystyr. O gymryd mai 'gŵyr' yw honno (i raddau ar sail y 'giry' llwgr yn A 2 a Ll 14) fe geir y darll. a argraffwyd, a cheir chwarae ar ddwy ystyr 'gŵyr,' a hefyd ar 'da' a 'drwg' yn ail ran y llin.

34. *wtied:* Ffurf orchmynnol, 3 pers. un. o *wt*, o'r Saes. *out.* Cf. IGE² 205. 25 'Wt' eb y Gwen.

35. *talmithr:* Cf. H 216. 13 aer *dalmithyr* hylithyr haeloni (am Lywelyn ap Gruffudd) ; 300. 24 aer *dalmithyr* eur hylithyr hael : RP 1353. 43 Crwth *talmithyr* hylithyr hudyglyt. Ceir ffurf arall, ag *y* yn y sillaf olaf, yn 116. 3 (a chymryd fod yr hyn a argraffwyd yno yn gywir). Gw. hefyd *talmyrth* fel amr. ar 141. 35. Dyry D *talmithr*, a *talmyrth* fel ffurf lwgr. Ei ystyr ef i'r gair yw 'improviso, repente, subito,' ac fe'i ceir gan TW d.g. improvise. Yn DGG² 180

awgrymir yr ystyr 'creulon, gerwin.' Ond ni thâl hynny yn 116. 3 yn y gair cyfans. *talmythrgoeth*, ac efallai y buasai 'rhyfeddol, syfrdanol' yn gweddu'n well a chymryd yr enghrau. hyn at ei gilydd.

49

3. *perls:* O'r Saes. *pearls*. Ceir hefyd *perles*, IGE² 226. 7. Ar y dulliau y datblyga'r terf. llu. Saes. *-es* mewn geiriau benthyg yn Gymraeg, gw. EEW 95–103.

9. *taerwylch tes:* DGG² 180: 'Ai taerweilch tes yw'r merched trwsiadus a wisga baderau (*beads*) ar eu breichiau a'u gyddfau?' Os felly, rhaid cymryd *gwÿlch* fel llu. *gwalch* yn cael ei ddefnyddio, fel yn aml, yn drosiadol.

18. *rhier:* DGG² 180, rhifer, cyfrifer. Ar wahanol ystyron *rhifo* gw. PKM 138, CA 73, 272.

19. *cyfranc:* 'cyfarfod; brwydr; chwedl.' CLlLl 9, PKM 109. Yr ystyr yma yw 'brwydr.'

35. *difrodiau:* llu. o *difrawd*, 'dinistr, difrod; dirmyg, diystyrwch' G. Y 'brawd' wrth gwrs yw'r bardd ei hun. Cf. galw'r ferch yn 'chwaer,' 31. 6, 89. 2.

50

Gwyddys am dri chywydd yn cynnwys disgrifiad o'r chwarae 'cnau i'm llaw,' sef hwn, IGE² xxi, gan Iolo Goch, a IGE² lxxvi, gan Ieuan ap Rhydderch. Y mae i'r tri amryw nodweddion cyffredin, ac o'u cymharu gellir cael syniad am yr hyn a olygid wrth y chwarae. Y mae'n amlwg mai rhyw arfer werin ydoedd, ac mai ei hamcan oedd, fel llawer arfer werin arall, darganfod a oedd cariadfab neu gariadferch yn ffyddlon i un o'r ddau a gymerai ran yn y chwarae. Gellir tybio fod dau berson yn cymryd rhan, a bod gan un ohonynt nifer o gnau yn ei ddwrn. Yna byddai ymddiddan fel y canlyn:

Y cyntaf: Cnau i'm llaw (h.y. y mae gennyf gnau yn fy llaw).
Yr ail: I mi y dônt.
Y cyntaf: Pam?
Yr ail: Oherwydd eu hanfon imi.
Y cyntaf: Gan bwy?
Yr ail: Hwn-a-hwn neu hon-a-hon (fel y digwyddo).
Y cyntaf: A yw ef (neu hi) yn dy garu?
Yr ail: Os yw'n fy ngharu, y mae amnifer o gnau yn dy law.

Yr ymadrodd ystrydebol yn y tri chywydd yw 'gad yna amnifer,' a dyna, mae'n amlwg, bwynt y chwarae, ac fe dry popeth ar ystyr *amnifer*. Dyry D 'numerus impar,' h.y. 'odd number,' a diau ei fod yn iawn. Am *impar* dyry TW 'amynifer,' a d.g. *Par* dyry '*Par impar*, Y chwareu a elwir amynifer, chwareu cnau i'm llaw.' Y mae *amnifer* yn golygu hefyd anghyfartal o ran hyd, anghymesur, gw. Y Bibyl, 110. (Y gair am 'even number' yw *cyfnifer*, D 'numerus par.' Dywedodd yr Athro G. J. Williams wrthyf mai'r gair yn ei dafodiaith ef am ddeilen feillion ag iddi bedair dalen yw 'deilen gnifer.') Yng nghywydd Iolo Goch, lle y mae Eiddig a'i wraig yn chwarae 'cnau i'm llaw,' y mae *naw* o gnau yn nwrn Eiddig—'Pan agorodd ei ddwylaw, / Myn y nef, nid mwy no naw.' Yng nghywydd Ieuan ap Rhydderch y mae *saith*, a gelwir hwy yn 'amnifer o haelder hon.' Yn y ddau achos prawf yr amnifer fod y ferch yn caru'r bardd. Yn gyffelyb yn y testun. Y mae Dafydd a'i gydymaith, y 'brawd-ddyn o brydydd nwyf,' yn chwarae 'cnau i'm llaw,' a'r cnau yn llaw'r cydymaith. Er na nodir nifer y cnau, y mae'n amlwg mai amnifer ydynt, oherwydd dywaid y bardd, 'Oed mewn irgoed . . . a fydd onid celwydd coel,' ac â rhagddo i ganmol y ferch am eu hanfon iddo ac i ddyfalu'r cnau. Gw. Nodiadau Ychwanegol isod.

2. *anniferiog: diferiog* 'cyfrwys, dichellgar, ystrywgar' G. Ar gysylltiadau'r gair a'i berthynas â'r Gw. *dibergach* gw. B i, 18. Annichellgar, syml, diystryw fydd cariadlanc ('serchog') heb gael cydymaith i gynllwynio ag ef. Sonnir isod am chwarae gau (llin. 15), a'r pwynt, mae'n debyg, yw bod y cydymaith wedi cytuno â Dafydd i gael amnifer o gnau.

10. *ysmalhaach:* Gradd gym. *ysmala*, a ddefnyddir yn ei hen ystyr 'taer, haerllug,' gw. PKM 287.

18. Derbyniwyd y darll. hwn o Ll 6, er bod y llsgrau. eraill oll yn rhoi 'a mi a'u dwg.' Diau mai 'cywiriad' yw'r darll. olaf o dan y dyb na eill *m* sefyll ar ddechrau llinell o gynghanedd gytsain heb *m* i'w hateb yn yr ail ran. Yr oedd hynny, fodd bynnag, yn gyfreithlon gynt, gw. B x, 1.

27. *a'th:* Ar y rhag. mewnol ar ôl y geiryn holiadol, gw. WG 425.

30. *amnifer:* Ll. 6 yw'r unig lsgr. sy'n rhoi'r darll. hwn, 'cyfnifer' yn y lleill. A barnu wrth gywyddau Iolo Goch ac Ieuan ap Rhydderch, *amnifer* sydd eisiau. Cyfetyb yr ymadrodd yn union i'r hyn a geir yn y cywyddau eraill, 'gad yna amnifer.'

35. *diymeirgoll:* cyfans. o *di-ymeir-coll.* D *ymeirio*, verbis contendere, h.y. dadlau, ymryson geiriau.

36. *coll:* Y pren collen, wrth reswm, nid o *colli.* Y mae'r llin. yn fer o sillaf yn y llsgrau., 'hoen eiry caen heiniar coll.' Y mae'n amlwg y dylai fod T.M. yn *caen*, a diwygiwyd trwy roi *o* o flaen *coll.* Y tebyg yw i'r copiwyr gymryd *coll* fel bôn *colli*, a methu deall wedyn y ddeuair *o goll.*

43. *fflaced:* o'r Saes. *flacket* (*flagon*). EEW 72.

44. *amyd:* Cf. 119. 8 gloyw *amyd* glas. DGG² 249, 'mixed corn, a mixture of wheat and barley.' Ond y mae'n ymddangos mai 'cnwd' yn gyffredinol yw'r ystyr yn y testun.

52. *Ysgolan:* Ceir cyfeiriad at ŵr o'r enw yn LlDC 81, ac amlwg ei fod unwaith yn gymeriad mewn chwedl adnabyddus. Dywedir yno ei fod yn 'ysgolhaig,' ac yn goddef penyd am losgi eglwys,

lladd buwch a boddi llyfr. Yr oedd chwedl amdano yn Llydaw hefyd, gw. Owen, *Pemb.*, iv, 411, a'r cyfeiriadau yno. Enwir 'bed yscolan' ym Muchedd Dewi, sef y fangre y cyfarfu Dewi â Scuthyn o Iwerddon yn gennad i'w rybuddio y gwenwynid ef, LlA 111. Mewn rhai fersiynau o'r Fuchedd Ysgolan yw'r gennad, LBS ii, 304. Yn yr 16 g. (efallai ynghynt) cysylltwyd ef â'r chwedl ddarfod llosgi llyfrau Cymraeg yn y Tŵr yn Llundain yn amser Edward I, gw. Epistol Richard Davies ar ddechrau Test. Salesbury (arg. 1850, vi). Gw. hefyd Evan Evans, *Specimens*, 160, a Philip Yorke, *The Royal Tribes of Wales*, 127. Yn y 18 g. triniwyd yr enw fel Ys Colan, a haeru mai St. Columba ydoedd. Yn rhyfedd iawn, derbyniwyd hyn gan Stephens, *Lit. of the Kymry*, 346. Am syniad Skene, mai at un o'r canoniaid Awstinaidd y cyfeirir, gw. FAB ii, 319. Am darddiad yr enw, sef o *sgawl* 'youth, warrior, champion,' Gw. *scál*, gw. B vi, 352. Gw. yn arbennig A.O.H. Jarman, 'Cerdd Ysgolan', *Ysgrifau Beirniadol*, x,51.

51

7. *Policsena ferch Bria:* Polixena, merch Priaf, brenin Troea. Gw. RB 4 ac yml. Dywedir amdani RB 14, 'yr hon oe thegwch a ragorei ar bawb.' Am gyfeiriadau ati gw. P 76. 199, *Eos Ceiriog* ii, 185. Digwydd enw Priaf droeon mewn cywyddau mawl: IGE² 176. 2, GGGl lxvii, 56–7, P 53. 68, 67. 130, GTA xxiii, 82, H 58. 15.

9. *Diodemaf:* Deidameia, merch Lycomedes, brenin ynys Scyros, lle y cuddiwyd Achilles cyn dechrau rhyfel Troia. Ohoni hi ganed i Achilles fab, Neoptolemus (*The Oxford Classical Dictionary*, 4).

11. *Rhun:* Enw dyn yw Rhun (gw. e.e. BrutD, 291), ac nid yw'n gwneud ystyr yma. Sylwer fod y rhan fwyaf o freichiau cyntaf cwpledi'r cywydd yn ddigynghanedd, a diau mai felly y dylai'r llin. hon fod, ac mai ymgais rhywun i'w chynganeddu sy'n cyfrif am Rhun.

12. *Elen . . . Fannawg:* gwraig Menelaus. Llathruddwyd hi gan Alexander, mab Priaf, RB 10 ac yml. Gw. G d.g. Elen¹, 466. Ceir y triawd yn RM 297: 'Teir gwraged a gauas pryt eua yn tri thraean. diadema gorderch eneas yscwydwyn. ac elen uannawc y wreic y bu distriwedigaeth tro drwy y phenn. a pholixena uerch priaf hen vrenhin tro.' Esbonnir 'fannawg' yn RB 12. 12, 'a man a oed yrwg y dwyael. ac am hynny y gelwit hi elen uannawc.' Gw. y triawd yn R. Bromwich, TYP 129, a'r nodiadau ar yr enwau.

27. *pan henyw:* Ar *pan* 'whence, that,' gw. WG 286, L & P 230.

40. *Duw'n fach:* O *mach* 'surety,' nid o *bach*. Cf. 53. 14.

50. *cyfyw:* Dyma'r unig enghr. a gofnodir yn G, a rhoir yr ystyr 'byw, bywyd.'

51. *wyrda:* Fel y dywedwyd yn *Recherches* 160–1, y mae'r gair hwn fel cyfarchiad yn awgrymu fod y gerdd wedi ei bwriadu i'w hadrodd mewn llys yng ngŵydd gwyrda.

52

1. *Tegau:* Un o'r merched chwedlonol a nodir yn fynych fel safon prydferthwch, gyda Dyfr ac Enid. Am drafodaeth lawn gw. R. Bromwich, TYP 512.

23. *pei rhôn:* ymadrodd cysyllteiriol cyffredin gan DG. WG 445.

35. *y dall:* Cyfeiriad at y chwedl fod gŵr dall o'r enw Longinus wedi gwanu ystlys Crist ar y groes a rhoi'r gwaed ar ei lygad, ac iddo wedyn ddod i allu gweld. Cyfeirir at y chwedl droeon gan y beirdd, gw. Cy xxiii, 179–81; *Arch. Camb.*, 1865, 397; *Gwaith Barddonol Hywel Swrdwal*, 2. Fe'i ceir hefyd yn yr hen chwarae, *Y Dioddefaint*, ac enw'r gŵr yno yw Loinssias (HLlG, 145). Am y chwedl yn y Gernyweg, gw. Henry Lewis, *Llawlyfr Cernyweg Canol*, 1946, 82–3. Ceir trafodaeth lawn ar y chwedl yn R. J. Peebles, *The Legend of Longinus in Ecclesiastical Tradition and in English Literature* (Baltimore, 1911). (Cefais y cyfeiriad hwn yn llyfr anghyhoeddedig Dr. Gwenan Jones, *A Study of Three Welsh Religious Plays*, 74.)

37. *a'i:* Ar ddefnyddio *'i* fel hyn, gw. 12. 13 uchod. Fe eill yr *'i* yma fod yn y Cyfl. Derb.

41. *gwyrf:* Am y ffurf hon o *gwyry*, gw. WG 178, 217.

44. *plaid:* Gw. PKM 184, DN 140. O'r ystyr wreiddiol o ochr neu fur tŷ fe ddatblygodd yr ystyr ddiweddar i'r gair, sef pobl ar yr un ochr. Yma ymddengys yn golygu plentyn neu fab. (Am yr ystyr 'beudy' ar lafar Maldwyn, gw. *Tr. Guild*, 1905, 26.)

47. *methl:* D implexus, irretitio, deceptio; *methlu* irretire, implicare; ChO 43 cael *methl*, cael mantais annheg. Cf. ymhellach B ix, 326 Achaws . . . y hynt oed keissyaw *methlu* Cristonogyon ac eu dwyn yn angkret; 333 na at y'r Yspryt budyr caffel *methyl* arnav; H 207. 11 lloegyr *uethlu*. Defnyddir hefyd fel berf gyflawn, HGCr xliii, 51–2 kymmydych . . . hyt na *methlych*; 'baglu, tramgwyddo.'

50. *Enid:* Gw. ar llin. 1 uchod. R. Bromwich, TYP 347–8.

54. *crynwraidd:* 'niggardly, churlish.' Gw. G 183 am eiriau cyfans. yn cynnwys *cryn*, ac am yr ystyron PKM 267, DN 163.

53

2. Pur amrywiol yw darlleniadau'r llsgrau. Y mae'n ymddangos iddynt oll gael trafferth gyda'r *r* ar ddechrau'r llin., gan dybio fod raid ei hateb i gael cynghanedd gywir. Ond gw. B x, 2.

a'm: *'m* yn y Cyf. Derb. Gw. L & P 207, HGCr 170.

llid: Ar yr ystyr wreiddiol 'gwres,' a'r berthynas â *llawd*, *trallawd*, *edlid*, gw. B viii, 230.

8. *anghengaeth:* DGG[2] 177: 'Cyhoedda Arthur cyn i Gulhwch ddyfod i mewn, "Ar sawl a edrych y goleu. ac a egyr y lygat. ac ae kae *aghengaeth* idaw" (WM 458) . . . "Dioddefaint eithaf" a olyga;

yma dioddef *hoed* "hiraeth".' Ond yr ystyr yn GPC yw 'gorfodaeth gwaharddiad, *injunction.*'

14. *Duw yn fach:* gw. uchod 51. 40.

54. *mynwair:* 'coler.' Gw. PKM 248, lle dangosir nad oes sicrwydd ynghylch ffurfiad y gair.

54

12. *gŵr mewn gefyn:* Gw. Rhag., tt. xxxv.

28. *amnoeth:* Nis ceir yn G. D circumquaque nudus et spoliatus. Cf. SDR 390 Ar nos honno ef a deuth lladron y'r prenn . . . a'e adaw ynteu yn *amnoeth* bricawcdwn.

53. *deugrwydr:* Cyfleu melltith ar y ferch y mae'r gair, ac yn golygu 'anffawd, helynt, trwbl.' Cf. BDG lxxxiv, 65 *Crwydr* arnai gicau gec hir (darll. gicai gecir). Ceir enghrau. eraill o *crwydr* yn ymylu ar yr un ystyr, e.e. RP 1275. 23 Am gyhwrd gormeil a goueilyeint a *chrwydyr* a chlafri a hi a heint. Mewn rhai mannau y mae'n golygu rhywbeth fel 'ofnadwy, dychrynllyd,' e.e. RP 1437. 13–4 Gweleis y vd nym gwarthrud gwrthrawt. wrth vrwydyr *crwydyr* creulawn dybydhawt; 1314, 6–7 llas yn ryw vrwydyr *grwydyr* gryt vy myt matyein. Dichon mai'r ystyr wreiddiol yw 'flight, rout, disarray,' fel yn H 98. 13–4 Brwysc anad o gad oet ganthut / Brwydyr a *chrwydyr* a chryt arnadut (am y Fflemisiaid a orchfygwyd gan Hywel ab Owain); uchod 11. 43 Eingl*grwydr;* isod 143. 27 treigl-*grwydr* trin. O hyn nid anodd fuasai datblygu ystyr a weddai mewn melltith—'boed anhrefn, helbul, erlid arnat.'

55

5. *cyfyrddawdd:* Ar y ffurf gw. DN 169.

16. *croesaneth: croesan*, cellweiriwr, digrifddyn ('buffoon, jester') G. Gw. *crossán* 'a lewd, ribaldrous rhymer' CIL 530, gyda'r nodiad, 'The crossbearers in religious processions who also combined with that occupation the profession of singing satirical poems against those who had incurred Church censure, or were for any other cause obnoxious.' Gw. hefyd *Recherches* 74. Dyry TW *croesanaeth* d.g. lascivia, a diau mai dyna'r ystyr gan DG yn y testun. Cf. LlA 116 *croessan* a phutain; ac awgrymir yn y nodyn yr ystyr 'fornicator.' Am y terf. *-eth* am *-aeth*, cf. *llunieth*, a'r nodyn yn IGE 380. Hefyd DGG[2] lxix, 26 *wylofen* (wylofain), GID xv, 41 *dichwen* (dichwaen), xxii, 36 *afluniedd* (afluniaidd).

56

3. *ulw dros aelwyd:* DGG[2] 181: 'Ystyr *ulw* yw lludw. Codid yr ulw dros "frig" yr aelwyd i anhuddo'r tân dros nos; a gwnaethpwyd

hynny wyth gwaith, neu wyth noson, heb i'r bardd gysgu.' Cf. Hywel Dafi i uchelwr, P 67 xxvii, 9–10 Nid â ulw dros dy aelwyd / Onid tri bêr yn troi bwyd.

6. *huw:* ibid. 'canu huw, canu hwiangerdd. Gelwir cwsg yn "Huw" yn Sir Fflint, "Huwcyn" yn Sir Gaernarfon. Pan fydd plentyn ar syrthio i gysgu dywedir fod "Huwcyn yn i lygad o." Bathwyd yr enw o'r sŵn a wna mamaeth wrth hwian. . . .' Cf. IGE² 93. 25–6 Canu huw i Dduw, a'i ddwyn, / A wnâi Fair yn wen forwyn.

57

Amheus iawn yw awduriaeth y cywydd hwn, a phetruswyd llawer cyn ei gynnwys. Y mae diffyg cynghanedd gywir yn llin. 12, ac y mae'r geiriad a'r arddull yn syml drwodd. Ar y llaw arall digwydd enw Morfudd ynddo ddwywaith, ond rhaid cofio y gallai dynwaredwr roi hwnnw i mewn o bwrpas.

1. Y darlleniad a argraffwyd a geir yn yr holl lsgrau., a chymerwyd yn gyffredinol mai enw lle yw Eithinfynydd, a geill hynny fod yn gywir. Y mae ffarm o'r enw rhwng Llanuwchllyn a Dolgellau. Gellid serch hynny awgrymu mai llwgr yw'r llin. fel y saif. Tybed mai 'y fun oeithin' a ddylid ei ddarllen ? Ar *goeithin* 'chwerw, gwyllt, ffyrnig' gw. CA 154. Buasai'r gair yn gweddu'n dda yma am y ferch 'fuanwyllt wg' na fyn oed dydd. Ond anodd cynnig dim yn lle 'fynydd' heb ddamcaniaethu'n rhyfygus, a gwell yn ddiau yw gadael y llin. fel y mae.

20. *od:* O'r Saes. *odd* 'that exists or stands alone; solitary, singular' OED, ac enghr. yn 1330.

58

1. *edlaesferch:* Gwelir fod amrywiaeth go helaeth o ddarlleniadau i'r llin. hon. Y mae'r dewis yn ddiau rhwng 'yr adlwysferch,' 'yr adlaesferch,' ac 'yr edlaesferch.' Nid yw *adlaes* nac *adlwys* yn digwydd, yn ôl G, er na ddylai hynny lwyr wahardd eu derbyn, oherwydd gwelwyd eisoes rai geiriau heb enghr. arall ohonynt, a cf. *adloyw* yn G heb ond un enghr. yn unig. Digwydd *adlaes* gan y cywyddwyr, e.e. IGE² 215. 5 Gangen odl gyngan *adlaes*. Ond digwydd *edlaes* yn bur sicr yng ngwaith DG ei hun, e.e. 20. 37 Tost o chwedl gan fun *edlaes*; 63. 15 *edlaes* edling; 130. 12 dan goedlwyn dinag *edlaes* (*adlaes* a rydd Ll 6). Cf. MA 246a. 20 *Edlaes* maes wedi maon; AP 31. 23 *edlas*fardd (amr. adlaesfardd). Yn IGE² 79. 7–8 argraffwyd 'Llawen fydd chwedl *diledlaes* / Llafurwr tramwywr maes', ac yn 278. 23–4 'A gado, chwedl *diledlaes*, / Golud gŵr mud ar y maes'. *Diedlaes* a rydd D a S am yr enghr. gyntaf, a cheir y darll. hwnnw mewn rhai llsgrau., gw. Ashton, *Iolo Goch*, 633. Y mae'r ffurf seml, y mae'n ymddangos, yn gwamalu rhwng *adlaes* ac *edlaes*; felly cf. IGE² 84. 13–4 Diowdlyn da *diadlaes* / Mewn cyrn fy arglwydd, mewn

caes. Am *diedlaes* dyry D minime remissus et laxus ; S *edlaes* 'slack, trailing, drooping,' *diedlaes* 'not drooping, not remiss, unhesitating.' Gwedda 'drooping' yn dda am y coedlwyn uchod, ac ystyr fwy datblygedig, fel trist, am y maes wedi maon, y bardd yn yr Araith a'r ferch yng nghywydd marwnad GGr. Rhywbeth fel 'trailing' efallai yw'r ystyr am yr edling, sef yr ehedydd yn dringo. Gallai *diedlaes* wedyn fagu'r ystyr o bendant, sicr, 'unhesitating' S, a dyna fuasai yn yr enghrau. uchod gyda chwedl. (Cf. *talgrwn* 'sicr, diamwys,' e.e. B xi, 29 atteb *talgrwn*, mewn gwrthgyferbyniad i *lleddf*, ar ogwydd. Yn y gramadegau, sillafau lleddf a rhai talgrwn, GP xxxiii.) Ond nid yw'r ystyr yn glir iawn yn y testun. Ai 'with drooping eyelids' ?

3. *awgrym:* DGG² 182 : 'yn Saesneg fe geir *algorism*, *algrim*, *augrim*, ac *awgrim*, y cwbl yn ffurfiau ar gyfenw rhifyddwr o Arab, Al-Khowarazmi Abu Ja'far Mohammed Ben Musa, a flodeuai yn y 9 g. Trwy gyfieithiad o'i waith ef ar algebra y daeth y rhifnodau Arabaidd yn hysbys i Ewrop. Ystyr *awgrim* yn Saesneg oedd y dull Arabaidd o rifo, yna rhifyddiaeth. "*Awgrim stones*" y gelwid cerrig a ddefnyddid i rifo. Nid hwyrach mai hwy a feddylir yma, a bod ystôr o'r arwyddion rhifyddol hyn gan y ferch. Erfyn y bardd arni gyfrif yn fanwl pa faint o dâl sydd arni iddo am ganu iddi. Yn ddiweddarach aeth awgrym i olygu unrhyw arwydd.'

Ymddengys defnyddio'r gair am y rhifau Arabaidd yn *Yn y Llyvyr Hwnn* 22, 'Parffeithia ydiw y rhif uchaf (h.y. yr uchaf yn y rhestr ar y tudalen blaenorol) a elwir *awgrym* a gwybydd nad oes ond naw lhythyr rhif ygyt yndaw. . . .' Yn IGE² 229. 32 dywaid Ieuan ap Rhydderch fod y cwadrant 'o rygraff rif yr Awgrym,' sef, mae'n debyg, fod rhifau Arabaidd arno. Yn y cywydd i'r cybydd, DGG 142, dywedir am y gŵr hwnnw Casglu, llygru lliw *awgrym*, / A chadw ei dda, ni chaid ddim.

12. *rhywolus:* Dyma ddarll. C 19 a Cw 10, ac ategir ef gan *rhwolus* yn C 7 a Wy 2. Ar y ffurfiau *rhwyol*, *rhywol*, *rhyol*, *rheol* yn tarddu o'r Llad. *regula*, gw. ELIG 7. Parhaodd y ffurf *rhwol* hyd ddiwedd yr 16 g. o leiaf, *Perl mewn Adfyd*, 43, 74, 77, 86. (Thomas Jones, *Y Faner*, 29 Mawrth 1944.)

23. *neitio:* Cf. 117. 24 *Neitiwr* gwiw dros nawtir gŵydd ; 113. 1 *Dadlitia*'r diwyd latai. Am y calediad hwn ar ôl *i* gytseiniol gw. WG 183.

32. *rhif:* Yn PKM 138 dangosir fod *rhifo* yn golygu gwneud rhestr. Felly 'gŵr rhif' yma yw 'gŵr wedi ei restru' mewn byddin, 'enlisted.'

39. *mul:* Ystyr gyffredin y gair yw 'syml, didwyll.' Yn DGG² 183 awgrymir mai'r ystyr yma yw tarian o liw tywyll, pruddaidd. Ar ddatblygiad yr ystyr o 'gwylaidd' i 'ffôl' mewn rhai cysylltiadau, gw. B. vi, 321.

42. *i drais:* trwy drais. DGG² 183, PKM 192, B xiii, 3.

48. *dwy frenhiniaeth:* Awgrymir yn DGG² 183 fod yma gyfeiriad at ymgais Edward III rhwng 1336 a 1360 i gael coron Ffrainc at un Lloegr iddo'i hun.

59

3. *cynnydd:* Dangoswyd yn B ii, 299 mai ystyr *tir cynnydd* yw tir wedi ei ennill oddi ar y gelyn, a bod *cynyddu* yn golygu ennill tir newydd. Tebyg mai'r ystyr honno sydd yn y testun; peth a enillwyd wedi can oed yw'r het fedw. Cf. ysbail gwŷdd.

4. *ysgythrlen:* Yn IGE² 362 gwahaniaethir rhwng *ysgithr* 'dant,' ac *ysgwthr* 'llun cerfiedig neu baentiedig.' Y syniad yn y testun yw fod yr het fel llen o ddail wedi ei cherfio neu ei pheintio. Gw. hefyd Y Bibyl, 72.

6. *a'th fedd:* 3 pers. un. pres. myn. *meddu.* Ystyriol o'th fawl yw'r sawl a'th fedd.

8. *ysgîn:* mantell lac laes. TW d.g. chlamys. Gw. BM 19.

9. *adail:* Cf. llin. 31. O gofio perthynas *adail* ac *eilio* 'plethu,' hawdd gweled pam y defnyddir *adail* am het yn y cyswllt hwn. Cf. llin. 12 *adeildo.*

20. *cydfod gwas:* Disgwylid *â* ar ôl *cydfod.* Ond cf. H 188. 12 Heb gytuot bygylaeth; LlDC 83. 8 Trum kyduod daear; WM 631. 20 Ac yvelly y bu peredur yn kytvot agherdet ac anesmwythdra; IGE² 291. 26 Cydfod anorfod oerfel.

21. *gwrygiant:* Gw. uchod 16. 57.

27. *tâl:* Am yr ystyr 'haeddu, teilyngu,' gw. CA xlviii, 70.

28. *diylch:* Am *diolch* yn cymryd gwrthrych uniongyrchol cf. ChO 21. 9 Ac velly y *dieylch* ef y veithryn; AA 34. 7 a *diolwch* y duw y vudugolyaeth a rodassei idaw.

60

3–6. Digwydd yr un llinellau yn 46. 19–22.

7. *meithring:* Ar *n* yn rhoi *ng* ar ôl *i* gw. WG 168.

14. *erchwys:* Gw. amrywiadau. Barnwyd yn ddiogel argraffu *erchwys*, er na cheir yr union ffurf yn yr un o'r copïau. Am yr ystyr a'r ffordd y llygrwyd y gair mewn llsgrau., gw. PKM 94.

21. *pennod:* Yn CA 325 dangosir mai ans. o *pen* yw *pennawd*, a'i fod yn golygu 'arbennig,' ac mewn perthynas â meirch 'ar y blaen.' Hwnnw efallai sydd yma.

22. *banw:* Yr ystyr a roir i'r gair yn gyffredin yw 'mochyn ifanc, porchell.' Ond y mae'n ymddangos mai'r ystyr yma yw anifail ifanc yn gyffredinol, oherwydd cyfeirio y mae at y carw.

40. *anolo:* Cf. 142. 31. Dyry G 'digysgod, diwared, diwerth,' a'r enghrau. hyn: RP 1420. 30 Rac lleith anobeith *an olo* llann; 1421. 24 llwrw yspyt yspeit *anolo.* D inutilis, inefficax, irritus. TW d.g. inanis. Felly GMWL 'void, worthless, invalid.' Cysylltir

ef â *golo* 'cuddio, claddu' (Llyd. *golo*, Gw. *folach*, Ped. i, 97). Gw. CLlH 124 lle rhoir enghrau. o *golo*, *goloi*, *ymoloi*. Cf. ymhellach *diolo* 'diorchudd, eglur, dirwystr' G.

61

1. *breiddfyw:* 'byw mewn enbydrwydd' CA 355. Felly helynt yn peryglu bywyd yw'r gaeaf.

2. *mor elyn:* Am enw yn dilyn *mor* ac yn ffurfio ans. cyfartal cf. *mor ddihareb*, *mor wrda*, *mor eisiau*, etc. WG 254.

3. *eiroed:* cyfans. o *eiry* ac *oed* 'cyfarfyddiad cariadau.'

5. *crwydr:* Ai yn ei ystyr gyffredin, ai yn yr ystyr o anhrefn, helynt, fel yn 54. 53?

16. *cyffur:* Sef *cyffurf* 'modd, dull,' wedi colli'r *f*. Gw. G d.g. *kyffuryf*. Yn ddiweddarach aeth i olygu 'meddyginiaeth, ffisig'; cf. *moddion* yn iaith y De. Gw. enghrau. gan S d.g. *cyffyr*.

17. *anûn: anun* yn y llsgrau., a chymerwyd mai cywasgiad o *anuun* ydyw, cf. 128. 64.

19. *anoethraid:* Gallai fod o *annoeth* (*an-doeth*) neu o *anoeth* 'rhyfedd, anodd' (gw. G, Cy xlii, 132, CLlH 126). Mwy na thebyg mai o'r ail. Peth anodd a chaled fuasai i'r bardd gael y ferch i dyddyn gweirdy diddos. Ar *rhaid* 'caledi' gw. CA 164.

24. *engyn:* llanc ifanc, ffurfiant o *iang-yn*. Cf. *gwryang*, *gwreang*, *gwryanc*, etc. B i, 15–8.

27. *anghyfrwys:* 'anghelfydd, anghyfarwydd, heb ei hyfforddi.' Ar *cyfrwys* 'trained' am gŵn gw. PKM 94. Sylwer mai disgynedig yw'r ddipton *wy* yma.

57. *ys caffo:* Tynnwyd sylw gan Syr Ifor Williams yn B ii, 284, CLlH 159, 233, CA 123, 133, at ddefnyddio *as* ac *ys* o flaen berfau, a sylwyd arno gan eraill, e.e. G 3, HGCr 227. Sylwodd Strachan, IEW 105, ond heb fanylu, mai ei wreiddyn yw'r hen arfer o roi geiryn, yn y ffurf *a* neu *y*, i gynnal y rhag. mewnol pan na byddai gair yn diweddu â llafariad o'i flaen. Digwydd hynny mewn tair safle: (1) Mewn berf gyfans. rhwng y blaenddodiad a'r bôn, CA 205 *er-ys-mygei*, 145 *kein-as-mygei*, MA 228a *er-yth-iolaf*. (Ceir yr un peth mewn Gw., GOI 256.) (2) Ar ôl cysylltair yn diweddu â chytsain, RP 1425. 36 kyt *as* porthwyf, LlDC 23. 4 kid *im* guneit, L & P 145, 245. (Am yr un gystrawen mewn Llyd. a Chern. gw. L & P 210, 212.) (3) Ar ddechrau brawddeg lle nad oes dim o gwbl i gynnal y rhag. mewnol, LlT 25. 26 *am* swynwys i vath. (Gw. llawer o enghrau. yn G 3.) Y mae'n amlwg ddarfod ystyried y ffurf gyda'r 3 un. *'s* (*as* / *ys*) fel geiryn berfol heb iddo odid ddim ystyr o gwbl, fel y dywedir yn PKM 198; e.e. HGCr xxxi, 17 Duw Sadwrn *ys* aeth, *ys* eithyt ym med. Gwelir y dirywiad hwn yn ystyr *ys* yn digwydd yn CA. Yn llin. 233 ceir yn gywir 'ath uodi gwas nym gwerth na thechut,' a'r *th* yn yr ail berson fel gweddill y frawddeg.

Ond yn 225 ceir 'Ys deupo gwaeanat gwerth na phechut,' ac y mae'n amlwg nad yw *ys* yma ond geiryn berfol. Am ystrydebu'r 3 pers. un. fel hyn cf. *ef* yn myned yn eiryn berfol gyda phob pers., *ef gwneif* 'mi wnaf,' *ew kuynhiw*, L & P 145. Yr oedd *ys* arall yn digwydd yn ddigon mynych ar ddechrau brawddeg bwysleisiol, sef 3 pers. un. myn. 'bod,' L & P 320. Gw. enghrau. yn B x, 107. Trwy gydwedd-iad â hwnnw hawdd fuasai i *ys* ddisodli *as* yn y gystrawen yr ydys yn ei thrafod yma. Yn ddiweddarach ceir *ys* ac *as* o flaen berfau yn y modd dib. yn dra mynych, e.e. B vii, 24. 14 *As* amnodwy (diw.) Duw y dewr orchordon; H 8. 21 *As* bwyf yn adef yn arhos y llef; RP 1146. 3 Yn oleu *ys* bo vy annwylyt; IGE[2] 194. 10 *Ys* gwypo honno fy haint. Y mae'n ymddangos ei dyfod yn arfer i'w ddefnyddio o flaen berf yn y modd dib. pan fo'n mynegi dymuniad. Felly yn y testun.

62

8. *mwdwl:* Am y ffurf cf. IGE[2] 69. 9 ni ŵyr ef ddim / Mwy no *mwdwl*; RP 1344. 28 pwl du *uwdwl* di uedyd. Ond yn RP 1343. 36 penn *mydwl*. Cf. *cwmwd* / *cymwd*. Defnyddir heddiw yn Arfon ynglŷn â gwair neu ŷd yn unig, WVBD 381, 'a large hay-cock . . . *mwdwl yd*, equal to ten or twenty *cocia* and bound with a straw rope.' Ond yr oedd yr ystyr yn ehangach gynt, e.e. YCM 68. 19 *mwtwl* o eur. D acervus, strues, congeries. TW d.g. acervus; *mwdylu* d.g. acervo, accumulo. Yn ML 189 tarddodd Loth y gair o'r Llad. *metula*. Ond yn ChO 57 eglurir ef fel o *mwd* (cf. *nenfwd*) ac *-wl*, fel yn *pannwl* o *pant*. Cf. ELl 28. Yn llin. 9 dyry amryw o'r llsgrau. y ffurf *modwl*, a gwna hynny gyng. lusg fel yn amryw o freichiau cyntaf y cwpledi.

18. *cnoi gwawd:* Am *cnoi* ynglŷn â moliant a cherdd cf. MA 218b 3–4 A ganwyf dy geiniaid ai *cny* / A genais a genir wedy.

63

3. *pill:* Ysgrifennodd Syr Ifor Williams droeon ar y gair; DGG[2] 194, 201, 205, 207, 228, IGE[2] 370, B xi, 98. Dyry D ddau air, y naill yn golygu 'cadernid, amddiffynfa,' a'r llall 'post, boncyff, cangen.' Gwelir y naill yn IGE[2] 190. 9 Yna rhyballa rhew *bill*; gwanha cadernid y rhew. Cyffelyb yw DGG[2] lxxiv, 65–6 Dwg unllong i *bill*, h.y. i ddiogelwch. Ceir yr ail ystyr yng nghywydd yr eira, DGG[2] xli, 19 Blawd mân yw'r pân ar bob *pill*; sef cangen, ac mewn ystyr ddatblygedig, 'cainc o gân,' fel yn y cyswllt presennol. Awgryma Syr Ifor Williams mewn un man mai'r un gair yw'r ddau; DGG[2] 201 'Os ystyr gyntaf *pill* yw dernyn o bren wedi ei flaenllymu i'w osod yn y ddaear, gellir tarddu'r ystyron eraill yn naturiol ohono. Lle wedi ei amddiffyn felly fuasai caer neu amddiffynfa. . . . Wrth chwarae tawlbwrdd, dywedir "gŵr ym mhill" am un

mewn lle diogel.' Ond yn IGE[2] 370 dywedir 'Rhaid fod amryw eiriau ac ystyron,' a dyna a awgrymir yn B xi, 98 hefyd wrth drafod y Cern. *pillen* 'fimbrium' (sef ymyl neu ridens).

7. *trefngoed:* Ar *trefn* yn yr ystyr 'tŷ' neu 'ystafell' gw. B ii, 310.

10. *ar las bancr: glas* yma fel enw, ar lesni'r bancr. Ar *bancr* gw. 12. 29. Defnyddir y gair yma yn drosiadol am y cwrlid o ddail ar y coed.

pynciau: Golygai *pwnc* nodyn cerddorol, IGE 351. MA 1205 Pedwar cyweirdant gwan a wna un cadarn; ac yr un modd am y tyniadau cedeirn. Ac o'r rhai hyny y gwneir *pynciau*; ac o'r *pynciau* y gwneir mesurau; G 3, 135b Dwylo o'i mewn fel dal maner / a fâl gan *pwngc* fel gwin pêr (am y delyn); YCM 168. 4 Ac ar ny wypo honno, breuu a wna ual eidyon. Y gradeu a'r *pyngkeu* nys gwybyd. Am yr anhawster ynglŷn â tharddiad y gair gw. ChO 53.

15. *edling:* etifedd brenin. O'r Hen Saes. *æþeling*, EEW 26.

42. *dydd:* yn yr ystyr o oed, pwyntmant cariadau. Gw. G d.g. *dydd* 3 (b), t. 410.

45–8. Nis ceir ond mewn dwy lsgr., a'r rheini, mwy na thebyg, o'r un ffynhonnell. Ond y maent yn ffitio'n dda yn y cyswllt, a diogel yn ddiau eu derbyn. Diwygiwyd *symyl* yn llin. 47 i *ys mul* er mwyn cael hyd priodol i'r llin. a gwell ystyr.

54. *brwydwydd: brwyd* a *gwŷdd* 'coed.' Gw. B xi, 94, lle dangosir fod y Cern. *bruit* a'r Cym. *brwyd* yn gyfystyr â'r Llad. *varius* 'amryliw.' Digwydd y gair yn fynych yn Gymraeg ynglŷn â tharianau, a dywaid Syr Ifor Williams, 'Gall *ysgwyd frwyd* fod yn darian fraith am fod amryw liwiau addurn arni. Am darian friwdoll rhyfelwr haws gennyf feddwl ei bod yn fraith am fod ystaeniadau gwaedlyd arni . . . neu fod y curo fu arni wedi newid ei lliw yma ac acw.' Yr ystyr olaf, sef colli lliw, sy'n gweddu orau yn y testun. Cryw (cawell o wiail di-liw, crin oedd nyth y bi.

55. *mae't:* mae yt. Gw. 27. 33.

56. *affan:* Gw. CA 65, lle cynigir yr ystyr 'poen.' Felly fel ans. 'poenus,' ac yn y cyswllt hwn, 'poenus i edrych arno, hagr.' Derbynnir y darll. hwn ar bwys *a ffayn* ac *a ffun* a roir yn rhai llsgrau.

57–8. Y mae'r llu darll. amr. yn awgrymu fod y cwpled hwn yn llwgr, ond anodd iawn adfer gwell darll. Yn DGG[2] 205 dywedir am *tyg.* 'Un ai ffurf ddychmygol fel gwrywaidd *teg*, neu o wreiddyn *tycio, tygio.*'

66. *gwnai:* Cf. 36. 10.

67. *dylyy:* 2 bers. un. pres. myn. *dylyaf* 'I am entitled to,' WG 379. Diddorol yw sylwi ar nifer y darll. amr. sydd i'r llin. hon. Diau i'r ffurf anghynefin *dylyy* lorio'r copiwyr yn lân, ac i bawb 'ddiwygio' yn ôl ei fympwy.

64

1. *cadleisiau:* llu. o *cadlais.* D area, sef ydlan, y fan y bydd teisi gwair ac ŷd. Cf. *cadlas*, WVBD 232 'rick-yard.' Diau fod yr ystyr yn lletach yn y testun. Cf. yr enw ar 'rick-yard' mewn rhai mannau o'r wlad (e.e. yn Llŷn), sef *gardd ŷd.* Efallai yma y tir amgaeëdig o gwmpas (gan ystlys) cartref y ferch. Neu ai'r gwrych-oedd neu'r cloddiau o gwmpas y tŷ ? Cf. *cadlys* 'clawdd,' G 89a.

2. *mwngial:* siarad yn aneglur. Am *mwng* cf. *difwng* 'rhwydd, parod' CLlH 153.

10. *ffanugl:* D 'est ffyniant, ait Ll.' Cf. geirfa'r beirdd yn B ii, 138, BWLl 276. Ond y mae'n ymddangos mai cyfystyr yw â *ffenigl*, y llysieuyn, Saes. *fennel*, mewn rhai cysylltiadau, e.e. 75. 57 Diddestl farf *ffanugl* gruglwyn ; 'yn cyfeirio at farf Eiddig fel llwyn o'r grug neu'r ffennigl' (DGG² 211). Mewn cyswllt cyffelyb, am wallt merch, *ffenigl* yw'r ffurf a geir, DGG lxix. 18 Cwnsallt twf *ffenigl*wallt tew. Yn RC ix, 233 cyfeiria Stokes at *ffenigl y moch*, Gw. *feineal* (Dinneen *finéal*). Yn Ped. i, 210 terddir Cym. *ffenigl*, Gw. *fenel*, Cern. *fenochel* o'r Llad. *feniculum.* Ar y ffenigl gw. WB (H. Davies) 190, MM 22, 64, 76, 90, Llys. Medd. 142, D Bot., P. 57, 81, 83. Cf. Bryn *Ffanugl*, un o gartrefi teulu Penmynydd, IGE² 13. 12. Am gymysgu *ffanugl* a *ffenigl* sylwer fod geirfa'r beirdd yn P 169 yn rhoi *ffenigl* lle rhydd y lleill *ffanugl.*

rhestr: 'rhes, rheng' CA 216. Tebyg mai â *ffanugl* y dylid cysylltu'r gair, y bardd yn sefyll ynghanol rhesi o ffanugl ar y rhos. Cf. defnyddio *cyfrestr* am y bedw, IGE² 189. 13, a *rhestrog* am Goed y Graig, IGE² 198. 5.

23. *Melwas:* Prin iawn yw'r cyfeiriadau at Felwas yn Gymraeg, ac amhendant yw'r rhan fwyaf ohonynt, e.e. GTA xxxviii, 50 ; xli, 5 ; xlvii, 24 ; xc, 65. Defnyddiai'r beirdd yr enw, fel enw llawer arwr arall, mewn cywyddau mawl. Ym Mrut Sieffre y mae un Melwas yn frenin Peitaw, RB 119, ond brenin Islont (Ynys yr Ia, mwy na thebyg) yw'r Melwas a gysylltir ag Arthur, RB 201. Yn y testun yr awgrym yw fod Melwas wedi mynd at ferch Gogfran Gawr drwy ffenestr, o serch ati. Yn ôl y Trioedd, RM 302, merch Gogfran oedd Gwenhwyfar, un o 'deir prif riein Arthur,' ac enw pob un ohonynt yn Wenhwyfar. Yn B viii, 203 y mae Mr. E. D. Jones yn trafod cân sy'n amlwg yn ymddiddan rhwng Gwenhwyfar a Melwas, ac yn rhan, mae'n debyg, o'r un chwedl goll â'r hyn sydd yn y testun. Am yr enwau Gwenhwyfar a Melwas a datblygiad y chwedl gw. R. Bromwich, TYP 380. Sylwer mai yng Nghaerllion y lleolir y digwyddiad gan DG, a diau mai dylanwad Sieffre a'r rhamantau diweddar sy'n cyfrif am hynny. Ar ddiwedd y copi o'r cywydd yn B 53 ysgrifennodd Lewis Morris, 'This is a mistake of the Poet, for the woman which melwas carried off was Gwenhwyfar verch Gwythyr

mab Greidiawl, the 2[d] wife of King Arthur she being a North Britain and an old acquaintance of Melwas.'

25. *tremynt:* Er mai *trymhaint* yw darll. yr holl lsgrau. ond un, derbyniwyd *tremynt* o Ll. 6 oherwydd addased yr ystyr. Yn HGCr 136 esbonnir ef fel *tra* a *mynt*, ffurf ar *maint*, cf. *pamint* gl. quam, VVB 200. Gair arall yw *tremynt* 'golwg,' o *trem*, ChO 46.

31. *dlifem:* O'r ffurf *dlif*, a geir hefyd fel *dylif*, 'ystof' (gosodiad yr edafedd wrth weu), ac yn ffigurol 'trefniant, dosbarthiad, cynllun,' gw. G a DN 186. Nid clir iawn yr ystyr yn y testun gyda *gem*, onid y syniad yw y ferch sy'n cynllunio, neu'r ferch y mae Dafydd yn cynllunio ynglŷn â hi. Neu efallai gem wedi ei osod mewn ffrâm o fetel fel y gosodir yr edafedd yn y gwŷdd.

34. *piler:* Dengys y sôn am bileri a'r 'rhestr' yn llin. 40 a 48 mai twll yn y mur a phileri o goed ynddo oedd y ffenestr. Profir yn llin. 45–6 fod iddi glawr ('shutter') a chlo arno. Ni sonnir am wydr.

42. *'fengyl:* Am *efengyl* yn golygu 'cusan' gw. G a B ii, 102–3, lle y dywedir, 'Daeth "efengyl" i olygu "cusan" oddi wrth yr arfer o anfon blwch, a elwid *pax*, i'w gusanu gan aelodau'r gynulleidfa tra darllenid yr efengyl, fel arwydd o gariad brawdol. Gwel. *Mediaeval England*, ed. Davis (1924), t. 424.'

43. *torrid:* Am y terf. *-id* yn y 3 pers. un. gorch. gw. WG 329.

49. *lladd cannaid:* Gan fod y berfenw yn dilyn y ffurf orchmynnol *torrid*, y mae'n cymryd ei fodd a'i berson oddi wrth honno. Tebyg mai'r ffenestr olau a olygir wrth *cannaid.* 'Torrer y ffenestr sy'n rhwystro imi lwyddo.' Yn gyffelyb yn llin. 51. Am y berfenw yn mynegi dymuniad cf. GGGl xi, 75–6 Caid i eirchiaid a erchyn', / *Cael* o Rys hael a roes yn.

51. *duun:* Fel ans. yn gyffredin, 'cytûn, unfryd,' G. Yma fel enw, 'cymdeithas, cyfathrach' â'i gariad. Gw. DN 124.

65

2. *cyfar:* 'cydaredig, y tir a erddid felly, rhandir ; yna cymdeithas, cyfathrach, cyfarfod' G. Yr ail ystyron sy'n gweddu yn y testun.

5. *cefais i'm cyngor:* sef yr ymadrodd cyffredin mewn Cym. Can. yn golygu penderfynu, e.e. PKM 42 Sef a gauas yn y gynghor, kymryt hynny.

15. *hwyr:* Nid yn yr ystyr arferol o hwyr mewn amser, ond 'annhebygol, anodd.' Cf. 102. 23.

26. *pryffwnt:* 'blaen, gorau', a 'blaenor, brenin,' IGE[2] 402, CA 367.

30. *coeglwybr:* Nid yw'n ymddangos fod *coeg* yn cadw ei ystyr wreiddiol, 'gwag, ofer, salw' yn hollol yn y gair hwn. D semita incerta, parum trita. TW d.g. semita, a semito 'rhanu yn goeglwybrau.' Felly nid yw *glwys* yn anghyfaddas gydag ef.

31. *goryw:* yn yr ystyr 'gwnaeth.' Gw. nod. 87. 5.

32. *tywyll:* Dengys yr odl â *gwyll* mai dipton ddyrchafedig sydd yma. Cf. *penwyr* 40. 13. Gw. WG 47. O'r ffurf hon y lluniwyd y ffurf fen. *tywell*, a hynny'n gynnar, e.e. IGE² 19. 15, WG 240.

49. *atethol:* Yn ôl D a TW 'delectus,' a dyfynna D 'Wyt titheu was attethol' fel gwaith DG, ond ni welais y llin. yn unman fel ei waith ef. Y peth tebycaf iddi yw IGE² 276. 9–10 Wyt tithau, ddyn atethol, / Draetur ffalst aneglur ffôl. Amlwg fod yr ystyr yn anghywir gan D, ac mai G sy'n iawn, 'dirmygedig.' Nid oes ond pedair enghr. yn G (gw. Rhai Cywiriadau a Gwelliannau yn Rhannau i–iv). Cf. *ateth* uchod 21. 59.

63. *tant:* Am y gair gyda rhwyd, WVBD 524 ' "net line" (at the top and bottom of a net).' Cf. Gw 3. 199 dwy ffon ydiw ei ffynniant / yw diwyd waith a dau *dant.*

67. *lluman:* Yma ynglŷn â thân gwell derbyn hwn fel ffurf ar *llumon* 'corn, simnai,' CLlH 85, nag fel 'baner' er gwaethaf *llen.*

66

Gw. Nodiadau Ychwanegol isod.

2. *can:* Yr arddod. *gan* yn ei ffurf ddidreigliad, yn hytrach na ffurf ar *cant* 'hundred.'

3. *Rhiw Rheon:* Anodd penderfynu ple yw Rhiw Rheon, ac o ganlyniad ni ellir adnabod y 'dref wiw' y sonnir amdani yma. Ceir *luch reon* yn LlT 34. 1, a chytunir mai Loch Ryan yn Ne Sgotland a olygir. Ceir cyfeiriadau at Ryd Reon yn LlDC 52. 3 yn y del kadwaladir oe kinadyl *rid reon* ; 64. 3 bet kinon in *reon rid.* Hefyd Caer Reon yn 60. 20. Ni rydd y rhain ddim help. Yn MA 276a. 30 awgrymir fod Rhyd Reon yn rhywle ar gyffiniau Arfon, Neud gweigion Arfon is *Reon ryd.* Cyn belled ag yr â ffurf y gair Rheon nid oes dim yn erbyn ei darddu o'r Llad. *regionis*, a dywaid Gwenogvryn Evans yn LlT 94, 'Rheon was apparently that *Regio* of Cheshire, which lies west of the Dee, and the ford to it was known as "Vadum *Region*-is trans Devam".' Ond ni rydd ddim awdurdod dros ei osodiad, ac ni welais innau ddim yn unman i'w gadarnhau. Ni wn am gyfeiriad at *Riw* Rheon ond yn y cywydd hwn. Bu Mr. R. J. Thomas mor garedig ag anfon imi'r nodyn a ganlyn : 'Y mae nant fechan yn codi ar Fynydd Illtud mewn lle o'r enw Blaenrheon i'r de o Benpont a Llansbyddyd yn agos i dref Aberhonddu. Y mae'n ymarllwys i Wysg yn Aberheon rhwng Penpont ac Aberbrân. Nodir Blaen-Rheon ar yr OSM 1″ presennol, a cheir Aberhean a Blaenrhean [*sic*] ar yr OSM cynharaf, tua 1830. Yn llyfr John Lloyd, *The Great Forest of Brecknock* (1905), lv, enwir Aberheon a Blaenrheon.' Ni welwyd hyd yma ddim cyfeiriad at *Riw* Rheon, ond fe ddichon yn

hawdd fod rhywle gynt o'r enw. Yn wyneb hyn temtir dyn i gymryd mai Aberhonddu yw'r 'dref wiw' (llin. 3) y mae'r bardd yn canu iddi. A beth am 'y gaer gron' (llin. 4)? Y mae Y Gaer, sef yr hen gaer Rufeinig, o fewn tair milltir i Aberhonddu. (Ar honno gw. R. E. Mortimer Wheeler, 'The Roman Fort near Brecon,' Cy xxxvii.) Y mae'n wir nad yw 'cron' yn ddisgrifiad da ohoni, ond ni raid disgwyl cywirdeb manwl mewn cerdd. Buasai mangre fel hon, heb fod nepell o'r ffin rhwng Cymru a Lloegr, yn bur gyfaddas i Ryd Reon canu darogan y Llyfr Du. Sylwer fod rhai llsgrau. yn rhoi 'gaer liw leon,' a Ll 6, llsgr. go hen, yn rhoi 'lliw lleon.' Gellid felly ddarllen Caerlleon gyda thrychiad. Ond dichon mai ymgais yw hyn i eglurhau peth nas deallwyd, a barnwyd yn ddoethach argraffu Rhiw Rheon.

33. *mynychglap:* Cysyllter *clap* â *melin* yn y llin. nesaf. Cf. IGE[2] 53. 31–3 melin Henllan . . . a'i *chlap* megis hwch lipa ; 210. 4 *clap* breuan gwawd. Dyry DWS *klapp melin* 'clapper,' S 'mill-clapper.' Defnyddir *clap* yn yr un ystyr yn Saes., gw. enghrau. yn OED dan 1225, 1440, etc. Enw ydyw ar y teclyn mewn melin flawd sy'n taro'r hopran a pheri iddo ysgwyd yn ôl a blaen. Cf. B viii, 299, 300.

34. *ŵyll:* Un ystyr i'r gair yw 'dylluan,' cytras â'r Saes. *owl*, B i, 234, 333. Dan *strix* dyry TW 'Aderyn y cyrph. Hudoles neu swynwraig a newidia wedd plant, *gŵyll*.' Ar *wyll* dyry D 'strix, ephialtes,' sef hunllef ; *gŵyll* 'lamia' (TW Anifail ac wyneb merch a thraed march . . . *yr ŵyll, gŵyll*), 'larua' (TW 'Ellyll nos, drychiolaeth nos, *gŵyll*, ellyll, anyspryd'). Gwelir ansicrwydd D a TW am yr *g*-. Diau mai yn yr ystyr o ellyll neu ddrychiolaeth y defnyddir y gair yn y testun.

42. *Deifr:* Ffurf ar enw Dyfr, un o rianedd teg llys Arthur, nid enw'r llwyth yn yr hen Ogledd. G d.g. Dyfyr[4].

44. *wlad Eigr:* Y gystrawen dro arferol—Eigr y wlad.

67

11. *dros:* Un ystyr i'r gair gan y beirdd yw 'yn lle, yn hytrach na,' cf. isod 82. 31 ; G 3. 134a nid ai fwrdais o sais hen / ar fodd gwaith yr efydden / I drosi dwr yn drasyth / *dros* fod yn ddibyscod byth (am gwrwgl).

25. *difflan:* Ceir *diflan* a *difflan* ochr yn ochr, gw. G d.g. a'r esboniad ieithegol yno ar darddiad y ffurfiau.

37. *bwcled:* Ni ddigwydd gan y Gogynfeirdd, ond y mae'n weddol gyffredin gan y beirdd diweddarach, e.e. cywydd i ddiolch am fwcled gan Guto'r Glyn, GGGl 296 ; cywydd i ofyn pedwar bwcled gan Dudur Aled, GTA 452. Yr ystyr yw tarian gron. Yn EEW 106 awgrymir yn betrus ei darddu o'r Saes. *buckler*.

38. *gwalabr:* Gair prin. Yn DGG[2] 257 rhoir yr ystyr 'image.'

68

17. *ystaen: ysten* yw darll. y llsgrau. Diwygiwyd er mwyn yr ystyr, sef alcam ; gw. 26. 28.

22. *cwfert:* Cf. 70. 48 *Cwfert*, o'r wybr y cyfyd (am y lloer) ; DGG² lxxiv, 41 Tywyll *gwfert* twyll gyfoeth (eto am y lloer) ; GID iii, 23 *cwfert* o enau kyfiawn (am gusan) ; Gw 3, 206. 69 O gwyl iw gyfyl *gwfert* ; GGGl xvii, 37 Robert *gwfert* a gafas / Ei brif ddoethineb a'i ras. Yr ystyr yw 'gorchudd, lloches.' Ceir hefyd *cuert*, gw. G, ac yn ôl DGG² 198 yr un gair yw'r ddau. ac yn tarddu o'r Ffr. *couvert.* Dywaid EEW 107 fodd bynnag mai o'r Saes. *covert* y daw *cwfert.* Y mae'n ymddangos fod *cuert* yn hŷn na *cwfert*, oherwydd ni ddyry G yr un enghr. o *cwfert* gan y Gogynfeirdd. Os felly, geill *cuert* fod yn fenthyg o'r Ffr. a *cwfert* o'r Saes.

28. *codarmur:* o'r Saes. *coat-armour*, EEW 171. Cf. P 53. 69 *Kot armer* kadeu teirmyl.

30. *gwrddonig:* Gw. trafodaeth Mr. Thomas Jones, *Y Llenor* xxvii, 152, lle cynigir yr ystyr 'blewog.' Yn JCS, i, 72 y mae'r Athro Jackson yn trafod *gurtonicum*, gl. ar yr Hen Lyd. *doodl* (a eglurir fel y gwrthwyneb i *huawdl*). Y mae hefyd yn cyfeirio at ddyfyniad gan Thurneysen o Sulpicius Severus, lle mae'r ffurf Ladinaidd *gurdonicum* yn golygu rhywbeth cyffelyb. Ai'r un gair â *gwrddonig* ? Gellid cysylltu'r ystyron trwy ryw ystyr ganol fel 'boorish, unrefined, unpolished.'

32. *Gwyn:* sef Gwyn ap Nudd. Cf. llin. 40 a 26. 40.

35. *allardd:* Ni ddigwydd yn G. Dyry S 'ugly, hideous, unseemly' a'r enghr. hon.

37. *costombraff:* Ymysg ystyron y Saes. *custom / costom* (HFfr *custume / costume*) dyry OED 'toll levied by the lord or local authority upon commodities on their way to market,' ac enghr. yn 1325. Tebyg felly mai ystyr *costombraff* yw 'costus, drudfawr.'

39. *adrgop:* o'r Saes. *attercop* 'spider.' Digwydd hefyd yn dair sillaf, *adargop*.

46. *habrsiwn:* o'r Saes. *habergeon*, EEW 74, 'a sleeveless coat of mail' OED.

52. *nïwl:* Yn ddwy sillaf. Cf. isod 81. 31. Dywaid D mai dwy sillaf ydoedd yn y De. Am gynigion i esbonio tarddiad y ffurf gw. WG 42, Ped. i, 117. Gw. hefyd CLlH 235 a'r enghrau. a nodir yno.

69

8. *dadl:* Dyry G 285 ystyron *dadl* o dan wyth bennawd. Yr ystyron a weddai orau yma yw 'cyfarfod' neu 'ymddiddan.'

17. *grill:* D strepitus, crepitus, stridor. TW d.g. fragor, stridor. Dichon mai cyfeiriad sydd yma at gân yr adar. Yn DGG² 257 rhoir yr ystyr 'chirping.'

31. *y mis du:* sef Ionawr. B ix, 40; xiii, 205. Yn y Llyd. *miz du* y gelwir Tachwedd, ac felly hefyd yn y Gern.

70

2. *rhusio:* Gw. PKM 103–4 am ystyron y gair, 'lluddias, rhwystro; cael braw, dychrynu; petruso.' Yr ystyr gyntaf sy'n gweddu yn y testun.

3. *diddim:* Nid yn ei ystyr ddiweddar, 'diwerth, salw,' ond yn fwy llythrennol, 'di-eiddo, heb ddim, tlawd,' G 332.

16. *gwaith:* Yr ystyr yw 'oherwydd, canys,' fel ar lafar yn y De. Y mae'n debyg i'r ystyr hon ddatblygu drwy'r ystyr o amser sydd i *gwaith*, fel yn *un waith*, *dyddgwaith*, *noswaith*. Cf. HG *amser* 'oherwydd,' *oraur* eto, ac yn yr iaith ddiweddar *pryd na* 'since not,' B iii, 262; v, 236. (Ar *gwaith* 'taith' a'i berthynas â *gwaith* 'amser' gw. Y Bibyl 74.)

35. *gwial:* Ar y ffurf lu. hon gw. WG 101, 216, B xi, 127–8.

37. *fflwring:* O'r Saes. *florin*, EEW 135. Am *n* yn troi'n *ng* ar ôl *i* gw. EEW 247.

40. *rhywel:* O'r Saes. *rowel*, yr olwyn bigog at flaen ysbardun.

41. *anfoddog:* Yn Ll 6 y darll. yw *an vodiog*. Buwyd yn petruso a ddylid derbyn hwn fel negyddol *bodiog*, *bodawg* 'parhaus, sefydlog,' B iv, 60. Ond y mae *anfoddog* yn gweddu'n well yn y cyswllt. Y mae'r ddau air yn brin yn yr hen ganu. Ni ddigwydd *anfodog* yn G, ac ni cheir ond un enghr. o *anfoddog*.

46. *Dwy:* Derbyniwyd y darll. hwn ar sail P 54 a Ll 6, y ddwy lsgr. hynaf. Ni olyga, wrth reswm, mai dyma'r ffurf gyffredin yn oes DG. Diau mai rhan o'r eirfa farddol ydoedd, gyda'i hynafiaeth fwriadol. Ar y ffurf gw. G.

57. *polart:* Ni welais enghr. arall o'r gair hwn, ac nis ceir yn y geiriaduron. Un ystyr i'r Saes. *pollard* yn ôl OED oedd 'one of various base coins of foreign origin, current in England in the end of the 13th century, as an equivalent of the penny; in 1299 declared illegal.' Hwn, mae'n debyg, sydd yn y testun, gyda'r awgrym fod y lleuad, fel 'base coin,' yn cymryd lle'r peth priodol, sef yr haul, ac awgrym hefyd efallai fod y lleuad, pan nad yw'n llawn, fel darn o arian wedi ei glipio. Efallai ei bod yn werth sylwi ar enw 'camerarius' Gogledd Cymru yn 1353, sef Robert Pollard (B vi, 271; ix, 244). Nid amhosibl fod yma gyfeiriad cellweirus at y gŵr hwn. Yr oedd Dafydd yn hoff o ddefnyddio enwau dynion byw ei gyfnod gyda thipyn o gellwair. Cf. 133. 40 Teiroch ym os caiff *Turel*; cyfeiriad at Hugh Tyrel, gŵr a gafodd lawer o dir yng nghanolbarth Cymru gan Edward III; gw. nodiad isod. Cf. hefyd y cyfeiriad at Robin Nordd, sef Robert le Northern yn ddiau, yn 98. 16.

58. *gwart:* O'r Saes. *ward* neu *garde* yn ôl EEW 73. Yr ystyr yw 'cysgod, amddiffyn, nodded.' Ceir llu o enghrau. yng ngwaith

Beirdd yr Uchelwyr, e.e. IGE² 7. 1, 11. 4, 12. 23, 46. 33, GGGl xvi, 26. Ceir ystyr ychydig yn wahanol yn GGGl xcv, 23 Mau baderau . . . / Mair wen, am eu rhoi o'i *wart* / Moes dair oes i'r Meistr Rhisiart. Y mae bron yn gyfystyr â gafael, a dyna'n sicr ydyw yn RP 1304. 19 Yr yn prynu . . . o *wart* uffern.

65. *rhwol:* Gw. uchod 58. 12.

71

2. *bais:* Ystyr 'cael bais' yw medru myned trwy'r afon neu drosti. Gw. B iv, 342, PKM 192, CA 382.

4. *oeta:* Y mae'r gyts. galed yma yn awgrymu berf wedi ei ffurfio â'r ôl-ddodiad *-ha*, berfenw *oeta* neu *oetáu*. Ystyrier hefyd y duedd i roi *h* yn y modd gorch. 3 un., a honno'n caledu'r gyts., e.e. *elhid*, *gettid*, etc. WG 329.

6. *dros Dyfi:* Am enghreifftiau o'r caledu hwn mewn cyng. gw. CD 230.

12. *camen:* Gair anodd. Ni ddigwydd yn G. Yn DGG² 203 nodir Ffridd Camen, Llandrillo, ac yn CA 188 awgrymir diwygio *ac am hen* yn llin. 467 yn *a chamen*, gan gyfeirio at yr enghr. yn y testun, a hefyd enw lle, Camen Mawr, Llanfyllin. Dichon mai'r hyn a olygir yn y testun yw'r camdra neu'r tro ym mrig y don cyn torri.

15. *ysgwr:* Yn IGE² 387 gwrthbrofir D impetus, impulsus. Ystyr *ysgwr* yw 'cangen braff,' Llyd. *skour*, Cern. *scoren*. A dyfynnu Syr Ifor Williams, 'Credaf felly fod Dafydd ap Gwilym yn defnyddio *ysgwr* "pren neu gangen braff," fel dyfaliad i gryfder y don ar afon Dyfi, ac nid i'w rhuthr.'

21. *cyfref: cyf-* a *rhef* 'tew, llydan,' yn ffurfio ans. yn y radd gyfartal.

24. *naid:* Efallai yn ei ystyr gyffredin am y don yn neidio neu lamu neu ymgodi. Ond efallai hefyd yn yr ystyr o 'ffawd,' DN 187, IGE² 385, CLlH 124. 'Defnyddid *llam* a *naid* am "ffawd" oherwydd bod y coelbrennau yn neidio allan o'r llestr neu'r helm lle'r ysgydwid hwy.' Os felly yma, 'ffawd fradwrus.'

30. *Lanbadarn:* Enghr. o roi'r TM heb *i* ar ôl *myned*, peth digon cyffredin gan DG.

72

12. *drem:* Yma *d-* yw'r gyts. gysefin. Os oedd *drum* wedi mynd yn *trum* yn amser DG (gw. 39. 17) y tebyg yw i *drem* fynd yn *trem* hefyd, ac mai traddodiadol yw defnyddio *drem*. Ond rhyfedd mor gyson y ceidw at yr hen ffurf, e.e. 46. 70, 48.30, 78. 33, 139, 40.

17. *Serchog . . . ni chwsg:* Eco o ddihareb, Ni bydd hunawg serchog byth, D Diar.

19. *anoeth:* Cf. isod 75. 35. Diau mai dyma'r darlleniad, nid *annoeth*. Un *n* sydd yn y llsgrau., ond nid yw hynny ynddo'i hun

yn profi dim. Ar *anoeth* dyry G fel ans. 'rhyfedd, anodd,' ac fel enw 'rhyfeddod.' Yn Cy xlii, 132 dangosodd yr Athro W. J. Gruffydd ei fod yn gytras â'r Cern. *anethow*, a gyfieithwyd yn 'mirabilia,' rhyfeddodau. Gw. hefyd CLlH 126 am ragor o enghrau. Yr ystyr yn gyffredin yw rhywbeth rhyfedd ac anodd dod o hyd iddo, a dyna'n arbennig yw yn hanes yr anoethau yn chwedl Culhwch. Gwedda'r ystyr yn dda yn y testun, oherwydd un anodd ei gweled a'i chael yw'r ferch, gan mor ddygn y gwerchyd ei gŵr hi.

25–6. Cf. D Diar. March a wŷl yr yd ac ni wŷl y cae.

73

9. *difeiwyr: difai* a *gŵyr*, neu fel yr awgryma G 338 *difai* a *bwyr*. Fy hun, gwell gennyf y cyntaf.

15. *ferch ddiwg fain:* Atalnodwyd yma gan gymryd y geiriau hyn fel sangiad, yn hytrach na chymryd *ferch* yn oddrych *dwg*, gyda TM., peth sy'n afreolaidd. Felly *bun dlosgain* yw'r goddrych.

17. *gwolc:* D coma, caesaries, capillitium. Cf. GGGl xxix, 59 Cuddigl ar y *gwalc* addwyn (mewn cywydd i ofyn saeled). Yr ystyr yw 'gwallt.' Ceir ystyr arbennig yn WVBD 171 het tair gwalc 'a three cornered hat.'

19. *cwnsallt:* D sagulum ad tegenda arma, h.y. mantell dros arfwisg. Cf. YCM 80. 24, 98. 21, a gw. enghrau. S.

27. *rhag:* Ar *rhagor . . . rhag* gw. uchod 8. 46.

Cynfrig Cynin: Enw'r gŵr eiddig y mae Morfudd yn briod ag ef. Fe ddichon mai enw dychmygol ydyw, wedi ei lunio ar sail enw cartref y bardd, sef Bro Gynin. Fe ddichon hefyd mai ffurf ar *cinnyn* 'cerpyn, dernyn' yw'r ail elfen. Gw. isod 93. 2.

74

11. *hirynt:* 'am hir amser.' Cf. 97. 27, RM 260. 23 ac edrych *hirhynt* a oruc arthur arnaw ; RP 1152. 9 Gwylynt wyr gynt. o gof *hirynt.* herwyd tadeu ; DGG[2] lxxxi, 23 Ar y gwir y bu *hirynt.* Dewiswyd y darll. hwn i'r cwpled 11–2 drwy ddilyn yr holl lsgrau. ond P 54. Yn honno ceir 'koel herwr yw koyl hirynt / a gawssam o gytgam gynt,' a hyn, gyda diwygiadau, a argraffwyd yn DGG. O blaid y darll. a argraffwyd yma y mae (1) tystiolaeth mwyafrif y llsgrau., gan gynnwys rhai hen fel Ll 6, P 76, a B 23 ; (2) yr ystyr i *hirynt* a nodwyd uchod , (3) y gyfatebiaeth rhwng 'cael' llin. 11 a 'ceir' llin. 13.

25. *cydlwynach:* Dyma ddarll. P 49 a Ll 6 a'r llsgrau. o'r un dosbarth â hwy. Y mae'n amlwg iddo beri dryswch i'r copiwyr, oherwydd ceir llawer o amrywiadau arno—'cyflawnach,' 'cyd lawenach,' etc. Y mae'n fwy na thebyg mai ymgais i osgoi'r anhawster yw darll. P 54, 'cyd gyfrinach fach a fu,' er cystal yw darll. y llsgr. honno fel rheol. Ni rydd G yr un enghr. arall o *cydlwynach.*

A eill fod o *cyd-llwyn* ('loins') *-ach* (y terf. berfenwol, cf. *cyfeddach*, etc., WG 389), a'i ddefnyddio *in sensu obs.* ? Am ffurfiad ac ystyr cyffelyb gw. B vi, 319 Gwraig ni vynno *ymorllwynach* a ddowed j bod yn dingrach. Cyfieithiad o'r Llad. *consentire* sydd yma. Ceir yr elfen *llwyn* yn *cynllwyn* hefyd, a dywaid Syr Ifor Williams (ELl 31) mai'r gair cyffredin am 'bush' sydd yno, gan gymharu'r Saes. *ambush*. Wrth drafod *ymorllwynach* (B l.c.) awgryma'r Athro Henry Lewis mai'r bôn yw *gorllwyn* yn yr ystyr 'disgwyl, gwylio,' ac iddo fagu'r ystyr 'cadw oed.' Dichon felly mai'r un *llwyn* sydd yn *cydlwynach*, ac iddo fagu ystyr gyffelyb.

26. *golochwyd:* Gw. 46. 65. Yr ystyr yma'n amlwg yw 'encilfa.'

75

2. *Rhys:* Gw. Rhag. xxxiii. Hefyd Ralph A. Griffiths. *The Principality of Wales in the later middle ages* (Cardiff, 1972), 99.

5. *Ffrainc:* Y bobl, yn hytrach na'r wlad ei hun, mwy na thebyg.

13. *cymyniad:* DGG² 209: 'Gall *cymyniad* fod o *cymynnu*, gorchymyn, ewyllysio, neu o *cymynu*, torri i lawr. Gwell gennyf y cyntaf; ewyllysiwr digofaint a thristwch yw Eiddig.'

16. *ceisbwl:* ibid. 'Saes. *catchpoll*, o'r Llad. *cacepollus*, daliwr adar; yna trethgasglydd, a math o heddgeidwad.'

23. *baid banw:* Yn DGG², 209 awgrymir mai 'natur mochyn' yw'r ystyr, gan gymryd *baid* fel TM o *paid* o'r Llad. *patior*, dioddef.

28. *gwasgwynes:* DGG² 210: 'caseg o Gascony yn Ffrainc.' Dyfaliad i'r llong ydyw yma, wrth gwrs. Ar leoliad Gwasgwyn, rhan o Aquitania, sef y wlad rhwng yr afon Loire a'r Pyreneau, gw. Brut D 212.

34. *dlywn: Dylwn* yw darll. y rhan fwyaf o lawer o'r llsgrau. Ond yn wyneb y ffurf lwgr *dylywun* yn P 54, a bod DG yn defnyddio ffurfiau fel *dlyy* (84. 47), *dlyai* (47. 39), mentrwyd argraffu'r hen ffurf *dlywn*.

mordrefn: Am *trefn* 'tŷ, trigfan,' cf. uchod 71. 7, a gw. B ii, 310.

36. *uriad:* Gw. uchod 16. 64. Er mai 'pennaeth' yw ystyr gyffredin y gair, y mae mwy o ddirmyg ynddo yma, a gallai'r ystyr a rydd D, sef 'hen ddyn,' weddu'n dda.

41. *anghenfagl:* Yn DGG² 210 awgryma Syr Ifor Williams ddarllen *engynfagl* 'magl gaeth,' a chadarnheir hyn i raddau gan y ffurf *enynfagl* yn P 54. Cymer *hoenyn* yn gyfystyr â magl, 'llinyn a chwlwm rhedeg arno mewn magl neu drap i ddal aderyn.' Cynnig G d.g. *ennyn* ddarllen *enynffagl* 'ffagl yn llosgi.' Gellid derbyn hyn pe cymerid *hoenyn* yn ei ystyr wreiddiol (D pilus ex cauda equina vel bouina, sef rhawn o gynffon ceffyl neu fuwch), fel term dilornus am y gŵr eiddig. Ond y mae *edn* (llin. 39) yn awgrymu magl yn hytrach na ffagl. Argraffwyd *anghenfagl* yma gyda mwyafrif y llsgrau. Am *angen* yn elfen gyntaf gair cyfans., ac fel petai'n

cryfhau'r ystyr, cf. *anghenfaint* (TW d.g. moles), *anghenfil* (ond gw. B xi, 93), ac efallai *anghengaeth* (53. 8). Ystyrier hefyd *aghenved* H 229, ac *anghenvri* RP 1053. 21, a gw. G.

47. *albrasiwr:* Yr oedd amryw ffurfiau yn Saes ar enw'r bwa croes, *arblast*, *arbalest*, *alblast*, *albalestre*, ac o ffurfiau fel hyn y caed yn Gym. *albrs* (llin. 54), *arblastr* (154. 1), ac yma *albras-iwr.*

49. *gwarthafl:* y ddolen ar ben y bwa croes i'r saethwr roi ei droed ynddi wrth blygu'r bwa.

50. *bythorud:* Y bôn yw *dawr*, berf wallus, 3 pers. un. 'matters' WG 373. Mewn Cym. Can. diweddar defnyddid hi mewn personau heblaw'r 3 un., e.e. *dorwn* 1 un. amherff. Hefyd cymysgwyd y ddwy gystr., a cheir ffurfiau personol a hefyd y rhag. mewnol a oedd yn wreiddiol yn wrthrych y ferf *dawr.* Felly yn *bythorud*, *by-'th-ddorud* ; *by* o *py*, ffurf ar *pa* ; *dorud* 2 pers. un. amherff.

62. *diddel:* Yma defnyddir y blaenddod. neg. *di-* yn gyfystyr â'r negydd *na* i negyddu berf yn y modd dib. yn cyfleu dymuniad, 'na ddêl adref.' Cf. GTA t. 36 *di-wnaeth* y Tad, *Di-wneir* a *di-geir* a *di-gad* . . . dy fath abad.

65. *gwyn esgar:* DGG² 211 : 'Wrth ddymuniad ei elyn, sef yn gelain farw.' Cf. HGCr xv, 23. D.g. *gwynn* dyfynna D 'Wrth wynn a'i caro y dêl adref,' fel petai'n ddihareb. Am ddefnyddio'r gair yn gyffelyb, gw. Cy xxiii, 220, Wrth wyn Mawd . . . wrth wyn Sion . . . wrth wyn pob overddyn vydd / Ei dro ev drwy'r holl drevydd (LGC). Cf. tafodiaith Arfon 'gweld ei wyn' ar rywbeth, h.y. cymryd ffansi at rywbeth a'i ddwyn. Gw. WVBD, 192.

76

2. *mefl iddo:* Ystyr *mefl* heddiw yw 'diffyg, nam,' ond yr oedd yn gryfach gynt, 'cywilydd.' D turpitudo, propudium. Gw. *meabhal* 'shame, disgrace' (Dinneen). Am yr ymadrodd 'mefl ar farf' gw. PKM 223. Yn y testun y mae'n gyfystyr â 'melltith arno.'

6. *holes:* 3 pers. un. gorff. *holi* yn ei hen ystyr, GMWL 'to claim, demand, prosecute.'

7. *hydrum:* Yn DGG² 214 rhoir yr ystyr 'rhydd,' a chyfeirir at AL ii, 302 na bo *hydrvm* nac yddo nac yw gennat y wlat.

8. *rhuddfoawg:* Yn y Trioedd, RM 303 nodir 'tri rud voawc ynys brydein. . . .' Yr ystyr yw 'yn ysbeilio, yn anrheithio.' Buasai gŵr rhuddfoawg, felly, yn gyfoethog, a dyna'r ystyr yma. DGG² 214. Yn CA 277 awgrymir fod ail ran y gair yn gytras â'r Gw. *bongim* 'I break, cut, reap.' Yn RC xxxviii, 60 dywaid Loth mai'r Gw. *bagach* 'belliqueux, combatif,' yw ei gytras.

9. *ethwyf:* Cyfystyr â dweud 'cenais yn iach i wiw nwyf.'

11. *deddf:* Gw. G am enghrau. o'r ystyron 'moes, priodoledd, cynneddf, dull.'

12. *dim:* Er mai 'anything' yw ystyr *dim* yn gywir, ac mai dyna ydyw drwy'r canrifoedd, fe fagodd yr ystyr 'nothing' oherwydd diffyg gair i gyfleu hynny, WG 313, EWG 105–6. Ceir enghrau. o hyn yn y 14 g., gw. G; e.e. LlA 60. 13 a wybu wneuthur pob peth o *dim* (yn cyfieithu 'ex nihilo'). Am yr ymadrodd *ar ddim*, cf. YCM 146. 29 Nyt oes o niuer gantunt hyt na allom ni eu diuetha hyt *ar dim.*

23. *chwerddid:* Ar y terf. 3 pers. un. pres. myn. -*id* gw. WG 322–3. Cafodd DG y syniad am y fwyalch o'r hen englyn, Chwerdit mwyalch mywn kelli / Nyt ard nyt erdir idi / Nyt llawenach neb no hi. GP 9.

32. *bastynwyr:* DGG² 214: 'O'r Saes. *baston*, *bastoun*, o'r Hen Ffr. *baston.* Yn ddiweddarach caledwyd *b* yn *p*, gan roi *pastwn* [gw. EEW 219]. "Ffon" neu "bastwn" yw'r ystyr gyffredin, ond yn y bedwaredd ganrif ar ddeg defnyddid ef hefyd fel *stave*, neu *staff*, mewn cerddoriaeth heddiw; ond gydag ychydig o wahaniaeth. Dyry Murray [sef OED] ei ystyr fel "pennill." Cynigiaf, gan hynny, mai penillwyr yw *bastynwyr.* Llawen yw'r aderyn diofal; llawenaf yw'r clerwyr.'

77

10. *ïau neidr:* T.M. o *gïau* yw *ïau*, wrth gwrs, ond beth yw'r ystyr? Ai'r syniad yw fod Morfudd yn wenwynig a throfaus fel neidr?

11. *na wir:* Cyffredin yw *na* mewn ateb i gwestiwn ag *a* neu *ai* ar ei ddechrau, WG 423–4. Mewn Cym. Can. defnyddir ef hefyd i ateb cwestiwn heb gynnwys y geirynnau hyn, BM 7. 18–20 Py wattwar a wnewch chwi am danaf i? *Na* wnawn, arglwydes, vn gwattwar am danat. Arbenigrwydd arall ar ei ddefnydd mewn Cym. Can. yw ei gael o flaen ans. gyda'r T.M., eto wrth ateb cwestiwn, PKM 69 ae guell y gwna neb uy neges i wrthyt ti no mi uu hun? *Na* well. Eto heb fod yn ateb cwestiwn, WM 458 *Na* wir kei wynn ydym wyrda hyt tra yn dygyrcher. L & P 249. Am beth cyffelyb cf. yr arfer heddiw, *ni dda*, *ni wiw*, PKM 257. Felly y mae *na wir* yn gyfystyr â *nid gwir.* Cf. uchod 14. 11.

12. *ambrydu:* Ni chofnodir y gair yn y geiriaduron. Y peth tebycaf iddo yw *ymbrydu* 'accustom oneself to seasons' P, ond ni ellir rhoi dim pwys ar hwnnw. Y mae'n amlwg fod yr ystyr yn gyffelyb i *diofrydu* (llin. 4), a dichon mai o'r un bôn y daeth, sef *ber-*, a'r blaenddodiaid *ambi-ad-*, L & P 345.

18. *deiryd:* 3 pers. un. pres. myn. o *deirydaid* 'perthyn,' G, WG 375. Cf. uchod 20. 39.

28. *o chei 'modd:* h.y. o chei fy modd. Am yr ymadrodd *cael bodd* 'boddhau' cf. DGG² xl, 12 cawswn ei bodd; H 223. 14 bod duw a gaffwy.

78

24. *cyn:* O *cyd* 'er,' fel yn llin. 17. WG 446–7.

36. *a'i gwŷl:* Gw. ar 12. 13.

engyl: Am enghrau. o *engyl* yn unigol, gw. G, ac fel y dywedir yno, diau mai adffurfiad ydyw o'r llu. dwbl *engylyon.*

79

1. *drum:* Gan fod gofyn am y T.M. yn y cyswllt hwn, y gwreiddiol yw *trum.* Y mae'r gair mewn rhai cysylltiadau wedi magu'r ystyr 'llun, drych, *outline, image,*' a dyna ydyw yma ; drych o drueni yw'r bardd. Cf. 141. 37 *Drum* corff wedi'i droi mewn carth (am ei gysgod); a'r gair llafar *trumwedd* a ddefnyddir mewn ymadrodd fel 'gweld rhyw *drumwedd* o'r tŷ drwy'r niwl.' Cf. B i, 214, a GGGl viii, 29 Trwm a maith yw *trum* y mis.

14. *yn lath:* Am y diffyg calediad cf. isod 139. 30 un lyweth ; LlA 22 ar penn yn lywyd arnaw ; 84 yn lawnaf ; H 279. 24 yn lary lywelyn. Am enghrau. eraill gw. YCM 198.

20. *rhywyr: rhy* 'very' a *hwyr* un ai yn yr ystyr 'tyner, addfwyn,' neu 'araf' (PKM 260), ac yna 'cyndyn, amharod.'

rhyir: rhy a *hir*, gydag ystyr gyffelyb i *rhywyr*, neu fel yn *di-hir-wch* 'trist, blinderus,' PKM 278.

46. *benffyg:* O'r Llad. *beneficium*, cyn troi'r *ff* yn *th*, ELIG 25.

80

4. *fu'm:* Cywasgiad o *fu ym.* Gw. nod. 27. 33.

14. *diwyd:* Ar *diwyd* fel enw yn golygu 'gwas,' gw. G a DGG² 208, lle dyfynnir RB 128 Gossot a wnaeth y annwylyeit e hun ae *diwydion* y warchadw y lleoed hynny.

33. *cynhiniawdd:* Gw. nod. 93. 2.

44. *braich cawr:* Fel y dywedir yn DGG² 209, tebyg mai math o lw yw'r ymadrodd hwn.

49. *i am:* Ni cheir y darll. hwn yn y llsgrau., gw. amr., ond y mae'n ymddangos yn deg ei adfer.

51. *gywain: gywrain* yw darll. amryw o'r llsgrau., a hynny yn ddiau er mwyn 'cywiro' y gyng. bengoll.

81

7. *a'm bu: y'm* yn y llsgrau. Diwygiwyd i'r ffurf fwy rheolaidd *a'm.*

25. *fernais:* O'r Saes. *varnish.* Cf. GID vii, 9 nid llaw sais ath *varneisiodd.* Tebyg mai *b-* yw'r gyts. flaen gysefin, EEW 222, cf. *bicar* o *vicar*, *becsio* o *vex*, etc. Ceir *bernais* (neu *fernais*) arall am win, o'r Saes. *vernage*, 'a strong and sweet kind of white Italian wine' (OED), e.e. IGE² 25. 18, RP 1302. 13, EEW 113.

27. *cadwad: cadw* a'r terf. *-ad*, fel yn *rhodiad*, WG 231, er nad amhosibl y terf. berfenwol *-ad*, fel yn *adeilad*, *gwylad*, WG 390; cf. RP 582. 26 kymry heb *gadwat* eu deurud (heb *gadwyt* yn B iv, 119).

29. *pân:* Gw. uchod 15. 10.

33. *argor:* Nid yw yn D na G. S 'a high or elevated circle,' a'i darddu o *côr*. Dyry GPC 'gwaith coed ar draeth i atal y môr, *palisade*, *groyne*,' a'r enghr. hon yn unig. Yr un *côr* sydd yn *bangor* yn ddiau, gwiail plethedig, 'wattle,' ELl, 55–6.

45. *Cadfan:* Ar y sant hwn gw. LBS ii, 1. Ceir awdl iddo gan Lywelyn Fardd, HGCr 84. Ef, yn ôl traddodiad, oedd sylfaenydd eglwys Tywyn, Meirionnydd, a Llangadfan, Sir Drefaldwyn. Cf. isod 86. 23.

82

Y mae'r cywydd hwn yn cynnwys rhai termau cyfraith, a diddorol ei gymharu â rhannau o'r Cyfreithiau, e.e. WML 52. Yno dywedir: 'Pwy bynhac a wnel brat arglwyd neu a wnel kynllwyn, ef a gyll tref y tat.' Cf. llin. 3–6 'Nid oes ym obaith weithion . . . am dir rhydd.' WML: 'ac or keffir, eneituadeu uyd' (h.y. fe gyll ei fywyd); cf. llin. 17–8 'Peraist annog fy nghrogi pei'm caffud'; 29–30 'Na phâr . . . grogi dillyn y gwragedd.' WML: 'Ony cheffir ynteu, a mynnu kymot o honaw ac arglwyd a chenedyl, tal deu dyblyc a daw arnaw o dirwy a galanas'; cf. llin. 22–3 'Cymod am hyn . . . a dos, feinir, yn nirwy.' Yn llin. 24 dywedir 'Paid â'th gŵyn,' gan ddefnyddio 'cwyn' yn ei ystyr gyfreithiol yn ddiamau, sef cyhuddiad mewn cyfraith. Yn yr un darn yn WML dywedir ymhellach am y sawl a wnêl frad arglwydd neu gynllwyn, 'Ac or kyrch lys y pap a dyuot llythyr y pap gantaw, a dangos y rydhau or pap, tref y tat a geiff'; cf. llin. 19–20 'Rhyfedd oedd i Bab Rhufain / Fod gennyd.' A chymryd 'oedd' yn yr ystyr 'buasai,' y pwynt yw mai rhyfeddod fuasai i'r Pab ddod i dystio i'r bardd gael gollyngdod, ac felly dylai gael maddeuant heb y gollyngdod.

5. *Deinioel:* Nawddsant Bangor yn Arfon ac amryw eglwysi eraill. LBS ii, 325. Ar y ffurf gw. ELIG 7.

6. *Am dir rhydd: ym* yw darll. y llsgrau. Ond amlwg mai *am* sydd eisiau, yn dilyn 'gobaith,' llin. 3.

8. *y bai:* Ni roir y darll. hwn yn y llsgrau., ond y mae'n ymddangos yn rhoi gwell ystyr na dim arall.

31. *dros:* Gw. uchod 67. 11.

33. *rhwyf:* Ar amryfal ystyron y gair, '*oar*, pennaeth, gormod, balchder, cynhaeaf,' gw. DGG² 189, CA 246. Yr ystyr yma, mae'n debyg, yw fod y ferch yn falch fel Gwenhwyfar.

35. *ynod:* Amhers. yn ddiau, cyfystyr ag *yno*, nid 2 bers. Cf. Brut D 256 lle yr esbonnir *y arnad* fel 'oddi arnodd.'

36. *geri:* D cholera, bilis flaua, h.y. bustl. Cf. RP 1341. 40 Ath ffalstwawt basdlawt bystlach nor *geri.*

83

Ar yr enwau lleoedd yn y cywydd hwn gw. Rhag., t. xvi.

26. *tremyn:* Ar *tremynt* 'golwg' a *tremyn* 'taith' gw. DGG² 176. ChO 46. Daw'r cyntaf o *trem* (*drem*) a chytras yr ail yw'r Llyd, *tremener* 'cerdded.' Cymysgwyd y ddau air, a dyna efallai sy'n cyfrif am *tremyn* (golwg) yn y testun, neu ynteu fod y *-t* wedi treiglo'n drwynol a cholli fel yn *arian*(*t*), etc.

35. *Ifor:* Am yr ansicrwydd ynglŷn â'r Ifor hwn gw. Rhag., t. xvii.

41. *nydd:* Bôn y ferf *nyddu.* Daw o wreiddyn *snēi-* yn golygu 'troi, trosi,' B ii, 300, L & P 397, ac yn *nydd* yma cedwir peth o'r ystyr honno.

84

1. *silltaerynnau:* Ffurf seml y gair yw *silltaer*, P a connection of links, a chain. Yr unig enghr. arall o'r gair y gwyddys amdani yw'r un a ddyfynnir gan P, ac a welir yn B v, 23 (cf. Rep. i, 396), 'Y mae nant yn ynys prydein. pwy bynnac a uynno gwneuthur *silltaereu* heyrn odieithyr arueu. Deuet ai hayarn ac a bwyt y lann y nant. Ac adawet yr hayarn ar bwyt yno. ar hayarn a uynnych y bore drannoeth ti ae keffy gwedy y wneuthur yn barawt.'

8. *medel:* Cwmni o wŷr yn medi, CLlH 92. Yma mewn ystyr ehangach, tyrfa, lliaws. Ar darddiad y gair a'r fel y lledodd ei ystyr mewn Gw. hefyd gw. B xiii, 23.

19. *Gwaeddan:* Rhyw gymeriad chwedlonol na wyddys dim amdano heddiw, a rhywbeth wedi digwydd i'w gapan (mantell, neu weithiau gap). Yr oedd yn enw priod cyffredin gynt, Lib. Land. 116, 124, 247, 255. Cf. P 67 xv, 37 nid daf ni weddaf yn *waeddan* mewn tref / y nef af adref fy nghyfoedran. Ceir Gwaedan [mab] Kynuelyn ymysg y llu a oedd yn llys Arthur yn chwedl Culhwch, WM 468. 33 (gw. diwygiad Mr. Thomas Jones, B xiii, 13). Gw. G 601.

21. *cerrynt:* 'llwybr, ffordd,' ac yn ffigurol 'dull, modd.' Daw o *car* a *hynt.* B iii, 133.

31. *Menw:* Menw fab Teirgwaedd oedd un o'r gwŷr a yrrodd Arthur gyda Chulhwch i chwilio am Olwen, 'kanys o delhynt y wlat aghred mal y gallei yrru lleturith arnadunt hyt nas gwelei neb vynt. ac vyntvy a welynt pawb' WM 472. Yn y Trioedd ef yw'r gŵr a ddysgodd hud gan Uthr Bendragon, RM 302. 23.

40. *Eiddilig Gor:* Ni wyddys dim amdano. Yn G 246 cymherir LlDC 67. 7 kindilic mab cor knud. Yn CA 200 awgrymir perthynas ag *eddyl.* Geill fod yn darddair o *eiddil* 'gwan'; gweddai hynny i gorrach.

42. *Math:* Math fab Mathonwy, PKM, yn arbennig 75–6; W. J. Gruffydd, *Math vab Mathonwy*, 165.

46. *Llwyd fab Cel Coed:* Gw. PKM 247, lle dangosir fod y ffurf *Cel* Coed, yn ogystal â *Cil* Coed, yn digwydd.

49. *benw:* Ar dyfiant *b-* yn y gair gw. WG 187, L & P 122; Llyd. *bano*, Cern. *banow*, ond Gw. *ainm*. Profir yr *b-* yn y testun gan y cymeriad â *budoles*, llin. 50.

52. *armes:* 'darogan, proffwydoliaeth,' yna 'colled, trallod,' B i, 35–6. Yno esbonnir y llin. hon, 'Daw [y ferch] yn enwog fel *Armes*, neu ddarogan celwydd. Bydd fel *brud* enwog, pawb yn gwybod amdani, heb neb yn ei chredu.'

56. *ysgwthr celg:* Ar *ysgwthr* 'llun' gw. 59. 4, ac ar *celg* 'twyll' 33. 28. Cerfiadau ffug neu dwyllodrus sydd ar y delyn. Cyffelyb yw ystyr *esgus*. Cf. defnydd llafar Arfon, 'mae o'n rhyw esgus gweithio,' cymryd arno, cogio, ffugio.

57. *gwyll:* sef *gwyllt*. Cf. *gwell* am *gwellt*, B i, 229. Cf. 149. 1. Nid coed gwyllt sydd yn ffrâm y delyn, ond coed wedi eu trin.

58. *Fferyll:* Celfyddyd Fferyll yw hud a lledrith oherwydd syniad yr Oesoedd Canol amdano fel dewin, gw. 32. 32.

61. *ebillion:* Y pegiau i ddal tannau'r delyn. Cf. BWLl lxiii, 67–70 Oi bron mae rhyw brennau mân / Trwy dyllau ai traed allan / Pob *ebill* fal gwimbill gwyn / A nerth y tannau wrthyn. TW d.g. verticuli.

67–8. *Gwell yw crefft*, etc.: Cynhwyswyd dihareb yma, 'Gwell crefft na golud,' D Diar.

70. *gwlad Gamber:* sef Cymru. Yn ôl Sieffre, un o feibion Brutus oedd Camber. Brut D 21, 'Ac y kymerth Kamber o'r tu arall y Hauren, yr hon a elwir o'e env ef Kymry.'

85

6. *unne: un* a *gne* 'lliw.' Cf. deune (llin. 30), *ne* (llin. 38). Y mae *gne* yn elfen gyffredin iawn mewn geiriau cyfans. gan DG.

13. *traws eirwgaen:* Enghr. dda o ymadrodd ansoddeiriol. Y mae 'traws eirwgaen tros argae' i gyd yn diffinio 'wedd.'

14. *cae:* Gw. uchod 31. 9. Yr ystyr yma yn ddiau yw 'jewel,' fel y dengys y cyd-destun.

15. *trylwyn:* D expeditus, promptus, h.y. rhwydd, hyrwydd, hyffordd. Cf. MA 150a Erchwyniawg trylew *trylwyn* uch prain.

23. *Ceri:* Cwmwd ym Mhowys (yn Sir Drefaldwyn heddiw) ar y ffin â Lloegr. (Y mae afon o'r enw Ceri yng Ngheredigion, yn rhedeg i Deifi ryw filltir i'r gogledd-orllewin o Gastell Newydd Emlyn. Y mae afon o'r enw hefyd ym Maesyfed. Owen, *Pemb.*, iv, 450, EANC 132. Ond prin mai at yr un o'r rhain y cyfeirir yn y testun.)

34–5. *y'i gwnaethpwyd . . . i'm gadu:* Cywirach cystrawen fuasai 'y gwnaethpwyd iddi fy ngadu.' Gw. CFG 33.

gadu: Ystyr *gadu, gadael* yn gywir yw 'leave, let, permit, ac *adawaf* 'leave behind, depart from,' WG 381–2, EWG 126–7. Dechreuwyd cymysgu'r ddwy ferf mewn Cym. Can.

41. *llysgon:* DGG² 176 : 'Lluosog *llysg* "gwialen." Gwel. RB 197, "bwrw llyskyon idaw" am daflu gwiail bychain mewn dirmyg at Beredur. Defnyddir *byrllysg* am deyrnwialen, neu wialen swyddog llys. Am yr arfer o roi collen i garwr siomedig gwel. Alun Mabon Ceiriog. Amlwg oddi wrth y cywydd y rhoddid het helyg hefyd yn arwydd o weddwdod neu dristwch, yn union fel y gwisgid talaith o fedw i arwyddo llawenydd a chariad.'

86

9. *Luned:* Ni ellir bod yn gwbl sicr o'r darll. hwn. Dyry llsgrau. Llywelyn Siôn 'Eleni ail i Luned,' ac o gofio mai Luned yw'r ffurf yn y chwedl yn y Llyfr Gwyn (WM 223), naturiol fai derbyn y darll. hwn. Ond gan nad yw *ail* 'cyffelyb, cystal â' yn cael ei ddilyn gan *i* (gw. G 457), prin y gellir derbyn y darll. Cf. RP 1321. 21 och or kollet am *eil lunet.* (Tebyg mai 'ail Luned' sy'n gywir yn P 76. 97 meddylie[d] *ailvned* liw.) Benthyg o'r Ffr. Lunete wrth gwrs yw'r ffurf hon yn Gymraeg. Yn B x, 44, awgryma Syr Ifor Williams mai *Eluned* yw'r ffurf wreiddiol, o *El-* 'llawer' fel yn *Elfyw*, ac *-uned* o'r bôn *un-* a welir yn *uno, eiddun,* etc. Ar bwys hyn gellid derbyn y darll. 'Eleni ail Eluned' a welir yn rhai o'r llsgrau. Ond gan mai *Luned* a geir gan Ddafydd (e.e. 43. 5) a chan feirdd eraill y cyfnod (e.e. DGG xxix, 42), mentrwyd rhoi *bun* o flaen 'ail,' a chadw 'Luned,' yn hytrach na darllen 'ail Eluned.'

10. *oeryn: Oer* yn golygu 'trist,' CLlH 68. Felly oeryn yw dyn trist.

16. *gwerin:* Fel y dengys y cyd-destun yn glir, nid oedd *gwerin* gynt yn golygu ond 'llu, tyrfa.' CA 205.

21. *annudd:* Ni rydd G ond un enghr. o'r gair hwn, sef RP 1269. 28 Kynn hir *annud* prud prid a thywawt ; a dyry'r ystyr 'gorchudd.' Cf. isod t. 425.

23. *Cadfan:* Gw. uchod 81. 45.

24. *A'r grog fyw:* Digwydd y gair *byw* droeon ynglŷn â *crog* a *delw.* Am y ddelw o Grist ar groes a dducpwyd dros y môr i Gaer dywaid GMD yn RP 1195. 3 *delw vyw* uab dwywawl ; 1196. 3 *delw vyw* fy llyw ; 1197. 1 Duc mor kor kywir *delw vyw* llyw llawir. Am ddelw yn yr Wyddgrug dywaid Tudur Penllyn, G 3. 46a Y *ddelw fyw* o'r Wyddgrug oedd ddial-wr ; 46b Wyr Einion . . . ef a *delw fyw* dialed. Am yr un ddelw y sonia TA, GTA lxxxvii, 83–4 Wedi'i ddydd, y dydd eddyw, / Yr oedd lef oer ar *Ddelw Fyw* ; G 3. 47b I roi sawd Siors ydyw / vrddol i Fair a'r *ddelw fyw* ; CRhC 90. 41–2 gwyl y *ddelw fyw* / a ffawb ai kliw / yn anwedig / pawb a ir wyrgrig. Cf. hefyd GTA ii, 3–4 Y *Ddelw,* a'r Grog o Ddulyn, / *Fyw* a'ch gad oni foch

gwyn. Defnyddir yr ymadrodd mewn llwon, e.e. BDG cxx, 21 myn y ddelw-fyw. Yr oedd rhai delwau o Grist ar y groes y dywedid eu bod yn ymddwyn neu'n llefaru fel bodau byw ar adegau arbennig, a dyna efallai rym 'byw' yn y cysylltiadau hyn, Cy xxiii, 316. Rhoir esboniad arall yn LBS i, 113: 'The Living Image was a rood or crucifix, which, it was alleged, miraculously bled when certain Jews nailed the image to the cross.' Cysegrwyd eglwys yr Wyddgrug ac eglwys y Rhiw yn Llŷn i'r Ddelw Fyw, LBS, ibid. Yn yr hen galendrau gelwid Medi 9 yn ŵyl y Ddelw Fyw, TrCy 1894–5, 144.

87

5. *a orwyf:* 1 pers. un. y ferf *gorfod* yw *gorwyf*, yn bresennol o ran ffurf ond yn berffaith o ran ystyr. Yma disgwylid y gystrawen 'a orfu imi,' a gellid tybio ddarfod trin *gorwyf* fel berf anghyflawn, ac mai cystrawen lwgr sydd yn y testun. Ond yn wyneb enghrau. eraill yng ngwaith DG rhaid ystyried eglurhad arall. Ceir enghrau. o'r pers. 1 a 3 yn golygu, nid 'gorfodi' ond 'gwneuthur': 65. 31 *Goryw* treigl . . . gael gwyll y coed tywyll tew; 88. 21 gwiw y *gorwyf*; 120. 54 y dyn a *oryw* dwyll. Efallai i'r cymysgu ddechrau yn y 3 pers. *goreu* (o *gwneuthur*). Nid amhosibl drwy gydweddiad gael **gorwy* o hwnnw, cf. *aswy* / *aseu*, WG 114, ac yna *goryw*. Yna fe ledai'r ystyr o 'wneuthur' i'r pers. 1 *gorwyf*, a rhoi iddo ystyr *gorugum*. Sut bynnag, yr ystyr yma yw 'cadw a wneuthum,' ac yn gyffelyb yn y tair enghr. arall uchod.

13. *gaeafar:* Tir wedi ei aredig yn y gaeaf, GMWL 152 'winter tilth.' Cf. B ii, 11 Rann dy dir yn deir rann. *gayafar* a gwanhwynar a brynar. Cf. WML 28. 21.

16. *marwfis:* sef mis Ionawr, gw. B ix, 40. Dyna'r pryd y gwnaethpwyd y gaeafar a hau'r ŷd.

18. *onengyr:* Awgryma'r darll. amr. fod yma ryw air dieithr i'r copiwyr. Ceir y ffurf *o nengyr* yn P 67, a honno a argraffwyd fel *onengyr*. Ni welais y gair yn unman arall, ond ceir *ongyr* yn fynych iawn gan y Gogynfeirdd. Rhydd yr Athro Lloyd-Jones, B i, 2, yr ystyr 'ashen spear or spears,' ond rhydd M. Vendryes, EC i, 117, 'coup de lance.' Yn sicr fe olyga waywffon, fel yn H 62. 28 arwreit angert *ongyr* uriwaw; 100. 30 *ongyr* yn llaw; 109. 5 briwgoch brig *ongyr;* 162. 5–7 taryanawc . . . a dyrr *ongyr*. Ond mewn rhai o'r llu enghr. eraill geill olygu 'ergyd,' ac oherwydd ei gyswllt ag *ergyr* 'trawiad,' *cyfergyr* 'ymryson, ymladd,' naturiol fuasai ystyr felly.

27. *cadeiriodd:* Yr ŷd yn bwrw gwraidd. Cf. y gair llafar yng Ngheredigion, *stolo* 'to expand at the roots,' o *stôl* yn ddiau. *Tr. Guild.*, 1907–8, 110.

29. *sias:* O'r Saes. *chase* 'erlid, hela, helwriaeth.' Ceir yr ystyr hon yn Gymraeg hefyd. G 3. 97b (am filgwn) Chwareu mewn parceu pwrcas / A chwn y sir ni chaen *sias*. Datblygiad o'r un ystyr

a welir efallai yn B x, 51 Fe rhoddir *sias* i'r Saeson (? cyfieithiad o'r Saes. 'give chase'). Ond yr ystyr fwyaf cyffredin yw 'brwydr, ymladd,' GTA lvi, 27–8 Nid aut, Siôn, hyd at y *sias* / Ond â gŵr yn dy guras ; P 67 iii, 33 eil kradoc vraichvras / yw rrys goch yn y *sias* ; vii, 11 Drwg o *sias* rhwng dreigiau sydd. Ceir rhai enghrau. lle golyga 'fyddin' (cf. dwy ystyr *cad*), GID xxiv, 3 masstr rys wych yn mwstro *sias* ; LGC 17. 11 Tomas rhwng y ddwy*sias* ddig. Yr ystyr yn y testun yw na chafodd y bardd o draserch ond helynt a thrybini. (Digwydd gair arall, sef *sas* ; P 57 ix, 21 Diffrwythaf *sas* yw traserch ; Edmwnd Prys (Asaph), 224 Heb flas, heb iawn *sas* na sail. Y negyddol yw *disas* ; Cylch. LlGC iii, 155 y Kymru *dissas* mynyddig; Gram. GR (xi) Am hynny na fid diystr, na diflas gennyt, fyngweled i yn ymddangos mor *ddisas*, ag mor anhylwybr ; Y Llenor v, 96 ag ef oedd yn myned yn *ddisas*, mewn gown o liw y dryw, er ei vod ef yn fab i uchelwr (am DE yn myned i eist. Caerfyrddin). Ymddengys mai 'cyflwr, cyflwr da' yw ystyr *sas*. D *disas*, vilis, infimae sortis. TW d.g. humilis, ignobilis.)

33. *ehudrwyf:* enghr. dda o *rhwyf* yn golygu cnwd neu gynhaeaf. DGG[2] 189. Cf. dig*rwyf*, llin. 47.

39. *treiddiais:* Am yr ystyr 'mynd a dod' gw. uchod 24. 30. Bu'r bardd yn mynd a dod i drefnu medelau (cwmnïau o fedelwyr) i fedi'r cnwd.

42. *trylliad:* Ni ddigwydd y gair hwn yn y geiriaduron. Sylwer mai mewn pedair llsgr. yn unig y digwydd y cwpled, a'r un darll. a roir ynddynt oll.

51. *lwferau:* Daw *lwfer* o'r Saes. *louver*, EEW 109. 'Domed turret-like erection on medieval hall-roofs etc. with side openings to let smoke out or air in' OED. D fumarium, spiramentum. Dôi'r dagrau o lygaid Dafydd fel y dôi'r glaw drwy'r simneiau hyn.

56. *seldrem:* D manipulus (dyrnaid, llond llaw), TW fascjculus. Defnyddir y gair yn Arfon a Llŷn am y swp o ŷd ar lawr cyn ei rwymo'n ysgub. Cf. WVBD 478, CA 366. Am y ffurf *shedremo* ar lafar Ceredigion, gw. B vii, 256.

65. *goglais:* 'blinder, poen.' Datblygiad o hyn yw'r ystyr gyffredin heddiw 'tickle.' Y bôn yw *clais*. Gw. CLlH 236 am enghrau., a cf. ymhellach RP 1260. 17 keith *ogleissyaw*, kedyrn dreissyaw ; 1276. 31 oed braw a *gogleis* ; 1359. 17 Herwyd drwc a gwc a *gogleis* clerwr ; isod 121. 28.

68. *gosymaith:* Y ffurf fel rheol mewn Cym. Can. yw *gossymdeith*, B ii, 24. 26 kyt boet *gosymdeith* ytt yr awrhonn ny wdost pa hyt y para. Cf. H 48. 6, 123. 28 ; RP 1255. 40. Ond *gosymaith* yn ddiweddarach. GGGl xi, 3. Yr ystyr yw 'cynhaliaeth.' Ar y ferf *gossymdeithaw* gw. PKM 182–3 a'r hyn a ddywedir yno : 'Oherwydd yr *ymdeith* sydd yn y gair, cf. Llad. *viaticum*. Efallai mai "provisions for a journey" oedd ystyr gyntaf *gossymdeith* ; yna "supplies" yn gyffredinol.'

88

1. *celennig:* Rhodd yn gyffredinol, nid ar y Calan yn unig. Gw. G.

2. *Is Aeron:* Y wlad i'r de o'r afon Aeron yn neheubarth Ceredigion. Gw. Owen, *Pemb.*, iv, 481.

6. *maeronesferch:* Yn *maerones* gwelir yr un bôn ag yn *maeroniaeth.*

8. *ocr:* 'usury,' o'r Saes. Can. *ocre*, *oker*, EEW 178. Y mae bwrw serch lle ni thycia fel trefnu (lluniaeth) i fenthyca arian ar log.

10. *diaerfen:* Dyry G yr enghr. hon ond heb ystyr. Gellir cymryd mai neg. o *aerfen* ydyw. Ar hwnnw dywedir yn CLlLl 33 mai duwies rhyfel ydyw. Yn ôl D Aerfen, Dyfrdwy, Dea fluvius. Yn B vii, 124 cytuna Mr. R. J. Thomas 'fod Aerfen yn enw afon neu dduwies afon ac yn ôl pob tebyg yn enw ar dduwies neu afon Dyfrdwy.' Digwydd y gair hefyd fel ans. H 135. 23 Baranres aeruleit *aeruen* y waedlafyn; IGE² 209. 29 (am y tafod) Dyflöen *aerfen* oerful; P 67 xxv, 9–10 kynnen *aerven* a orvv / kadgamlan plant vorgan vv. Yn G 12b dywedir y geill fod yn fen. o *aerfyn* yn cynnwys y *byn-* a welir yn *cymynu* 'torri,' ac felly'n golygu 'yn lladd neu gymynu mewn brwydr.' Awgrymir hefyd y geill fod o'r bôn *men-*, ac os felly, yn golygu 'yn anrhydeddus neu glodfawr mewn rhyfel.' Beth bynnag yw'r tarddiad, y mae'n ymddangos y buasai'r ystyr 'ffyrnig, mileinig' yn gweddu'n iawn yn y tair enghr. a nodwyd, am gleddyf, am dafod, ac am gynnen. Os iawn hynny, ystyr *diaerfen* fuasai 'mwyn, tyner,' a dylid ei gymryd yma, nid gyda 'gwg' ond gyda 'bun aur.'

14. *oddi fewn:* Yr oedd gweled y ffurf hon, yn ychwanegol at brinder y copïau o'r cywydd hwn, yn peri amau ei ddilysrwydd. Ond y mae'r arddull yn gyffredinol yn rhy debyg i DG inni allu ei wrthod.

21. *gorwyf:* Ar yr ystyr gw. nod. 87. 5.

22. *gwenifiais:* Dyma'r ffurf yn y ddau gopi llsgr. Gellid awgrymu dau esboniad: (1) Darll. *gweinifiais*, 1 pers. perff. o *gweini(f)*. *Gweinydd-* wrth gwrs yw bôn y ferf, WG 380, ond nid amhosibl cymryd y berfenw fel bôn newydd, fel y gwelir yn *arweiniaf*, *olrheiniaf*, etc., mewn Cym. Diw. Am gymysgu cynnar gw. G d.g. *dilid* ac uchod nod. 22. 25. (2) Darll. *gwynofais*. CLlH 208–9. Ystyr *gwynofi* yw 'rhwbio' yna 'ystaenio.' Gellid yma y syniad fod y bardd yn ystaenio'r gwayw â'i waed. Am yr un syniad gw. CA 95.

24. *Carawn:* sef Caron heddiw, y wlad o gwmpas Tregaron. Erys Caron yn enw ar ddau blwyf, Caron uwch Clawdd a Charon is Clawdd, HGCr 191.

89

6. Dichon mai'r ffordd orau i ddeall y llin. hon yw cymryd 'bai' yn hytrach na 'gorffwyll' yn oddrych 'pair.'

8. *y bys:* sef y glicied, a dorrodd wrth i'r bardd ei tharo deirgwaith.

13. *am y wialen:* DGG² 175 : 'Heb ddim rhyngddynt ond y wialen, neu'r cangau a blethid i wneud pared i'r tŷ.' Enghr. yw gwialen yma o'r troad Cydgymeriad, sef defnyddio'r rhan am y cyfan, CD 50. Am y defnydd hwn o *am* gw. B xiii, 5, a cf. WVBD 7 Mae o'n byw am y parad a fi, 'he lives next door to me.'

20. *ermyg:* Profir yn CA 129, 132 mai ystyr *ermyg* yw 'offeryn, peiriant,' ac *ermygu* 'gwneuthur, peri.' D instrumentum. Felly rhaid cymryd 'ermyg nwyf' fel disgrifiad o 'mau gnawd.' Offeryn nwyfiant yw ei gnawd.

35. *maddeuwn:* Gw. nod. 45. 11.

40. *ellyll:* G 'ellyll, bwbach, ysbryd, drychiolaeth.' Y ddwy ystyr olaf sy'n gweddu yn y testun.

90

11. *pwynt:* Gw. nod. 24. 26.

16. *tarfer:* Gair dieithr. Awgrymir yn DGG² 219 mai'r ystyr yw 'cynnwrf,' a dyfynnir y cwpled 'O *darfer* Cent darfu'r cwch, / Wat Deheubarth, atebwch.' Ond darll. y llin. gyntaf yn G 1, 104b yw 'Od arfer Cent, etc.'

91

1. *deincryd:* G 'cryndod neu rincian dannedd.' TW d.g. horror. O *daint* a *cryd* 'cryndod,' a'r cyfuniad *-ntg-* yn rhoi *-nc-*.

lled: Gellid cymryd hwn, o ran y gystrawen, fel y defnyddir *lled* heddiw, e.e. lled-orwedd, WG 262, ond prin iawn mai lled-ymdrybaeddu a olygai DG wrth *lled ancrain.* Tebycach yw'r ystyr a gynigiwyd yn 11. 45–6 uchod, ymdrybaeddu mawr, ar hyd ac ar led.

19. *geirwferw: Geirferw* yw darll. y pedair llsgr. lle digwydd y cwpled. Diau mai *geirw* 'ewyn, tonnau' yw'r elfen gyntaf.

22. *plats:* O'r Saes. *plates*, EEW 99, 102, 104. Yr oedd yr ia fel 'plate armour' ar y llyn y syrthiodd y bardd iddo. Cf. RP 1299. 29 iaen *blat.*

cledr: Ar *cledr* gyda *dwyfron* gw. isod 111. 30. Mewn Llyd. Can. defnyddid *clezrenn* am haen o rew ar ddwfr, Ernault *Glossaire*, 106.

35. *cryn:* Gw. DN 163 a PKM 267–8 lle dangosir fod *cryn*, er ei fod yn aml yn lleihau ystyr gair, bryd arall yn ei gryfhau, os rhywbeth, a bron yn gyfystyr â 'mawr.' Felly yma.

37. *serthau:* Arferir *serth* mewn dwy ystyr : (1) 'syth,' D praeceps, acclivis ; (2) 'anweddus, aflan,' D obscaenus. Yr ystyr gyntaf sydd yma yn ddiau. Nid y terf. llu. yw *-au* wrth reswm, ond TM *gau.* Y mae'r pibonwy'n syth fel pinnau. ond gau ydynt, fel y gwelir pan syrthiant.

39–40. *eisiniaid sildrwm: eisin*, D furfur. WVBD 121 'the roughest part of the flour = bran; *eisin sil*, husks produced in purifying oats'; 490 '*siliad*, oats that have been hulled. *silio*, to hull oats.'

40. *plaid:* yn ei hen ystyr 'mur, gwal.' Gw. uchod 52. 44.

42. *newyddlif:* Yr ail elfen yw bôn *llifio* 'minio, hogi.' Cf. *lliveit* CA 131.

43. *berwblor: berw* a *plôr*. R *ploryn*, pimple. Cf. WVBD 434.

52. *bain':* sef *baint*, 3 pers. llu. amherff. dib. y ferf 'bod,' *baent* heddiw. Ffurfiwyd *baint* ar ddelw y 3 pers. un. *bai*, fel y gwnaed yn yr amherff. myn. â berfau eraill, *caneint*, *syrthieint*, *achubeint*, etc., WG 325. Gw. enghrau. yn 11 uchod.

53. *mi yw'r gŵr*, etc.: Cyfeiriad yn ddiau at hen chwedl.

mawr: Y tebyg yw fod hwn i'w gymryd gyda 'curia,' nid gyda 'gŵr,' fel yn y gystr. gyffredin mewn Cym. Can., 'y wraig fwyaf a garai,' e.e. WM 140.

60. *ysglem:* Yn ôl D o *clem*, S 'a slice, a thin piece, *clem ar esgid*, a piece or patch on a shoe.' Gair byw ar lafar am ddarn (o fetel y rhan amlaf) ar flaen gwadn esgid, WVBD 263. Gwedda'r ystyr i ddarn tenau o rew.

62. *ysgrawling:* glud. D gluten, colla. Tw d.g. colla, ferrumen, agglutino. Cf. LlA 22 Ar corff hwnnw a gyssylltit ygyt yn vn o *ysgrawling* karyat am gorff krist.

64. *mewn:* Gellid cymryd 'liw manod teg' fel cyfarchiad, ond gwell yn ddiamau yw cymryd ei fod yn dibynnu'n uniongyrchol ar 'tŷ.' Felly y mae *mewn* yma gydag enw penodol. Cf. DN xix, 3–4 *Mewn* i blwyv mae yn y blas / Mwy na dynion mewn dinas; BWLl lxxxv, 22 *Mewn* ych cerdd mynych i caid / Mawl gynt fel mêl y gyntaid. Mewn rhyddiaith, P 20 (arg. Thomas Jones), 219a *mywn* kabidyldy y menych; Y Bibyl 25 *mewn* cor y prophwydi. Dengys y TM fod tŷ yn fenywaidd, PKM 180, SDR 93.

67. *twysg:* D pars, portio, acervulus, cumulus. Cf. RP 1281. 34 deigyr *dwysc*; 1292. 43 *twysc* draw oe getlaw a gat. CA 282.

92

14. *pwy:* Ar *pwy* o flaen enw fel hyn, gw. WG 289.

18. *paddyw:* 'pa dduw' yw darll. y llsgrau., ond gellir yn gwbl hyderus ei ddeall fel *paddyw* 'i bwy?'. Gw. WG 293, L & P 228. Gwedda'r ystyr i'r dim—'I bwy yr agorir y drws?' Sylwer mai ar yr ail sillaf y mae'r acen.

26. *Gwawl . . . fab Clud:* Gw. PKM 14 ac ymlaen. Y gŵr a ddaeth i mewn i neithior Pwyll a Rhiannon i erchi Rhiannon a'r arlwy.

27. *lledryth:* Gan mai *lledfrith* yw'r gair yn wreiddiol, a bod ei ail elfen yn gytras â'r Gw. *bricht* (Y Beirn. vii, 186, ChO 47, PKM 247), gwelir mai *i* yw'r llaf. yn gywir.

33. *eglwyseigr:* Ni ddigwydd llin. 33–6 ond mewn dwy lsgr., a'r un yw'r darll. yn y ddwy. Ai chwarae sydd yma ar enwau eglwysi fel Eglwys Bawl, Eglwys Dewi, Eglwys Gain, Eglwys Gurig, Eglwys Oswallt, etc. ? Gw. rhestr G 448b. Os felly, Eglwys Eigr. Mwy naturiol efallai tybio camrannu'r geiriau, a darll. 'eiriau glwyseigr' (glwys Eigr).

35. *llywy:* Awgrymir y darll. hwn yn lle'r *lliw gwy* a *llw gwy* a geir yn y llsgrau.

38. *ysbenser:* Ceir *spenser* yn Saes. (HFfr. *espenser*), 'one who dispenses or has charge of the provisions in a household ; a steward or butler' OED.

41. *cynnwys:* Yn yr ystyr gyffredin i'r gair mewn Cym. Can. 'croesawu, derbyn, gwahodd' G. Cf. yr ystyr lafar heddiw, 'to encourage, egg on' WVBD 307.

41. *cwynofus:* cf. IGE² 39. 15–6 Cywydd pob cethlydd coethlawn / Canys aeth *cwynofus* iawn (IG ym marwnad DG, gw. isod, t. 422). Yn yr eirfa rhoir yr ystyr 'cwynfanus.' Y berfenw oedd *cwynofain*, WG 389. Cf. *wylofain*, *wylofus*.

93

2. *cynhinen:* Darll. y rhan fwyaf o'r llsgrau. yw *cenhinen*, ond anodd gweld cyfaddaster y llysieuyn yn y cyswllt hwn. Dyry ychydig lsgrau. *cynhinen*, a hwnnw a dderbyniwyd. Y bôn yw *cinn*, gw. G, ac ohono ceir *cinnin*, R 1355. 22, ac ans. *ciniog* 'darniog, carpiog' IGE² 182. 20. Mewn rhai enghrau. aeth yr *i* yn y sillaf gyntaf yn *y*, e.e. uchod 80. 33 *cynhiniawdd*. Amlwg hefyd ddarfod cymryd yr ail *i* fel *y* a thybio mai'r terf. bachigyn *-yn* sydd yn y gair ; felly D *cinyn*, segmentum, a'r ans. *cinhynnawg* G 141. Dichon fod dwy ffurf, y naill gydag *-in* a'r llall gydag *-yn*. Yn RP 1355. 22 odla *cinnin* â *deulin*, *blin*, *eithin*, *cennin*. Ceir ei luosog mewn gwahanol ffurfiau, e.e. RP 1151. 34 nyt vryael gwynn y *gynhynneu* (er y dichon mai *cinnyn* sydd yma) ; BCw 21. 16 ni ddug hwnnw ond *cynhinion* oddiarno ef. At y bôn newydd *cinnin* (neu *cynnin*) rhoed y terf. *-yn*, a *cynhinyn* yw'r gair byw heddiw : *Adgof uwch Anghof* (Myrddin Fardd), 14 y *cynhinyn* Llythyr yma. Gyda'r terf ben. *-en* ceir *cynhinen* fel yn y testun. Am ddefnyddio'r gair am berson cf. WVBD 259 (1) something narrow, (2) also a term of reproach. Ystyr ddirmygus fel yn (2) sydd i'r gair *cinnin* yn awdl Rhys Goch i'r llwynog, G 3, 170. 105 *cinnin* noeth lipprin. Nid yw'r ystyr mor wawdus yn y testun.

gyn: Eithriadol yw *gyn* am *cyn*, gw. dwy enghr. yn G 252b, ond y mae'n hollol gyson â'r arfer o dreiglo arddodiaid, *drwy*, *dan*, *wrth*, etc.

5. *Madawg Lawgam:* Gw. Rhag., t. xxvii.

17. *symudaisi:* Mewn Cym. Can. ceir yr ystyr 'newid, troi' i *symud*, Y Bibyl 83. Yn B v, 194, awgrymir fod dau air, y naill o'r Llad. *summotus* yn golygu 'to move,' a'r llall o'r Llad. *summuto* 'to change, interchange, substitute.' Anodd bod yn gwbl bendant prun o'r ddwy ystyr a weddai orau yn y testun ; yn wyneb llin. 13–6, 'newid' efallai.

33. *gwiw:* Dyry rhai llsgrau. *gwyw* a rhai *gwy*, a hyn a argraffwyd yn BDG. Ond nid yw'r un ohonynt yn rhoi ystyr gyfaddas. Ar sail BDG awgrymodd Stern (t. 232) fod yma gyfeiriad at Guy o Warwick, ond tra annhebygol hynny.

36. *cyfnewidial:* Berfenw â'r terf. *-al*, cf. *sisial*, *naddial*, etc., WG 392. Yr ystyr yw 'masnachu, marchnata.' Bargen sâl a gaiff yr ysgwier sy'n gorfod wynebu peryglon yn lle'i feistr, y marchog.

44. *is gil:* Gw. G am ystyron cyffredin *cil*, (1) congl, ochr, (2) cefn, gwar. Gw. *Cúl* (*cúil*) (1) 'corner, recess, nook' ; (2) 'back, hind-part' ; (3) 'bottom,' Meyer, CIL 549, 557. Am yr ymadrodd *is ei gil* pan fo rhywun yn marchogaeth y tu ôl i rywun arall ar yr un march, gw. WM 209. 30 Ac odyna Idawc a gymerth ronabwy *is y gil*, cf. BR 47. Mewn Gw. am yr un safle ceir *ar chúlóig* (Dinneen d.g. *cúlóg*). Meyer, CIL 557 *ar a chúl* 'behind it.' Ystrydebwyd y cyfuniad *is gil*, fel yn IGE[2] 23. 1–2 Llawer ysgwier *is gil* / Yn gweiddi fyth, gwae eiddil. Defnyddir ef am rywbeth a fwrir heibio'n ddiwerth, fel yn GTA, t. 732 Ein ysgol oedd, yn was glân / Ysgol aeth *is gil* weithian. Dyma'r ystyr yn y testun. Wedyn aeth *sgîl* yn enw, fel ar lafar, WVBD 482 *wrth ei sgîl* 'behind his back.' Ac mewn ystyr drosiadol, 'Mi gei ditha rwbath yn i sgîl o.' Dyry TW ferf *isgilio* d.g. deiicio, demoueo, depello, depono.

94

1. *Dwynwen:* Yr enw yn syml yw Dwyn, ac ychwanegwyd *wen* 'sanctaidd,' cf. Ceinwen, ei chwaer. Merched Brychan Brycheiniog oeddynt, gw. isod llin. 54 Brychan Yrth. Eglwys Dwynwen oedd Llanddwyn ym Môn, ac ystyrid hi'n nawddsant cariadon. Hyd y 18 g. ymwelai cariadon â'i ffynnon. Gw. LBS ii, 387, Cy xxiii, 322, R ii, 215. Cyfeirir at y santes yn fynych mewn cywyddau serch, e.e. P 76. 44, 45, 86. Ar Frychan, y brenin a roes ei enw i Frycheiniog, gw. HW 270, Arch. Camb., 1926.

23–4. *Nid adwna*, etc. Y mae dihareb yma—Nid adwna Duw a wnaeth, D Diar. Cf. RP 1035. 40 nyt atwna duw ar a wnel.

28. *gwar ffon:* Cf. LlA 36 ac ef hep y wybot *gwaraffonn* vechan a geiff . . . a wypo ewyllys yr arglwyd ac nys gwnel *gwaraffonnev* llawer a geiff hwnnw (Llad. plagis).

32. *Cwm-y-gro:* Gw. Rhag., t. xvii.

95

3. *Mael:* Yr oedd sant o'r enw hwn, a gyplysir â Sulien fel nawddsaint Corwen a'r Cwm yn Sir Fflint, LBS iii, 399, GGGl 81. Ond yma mewn cyswllt â 'tiredd,' cf. cywydd Llywelyn ab y Moel lle mae'n gado Coed y Graig a mynd 'i flaen hoywfro Faelienydd,' IGE² 197. 11–2 Nid oes na chysgod na dyn / O *Dir Mael* ond aur melyn. Cf. hefyd GTA lvii. 13–4 Ach Faelienydd iwch, flaenawr, / At wraidd *Mael*, y Torddu mawr. LGC 343 Dros wlad *Vael*, dros Elvael wen. Ym muchedd Curig (yn llaw Rhosier Morris) dywedir i'r sant hwnnw gael tir gan 'Mael Duc Melienydd,' R ii, 476. Gw. hefyd Owen, *Pemb.*, iii, 223, 330. Yr oedd rhai o deuluoedd y Gororau yn olrhain eu hachau i Fael Maelienydd, e.e. *Powys Fadog* iv, 61. Cyfeirir yn y testun at ddelw o Fair Forwyn yn rhywle ym Maelienydd. A oedd delw ym mynachlog Cwm Hir, neu yn Llanbister, prif eglwys y cantref (HW 256) ?

5. *neud: Nid* yw darll. y llsgrau., ond dengys y cyswllt yn amlwg mai *neud* sy'n gywir.

17. *Dyfed:* Awgrym mai Dyfed yw gwlad Dafydd.

23. *glaw:* Am gadw cyts. wreiddiol y gwrth. ar ôl 3 pers. un. pres. myn. y ferf, gw. L & P 139, B x 282, WS 193.

24. *dean:* Am y ffurf cf. Ll 6 lvii, 57–8 o daeth yr holl dda ath ran / dial arnynt y *dean.* Am ddefnyddio'r gair yn drosiadol cf. IGE² 164. 14 Llyfr canon a *deon* dysg (RGE am GLl).

28. *digreiad:* Ni ddigwydd yn G (*digraidd* a argraffwyd yn BDG), ac oherwydd na ddigwydd y cwpled ond mewn tair llsgr. ni ellir awgrymu darll. arall. Ai o **digreifiad* trwy golli'r *f* ? *Creifiant* 'maddeuant' G 172, *digreifiant* 'anfaddeuedig' G 348. Os felly, 'heb faddeuant.'

37. *dylyaf:* Ar y ferf *dylyaf* 'I am entitled to' gw. WG 379. Ceir yr 2 bers. un. pres. myn. yn y llin. nesaf, *dylyy.*

39. *didarf: tarfu* 'gwasgaru, gyrru i ffwrdd,' CLlH 123. Ni ellir bwrw ymaith yr adwyth o fron y bardd.

40. *Tewdwr:* gw. Rhag., t. xxv.

49. *gwrthgrif:* cf. D Diar. Hir ei lygad a *wrthgrif.* Dyry D *gwrthgri*, contra dicentia, reclamatio, gan gymryd yn ddiau mai bôn y gair yw *cri.* Ond os yw'r *-f* yn y testun yn wreiddiol, nid hynny yw ei darddiad, oherwydd daw *cri* o'r Saes. *cry*, EEW 146. Cf. RP 1175. 22 kythreuleit kythreulglas gwrthgas *gwrthgrifyeit.* Esbonnir hwn yn HGCr 289 fel 'gwrthwynebwyr.' Buasai 'gwrthwynebu, gwrthdystio' yn burion ystyr i'r berfenw *gwrthgrif* yn y testun.

96

7. *llaw:* Am yr ystyron 'bychan, isel, trist' gw. Y Beirn. vii, 187.

8. *metheddig:* ans. o *methedd* o *meth.* Cf. *bôn*, *bonedd*, *bonheddig.*

17. *terrwyn:* Dangosodd Syr Ifor Williams yn IGE 355 a CLlH 148 fod dau air cyffelyb eu ffurf ac nid anghyffelyb eu hystyr, sef *terrwyn* 'dewr, ffyrnig' (yn odli â *llwyn*, etc.) a *terwyn* yn tarddu o *gwŷn* ac yn golygu 'tanbaid, angerddol,' a bod cymysgu arnynt. Y mae'n ymddangos fod cymysgu felly yn y testun, oherwydd *terrwyn* yw'r ffurf, ond 'angerddol' yw'r ystyr.

28. *sygn:* cf. *sygnau*, llin. 32. Yn EEW 43 dywedir y geill *sygn* 'sign of the zodiac' fod yn tarddu o'r Hen Saes. *segn* neu'n fenthyg dysgedig o'r Llad. *signum*.

97

1. *Efa:* Ai defnydd trosiadol o enw Efa llyfr Genesis, ai cyfeiriad at ferch o'r enw ? Cf. llin. 26.

18. *adwerydd:* Ni ddigwydd yn D na G. Dyry S ddau air o'r ffurf hon, a rhydd i'r naill yr ystyr 'second verdure,' ac i'r llall 'a decayed virgin; a widow; a single or widowed person,' gyda'r enghr. hon a dwy arall ddiweddar. Yn Ba 6, 296 gyferbyn â'r llin. hon ysgrifennwyd 'a virgin ye second time,' beth bynnag yw ystyr hynny. Gwir fod y blaenddod. *ad-* yn golygu 'eilwaith' fel yn *adladd*, *atgno*, WG 263, ond datblygodd hefyd yr ystyr 'drwg' fel yn *adflas*. Cf. CA 149 lle rhoir 'llyfrdra' fel ystyr *adwriaeth*, a chymharu'r Gw. *athfher* 'a coward.' Tebyg mai ystyr *adwerydd* yn syml yw merch ddibriod, ond gyda pheth dirmyg yn y blaenddod. *ad-*. Dyry GPC yr ystyr 'hen ferch.'

25. *gwnaut:* Gofyn y gyng. am *-t* yma, ac yn wyneb arfer gyson DG o roi'r terf. *-ud* yn 2 bers. un. amherff. y ferf, tuedda dyn i amau dilysrwydd y cywydd. Ond cf. Yma *wyt* ŵr, pwy wyt ti, 141. 12.

28. *wtres:* D prodigalitas, luxuria; *wtreswr* prodigus, luxuriosus. TW d.g. *acolastus*, *asotia*, *bacchatio*, *commesatio*, *ganeo*. Yr ystyr yn y farddoniaeth Gymraeg yw 'gwledd, cyfeddach, gloddest,' a hefyd 'caru'n danbaid.' Digwydd yn fynych mewn cerddi serch a cherddi mawl, e.e. P 76. 39, 132; P 67, 191, 259; GGGl xviii, 27; xc, 44; cix, 33; GTA viii, 55. Daw o'r Saes. *outrage* 'want of moderation, excessive luxury (1340); mad or passionate behaviour tumult of passion (1330)' OED. Cyfetyb hyn yn union i ystyron *wtres*.

98

2. *Nant-y-seri:* Ar *seri* 'sarn, palmant o gerrig dros gae,' gw. B xi, 148, ELl 60.

5. *uthr:* Gellid darll. yma 'Uthr,' sef tad Arthur, gw. Brut D. 86–7, 127–8, 132–5, etc. Ond yn niffyg cadarnhad gwell efallai ei gymryd fel yr ans. cyffredin.

13. *meigoel:* Geill yr elfen gyntaf fod yn *mai* 'hanner, canol' fel yn *mei-iau* 'iau ganol,' *meiwyr* 'hanner gwŷr, gwŷr llwfr,' B i, 36.

A chymryd mai *coel* 'cred' yw'r ail elfen, ceir yr ystyr 'mewn lled ymddiriedaeth,' yn hanner coelio'r naill a'r llall. Prin y ceir synnwyr o gymryd *coel* yn gyfystyr â cofl, coflaid.

14. *porthmonyn:* Fel y dywedir yn EEW 91 diau mai benthyg o'r Saes. *portman* yw *porthmon.* Ond rhaid mai yn y Gym. ei hun y datblygodd ystyr ddiweddar y gair, sef masnachwr anifeiliaid. Diffinir *portman* yn OED, 'In OE use, a citizen of a town, a burgess or burgher ; specially (after the Conquest) = capital or head portman, one of a select number of citizens, chosen to administer the affairs of a borough.' Yr enghr. debycaf yn Gym. i'r ystyr o ddinesydd yn syml yw WM 431 ar *porthman* a doeth adref (sef gŵr y tŷ yn y dref lle'r oedd Geraint ac Enid yn lletya). Y rhan amlaf yr ystyr yw marsiandwr, a hynny yn yr ystyr gyffredinol : LlA 40 Pa obeith yssyd yr *porthmyn ?* (lle cyfieithir *mercatores*) ; B vii, 377 *porthmyn* ac ereill a wnel creffteu lleygyawl am anudoneu a ffuc a thwyll a lledrat ; P 67, 75 *Porthmon* anvdonnys ; IGE² 116. 22 *Porthmyn* gwlân gwyn a gwêr ; LGC 389 *Porthmyn* haidd ac yd. Cf. yr enw priod Ieuan Borthman, un o'r rhai â chanddynt hawl i fasnachu ym Mabwynion yn 1352–3, B x, 150. Mewn rhai enghrau. nid hawdd dewis rhwng y ddwy ystyr : RB 381 Ac ar yr hynt honno y delit wynt y gan *porthmyn* hawlfford (sôn am ddal Eleanor de Montfort a'i brawd) ; SG 350 y barwnyeit a *phorthmyn* y dref yssyd yn dyuot yr dinas y drigyaw. Ceir y gair ynglŷn ag anifeiliaid fel yn yr ystyr ddiweddar yn GGGl xxxi, 17 Euthum innau i *borthmona* (sef i Loegr i werthu ŵyn). Cf. ymhellach B ix, 225 *porthmonaeth* neu newituryaeth ; DGG lxv. 43–4 I *borthmonaeth* y'th wnaethpwyd. / Mal ar sud maelieres wyd. Yn y testun ac isod 101. 23 yr ystyr yw marsiandwr. (Nid oes dim yn y gair 'penaig' i gyfiawnhau dehongliad Chotzen, *Recherches*, 115, 'le capitaine de navire.')

15. *gwragennus:* Ystyr *gwarag* yw rhywbeth wedi ei blygu neu ei gamu, gw. B xi, 131. O hwn caed *gwragen*, e.e. B vi, 313, am yr eisen blyg o amgylch ymyl cwrwgl. Yna'r ans. *gwragennus.* Yr ystyr felly yw 'yn ei blyg, crwm, cefngrwm,' a chyfeiria'n ddiau at 'y porthmonyn moel.'

16. *Robin Nordd:* gw. Rhag., t. xvi.

28. *medlai:* EEW 118, o'r Saes. *medley.* 'A cloth woven with wools of different colours or shades' OED, enghr. gyntaf 1438. Fel ans., 'of a mixed colour, variegated, motley,' y mae'r gair yn digwydd gan Chaucer. Cf. LGC, 439, llin. 43 Deuddeg o ddail *medleilas.*

38. *anwadalrhwydd:* Y ffurf hon, gydag *-rh-* trwy galediad, sydd yn y llsgrau, a diau mai dyna'r ffurf i'r bardd, fel y dengys y gyng. ag 'olrhain.' Gw. OIG 61.

48. *diylch:* berf anghyflawn, fel yn fynych mewn Cym. Can. Cf. uchod 59. 28.

99

11. *galanas:* Y term cyfreithiol am 'fine paid for homicide by one kindred to another,' GMWL. Felly fel cosb am ladd y bardd yr aeth y ferch i Dyddewi. Ar yr arfer o bererindota yno gw. Cy xxiii, 369–78.

18. *Llyfni:* afon yn rhedeg o Lyn Nantlle i'r môr ger Pontlyfni, sir Gaernarfon. Rhoes ei henw i blwyf Llanllyfni. EANC 160.

19. *Y Traeth Mawr:* y gainc o fôr a estynnai hyd Aberglaslyn cyn adeiladu morglawdd Porthmadog.

21. *Y Bychan Draeth:* sef y Traeth Bach, y llain o fôr rhwng Penrhyndeudraeth a Thalsarnau.

24. *Artro Fawr:* afon ym Meirionnydd, yn cychwyn o Lyn Cwm Bychan ac yn mynd i'r môr ger Llanbedr. EANC 216. Yn y testun ystyriwyd 'Fawr' yn rhan o enw'r afon ar sail yr hyn a ddywedir yn EANC: 'Aberartro wrth Bentre'r Gwynfryn y gelwir cymer Artro (Fawr o bosibl) a chainc a elwid gynt efallai Artro (Fechan) o gyfeiriad Cwm Nancol.

25. *fferm:* 'tâl, toll,' o'r Saes. Can. *ferme*, EEW 38; 'a fixed yearly amount payable as rent, tax, etc. (1400)' OED.

28. *Dysynni:* 'Afon yn codi ar Gadair Idris . . . ac yn rhedeg heibio i Abergynolwyn a Phont Ystumanner . . . i'r môr yn Aberdisynni rhwng Tywyn Meirionnydd a Llangelynnin.' EANC 138.

dir Dewi: TM i ddangos cyrchfan heb *i*.

31. *Rheidol:* yr afon a red i'r môr yn Aberystwyth, ac Ystwyth (llin. 33) ychydig yn fwy i'r de.

38. *cadeirio:* Gwelwyd uchod fod i'r gair yr ystyr o fwrw gwraidd pan ddefnyddir ef am ŷd, a changhennau pan sonnir am goed. Ai datblygiad o'r ystyr hon sydd yma? Tyfu neu ddatblygu dawn?

41. *mae'm hirffawd:* Am y talfyriad *mae'm* am *mae im* gw. nod. 27. 33.

44. *holir:* Yn yr ystyr o gyhuddo mewn cyfraith, 'claim, demand, prosecute' GMWL.

45. *maddeuid:* 3 pers. un. gorch., cyfystyr â *maddeued*, WG 329.

100

1. *cyfeddachwyr cof:* Dywaid Chotzen (*Recherches*, 160–1) mai cyfarch y gwrandawyr mewn llys wrth adrodd y stori y mae'r bardd yn y geiriau hyn. Ond tebycach mai mewn cyfosodiad â *gwewyr* y maent.

5. *terrwyn:* Gw. nod. 96. 17. Ystyr gywir y ffurf â *-rr-* sydd yma, sef 'ffyrnig.'

9. *drwy:* Cf. llin. 13. Mewn cysylltiadau fel hyn y mae *drwy* yn gyfystyr ag 'ond' neu 'ar yr amod.' Gw. enghrau. CFG 186–7.

16. *gisarn:* 'bwyall hir.' D falx, longa securis. Nid *isarn*, fel y tybiwyd unwaith. Gw. B ii, 101, lle dangosir fod y ffurf *gisarm*

hefyd i'w chael, a bod y ddau air yn tarddu o'r Saes. neu'r Ffr. Ceir y ffurfiau *gisarme* a *gisarne* yn y ddwy iaith.

101

Er bod y cywydd hwn i'w gael yn P 48, nid afresymol amau ei awduriaeth. Yn llin. 44 crybwyllir Gweirful, a'i bod yn rhagori ar y ferch o'r Deau (llin. 4). Un o gariadon Gruffudd Gryg oedd Gweirful, cf. isod 153. 1, a gellid dadlau mai'r bardd hwnnw sydd yn y cywydd hwn ar daith yn y De. Am y thema o ddangos rhagoriaeth un ferch ar un arall, cf. uchod 79 a 98.

4. *diol:* Ystyr *diol* neu *deol* fel berfenw yw 'alltudio,' PKM 245, CLlH 137. Yma fe'i defnyddir fel ans. 'arbennig.' Gw. G 309.

13. *rhyfelnwyf:* Y mae'n ymddangos fod DG a beirdd eraill ei gyfnod yn defnyddio *rhyfel* yn fwy cyffredinol na'i ystyr arferol heddiw, fel 'helynt, trybini; anffawd; ymryson.' E.e. 42. 31 Gwedy dêl, prif *ryfel* praff, / Dros ei phen wybren obraff (am yr haul); 46. 73 Heiniar ofn, hyn o *ryfel*; 69. 15 Pan ddêl ar ôl *rhyfel* rhew . . . y pall deildew; 84. 45–6 Anaml y cedwy unoed / Ail *rhyfel* Llwyd fab Cêl Coed; 88. 17 Gwae a wnêl rhag *rhyfel* rhew / Dŷ ar draeth; 108. 33–4 Nid mwy *rhyfel* dan Geli / Dyn na mil . . . no mi DGG² lxx, 41–2 Rhy syml, *rhyfel* bugelydd / A sôn o'r neuadd y sydd; IGE² 149. 19–20 Pan ddêl er ein *rhyfelu* / Corn dyddbrawd (Nid oes sôn am ryfel yn y cywydd); Cy. vii, 137 Tri *ryuel* yn heddwch, dryctir a drycwreic a drycarglwyd. Nid amhosibl mai dyna ystyr *ryfelu* yn WM 202. 24 a gwrwrach yn *ryuelu* ar y neillparth, h.y. yn fawr ei helynt. (Ond gw. BR 31.) Ystyrier hefyd D. Ffest. 24 Ac yna y herchis y brenin y bawb chware dawns a gwnaythyr *ryfel* ac ysbort. Yn y nodyn t. 74 rhoir y Saes. cyfatebol: Then the kyng commawndyt all men forto dawnce and to make al the *reuell* that they couthe. Diau mai benthyg o'r Saes. sydd yma, a rhy hwyr i fod a wnelo â'r un o'r enghrau. a nodwyd uchod.

23. *porthmon:* Cf. 98. 14.

24. *canpwyd:* Ar y terf. *-pwyd* yn ffurf amhers. gorff. y ferf, gw. WG 327–8, L & P 308.

25. *owmal:* 'enamel,' o'r Saes. Can. *aumayl.* Ceir hefyd *awmael*, *amel*, EEW 193. O P 48 y cymerwyd y darll. hwn, a hefyd 'â thâl,' llin. 26, yn erbyn 'amwyll,' 'a thwyll' yr holl lsgrau. eraill.

35. *can henglyn:* Cf. DGG xl, 77 can hallawr. WG 169.

53. *py:* Cf. *awr py awr* 'from hour to hour,' WG 411. Y syniad yn y testun yw bod y bardd yn derbyn clwyf ar ôl clwyf.

54. *plwm:* Am ddefnyddio *plwm* mewn ystyr nad yw'n hollol glir gw. CA 126 *llew lledynt blwm.* Yn y testun fodd bynnag diau mai cyferbyniad ag aur a gyfleir; y rhataf a'r meddalaf o'r meteloedd yw'r ferch, a ffals hefyd.

102

10. *adameg:* 'dywediad, lleferydd.' Yn G 292 cynigir mai talfyriad o hwn yw *dameg*. Gw. hefyd B ii, 105.

27. *Ynyr:* Yn DGG² 177 awgrymir mai at Ynyr Nannau y cyfeirir. Gw. ei ach yn PACF 200, ond nid oes dim yn y cywydd nac yn yr ach i'n helpu i adnabod y ferch. Gw. Rhag., t. xxxi.

103

17. *rhynnaf:* Ar wahanol ystyron *rhyn* gw. CA 92–3. Efallai y buasai'r ystyr 'garw' a gynigir yno yn gweddu yn y testun. Ond nid yw'r darll. yn gwbl sicr. Gw. amr.

24. *a'i:* Gw. uchod ar 12. 13. Yr ystyr ydyw 'F'ewyllys a ddialai d'ymlid.'

26. *arfod:* Ar y gair gw. BM² 28. O'r ystyron a roir yno y mwyaf cyfaddas yma yw 'cyfle, siawns.' Gw. hefyd G.

104

19–20. *meithrin chwileryn:* Cf. D Diar. Meithrin chwileryn ym mynwes. Yn Arch. Camb., 1936, 162, dyry Syr Ifor Williams yr ystyr 'viper, serpent' i *chwileryn*.

30. *gwestety:* 3 pers. un. pres. myn. o *gwastata* (*gwastad-ha*); cf. *bwyty* o *bwyta*. Ceir y b.e. fynychaf â'r terf. *-u*, *gwastatau*, a'r ystyr 'gorchfygu, goresgyn' mewn Cym. Can., e.e. BM 11. 16, 19. Yn y testun mwy tebyg yw'r ystyr i'r hyn a roir yn CA 325 ar *gwastad*, sef 'dianwadal, sefydlog.' Ni fydd y mab maeth yn llonydd, myn wingo'n barhaus, fel y dengys y llinellau sy'n dilyn.

38. *meithring:* Profir y ffurf gan y gyng. Ar *n* yn troi'n *ng* ar ôl *i* cf. *pring*, *Llading*, *dwsing*, etc. WG 168.

105

3. *teimlais:* Yn GGGl 347 dangosir fod *teimlo* gynt yn golygu 'to handle.' At yr enghrau. yno gellir ychwanegu CRhC 81. 21 Dechre dysgv *teimlo* dis, 'to handle dice'; *Perl mewn Adfyd* 104 Ebol-farch gwyllt, lledffrom, a roddir geneu-fach, ne snaffl yn i ben rhag iddaw frathu y sawl ai *teimlaw*.

15. *lledechwyrth:* TW *infrunitus*, ynfyd, lledechwyrth, peth ni thâl ddim, gwagsaw, gwag ogoniannus.

16. *said:* Gw. CA 369 lle dangosir mai'r ystyr yw carn arf. Felly yma, y gwallt yn syrthio o'i fôn.

19. *cwufr arddufrych:* Yn DGG argraffwyd *wifr*, ac awgrymu ei darddu o'r HFfr. *wivre*, Saes. *wiver*, *wivern*, math o ddraig asgellog ar bais arfau. Awgrymir yno hefyd ddarllen *gwifr*, sef TM *cwifr* o'r Saes. *quiver*, a chymharu defnyddio cawell mewn ystyr ddilornus am ddyn, cf. uchod 75. 19. Dyry G *gwufr*(*gwifr*) ? anghenfil, bwgan, o'r Ffr.

guivre. Ond er gwaethaf y llsgrau. derbyniwyd *cwufr* yma, o'r Saes. *quiver*. Ceir yr un cyfuniad geiriau yn 154. 31 isod. Diau mai *arddufrych* (nid *arddifrych*) sy'n gywir. Dyry D 'fuscus, infuscus' a'i darddu o *ar-du-brych*. Dyna'r ffurf a argraffwyd hefyd yn IGE² 207.8, lle sonia'r bardd am dyfu barf i guddio'i ddwyfron arddufrych. Trafodir y gair yn PKM 291 ynglŷn â *gordduwrych*. a rhoi iddo'r ystyr 'swarthy, dusky-hued.'

106

Yn BDG cxix cymysgwyd y cywydd hwn â 'Cywyddau twf cywiwddoeth' (rhif 34), gan roi dwy lin. gyntaf hwn i gychwyn, a llin. 7–14 ar y diwedd.

7. *osgel:* Cofnodir y gair hwn gan D a R heb roi ystyr, ond dyfynnu'r cwpled hwn. Nis ceir gan P na Bodfan.

8. *chwarelau:* Ceir y ffurfiau *chwarel* a *cwarel* o'r Saes. Can. *quarelle* 'bolt from a cross-bow,' EEW 71.

107

11. *addail:* G 'deilios,' ac un enghr. yn unig o'r Gogynfeirdd, RP 1337. 6 y adaf *adeil* gwywedic. Cf. isod 145. 26; BDG cc, 22; a gweler enghrau. yn S.

108

5. *palmeres:* Cf. *palmer* llin. 19, o'r Saes. *palmer*, EEW 76. Ystyr y gair Saes. yw 'Pilgrim returning from Holy Land with palm branch or leaf; itinerant monk under vow of poverty,' OED. Cf. Cy xxiii, 81; LGC, 415. 21.

maeth: 3 un. perff. y ferf *magu*. CLlH 183, L & P 296.

7. *terrwyn:* Gw. ar 96. 17.

12. *gwennwys:* Dyry G yr ystyron '? ffrydiad allan, byrlymiad allan,' a chynnig ei darddu o *gwehyn*. Cf. *ffynhonnwys*.

18. *byrllofiawg:* Nis ceir yn D na G. P 'having a short hand; without means. *Hael byrllawiawg*, liberal without the means.' Yn gyffelyb S. TW d.g. asotus. D Diar. Hael byrrllofiawg. Cf. *Egluryn Phraethineb* (1930), 101 Y cybydh, a'r *hael byrllawioc*, pob vn o honynt sydh ar bhei: gan nad yw'r vn o honynt yn arbher ei golud modh y dyleynt; IGE² 148. 33–4 Braint byr brwysg fydd rhwysg y rhawg / Hwyl berw llif *hael byrllofiawg*. Yn yr eirfa rhoir yr ystyr 'digyfoeth.' Ond yn GPC rhoir yr ystyron 'â llaw fawr yn afradu, gwastrafflyd, *squandering*, *extravagant*.' Dangosir nad *byr* 'short' yw'r elfen gyntaf, ond *bwrr* 'mawr, anferth.'

20. *paeled:* Y mae'n ymddangos fod o leiaf ddau air *paeled* neu *paled.* Y mae un yn tarddu o'r Saes. *pallet* neu'r Ffr. *palette*, bachig. o *pale* 'rhaw.' Ystyr y gair Saes. yn ôl OED yw 'a flat board, plate or disk.' Hwn yn ddiau sydd yn *gware palet*, *bwrw paelet* ym Mrut Sieffre (RB 88. 13, Brut Cl. 75. 10, Brut D. 50. 5), ac esboniwyd ef gan Syr Ifor Williams (DN 134) fel camgyfieithiad o'r Llad. *palaestra* 'wrestling.' Yr ystyr yw 'quoit.' Cf. RP 1243. 22–3 *het baelet* 'flying quoit.' Hwn hefyd, yn yr ystyr o rywbeth fflat, gwastad, sydd yn AL ii, 550 *paeled* ei gledd . . . a *phaeled* ei law ; cyfieithir gan Aneurin Owen 'the flat part of his sword . . . the palm of his hand.' D.g. arma dyry TW *paeled*, a *pafais* (tarian fawr) fel un o'i gyfystyron. Sylwer felly ar y Saes. *palette* 'small rounded plate formerly used in armour to protect the armpit' OED (cf. *pallet*, *Mediaeval England* (gol. Davis), 182). O'r un gair Ffr. y daw hwn. Y *paled* arall yw'r un a ddaeth o'r Saes. *pallet*, o'r Ffr. *palet*, bachig. o *pal* 'stake.' Dyry'r OED yr ystyr gyntaf 'a piece of armour for the head (usually of leather)' ac enghr. yn 1374, a'r ail ystyr 'the head, pate,' ac enghr. yn 1330. Hwn sydd yn WM 435. 3 a thrydyllu y helmeu a b[r]iwaw y *paeledeu.* (Yn P 6 y ffurf yw *paledeu.*) Cyfieithiad Loth o hwn yw 'cervelière,' Mab. ii, 169, a'r un ystyr a rydd i *penffestin* (WM 236. 22), op. cit. ii, 18, a diffinnir ef ganddo fel cap o ddur a wisgid ar uchaf y pen o dan yr helm. Yn *The Mabinogion* (Gwyn Jones a Thomas Jones), arg. Everyman, 263, cyfieithir ef yn 'mailcap.' Cf. RP 1346. 22 piw *paelet*liw pel lwytlas (am gorun rhyw Ieuan mewn cerdd ddychan) ; P 67, lxiv, 63 ai *baeled* rvdd ai baladr onn ; G 3, 132a bold gweddus, *baeled* gwiddon (am gwrwgl). Tebyg mai hwn sydd yn y testun yn yr ystyr 'pen.' Gw. ymhellach Godefroy, *Dictionnaire*, d.g. *palet.*

pil: Yn ôl D excoriatum, cortex, sef rhisgl neu groen. Yma yn ddiau golyga wisg. Cf. P d.g. *pilyn* 'a piece of skin . . . a piece of any texture used as a covering or garment.'

26. *uno:* Yn y Cyfreithiau yr oedd i wraig uno (sef dymuno) mefl ar farf ei gŵr yn ddigon i roi hawl iddo ei churo. Y gwarth mwyaf oll ar ddyn ydoedd. GMWL 219, CLlH 233. Ar darddiad y gair *uno* a'i gysylltiadau gw. B x, 41.

33. *rhyfel:* Gw. ar 101. 13.

109

2. *genni:* 'cael ei gynnwys.' Gw. CLlLl 32, PKM 168, 198 am wahanol ffurfiau'r gair.

3. *grynnaid:* Cf. DGG² lxxiv, 19–20 Pob uchenaid, *rynnaid* ran, / A dorrai graig yn deir-ran. Yn y nodyn, t. 227, dywedir mai ystyr

rynnaid yw gollwng yr anadl allan, a dyfynnir WM 204. 29 a phan *rynnei* y march y anadyl y wrthaw y pellaei y gwyr y wrthaw. Y mae hyn yn tybio ei gymryd fel *grynnaid* o *grynn-* 'gwthio' (B iii, 54, BR 39). Y mae G yn rhoi'r ystyr 'a ollyngir neu a yrrir allan.'

5. *bryn:* Gw. ar 15. 35.

8. *anathlach:* Dyma a rydd mwyafrif y llsgrau. Yn ôl GPC ffurf brin ac afreolaidd ar *anadl* yw *anathl.* Efallai ei bod yn werth sylwi fod rhai llsgrau. yn rhoi 'yn athlach,' a bod mewn Gw. air *athláech* 'an ex-layman, one who becomes a monk when old, a very old man, a dotard,' Meyer, CIL 150. Gw. Diw. *athlaoch* (Dinneen). Nid amhosibl fod *athlach* yn fenthyg o hwn, ac fe wnâi ystyr yn y testun ond rhedeg llin. 6 ymlaen dros lin. 7 i gysylltu â llin. 8.

10. *ethrycyng:* Cf. Brut D. 137 *ethrykyg* un garreg kyuyng ysyd o'r castell hyt y tir ; 169 *ethrykyng* or mor oed y ryngthunt ar mynyded (cf. RB 211). (Yn Brut Cl 178 yr hyn a geir yw, Ac avon a oed yn amgilch y mynyded.) Yn y nodyn yn Brut D 267 dywedir 'Ymddengys mai "rhimyn cul" neu'r cyffelyb yw ei ystyr.' Sylwer fod 'cyfyng' yn y testun gydag 'ethrycyng' fel yn y dyfyniad cyntaf uchod. Rhyw sŵn main yn dyfod o galon y bardd ac yn mynegi ei dristwch yw'r uchenaid.

11. *tylles:* Ai ffurf fen. o *twll?* Cf. uchod 18. 22 *peues.*

20. *cau:* Yma fel enw, 'ceudod,' fel y dengys y diffyg treigliad yn 'meginau.' Gw. G 138b.

27. *es:* Ffurf ar *ys*, hen 3 pers. un. pres. myn. y ferf 'bod,' a ddefnyddid o flaen enwau'n golygu cyfnod o amser. O roi *er* o'i flaen caed *ers.* Gw. PKM 114, L & P 321.

110

Mewn un llsgr., B 24, 102, priodolir y cywydd hwn i Robin Ddu ap Siencyn Bledrudd o Fôn. Yr oedd ef yn byw yng nghanol y 15 g., a hawdd gweld nad i'r cyfnod hwnnw y perthyn na geirfa nac arddull y cywydd. Felly gadawyd ef i DG.

40. *gwyngen:* D subrisio, sef gwên. Cf. isod 131. 19; RP 1334. 25 Nym doeth na *gwyngen* na gwen na gwed; 1351. 19 llawen y *gwyngen* gwingar uvyd; P 76, 99 prydda gwr im parodd gwen / gwangvl heb wnythyd *gwngen.* Digwydd hefyd ag acen ar ei ddwy elfen, e.e. WM 467. 14 Ny cheffit *gwyn gwen* arnaw uyth namyn tra uei lawn; GID 51. 26 o byom gynt heb *wynn gwen*; 96. 4 *gwynn gwen* o vorgannwg aeth. Sylwer mai *gwên* yw'r ail elfen yma.

42. *yn lle gwir:* cyfystyr ag 'yn wir.' Gw. Y Bibyl 114, BR 45.

48. *dwywes:* Ar y ffurf hynafol hon gw. G, lle rhoir amryw enghrau.

111

Dyma'r cywydd y dywedir mewn rhai llsgrau. iddo beri'r ymryson rhwng DG a GGr.

2. *geirwfais:* Ar *bais* gw. uchod 71. 2.

5. *gwarando:* Gan fod amryw o lsgrau. yn rhoi 'gwrando salm,' er bod hynny'n gadael y llin. yn rhy fyr, barnwyd mai atgo yw hyn o 'gwarando,' a dyna a argraffwyd. Am y gystrawen cf. isod 122. 3–4 Yn gwarando . . . y ceiliog bronfraith.

balchnoe: Arch Noa. Daeth *balch* trwy *barch* o'r Llad. Diw. *barca* 'llong.' Digwydd mewn Gw. fel *barcc*, B iv, 223, 344. Yn RC xliv, 68 awgrymodd Chotzen mai cyfeiriad cellweirus sydd yma at sŵn yr organ yn eglwys gadeiriol Bangor—bod nodau'r organ fel amryfal leisiau'r anifeiliaid yn arch Noa. Derbyniwyd hyn yn DGG[2] 184. (Gw. cyfeiriad at yr organ newydd ym Mangor gan GGr isod, 149. 35.) Ond tybed nad gwrando ar draethu hanes y Dilyw yr oedd y bardd yn yr eglwys? Y mae'n werth cofio hefyd fod Noa a'r Dilyw yn destun llawer o chwaraeon miragl yn Lloegr yn y Cyfnod Canol. Gw. E. K. Chambers, *The Mediaeval Stage*, ii, 118, 321, 407; G. R. Owst, *Literature and Pulpit in Mediaeval England*, 492; Cy xxiii, 476. Nid cwbl afresymol efallai dybio fod Dafydd yn cyfeirio at ryw chwarae fel hyn yn yr eglwys. Gw. Nodiadau Ychwanegol isod.

6. *Deinioel:* nawddsant eglwys Bangor. LBS ii, 325.

14. *gwyn eiddigion:* Anodd gwybod prun ai *gwŷn* ai *gwyn* sydd yma. Os y cyntaf, yr ystyr yw fod y gwayw fel poen (gwŷn) y gwŷr eiddig. Os yr ail, y gwayw yw'r hyn y dymunai'r eiddigion i Ddafydd ei gael, cf. *gwyn esgar*, 'dymuniad ei elyn,' 75. 65.

30. *cledr:* Digwydd *cledr* yn fynych gyda *dwyfron*, Gw. G 144. Gw. ymhellach YCM, 187, lle yr awgrymir mai ffrâm y fynwes yw'r ystyr i gychwyn.

34. Fel y dengys yr amr. fe chwanegwyd cwpled ar y diwedd mewn rhai llsgrau., a cheir yr un cwpled ar ddechrau cywydd cyntaf GGr yn yr ymryson. Nid yw'n gweddu yn y naill le na'r llall. Diau mai cwpled ydyw a luniwyd gan ryw ddarllenwr gan gadw'r cymeriad sydd yn llinellau olaf y cywydd hwn, a'i ysgrifennu ar ymyl y ddalen. Yna corfforwyd ef yn y testun, a chan fod y cywydd hwn yn rhagflaenu'r ymryson mewn amryw o lsgrau., cynhwyswyd y cwpled ar ddiwedd hwn mewn rhai llsgrau., ac ar ddechrau cywydd cyntaf yr ymryson yn y lleill.

112

10. *pwy a anerchawdd:* Ceir 'a'i 'nerchawdd' yn rhai llsgrau., a dyry hynny'r hyd priodol i'r llin. Ond dichon fod y ddwy *a* yn rhedeg i'w gilydd. Gellid efallai hepgor yr *a*, gan fod *pwy* weithiau

yn cael ei ddilyn yn uniongyrchol gan y ferf, e.e. LlDC 96. 14 puy guant cath paluc. Gw. L & P 226.

15. *goleubrim:* DGG² 173: 'Yn MA 372 ceir "Llyma ddiwedd y Pylgain, a dechrau yr *Awr Brim.*" Gwasanaeth crefyddol ydoedd a gynhelid yr awr gyntaf (Llad. *primus*) ar ôl codiad haul. Saes. *prime.* Yn MA 356 ceir "o *brim* hyd ucher," o fore hyd hwyr. Meddai'r ferch hon degwch haul yn ieuenctid y dydd.'

113

1. *dadlitia:* TW d.g. desaevio.

2. *o'r Mars:* Newidiwyd yn *i'r* yn yr argraffiad cyntaf, er gwaethaf y llsgrau. Ond mynnodd Mr. Saunders Lewis (LlC ii, 205–6) mai yn Abaty Ystrad Marchell (sydd yn y Mars) y canwyd y gerdd, gan gofio am gwymp Enog, yr Abad cyntaf, ryw ganrif a hanner ynghynt (HW 599). Nododd Mr. Lewis hefyd fod Edward III wedi cwyno wrth yr awdurdodau Cistersaidd yn Citeaux oherwydd trythyllwch mynaich Ystrad Marchell.

9–10. *Llanllugan:* Sefydlwyd lleiandy yn Llanllugan gan Faredudd ap Rhotbert, arglwydd Cydewain, rywbryd tua 1236. HW 603, 648; Owen, *Pemb.*, iv, 672. Am gopi o'r siartr gw. *Mont. Colls.* ii, 305, *Powys Fadog* i, 84.

12. *sieler:* Cf. llin. 14. Saes. *jailer.* Dyry'r OED enghrau. yn 1290 a 1320.

13. *claim:* Saes. *claim*, EEW 191. Am enghrau. gw. LGC 43. 75; GGGl xxviii, 41 (darllener *glaim* yn lle *glain* ?); B iv, 323. 18; GTA xiii, 19; xviii, 17; xxii, 7; li, 16; TW d.g. assertio. Dichon y gellid darllen *glain* (TM o *clain*) fel yn rhai o'r llsgrau. G *clein* 'nodded.' Ond dyry *claim* well ystyr.

27. *Or caf: O caf* yw darll. y llsgrau., a disgwyllid *o chaf*, ond ni rydd hynny gynghanedd. Felly argraffwyd *or*, sef *o* a'r geiryn perff. *ry.* Am enghrau. o'r gyts. gysefin yn dilyn y cyfuniad hwn gw. WG 444.

114

3. *pill:* Gw. uchod 63. 3.

13. *ai:* Gw. ar 36. 10.

iawnGai angerdd: Am ystyr y gair *angerdd*, sef dawn neu allu arbennig, gw. G a PKM 264, 297. Un angerdd a oedd ar Gai oedd 'Kyhyt ar prenn uchaf yn y coet uydei pan uei da ganthaw' (WM 471). Yn gyffelyb geill yr ehedydd yntau fyned i fyny. Am roi enw priod yn elfen mewn gair cyfans. cf. GGGl xi, 71 urddedig*Rys*, ac uchod 21. 53 gwrol*Gai.*

49. *dyfri:* DGG² 194: 'Ai dyfr-rhi, arglwydd yr wybr-*fôr* ? Neu ynteu *dy-fri*, ffurf gryfach ar *bri* ? Gwell gennyf y cyntaf.'

53. *cynghertbladd:* Gw. B iii, 132, lle dangosir mai ystyr gyntaf *cyngerth* yw 'plethedig,' yna 'dwys, trist.'

57. *sercl:* o'r Saes. *cercle*, *sercle*, *serkel*, EEW 119.

perclwyd: Nid yw darll. y llin. yn hollol sicr. Yn DGG² 52 argraffwyd 'Mawr yw sercel dy berclwyd,' ond ni rydd hyn gynghanedd. Dyry rhai llsgrau. 'sercl . . . aberclwyd' (cf. IGE² 199. 13 Llydan sercl uwch aberclwyd), ac efallai y gellid derbyn y darll. hwn, ond ei bod yn anodd esbonio'r *a*-. O C 7 a Ll 120 y derbyniwyd y darll. a argraffwyd, a'r ystyr yw 'Mawr o berclwyd yw sercl (cylch) y ffurfafen i ti.' Yn DGG² 194 eglurwyd *perclwyd* o'r Saes. *perch* (awgrymir *perk* yn EEW 118), a'r Cym. *clwyd*, gair cyfans. o gyfystyron felly. Awgrymwyd hefyd yn DGG² l. c. y geill *clwyd* olygu 'cage.'

62. *hobel:* 'hebog.' Cf. RP 1341. 16 kytpar saeth esgar syth asseth *hobel*; 1342. 9 bogel *hobel* attel yttei; 1336. 14 pen *hobel* yn ymchoelu. a blaen y yluin y blu (y cwbl mewn cerddi dychan). Dywaid D mai aderyn yw'r ystyr yn ôl rhai, ond saeth yn ôl eraill. Yn OED d.g. *hobby* ceir yr H. Ffr. *hobel* fel bachigyn o *hobé*, 'a small species of falcon . . . formerly flown at larks and other small birds.'

115

2. *llwrw:* *Tewdwrf* a *llwrf* yw darll. y llsgrau. Geill *llwrf* fod yn ffurf ar *llwfr*, ond nid cyfaddas yr ystyr yn y testun. Felly derbyniwyd yr awgrym yn DGG² 197 y dylid darllen *tewdwrw* a *llwrw*. Disgrifir y cyffylog fel aderyn llidiog ei lwrw, sef ei ddull neu ei ffordd.

8. *cuert:* Gw. uchod ar 68. 22.

30. *meigoed:* Geill olygu coed Mai, neu geill y *mei-* fod yr un ag yn *meiau* (*mei-iau* 'yoke'), *meiwyr*, *Meifod*, etc., ac yn golygu 'lled, hanner,' B i, 36. Os felly, coed bychain.

31–2. *Na fydd . . . wrth:* Ar 'bod wrth' yn yr ystyr o ymostwng, gw. B i, 106.

53. *mawroed:* *Hoed*, nid *oed*, yw'r ail elfen, yn ddiamau. Rhydd D y ddihareb a gorfforwyd yn y llinellau hyn fel 'Pren ynghoed arall biau.'

116

1. *caeriwrch:* 'roebuck.' Ceir hefyd y ffurf *cariwrch*, GGGl lxxi, 24, TW d.g. capreolus, ac yn y llu. *ceiriyrch*, P 67 247; GGGl lxxiii, 40; IGE² 302. 9. Am berthynas y gair â Gw. *caera* 'dafad,' Llad. *caper* 'bwch gafr,' gw. L & P 26.

3. *llythr:* Cf. 118. 9 *Llythr* unwaith llathr ei annwyd. Gw. DGG² 192. *Llyther* yw'r ffurf reolaidd o'r Llad. *litterae*, B vi, 211.

talmythrgoeth: Ni roir yr union ffurf hon yn yr un o'r llsgrau., gw. amr. Cf. 48. 35, lle ceir *talmithr*. Ategir y ffurf hon gan yr odlau yn y dyfyniadau o H yn y nodyn uchod. Ond *talmythr*, fel y prawf y gyng. lusg, yw'r ffurf yn y testun.

8. *llateieth:* Yn IGE 380 dyfynnir y ffurf *llunieth*. Cf. DGG lxix, 26 *wylofen* (yn odli â *pen*), GID 27 *dichwen* (yn odli â *gwen*), 38 *afluniedd* (yn odli â *modfedd*), RB 13. 30 *diwer* (os nad yw hwn yn wall copïo). Dengys hyn fod y ffurf dafodieithol *e* ar y diptonau *ae* ac *ai* yn bod yn y 14 g. a'r 15 g., ac yn dechrau llithro i'r iaith lenyddol. Cf. *hued* isod llin. 23.

11. *talofyn:* Ni wn beth yw'r gair hwn.

21. *Bali::* TM o *Pali* yn ddiau, sef enw ar gi. Felly Iolydd, llin. 22. Ar y gair hwn fel ans. 'dymunol,' gw. CLlH 133.

24. *Dywyn:* Dangos y man y cyrchir iddo â'r TM heb yr ardd. *i*.

38. Sylwer fod amryw lsgrau. yn rhoi 'eurbleth' yma. Ond ni dderbyniwyd hwn am mai tywyll ei phryd yw Dyddgu yn ôl pob cyfeiriad arall ati.

46. *Cynfelyn:* y sant a goffeir yn Llangynfelyn yng ngogledd Ceredigion, LBS ii, 243. Yn ymyl Brogynin, cartref y bardd, y mae Cwm Cynfelyn, a cherrig yn ymestyn allan i'r môr o'r enw Sarn Cynfelyn.

117

6. *pantri:* O'r Saes. *panterie*, HFfr. *paneterie*; a room or apartment in a house, etc., in which bread and other provisions are kept' OED, ac enghr. yn 1330. Am ddefnyddio'r gair mewn ystyr ehangach cf. P 57, 103 Pantrvan *pantri* wiail / na ch[a]ent ddwyn i chwant o ddail (am goed).

14. *ditia:* *dittyaw* 'cyhuddo' G. O'r Saes. *indyte* (diweddarach *indict*), EEW 146–7.

23. *noter:* Saes. *noter*, 'a writer of the musical score in MSS,' OED, ond yn 1491 y cofnodir yr enghr. gyntaf. Os y gair hwn sydd yn y testun, y syniad yw fod y gwynt yn gosod y cymylau hyd yr awyr fel y gosodir y nodau cerddoriaeth ar y memrwn.

33. *ymefin:* Yr unig enghr. arall y gwn i amdani yw RP 1281. 23 tyrueu myfyr drut toryf *ymevin* (ym marwnad Rhisierdyn i Hywel ap Gruffudd). Geill fod yn enw neu ans. yn y dyfyniad hwn, ond y mae gormod o bosibiliadau i warantu cynnig ystyr iddo. Enw ydyw yn y testun, o leiaf yn y darll. a argraffwyd. Ond sylwer fod un llsgr. yn rhoi 'Drycin ymefin ym môr.'

34. *drythyllfab:* Yr oedd ystyr *drythyll* gynt yn well na'r hyn yw heddiw; 'moethus, porthiannus; bywiog, nwyfus' G. Cf. IGE² 238. 13 berw *drythyll* (am yr offeren); B v, 212 amryw *drythyllwch* a oed yno o vwyt a llynn. Am y cyfuniad *drythyllfab* gw. TW d.g.

asotus ('gloddestwr, wttreswr'), a mimus ('Gwas digrif yn dynwared munudiau rhai eraill, dynwaredwr, gwatworwr').

41. *Uwch Aeron:* Y rhan o Geredigion i'r gogledd o'r afon Aeron. Y fan y cyrchir iddi yn cael ei dangos heb *i*.

58. *corodyn:* Gw. ar 21. 8.

118

9. *llythr unwaith:* Eglurir hyn yn DGG[2] 192 fel 'cyn wynned â dalen o bapur.'

19. Ni ellir teimlo'n gwbl sicr o'r darll. hwn. Dyry B 38 'ar bydd,' a B 14,876 'er bydd.' Er diweddared B 14,876 (ysgrifen Lewis a Richard Morris) mentrwyd argraffu 'er budd,' a'i gydio o ran ystyr wrth y llin. flaenorol. Tebyg mai'r *r* ar ddechrau'r llin. heb ei hateb yn y gyng. a barodd ei llygru (gw. B x, 2). Ar y llaw arall, gallai'r sangiad dwbl a geir o ddarllen 'a bydd' fod wedi camarwain rhai copiwyr. Ond y mae 'mwynwas coeth' yn gweddu'n well fel disgrifiad o'r bardd ei hun nag o'r wylan, fel y buasai'n rhaid ei gymryd pe darllenid 'A bydd . . . fwynwas coeth.'

25. *siprys:* Yn DGG 197 awgrymodd Syr Ifor Williams yn betrusgar mai o'r Saes. *cypress* y daw'r gair hwn, ac ychwanegu: 'Merch dal, luniaidd, fel y *cypress*?' Yna yn B v, 137 a DGG[2] 192 dywaid mai'r gair am ŷd cymysg ym Mhenfro a Cheredigion yw *siprys*. Ond yn *Baner ac Amserau Cymru*, Tachwedd 11, 1942, awgrymodd Mr. R. J. Thomas mai enw ydyw ar fath o liain main i orchuddio'r wynepryd, a dyfynnodd o eiriadur Walters, '*cipress*—a sort of gauze or fine crape.' Galwyd ef ar yr enw hwn am mai yn ynys Cyprus y dechreuwyd ei wneuthur. D.g. *cypress* dyry OED 'A name of several textile fabrics originally imported from or through Cyprus,' ac enghr. yn 1400. Hefyd 'a piece of cypress used as a kerchief for the neck or head,' ond yn 1530 y cofnodir yr enghr. gyntaf. Os gorchudd dros yr wyneb oedd ystyr *siprys*, nid amhosibl iddo fynd i olygu'r wyneb ei hun, neu ymddangosiad, gwedd. Wedyn gellid cynnig egluro'r llin. fel 'Wyneb y ferch y mae'r ymgiprys amdani o dan wallt lliw copr.'

119

4. *Manafan:* Ni ddyry'r un o'r llsgrau. yr union ffurf hon. Gw. Rhag., t. xvi.

10. *ynyd ciglyd:* DGG[2] 186: 'Daw *ynyd* o'r Llad. *initium*, dechrau'r Grawys ydoedd, ac awgryma *ciglyd* y gwledda ar gig cyn wynebu hir ympryd y deugain niwrnod.' Galwodd Mr. Caerwyn Williams fy sylw at ystyr *ened* mewn Llyd., 'jours gras, carnaval,' Troude, *Dictionnaire Breton-Français*. Ystyr *gras* yw 'fat, fleshy, plump, etc.'

12. *neithior arf:* DGG l.c.: 'A fyddai'r meibion aillt [rhai wedi eu geni a'u magu ar y tir ac yn gaeth wrtho] yn cynnal gwledd pan ddechreuent eillio eu barf, h.y. wedi dyfod i oedran gŵr? Yr oedd gan y Groegiaid seremonïau pwysig i'w cyflawni pan dorrent eu gwallt y tro cyntaf.'

mab aillt: Yn ôl Lloyd, HW, 298, n. 75 defnyddir *mab* mewn cysylltiadau fel hyn i ddynodi rhyw yn unig. Cf. *mab* alltud. Am *mab* yn yr ystyr o anifail ieuanc, mab iwrch etc., gw. KLlB (1931), 177.

20. *ceinnerth:* sef *cain* a *nerth*. Am y cyfuniad cf. 123. 40.

28. *ymellin:* Adferiad Syr Ifor Williams yn DGG[2] yw hwn; ni rydd y llsgrau. mohono. Gw. Be viii, 256, lle dangosir fod y cyfuniad 'ymellin nef' yn digwydd am y manna (FfBO 33). Yn yr un nodyn awgrymir mai ystyr *meillion* yw suran y gog (*wood sorrel*), a dyfynnir *Llysieulyfr* WS, 153: 'Llysewyn Isel ydiw a thair Dalen bychain val ir meillion gwnion . . . blodeun gwyn yn tarddy yn y cenel.'

44. *gloyn:* Yn DGG[2] 205 wrth drafod *gloynnod Duw* awgrymir ddyfod *gloyn* o *gloywyn*. Ond yma tybed nad o *glo* y daw; bod llygad y ferch mor ddu a gloyw â darn o lo?

120

9. *beirio:* Cf. Cy viii, 141 Gwell tolyaw no *beiriaw* (yn anghywir yn D Diar. Gwell toliaw na huriaw, *al.* heiliaw; yn B iv, 10 Gwell tollyaw noc heirthau); RP 1356. 10 bwch llawn o ysgei escut *beiryaw*. Yr ystyr yw 'treulio, gwario, difa, gwastraffu.' Cf. RM 301 Teir drut *heirua* ynys prydein (difa bwyd a diod, PKM xxvi). Yn y testun yr ystyr yw treulio hir amser.

35. *hosan:* o gyflwr traws yr HSaes. *hosa*, EEW 32. Diau mai'r ystyr yma yw rhisgl y pren.

42. *tesgyll:* llu. o *tasgell*, yn ôl R 'tusw o ŷd, a gripe or handful of corn.' P *tasgell o wellt*, a whisk of straw.

43. *mursogan:* Nid yw'n digwydd yn y geiriaduron, ond cf. P *mursogen* 'one that is trimmed up,' o *mursawg* 'being trimmed up.' Gallai'r *-an* fod y terf. bachigyn a welir yn *dynan*, *gwreigan*, etc. WG 229–30.

54. *goryw:* Am yr ystyr gw. ar 87. 5.

121

1. *beirdd feirdd:* Tebyg mai cyfarchiad yw'r geiriau hyn; y bardd yn galw ar y beirdd i roi hawddamor i'r ferch.

3. *cynhwysai:* Ar *cynnwys* dyry G 'croesawu, derbyn, gwahodd.' Cf. CLlH 101, 104.

28. *goglais:* Am hen ystyron y gair, 'irritation, vexation,' gw. CLlH 236 ac uchod 87. 65.

122

5. *alathr:* Nid yw yn G. P 'polished, polite.' S yn ychwanegu 'refined, splendid,' a dwy enghr. o waith Iolo Morganwg.

9–12. Awgrymir yn DGG² 197 mai at Sir Gaerfyrddin y cyfeiria 'swydd . . . Gaer,' ac mai enw lle yw Nentyrch, yn hytrach nag 'yn entrych.' Cymerir 'geiriog' fel ans. o *gair* yn disgrifio'r aderyn. Ond yn B viii, 306 deil yr Athro W. J. Gruffudd mai trychiad yw 'Caer . . . Geiriog,' ac mai'r Waun (Saes. Chirk) a olygir. Dywedir fod hyn yn cael ei gadarnhau gan y gair 'swydd,' gan fod y Waun yn un o'r ychydig ranbarthau a elwir yn 'swydd.' (Am y rhanbarthau hynny gw. Owen, *Pemb.*, iii, 242.) Am Nentyrch (llin. 12) awgrymir mai'r fan a elwir heddiw'n Nannerch ydyw, 'drwy ôl-ffurfiad unigol o *Nennyrch*.' Yn erbyn hyn dylid sylwi (1) fod Sir Gaerfyrddin yn cael ei galw yn 'swydd,' Owen, *Pemb.*, l.c., ac yn wir fe'i gelwir yn 'swydd Gaer' gan Huw Dafi wrth ganu i Wilym ap Tomas, uchelwr o'r 'deav dir,' ychelvaer *swydd gaer* i gyd (P 67, 297). (2) O gymryd 'geiriog' fel enw lle fe gollir y chwarae ar 'geiriog' a 'gair' yn llin. 11. Gw. nodiad ychwanegol, t.559.

123

Nid oes ond dau gopi o'r cywydd hwn ar gael, a'r ddau yn anodd iawn eu darllen mewn mannau oherwydd pylni'r inc. Bu raid rhoi'r ddau o dan y llusern, a hyd yn oed wedyn methwyd darllen dechrau llin. 19. Ond ni eill fod dim amheuaeth nad yw'n ddilys. Tebyg na ddaeth yn boblogaidd oherwydd ei ddisodli gan y cywydd arall i'r ceiliog bronfraith, rhif 28, a phair hyn amau awduriaeth y cywydd hwnnw, fel y dywedwyd uchod.

17. *ceiniad:* Nid yw'r darll. yn hollol sicr. Gallai fod yn *ceimiad*, ond yn wyneb 'goreuryw gân' gwell derbyn *ceiniad*.

124

2. *gwreangyn:* O *gŵr ieuanc* caed y ffurfiau *gwreanc*, *gwryanc*, *gwranc*, *gwreang*, *gwryang*, *gwreng*. Yr ystyr oedd 'page, squire,' ac oherwydd ei gysylltu â bonedd, aeth i olygu gwerinwr, fel gwreng heddiw.

5–6. *llety . . . cyffredin:* Cyfetyb hyn i'r ymadrodd Saes. *common lodging-house*, ac ar *common* mewn cysylltiadau fel hyn dywaid NED 'In various semi-legal or statutory designations . . . the original meaning appears to be "existing for the use of the public" as opposed to "private".'

50. *Hicin*, etc. Lluniwyd yr enw Saes. *Hickin* o *Hick*, ffurf anwes ar *Richard*, a'r terf. bachig. *-in* (Harrison, *Surnames of the United Kingdom*). Ffurfiwyd *Jenkin* o *Jan*, ffurf gyfochrog â *John* o *Iohannes*, a'r terf. bachig. *-kin*. Ceid hefyd *Jankin*, ac aeth

hwnnw'n *Jackin*, ac o'i dalfyrru yn *Jack* (Withycombe, *Oxford Dictionary of English Christian Names*).

69. *wng:* gw. CA 325, PKM 237, CLlH 86, 'ymyl, agos.' Dihangodd y bardd am fod y saint yn ymyl yn gynhorthwy iddo.

125

9. *henu:* Golyga heneiddio, D senescere. P 53, 46 Mair ni *hena*; D Diar. Ni *hena* eiddigedd. Ond cynnwys yr ystyr hefyd o'r hyn sy'n canlyn henaint, dirywio, gwanio, llesgáu. Cf. TW d.g. antiquo, '*henu*, digofhau, diddymmu, dirymmu'; IGE[2] 58. 24 Rhag rhydu na *henu* hon (am faslart); 239. 1–2 Dyn wrthi . . . ni *hena*, ni fwygla fo (am yr offeren). Felly yn y testun, cyn pallu neu golli hawl.

16. *meistri:* Nid llu. *meistr* wrth gwrs. Cf. P 76, 103 maes troea fv *meistri* fawr; GGGl lxxxvii, 19 Nid *meistri* moli milwr; IGE[2] 210. 11 lle ceir '*Meistr* dyfrllyd rhwydd maswdrig' (am y tafod), a chan fod y llin. yn rhy fyr o sillaf gellir awgrymu darllen *meistri* yma. Y mae'n ymddangos mai'r ystyr yw 'helynt, trafferth.' Tebyg mai benthyg ydyw o'r Saes. *mastery*, yn un o'i hen ffurfiau, *meistrie*, *maistri*, *maystri*, etc. Ymysg ystyron eraill dyry'r OED 'an exercise or work of skill or power,' ac 'ascendancy in competition or strife.' O ryw ystyr fel hyn y datblygodd yr ystyr Gymraeg.

mystrych: D menstruum, R a woman's monthly terms or flowers (gan dybio perthynas â *mis*). Ond yn ChO 41 awgrymir tarddu'r gair o *mws* 'drewedig' a (*s*)*trych* (fel yn *distrych*), o'r un gwr. â'r Llad. *stercus* 'baw, tail.' Yr ystyr yw 'aflan, gwrthun, budr,' ac yn gyfatebol fel enw. Cf. B xiii, 178 Vn Duw o'r Nef . . . a disgyn . . . a gwrthwynebu y'r angel *mysdrych* a'r dwy genedlaeth uchot ysgymunedic; IGE[2] 186 Gwybydd di, *fystrych* gwych gwydn (Rhys Goch wrth Siôn Cent). (Diddorol sylwi ar ddwy lin. mewn cerdd ddychan gan Huw Morus yn *Eos Ceiriog* i, 188 Ti gei bob peth a fynych, a'th alw'n *feistr fystrych* / A chapio'n fynych er dy fwyn. Y mae'n edrych fel petai'r bardd wedi camddeall ystyr y ddeuair.)

20. *rhugl groen:* D crotalum, crepitaculum; R 'a jingling rattle, a rattle made with stones put in a dry'd undressed skin'; P 'A bag made of a dry hide, with stones in it, carried on a pole, used anciently for scaring animals away by its rattling noise.' Cyfetyb y diffiniadau uchod i'r disgrifiad yn llin. 29–38. Cf. P 76, 110 rai ai geilw gwrach *rvgyl groen*; Deff. Ffydd 198. 16 bwbachod a rhygl grwyn; B iii, 166; vi, 315, lle cymherir esgidiau aflêr swnllyd i rugl groen.

39. *creithgrest:* Yn ôl G y mae dau air *crest*: (1) benthyg o'r Saes. *crest* 'crib, brig,' fel am helm yn IGE[2] 126. 26 Dewredd grym, dur oedd ei grest. (2) gair yn golygu 'cramen, crawen,' fel yn IGE[2] 182. 20 Costog yw . . . ciniog a *chrestog* a chrin. Gallai'r naill ystyr neu'r llall weddu yn y testun.

126

8. *am baham:* Os cywir y darll. y mae'r *am* yn afreidiol.

11. *lluchynt:* D impetus citatissimus. A lluwch & Hynt. Loth, RC xliii, 136 attaque impetueuse.

17. *melan:* dur Milan. EEW 62, GGGl 329. Ni roir y darll. hwn yn yr un o'r llsgrau., ond ni eill fod amheuaeth nad dyna sy'n gywir.

29. *llai:* Am drafodaeth ar y gair gw. B xiii, 196. Enw ar liw ydyw, 'rhyw lwydni rhwng llwyd a brown, rhwng "grey" a "fawn" y Saeson.'

127

1. *gyfai orn:* Y mae pob llsgr. ond un yn rhoi rhyw ffurf ar y darll. hwn. Yr eithriad yw P 54, sydd fel rheol yn cynnwys darlleniadau da, ac yn honno ceir 'Gwae ŵr, er a gâi o orn.' Ond diau mai'r lleill sydd agosaf i'r darll. cywir. *Cyfai* yw'r hyn a geir mewn Cym. Can. fel *kevei*, sef y *cy-* sydd yn *cyd* 'though' a *bei*, 3 un. amh. dib. 'bod.' Yr ystyr yw 'er,' ac mewn rhai cysylltiadau 'hyd yn oed.' Gw. WG 447, G d.g. *ke*, CA 149. Am y gair gyda'r gyts. flaen wedi ei threiglo cf. H 318. 16 *gefei* awyt. Ar *orn* 'bai, cabl' gw. B i, 227. Yr ystyr yw 'Gwae fardd a fai'n poeni ac ar gyfeiliorn, er ei fod yn cael ei feio.' (Ar *gofalu* 'worry' gw. PKM 288.)

3. *rhyn:* Dangosir yn CA 92–3 fod i *rhyn* amryw ystyron. Gellir yn y testun (*a*) yr ystyr 'mons, collis' a ddyry D, cf. *penrhyn*, h.y. rhos uchel fynyddig, ac o gofio bod yma bwll mawn nid anaddas yr ystyr hon; (*b*) 'oer' fel yn *rhynnu*; (*c*) 'garw' fel yn yr enghrau. a roir yn CA.

4. *etewyn:* 'ffagl.' D torris, titio, fax. DWS a bronde. Cf. LGC i, 177. 62 Tân on *etewyn* Einiawn; P 67, 224 ennyn *y tewyn* y tad; 306 *etewyn* mellt mewn tonn môr; GTA xxv, 31; GGGl xxiii, 61, HGCr xvi, 187. Cf. *pentewyn* a *tewyn* ar lafar mewn ymadrodd fel ''Does yma ddim *tewyn* o dân' WVBD 531. Ar ei berthynas â Llyd. *eteo*, Cern. *itheu*, Gw. *atód*, gw. RC ii, 326; xvii, 440; xlii, 58.

29–30. *Gwyn . . . fab Nudd:* cf. 150. 52. WM 484 guynn mab nud ar dodes duw aryal dieuyl annwuyn yndaw. Ef yw pennaeth Annwn yn y chwedloniaeth Gymreig.

38. *cersi:* Saes. *kersey*, EEW 133. 'Kind of coarse narrow cloth woven from long wool, usually ribbed,' COD. Cf. P 67, 10 *cywrsi* lleian; B iv, 35 a throet *gyfyrsi* neu liein arall ygkylch y benn.

Caer: gw. Rhag., t. xix.

128

2. *Rhosyr:* Hen enw Niwbwrch ym Môn. Cf. isod 134. 7. Yr hen ffurf oedd Rhosfyr, RBB 407, Cy xi, 172, a llygrwyd ef yn

ddiweddar yn Rhosfair a Rhoshir, E. A. Lewis, *The Mediaeval Boroughs of Snowdonia*, 52. Newidiwyd yr enw yn Newborough yn 1305 ar gais y bwrdeisiaid, E. A. Lewis, op. cit., 40. Yn Rhosyr, o dan yr hen drefn Gymreig yr oedd llys cwmwd Menai (HW 232), ac yr oedd yn un o lysoedd tywysogion Gwynedd yn amser Llywelyn Fawr (HW 686). Cysegrwyd eglwys y plwyf i Bedr, ac felly, yn ôl llin. 1 yn y cywydd hwn, yr oedd Dafydd yno yn ystod yr wylmabsant. Canodd Lewis Daron gywydd i'r lle ac i'r sant, Cy xxiii, 320.

10. *delw Fair fyw:* Ar 'delw fyw' gw. uchod ar 86. 24.

32. *tyng:* Ffurf anghywir ar yr 2 bers. gorch. trwy gydweddiad â'r ffurfiau gwyredig *tyngaf*, etc.

47. *pum harcholl:* Yr *h* o dreigliad trwynol y *p* yn *pump*, wedi cydio wrth y gair sy'n dilyn. WG 169.

55. *cadas:* Defnydd gwerthfawr, Saes. *cadas*, diweddarach *caddice*, EEW 60. Tw d.g. cymatilis. Y mae'r ffurf *cadis* yn fyw yng Ngheredigion, B vii, 251.

casul: G mantell, hugan, clog. O'r Llad. *casula*. Gw. *casal*, gwisg offeiriad, a hefyd mantell yn gyffredinol, Meyer, CIL 321. Llyd. *casul* 'chasuble a prestre,' VVB 66. HG *casulheticc* gl. penulata. Disgrifiad yw'r llin. o wisg y ferch.

57. *cwpl:* S The principals (in a building) on which the purlins rest. IGE[2] 36. 27–8 *Cyplau* sydd, gwaith cwplws ŷnt, / Cwpledig bob *cwpl* ydynt. Gw. I. C. Peate, *The Welsh House*, 149. Trosiad sydd yma, y bardd yn ei alw ei hun yn gwpl cadarn, diysgog.

58. *Madog Hir:* Ni wyddys at bwy y cyfeirir.

60. *Einion Dot:* cymeriad anadnabyddus arall.

61. *Hi a wŷl*, etc.: cf. D Diar. Gweled ei glust â'i lygad. Yr hyn a olygir yw rhywbeth amhosibl.

129

Ni ellir bod yn gwbl bendant ynghylch dilysrwydd y cywydd hwn. Y mae'r llsgrau. yn weddol gryf o'i blaid, ond y mae o leiaf olion llygru ar rai o'r llinellau, ac anodd gweld ystyr rhai ohonynt.

8. *Nyf:* Fel enw cyffredin yr ystyr yw 'eira.' Digwydd hefyd fel enw merch, megis yma, ond ni wyddys pwy. IGE 352.

130

Nid oes ond un copi hen o'r cywydd hwn, sef Ll 6. Digwydd hefyd yn B 24, ond yn ddienw. Ond ar sail ei arddull, sy'n union fel DG, a'i gynnwys trwodd a thro, barnwyd y gallai'n hawdd fod yn waith y bardd.

1. *gerw:* Efallai adffurfiad o *agerw* 'milain, llidiog, ffyrnig?' G, trwy gydweddiad â *garw* *agarw*. O ran cyng. gellid darll. 'cerrig herw.'

3. *cyriog:* Gw. G d.g. *kyrryawc* 'gweflog.' Ans. o *cwr* yn gyfystyr â gwefus. Cf. dwy ystyr *min.*

4. *cystoges:* ffurf fen. o *costog* 'ci.' Ar hwnnw gw. B xi, 81, lle dangosir mai'r bôn yw *cos(t)* 'gwarchod, cadw,' fel yn *cosgordd.*

7–8. *Myrddin . . . fab Saith Gudyn:* Cf. D Diar. Siarad cymmaint a mab saith gudyn; Siarad cymmaint a merddin ar bawl Gw. E. I. Rowlands, LlC iv, 117, a T. Jones, ibid., 179.

15–16. *dau ychen . . . fannog:* Cf. chwedl Culhwch, WM, 480, 'Deu ychen bannawc y lleill yssyd or parth hwnt yr mynyd bannawc. ar llall or parth hwnn.'

19. *gofynaig:* Gw. amr. Diau roi *aur* i mewn yn y llin. er mwyn cael cyfatebiaeth gynganeddol i'r *r* yn *a'r.* Ond nid oedd raid wrth hynny. Gw. B x, 2.

131

18. *gyr:* D impulsus, impetus. Am yr ystyr 'ergyd, trawiad' cf. P 53, 69 Kaer ar gorf rac *girr* ar gyl (gyr ar gil); haearn *gyrru* ar lafar, 'beaten metal,' mewn gwrthgyferbyniad i haearn *bwrw* 'cast iron.' Y mae'n ymddangos mai 'taro' oedd ystyr gyntaf y ferf *gyrru.* Cf. D Diar. Y cŷn a gerddo a *yrrir*, a'r ffurf arall yn OSP Y cyn a el a ọrddir. Yna daeth yr ystyr 'to drive,' ac aeth *gyr* i olygu 'drove.'

27–8. Am y ddihareb 'Gwell pwyll nag aur' gw. D Diar.

31–2. Dihareb eto, 'Trech llafur na direidi,' gw. MA² 859.

132

1. *gildiais:* Cf. isod t. 425 Mesur deigr . . . am *ild* y gwin; GGGl xxxi, 41 Treulio'n Lidsffild *gild* a gawn; GTA li, 59–60 Oes deyrnas heb gost arnoch? / Ni bu lai *gild* no nobl goch. *Gildiwr* yw'r sawl sy'n talu, IGE² 195. 5–6 Annhebyg wyd yn nhyb gŵr / I fold serchocaf *ildiwr.* (am bwrs gwag). Benthyg yw *gild* o'r Saes. *gild*, HSaes. *gyldan* 'talu.' Aeth *gildio* i olygu talu am ddiod; DWS 'pay the shotte,' D compotationum expensas exoluere [*sic*]. Dyna'r ystyr yn y testun.

2. *golden ladin:* Y mae Stern, 134, yn awgrymu fod *golden* eto o'r HSaes. *gyldan*, a *ladin* o'r HSaes. *laden* 'tynnu allan neu godi' (am wlybwr). Dyry OED d.g. *lade* 'OS has the sense "to put (liquor) into a vessel".' Nid yw hyn yn rhyw foddhaol iawn, ond ni wn am ddim esboniad amgen ar y geiriau.

5. *chwitafad:* Dyry D y gair ond heb ystyr. Nis ceir yn G. P small drink. S small drink or beer.

27. *bryn:* Wedi'r holl sôn am dalu, diau mai *pryn* sydd yma, yn yr ystyr o bryniad. Os felly, y mae'r TM, ar ôl gradd eithaf yr ans., yn afreolaidd.

28. *hawdd yf*, etc.: Cf. D Diar. Hawdd yf a wŷl ei wely.

133

12. *hyr:* D vox canem incitantis ad pugnandum, vel vox canis minantis. Ychwanega DGG[2] 208 her i ymladd. Cf. IGE[2] 365, lle dangosir mai tywyll yw sain yr *y* yn *hyr*, ac mai'r un gair ydyw â *her*. Cf. isod 153. 39 *hyrio*.

23–4. *coron . . . Caerfyrddin:* Mae'n debyg mai'r darn arian a olygir wrth goron yma. Mae'n ddiau nad oedd dim bathu arian yng Nghaerfyrddin yn y 14 g., a defnyddiodd y bardd enw'r dre am mai yno yr oedd canolfan weinyddol a thrysorlys y De.

25. *pacs:* 'cusan.' Golygai *efengyl* yr un peth. Gw. uchod ar 64. 42.

27. *nyw:* y rhag. perth. neg. yn cynnwys y gwrthrych. WG 278–9, L & P 206.

30. *corodyn:* Gw. uchod ar 21. 8.

40. *Turel:* enghr. o ddefnyddio enw dyn adnabyddus yn gellweirus. Gw. Rhag., t. xxxiv. Diddorol sylwi i Lewis Morris yn B 53 ysgrifennu ar ymyl y ddalen, 'Tyrrel, a man's name.'

45. *inseiliodd:* o'r Saes. *enseal*. (Yr oedd i'r gair y ffurf *enceyl* yn y 15 g., EEW 131.) Ymysg yr ystyron dyry OED 'to affix a seal to a document (1330); to put a seal or stamp upon (a measure or weight) in token of its being up to standard (1467); to close with a seal, seal up (1340).'

134

3. *glastyr:* *glas* a *tŵr*, a'r ail elfen wedi ei haffeithio i ddangos y lluosog.

7. *Rhosyr:* Gw. ar 128. 2.

21. *pentwr:* Tebyg mai *pen* a *tŵr*, yn hytrach na'r gair mwy cyffredin *pentwr* (*pen* a *twrr*).

24. *buarth baban:* Gw. ar 143. 37.

135

3–8. Nid yw ystyr y llinellau hyn yn amlwg, ac ystyrier yr atalnodi fel cynnig yn unig. Y mae lle i gredu fod yr holl gopïau yn llwgr mewn mannau.

11. *fân eiddwyr:* Dyma ddarll. P 49 yn unig. Y mae 'meiddwyr' y llsgrau. eraill yn edrych fel ymgais i resymoli rhywbeth nad oeddid yn ei ddeall, ac i roi cyng. gyflawn yn y llin. yn lle'r gyng. bengoll. Ond anodd esbonio *eiddwyr*. Ai addffurfiad o *eiddig* fel math o luosog? Fe wnâi 'gwŷr eiddigus' y tro o ran ystyr. Y mae Chotzen (*Recherches*, 295) yn awgrymu mai dyna'r ystyr.

24. *gynnau:* Nid yr adferf, 'yn ddiweddar,' ond TM y berfenw *cynnau*, yn ffurfio ans. cyfans. gyda 'fflamgwyr' i ddisgrifio'r gannwyll. Gw. G 256 ac uchod ar 42. 60.

38. *ysgipio:* o'r Saes. *skip*, Saes. C *skippen*, yn ôl EEW 144 yn betrus. Ond yn IGE[2] 396 cymherir y Gw. *sciob* 'a snatch,' *sciobaim* 'I snatch, snap, sweep quickly away.'

43. *eosydd nos:* 'Yn eosydd nos' a rydd y llsgrau. Cymerwyd yr *yn* fel 1 pers. llu. yr arddod. *i*, a'i argraffu'n *ynn* fel arfer. Ond ansicr yw'r ystyr.

44. *Hirun Faelgwn:* h.y. hir hun Maelgwn. Cf. D Diar. Hir Hûn faelgwn yn eglwys Rôs. Cyfeiriad ydyw at Faelgwn Gwynedd, a fu farw o'r pla yn ei lys yn Negannwy yn y flwyddyn 547, yn ôl llsgr. Harley 3859 (Cy ix, 155). Ond nid yw'r flwyddyn yn sicr, HW 129, 131.

136

Nid oes dystiolaeth gref i'r cywydd hwn yn y llsgrau., ac oni bai ei gael yn P 48 gellid ystyried ei wrthod. Y mae'n edrych fel darn anghyflawn.

1. *perigl:* Nid 'danger' yw'r ystyr fel y cyfieithir yn WG 371. Yn GMWL 246 ar *periglawr* ceir 'confessional priest, mass priest,' a dyfynnir esboniad Stokes, 'the priest who reads the "Oratio periculosa" at Mass.' At enghrau. GMWL ychwaneger 139. 9 isod a B iv, 35 ef a atteb idaw o bobpeth . . . mal wrth y *beriglawr*. Yn CA 300 awgrymir y gallai'r Llad. *parochia* roi *pereig*, a thrwy ychwanegu *-l* (cf. *tymest(l)*) ceid *pereigl*. Gallai hwn roi *perigl* drwy gydweddiad â'r gair mwy cyffredin. Ond yn y testun gwell cymryd mai'r ystyr yw rhan o wasanaeth yr offeren.

137

22. *papir:* Daeth *pabwyr* 'rushes' o'r Llad. *papyrus*, ELIG 8. Daeth *papir* (papur) un ai o'r Saes. C *papir* neu'r Ffr. *papir*. Am *pabir* gallai ddod o'r Llad. *papyrus* eto (CLlH 145), neu o *papir* trwy feddalu'r gyts. ganol fel y gwneir weithiau mewn geiriau benthyg diweddar, e.e. *debuti* (deputy), *lladmer-ydd* (latimer), *brestblad* (breastplate) EEW 233.

46. *tridyn:* Awgrymir Adda, Efa, a Melchisedec yn DGG[2] 212.

58. *segwensiau:* DGG[2] 212: 'Saes. *sequences*, math o hymnau a genid mewn Eglwysi Pabyddol yn union o flaen yr Efengyl yn y gwasanaeth. . . . Cyfansoddwyd hwy mewn Lladin, mewn mesur acennol a'r llinellau'n odli'.

63–4. Cf. D Diar. Amser i fwyd amser i olychwyd.

66. *cyfanheddu:* Golygai *cyfannedd* 'difyr, diddan,' G 200, DGG[2] 203. Cf. P 67. 53 os mis mehefin i genir anoeth a *chyfanedd* vydd ; 70 och am Ieuan *gyfanedd*. TW delectamentum, *cyfaneddrwydd*.

71. *Ystudfach:* Yn rhag. OSP rhoir 'Ystuduach vardd' gyda Meugant, Myrddin, a Thaliesin fel rhai a ystyrir yn 'ddoethion yn

ddyscedic ac yn gymen.' Yn DGG² 212 dyfynnir o C 6, 164 gyfeiriad at 'Kato ddoeth ac Ystydfach fardd.' Ceir 'Wyneb trist, etc.' yn D Diar.

138

6. *rhull:* Gw. ar 13. 61.

15–18. Am enghr. o bregeth gan un o'r Brodyr Dominig ar drueni diwedd dyn, fel yn y llinellau hyn ac yn helaethach yng nghywyddau Siôn Cent, gw. G. R. Owst, *Literature and Pulpit in Medieval England*, 293.

17. Nid cywir y gyng. yn y llin. hon, oherwydd y mae'r rhan gyntaf yn diweddu'n ddiacen a'r ail ran yn acennog, canlyniad methu deall gwir werth mydryddol y gair 'delw,' gw. CD 150. Yr enghr. hynaf o'r gwall hwn a welodd Morris-Jones yw llin. o waith DE (ond yr oedd y llin. a ystyrir yma wedi ei hargraffu yn union fel hyn yn BDG). Yr wyf yn credu mai hon yw'r unig enghr. o'r bai hwn yng ngweithiau dilys DG, ac fe gwyd beth amheuaeth ym meddwl dyn parthed dilysrwydd y cywydd hwn, yn arbennig o sylwi mai bychan yw rhif y llsgrau. Ond y mae'r iaith a'r arddull yn debyg i'r eiddo ef, gan gynnwys ffurfiau fel 'cyd êl,' a 'tristau' yn dair sillaf. Hefyd y mae'r enw Dafydd yn llin. 33. Y mae'r llinellau digynghanedd a'r cynganeddion pengoll hwythau'n awgrymu henaint.

27. *Yna y:* I gael 7 sillaf rhaid cywasgu'r *a* a'r *y*, fel y gwna Dafydd yn rheolaidd gyda *lle y*. Hyn yn hytrach na darllen 'dwedais' neu'r ffurf gyffredin yn yr 16 g., 'doedais,' er bod tystiolaeth fod y cywasgiad ar gael yn oes DG, gw. 40. 32.

139

4. *o gysgawd gosgedd:* Ni ellir bod yn gwbl sicr o'r ystyr. Geill feddwl fod y Brawd o ymddangosiad (gosgedd) cysgod, h.y. yn ddu. Ond pe felly, disgwylid TM yn *gosgedd*. Dichon mai enghr. sydd yma o beidio â threiglo, fel mewn mannau eraill. Os hyn yw'r ystyr, dylid rhoi atalnod ar ddiwedd llin. 4. Geill hefyd efallai olygu fod y Brawd fel cysgod ac o osgedd nêr o Rufain, sef y Pab.

5. *rhifer:* Am *rhifo* 'parchu, anrhydeddu' gw. CA 73.

9. *periglor:* Gw. uchod ar 136. 1.

10. *da y:* yn un sillaf, fel *yna y*, 138. 27 uchod.

21. *Derdri:* Deirdre, y ferch enwog yn chwedloniaeth Iwerddon.

23. *deheuwawd:* Tybed nad *diheuwawd* a ddylid ei ddarllen? Ar *diheu* mewn Cym. Can. am *diau* gw. WG 187, CA 159.

30. *un lyweth:* Ar y TM gw. uchod ar 79. 14. (Wrth gwrs y mae'r TM yn rheolaidd mewn enwau gwr. a ben., beth bynnag fo'r

gyts. wreiddiol, ar ôl *un* pan fo'n golygu 'same,' e.e. P 67. 134 Ni wn dan taryan y tat / goron loegr gwr vn *l*ygat.)

31. *erlyn:* ans. berfol heb derfyniad, WG 396. Lle gwahaniaetha bôn y ferf oddi wrth fôn y berfenw, bôn y ferf a ddefnyddir, e.e. R 1339. 19 eur mal *adolwc* (berf *adolygaf*, berfenw *adolwyn*); 1241. 20 aryf aergled *arwed* eurwaec (berf *arweddaf*, berfenw *arwain*). Felly yma, *erlyn*, nid *erlid*. Yr ystyr yw 'un sy'n erlid pryd, yn peri bod dynion yn colli eu pryd a gwelwi.'

45. *mangnel:* Yn ogystal â'r ffurf gyffredin *magnel*, ceir hefyd *mangnel* fel yma, a *mangddel* (IGE² 26. 10). O'r Saes. *magnel* a *mangnel*, EEW 75. O'r Ffr. fe fenthyciwyd *Mangonnell* i'r Llyd. RC viii, 528. Y *llath* oedd y darn pren a blygid ac yna'i ollwng i fwrw'r ergyd. Gw. y darlun yn *Mediaeval England* (gol. Davis), 120. Yr oedd y ferch yn gam a chwmanllyd fel y llath pan blygid hi,

Gwyddeleg: Ar y terf. *-eg* gw. uchod ar 13. 70. Defnyddid *Gwyddel. Gwyddelig* yn fynych i gyfleu dirmyg (cf. Stern, 11). DGG iv, 25 Eiddig *Wyddelig* ddulas; G 3, 44b tref ddig *wyddelig* (am ddinas Caer); P 76, 215 eiddic *wyddelig* ddolvr; B iv, 321 a'i ddwylo *gwyddelig*; IGE² 5. 5. *Wyddelig* agarw ddulem; 59. 5 Gwayw o ddolur *Gwyddelig*; RP 1339. 39 *Gwydel* tinvlewoc (mewn cerdd oganus). Ar y llaw arall RP 1377. 7 Diwedw olud mawr *di wydeleid* iawn (mewn cerdd foliant). Cf. defnyddio Gwyddel yn Arfon 'as term of reproach,' WVBD 190. Yn RC xxxviii, 228 dyfynnir *Modern Philology* xvii, 687, lle dangosir fod 'wild Irish' yn derm yn Saes. yn 1399.

140

2. *Sisar:* Y ffurf gyffredin mewn Cym. Can. oedd *Cesar*, gw. G. Ond cf. Cy xxvi, 140 jwl-ssesar; IGE² 266. 21 Sesar.

15. *arymes: armes* yn gyffredin, ond geill *arymes* fod yn ffurf gyfochrog, B i, 36.

26. *tŵr Babilon:* Cf. MA² 76a. 23–5 Ve gavas Salmon / Yn *Nhwr Babilon* / Holl gelvyddydon; LlA 44, lle y dywedir fod tŵr Babel yn sefyll lle safai dinas Babilon.

31. *gofynag:* DGG² 179: ffurf ar *gofynaig*, *gofenaig*, *gofanaig*, 'deisyfiad, gweddi.'

32. *Angharad:* gw. Rhag., t. xxxviii.

44. *dilythr:* Dyma'r ffurf yn y tair llsgr. Dyry G y ffurf *dilithr* hefyd, gan ddyfynnu IGE² 202. 8, a rhoi'r ystyr 'llyfn.'

45. *a'i piau:* Ceir enghr. yn WG 359 o'r gystr. hon mewn Cym. Can. sef RB 297 castell kaer vyrdin yr hwn *a bie(u)* y brenhin.

46. *bwyllwr:* Yn wreiddiol *bwyllwrw*, e.e. B v, 17, llin. 67; LlBleg. 34. 22. D viaticum, commeatus, sef 'bwyd, moddion cynhaliaeth.' Am *bwyllwr* cf. B ix, 341. 7; EC ii, 35. Y lluosog yw *bwyllyryeu* RB 25. 18. Hefyd *bwyllyrneu* RB 17. 5, 21. 21.

48. *cael:* Defnyddir y gair am ennill caer neu gastell, e.e. RB 338. 27 ymlad a chastell colwyn . . . a gwedy y *gael* ef ae llosges; 339. 4 yd ymladawd a chastell paen . . . a gwedy y *gael* . . ., 341. 30 gwedy *caffel* y castell.

54. *peiriant:* Am yr ystyr 'gorchymyn' gw. CA 89.

55. *angorwaisg:* cyfans. nid hawdd ei ddeall. 'Hardd, gwych' yw ystyr *gwaisg* yn gyffredin, yna 'cadarn, cryf.' Efallai mai disgrifiad ydyw o'r môr fel lle y mae ynddo angorion cedyrn.

56. *Edwart Frenin:* A oes yn y llin. hon gyfeiriad at y modd y credid yn y 14 g. ddarfod llofruddio Edwart II yn 1327? Gw. *The Captivity and Death of Edward of Carnarvon* (reprinted from the Bulletin of the John Rylands Library, Vol. VI, Part i), t. 27, n. 4. Yno y mae T. F. Tout yn dyfynnu Ranulf Higden, *Polychronicon*, viii, 324, am y modd y lladdwyd Edwart, 'cum veru ignito inter celanda confossus.'

141

21. *ŵr hael:* yn cyfeirio at y bardd ei hun, nid at y cysgod.

23. *godrum:* Ans. ydyw yn 26. 7 tŷ godrum. Ond yma enw. Cf. *godrumydd* ('gŵr cefngrwm,' WM 403. 23).

cyfrith: Nid yw yn G. Ffurf wneud o *cyf-* a *rhith* yn ddiau.

27. *secr:* Ceir tair ystyr i'r gair: (1) brith, amryliw, marciedig. RP 1347. 6 brech *secker*; IGE² 229. 28 A'i *siecr* gwmpasau a'i sicls (am y cwadrant). (2) chwarae ar fwrdd: IGE² 25. 16 Tawlbwrdd a *secr* uwch talbarth; LGC 81. 23 Mae'r disiau, mae *siecrau*'r Sieb? B v, 209, 211 gware *seckyr.* Daw yr ystyr hon o'r gyntaf, am fod y bwrdd y chwaraeid arno wedi ei lunio o sgwariau golau a thywyll bob yn ail, fel bwrdd 'draughts' neu 'chess' heddiw. Cf. y term *siecrog* mewn herodraeth am darian o sgwariau felly; gw. E. J. Jones, *Mediaeval Heraldry*, 76, 82, a darluniau VII f, XX b. (3) Trysor, cyfoeth: GTA xciii, 35 Ein *secer* oedd i'n sicrhau; IGE² 28. 30 A'i *secr* oll a'i swcwr wyd. Cyfetyb hyn i ystyron y gair Saes. *chequer* yn ôl OED, 'pattern made of squares or with alternating colours; chess board,' a'r ystyr sydd i *exchequer*, 'royal or national treasury; money of private person.' (Esbonnir datblygiad yr ystyr gan y nodyn ar *Court of Exchequer*, 'originally using table with chequered cloth for accounts.') Yn y testun dichon mai gwisg secr, 'chequered cloth,' yw ystyr 'mewn secr.' Dylid efallai gofio am sylw pellach yr OED, *chequer*, 'chess-board as inn-sign,' a'r nodyn yn LGC 81, 'The checker-work painted on both sides of the door of a common inn or public-house, to represent the backgammon table within.' A eill 'mewn secr' olygu 'mewn tafarn'? Ond wedi'r cyfan fe ddichon yn hawdd nad oedd *secr* yn y llin. o gwbl i gychwyn. Y mae braich gyntaf rhai o'r cwpledi yn ddigynghanedd, a diau ddarfod newid rhai ohonynt gan gopiwyr er mwyn rhoi cynghanedd ynddynt;

e.e. llin. 21, nid cyfaddas 'hael' o ran ystyr ; amheus hefyd yw 'gafr' yn llin. 23. Yn gyffelyb nid cywir y gyng. yn llin. 53, a diau mai digynghanedd yw i fod. Edrycher yr amrywiadau ar llin. 5, 35, 45, 51, ac fe welir fel y buwyd yn ceisio'u cynganeddu.

28. *llorpau: llorp*, D crus. Ond yr unig ystyr i'r gair heddiw yw am 'shaft' cerbyd. WVBD 352.

31. *griors:* Awgrymir yn Cy xlviii, 318 mai math o chwarae oedd griors, ond dyry G '? ceffyl gwobrwy (gree horse).'

32. *gryr:* creyr. Digwydd *g-* fel cyts. gysefin, gw. D a G.

35. *palmer:* Gw. uchod ar 108. 5. Sylwer fod un llsgr. yn rhoi *talmyrth* yma, a gwnâi hynny gyng. lusg. Gallai hwn fod yn ffurf ar *talmythr* neu *talmithr*, gw. ar 48. 35. Ond gan fod amryw o linellau'r cywydd yn ddigynghanedd, barnwyd yn ddoethach argraffu *palmer*, ac ystyried *talmyrth* fel ymgais i roi cyng. yn y llin.

36. *brat:* G. cadechyn, clwt. Benthyg o'r Wydd., PKM 134. Y mae'r gair wedi ymbarchuso yn y cyfnod diweddar, 'pinafore.'

45. *catgenais:* Dengys yr amrywiadau ansicred y darll. Argraffwyd y ffurf hon oherwydd ei bod yn P 49, a ffurf gyffelyb yn P 76. Tywyll yw'r ystyr. Gellid awgrymu darllen *cytgemais* o *cytgam* 'cellwair, chwarae,' ond ni weddai'r gystrawen i'r ystyr. Cf. IGE² 268. 15–6 Na *chytgamed* y gwledydd / Dim â Brycheiniog y dydd. Dyry P *catganu* 'to abuse, forswear or disown,' gyda'r enghr. hon. Ond ni ddigwydd y gair yn D na G.

47. *teflais:* Y mae hwn eto'n edrych yn debyg iawn i gyfnewidiad copiwyr mewn ymgais am gyng., oherwydd nid yw'r ystyr yn gweddu.

tafl: P 'sling,' fel yn *ffon dafl*. Diau mai llu. *maen* yw *main*, nid yr ans., h.y. tafl i luchio cerrig.

53. Nid cywir y gyng., a diau ddarfod doctora'r llin. i roi cymaint ag y sydd o gyng. ynddi. Argraffwyd yr hyn a geir yn y llsgrau. gorau.

58. *gowni:* D leuis sutura. R basting stitch. TW d.g. adumbratio, assumentum. Cf. Gram GR, 114 ni wnaethomi ond megis rhoi *gowni* ar y gwaith, tan obeithio, y bydd hynn i rhai eraill . . . echlyssur, ag achaws i berpheithio'r gorchwyl ; 194 moeswn fwrw *gawni* ar donyddiaeth. O *go-* a *gwni-*, bôn *gwnïo* efallai. Y mae nant yng Ngwent o'r enw Gowni, *Y Llenor*, xvii, 254.

142

8. *brwyd:* Yn B xi, 94–6 dangosodd Syr Ifor Williams fod *brwyd* yn cyfateb i *bruit* mewn HGern., ac yn golygu 'amryliw, o wahanol liwiau.' Anodd deall yr ystyr wreiddiol hon gyda 'serch.' Y mae Syr Ifor Williams yn awgrymu mai'r ystyr gyda tharian yw 'fod y curo fu arni wedi newid ei lliw yma ac acw.' Petai *brwyd* wedi datblygu'r ystyr 'curiedig, blinedig, briw,' buasai'n gweddu'n burion

gyda serch. Y mae *brwyd* yn enw hefyd, ac o ran cystrawen gallai fod yn hynny yma. Dyry GMWL 44 am *brwydeu* 'heddles of a loom,' gan ddyfynnu Aneurin Owen. Diffinnir 'heddles' yn B l.c. fel 'a series of vertical cords or wires.' O dan yr ystyr 'harness of a loom' y dyry S y cwpled yn y testun. Nid amhosibl fod Dafydd yn defnyddio'r gair yn drosiadol, yn arbennig o gofio 'plethiadau' yn llin. 6. Neu fe ddichon mai'r hyn y mae'n ei gyfleu yw tannau'r delyn; sylwer mor debyg i dannau yw'r diffiniad uchod o 'heddles.' I *brwyd* fel enw dyry S hefyd yr ystyr 'a pointed instrument, a bodkin,' a D instrumentum acupingendi. Ychwanega S *Wyth brwyd pechawd* 'the eight stings of sin' (wedi ei gymryd o P mae'n debyg). Dyry G 'colyn, blaen, pig,' ond heb enghr. Fe wnâi'r ystyr 'colyn' neu 'bigiad' y tro yn y testun.

11. *symlen:* D simplicella. Symlen ben bŷs, caingc ar delyn. Ai tarddair o *syml*? Y mae'n werth sylwi efallai ar 'C[aniad] ar gainc Dauid ap Gwilim,' B i, 149, beth bynnag oedd hwnnw. Parhaodd yr enw Symlen Ben Bys ar alaw arbennig hyd y 18 g. Gw. *Blodeu-gerdd Cymry*, t. 366.

13. *solffeais:* Saes. Can. *solfe*, *solfye*, EEW 179. Ceir yn OED dan c. 1330 y frawddeg 'I solfe and singge,' a rhoir yr ystyr 'to sing (a tune, air, &c.) to the sol-ffa syllables.'

ffuaint: *ffuant* yw'r ffurf arferol, e.e. D a LlDC 21. 2, a'r ans. *ffuannaidd*, uchod 130. 27, a *ffuantus* yn ddiweddarach. Am *ffuaint* cf. y ffurf dafodieithol *ffuennt*, B xi, 30. Cf. *maddeuant* / *maddeuaint*.

20. Ansicr iawn yw darll. dechrau'r llin. hon, gw. amr. Llwgr yn ddiau yw 'kanvyn' P 54. Amhosibl darllen yr hyn sydd ar ôl 'kerdd' yn P 57. Nid yw *cerdd* a *fyn* ond ymgais i gysoni hynny sy'n ddealladwy o'r ddau ddarlleniad.

25. *Hildr:* Cf. MA[2] 1075 Adda ab Hildr; B i, 149 C[aniad] Adda Pildir; 150 C[aniad] Crych i Hildir. Diau mai athrawon cerdd dant enwog rywdro oedd Hildr a'i fab Adda.

28. *datbing:* G 'atsain,' a'r enghr. hon yn unig, gan ychwanegu 'Gellir cynnig cydio *-ping* wrth *pyng* : *pwngc*.'

sawtring: Diau mai benthyg o ryw ffurf ar y Saes. *psaltery*. Mewn Saes.C ceir y ffurfiau *sawtree*, *sauteray*, *sawtrie*, a daw o'r HFfr *sauterie*. Rhoir enghrau. yn OED yn 1300 a 1340, a diffinnir ef fel 'an ancient and mediaeval stringed instrument, more or less resembling the dulcimer, but played by plucking the strings with the fingers or a plectrum; differing from the harp in having the soundboard behind and parallel with the strings.' Cf. BDG lxxxiv, 13–4 Cathl wynfyd coeth lawenferch, / Canghenddring, cain[c] *sawdring* serch.

30. *siffancainc:* Tybed ai ffurf ar y Saes. *symphan* (gw. isod 150. 18) yw elfen gyntaf y gair hwn? Ond anodd deall pam na threiglodd cyts. fl. yr ail elfen, os na chadwyd hi'n fwriadol er mwyn y gyng.

143

1. *cyflwyd:* Ni rydd G ond un enghr. o *cyflwyd*, a'r ystyr 'llwyd, penllwyd.'

3. *trafn:* Gair cyffredin iawn gan y beirdd, ond nid amlwg ei ystyr bob tro. Yn B ii, 311 awgryma Syr Ifor Williams berthynas â *trefn*, ond heb egluro'r ystyr. Diau ei fod weithiau'n golygu 'ffynhonnell,' RP 1304. 11 *trauyn* gwyrth hoywryw (am y Drindod), neu 'drigfa,' 1218. 22 Cartrefaf trefnaf *trafneu* goleuni (am y nef, cf. 1163. 39 llewych drefyneu, 'the abodes of light'); IGE² 17. 27 *Trafn* Glorach. Am bersonau, 'un sy'n cyflenwi,' RP 1231. 8 goronwy *trauyn* mordwy med. Gyda *llu*, *tyrfa*, etc., 'arweinydd, tywysog,' 1219. 12 lluossawc *drafyn*; 1305. 15 *Drafyn* amylbleit mawr eneit maraned: 1322. 22 *travyn* aerdoryf trevyn y eurdat. Yna yn gyffredinol 'arglwydd' mewn llu mawr o enghrau., 1218. 31 argleidyat trefnat *trafyn* broyd gwynuyt; 1289. 27 keindewr weisc *dravyn* kaendur wisgeat; 1206. 20 *travyn* trerkastell; 1302. 19 *travyn* aber marleis; IGE² 123. 18 (gydag atalnodi gwahanol) Taer y gwnaut, *drafn*, â llafn, llwybr (cyfarch Owain Glyndŵr); 317. 7 Gwilym, dreiddlym *drafn*; 329. 1–2 (gydag atalnodi gwahanol) Ymhell cwplach oedd felly, / Troell lafn, llaw *trafn*, yn lle try (am faslart). 'Arglwydd, pennaeth' yw'r ystyr yn y testun yn ddiamau, gan gyfeirio at 'cywely,' llin. 4, sef y bardd ei hun.

7. *corodyn:* Gw. uchod ar 21. 8.

9. *ni gâr:* Ar y TM yn y ferf mewn cymal perth. neg. gw. WG 423, L & P 143.

10. *cerddor:* Am yr ystyr 'crefftwr' gw. G. Un yn llunio ystryw yw gŵr ei gariad.

24. *Cyrseus:* Cleddyf Otfel. Gw. YCM 230 a'r cyfeiriadau yno.

27. *crwydr:* Gw. uchod ar 54. 53. Sylwer ar y gyng. sain ddwbl yn y llin. Gw. CD 169.

29. *cyfylfin:* Y mae dau darddiad yn bosibl: (1) *cyf-* a *gylfin* 'pig, blaen'; (2) *cyfyl* a *min* 'ymyl, min,' fel yn G 220a.

32. *canolig:* Ystyr *canol* ynglŷn â chleddyf yw'r rhych sy'n rhedeg i lawr y llafn. Gw. IGE² 396, lle terddir ef o'r Llad. *canalis* 'groove, channel,' a dyfynnu RM 153 A chledyf eurdwrn trwm tri *chanawl*. Felly *canolig* yw 'grooved.'

33. Y mae'r bai Camosodiad yn y llin. hon, sef *rf* yn *arf* yn cyfateb i *f r* yn *f'aur* (CD 299), ond y mae'r darll. hwn yn ymddangos yn well na'r un arall.

37. *buarth baban:* Yn GTA 635 dywedir 'Tebyg mai rhyw ddyfais oedd, fel a geir eto yng Nghymru, i gadw ar ei draed blentyn bach heb ddysgu cerdded.' Ond dyry P d.g. *baban*, 'Buarth baban, a baby ring, a lighted stick turned round to divert a child.' Felly S, gyda'r enghr. hon ac un arall o waith Llawdden yn disgrifio bwcled—Un llun *buarth baban* llaw. Cf. GTA cxvii, 41–2, eto am fwcled

Gofaint oedd gan gefn y tân, / Wrth bobi'r *buarth baban*: DGG lxxiv, 49, am y lleuad, *Buarth baban* yr annwyd / Bwcled plwm gwanwyn llwm llwyd. Y mae Dafydd yn cymharu ei gleddyf yn cael ei ffrydio i'r ffagl yn cael ei throi'n gylch, fel y disgrifia P uchod. 'Rhwysg o fuarth baban' ydyw, a'r defnydd o *o* fel yn 'da o beth,' 'gŵr o Gymro,' etc. Yr un syniad o ffrydio sydd yn 'sidell,' llin. 41.

39. *Cuhelyn:* Yr oedd gŵr o'r enw yn un o hynafiaid DG ei hun, gw. Rhag., t. xiii. Sonnir am Guhelyn Fardd yn LlDC 9. 9, 15. 5. Yr oedd rhyw enwogrwydd i ysgwyd (tarian) Cuhelyn. Dywaid Prydydd y Moch am Lywelyn Fawr, H 281, 25–6, yth ysgwyd tebygwyd toryf wyn / *ysgwyd* ball guall *guhelyn.* Ac Iolo Goch am faslart, IGE² 58, 29–30, Digri gan ŵr heini hyn, / Heulo *ysgwyd Guhelyn.* Felly Dafydd am ei gleddyf. Yn Cy xxviii, 273 dywaid J. Morris-Jones mai'r un yw *Cuhelyn* yn y Gymraeg â *Cúchulinn* yr Wyddeleg.

41. *sidell:* D rota, sef olwyn. TW d.g. orbita, rota, rotula; rotatim, *yn troi yn sidyll*; roto, *sidyllio.* Cf. BDG clxiv, 48 *Sidell* gyweithas ydwyd (am y wennol).

44. *Hawtyclŷr:* Cleddyf Olifer. YCM 74. 30, 152. 13. Cf. IGE² 57. 12, 329.8 ; GGGl lxxx, 58. Gw. G d.g. *cleheryn.*

52. Nid oes gyng. yn y llin. hon, ond derbyniwyd y darll. hwn ar sail D Diar., Golwg serchog syberw fydd. Cf. hefyd EWGP 32 medwl serchawc syberw vyd. Y mae'n rhyfedd bod y cywydd yn diweddu â llin. ddigynghanedd. Ond cf. 132. 28, lle diweddir eto â dihareb, a lle y mae'n rhaid rhoi pwyslais chwithig i gael cyng. Y mae'n ddiau mai cynigion i roi cyng. yn y llin. yw'r darlleniadau eraill, er y gellid purion ystyr o 'Calon i serchogion sydd,' a chymryd *calon* yn yr ystyr 'dewrder,' CA 147.

144

39. *ymwnc:* Gw. CLlH 172–3, lle rhoir enghrau. o'r ffurf *ymwng* hefyd, a dangos mai'r ystyr yw 'aml, mynych, helaeth.'

41. *aeth . . . â chroes:* Yr ystyr yn ddiau yw eu bod wedi marw. Cf. yr ymadrodd *dan ei grwys* am gorff marw, e.e. yn nhafodiaith Morgannwg, *Trans. Guild*, 1906, 15.

145

Nid cryf y dystiolaeth o blaid y cywydd hwn. Ni ddigwydd gan John Davies yn P 49 nac yn yr un o lsgrau. Llywelyn Siôn. Fe ddichon yn hawdd mai gwaith un o efelychwyr DG ydyw.

9. *difar:* sef 'llawen,' sef neg. *bâr* 'llid.' Diddorol sylwi fel y camddeallwyd ef gan rai copiwyr a'i droi'n 'edifar.'

16. *ceusallt:* Ni ddigwydd y ffurf hon yn G nac yn y geiriaduron. Yn DGG² 208 awgrymir mai bai ydyw am *cawsellt*, 'llestr i wneud

caws, a hwnnw yn diferu.' Dyna a argreffir gan S fel gwelliant wrth ddyfynnu'r cwpled d.g. *cawsellt.* Ond nis rhoir yn y llsgrau.

25–6. *canhwyllau . . . Paris:* Ar *Paris candle* dyry OED 'a kind of large wax candle.'

26. *pyrs addail:* Dywedir yn DGG[2] l.c. y geill *pyrs* fod yn llu. o *pwrs*, neu'n well o *pors* fel benthyg o'r Saes. *porch.* Ar *addail* dyry G 'deilios,' S 'foliage, tender leaves.' Ond anodd deall ystyr y ddeuair gyda'i gilydd yma, os nad y meddwl yw rywsut fod y pibonwy fel dail ar y coed. Fe geid yr ystyr hon yn well pe diwygid *pyrs* yn *prys*, 'llwyni,' PKM, 140.

27. *dagerau:* Ni rydd y llsgrau. y darll. hwn. Ond y mae'n edrych yn dra chyfaddas, fel benthyg o'r Saes. *dagger* (EEW 71) i ddisgrifio'r pibonwy.

45. *cannwyll Fair:* Yn ôl S d.g. *canwyll*, 'Our Lady's candle; a light supposed to be seen by a person shortly before his death; apparently the same as *canwyll gorff*, or some species of it.' Cadarnheir hyn gan y cwpled o waith Siôn Tudur a ddyfynnir gan S. Ar y coelion gwerin ynglŷn â hyn gw. T. Gwynn Jones, *Welsh Folklore and Folk Custom*, 206–9.

146

Braidd yn wan yw tystiolaeth y llsgrau. i'r cywydd hwn. Ond y mae'r arddull o'i blaid, beth bynnag am *borau*, llin. 17.

5. *gofyn:* Ans. berfol o fôn y ferf heb derfyniad, 'eilwydd y gofynnwyd amdani.'

17. *borau:* Am y ffurf hon yn gynnar gw. WM 425. 33, YCM 8. 3.

29–30. *gŵr . . . â'r baich gwiail:* Y dyn yn y lleuad. Gw. E. I. Rowlands, LlC iv, 176.

147

Ar y cwpled a geir mewn rhai llsgrau. ar ddechrau'r cywydd hwn gw. amr. ac uchod ar 111. 34.

6. *llech:* Ceir ar lafar *llech* 'faint,' WVBD 346 mynd yn llech 'to faint, to have a fit.' Hwnnw, mwy na thebyg, sydd yma. Cf. 87. 55.

8. *ym:* Tybiwyd y gellid adfer y ffurf hon ar bwys *myn* yn llsgrau. Llywelyn Siôn. Gw. amr. am ddarll. y llsgrau. eraill, 'Mam i Dduw.'

18. *iddw:* D Iddwf & Tân iddwf, Erysipelas. Ar lafar Arfon, *tân iddaw*, WVBD 523.

20. *sylwayw:* Yn ôl P 'a radical disease,' gan gysylltu'r elfen gyntaf â'r *syl-* yn *sylfaen* a *sylwedd.*

51. *llyain:* Hen lu. *llw.* Yr Athro Thomas Jones a awgrymodd hyn, yn lle'r diwygiad a awgrymwyd yn yr arg. cyntaf. *Y Traethodydd*, Ebr. 1953, 96.

148

9. *cas:* Diau mai 3 pers. un. pres. myn. yw'r ffurf, ac yn rhagdybio berf *casu*. Ceir olion o hynny, gw. G d.g. *cassäu*, lle dywedir, 'fel y ceir *atcassu*, ac *atgassäu*, gellir hefyd *cassu* a *cassäu*.'

15. *traethawl:* Y mae *traethawd* 'cân' yn ddigon adnabyddus (DGG², t. lxxviii), a *traethu* bron yn gyfystyr â chanu. Felly gallai *traethawl* yma olygu 'canadwy.' Y mae hen delyn yn ganadwy os bydd tri thant cyfan ynddi. Ceir *traethu* hefyd am 'Trin, trafod, ymwneud â,' e.e. LlA 32–3 a *thraethu* gweinyeit yn drugarawc. CA 342. Felly fe ddichon mai 'manageable' yw *traethawl* yma.

16. *traethawr:* y terf. *-awr* fel yn *Canghellawr*, etc., Cym. Diw. *-or*, *telynor*, etc. Felly 'un yn traethu,' neu'n fwy manwl 'datgeiniad'.

Y mae pwynt y ddwy gyffelybiaeth, y naill am yr hen delyn fregus a'r llall am yr hen lyfr (cwrrach), i'w ddeall yng ngoleuni llin. 5–8. Yno dywedir fod cymaint parch ac urddas i gywydd serch ('cywydd gwiw Ofydd') ag y sydd i gywydd mawl, yn arbennig pan fydd hwnnw'n fawl ffuantus ('geuwawd o gywydd'). Y mae rhai'n casáu'r cywydd serch, ond y mae eraill yn hoff ohono. Nid yw dirmyg yn ei ladd, ddim mwy nag y mae'n lladd hen delyn neu hen lyfr.

18. *tincr:* O'r Saes. *tinker*, 'a craftsman (usu. itinerant) who mends pots, kettles, and other household utensils' OED.

tancr: Cf. Ashton, *Iolo Goch*, 420. 86 Tincer gwawd wyneb *tancr* gwern. Petrus yw EEW 80 wrth darddu *tancr* (*tancer*) o'r Saes. *tankard*. Ond diau fod hynny'n iawn gan fod i'r gair ffurf dafodieithol *tanker* yn ôl OED, ac enghr. yn y 15 g. Gw. hefyd Wright, *Engl. Dial. Dict.*, lle rhoir y ffurfiau *tanker*, *tankar*, *tankor*. Ar ddatblygiad Saes. *-er* ac *r* lafarog yn y Gymraeg gw. EEW 88 a 92n., lle dyfynnir *siambr* a *dagr*. Efallai ei bod yn werth crybwyll fod Wright, op. cit., yn rhoi hefyd *tanker* 'anything large and ugly, esp. of a person or lean animal.' Y mae'r geiriau 'boly tancr cul' yn y testun yn awgrymu'r gair hwn. Ond y mae'r sôn am dafarn yn llin. 17 yn gryf o blaid y llall.

29. *cên:* Ar y ferf wallus hon yn golygu 'poeni' gw. trafodaeth G a DGG² 215.

60. *cryg:* Yn ogystal â'r ystyron arferol, 'cras, garw, croch' G, golygai *cryg* hefyd rywun ag atal dweud arno. Yn y Cyfreithiau un o'r tri math o ddyn na eill fod yn ynad yw 'dyn na allo dywedut [yn iawn], megys *cryc anyanawl*' LlB 104. Yr oedd gan hwnnw hefyd hawl i dafodiawg (un i siarad drosto) yn y llys, LlB 113. Cf. llin. 61 *atal*iaith, a 154. 25–8 Ystyried Gruffudd . . . ganthaw na ddaw'n ddilestair . . . draean y gair. Gelwid un o feibion yr Arglwydd Rhys yn Rhys Gryg, a dywaid Prydydd y Moch amdano (H 287), Rys gryc y galwant golofyn peu / nyd rys gryc yn kynnic cameu. Y pwynt yw, os oedd atal ar ei leferydd, nid oedd atal

arno mewn ymladd. Ni buasai ystyr i'r dywediad petai *cryg* yn golygu 'hoarse' yn unig. Wrth drafod marwnad Rhys gan y Prydydd Bychan (EC iii, 292, 297) y mae M. Vendryes yn cyfieithu *cryg* yn anghywir, 'enroué,' a 'parole rauque.'

149

1. *gwŷll:* sef *gwyllt*, fel *gwell* am *gwellt*. B i, 229. Cf. isod llin. 46, 84. 57.

4. *Gwenwlydd:* y gŵr a fradychodd Rolant yn chwedlau Siarlymaen. YCM 113 ac yml. Y mae DG wedi bradychu GGr trwy ddweud yn dda yn ei wyneb ac yn ddrwg yn ei gefn.

15. *eiriawl:* Anodd cael ystyr i hwn fel berf, ac felly ystyriwyd ef fel enw, sef TM o *geiriawl*, o *gair*, sef disgrifiad y bardd ohono'i hun, ac atalnodwyd yn unol â hynny.

21. *dryglam:* Am *llam* a *naid* yn golygu 'ffawd' gw. CLlH 124–5.

25. *cyd boed:* Y mae rhai llsgrau. yn rhoi *cyd bo*. Am *boed* ar ôl *cyd* gw. G 67.

ennyg: Nid amhosibl cymryd hwn fel berf, 3 pers. un. pres. myn. *annog*, cf. YCM 19. 29, 116. 20, ond nid yw'r ystyr yn gyfaddas, a mwy cydnaws ag arddull y cywyddau fuasai ans. Ni rydd G enghr. o *ennyg*. Y peth tebycaf iddo yw *diennic* 'nwyfus, eiddgar, parod.' Ond efallai ei bod yn werth ailystyried llinell ym marwnad Owain Gwynedd gan Gynddelw, H 93. 27 Aerllew taryf toruoet uriwennyc. Cymerir y gair olaf gan P, S, a G fel un gair, *briwennig*, tarddair o *briwant*, a dyry G yr ystyron '? briw, drylliog, chwaledig ; neu cynhyrfus, cythruddol,' ond heb awgrymu perthynas â *briwant*. Y mae'r TM yn *uriwennyc* yn profi ei fod yn ffurfio cyfans. â *toruoet*, a'r ystyr yw 'un yn briwio torfoedd.' Ond tybed a yw *briwennyc* ei hun yn gyfans. o *briw* ac *ennyg* ? Sylwer fod bwlch bychan yng nghanol y gair yn y llsgr., a cf. 91. 30 *gwaedfreu*, 95. 28–9 *eurllew*, *eurllyw*, 102. 15 *eurdorchawc*, a bwlch cyffelyb yng nghanol pob un ohonynt. Y mae hyn yn awgrymu fod y copïwr weithiau'n dynodi gair cyfans. â'r bwlch hwn. Nid yw'r odl yn ddim rhwystr i gymryd mai briwenn*yg* ydyw'r gair, oherwydd fe odlir *-ig* ac *-yg* yn gymysg yn y gerdd : *dychymyg*, *Nadolig*, *gwyrennig*, *angheinmyg*, *diffyg*, etc. (Am beth cyffelyb cf. RP 1373–4.) O gymryd y gair fel *briw-ennyg* gellir awgrymu ystyr fel 'un parod neu awyddus i friwio.' Gellid felly ddehongli'r testun fel 'Er bod fy nhafod yn gryg pan yw fy nigofaint yn tyfu a'm hynni yn fywiog . . .' (cyflwr a bair atal dweud yn ddigon mynych). Os felly, dichon y gellir cymryd *diennig* fel *diennyg*, ac mai cyfnerthol, nid negyddol, yw grym *di-* ynddo, fel yn *diddan*, *diben*, *dinoethi*, etc. Ni raid pwyso ar yr odlau ag *-ig* yn y cywyddwyr, oherwydd yr oedd sain *y* o flaen *g* yn ansicr iddynt, e.e. GGGl xviii, 5 ; xxii, 63 ; lix, 63 ; lxxiii, 13–4.

29. *hobi hors:* y Saes. *hobby horse.* Y peth rhyfedd yw mai yn 1557 y cofnodir yr enghr. gyntaf yn OED. Ond yn sicr y mae'n hŷn na hynny, e.e. P 76, 11. 39–40 ni bv a ni ai beiwn / *hobi hors* vn rhaib a hwn. Ceir y cwpled mewn cywydd gan Ddafydd Llwyd i Lywelyn ap Gutun, ac felly yn ail hanner y 15 g.

gorsedd: Am yr ystyron 'bryncyn, twmpath' a 'llys' gw. PKM 120, a 'cynulliad' B vi, 216. Rhyw ystyr fel twmpath chwarae, neu gynulliad o bobl fel marchnad neu ffair sy'n gweddu yn y testun.

30. *annifa:* Gw. amr. Amlwg na ddeallai'r copiwyr eu gwreiddiol. Ar bwys *anifai* yn Bl e 1 etc., argraffwyd *annifa.* Nid yw'r gair ar gael yn unman hyd y gwn, ond cf. *difa* fel ans., 'lladdedig, distrywiedig, anrheithiedig' G. Gwyddys y byddai'r beirdd yn llunio geiriau, a hawdd fuasai negyddu *difa* yn *annifa* 'cyflawn, diarcholl.' Dyna'r union ystyr sydd eisiau yn y testun. Y mae'r hobi hors yn edrych yn farch cyflawn o bell, ond o nesu ato fe welir mai esyth yw ei goesau.

34. *prenial:* Yr ystyr gyffredinol yw peth wedi ei wneud o bren; yna cist neu goffor. Hefyd gwaywffon, ac yna cad neu frwydr. Am drafodaethau llawn gw. RC xxxviii, 164, CLlH 75, J. Lloyd-Jones, *Féilscríbhinn Torna*, 86.

60. *seren bren:* Cf. D Diar. Ni rown erddo seren bren. Gw. TW d.g. *nauci*, Pob gwaelbeth dibris, megis croen afal, ysgwthr yr ewinedd, seren brenn, etc.

150

1. *graifft:* Dyry rhai llsgrau. *grifft*, ond diau mai ymgais yw hynny i esbonio rhywbeth na ddeellid mohono. Mewn HenG ceir *grephiou*, gl. *stilos*, VVB 131. Yr unigol fuasai *graiff.* Gw. *graif* 'a writing style' (Dinneen). Tardd y ddau o'r Llad. *graphium.* Hwnnw sydd yma yn ddiau, wedi magu *-t* ar ei ddiwedd, cf. *cwafft-io* o'r Saes. *quaff*, EEW 250, B ii, 45. Defnyddir ef yma yn drosiadol. Gruffudd yw pennaf ysgrifennwr ei blwyf, a gallai Dafydd roi gair da a charedig iddo pe mynnai.

a'i plyg: A chymryd y darll. fel y mae geill feddwl un ai bod crefft Gruffudd yn ei blygu ef ei hun neu'n plygu ei blwyf. Os oes yma gymysgu rhwng *a* ac *a'i* (gw. uchod ar 12. 13), geill olygu fod Gruffudd yn plygu ei grefft, neu, a chymryd *plygu* fel berf gyflawn, fod y grefft ei hun yn plygu. Tebyg mai'r meddwl yw fod crefft Gruffudd yn plygu'r plwyf. Ystyr *plygu* yw 'darostwng.' Cf. H 218. 5–6 nys *plygawt* mab dyn . . . nys *plyko* mab duw yn dragywyt.

2. *craff ei ddeigr:* Annisgwyl yw sôn am ddagrau yn y cyswllt hwn, er nad amhosibl. Tybed a ddylid darllen *dagr*? Am *craff* gydag enw arf cf. IGE[2] 205. 24. A yw *deigr* yn ffurf lu. i *dagr*?

16. *Tudur ap Cyfnerth:* rhyw fardd a ganodd i Ddafydd, mae'n amlwg, gan ei gymharu i'r ceffyl pren ac i'r organ, ond nid oes dim o'i waith ar gael.

18. *simpian:* Dyry OED enghrau. yn 1303 a *c.* 1330 o *symphan* 'used vaguely, after late L. *symphonia*, as a name for different musical instruments.' Diau mai benthyg o ryw ffurf ar hwn yw *simpian.* Gw. hefyd Chambers, *Med. Stage*, ii, 232, lle dangosir fod 'mynstrylsy' ar arfer yn Saes. yn y 15 g. am *simphonia.*

32–3. *Pryderi dir . . . bro Gadell*: Dyfed. Gw. Rhag., t. xviii.

51. *gwasgwyn:* march o Gascony, EEW 73; gw. uchod 75. 28. Cymer Chotzen (*Recherches*, 127) fod yma gyfeiriad at y rhyfel yn Gascony, a chyfieitha'r cwpled hwn, 'Si au contraire il se met en colère, que (le démon) Gwyn ab Nudd m'emporte aux champs de bataille où la Gascogne est (maintenant) domptée, si je m'en soucie.' Camddeallodd y geiriau'n llwyr. Yr ystyr yw, wrth gwrs, 'Os syrr Gruffudd pan fydd fy march i yn ei yrru ar ffo, Gwyn ap Nudd a'm dyco o'm dawr.' Ar Wyn gw. uchod 127. 29.

151

31. *rhental:* DWS rentall. Geill fod yn fenthyg o'r Saes. fel y cymerir yn EEW 63, neu'n gyfans. o *rhent* a *tâl*, deuair cyfystyr, gan fod *rhent* / *rhend* gan y beirdd yn golygu tâl yn gyffredinol, e.e. RP 1307. 16 *gossymeithrent*; GBC 183 Ymlid 'ymhroffid a'm *rhent* Yr wyf finnau i'r fynwent; GGGl xx, 5–6 Proffwyd ac aelwyd Gwilym, / Penrhyn dŵr, pwy un *rhend* ym ?

32. *cwcwll:* Yn EEW 36 nodir yr HSaes. *cugele*, *cugle* 'cowl.' Yn Ped. i, 227 rhoir *cwcwll* fel benthyg diweddar o'r Llad. *cucullus*, Gw. *cochul* (a'r Cym. *cochl* yn fenthyg o hwnnw). G 'math ar benwisg, cwfl.'

33. *allwydd:* G 'llwydd, llwyddiant,' ac un enghr. yn unig. Gellid darllen 'a llwydd.' Ond ansicr yw ystyr llin. 31–4, a chan nas ceir ond mewn rhai llsgrau. dichon eu bod yn llwgr. Dyry GPC *allwydd* fel ffurf ar *allwedd.*

yngwydd: Sylwer fod y gyng. yn gofyn acennu'r gair hwn ar y sillaf gyntaf.

43–4. Symudwyd y pennill hwn o'r cywydd blaenorol (gw. amr.) er gwaethaf tystiolaeth y llsgrau., gan fod y sôn am gleddyf yn fwy cydnaws â'r hyn a ddisgrifir gan Ruffudd yma nag â'r ymryson ar lafar a ddisgrifiodd Dafydd yn y cywydd blaenorol. Hefyd fe ddigwyddodd y geiriau 'a dau dafawd' eisoes yng nghywydd Dafydd.

52. *Gweirful:* cariad Gruffudd Gryg. Cf. 153. 1.

58. *rhaid:* Am yr ystyr 'caledi' gw. CA 164.

70. *Rhys Meigen:* Gw. Rhag., t. xl.

152

10. *rhywola: rhywol* < *rhwyol* < Llad. *regula*. ELIG 7.

12. *diffygia:* Awgrymir yn G y geill *diffygio* fod weithiau yn ferf anghyflawn yn golygu 'dileu,' a rhoir un enghr., RP 1169. 7 ny *diffyc* onyt y diffyd (am Dduw). Ond awgrymir hefyd y dylid diwygio'r testun yn y cywydd hwn i *diffugia*. Yn wyneb y posibilrwydd arall, ac oherwydd anaddasrwydd 'di-ffugio ffug,' argraffwyd 'diffygia.'

15. *adrcopyn:* Ceir hefyd *adyrcop* 'pryf copyn,' o'r Saes. *attercop*, EEW 66, ChO 57, DGG[2] 199.

25. *cydcemir: cytcam*, G 'cellwair, chwarae.' Argraffwyd yma â *-dc-* oherwydd y gyng.

36. *o beiwyf:* Nid rheolaidd mewn Cym. Can. na Diw. cael Modd Dib. ar ôl *o*. Ond gw. L & P 273 lle dyfynnir HGym. *hou boit*, B v, 246, a *hou bein atar*, B v, 236. Hawdd fuasai diwygio yn *o beiaf*, ond yn wyneb tystiolaeth y llsgrau., a hefyd efallai beth gwahaniaeth yn yr ystyr, derbyniwyd *beiwyf*.

46. *broch yng nghod:* Atgof o'r driniaeth a gafodd Gwawl yn neithior Rhiannon a Phwyll, PKM 17.

53. *Menw:* sef Menw mab Teirgwaedd, y dewin yn chwedl Culhwch, WM 472.

54. *ditianu:* o'r Saes. Can. *endyte*, *indyte*, Saes. Diw. *indict*, EEW 146–7. At y bôn ychwanegwyd y terf. *-an* benthyg o'r HSaes., (WG 392), a'r terf. *-u* at hwnnw. Cf. *cusanu*, *chwibanu*.

153

3. *tymawr:* Ffurf ffug am *tymor*.

15. *cyfan ymddychanwyf:* berf gyfans., ac felly TM ar ôl *tra*.

17. *Tudur Goch:* rhyw oferfardd na wyddys dim amdano.

22. *nochd:* o'r Saes. *naught*, yn ôl yr eirfa ar ddiwedd BDG, a diau'n gywir. Ond sylwer ar un o'r ystyron yn OED, 'wickedness, evil, moral wrong, mischief.' Cf. ystyr *naughty* heddiw.

39. *hyrio:* Gw. ar 133. 12.

154

1. *arblastr:* bwa croes. Gw. uchod 75. 47.

15. *ped fai ffyrch*, etc. : cyfeiriad yn ddiau at Ysbaddaden Pencawr yn chwedl Culhwch a'r ffyrch yr oedd raid wrthynt i godi ei amrannau. Bob tro y digwyddai hynny taflai Ysbaddaden lechwayw gwenwynig at wŷr Arthur, a thaflent hwythau ef yn ôl a'i anafu. Dyna'r 'gwenwynbar,' llin. 18. Gw. WM 477–9.

31. *cwufr:* Gw. ar 105. 19.

36. *Bleddyn:* Gw. ar 15. 39.

41. *oerfad:* Nid *mad* 'da, ffodus, lwcus,' B ii, 121, ond yn hytrach cf. *mad*alch, Y *Fad* Felen, Be v, 61 ; *bad*, haint, angau.

44. *mold:* o'r Saes. *mould*, ac felly yma yn golygu fod Gruffudd yn gyffelyb i gi.

Mald: Un sillaf yw'r gair yma, ond yn awdl ddychan Madog Dwygraig (RP 1274–6) y mae'n ddwy, ac ysgrifennir ef rai gweithiau yn *Maalt*, cf. LGC 439 *Mahallt*, merch Hywel Selau. Bachigyn ohono yw *Meheldyn* (RP 1276. 29, 33). Y sain yw *Mald* nid *Mallt*, fel y dengys RP 1275. 15 mul y dibobles *malt biblet*. (Wrth gwrs y mae'r gair yn ddwy sillaf yn y dyfyniad hwn, ond na ddangosir hynny yn y llsgr.) Defnyddir y ffurf *Mahallt* am y Saes. Matilda, e.e. E. J. Jones, *Mediaeval Heraldry*, 90. Dywedwyd droeon mai mam GGr oedd Mald (e.e. DGG² xcvii ; IGE liv ; IGE² 349 ; Stern 36 ; EC v, 137–8 ; *Recherches* 117). Ond prin iawn y geill fod hynny'n gywir. Yn Ashton, *Iolo Goch* xl, ceir marwnad i ryw wraig a elwir Hersdin Hogl. Gelwir hi 'Mahelltyn' (llin. 15), ac yn 'vam wyddelyn' (llin. 39). Yn dilyn y mae cywydd dychan i Wyddelyn. Fel y dangosodd yr Athro Henry Lewis (IGE² 349) y mae cywydd marwnad Ithel Ddu (IGE² 59) yn perthyn i'r un dosbarth, ac yma eto sonnir am Wyddelyn, ac mai un o gampau Ithel Ddu oedd dychanu'r gŵr hwnnw. Dywaid yr Athro Lewis mai enw ar Ruffudd Gryg yw Gwyddelyn, ac mai ei fam ef a ddychenir ; hefyd mai rhan o ymryson yw'r tri chywydd hyn, a bod unwaith gywyddau gan Ruffudd i'w hateb. Ond beth yw'r dystiolaeth mai Gruffudd Gryg yw Gwyddelyn ? Y mae'n ymddangos mai'r cyfeiriad hynaf at hynny yw nodyn ar ddiwedd y cywydd dychan i Wyddelyn fel yr argraffwyd ef gan Ashton (420) a hwnnw wedi ei seilio ar y llin. 'Gwyddelyn march cregyn cryg' ym marwnad Ithel Ddu. Yn IGE argraffwyd Cryg (gyda phrif lythyren). Ond bychan o braw yw hyn, a mwy na thebyg mai ans. cyffredin yw 'cryg' yma. Yn wir y mae'r cyfeiriad o blaid credu nad Gruffudd Gryg a olygir, oherwydd y pwynt yw gofidio na bai rhyw fardd iselwael wedi marw ac Ithel wedi ei adael yn fyw. Yr oedd yn ddefod mewn marwnadau ffug (a dyna yw hon, fel y dywedodd yr Athro Lewis) ofidio na bai rhyw fardd sâl dirmygedig wedi ei gymryd o'r byd yn hytrach na'r bardd enwog y cenir ar ei ôl. Cf. y sôn am 'Fleddyn gidwm' ym marwnad GGr i DG (t. 428 isod), ond bod y thema o chwithig yno. Annhebyg iawn y buasid yn defnyddio enw GGr mewn cyswllt fel hyn, gŵr oedd yn fardd o'r iawn ryw, fel y dengys ei awdlau a'i grefft yn gyffredinol. Yr ail beth a bair gredu mai GGr yw Gwyddelyn yw bod Gweirful yn enw ar wraig Gwyddelyn yn y cywydd dychan iddo (*Iolo Goch* xli, 79), ac mai Gweirful oedd enw un o gariadau GGr. Ond yr oedd Gweirful yn enw digon cyffredin yn ddiamau. Y trydydd pwynt o blaid credu mai GGr yw Gwyddelyn yw'r llin. hon yn y testun, 'Mold y ci, fab Mald y Cwd,' ac er mwyn y ddadl hon rhaid tybio mai'r un yw Hersdin Hogl a Mald y Cwd. Y mae hynny ynddo'i hun yn ddigon posibl; gelwir Hersdin Hogl yn 'Fahelltyn' yn *Iolo Goch* xl, 15. Ond nid oes dim i awgrymu mai Gwyddeles oedd hi nac i gyfiawnhau'r haeriad mai mab i Wyddeles oedd GGr. Y mae'n werth sylwi nad yw'r enw Gruffudd yn digwydd o gwbl yn y tri chywydd gan IG, ond yn hytrach Gwyddelyn bob tro. Peth arall i'w gofio yw mai un o Lŷn oedd y Gwyddelyn a ddychenir gan IG, yn ôl llin. 40 a 66 yn y cywydd. Y mae'n gwbl sicr mai un o Aberffraw oedd GGr, ac felly nid ef yw'r Gwyddelyn o Lŷn. Bardd o Lŷn oedd Ithel Ddu hefyd er gwaethaf y sôn rai gweithiau mai o Fôn yr oedd. Y mae'r farwnad iddo (e.e. llin. 40) yn profi hynny. A beth yn fwy naturiol nag i ŵr o Lŷn gael ei gladdu yn Ynys Enlli? Un o'r cymeriadau y byddai ef yn eu dychanu oedd y Gwyddelyn o'i gwmwd ef ei hun. Y mae'n ymddangos i mi mai cymeriadau stoc cellweirus gan y beirdd oedd Mald y Cwd (ac o dan enw arall Hersdin Hogl efallai), a'i mab Gwyddelyn. Cerdd ddychan amdani hi yn dwyn ei afalau yw'r awdl gan Fadog Dwygraig y cyfeiriwyd ati eisoes (RP 1274), a buasai doniolwch dealladwy hollol i'w gyfoeswyr mewn galw GGr yn fab iddi fel y gwna DG yma. Y mae galw mab Hersdin Hogl yn Wyddelyn yn gwbl gytûn â syniad yr oes am y Gwyddyl. Nid yw'n debyg ychwaith mai rhan o ymryson yw tri chywydd IG ond yn hytrach rhan o ganu i gymeriadau a ddychmygwyd er mwyn eu goganu, fel y defnyddiwyd Mari Benwan, Bol Haul, a Meurig Grynswth gan genedlaethau diweddarach. Cymeriadau felly yn ddiau oedd Mald y Cwd, Hersdin Hogl, Gwyddelyn, a'r Brem y dywedir y byddai Ithel Ddu yn ei ddychanu yn ogystal â Gwyddelyn (IGE^2 59. 23, 60. 4). A hyd yn oed os oeddynt yn gymeriadau byw, nid oes dim gwarant dros gysylltu GGr â neb ohonynt.

NODIADAU YCHWANEGOL

Yn rhagymadrodd yr argraffiad cyntaf, t. xiii, dywedwyd na ellid derbyn yr Englynion i'r Grog o Gaer sydd yn H 312–3 am eu bod yn cael eu priodoli i Ddafydd *Llwyd* ap Gwilym Gam. Cam-farn oedd hynny (cf. Saunders Lewis, LlC ii, 201 ; D. J. Bowen, ibid. v, 172). Beth bynnag yw'r rheswm dros ei alw yn Ddafydd Llwyd yn y cyswllt hwn, y mae enw ei dad yn cadarnhau mai ato ef y cyfeirir. Y mae rhannau o'r englynion yn anodd eu darllen ac yn fylchog, ac nid oes gopi arall ar gael hyd y gwyddys. (Gw. H 356–8.)

23

Gw. Eurys I. Rowlands, LlC v, 1–25, 'Cywydd Dafydd ap Gwilym i Fis Mai,' lle y trafodir geiriau mwys yn y cywydd hwn, a hefyd rai cyfeiriadau at chwedloniaeth ac arferion gwerin ynglŷn â Chalanmai. Efallai na fyddai pawb yn gweld cymaint o eiriau mwys ag a welodd Mr. Rowlands.

27

5–6. Yr wyf bellach yn credu fod W. J. Gruffydd yn B viii, 302 wedi mynd yn rhy bell wrth awgrymu newid 'didwn' yn 'Annwn' yn ll. 6, ac felly adferwyd 'didwn' yn yr ail argraffiad hwn. Yn LlC v, 125–35 y mae Mr. Eurys I. Rowlands yn trafod y deuddeg llinell cyntaf. Awgryma ddarllen yn llin. 5, 'Di-dŷ a bair' neu 'Didya bair,' gan weld yma gyfeiriad at y chwedl am Frân, a chan ffafrio'r blaenaf o'r ddau ddarlleniad. Ystyr y cynnig cyntaf fuasai 'Y di-dŷ sy'n peri,' a'r ail 'dwg bair allan o dŷ,' gan gymryd y ferf fel modd gorch. o *didyaw* 'gwneuthur yn ddigartref, anrheithio' (G, gydag enghrau. o gywyddwyr diweddar). Y mae'n fy nharo i fod cryn wahaniaeth rhwng ystyron G a'r syniad o ddwyn rhywbeth allan o dŷ. Y mae Mr. Rowlands yn pleidio darllen ll. 5–12 fel hyn :

Di-dŷ a bair, air wryd,
Didwn ben, dadeni byd,
Ac y sydd berydd, barabl,
Tyddyn pob llysewyn pabl,
Ag eli (twf ddeudwf ddadl)
Ac ennaint coedydd gynnadl
Da gŵyr (myn Duw a gerir)
Dy law cadeiriaw coed ir.

Un gŵyn yn erbyn hyn yw mai annhebygol fyddai cael ansoddair fel 'di-dŷ' yn y cyflwr cyfarchol heb 'y' o'i flaen. Hefyd y mae 'barabl' ar ei ben ei hun fel sangiad yn annaturiol iawn. Nid wyf yn deall beth sydd gan Mr. Rowlands wrth ddweud 'O ran ystyr, chwithig iawn yw'r frawddeg gymysg fel yn ôl testun GDG.'

50

Yn LlC v, 187–90 y mae gan Mr. D. Machreth Ellis drafodaeth ar y chwarae 'cnau i'm llaw.' Y mae Mr. Ellis yn amau'r darlleniad 'amnifer' yn ll. 30, oherwydd (1) mai yn Ll 6 yn unig y mae'n digwydd ('cyfnifer' sydd yn y llsgrau. eraill), a (2) nad yw nodi amnifer bob tro yn rhoi dewis i'r chwaraewr. Yn erbyn hyn y mae'n rhaid nodi hyn : (1) y mae Ll 6, er ei bod yn wallus yn fynych, yn hen lsgr., ac y mae digon o enghrau. o ddarlleniadau da wedi eu cadw ynddi. (2) Y mae'r ddau gywydd arall, gan Iolo Goch ac Ieuan ap Rhydderch, yn crybwyll 'amnifer' ar yr un pwynt yn y chwarae. ('Am y nifer' a geir yn argraffedig yng nghywydd Ieuan, IGE² 226. 17, ond amlwg mai gwall am 'amnifer' ydyw.) (3) Diau mai hanfod y chwarae, fel y mae Mr. Ellis yn cydnabod, yw darganfod a yw mab neu ferch yn caru merch neu fab arbennig mewn gwirionedd. Nid oes yma fater o ddewis ar ran y sawl sy'n ymholi, ddim mwy nag y gellir dewis wrth dynnu brigau'r rhedynen neu betalau llygad-y-dydd. Math o desni neu ddweud ffortiwn ydyw. Os amnifer o frigau neu betalau sydd, yna y mae'r ferch neu'r mab yn caru'r un sy'n ymholi. Yn gyffelyb, os amnifer o gnau sydd yn llaw'r chwaraewr, y mae'r un peth yn wir. Dweud hynny a wneir yn y cywyddau, 'O'm câr, gad yna . . . amnifer' ; 'Gad yna . . . amnifer ym, ni'm sym serch' ; 'Os câr, gad yna . . . amnifer.'

47. *bocedlaes:* Yn ôl Mr. Saunders Lewis (LlC ii, 204), benthyg yw *boced* yma o'r Ffrangeg *bocquet*, a *bocket* yn Saesneg, ' "a truncation made over the tenor," llais uwch yn torri ar y motet.'

66

I geisio deall y cywydd hwn rhaid cofio am syniad yr Oesoedd Canol am natur breuddwyd, sef fod enaid dyn yn gadael ei gorff ac yn crwydro'n ddilyffethair, a'r breuddwyd yw'r hyn y mae'r enaid yn ei weld. Dyna sydd gan Ddafydd yma : 'A'm pen ar y gobennydd, Acw y daw cyn y dydd . . . Angel bach yng ngwely bun,' a'r angel bach yw enaid Dafydd. Y mae'r ferch mewn 'tref wiw' (llin. 3), ac y mae Dafydd yn bell oddi wrthi (llin. 19). Geill pell yma yn ddiamau olygu ei fod ym mhen arall y dref wiw, neu efallai filltiroedd i ffwrdd. Y mae 'mewn mynachglos' yn llin. 33 yn profi'n weddol bendant mai mewn mynachlog yr oedd Dafydd yn cysgu. (Nid ei fod yn fynach ; gallai fod yno'n westai.) Ond eto nid amhosibl mai ystyr y geiriau hyn yw fod y cloc yn gwneud cymaint o sŵn â phetai clap melin yn atseinio yn nhawelwch clos mynaich. Sut bynnag, rhaid casglu fod y cloc yn rhywle o gwmpas Dafydd, un ai yn yr adeilad lle mae ef yn cysgu neu'n gyfagos.

Yn y nodiadau uchod, tt. 498–9, awgrymwyd mai Aberhonddu oedd 'y dref wiw,' ar bwys enwau lleoedd yn cynnwys yr elfen Rheon heb fod nepell, a hefyd y cyfeiriad at 'gaer gron' (llin. 4). Yn LlC v, 119 awgrymodd Dr. Iorwerth Peate, gyda rheswm a synnwyr, mai castell Bernard Newmarch oedd y gaer gron, ac nid y gaer Rufeinig fel yr awgrymais i. Sylwodd ef hefyd y gallai'r 'eang eilun' yn llin. 15 olygu'r ddelw o'r Grog ym mhriordy Aberhonddu, delw oedd yn enwog iawn gynt.

Dadleuodd Mr. Saunders Lewis (LlC ii, 206) dros y llsgrau. hynny sy'n rhoi 'gaer lw leon' a 'gaer lliw llion' fel darlleniad llin. 3, ac y dylid felly gymryd mai'r dref wiw yw Caerlleon Gawr neu Gaerllion ar Wysg. O blaid y blaenaf, yn ôl Mr. Lewis, y mae'r ffaith y gallai fod Abaty St. Werbergh yng Nghaerlleon yn ddigon cyfoethog i fod yn berchen cloc yn y cyfnod cynnar hwn. Y mae hefyd yn awgrymu darllen llin. 42 fel 'Ymhlith Deifr ym mhleth dwyfron,' a deall Deifr fel enw ar y Saeson. (Y mae Deifr hefyd wrth gwrs yn ffurf arall ar Dyfr, enw un o rianedd llys Arthur, ac felly y cymerwyd ef wrth lunio testun y cywydd.) Cyndyn yw Mr. Lewis i fynnu fod Dafydd yn cyfeirio at Abaty Glastonbury, er bod cloc yno yn 1335. Felly ar hyn o bryd nid oes fodd penderfynu pa le yw'r dref wiw y mae Dafydd yn sôn amdani ar ddechrau'r cywydd hwn.

Yn yr erthygl a nodwyd eisoes fe dynnodd Dr. Peate sylw at beth tra diddorol, sef fod y Ffrancwr, Jean Froissart, yntau yn defnyddio cloc mewn cerdd serch, ac yn crybwyll ei wahanol rannau fel y mae Dafydd yn gwneud yn y cywydd hwn. Bu Froissart yn aros ym Mhrydain am ysbeidiau oddeutu'r flwyddyn 1360. Nid yw'n gwbl amhosibl ei fod ef a Dafydd wedi cyfarfod. Neu fe ddichon fod Dafydd yn gwybod am gerdd Froissart, 'Le Orlage Amoureus,' ac mai ar honno y seiliodd ei ddisgrifiad o gloc yn ei gywydd. Ond y mae'n anodd meddwl nad oedd Dafydd wedi gweld cloc ei hun yn rhywle, a barnu wrth fanylder a bywiogrwydd y disgrifiad. Yn ôl Dr. Peate cerdd Froissart a cherdd Dafydd yw'r unig gerddi yn y cyfnod sy'n trafod cloc.

111

5. *salm balchnoe:* Dyma eiriau Mr. Saunders Lewis yn LlC ii, 204: 'Gallai salm Balchnoe olygu pennod liv o lyfr Esay neu ynteu, ac yn fwy tebygol, fod yn enw ar dôn y cenid salmau arni ar ddiwrnod cyffredin:

> *The Commemoratio brevis de Tonis et Psalmis modulandis*, a 10th century tonary, is of special importance since it records a series of melodies by means of daseia signs. The melodies are there set to the syllables *Noa-noe-ane Noe agi* (the system is frequently referred to as the *Noeane system*).
>
> Gustave Reese, *Music in the Middle Ages*, 172–3.'

122

Yn *Ysgrifau Beirniadol*, x, 181-9 y mae gan yr Athro R. Geraint Gruffydd sylwadau ar y cywydd hwn. Y mae'n awgrymu rhai darlleniadau gwahanol i'r llinellau 7-12, ac yn dal mai Iarllaeth Caerlleon Gawr yw 'swydd goeth Gaer.' Dangosodd hefyd yn bur glir mai 'gamsai' a ddylid ei ddarllen yn llin. 15, sef TM o *camsai*, tarddair, ryw ffordd neu'i gilydd, o'r Llad. *camisia*, yn golygu gwisg offeiriad wrth weinyddu'r offeren, ac felly'n gyfaddas iawn yn y cyswllt hwn. Yr oedd GPC wedi awgrymu mai llygriad oedd *casmai* o *camse*, benthyg o H. Wydd, *caimmse*, o'r Llad. Diw *camisia*.

148

6. Awgrymodd Mr. Saunders Lewis (LlC ii, 208) wneud diwedd y llin. hon yn ddiwedd brawddeg. Derbyniwyd yr awgrym. Y mae ef hefyd yn argymell symud y cwpled 19–20 a'i roi ar ôl llin. 10, a newid y darll. yn llin. 20 i 'oni fo cas.' Ymddengys i mi fod dau reswm yn erbyn hyn. Yn erbyn y symud, y mae taflu hen delyn yn gwneud gwell synnwyr na thaflu cywydd. Yn erbyn y darll. gwahanol y mae rhediad y frawddeg. Yr wyf yn cymryd 'hwn' yn llin. 19 yn gyfystyr â 'yr hwn' heddiw. Felly yr ystyr yw, 'Yr hwn a'i teifl . . . hwnnw fo cas.'

GEIRFA A MYNEGAI

A

âb, 22. 28 ; 43. 10, epa.

abades, 113. 33.

Aberffraw, 153. 34.

Abermaw, 99. 25.

aberth, 122. 31.

abid, 35. 46, gwisg mynach.

abl, 4. 12.

absen, 149. 6 ; 152. 30, absenoldeb.

acses, 19. 40, afiechyd.

achlân, 34. 14 ; 64. 46 ; 83. 53 ; 105. 10 ; 127. 11, 37 ; 128. 62, i gyd, yn llwyr.

achludd, 42. 20, cuddio.

achub, 114. 17, dal, meddiannu, cyrraedd.

achul, 110. 17, cul.

adaf, 43. 45 ; 143. 25, llaw.

adafael, 16. 1 n.

adail, 59. 9 n., 31.

Adail Heilyn, 83. 33.

adail oddieithr, 140. 43, rhannau allanol castell.

adameg, 102. 10, ymadrodd.

adeilad, 63. 29, adeiladu ; 3 un. pres. *adeila*, 121. 24 ; 3 un. gorff. *adeilws*, 105. 28 ; amhers. gorff. *adeilwyd*, 139. 43.

adeilym, 18. 9 n.

adlaw, 18. 23, ? isel, darostyngedig.

adnabod, 3 un. pres. *edwyn*, 57. 20 ; *adwaen*, 28. 23 ; 1 llu. pres. *adwaenam*, 128. 40 ; 3 un. amherff. *adwaeniad*, 57. 21 ; 66. 6 ; 2 un. gorch. *adnebydd*, 89. 17.

adolwg, 22. 30 n., erfyn, dymuno.

adolwyn, 95. 48, dymuno.

adrcopyn, 152. 15 n.

adrgop, 68. 39 n.

adwedd, 90. 14, methiantus.

adwern, 46. 20 n. ; 60. 4, cors.

adwerydd, 97. 18 n., hen ferch.

adwna, 94. 23 n., 3 un. pres. *adwneuthur*, dadwneuthur.

Adda, 83. 50 ; 92. 30 ; *Addaf*, 24. 1, 31.

addail, 107. 11 n. ; 145. 26 n., dail.

addef, 32. 12, cydnabyddedig.

addfain, 110. 18, main.

addien, 16. 67, rhagorol, gwych.

addwyn, 4. 22 ; 38. 10, hyfryd, tirion.

aelaw, 16. 8 ; 78. 28 ; 142. 14, rhwydd, parod.

aele, 16. 5, trist.

ael-feiniaint, 11. 42, meinder ael.

aer, 6. 6, brwydr.

aerau, 88. 29.

aeron, 30. 23, grawn.

Aeron, 99. 35.

aesor, 5. 47, tarian.

afall, 131. 16, pren afalau.

afanc, 75. 31, llostlydan, anifail dŵr.

afar, 6. 3, 31 ; 90. 14, tristwch.

Afia, 13. 122 n., Arabia.

afradaur, 9. 1, yn hael â'i aur.

afrifed, 21. 87 n.

afrlladen, 67. 28 ; 122. 26, bara cysegredig yr offeren.

affaith, 54. 19, cyfran mewn gweithred.

affan, 63. 56, poenus.

agerw, 64. 7 ; 92. 15, ffyrnig.

agwrdd, 4. 13 ; 13. 7 ; 18. 27 ; 20. 43, cadarn.

agwyddor, 20. 15, 41, safon, sylfaen.

agwyr, 81. 27, gwyrgam.

Angharad, 16, *passim*, 140. 32.

anghenfagl, 75. 41 n., magl.

anghengaeth, 53. 8, gorfodaeth.

anghyfnerth, 48. 42, trueni.

anghyfrwys, 61. 27 n., trwsgl.
anghyfuwch, 51. 31, ar dro, crwm.
anghynnil, 73. 29, anghelfydd, trwsgl.
anghyweithas, 26. 24, cas, afrywiog.
anghywraint, 11. 1, trwsgl.
angorwaisg, 140. 55 n.
a'i (a'r *'i* yn ddianghenraid), 23. 41, 48 n.; 45. 46; 52. 37 n.; 78. 36 n.; 103. 24.
aig, 71. 38; 75. 37, haid o bysgod.
aing, 33. 16, awydd, blys.
ail, 17. 20; 33. 14; 105. 7, 120. 17, cyffelyb i.
aillt, 7. 12, caethwas.
ainc, 142. 21, awydd, blys (cf. *aing*).
-aint (terf. 3 pers. llu. amherff.), 11. 26, 28, 29, etc.
ais, 78. 13, mynwes, bron; 121. 28; 144. 6, llathau, darnau meinion o bren a ddefnyddir wrth doi.
alaeth, 14. 8; 17. 16; 20. 25, galar, tristwch.
alaf, 16. 7, cyfoeth.
alar, 124. 24, diflastod.
alathr, 122. 5 n., rhagorol.
alaw, 16. 66; 53. 3, lili.
albrasiwr, 75. 47 n., saethwr â bwa croes.
albrs, 75. 54, bwa croes.
almari, 130, 34, cwpwrdd.
als, 152. 60, gwddf.
allardd, 68. 35 n., hyll.
allwydd, 151. 33 n.
am, 89. 13 n., yr ochr arall i. 3 un. ben. *amdeni*, 98. 52; 3 llu. *amdanun'*, 90. 23.
amaeth, 41. 4, llafurwr ar y tir.
ambrydu, 77. 12 n., ymwrthod â.
amdwf, 34. 2, tyfiant da.
amddyfrwys 108. 12. cadarn, llym.
Amen, 34. 26; 146. 14.
Amlyn, 17. 15 n.
amnaid, 145.31, arwydd.
amnifer, 50. 30 n.
amnoeth, 54. 28 n., llwm.
amorth, 128. 52; 135. 17, anlwc, melltith.
amraisg, 30. 3 n., gwan, eiddil.
amyd, 50. 44 n.; 119. 8, ŷd cymysg, cnwd.
anaelau, 91. 25, dychrynllyd.
anaergryf, 21. 58, gwan mewn rhyfel.
anardd, 21. 20, hyll.
anarlloes, 12. 30 n., llawn.
anathlach, 109. 8 n.
ancr, 120. 32, meudwy.
ancrain, 91. 1, ymdreiglo.
ancwyn, 14. 31, pryd o fwyd, gwledd.
Andras, 4. 26.
anehwybrsych, 68. 46, cymylog a gwlyb.
anerfai, 21. 26, tila, truenus.
anfedrus, 1. 17, anweddus, amhriodol.
anfoddog, 70. 41, anfodlon.
anfferf, 46. 44 (ffurf fen. *anffyrf*), main, eiddil.
angerdd, 32. 3; 114. 13 n.; 140. 27; 143. 15; 151. 45, dawn arbennig; 85. 21; 90. 22, nwyd.
anhawddfyd, 75. 60, anlwc, aflwydd.
anheodr, 21. 79 n., anhyfryd. annymunol.
anhyfaeth, 147. 5, afrywiog, blin.
anhyful, 148. 17, afreolus, swnllyd.
anianol, 24. 17 n., tra (yn cryfhau ystyr gair arall).
anllad, 21. 25, anniwair.
Anna, 3. 4 n., 5; 26. 21; 52. 42.
annawn, 13. 51; 22. 20, anffodus.
annhëyrn, 21. 79, di-urddas.
annibech, 107. 16, pechadurus.
annifa, 149. 30 n., cyfan, di-fai.

anniferiog, 50. 2, diniwed, digynllwyn.
anniog, 151. 36, bywiog, egnïol.
annisyml, 146. 24, trwstan.
annos, 26. 22, cymell, gyrru.
annudd, 86. 21 n.
Annwfn, 27. 40 ; *Annwn*, 22. 42 ; 27. 6 ; 68. 44, y byd arall, gwlad y Tylwyth Teg.
annwyd, 2. 1 ; 8. 16 ; 48. 15 ; 118. 9 ; 140. 6 ; 143. 13, anian, natur ; 24. 40 ; 89. 37, oerni.
anobaith, 39.32, diobaith
anoddau, 1. 19, dibwrpas.
anoddun, 37. 24, dyfnder.
anoeth, 61. 19 n. ; 72. 19 ; 75. 35, rhyfeddod, rhywbeth anodd ei ennill.
anolesg, 154. 16, sionc, hoyw.
anolo, 60. 40 n. ; 142. 31, ofer, di-fudd.
anrhaith, 98. 6, 18, ysbail, trysor.
anrhegydd, 5. 31, rhoddwr.
ansyberw, 143. 47, anfonheddig.
anterth, 129.36; 146. 18, naw o'r gloch y bore.
anudon, 138. 31 ; 153. 53, llw ar gelwydd.
anun, 62. 1, diffyg cwsg.
anûn, 61. 17 n., *anuun*, 128. 64, anghytûn.
anwadalrhwydd, 98. 38 n.
anwr, 21. 75 ; 141. 21, llyfrgi, adyn.
apêl, 34. 3 n.
ar, 3 un. ben. *arnai*, 120. 44 ; 1 llu. *arnam*, 74. 18.
arab, 98. 34, llawen ; 115. 44 ; 147. 53, ffraeth, cellweirus.
araf, 87. 50, mwyn.
arail, 24. 42 ; 29. 5 ; 145. 59, gofalu am, gwarchod.
araith, 6.16, cân.
arallwlad, 127. 19 ; 147. 55, estronol.
araul, 63. 24, gloyw, disglair.
arblastr, 154. 1 n., bwa croes.
ardelydd, 127. 13, ffurf lu. *ardal*.
Ardudfyl, 149. 48 ; 153. 52.
ardwy, 71. 5, nawdd.
arddelw, 69. 11, hawlio.
arddufrych, 105. 19 n. ; 154. 31, tywyll, du ei groen.
arddwyd, 87. 17, amhers. gorff. *aredig*.
aren, 63. 37, ffraeth, siaradus.
arfeddyd, 66. 1, amcan.
arfod, 12. 42, ergyd ; 103. 26 n., cyfle.
arfodus, 22. 13 n., ergydiol, arfog.
arfoll, 13. 39 ; 91. 19, derbyn.
Arfon, 84. 42 ; 89. 27 ; 152. 3.
arfynaig, 25. 33 n., ? dymuniad, deisyfiad.
argae, 13. 101 n., bedd.
argais, 22. 17, cais, cynnig.
argenfydd, 114. 33, 3 un. pres. *arganfod*.
arglwyddïaeth, 9. 53 ; 126. 39.
arglwyddïaidd, 15. 44.
argor, 81. 33, palis o goed ar lan môr i warchod y tir.
argyswr, 77. 23 ; 154. 51, ofn, dychryn.
argywedd, 16. 75, niwed, briw.
arhowy', gw. *aros*.
arial, 6. 37 ; 14. 37 ; 22. 14 ; 45. 5 ; 52. 12, egni, nwyf.
ariant, 10. 29, arian.
arien, 94. 1, barrug, llwydrew.
arloes, 49. 30, clir, glân, gwag.
arlwy, 139. 31, paratoi, dwyn i fod.
arlloes, 13. 56 n., gwag.
arllost, 147. 45, paladr gwaywffon.
armes, 84. 52 n., darogan.
arofun, 84. 33, dymuniad.
aros, 47. 22, o gymaint â.
aros, 3 un. pres. *ery*, 13. 53 ; 1 un. pres. dib. *arhowy'*, 151. 15 ; 2 un. gorch. *aro*, 116. 28 ; 117. 43 ; 126. 18 ; 3 un. gorch. *arhoed*, 13. 104.

artaith, 130. 29 ; 147. 9, poen, ing.
Artro Fawr, 99. 24 n.
Arthur, 5. 14 ; 147. 35.
arweddus, 1. 35, hardd.
arwest, 11. 7, llinyn, tant.
arwyrain, 98. 31, mawl.
arymes, 140, 15 n., gw. *armes*.
aserw, 12. 23 n.
aseth, 111. 30, gwialen ; llu. *esyth*, 11. 10 n.
asgellwynt, 91. 48, gwynt ochr.
asgen, 65. 54, niwed.
asiwyd, 4. 18, amhers. gorff. *asio*, cysylltu.
astrus, 1. 18.
astud, 124. 15.
asur, 44. 15 ; 45. 41 ; 128. 55, glas.
atai, 75. 38, 3 un. ben. *at*.
ataliaith, 148. 61, llafar un ag atal dweud arno.
ateg, 71, 35, rhwystr.
ateth, 21. 59 n., *atethol*, 65. 49 n., dirmygedig.
atynt, 15. 12 n.
a'u (a'r *u* yn ddianghenraid), 12. 13 n.
aur, yn fynych iawn, e.e. 45. 53, yr ystyr yw 'hardd, gwych.'
aur-rhuddiad, 12. 50, un sy'n meddu aur rhudd.
awchlif, 147. 15, miniog.
awdr, 117. 35.
awenydd, 114. 26, awen, dawn cân.
awgrym, 58. 3 n.
awr by awr, 120. 28, o awr i awr.
Awst, 27. 24.

B

Babilon, 140. 26 n.
baches, 85. 32, bechan.
bagad, 31. 11 ; 140. 10, clwstwr, swp ; nifer, llu.
bagluryn, 88. 16, blagur.
bain', 91. 52 n., 3 llu. amherff. dib. *bod*.
bais, 54. 45 ; 71. 2 n., mynediad drwy ddŵr, rhyd, sarn.
balchnoe, 111. 5 n., arch Noa.
ballasg, 50. 45, plisg.
banc, 75. 32, glan y môr.
bancr, 12. 29 n. ; 63. 10 n., gorchudd.
band, 13. 82, onid ?
bangaw, 24. 25 ; 25. 37 ; 120. 4 ; 122. 27, uchel, huawdl.
Bangor, 15. 10 : 111. 6 ; 149. 35.
banw, 21. 46 ; 75. 23, porchell ; 60. 22 n., carw ifanc.
bar, 12. 9 n.
bâr, 9. 29 ; 16. 64 ; 82. 34 ; 92. 23; 114. 52, llid.
barcutan, 139. 10.
barddonïaeth, 19. 34.
barddonïaidd, 15. 24.
baril, 93. 43, casgen.
Basaleg, 8. 38 ; 9. 54 ; 11. 39.
bastardd, 152. 14.
bastynwas, 21. 33.
bastynwyr, 76. 32 n.
bath, 75. 53 ; 91. 16, dull, modd.
bawaf, 21. 64, gr. eith. *baw*, salwaf, gwaelaf.
begr, 73. 31, cardotyn.
beiddiad, 78. 35, beiddiwr, anturiwr.
beirniad, 45. 55 n. ; 129. 5.
beirw, 12. 22 ; 51. 36, 3 un. pres. *berwi*.
beiston, 93. 7, glan, traeth.
beiwyf, 152. 36 n., 1 un. pres. dib. *beio*.
bel, 35. 4 n.
Beli, 12. 43 n.
benffyg, 79. 46 n.
bêr, 61. 54 ; 91. 44, picell.
bergron, 108. 1, ffurf fen. *byr* +*crwn*.
be rhôn, 114. 55, gw. *pei rhôn*.
berth, 5. 27 ; 12. 27, hardd.

C

ceiniad, 16. 69; 123. 17, datgeiniad.

ceiniog, 26. 10; 120. 50.

ceinnerth, 119. 20, ? nerthol, cadarn.

ceisbwl, 75. 16 n.

celennig, 88. 1 n., anrheg, rhodd, gw. *calennig*.

celffaint, 145. 39, pren crin.

celg, 33. 28 n.; 84. 56 n., twyll.

celgwr, 33. 29, twyllwr.

Celi, 2. 11; 13. 27, 33, 37; 36. 27; 63. 71; 113. 3; 114. 27, Duw, Arglwydd; 108. 33, nef.

celyrn, 21. 78, llu. *celwrn*, llestr.

celli, 121. 29, llwyn.

Celli Fleddyn, 83. 12.

Cellïau'r Meirch, 83. 7.

cên, 19. 7 n., 148. 29.

cenhedlog, 31. 59; 33. 23, bonheddig, urddasol.

cenhedloyw, 135. 25, *cenedl* + *gloyw*, bonheddig ei dras.

cenmyl, 7. 26, 3 un. pres. *canmol*.

cennyw, 70. 47; 133. 27, 3 un. pres. *canfod* (a'r ystyr yn orff.).

cenynt, 30. 25 n., 3 llu. pres. neu amherff., gw. *cên*.

cer, 140. 50, ger.

ceraint, 11. 45, llu. o *câr*, perthynas.

cerbyd, 21. 1 n.

cerddor, 143. 10 n., gwneuthurwr, lluniwr.

Ceredigiawn, 88. 4; *-ion*, 16. 68.

Ceri, 9, 7; 85. 23 n.

cern, 46. 6; 60. 3, boch.

cerrynt, 84. 21 n.; 144. 27, llwybr, ffordd; (yn dros. dull, modd).

cersi, 127. 38 n.

certh, 31. 31; 47. 21; 124. 65, iawn, gwir, cywir.

cest, 21. 38, bol.

cethin, 46. 18, 19; 60. 3, rhuddgoch; 86. 6, ffyrnig, milain.

cethlydd, 69. 22; 114. 26, canwr.

ceudawd, *-od*, 13. 91; 19. 25; 21. 71; 38. 15; 87. 5; 108. 11; 140. 20, calon, mynwes, gwasg, canol.

ceusallt, 145. 16 n.

cildant, 25. 44; 142. 25, tant uchaf y delyn.

cilchwyrn, 21. 74, chwarren.

ciliawdr, 143. 51, ffoadur.

ciprys, 19. 32, ymryson; 118. 25, yr ymrysonir amdani.

ciried, 6. 13: 11. 25; 65. 4, 11; 76. 11; 133. 22, haelioni.

cist, 20. 42, 45, 50, 52, arch y marw,

ciwdawd, 5. 17, llwyth, pobl.

claer, 6. 5, gloyw.

clafes, 21. 25, merch glaf.

claim, 113. 13 n., un a hawlir.

clais, 39. 3, toriad.

clap, 66. 33 n.

clared, 132. 14, gwin coch.

clau, 63. 9; 89. 9; 122. 30, uchel, hyglyw; 108.24, buan.

cled, 149. 20, ben. o *clyd*.

cledr, 91. 22 n.; 111. 30 n., rhwyllwaith, esgyrn y fynwes.

cledren, 143. 25, ffon; 10. 26; 100. 15, post, piler (yn dros. cynheiliad).

cleddiwig, 91. 30, chwarel.

cleddyfawd, 18. 40, ergyd cleddyf.

cleirch, 63. 46, hen ŵr.

clêr, 7. 14 n.; 21. 52, 74; 45. 11; 85. 23; 137. 29; 142. 18; 151. 6; 152. 7; 153. 17.

clera, 134. 17; 137. 55, canu mawl am dâl.

clerwraidd, 15. 33, fel bardd o radd isel.

clerwraig, 122. 29.

clerwyr, 121. 18, beirdd.

clo, 56. 7, yn dros. eglurhad, rheswm.

cloc, 66. 21.

cloch aberth, 25. 35 ; 122. 30, cloch a genir yng ngwasanaeth yr offeren.
clochyddes, 113. 30.
clodfrys, 137. 2, clodfawr.
cloddies, 127. 44, 3 un. gorff. *cloddio*.
clos, 4. 5 ; 29. 4, mangre gaeedig.
clowrllyd, 153. 17, clafriog, crachlyd.
Clud, 13. 29 n.
cludair, 99. 19, pentwr.
clwyd, 68. 23, rhwyllwaith, dellt ; 142. 23, y pren y saif aderyn arno.
clydwr, 6. 30, cysgod.
clydwyan', 30. 7 n.
clywed, 1 un. amh. *clywwn*, 122. 21 ; 126. 9 ; 2 llu. pres. *clywwch*, 128. 46; 2 llu. amherff. *clywewch*, 89. 10; 1 un. pres. dib. *clywwyf*, 152. 31.
cnaif, 15. 36 n.
cnap, 22. 20 n.
cnau i'm llaw, 50 n.
cnewyll, 50. 45, llu. o *cnewyllyn*, canol cneuen.
cnithiaw, 145. 31, taro.
cnoi, 62. 18 n. ; 3 un. pres. *cny*, 29. 35.
cnyw, 21. 73, anifail ifanc.
cocys, 21. 47.
codarmur, 68. 28 n., arfwisg.
coddi, 12. 15 ; 85. 33, digio ; 3 un. pres. *cawdd*, 16. 37.
coddiad, 16. 65, poen, tramgwydd.
Coed Eutun, 25. 52.
coeg, 22. 24 ; 63. 35, ofer.
coeglwybr, 65. 30 n., llwybr diarffordd.
coel, 29. 1 n., coflaid, baich.
coelfain, 36. 8, newydd da ; 59. 29 ; 80, 40 ; 143. 27, rhodd.
coesir, 119. 40, *coes* + *hir*.
coetgae, 68. 27 ; 87. 28 ; 134. 8, maes.
coety, 134. 9, trigfan.
cof, 1. 33 n. ; 16. 73, 80.
cofl, 34. 2 ; 128. 19 ; 148. 38, coflaid.
coffr, 149. 39, cist.
cogor, 34. 35 ; 80. 35 ; 130. 36, trwst, twrw.
col, 61. 29, pig ; cf. *coly*.
coly, 140. 25, colyn, pigyn, blaen.
combr, 44. 16 n. ; 68. 37 ; 139 18, defnydd drudfawr.
copr, 19. 44 n. ; 118. 25.
coprs, 19. 32 n.
côr, 5. 18, llys ; 5. 23, llys, ? caer ; 11. 6 ; 149. 36, cangell.
cordder, 51. 44, amhers. gorch. *corddi*, cyffroi, cythryblu.
cordderw, 65. 27, derw bychain.
corf, 13. 116 ; 16. 50 ; 147. 35 ; 148. 12, post, piler.
corfedw, 95. 15, bedw mân.
cornawr, 130. 31, utganwr.
corodyn, 21. 8 n. ; 117. 58 ; 133. 30 ; 143. 7.
coron, 133. 23.
corpws, 126. 43, corff.
corun, 35. 10 n., 50, 74, corun moel mynach.
cost, 10. 33.
costom, 68. 37 n., toll, tâl.
costrith, 13. 125, ? hael.
craff, 150. 2 n.
craig lefair, 148. 60, carreg ateb.
crair, 11. 22 ; 12. 45 ; 13. 36, 132 ; 20. 51 ; 43. 22 ; 133. 32, trysor, anwylyd.
Cred, 10. 35 ; 13. 36 ; 41. 2 ; 94. 32 ; 118. 28 ; 125. 27, y byd Cristnogol.
credaduniaeth, 43. 35, cred, ymddiriedaeth.
creg, 83. 15, ffurf fen. *cryg*.
Creirwy, 123. 19.
creithgrest, 125. 39 n.
creuol, 94. 55, gwaedlyd.

criaf, 133. 33, 1 un pres. *crio*, cyhoeddi, datgan.
criawal, 26. 25, criafol.
crimog, 124, 30, coes.
crimp, 91. 60, brau, cras ; 145. 50, ymyl galed finiog.
crisiant, 139. 18, grisial.
Cristus, 2. 3, Crist.
croes, 144. 42 n.
croesan, 52. 30, cellweiriwr.
croesanaeth, *-eth*, 21. 19 ; 55. 16 n. ; 154. 49.
Croes Naid, 44. 11 n.
crog, 4. 45 ; 140. 12, croes.
croglath, 115. 32, magl i ddal anifail.
croth, 26. 25 ; 125. 39, bol.
crupl, 87. 4, gŵr anafus.
crwper, 66. 35, pedrain, pen ôl.
crwth, 125. 31, offeryn cerdd.
crwydr, 5. 45 n., 14. 35, addurn delltog ar arfau ; 61. 5, 39 ; 135. 15 ; 143. 27, taith ar wasgar ; 11. 43 n. ; 54. 53 n., anhrefn, cythrwfl, gwasgariad.
cryg, 148. 60 n., ag atal dweud arno.
cryn, 52. 54, bychan, ychydig; 91. 35 n., bras, helaeth.
crynbren, 33. 9 n., pren bychan.
crynfain, 125. 30, cerrig mân.
crynŵraidd, 52. 54 n., taeogaidd.
crysan, 139, 18, crys.
cryw, 63. 54, cawell.
cuall, 13. 102, ffyrnig.
cud, 143. 36, barcud.
cuert. 115. 8 n.
Cubelyn, 25. 41 ; 143. 39 n.
culi, 104. 7, culni, meinder.
cun, 7. 25, 31. 31, arglwydd, pennaeth.
cur, 30. 18, 3 un. pres. *curo*.
curnen, 130. 31, crug, pentwr, carnedd.
cwcwallt, 85. 37, gŵr â'i wraig yn anffyddlon iddo.
cwcwll, 63. 12 ; 151. 32, gwisg pen.
cwfaint, 138. 7, gwŷr mewn urddau mynachaidd.
cwfeiniaid, 113. 20, preswylwyr mynachlog neu leiandy.
cwfert, 68. 22 n.; 70. 48, gorchudd.
cwfl, 35. 46 ; 58. 15 ; 59. 16 ; 68. 21, 26, gwisg pen.
cwlm, 28. 17 n. ; 46. 8 n. ; 53. 15, 23 ; 74. 16 ; 124. 67 ; 133. 20 ; 133. 26, 35 ; 142. 18 ; 144. 16.
cwlwm, 43. 24.
Cwm-y-gro, 94. 32 n.
cwnsallt, 24. 38 ; 35. 41 ; 73. 19 n.; 97. 23 ; 133. 14, mantell.
cwpl, 19. 28, 43 ; 128. 57 n., y ddau goedyn sy'n cyfarfod ar frig adeilad ac yn cynnal y to.
cwplws, 19. 27, cyplau.
cwrel, 29. 2, 'coral.'
cwrlid, 36. 16, gorchudd.
cwrrach, 148. 21, hen lyfr.
cwrtais, 59. 10.
cwtsach, 125. 17, *cwd* + *sach*.
cwthr, 21. 37 ; 75. 31, pen ôl.
cwufr, 105. 19 n. ; 154. 31, cawell saethau, ? anghenfil.
cwyn, 82. 24, achos cyfreithiol.
cwynofus, 92. 41 n., cwynfanus.
cwysgar, 143. 31, addas i anafu, llym, miniog.
Cybi, 15. 3 ; 52. 27 ; 115. 39.
cychwior, 5. 34 n., perthynas.
cyd, 80. 59, cyswllt cnawdol gŵr a gwraig.
cyd, 54. 21 ; 78. 17 ; 80. 59 ; 110. 6 ; 123. 37 ; 133. 37 ; 135. 31 ; 147. 54 ; 149. 25 n. ; 153. 29, er.
cydcemir, 152. 25, amhers. pres. *cydcam* (*cytgam*), cellwair.
cydfod, 10. 25 ; 59. 20 n. ; 74. 39 ; 106. 11, cyd-fyw, aros, goddef : 3 un. pres. *cydfydd*, 75. 25 ; 3 un. amherff. *cydfyddai*, 33. 22 ; 2 un. gorch. *cydfydd*, 77. 24.

cydfyhwman, 74. 27, crwydro ynghyd.
cydlwynach, 74. 25 n.
cydne, 99. 27, yr un lliw â.
cydymddaith, 50. 3.
cyfa, 68.4, 98. 25 cyflawn, di-fai.
cyfadnabod, 128. 54, cydnabod.
cyfaillt, 7. 12.
cyfair, 27. 29; 67. 33, ardal, lle; *ar gyfair*, 92. 9.
cyfanheddu, 137. 66 n., diddanu, diddori.
cyfanheddrwydd, 137. 76, diddanwch.
cyfannedd, 18. 19, hyfryd, dymunol.
cyfansoddwr, 6. 29 n., trefnwr, darparwr.
cyfar, 65. 2 n., cymdeithas, cyfathrach.
cyfarf, 7, 11 n.; 16. 15 n.
cyfarffo, 100. 13, 3 un. pres. dib. *cyfarfod*.
cyfaros, 41. 6, disgwyl; 2 un. gorch. *cyfaro*, 103. 7.
cyfedd, 16. 71; 34. 23; 144. 4; 148, 14, gwledd.
cyfeddach, 137. 72, gwledda.
cyfeddachwyr, 100. 1 n., cymdeithion.
cyfenw, 112. 9, enw, teitl.
cyfliw gŵr a llwyn, 36. 3–4 n.
cyflun, 70. 49, delw, ffurf.
cyflunio, 38. 13, ffurfio, llunio.
cyflwyd, 143. 1 n., llwyd.
cyfnewidial, 93. 36, masnachu, bargeinio.
cyfoeth, 1. 10; 27. 29, gwlad.
cyfodi, 3 un. pres. *cyfyd*, 5. 9; 10. 10; 3 un gorff. *cyfodes*, 4. 49.
cyfoedi, 76. 41, cyfoedion, cyfoeswyr.
cyfog, 4. 46, selni, taflu i fyny.
cyfor, 5. 43, digonedd.
cyfragod, 87. 3, gwylio, cadw.
cyfranc, 21. 32; 49. 19 n., brwydr.
cyfred, 21. 23 n., cydrediad, ymryson rhedeg.
cyfref, 71. 21 n., cymaint.
cyfrgoll, 87. 41, llwyr golled.
cyfrith, 141. 23 n., ffurf, delw, ymddangosiad.
cyfrwy, 21. 23.
cyfrwys, 21. 21 n., dichellgar, ystrywgar; 148. 49, medrus, cyfarwydd.
cyfwrdd, 32. 2 n., cyfarfod; 3 un. gorff. *cyfyrddawdd*, 55. 5 n.
cyfylfin, 143. 29 n., ymyl.
cyfyw, 51. 50, bywyd.
cyffur, 61. 16 n., ffurf, dull.
cyffylog, 61. 30, 'woodcock.'
cyngaws, 12. 43, brwydr.
cyngerth, 5. 27, cadarn.
cynghafog, 65. 62, yn gafael, yn cydio.
cyngherthladd, 114. 53 n.
cynghorfynt, 140. 1, 5, cenfigen.
cyngor, cefais i'm, 65. 5 n.
cyngwystl, 51. 35, sicrwydd.
cyhafal, 10. 19; 58. 21, cyffelyb.
cyhudded, 102,11, cyhuddiad; llu. *cyhuddeidion*, 139.27
cyhwrdd, 18. 27; 21. 21 n.; 131. 17; 3 un. gorff. *cyhyrddawdd*, 33, 3.
cyhydedd, 97. 10, cysondeb, gwastadrwydd.
cyhyr, 46. 10, *cyhyryn*, 108. 6, gewyn.
cylchwy, 132. 25, cylch, ardal.
cylchyn, 53. 31, 48, cylch.
cyll, 23. 42; 28. 27, coed bychain, brigau.
cyllawl, 2. 15 n.
cyllid, 13. 57, tâl.
cymain', 71. 12, cymaint.
cymanfa, 140. 51, cyfarfod, cynulliad.
cymen, 63. 62, galluog, medrus.
cymhendod, 4. 9, gweddusrwydd, priodolrwydd.

cymhlegyd, 94. 30, cwmni, cydymaith.
cymin, 98. 46, cymaint.
cymod, 52. 60, 2 un. gorch. *cymodi*.
Cymraeg, 7. 33; 76. 38; 149. 47.
cymraw, 15. 41, ofn, dychryn.
Cymro, 13. 119; 15. 41; 78. 49; 124. 53; 147. 43.
Cymroaidd, 15. 18; 76. 38.
Cymry, 11. 4; 13. 94, 120, 122; 78. 41; 124. 34; 137. 15.
cymun, 2. 6.
cymwd, 44. 25, cwmwd.
cymwyll, 43. 17; 52. 15; 84. 30; 117. 19; 120. 53; 136. 8, enwi, crybwyll.
cymyddy, 77. 28, 2 un. pres. *cymodi*.
cymyniad, 75. 13 n.
cymynnaf, 62. 29, 1 un. pres. *cymynnu*, cyflwyno, rhoddi.
cymyrrawdd, 12. 15, 3 un. gorff. *cymyrru*, lleihau, symud ymaith, dileu.
cymyrred, 21. 4, bri, parch, urddas.
cyn ni, 78. 24, er na.
Cyndeyrn, 21. 72. Ar y ddau sant o'r enw gw. G, HW, 166, LBS, ii, 231, 240.
Cynddelwaidd, 15. 40, cyffelyb i Gynddelw Brydydd Mawr.
cynedwydd, 35. 59, dedwydd, hapus.
Cynfelyn, 116. 46 n.
Cynfrig, 16. 50.
Cynfrig Cynin, 73. 27 n.
cyngyd, 13. 135; 90. 22; 92. 21, bwriad, amcan.
cynhaig, 120. 50, nwydus, anllad.
cynhebyg, 68. 14, cyffelyb.
cynhelwi, 2. 14, amddiffyn, arddel.
cynhinen, 93. 2 n.
cynhiniawdd, 80. 33 n., malu, rhwygo.
cynhwynawl, *-ol*, 20. 1; 51. 48; 100. 5, gwreiddiol, cynhenid.
cynhwysai, 121. 3 n., gw. *cynnwys*.
cynhyrchiol, 147. 38, presennol.
cynired, 9. 52; 94. 31, cyrchu, cyniwair.
cynnadl, 69. 7; 133. 28, cyfarfyddiad.
cynnail, 14. 39, 3 un. pres. *cynnal*.
cynnau, 135. 24 n., ynghynn, yn olau.
cynne, 42. 60, ynghynn, yn olau.
cynnil, 38. 4 n.; 46. 33 n.; 79. 6; 109. 12, medrus, cyfrwys.
cynnwyf, 104. 41, nwyfus, llawn asbri.
cynnwys, 92. 41 n., gwahodd, croesawu; 3 un. amherff. *cynhwysai*, 121. 3 n.
cynnydd, 2. 25; 52. 42, lles, ffyniant, bendith; 59. 3 n.; 148. 3, ysbail, peth a enillwyd.
cynydd, 17. 6; 46. 2; 120. 11, meistr cŵn hela.
cyrch, 6. 7, ymosodiad; 39. 14, helfa.
cyrdd, 7. 25; 120. 41, llu. o *cordd*, mintai, torf, llu; 13. 113, ? llu. o *cerdd*, cân.
cyriog, 130. 3 n., gweflog.
cyrraidd, 15. 23, 3 un. pres. *cyrraedd*.
cyrs, 23. 3, llu. o *corsen*.
Cyrseus, 143. 24 n.
cysellt, 62. 15, swp, baich.
cysonai, 38. 37, 3 un. amherff. *cysoni*, gosod, trefnu.
cystedlydd, 134. 13, hafal, cyffelyb.
cystoges, 130. 4 n., ffurf fen. o *costog*, ci.
cystlwn, 152. 53, perthynas.
cyswynfab, 24. 31 n., mab nad arddel ei dad mohono.
cythar, 16. 63; 152. 45, cymar, cyfartal.
cytgam, 87. 28; 153. 26, cellwair.
cytgamus, 30. 31, cellweirus.

darllain, 122. 23, darllen; 3 un. gorff. *darlleodd*, 123. 31.
darmerth, 152. 1, darpariaeth.
daroedd, 85. 25, gw. *darfod.*
darpar, 13. 41 n.
dart, 22. 46, saeth, picell.
datbing, 142. 28 n.
datod, rhyddhau, dadwneud, dwyn allan; 3 un. amherff. *datodai*, 21. 15; 3 un. pres. dib. *datodo*, 91. 68.
dawn, 2. 19, bendith.
dawnha, 121. 23, 3 un. pres. *dawnhau*, bendithio.
dawnus, 1. 39, galluog.
dawr, 24. 32; 78. 23; 87. 37; 140. 41; 150. 52; 151. 8, 61; 3 un. amherff. *dorai*, 23. 45.
deaill, *dy-*, 9, 17; 42. 64 n., 3 un. pres. *deall*, cydio yn, gafael.
dean, 95. 24 n.
deau, 114. 39, cyfiawn, cywir.
Deau, 38.20; 75. 6,46; 79.39; 149. 7; 152. 44; 153. 43, y Deheudir
debre, gw. *dyfod.*
dedwydd, 2. 14, ffodus, ffortunus.
deddf, 76. 11, arfer, defod, moes.
deddyw, gw. *dyfod.*
deffroawdd, 66. 22, 3 un. gorff. *deffroi.*
degle, gw. *dyfod.*
dengyn, 19. 19, garw, dygn.
Deheubarth, 17. 24.
deheuwawd, 139.23n
Deifr, 5. 42 n.; 8. 27; 11. 10; 13. 13; 14. 36; 143. 28, gwŷr Deira.
Deifr, 66. 42, enw merch.
deifrblas, 5. 27, llong.
deigr, 150. 2 n.
deily, gw. *daly.*
deincryd, 91. 1 n., rhincian dannedd.
Deinioel, 50. 34; 82. 5 n.; 111. 6 n.
deiryd, 20. 39 n.; 77. 18 n., 3 un. pres. *deirydaid*, perthyn.
delff, 81. 24; 127. 43; 145. 39, dyhiryn, vnfytyn.
delid, gw. *daly.*
delw fyw, 86. 24 n.; 128. 10; 135. 34.
delych, gw. *dyfod.*
delli, 68. 36, dallineb.
dellt, 38. 31, ysgyrion; 143. 30, ais, darnau cul o bren (gwain y cleddyf).
deol, 2. 10; 75. 46, alltudio; 25. 33 n.; 92. 32, alltudiedig.
deoladwy, 52. 56, agored i'w alltudio.
Deon, 15. 24, 44.
Derdri, 139. 21.
deryw, gw. *darfod.*
deugrwydr, 54. 53 n.
deune, 24. 19; 35. 2; 55. 14; 58. 49; 85. 30; 86. 13 (*dau* + *gne*), yr un lliw â, mor ddisglair â, etc.
deuoedd, 70. 68; 125. 12, llu. o *dau.*
Deus, 1. 7, Duw.
Dewi, 15. 2; 99. 4, 28; 121. 23; 123. 44; 149. 11.
diaerfen, 88. 10 n.
diagr, 7. 2; 23. 48, prydferth, hyfryd.
diainc, 42. 35; 101. 6, 3 un pres. *dianc.*
dialaeth, 126. 28, ? dymunol, hyfryd.
dianair, 33. 37, cymeradwy, clodfawr.
dianardd, 79. 41, prydferth, cain.
diarail, 19. 38, amddifad, heb neb yn gwylio.
diarw, 20. 3, esmwyth, tyner.
diasbad, 124. 43, cri, llef.
diaur, gw. *dibeuraw.*

diawl, 79 32; 125. 38; 129. 18; 131. 36; 137. 34; 141. 44; 151. 47.
diawty, 128. 60, tafarn.
dibech, 131. 1, di-fai.
dibrudd, 77. 16, llawen.
diburoraidd, 15. 39, anghelfydd, di-lun.
dibwl, 14. 41, eiddgar, bywiog.
dichlais, 39. 3, ? gwawr, toriad dydd.
dichwerw, 12. 23; 63. 4, hyfryd, dymunol.
didarf, 95. 39 n., sefydlog, diysgog.
didawl, 95. 42, dibrin; 45, heb gyfran, heb fudd.
didost, 95. 44, di-boen, difater.
didrain, 74. 32, diarffordd, disathr.
didro, 67. 16, cyfeiliorn, disberod.
didrwch, 151. 51, ffodus, ffyniannus.
didryf, 121. 7; 132. 25, gwyllt.
didwn, 79. 47, cyflawn, perffaith.
didyr, 16. 1 n.
diddaly, 75. 61, rhydd, heb ei ddal.
diddawr, 13. 123; 119. 29, 3 un. pres. *diddarbod*, gofalu, pryderu.
diddel, 75. 62 n.
diddestl, 75. 57; 148. 23, aflêr, afluniaidd.
diddim, 70. 3 n., tlawd, heb ddim.
diddyr, 88. 11, 3 un. pres. *diddarbod*, cf. *diddawr*.
dieiriach, 108. 2, didostur.
dieithr, 64. 21, heblaw.
dielwai, 95. 36, 3 un. amherff. *dielwi*, difetha, dirymu, gwneud yn ddiwerth; amhers. amherff. *dielwid*, 95. 35.
dielwig, 26. 27, isel, diwerth, gwael.
diell, 79. 4; 95. 34; 120. 49; 129. 19, gwych, rhagorol.
dien, 33. 9, sionc, hoyw.
dienyddu, 82. 32, lladd.
dieres, 108. 2, cyffredin, cynefin.
difaddau, 45. 11 n., parhaol, cyson.
difan, 14. 13, 44, di-fai, perffaith.
difanol, 14. 37.
difar, 145. 9 n., llawen, siriol.
difas, 30. 21, dwfn.
difawr, 52. 13, bychan.
difeiwyr, 73. 9 n.
diferiog, 95. 30, cyfrwys, ystrywgar.
Difiau, 68. 1, 9.
diflwng, 135. 23, tawel, digyffro.
difocsach, 19. 40; 108. 9, diymffrost, gostyngedig.
difradw, 59. 17, cadarn, diogel.
difreg, 96. 37, didwyll, di-nam.
difriw, 52. 12, cyfan, cyflawn.
difrodiau, 49. 35 n.
difrwd, 154. 43, oer, marw.
difud, 13. 21, uchel, hyglyw.
diful, 41. 22, call, doeth; 56. 28, anghwrtais, cas.
difydig, 134.23, digyffro, tawel.
difyngus, 122. 24, eglur, croyw.
difygwl, 14. 41, tirion, tyner.
difygylodd, 14. 46, 3 un. gorff. *difygylu*, gwneud yn esmwyth, yn ddiddig.
difyr, 16. 1 n.; 43. 25.
difyw, 13. 13, marw.
difflan, 67. 25 n., 3 un. pres. *difflan*, pylu, darfod, diflannu.
diffryd, 69. 24, amddiffyn, gwarchod.
diffygia, 152. 12 n.
dig, 20. 11 n., chwerw, blin.
digabl, 4. 13, di-fai, perffaith.
digamoedd, 13, 57 n.
digar, 65. 1, ffyrnig, milain.
digar, gw. *digaru*.
digardd, 56. 43; 76. 12, gwych.
digaru, 81. 39, casáu; 3 un. pres. *digar*, 77. 6.
digeirdd, 5. 45; 12. 17; 19. 33, llu. o *digardd*.
digel, 6. 19, gwybyddus, enwog.
digoeg, 61. 14, da, gwych.

digolltawd, 17. 35, digoll.
digoni, 125. 23, bodloni ; 126. 19 ; 151. 8, 19, gwneuthur, gweithredu, llwyddo ; 3 un. amherff. *digonai*, 61. 23.
digreiad, 95. 28 n.
digrif, 17. 36 ; 31. 60 ; 36. 1, hyfryd, dymunol.
digust, 7. 31 n.
digyngor, 80. 28, difeddwl, didaro.
dihaereb, 5. 15 ; 22. 36 ; 56. 37 ; 150. 3, dihareb.
dihenydd, 75. 42 ; 118. 30, angau, distryw.
diheurad, 52. 57, esgusawd, iawn.
diheuraw, 84. 3, dyhuddo, gwneud iawn ; 3 un. pres. *diaur*, 99. 47 ; 143. 49 ; 1 un. pres. dib. *diheurwyf*, 98. 33.
dihewyd, 43. 8 ; 45. 57, ewyllys, brwdfrydedd.
dihir, 24. 3. drwg, blin.
dihoffedd, 56. 35, dinistr, distryw.
dihoywfro, 19. 35, â'u gwlad yn drist.
dihustyng, 56. 36, heb neb yn chwedleua yn ei chylch, uchel ei chlod.
dilaes, 56. 29, agored, eofn.
diledach 10. 18 ; 41. 29 ; 52. 56 ; 92. 32, bonheddig.
diledryw, 121. 1, ardderchog, gwych.
dilen, 66. 37, distryw.
diletpai, 128. 57, cadarn, diysgog.
dilid, 22. 25 n, 41.
dilidia, 45. 17, 3 un. pres. *dilidio*, llonyddu, tawelu ; 2 un gorch. *dilidia*, 52. 52.
dilugyrn, 21. 81, tywyll, dioleuni.
dilwch, 118. 3, *di-lwch*, 35. 3, di-fai, di-nam.
dilwfr, 2. 13, dewr.
dilys, 51. 33 ; 78. 25, sicr, gwir, pur.
dilyth, 6. 18 ; 78. 25 ; 86. 23, bywiog, egnïol, hoyw.
dilythr, 140. 44 n.
dillyn, 43. 18 ; 60. 37, tlws, addurn ; 23. 7 ; 33. 38 ; 82. 30, anwylyd.
dim, 76. 12 n.
dimai, 21. 23.
dinastwrch, 22. 9 n., anifail dof.
dinau, 96. 29, llifo, tywallt.
Dinbyrn, 21. 76 n.
dinidr, 132. 3, rhwydd, dilestair.
dinistr, 126.30, dinistrio.
diochr, 45. 29, union, syth.
Diodemaf, 51. 9 n.
dioer, 3. 9 ; 20. 39 ; 22. 1 n. ; 25. 21 ; 27. 49 ; 63. 74 ; 80. 25, yn sicr, yn bendifaddau.
diofrydu, 77. 4, ymwadu â.
diogan, 4. 36, dianair, clodfawr.
diogyfyng, 5. 44, helaeth, yn ddigonedd.
diongl, 23. 15, esmwyth, rhwydd.
diol, 101. 4 n., arbennig.
diorn, 20. 17, diargyhoedd.
diosg, 25. 11, tynnu ymaith, dihatru ; 3 un. pres. *diysg*, 25. 18.
diorwag, 133. 25, sicr, diamheuol.
dir, 48. 39 ; 141. 53, gorfodol, anocheladwy.
diran, 36. 23. heb gyfran.
dirdra, 105. 1, drygioni.
dirdras, 139. 21, ? bonheddig, uchelwrol.
direidi, 48. 7 ; 105. 17 ; 131. 32, anffawd neu anlwc gynhenid.
diriaid, 13. 86 ; 18. 37 ; 30. 29 ; 82. 7 ; 105. 13 ; 110. 26 ; 151. 57, anfad, erchyll, ofnadwy.
dirperan', 30. 23, 3 llu. pres. *dirper*, haeddu, teilyngu.
dirprwyaw, 67. 5, gweithredu yn lle rhywun.
dirwy, 1. 18 ; 82. 23, cosb ; llu. *-on*, 123. 38.
disalw, 18. 31, da, rhagorol.

diseml, 86. 2, ffurf fen. *disyml*, urddasol.

distal, 26. 2 n., gwael, salw.

distrych, 54. 54, ewyn.

disyrth, 154. 29, di-blwc, egwan.

ditianu, 152. 54 n., cyhuddo, honni.

ditio, 25. 52, cyhuddo ; 3 un. pres. *ditia*, 117. 14 n.

ditiwr, 97. 16, cyhuddwr.

diwagedd, 2. 36, sylweddol, gwirioneddol.

diwanfa, 37. 25 n. ; 54. 31, crwydr, disberod.

diwgus, 1. 11, siriol, llawen.

diwiw, 26. 23, annymunol, anhyfryd.

diwladaidd, 74. 2, cwrtais, bonheddig.

diwrhaus, 1. 6, heb gyswllt â gŵr.

diwyd, 123. 28, ffyddlon, gweithgar ; 35. 6 ; 80. 14 n., gwas neu forwyn.

diwyg, 154. 42, dull, ffurf, gwedd.

diwygiad, 16. 40 ; 88. 12 ; 142. 3, dull, gwedd, modd.

diwygiaeth, 2. 36, dull, modd.

diwyl, 13. 79, trist.

diwynaw, *-o*, 3. 8 ; 107. 6, difetha, llygru.

diwyr, 58. 22, union, syth.

diylch, 31. 5 ; 59. 28 n. ; 98. 48 n., 3 un. pres. *diolch*.

diymeirgoll, 50. 35 n., cytûn, heddychlon.

diymoglyd, 13, 134, amlwg.

dlifem, 64, 31 n.

dlyy, *dlywn*, gw. *dylyu*.

dodrefn, 49. 19 ; 113. 23 ; 121. 7.

doddyw, gw. *dyfod*.

doeth, gw. *dyfod*.

Doethion Rhufain, 45. 23 n.

dofaeth, 14. 13 n.

dofraeth, 14. 16 n.

Dofydd, 1. 1 ; 4. 8 ; 11. 21 ; 16. 41, 48 ; 23. 23 ; 114. 12 ; 136. 16 ; 140. 42, Duw.

dogn, 53. 25 ; 90. 11 ; 95. 14 ; 114. 17, cyfran, digon.

dogni, 42. 45, rhoddi, dwyn.

Dom'nus, 1. 8, Llad. *Dominus*, Arglwydd.

dôr, 5. 7, 11, 15, 45 ; 14. 43, amddiffynnydd, arglwydd.

dorai, gw. *dawr*.

dormach, 47. 23 n.

drem, 16. 1, 22 ; 46. 70 ; 70. 14 ; 72. 12 n. ; 78. 33, 39, 41 ; 86. 3 ; 87. 56 ; 117. 21 ; 139. 40, golwg, llygad.

dringhedydd, 37. 13 n.

dros, 67. 11 n., 82. 31.

drud, 31. 27 ; 33. 10 ; 93. 1, beiddgar.

drum, 120. 50 ; 141. 37, trum, ffurf ; gw. *trum*.

drwy, 100. 9 n., 13.

drychaif, 42. 43, 3 un. pres. *drychafael*, codi.

dryll, 108. 3, darn, aelod.

drythyll, 76. 28, bywiog, nwyfus.

drythyllfab, 117. 34 n.

dryw, 15. 32.

dugost, *dugum*, gw. *dwyn*.

durfing, *-yng*, 5. 43 ; 76. 40 ; 99. 39, dygn, angerddol.

duryn, 115. 12, 34, pig.

Du Segur, *y*, 93. 16.

duun, 76. 37 ; 118. 15, cytûn, unfryd ; 64. 51 n., cyfathrach, cymdeithas ; 152. 49, 3 un. pres. *duuno*, cytuno.

dwbled, 14. 47, gwisg am ran uchaf y corff.

d'wedyd, 40. 32.

dwfn, 13. 17 n. ; 27. 40 n., y byd.

dwned, 12. 1 n., gramadeg a cherdd dafod.

Dwy, 70. 46, Duw.

dwydraidd, 15. 17 n.
dwyfoliaeth, 30. 17, dwyfoldeb.
dwyn, 3 llu. amherff. *dygaint*, 11. 39; 1 un. perff. *dugum*, 95. 13; 135. 33; 2 un. perff. *dugost*, 77. 19; 3 un. perff. *dug*, 88. 4; 3 llu. perff. *dugant*, 1. 11; 3 un. pres. dib. *dyco*, 137. 34.
Dwynwen, 94. 1 n.
dwysgel, 15. 43 n.
dwywes, 57. 6; 97. 2; 110. 48 n., duwies.
dwywol, 133. 3, dwyfol.
dyad, 84. 25, ymddangosiad.
dybrydiad, 30. 35, un sy'n aflunio neu hagru.
dychan, 150. 28, cerdd wawdlyd.
dychwedl, 121. 21, stori, hanes.
dyd, 13. 73–4; 111. 29, 3 un. pres. *dodi*.
dydd, 63. 42 n., oed cariadon.
dyddbrawd, 62. 32, dydd barn.
Dyddgu, 37. 45; 79. 16, 54; 92. 13, 39, 43; 95. 1; 98. 36; 116. 30; 142. 22; 151. 50, 53.
dyeingl, 15. 22, 3 un. pres. *dehongli*, egluro, dangos.
Dyfed, 12. 1, 38; 13. 1, 140; 84. 28; 95. 17 n.
Dyfi, 10. 7; 71. 6; 99. 29.
dyfod, 3 llu. pres. *deuan'*, 4. 20; 37. 26; 2 un. amherff. *doud*, 60. 19; 3 un. perff. *doeth*, 1. 10; 20. 63; 149. 38; *deddyw*, 8. 31; 70. 57; *doddyw*, 55. 17; *dyfu*, 68. 2; 2 un. pres. dib. *delych*, 114. 35; 3 un. pres. dib. *dêl*, 12. 11; 2 un. amherff. dib. *delud*, 103. 24; 2 un. gorch. *dyfydd*, 128. 35; *dabre*, 116. 35; *debre*, 117. 64; *degle*, 58. 46; 149. 31.
Dyfr, 52. 13; 56. 33; 93. 32.
dyfredd, 91. 22, dyfroedd.
dyfri, 114. 49 n.
dyfryd, 96. 37, trist.
dyfyn, 12. 1 n.
dygyfor, 80. 1; 154. 19, ymchwydd.
dygyrch, 147. 21 (bôn y ferf *dygyrchu* yn cael ei ddefnyddio fel ans.), ymosodol, a ddefnyddir mewn rhuthr.
dyhuddiant, 99. 1; 121. 11; 133. 6; 153. 50, cysur, gwobr, tâl.
dyhuddo, 60. 38, bodloni, cysuro, ennill ffafr; 3 un. pres. *dyhudd*, 103. 10; 109. 28.
dyir, 64. 51; 148. 25, drwg, diffaith, gwael, blin.
dyledogaeth, 92. 34, uchelwriaeth, arglwyddiaeth.
dyledus, 1. 20, urddasol, aruchel.
dyli, 95. 10; 145. 62, gwead.
dylud, 126. 29, curo, ymosod.
dyludwr, 117. 36, curwr, chwalwr.
dylusg, 95. 48, llusgo, tynnu.
dylyn, 79. 33, glud, parhaol.
dylyu, hawlio, teilyngu; bod mewn dyled i; 1 un. pres. *dylyaf*, 95. 37 n.; 2 un. pres. *dylyy*, 63. 67; 95. 38, *dlyy*, 84. 47; 3 un. pres. *dyly*, 1. 38; 4. 16; 31. 4; 34. 56; 37. 15; 1 un. amherff. *dlywn*, 75. 34; 2 un. amherff. *dylyud*, 35. 34; 52. 28; 97. 5; 3 un. amherff. *dlyai*, 47. 39 n.
dym, 85. 28; 149. 9, dim.
dynan, 50. 9, dyn bychan.
dynyn, 49. 36; 51. 22; 81. 44, dyn bychan.
dyrain, 120. 23, awch, eiddgarwch.
dyrchafel, 122. 31, codi.
dyrn, (1) 21. 86, llu. o *dwrn*; (2) 21. 67, 3 un. pres. *dyrnu*, curo.
dyrnfol, 118. 4, maneg ddur.
dysg, 4. 12 n.; 5. 42.
Dysynni, 99. 28 n.
dyw, 23. 4; 41. 21; 146. 2, dydd.

ethrod, 148. 37, athrod.
ethrycyng, 109. 10 n., rhimyn main.
ethrywyn, 151. 63, cyfryngu, cymodi, dyhuddo.
eurddoniad, 16. 57 n., un sy'n rhoi rhoddion o aur, hael, urddasol.
euren, 88. 28, tlws aur.
eurychaeth, *-iaeth*, 30. 24; 38. 5, crefft y gof aur.
eurches, 38. *passim*, merch yn gwneud gwaith gof aur.
eurychwaith, 43. 19, gwaith y gof aur.
ewinir, 62. 11, *ewin* + *hir*.
ewybr, 15. 16, 34; 19. 43; 21. 22; 28. 20, chwim, parod; 24. 5; 67. 24, clir, golau.

F

'fengyl, 64. 42 n., cusan.
fernais, 81. 25 n., 'varnish.'
finfin, 64. 36; 74. 36, wefus wrth wefus.

Ff

ffaen, 136. 15, un. *ffa*.
ffair, 32. 32; 49. 2.
ffaling, 71. 37, mantell.
ffalstaf, 105. 31, gr. eith. *ffals*, drwg, twyllodrus.
ffanugl, 64. 10 n.; 75. 57.
ffel, 129. 43, call, cyfrwys.
ffêr, 6. 21 n.; 13. 105, cadarn, dewr; gŵr dewr, arwr.
fferm, 99. 25 n., toll, tâl.
Fferyll, 32. 32; 84. 58 n.
ffest, 115. 5, dygn, caled.
ffieiddiwyf, 151. 51, 1 un. pres. dib. *ffieiddio*.
ffilog, 61. 40, asgell.
ffiniwyd, 15. 5, amhers. gorff. *ffinio*, (*a*) gosod terfyn, (*b*) dirwyo.
ffion, 99. 13, blodau cochion.
ffithlen, 25. 34, ? chwibanogl.
fflaced, 50. 43 n., ffiol, costrel.
ffladr, 26. 41, ynfyd, cegog.
fflamgwyr, 54. 7; 94. 2; 135. 24, cŵyr yn llosgi.
ffloch, 138. 19, ffurf fen. *fflwch*.
ffloring, 23. 13, 'florin.'
fflowr dling dy lis, 13. 117 n.
ffloyw, 44. 22, disglair, gloyw.
Fflur, 44. 17 n.; 86. 5; 111. 8.
ffluwch, 105. 15, gwallt.
fflwch, 19. 16; 44. 21; 111. 8; 140. 34, mawr, helaeth.
fflŵr-dy-lis, 23. 14; 44. 23, y lili.
fflwring, 44. 22; 70. 37 n.
ffo, 115. 6; 130. 27, ffoi; 1 un. gorff. *ffoais*, 75. 18; 3 un gorff. *ffôes*, 99. 13.
ffoawdr, 116. 1, ffoadur.
ffon, 6. 17 n., gwaywffon.
fforest, 39. 7.
fforffed, 43. 1 n.
ffraeth, 7. 3; 12. 34, cyflym, parod, hael.
Ffrainc, 6. 10; 12. 29; 44. 26; 58. 30; 75. 5, 40; 132. 10; 142. 29.
Ffranc, 6. 9 n.; 58. 34.
ffrangsens, 15. 7 n.
ffrec, 26. 29, clebar, baldordd.
Ffrengig, 10. 32 n.; 68. 39; 133. 5.
ffreutur, 113. 28, ystafell fwyta mewn mynachlog.
ffristiol, 8. 41 n.
ffriw, 21. 78; 29. 2; 65. 56; 75. 64, wyneb, ymddangosiad.
ffuaint, 142. 13 n., twyll, rhagrith.
ffuannaidd, 130. 27, twyllodrus.
ffull, 151. 28, ffrwst, ffwdan.
Ffwg, 6, 37 n.
ffwrch, 22. 10; 116. 1; 125. 38, fforch, gafl.
ffyddfrawd, 17. 14.
ffynedig, 150. 42, cadarn, diysgog.
ffysg, 16. 31 n.; 46. 21; 60. 5; 147. 36, cyflym; cyflymder, ffrwst; 5. 42 n., 3 un. pres. *ffysgio*, gyrru ar ffo.

G

gadel, 123. 47, caniatáu; *gado*, 55. 18, *gadu*, 85. 35 n., gadael ar ôl; (1) caniatáu: 3 un. pres. *gedy*, 68. 6; amhers. pres. *gedir*, 115. 11; 1 un. amherff. *gadwn*, 150. 46; 3 un. gorff. *gadawdd*, 76. 5; amhers. gorff. *gadwyd*, 19. 48; 3 un. pres. dib. *gato*, 25. 56; 3 un. amherff. dib. *gatai*, 25. 17; 120. 21; 126. 39; 3 un. gorch. *gaded*, 150. 45; 2 llu. gorch. *gedwch*, 75. 45. (2) gadael ar ôl: 2 un. amherff. *gadawud*, 13. 15; 2 un. gorff. *gedaist*, 113. 3, *gadewaist*, 93. 7; 3 un. gorff. *gadewis* 25. 45.

gaeafar, 87. 13 n., tir a arddwyd yn y gaeaf.

gaeafrawd, 91. 5, storm aeaf.

galanas, 99. 11 n.; 102. 15.

galon, 16. 63 n., gelynion, llu. o *gâl*.

galwynaid, 128. 28, galwyn.

gallel, 13. 69; 34. 45, gallu.

gan, 3 un. gwr. *ganthaw*, 30. 6; 48. 31; 154. 27; *gantho*, 61. 8; *ganto*, 125. 19; 3 un. ben. *genthi*, 98. 54; 114. 51; 126. 35.

gar, 78. 23, coes.

garan, 65. 61; 126. 32; 141. 33, crëyr.

garm, 91. 24, 45, bloedd.

garth, 68. 24, pentir, bryn.

garthan, 16. 59 n., gwersyll, amddiffynfa.

gartheiniad, 16. 63, amddiffynnwr gwersyll.

Garwy, 48. 15 n.

Gasgwyn, 132. 11, Gascogny.

gau, 136. 10, celwydd.

gawr, 13. 32; 14. 28 n., bloedd.

gefel, 22. 40, 'tongs.'

gefell, 19. 9, (yn dros.) cyffelyb i, 54. 24.

geirblyg, 154. 1, celwyddog.

geiriawl, 149. 15 n., llefarwr geiriau.

geiriog, 122. 11 n.

geirllaes, 42. 1; 125. 4, yn llefaru'n araf.

geirw, 16. 20; 51. 36; 54. 45; 60. 30; 97. 14; 146. 3, crych ar ddwfr, ewyn.

geirwfais, 111. 2, ewyn mewn lle bas ar afon.

geirwferw, 91. 19 n., ewyn.

gelwis, 123. 33, 3 un. gorff. *galw*.

gellael, 33. 32, ael dywyll.

gemyn, 117. 31, gem.

genni, 109. 2 n., cael ei gynnwys.

geol, 89. 28, carchar.

geri, 82. 36 n., chwerw.

gerlant, *-ont*, 32. 8; 59. 13, talaith, gwisg ar ben.

gerw, 130. 1 n.

gestwng, 39. 7, gostwng.

geuawg, 54. 49, euog.

geudai, 21. 63, tai bach.

gïau neidr, 77. 10 n.

gild, 132. 4, tâl.

gildio, 132. 2, talu; 1 un. gorff. *gildiais* 132. 1 n.

gildiwr, 132. 1, talwr.

girad, 16. 20–1; 52. 37, garw, trist, creulon.

gisarn, 100. 16 n., bwyall ryfel.

glaif, 52. 38; 72. 35, cleddyf, gwaywffon.

glain, 2. 4; 32. 26, gem.

glas, 45. 11 n.

glasterw, 46. 5, glas dderw.

glastorch, 46. 3, ysgyfarnog.

glendyd, 1. 25, glendid, purdeb.

gloes, 4. 45; 13. 85, poen, ing.

gloyn, 119. 44 n.

gloyn Duw, 32. 26 n., gloyn byw.

glud, 24. 17; 30. 7, 34, 38; 48. 14; 91. 61; 126. 29, cyndyn, dyfal, yn glynu.

glwth, 39. 24, bwyteig, gwancus.
Glyn [*Aeron*], 17. 19.
gnawd, 12. 19, 14. 34, 91. 5, arferol, cyffredin.
gne, 46. 77; 54. 32, 45, 52; 58. 8; 85. 38; 86. 20; 87. 61; 102. 8; 147. 48, lliw, pryd, gwedd.
go, 123. 42, gweddol.
gobennydd, 36, 13.
gobr, 31. 34; 94. 29, llu. *-au*, 121. 33.
gobraff, 26. 38, mawr, trwchus.
gobrudd, 15. 19, doeth, pwyllog.
gobryn, 42. 7, haeddu.
godech, 62. 3, cilio, llechu.
godinabus, 48. 29 n.
godrum, 26. 7, cefngrwm, 141. 23 n., cefngrymedd.
goddaith, 26. 46, tân, coelcerth.
goddau, 80. 25, bwriad, perwyl.
goddiwes, 116. 18, goddiweddyd, dal.
goer, 119. 38, oeraidd, yng nghysgod haul.
gofalus, 16. 37 n., pryderus.
gofaniaeth, 54. 3, gwaith gof.
gofawai, 21. 30, isel, gwael, dirmygus.
gofeg, 8. 29; 9. 26; 10. 1; 30. 29; 31. 55; 65. 7; 91. 63; 123. 43; 152. 56, ymadrodd, meddwl, bryd.
gofeiliaint, 94. 13, blinder, pryder.
gofer, 61. 29, ffrwd.
gofras, 22. 16, mawr, praff.
gofron, 23. 27, llechwedd.
gofrwysg, 115. 15, llon, llawen. hoyw.
gofud, 13. 31 n., gofid.
gofuned, 46. 7, dymuniad.
gofwy, 5. 48; 63. 51; 77. 2; 83. 5; 110. 14, ymweliad.
gofynag, *-aig*, 48. 5; 130. 19; 140. 31 n.; 153. 49, hyder, gobaith, addewid.
gogam, 126. 38, cam.
gogan, 52. 49; 74. 14, dirmyg, sen..
Gogfran Gawr, 64. 26.
goglais, 12. 10 n.; 87. 65 n.; 121 28 n., blino, cythruddo, llidio.
gogyfarch, 26. 11, diamheuol, amlwg.
gogyfoed, 138. 7, cyfoed, o'r un oedran.
gogyfuwch, 5. 32; 45. 47, cyfuwch.
gogyngerth, 9. 49, clos, plethedig, dwys.
gohir, 79. 2; 101. 15, oediad, arhosiad.
golaes, *cathlolaes*, 18. 5, huawdl ei gân.
gold, 73. 18; 97. 23; 132. 6, aur.
golden ladin, 132. 2 n.
goldyn, 67. 36, darn o aur.
goledrad, 74. 4, lladradaidd.
Goleuddydd, 20. 20 n.
golinio, 145. 35, pwnio.
golochwyd, 137. 64, gweddi; 46. 65 n.; 74. 26 n., lle diarffordd.
golud, 20. 25 n.; 152. 9, glud, diollwng, parhaol.
goluddiai, 16. 40, 3 un. amherff. *goluddias*, atal, rhwystro.
golwyth, 21. 78, darn o gig.
golydan, 70. 17, llydan.
golygawd, 38. 29, golwg, gwedd.
golygoedd, 19. 28, llygaid.
golywy, 16. 58 n., hardd.
gomach, 124.30, coes
gorawen, 13. 48, hyfrydwch, nwyf, gorfoledd.
gorchest, 11. 19 n.
gorchwy, 119. 7, darpariaeth, arlwy.
gordderch, 8. 14; 83. 1, cariadferch.
gordderchai, 45. 13, 3 un. amherff. *gordderchu*, caru.
gorddrws, 42. 50, capan drws.
gorddwy, 83. 2, trais, gormes.
gorddyfn, 140. 36, arferol, cyffredin.

gorfedd, 104. 32, gorwedd.
gorflwng, 21. 36, dicllon, ffyrnig.
gorfod, gorchfygu, ennill; 1 un. gorff. *gorfuum*, 131. 39; 3 un. gorff. (â'r ystyr yn bresennol) *goryw*, 8. 13; *gorfu* 88. 26; 1 un. pres. dib. *gorffwyf*, 151. 35; 3 un. amherff. dib. *gorffai*, 89. 5.
gorfyn, 109. 15, angerddol.
gorffwyr, 25. 22 n., ofn, dychryn.
gorgraff, 19. 8, gafael, cydiad.
gorhoffter, 16. 41 n., moliant.
gorlliw, 55. 2, gloywder.
gorlludd, 103. 18, atal, dal.
gorllwyn, 42. 1; 104. 10; 125. 4, aros, disgwyl, gwylio am.
gormail, 19. 12, trais, gormes.
gormodd, 1. 19; 34. 40; 77. 9; 142. 26, gormod.
gorne, 16. 55, lliw, ymddangosiad.
goroen, 3. 9; 35. 37; 88. 27, llawenydd, 11. 24; 16. 51; 52. 10; 72. 40; 86. 10, golwg, ymddangosiad.
goror, 5. 1, 46, ymyl, ffin.
goroyw, 58. 43, hoyw.
gorsaif, 104. 33, 3 un. pres. *gorsefyll*, sefyll.
gorsedd, 149. 29 n., cynulliad.
gorseddog, 31. 2, pennaeth, arweinydd.
gorthir, 101. 49, tir uchel, mynydd.
gorthorch, 53. 30, torch am wddf.
gorthrymus, 1. 27, blin.
gorug, *gorwyf*, *goryw*, gw. *gwneuthur*.
goruthr, 16. 52, dychrynllyd, arswydus.
gorwydd, 71. 16, ceffyl.
gosber, 24. 24, gwasanaeth hwyrol.
gosgedd, 67. 43; 139. 4 n., llun, ymddangosiad.
gosgordd, 98. 15 n., mintai, gwarchodlu.
gosgryn, 21. 85 n., gwth.
gosod, 100. 16, ergyd, trawiad.
gosteg, 33. 8, cân, cerdd, llu. *-ion*, 20. 11 n.
gosymaith, 87. 68 n., cynhaliaeth.
gosyml, 41. 13, 14, ufudd, hydrin.
gowni, 141. 58 n., gwnïad.
gra, 42. 9; 51. 8; 83. 25, ffwr.
gradd, 10. 11; 151. 14, 24.
grae, 114. 24, defnydd llwyd.
graen, 64. 41; 105. 25; 130. 20, trist, alaethus.
graful, 154. 50, adyn, dyhiryn.
graifft, 150. 1 n.
gran, 20. 7; 93. 23; 109. 23; 147. 11, grudd.
grasus, 1. 29, 31; 4. 7, graslon.
Grawys, 154. 49.
greddf, 99. 13, yn brysur, yn wyllt.
grëwr, 141. 31, bugail, heusor, gwyliwr anifeiliaid.
grill, 69. 17 n., cân adar.
griors, 141. 31 n.
grisiant, 60. 32, crisial.
Groeg, 51. 14.
Gruffudd ab Adda, 18.
Gruffudd Gryg, 20, 147–54, *passim*.
grugiar, 152. 2, 'grouse.'
grugwal, 116. 9, gwâl yn y grug.
grynnaid, 109. 3 n.
gryr, 141. 32, creyr.
gutorn, 25. 56 n., offeryn cerdd.
gwaddawd, 21. 57, gweddill diod.
gwaeanwyn, 14. 31 n., gwanwyn.
gwaedgoel, 16. 61 n.
Gwaeddan, 84. 19, 22 n.
gwaeddawd, 79. 43, swnllyd, trystiog.
gwaeddolef, 42. 14 n.
gwäeg, 13. 91, bwcwl.
gwäell, 61. 44, y wialen fain a ddefnyddir i wau; llu. *gwëyll*, 12. 41.
gwaered, 5. 1, *ar w.*, i lawr.

gweren, 21. 55, telpyn o wêr.
gwerin, 86. 16 n.; 134. 4, pobl, mintai.
gwerling, 37. 14 n., arglwydd, pennaeth.
Gwern-y-talwrn, 83. 44.
gwers, 42. 17 n., gwaith, tro.
gwersyllt, 70. 54; 144. 23.
gwerthydoedd, 145. 30, llu. o *gwerthyd*, echel.
gwesgyr, 150. 51, 3 un. pres. *gwasgaru*.
gwest, 150. 23, llety.
gwestai, 21. 49, lletywr.
gwesteiaeth, 14. 29, croeso, derbyniad.
gwestety, 104. 30 n.
gwesti, 12. 20, llety, croeso.
gwestn, 26. 28 n.
gweus, 1. 36; 143. 24, gwefus.
gwewyr, gw. *gwayw*.
gweyll, gw. *gwäell*.
Gwgon, 34. 30.
Gwgon Gleddyfrudd, 46. 67 n.
gwiail, 78. 15.
gwial, 38. 19; 70. 35 n.; 83. 49; 101. 10.
gwialen, 89. 13, (yn dros.) mur, pared.
gwib, 4. 25 n.
gwiddon, 130. 2, 39, gwrach.
gwinau, 37. 38, 114. 26, brown, rhuddgoch.
Gwinau Dau Freuddwyd, y, 15. 6 n.
gwingost, 9. 35, traul ar win.
gwinllad, 16. 54. diod win.
gwirawd, *-od*, 14. 27; 21. 57, diod.
gwisgi, 12. 19, hoyw, parod, rhwydd.
gwiwair, 60. 9, 'squirrel.'
gwiwne, 111. 24, prydferthwch (*gwiw* + *gne*, lliw).
gwladaidd, 19. 45; 20. 6; 43. 2; 76. 4, trwsgl, anghwrtais.
gwladeiddrwydd, 18. 48; 69. 44, trwstaneiddiwch, anghwrteisi.
Gwlad Gamber, 84. 70 n.
gwlad yr hud, 13. 17; 15. 2, Dyfed. Cf. *bro yr hud*.
gwledig, 72. 34, arglwydd.
gwneuthur, pres. 2 un. *gwnai*, 35. 64; 36. 10; 63. 66 n.; 3 llu. *gwnân'*, 49. 2; 78. 5; amherff. 2 un. *gwnaut*, 97. 25 n.; 3 un. *gwnâi*, 29. 21; 3 llu. *gwnaint*, 11. 37; perff. 1 un. *gwneddwyf*, 54. 9; 87. 14, *gorwyf*, 87. 5 n.; 88. 21 n.; 111. 21; 2 un. *gwneddwyd*, 89. 45, *gorugost*, 16. 47; 3 un. *gwneddyw*, 79. 37; 110. 25, *gorug*, 35. 14; 52. 37; 111. 17, *goryw*, 56. 18; 60. 28; 65. 31; 120. 54, *gwnaeth*, 14. 34; 1 llu. *gorugam*, 50. 16; gorberff. 3 un. *gwnaddoedd*, 13. 58; dib. pres. 2 un. *gwnelych*, 54. 54; 3 un. *gwnêl*, 13. 106; amherff. 3 un. *gwnelai*, 33. 28.
gwra, 79. 3; 86. 8, priodi.
gwrab, 21. 60; 22. 7, âb.
gwrachïod, 68. 44, dewinesau.
gwragennus, 98. 15 n.
gẃraidd, 15. 29, 30, gwrol.
gwrantwn, 151. 31, 1 un. amherff. *gwrantu* (*gwa-*), sicrhau.
gwrda, 2. 20, arglwydd.
gwrdaaeth, 14. 44, uchelwriaeth, ansawdd gwrda.
gwrdaaidd, 15. 22, uchelwrol.
gwrdd, 7. 15; 12. 14; 14. 21; 16. 64; 31. 31; 43. 33, cryf, cadarn, nerthol, dewr.
gwrddonig, 68. 30 n.
gwreangyn, 124. 2 n., dyn ifanc.
gwrhydri, 2. 5, camp, gorchest.
gwriaeth, 14. 42, gwroldeb.
Gwri Wallt Euryn, 12. 35 n.
gwrle, 34. 11 n.

gwrm, 16. 22, 53; 58. 2; 129. 12, du, tywyll.
gwrogaeth, 2. 34, ufudd-dod i arglwydd.
gwrtheb, 130. 23, ateb.
gwrthgas, 148. 10, cas, annymunol.
gwrthgrif, 95. 49 n.
gwrthgroch, 135. 15, sarrug, garw.
gwrthlys, 30. 5 n.
gwrwraig, 46. 9 n.
gwryd, (1) 1. 3 n., y weithred o estyn y breichiau ar led; (2) 5. 17; 21. 59, dewrder.
gwrygiant, 16. 57 n.; 59. 21; 153. 50.
gwst, 58. 24; 93. 42; 131. 26, poen, trafferth.
gwyal, 1. 36 n.
gwybod, pres. 1 llu. *gwyddam*, 140. 53; amhers. *gwŷs*, 34. 39; 105. 36; 151. 35; amherff. 1 un. *gwyddwn*, 63. 65; 2 un. *gwydd-ud*, 13. 19; 32. 12; 3 un. *gwydd-iad*, 16. 67; 23. 1; 38. 34; 68. 8; 87. 7; 135. 35; 1 llu. *gwyddym*, 50. 15; 3 llu. *gwyddyn'*, 84. 36; perff. 1 un. *gwybuum*, 79. 2; 126. 15, *gwybûm*, 145. 17; dib. pres. 2 un. *gwypych*, 63. 64; amherff. 1 un. *gwypwn*, 128. 57; 154. 46; 2 un. *gwypud*, 21. 85; 39. 36; 71. 37; 3 un. *gwypai*, 98. 51; gorch. 2 un. *gwybydd*, 52. 27.
gwŷd, 13. 93; 92. 22, drwg, pechod.
gwydiais, 93. 9, 1 un. perff. *gwydio*, niweidio.
gwydus, 1. 33, 41, drwg.
gŵydd, 18. 47; 126. 25, 29, 37, 41, 44.
gŵydd, 79. 12; 117. 24, gwyllt.
gwyddaer, 25. 1 n., etifedd y coed.
Gwyddel, 84. 40.
Gwyddeleg, 139. 45 n.
gwyg, 148. 1, diwerth, ofer.
gwŷl, 22. 2; 42. 3; 50. 52; 70. 36; 72. 5, 25–6, 32; 78. 36; 88. 9; 110. 35; 128. 61; 149. 48, 3 un. pres. *gweled*.
gŵyl, 115. 41; gwylaidd.
Gwyli, 12. 39 n.
gwŷll, 84. 57 n.; 149. 1 n., 46, gwyllt, gwallgof.
gwylliad, 21. 49, herwr, ysbeiliwr, lleidr.
gwyllt, *yng ngwyllt*, 13. 124, gwall-gof.
gwylltiodd, 125. 24, 42, 3 un. perff. *gwylltio*, tarfu, cynhyrfu, dych-ryn.
gwymp, 8. 2; 13. 35; 45. 8, gwych, ardderchog.
gwŷn, 124. 61, poen.
Gwyndodig, 148. 32, yn perthyn i Wynedd.
Gwyndyd, 15. 28, 148. 33, gŵr o Wynedd.
Gwynedd, 8. 4; 10. 4; 25. 45; 34. 14; 51. 27; 86. 15; 98. 57; 101. 44; 105. 35; 111. 22; 114. 46; 128. 5, 33, 45; 137. 83; 148. 36; 149. 43; 152. 24, 39; 154. 35.
gwyn eiddigion, 111. 14 n.
gwyn esgar, 75. 65 n.
Gwyn fab Nudd, 26. 40 n.; 68. 32, 40; 127. 29–30 n.; 150. 52.
gwyngen, 110. 40 n.; 131. 19.
gwyraint, 11. 22 n.
gwyrf, 52. 41 n.
gwyrn, 21. 68 n.
gwyro, 149. 14, llygru.
gwyrth, 1. 16.
gwystl, 20. 58; 35. 28, ernes.
gwystleidiaeth, 31. 47, rhoi'n ernes.
gwystn, 21. 77, crebachlyd.
gwyth, *-en*, 21. 45, 63, gwythïen.
gyfai, 127. 1 n.
gygus, 119. 17; 124. 59, cilwgus; llaes.

gylf, 120. 19, pig.
gylfin, 22. 40; 64. 38, pig; genau, min.
gyn=*cyn*, 93. 2 n.
gynnau, 128. 30, yn ddiweddar.
gyr, 131. 18 n., ergyd.
gyrthiaw, 42. 41, cyffwrdd, taro.

H

habrsiwn, 68. 46 n.
hacnai, 21. 33, ceffyl marchogaeth.
hacraawdd, 139. 28, 3 un. gorff. *hacráu*, hagru.
hadlyd, 105. 27, egwan, eiddil.
haer, 5. 47 n.
Hafren, 5. 46; 29. 35.
hail, 5. 44; 8. 4; 11. 29; 12. 21; 14. 40; 16. 8, 9; 18. 18; 108. 43; gwledd, bwyd a diod, llu. *-iau*, 14. 7.
hanfod, 3 un. perff. *henyw*, 51. 27; 102. 27; 153. 56; 1 un. pres. *hanwyf*, 26. 17; 2 un. pres. dib. *hanpych*, 128. 36.
hanner, 4. 19, 21 n., ochr.
hawddamawr, *-or*, 5. 10, 39; 11. 39; 133. 1; 134. 1.
Hawtyclŷr, 143. 44 n.
heb, 22. 18, heibio i.
hebog, 8. 23.
hebygaint, 11. 32.
heddychawd, 104. 29, llonyddwch.
heilbryn, 13. 133 n.
heiliad, 16. 71, un yn darparu gwledd.
heilio, 56. 42, darparu.
heiniar, 46. 73; 50. 36; 87. 11, 62; 102. 7; 133. 38, cnwd, cynnyrch.
heiniau, 45. 16; 102. 25; 108. 31, llu. o *haint*.
heinus, 1. 37; 65. 38; 80. 13; 102. 4, heintus, claf.
hëir, 7. 29, 36, amhers. pres. *hau*.
heirio, 120. 9 n.
helgud, 13. 13 n.
helm, 5. 34; 8. 22; 13. 87; 25. 32.
helw, 76. 6; 83. 44.
hely, 8. 33; 60. 13; 101. 4, hela.
helyddiaeth, 14. 26.
henu, 125. 9 n.
henw, 46. 74; 84. 49 n.; 150. 33.
henẁraidd, 15. 27, musgrell, fel hen ŵr.
heod, 30, 2 n.
her, 46. 18 n.
herber, 153. 51, deildy.
herlod, 84. 11, cnaf, dyhiryn, adyn.
herw, 5. 6; 99. 12, 44; 143. 45, *ar herw*, ar grwydr, heb nawdd cyfraith.
herwr, 102. 15, gŵr heb nawdd cyfraith.
herwraig, 46. 17, merch ar herw, lladrones.
het, 59. 1; 85. 44.
hëu, 87. 24.
heusor, 141. 27, gwyliwr anifeiliaid.
Hicin, 124. 50 n.
Hildr, 142. 25 n.
hirynt, 74. 11 n.; 97. 27.
hobel, 114. 62 n.
hobi hors, 149. 29 n.
hoced, 61. 47, twyll. Gw. Nodiadau Ychwanegol.
hocrell, 41. 37 n., 79. 4.
hoed, 14. 23; 18. 15; 56. 18; 72. 21; 101. 1; 109. 24, hiraeth, chwithdod.
hoen, 35. 55; 56. 22; 91. 6, lliw.
hoenyn, 75. 42, magl.
hoff, 149. 18; 19, 43, 50, canmoladwy, enwog; hoff.
holes, 76. 6 n.
holir, 99. 44 n.
honnaid, 35. 32; 37. 35; 129. 25; 150. 34, adnabyddus, enwog.
honni, 13. 110; 35. 60, cyhoeddi, datgan.
hort, 58. 10, cerydd.

I

llyweth, 73. 7; 139. 30 n., cudyn o wallt.
llywiawdr, 12. 37, rheolwr.
llŷwr, 28. 19 n.
llywẏ, 30. 19; 92. 35 n.; 108. 37, hardd, teg.

M

'm (yn y cyf. derb.), 8. 31; 53. 2; 81. 7.
'm, 36. 19; 128. 34, myn.
ṁae (yn gofyn cwestiwn), 128. 48.
mae'm, 99. 41, *mae't*, 63. 55 n., 57–8.
mab aillt, 119. 12 n.
mab alltud, 61. 58, gŵr o wlad dramor (HW 293).
mab Gwilym, 33. 27.
mablygad, 72. 33, byw'r llygad.
macwy, 5. 47; 16. 57; 19. 3; 112. 2, gŵr ifanc, arglwydd.
mach, 51. 40 n.; 53. 14, gwarant.
Madawg Lawgam, 93. 5.
madiain, 5. 9 n.
Madog, 31. *passim*.
Madog Benfras, 19.
Madog fab Gruffudd, 25. 1.
Madog Hir, 128. 58.
madws, 62. 34, amser cyfaddas.
madyn, 22. 22, llwynog.
maddau, 38. 25; 58. 9; 89. 35 n., hepgor.
maddeuaint, 99. 8; 124. 70, maddeuant.
mael, 58. 39, arfogaeth.
Mael, 95. 3 n.
Maelgwn, 135. 44 n.
maelier, 31. 57, masnachwr.
maeliereg, 13. 70 n.
maelieres, 42. 24, masnachwraig.
Maelor, 44. 19.
maenawl, 65. 16, rhaniad ar dir, ? dyffryn (PKM, 262).
maer, 7. 4, goruchwyliwr, llu. *meiri*, 12. 37.
maerones, 88. 6 n., goruchwylwraig.
maerwriaeth, 7. 1 n., swydd maer.
Maestran, 25. 43 n.
maeth, 108. 5; 122. 36, 3 un. gorff. *magu*.
magwyr, 23. 41; 108. 39; 114. 15; 140. 31, mur.
mangnel, gw. *llath mangnel*.
maharen, 139. 12.
maidd, 15. 37; 21. 8, y gwlybwr a fo'n aros wedi i laeth geulo neu gawsio.
Mai, 14. 1; 18. 32; 19. 38; 20. 30, 23. *passim*; 28. 22; 29. 12, 16; 35. 26, 44, 64; 59. 8; 69. 2, 10, 18; 95. 35; 102. 2; 121. 4, 24; 122. 14, 16; 123. 1, 9; 135. 33; 145, 56, 63.
main, 95. 42, llu. o *maen*.
mainc, 142. 2
Mair [*Forwyn*], 1. 28; 3. 6, 7; 5. 24; 49. 25; 51. 34; 60. 34; 86. 20; 101. 46; 106. 12; 113. 8; 128. 10, 52; 131. 7; 133. 18; 135. 34; 136. 5, 14; 139. 14; 141. 15; 153. 6.
mâl, 19. 37; 44. 6, gloyw, caboledig.
Mald y Cwd, 154. 44 n.
mamaeth, 17. 16; 89. 12.
mamaethaidd, 53. 42.
Manafan, 119. 4.
managaf, 27. 27; 115. 3, 2 un. gorch. *menegi* (*my-*); 3 un. pres. *mynaig*, 129. 34; 1 un. amherff. dib. *managwn*, 141. 51; amhers. pres. *menegir*, 74. 42.
Manaw, 6. 10.
manwl, 145. 38.
marchwriaeth, 54. 56, triniaeth, ymddygiad.

O

oerfel, 35. 25; 47. 37; 72. 39; 88. 25; 104. 45; 125. 41; 127. 43; 143. 17, melltith.
oergrai, 21. 58, digalon, difywyd.
oeryn, 86. 10 n.; 147. 1, trist, truan.
oeta, 71. 4 n.
Ofydd, 6. 16, 23; 22. 3; 24. 29; 28. 21; 31. 60; 35. 43; 50. 1; 58. 20; 70. 9; 83. 42; 116. 34; 143. 51; 148. 8.
ofyddiaeth, 14. 22; 20. 60, carwriaeth, cerddi serch.
ongl, 153. 42.
oio, 56. 4; 87. 63; 108. 1.
onaddun', 48. 4, 3 llu. yr arddod. *o*, ohonynt.
on'd, 131. 36, onid.
onengyr, 87. 18 n.
or, 5. 17, ymyl.
or, 31. 33; 113. 27 n.; 120. 34; 147. 47, *o* + *ry*.
orddawd, *-od*, 12. 8; 148. 47, ergyd gordd.
orddgnau, 50. 20, ? cnau breision.
organ, 15. 11 n.; 18. 33; 19. 33; 25. 43; 28. 16; 29. 17; 34. 4; 71. 19; 123. 5; 149. 35; 150. 18; yn 45. 53, aelod o'r corff, sef y gwallt.
oriau, 39. 11, gweddïau.
orlais, *-oes*, 18. 8 n.; 34. 11 n.; 142. 27, cloc.
orn, 35. 20, 30; 127. 1, bai.
orohïan, 34. 13 n., ynfytyn serchog.
osgel, 106. 7 n.
osgl, 29. 27, cangen.
osid, 18. 25, os oes (WG, 346).
ostler, 124. 31, 57, gwas y stabl.
owmal, 35. 15; 44. 13; 101. 25 n., 'enamel.'

P

pa, 1. 32 n., 32. 12, pam.
Pab, *y*, 82. 19; 93. 6; 104. 31; 139. 25; 146. 27; 153. 28; 154. 4.
pabl, 27. 8, tyfadwy.
pabwyr, 153. 18, cannwyll.
pacs, 133. 25 n., cusan.
pader, 137. 69; 78, 82, gweddi'r Arglwydd; llu. *paderau*, 49. 10, gleiniau, mwclis.
padrïarch, 138. 2.
paddyw, 92. 18 n., i bwy ?
paeled, 108. 20 n.
paement, 134. 25, stryd.
paid, 75. 23.
pair dadeni, 27. 5–6 n.; 134. 28.
paladr, 12. 43, gwaywffon.
palfais, 80. 22, ysgwydd.
pali, 12. 29, defnydd gwerthfawr.
Pali, 116. 21 n., enw ci.
palmer, 108. 19; 141. 35 n., pererin ; *-es*, 108. 5 n.
pall, 69. 16, pabell.
pan, 51. 27 n.
pân, 15. 10 n.; 60. 33; 81. 29, ffwr.
pand, 4. 14; 8. 39, 48; 13. 34; 89. 9; 105. 12, 13; *panid*, 13. 80, geiryn holiadol.
Pant Cwcwll, 83. 30.
pantri, 29. 19; 117. 6 n.: 134. 23.
papir, 137. 22 n.
pa'r, 17. 9 n.
pâr, 6. 15; 16. 59; 58. 37, gwaywffon.
pâr, 154. 18, yn peri, yn achosi (bôn y ferf *peri*).
Paradwys, 29. 29; 123. 48; 137. 70.
Paris, 13. 118; 44. 24; 145. 26 n.
part, 29. 22.
Pasg, 132. 11.
pasiwn, 1. 31, dioddefaint.
pater noster, 34. 21, y pader.
paun, 19. 24.
Pawl, 4. 31.
pebyll, 32. 40; 59. 24, pabell, 42. 9 n., gwisg.
pedestr, 131. 23, cerddedwr.
Pedr, 4. 23; 36. 19; 128. 1; 144. 38.
pedrogl, 10. 9 n.

pedryfal, 46. 56, sgwâr.
pedryollt, 18. 12 n.
pefr, 17. 10 n.; 18. 18; 19. 8, 33, 39; 30. 31; 38. 18, disglair, prydferth.
pegor, 125. 18, anifail.
peilliw, 37. 37, lliw blawd (*paill* + *lliw*).
peintio, 49. 29, *-iwr*, 49. 28.
peirch, 153. 57, 3 un. pres. *parchu*.
peiriant, 140. 54 n.
pei rhôn, 52. 23 n.; 58. 33, 47; 61. 19; 62. 5; 92. 17; 128. 42.
peis, 120. 21, *pei* ('pe') + rhag. m. *s*.
pêl, 35. 4 n.
pell, 42. 39 n.; 54. 23.
penaig, 98. 16, 45, pennaeth.
pen bwy gilydd, 111. 3.
pencerdd, 28. 12.
penfar, 29. 37 n.
penfras, 26. 24, â phen mawr.
penglwm, 50. 46, pwysi, bwnsh.
penial, 44. 21 n., 46. 23.
Pennardd, 16. 13.
pennod, 8. 40 n., targed; 60. 21, ? arbennig, ar y blaen.
penrhaith, 13. 140; 43. 46; 81. 26, arglwydd.
Penrhyn, *y*, 42. 52.
pensiwn, 148. 26, treth, tâl, cyflog.
pentis, 24. 26 n.; 29. 20.
pentwr, 134. 21 n.
penwyr, 40. 13 n.
penyd, 1. 26, poen, cosb.
penydiwr, 99. 10, un yn dioddef penyd, yn ymgosbi.
perclwyd, 114. 57 n., clwyd aderyn.
Peredur fab Efrog, 45. 37 n.
perigl, 136. 1 n., gwasanaeth crefyddol.
periglor, 139. 9, offeiriad yn gwrando cyffes.
perls, 49. 3 n., perlau.
perth, 2. 27.
perydd, 27. 7, un sy'n peri neu achosi.
peunoeth, 42. 54, bob nos.
peunydd, 42. 53, bob dydd.
peues, 18. 22 n., gwlad.
pi, 63. 28, 33, pioden.
pibonwy, 91. 38; 145. 8, rhew yn crogi'n ddarnau main wrth fargod.
pibydd, 109. 18; 142. 29, canwr pib.
pidyn, 108. 19, 'penis.'
piglaw, 26. 8, glaw ysgafn.
pil, 108. 20 n., dilledyn.
Pilatus, 1. 22.
piler, 64. 34 n., rhan o ffrâm ffenestr.
pilori, 25. 49, 'pillory.'
pilwrn, 100. 4, saeth.
pill, 63. 3 n.; 69. 16; 114. 3.
pinnau, 91. 37, llu. o *pin*.
pinus, 1. 26, pinwydd (Llad. *pinus*).
plaid, 52. 44 n.; 91. 40 n.; 94. 9; 99. 7.
planetsygn, 71. 13, cylch y planedau.
plaodd, 140. 3, 3 un. gorff. *pläu*, poeni.
plas, 5. 27; 12. 6; 42. 38 n.; 76. 24; 80. 6; 123. 23; 127. 32.
plats, 91. 22 n.
plôr, 91. 43 n.
plu, 48. 24 n.
plwyf, 48. 24 n.; 122. 23, plwyfolion.
plyg, 150. 1 n.
plygain, 28. 7 n.
poenwyr, 44. 14 n.
pôl, 61. 36, ffurf fen. *pŵl*, dwl.
polart, 70. 57 n.
Policsena, 51. 7 n.
pond, 1. 15, 39; 26. 34; 128. 39; 147. 44; *ponid*, 9. 51; 80. 41; 101. 18; 151. 1, geiryn holiadol.

pôr, 5. 3, 9, 30; 8. 17; 9. 57; 10. 9, arglwydd.

porffor, 99. 41.

porth, 61. 38; 103. 28, nawdd, cynhorthwy.

porthawr, 140. 41, gwyliwr y porth.

porthiad, 16. 72, porthwr, cynhaliwr.

porthloedd, 19. 28, porthladd, (yn dros.) ? nawdd, clydwch, llonydd.

porthmon, *-yn*, 98. 14 n.; 101. 23; 135. 17, masnachwr.

Powys, 18. 17; 92. 20.

praff, 1. 1; 19. 8; 68. 37; 69. 13, mawr, helaeth.

prawf, 13.11,2 un. gorch. *profi*, cynnig, ceisio; 1 un. gorff. *profais*, 124.23.

preladaidd, 15. 20, fel gŵr eglwysig, urddasol.

prenial, 149. 34 n.

pres, 21. 13 n.

presen, 10. 26, y byd hwn.

Pria, 51. 7 n.

prid, 106. 2, 128. 25, costus, drudfawr.

priddell, 139. 37, tywarchen, llawr.

prif, 128. 26; 147. 16, mawr, gwych.

prifenw, 7. 10; 84. 37, enw ychwanegol, cyfenw.

prifflwch, 6. 25 n., tra hael.

prim, 44. 27 n.; 70. 59; 112. 15.

primas, 20. 22 n.; 28. 22.

proffes, 75. 43.

proffid, 65. 69, budd, mantais.

propr, 118. 26, gweddus, priodol.

prudd, 13. 9, 137; 128. 53; 154. 14, doeth.

Pryderi, 12. 40; 150. 32 n.

prydus, 1. 13, hardd, glandeg.

prydyddaidd, 15. 28, cyffelyb i brydydd.

Prydyn, 12. 10; 58. 30, Sgotland.

pryffwnt, 65. 26 n., blaenor, arweinydd.

pryn, 132. 27 n.

prytwn, 101. 35, 1 un. amherff. dib. *prydu*, barddoni, canu.

pŵl, 112. 6; 138. 7, dwl.

pwnc, *pynciau*, 63. 10 n.; 70. 1.

pwy, 92. 14 n.; 131. 30.

pwygilydd, 120. 13.

pwynt, 1. 39; 90. 11 n.; 129. 12, cyflwr, gwedd; 24. 46, cyflwr da; 13. 139; 34. 3; 49. 29; 135. 39, amcan, nod, pwrpas.

pwyntus, 24. 26 n., gweddgar, graenus.

pwyth, 47. 24; 98. 50; 99. 33, tâl.

py, 48. 7–9; 101. 53 n.

pybyr, 148. 43, bywiog.

pyd, 54. 23; 127. 27, perygl.

pylgeiniwr, 72. 21, un a gododd yn fore.

Pyll, 12. 42 n.

pymoes, 3. 10 n.

pyrs, 145. 26 n.

Ph

Phylib, 4. 25.

R

Robin Nordd, 98. 16 n.

Rh

rhactal, 44. 21, 49. 14; talaith, addurn pen.

rhad, 2. 35, gras.

rhagenw mewnol dianghenraid, 12. 13 n.

rhagenw mewnol, cyf. derb., 23. 35 n.

rhagawr, 18. 1 n.

rhaglaw, 117. 15; 140. 40, rheolwr.

rhaglyw, 11. 23 n., arweinydd blaenaf.

rhagod, 10. 20, 2 un. *rhag*, o flaen.

rhagor, 8. 46 n.; 31. 39; 73. 26 n.

rhagoriaeth, *-aith*, 10. 23 n.; 11. 3.

rhaid, 151. 58 n., caledi, ymryson.

S

T

tadwys, 13. 9 n.; 27. 2, tad.

taeog, 39. 8; 61. 40, aelod o'r dosbarth isaf yn y gymdeithas Gymreig gynt.

taerwylch, 49. 9 n.

tafarn, 136. 16, llu. *tefyrn*, 10. 37; 12. 6, 22; 13. 89; 18. 18; 21. 88; 85. 18, 20.

tafarnwriaeth, 14. 23, lletygarwch.

tafl, 141. 47 n.

taflawd, 62. 32, llofft.

taflu, 149. 32, cicio.

tai, 9. 11, 62; 45. 14, tŷ (nid yn llu.).

tal, 6. 40, mawr.

tâl, 59. 27 n., 3 un. pres. *talu*, haeddu, teilyngu.

tâl, 49.4; 95.42 talcen.

taladwy, 45. 19, gwerthfawr.

talaith, 94. 36, coron.

Taliesin, 9. 35; 10. 34; 20. 2; 118. 24.

talm, 34. 49; 53. 3, swm, cyfran.

talmithr, *-ythr*, 48. 35 n.; 116. 3 n.

talofyn, 116. 11.

talwrn, 22, 29, maes.

tam, 119. 9, tamaid.

tampr, 19. 29 n.

tancr, 148. 18 n.

tant, 65. 63 n., 66, llinyn rhwyd.

taradr, 19. 25; 22. 37; 151. 46, arf y saer i dorri twll, 'auger'; 105. 14, llu. *terydr*.

tarf, 149. 41, chwalfa, gwasgariad.

tarfer, 90. 16 n.

tau, 34. 35; 110. 11; 143. 13, 3 un. pres. *tewi*.

tawl, 2. 28, pall, prinder.

tebygesynt, 122. 17, 3 llu. gorberff. *tebygu*, tybio.

teflidydd, 75. 48, taflwr.

tefyll, 23. 12; 53. 2; 95. 20, llu. o *tafell*, sglisen.

Tegau, 52. 1 n., 18; 53. 36; 56. 51; 65. 1; 92. 1; 110. 36, 45.

Teifi, 12. 5, 22; 21. 10; 99. 37; 104. 35.

teiler, 66. 36, teiliwr, *neu* un yn llunio neu'n gosod teils ar do; Saes. 'tailor' *neu* 'tiler.'

teimlais, 105. 3 n.

teithi, 2. 9, hawl, iawn.

telm, 65. 64, magl, llyffethair.

telyn, 34. 11; 71. 19; 148. 11.

teml, 14. 9 n.; 27. 20 n., 26; 29. 30, crug, pentwr; 51. 18, eglwys.

terfysg, 5. 41, brwydr, cad.

term, 20. 48, terfyn, diwedd.

terrwyn, 96. 17; 100. 5; 108. 7 n., beiddgar, ffyrnig.

terwyn, 12. 47 n., 49, tanbaid.

tesgyll, 120. 42 n., llu. o *tasgell*, tusw o ŷd.

testun, 35. 24 n., 28, 30; 150. 13.

teuluaidd, 95. 7, bonheddig.

teuluwriaeth, 14. 10, croeso, diddanwch.

tew, 40. 8, mawr, eang; 119. 33, aml, niferus.

Tewdwr, 95. 40.

tëyrnasaidd, 53. 4, urddasol.

tin, 108. 20; 116. 4; 140. 56.

tincr, 148. 18 n., tincer.

toli, 52. 3, arbed, cynilo; 3 un. pres. *tolia*, 34. 49.

tolbwrdd, 8. 41 n.

tollom, 37. 22, *toll* (ben. *twll*) + *llom* (ben. *llwm*).

tom, 153. 20, tail, budreddi.

Tomas, 4. 32, yr apostol.

tomawg, 61. 45, tail.

ton, gw. *twn*.

tor, 152. 40, bol; *ar dy d.*, rhag dy waethaf.

toron, 68. 30, mantell, gwisg.

torrid, 64. 43 n., 3 un. gorch. *torri*.

torsedd, 68. 34, ? ffaglau (llu. o *tors*).

toryn, 34. 34; 56. 1, mantell.

tosturus, 1. 32, truenus, gresynus.
trachyfarf, 5. 11 n.
traean, 40. 2; 92. 5; 132. 20; 154. 28, un rhan o dair.
Traeth Mawr, y, 99. 19 n.
traethawl, 148. 15 n.
traethawr, 148. 16 n., datgeiniad.
trafael, 104. 13, llafur, poen.
trafaelu, 9. 9, 10, llafurio, ymdrechu.
trafanwthr, 33. 4 n.
trafn, 143. 3 n.
tragyrru, 16. 34 n.
trahaus, 1. 15.
traidd, 15. 32; 24. 30 n., 3 un. pres. *treiddio*, ymweled â, mynd a dod; 1 un. gorff. *treiddiais*, 87. 39 n.
trallawd, 45. 16; 108. 3, adfyd, poen, gofid.
trasedd, 6. 17, bonedd.
traws, 12. 44; 72. 5, cadarn, cryf.
trawstyn, 12. 36 n.
trefn, 63. 16, dull, modd; 12. 30 n.; 63. 7 n.; 71. 7; 75. 35 n., ystafell, tŷ, trigfan.
treigl, 2. 21, 2 un. gorch. *treiglo*, troi.
Treigliad Meddal: (1) i ddangos cyrchfan heb arddodiad, 10. 4 n.; yn y ferf mewn cymal perth. neg., 22. 7 n.; 143. 9 n.
treio, 12. 51, lleihau, amhers. gorff. *treiwyd*, 20. 5.
treisiaeth, 14. 39 n., cadernid, mawredd, rhwysg.
trem, 25. 40 n.
tremydd, 11. 21.
tremyg, 35. 19; 123. 36, dirmyg, gwawd.
tremyn, 124. 21, cerdded, teithio.
tremynt, (1) 64. 25 n., eithafol; (2) 97. 15, golwg, edrychiad.
trestl, 124. 42, ffrâm i gynnal bwrdd, 'trestle.'
trigian', 75. 59, trigiant, arhosiad.
trimplai, 19. 30 n.
tristäu, 138. 30.
Tro, 51. 14, Troea.
tröais, 33. 11, 1 un. gorff. *troi*; 3 un. *tröes*, 83. 54; 87. 43; *troes*, 102. 25; 104. 4.
tröell, 32. 28, tro, cylchdro.
troen, 21. 48.
tru, 124.21, truan.
trugar, 2. 21, trugarog.
trum, 39. 17 n., 18; 60. 8; 79. 1 n., gw. *drum*.
truth, 76. 28; 84. 62; 137. 30; 138. 9, gweniaith, ffalsedd, siarad ofer.
truthain, 21. 18, gwenieithiwr.
truthiad, 147. 34, oferedd, ffwlbri.
truthiwr, 148. 16, oferddyn.
trwch, 40. 7; 75. 36, 52; 80. 4; 136. 11, anffodus, ysgeler, gwaradwyddus, anfad.
trwmpls, 19. 30 n.
trwsiad, 14. 39; 128. 3, gwisg.
trwsiwn, 58. 45, 1 un. amherff. *trwsio*, llunio, ffurfio, addurno.
trwsiwr, 5. 21 n., lluniwr, gwneuthurwr.
trwyddau, -ew, 61. 46; 111. 32; 115. 36, taradr, ebill.
trwydded, 13. 49; 103. 9; 143. 34, hawl i ymweld â llys, croeso, cynhaliaeth.
trychiolaeth, 65. 38, ysbryd, bwgan.
trychni, 22. 20, anffawd, tro gwael.
trychwanddyn, 75. 30, dyhiryn.
trydar, 149. 41, twrw, cyffro, helynt.
trydoll, 13. 87, briw, toredig.
trylwyn, 85. 15 n., parod, buan, cyflym.
trylliad, 87. 42 n.
trymaint, 11. 21, *trwm* + *haint*.
trymled, 69. 41, ffurf fen. o *trymled*.
trymluog, 92. 6, cysglyd.
trysorer, 31. 19 n., trysorydd.

Trystan, 33. 8 n.
trywan, 100. 2, treiddiol.
tudfach, 141. 28, bagl, 'stilt.'
Tudur ap Cyfnerth, 150. 16 n.
Tudur Goch, 153. 17 n.; 154. 48.
tudded, 41. 3, gorchudd, mantell.
Turel, 133. 40 n.
tuthia, 75. 47, 2 un. gorch. *tuthio*, rhedeg.
tuthiad, 116. 31, rhediad.
twlc, 80. 30, cwt.
twll, 151. 32, toredig ; ben. *toll*, 13. 37.
twn, 144. 1, 40; 148. 21; 151. 32, briwedig, maluriedig, ysig ; ben. *ton*, 15. 27; 147. 46.
twred, 18. 50 n.
twrn, 32. 27; 78. 28; 138. 29, tro, digwyddiad, gweithred, gorchest, camp. ; llu. *tyrnau*, 10. 35 n.
twrneimaint, 11. 38.
twynpath, 62. 20, crug, twmpath.
twysg, 91. 67 n., swm, cyfran.
tŷ, 91. 64 (yn fenywaidd).
tydmwy, 65. 65, 'derbyniad, pen cengl, modrwy yn dal pwrs wrth wregys,' D, d.g. *Tytmwy*.
tydy, 108. 4, etc., tydi.
tyddyn, 4. 44; 27. 8, adeilad, trigfan.
tyg, 63. 57 n.
tygaswn, 65. 17, 1 un. gorberff. *tebygu*, tybio ; 1 llu. *tygesym*, 61. 41 ; 3 llu. *tygesynt*, 144. 3.
tyng, 128. 32 n., 2 un. gorch. *tyngu*.
tyngnaid, 150. 11, ffawd a dyngwyd.
tylles, 109. 11 n.
tylluan, 26. 1.
tymawr, 153. 3 n., tymor.
tymp, 13. 3; 87. 26, amser, cyfnod.
tymyr, 51. 18, lle, mangre.
tyno, 145. 54, pant, dyffryn.
tyrch, 73. 5, llu. o *torch*.
tyrfaau, 74. 7, llu. o *tyrfa*.
tyrs, 67. 10, llu. o *tors*, 'torch.'
tysmwy, 89. 23, cryndod.
tywyll, 65. 32 n.
tywyllid, 70. 64, 3 un. gorch. *tywyllu*
tywyllwg, 127. 12, tywyllwch.
Tywyn, 116. 24.
tywyn, (1) 146. 11, glan môr ; (2) 43. 4; 91. 67; 131. 34, tywyniad, disgleirdeb, gloywder.
tywysogaeth, 89. 12, hudoliaeth, deniadaeth.

TH

thus, 1. 12.

U

uched, 114.17, uchder
udfardd, 20. 27, bardd yn llefain.
udd, 6. 4; 13. 7, arglwydd.
ufel, 143. 29, tân.
ulw, 56. 3 n., lludw.
unaf, 154. 33, 1 un. pres. *uno*, dymuno.
unben, 128. 25, uchelwr, arglwydd.
unbennes, 39. 39, uchelwraig.
uncorff, 42. 29 n.
unne, 44. 26; 46. 71; 60. 30; 85. 6 n., 97. 14, unlliw.
uno, 108. 26 n., gw. *unaf*.
unrhyw, 131. 3, cyffelyb.
unwaith, 118. 9 n., cyffelyb.
urael, 16. 26 n., 46, 53.
urdd, 154. 22, urddas, anrhydedd.
urdduniant, 16. 57, gwychder.
uriad, 16. 64 n.; 75. 36 n.
ustus, 1. 21; 123. 11, ynad.
Uthr, 16. 51; ? 84. 33.
uthr, 33. 8; 98. 5 n., rhyfeddol, aruthrol.
Uwch-Aeron, 117. 41 n.
Uwch-Conwy, 154. 45, y wlad i'r gorllewin o afon Gonwy.

MYNEGAI I'R LLINELLAU CYNTAF

MYNEGAI I'R TEITLAU

MYNEGAI I'R TEITLAU

MYNEGAI I'R TEITLAU